FRIEDRICH EBERT STIFTUNG
Bureau Rabat
B.P. 1769
9, Rue Hamza, 10080
Agdal - Rabat - Maroc
Tél : 0537 67 50 58

Jörg Gertel, Rachid Ouaissa (Hg.)
Jugendbewegungen

Kultur und soziale Praxis

In Gedenken an Prof. Dr. Christoph Schumann

Jörg Gertel, Rachid Ouaissa (Hg.)
Jugendbewegungen
Städtischer Widerstand und Umbrüche in der arabischen Welt

[transcript]

Die Publikation wird durch die Deutsche Forschungsgemeinschaft, das Bundesministerium für Bildung und Forschung und die VolkswagenStiftung gefördert.

Bibliografische Information der Deutschen Nationalbibliothek
Die Deutsche Nationalbibliothek verzeichnet diese Publikation in der Deutschen Nationalbibliografie; detaillierte bibliografische Daten sind im Internet über http://dnb.qd-nb.de abrufbar.

© 2014 transcript Verlag, Bielefeld

Die Verwertung der Texte und Bilder ist ohne Zustimmung des Verlages urheberrechtswidrig und strafbar. Das gilt auch für Vervielfältigungen, Übersetzungen, Mikroverfilmungen und für die Verarbeitung mit elektronischen Systemen.

Umschlaggestaltung: Kordula Röckenhaus, Bielefeld
Umschlagabbildung: Hans-Bernhard Huber. Marokko, Marrakesch: Illegaler Parkour auf dem Gelände der Koutoubia Moschee. Traceur: Tanigano (23.11.2008). www.laif.de, Bild 01620247
Lektorat: Jörg Gertel, Sonja Ganseforth, Christina Schmitt
Satz: Simone Henninger, Halle/Saale
Produktion: Die Produktion – Agentur für Druckrealisation GmbH, Köln
Printed in Europe
Print-ISBN 978-3-8376-2130-3
PDF-ISBN 978-3-8394-2130-7

Gedruckt auf alterungsbeständigem Papier mit chlorfrei gebleichtem Zellstoff.
Besuchen Sie uns im Internet: *http://www.transcript-verlag.de*
Bitte fordern Sie unser Gesamtverzeichnis und andere Broschüren an unter:
info@transcript-verlag.de

Inhaltsverzeichnis

Positionen

Jugend in der Arabischen Welt
J. Gertel, R. Ouaissa, S. Ganseforth (Leipzig/Marburg)   12

Krise und Widerstand
Jörg Gertel (Leipzig)   32

Die neoliberale Stadt und 'die Politik der Straße'
Asef Bayat (Urbana-Champaign, Illinois)   78

Nordafrika

Jugendliche in Tunesien –
Zwischen prekärem Alltag und kollektiver Mobilisierung
Johannes Frische (Leipzig)   98

Jugend Macht Revolution:
Die Genealogie der Jugendproteste in Algerien
Rachid Ouaissa (Marburg)   114

Die Besetzung der Straße –
Jugendliche am Platz der Märtyrer, Algier 1988/2011
Britta Elena Hecking (Leipzig)   130

Jugendliche Lebenswelten –
Wer leistet eigentlich Widerstand in Rabat?
Jörg Gertel (Leipzig)   150

Kairos Streetart-Szene im Kontext der Januar-Revolution
Stefan Widany (Leipzig)   176

Das Recht auf Kairo: Die Jugendbewegung des 6. April
Ali Sonay (Marburg)   204

Coffee-Shop-Salafis und rebellische Muslimbrüder:
Die Revolution der islamistischen Jugend in Ägypten
Ivesa Lübben (Marburg/Bremen)   220

Naher Osten

Aden – vom Zentrum zur Peripherie?
Südarabische Jugendliche leisten Widerstand
Anne-Linda Amira Augustin (Leipzig)   246

Ramallah – Formen des Widerstands
David Kreuer (Leipzig)   268

Eine neue Generation:
Junge Aktivisten gegen den libanesischen Konfessionalismus
Karolin Sengebusch (Marburg)   288

Protest durch Präsenz?
Die stille Aneignung öffentlichen Raums durch jugendliche
Migranten in Dubai
Daniel Falk (Leipzig)   308

'A Clash of Lifestyles?' –
Jugendliche Lebensstile im politischen Diskurs der Türkei

Pierre Hecker (Marburg)   326

Epilog

Parkour: Jugendbewegung im urbanen Raum

Ines Braune (Marburg)   354

Verzeichnisse

Literatur   372

Bildnachweis   397

AutorInnen   398

Vorwort

Die Idee zu *Jugendbewegungen – Städtischer Widerstand und Umbrüche in der Arabischen Welt* entstand aus unseren laufenden Forschungsarbeiten am Orientalischen Institut der Universität Leipzig und am Centrum für Nah- und Mitteloststudien der Universität Marburg. Lange vor dem Arabischen Frühling haben wir zu Jugend, Jugendbewegungen und gesellschaftlichen Umbrüchen geforscht. Im Zuge der internationalen Konferenz zur „Neuausrichtung der Macht-Geometrien in der arabischen Welt" (Realigning Power Geometries in the Arab World), die 2012, gefördert durch die VolkswagenStiftung, in Leipzig veranstaltet wurde, beschlossen wir unsere Befunde zu bündeln. Das vorliegende Buch beruht im Gegensatz zu vielen anderen Publikationen auf intensiven Feldforschungsaufenthalten in den arabischen Ländern und der Türkei; es eröffnet dadurch neue Einblicke und lässt Originalstimmen zu Wort kommen, die ansonsten kaum gehört werden. Aus Gründen der Lesbarkeit haben wir auf eine wissenschaftliche Umschrift arabischer und türkischer Begriffe verzichtet und diese stark vereinfacht.

Ohne Unterstützung und Förderung ist ein solches Projekt nicht realisierbar. Wir möchten uns daher ganz besonders bei Sonja Ganseforth und Christina Schmitt für die unermüdliche redaktionelle Arbeit an den Manuskripten, bei Lea Bauer für die Kartographie und bei Simone Henninger für die Bildauswahl, Bildbearbeitung und die graphische Gestaltung ganz herzlich bedanken. Karin Werner vom transcript Verlag war von Anfang an von dem Vorhaben begeistert und hat uns ebenso wie Gero Wierichs nachhaltig unterstützt. Schließlich möchten wir der Deutschen Forschungsgemeinschaft, der VolkswagenStiftung und dem Bundesministerium für Bildung und Forschung für die großzügige Förderung danken. Die Autorinnen und Autoren haben dieses Buchprojekt erst möglich gemacht, ihnen gebührt unser größter Dank!

Die Herausgeber (April 2014)

Jugend in der Arabischen Welt

J. Gertel, R. Ouaissa, S. Ganseforth (Leipzig/Marburg)

»Nichts fürchtet der Mensch mehr als die Berührung durch Unbekanntes. [Ü]berall weicht der Mensch der Berührung durch Fremdes aus. [A]lle Abstände, die die Menschen um sich geschaffen haben, sind von dieser Berührungsfurcht diktiert. [E]s ist die *Masse* allein, in der der Mensch von dieser Berührungsfurcht erlöst werden kann.«

– Elias Canetti, *Masse und Macht* (1960, 9-10)

Ein Großteil der arabischen Gesellschaft ist jünger als 30 Jahre und immer mehr Jugendliche leben in Metropolen wie Kairo, Casablanca oder Beirut. Viele dieser Jugendlichen sind heute besser ausgebildet als je zuvor und beherrschen elektronische Medien, die völlig neue soziale Vernetzungen zulassen. Gerade junge Menschen stehen wie während des Arabischen Frühlings immer wieder im Mittelpunkt von Massenbewegungen. Die nun seit Jahren andauernde Serie von Demonstrationen, Protesten, Sit-Ins, Streiks und gewalttätigen Auseinandersetzungen ist bemerkenswert. Welche Rolle Jugendliche dabei spielen, bleibt jedoch weitgehend unklar. Während sie zu Beginn des Arabischen Frühlings ausgesprochen sichtbar waren, die Schlagzeilen füllten und auch wissenschaftliches Interesse auf sich zogen, sind sie heute weitgehend aus den Medien verschwunden. Trotzdem sind die Jugendlichen weiterhin aktiv, nicht nur virtuell, sondern auch physisch in den Massenbewegungen. Letztere sind ein entscheidendes Moment für die politische Durchschlagskraft gesellschaftlicher Ideen. Die räumliche Verdichtung von Menschen hebt im Sinne von Canetti die Berührungsfurcht auf. Im Laufe von Protestaktionen kommt es gerade in den großen Städten zu vielfältigen Begegnungen: Bekannte wie Freunde, Nachbarn und Kollegen mögen sich finden, aber häufiger noch treffen vor allem Unbekannte und Fremde aufeinander und machen Erfahrungen, sowohl gemeinsame als auch individuelle. Solche Massenerfahrungen sind ambivalent: Einerseits wird eine neue Verständigung möglich, unterschiedliche Positionen können sich annähern, andererseits kann es zur Verstärkung von Vorurteilen kommen, wobei besonders die Anwendung von Gewalt Vertrauen zerstört, Vorurteile fortschreibt und ein Verstehen unterbindet. Die 'Anderen' bleiben anonym, sie können aber auch zu Feinden oder zu Freunden werden. Es bleibt zu ergründen, warum gerade für Jugendliche die Teilnahme an Massenveranstaltungen, inklusive Fußballmatches und Musikevents, eine besondere Attraktivität hat. Festzuhalten ist, dass Massenproteste besondere Momente darstellen: Sie können die Justiz kurzfristig in die Hände der Protestierenden geben und Gesellschaften transformieren. In der Masse wird die übliche gesellschaftliche Ordnung aufgehoben, die Segregation zwischen Männern und

Frauen, ein wesentliches Charakteristikum islamischer Gesellschaften, wird kurzfristig aufgelöst, die Berührungsfurcht kollabiert. Gleichzeitig wissen die Beteiligten, dass körperliche Konsequenzen aus der Konfrontation mit der Staatsmacht oder dem politischen Gegner resultieren können. Verletzungen, auch solche mit Todesfolge, sowie sexuelle Übergriffe sind nicht auszuschließen. Die Masse befördert und fordert Grenzüberschreitungen. Jugend wiederum ist gekennzeichnet von der Suche nach neuen persönlichen und gesellschaftlichen Orientierungspunkten sowie von dem Ausbalancieren zwischen der Herauslösung aus familiären Sicherheiten und der Wucht individueller Überzeugungen. Jugendliche tragen noch wenig unmittelbare Verantwortung für andere, nur selten müssen sie Haushaltsmitglieder versorgen. Das mag die Schwelle zur Teilnahme an Massenveranstaltungen senken, selbst wenn die Angst vor körperlichen Konsequenzen und Sanktionen bei der politischen Mobilisierung mitschwingt. Für Jugendliche werden Aktionen im öffentlichen Raum dabei oft zur Referenz ihrer Identitätsaushandlung.

Doch Widerstand ist weit mehr als nur das momenthafte Zusammenkommen in Massenbewegungen. Die Lebenswelten der Jugendlichen im urbanen Raum der arabischen Welt sind zwischen Alltag und Widerstand weit gespannt. Alltag kann ohne Widerstand auskommen, doch Widerstand kann – wie die folgenden Beiträge zeigen – alltäglich werden. Während das Engagement in verschiedenen Subkulturen, Musikszenen oder bei Streetart-Events gleichermaßen eine Form von Freizeitgestaltung und ein politisches Statement ist, kann bereits die Entscheidung, weiter in seiner Heimat zu leben, eine Form von Widerstand bedeuten. Prekäre Umstände ziehen wiederum informelle Aktivitäten und 'die Aneignung der Straße' nach sich. Die Grenze zwischen legalen und illegalen Praktiken ist häufig unklar und das Eintreten für plurale Rechtsvorstellungen impliziert oft unmittelbar Widerständigkeit. »Soziale Nicht-Bewegungen« (Bayat, in diesem Band) wiederum setzen auf stilles Vordringen; das Aneignen öffentlicher Räume wird zur puren Notwendigkeit für den eigenen Lebensunterhalt. Widerstand wird zudem rhetorisch konstruiert und reproduziert. Konventionelle Predigten und Reden sowie der Austausch in virtuellen sozialen Netzwerken verbreiten Ideen und versuchen, Mehrheiten zu gewinnen. Es kommt bei Jugendlichen aber auch zu radikaleren Protestformen, wie zur massenhaften Auswanderung oder gar zu Selbstverbrennungen. Kollektive und massenwirksame Aktionen reichen dabei von kulturellen Autonomiebestrebungen, konfessionellen Kundgebungen, anti-konfessionellen Protesten bis hin zu kompletten Separationsbestrebungen.

Vor diesem Hintergrund nimmt der vorliegende Band *Jugendbewegungen* in Städten der arabischen Welt in den Blick und leuchtet das breite Spektrum des Jugendlichseins und die Zusammenhänge zwischen Widerstand und Umbrüchen aus. Vier Fragen stehen dabei im Mittelpunkt: Was bedeutet es, Jugendlicher zu sein? Aus welchen sozioökonomischen Bedingungen heraus agieren Jugendliche und wie verorten sie sich sozial und kulturell? Welche Handlungsspielräume können sich Jugendliche trotz aller wirtschaftlichen Zwänge und staatlicher Kontrolle des öffentlichen Raums im Alltag erkämpfen, und wie verändern schließlich Widerstand und Protest die politischen Ordnungen, die aktuellen Gesellschaftsentwürfe und die Vorstellungen von Heimat?

Dynamiken des Arabischen Frühlings

Am 17. Dezember 2010 steckt sich der 26-jährige Mohammed Bouazizi aus Sidi Bouzid in Tunesien selbst in Brand. Er protestiert damit gegen wiederholte Polizeigewalt und schlechte Lebensbedingungen. Dies ist der Beginn einer Welle von Widerstand, die nach Tunesien innerhalb weniger Wochen die gesamte arabische Welt erfasst und den Arabischen Frühling auslöst. Während Zine Abidine Ben Ali, der tunesische Präsident, am 28. Dezember im Staatsfernsehen auftritt, um die darauffolgenden Proteste der tunesischen Gewerkschaften aus der Provinz Gafsa und der Anwälte aus Tunis zu verurteilen, kommt es bereits am nächsten Tag in Algier zu Auseinandersetzungen zwischen Polizeikräften und Protestierenden. Demonstrationen und kleinere Aufstände weiten sich aus und überziehen die kleineren Städte und Zentren in Algerien ab dem 3. Januar 2011. Die Spannungen können zwar kurzfristig abgebaut werden, als die Regierung Steuererleichterungen für Zucker und Speiseöl durchsetzt. Doch am 7. Januar nimmt nun wiederum die tunesische Polizei eine Gruppe von Bloggern, Journalisten, Aktivisten und einem Rap-Sänger fest. Am 13. und 14. Januar folgen Demonstrationen in Libyen und in mehreren Städten Jordaniens gegen eine Erhöhung der Ölpreise. Nach erneuten Protesten in Tunesien flieht der tunesische Präsident über Malta und Frankreich nach Saudi Arabien, was einen symbolischen Dammbruch bedeutet: Die Staatsmacht scheint nicht mehr festgeschrieben zu sein.[1]

Am 17. Januar 2011 beginnen Proteste im Oman, es werden bessere Löhne und niedrigere Lebenshaltungskosten gefordert. Einen Tag später folgen zahlreiche spontane Aktionen und Aufstände im Jemen. Am 25. Januar, dem nationalen Gedenktag der Polizeikräfte in Ägypten, werden Demonstrationen aus Alexandria, Mansura, Tanta, Asuwan, Assiut und Kairo berichtet. Drei Tage später versammeln sich Hunderte von Personen in Dschibuti-Stadt, um gegen eine Verfassungsänderung zu protestieren, die dem Präsidenten eine dritte Amtszeit einräumen würde. Nur kurz darauf, zwischen dem 29. Januar und dem 3. Februar, gibt Präsident Bouteflika in Algerien bekannt, dass er die Notstandsgesetze, die 19 Jahre in Kraft waren, aufheben möchte. Mubarak, der ägyptische Präsident, entlässt seine Regierung, bleibt allerdings im Amt. Die Proteste in Ägypten breiten sich aus und die Konfrontationen mit der Polizei werden gewalttätig. In Kairo versammeln sich die Protestierenden auf dem Tahrir-Platz, obwohl die Sicherheitskräfte versuchen, sie von dort fern zu halten. Dieser Platz wird zum symbolischen Ort des Widerstandes in Ägypten. Zeitgleich beginnen Protestaktionen in Khartoum im Sudan, einem Land, das gerade dabei ist, sich nach Jahren des Bürgerkriegs zu spalten. Am 1. Februar entlässt König Abdullah von Jordanien seine Regierung und Präsident Mubarak kündigt an, dass er für eine Wiederwahl nicht mehr zur Verfügung steht, hält jedoch an seiner Amtszeit fest. Erneut einen Tag später kündigt auch der jemenitische Präsident Saleh an, dass er ebenfalls nicht mehr wiedergewählt werden möchte und auch nicht beabsichtigt, seine Amtsgeschäfte seinem Sohn Ahmed zu übertragen. Gleichzeitig halten die gewalttätigen Auseinandersetzungen in Ägypten zwischen Mubarak-Anhängern und -Gegnern an und fordern allein in Kairo 1.500 Verletzte und drei Tote. Am 11. Februar 2011 tritt Präsident Mubarak schließlich von seinem Amt zurück und übergibt die Regierungsgeschäfte der Armee. Die Proteste im Jemen werden gewalttätig und die Auseinandersetzungen blutig. Am folgenden Tag schließen sich auch die Iraker den Protesten in den arabischen Ländern an und fordern die Untersuchung von Korruptionsfällen und bessere Lebensbedingungen. Am 14. Februar werden die Proteste im Iran und in Bahrain gewalttätig, es kommt zu Toten. Der Premierminister der palästinensischen Autonomiebehörde, Salam Fayyad, und sein Kabinett treten zurück. Am darauffolgenden Tag erhöht die marokkanische Regierung die Nahrungsmittelsubventionen, nachdem zuvor Arbeitslose in Rabat demonstrierten. Zeitgleich kommt es zu einer Serie von Protesten in Algerien gegen Armut und Jugendarbeitslosigkeit, die kurz darauf am 20. Februar in verschiedenen marokkanischen Städten durch Massenproteste von ca. 300.000 Menschen weiter getragen werden. Zeitgleich sind im Libanon 10.000 Personen auf den Straßen, um für säkulare Ideen einzutreten. Am 21. Februar werden die Proteste im irakischen Kurdistan gewalttätig. Chaos und Konfusion greifen in Libyen um sich. Qaddafi tritt öffentlich vors Fernsehen, um Gerüchten entgegenzutreten, er hätte das Land verlassen. Am 27. Februar beschließt die UN, Sanktionen über Libyen zu verhängen, doch die gewalttätigen Auseinandersetzungen im Land halten an. Die Dynamik der Ereignisse setzt sich auch nach diesen ersten Wochen des Arabischen Frühlings bis heute fort. Die NATO interveniert im Libyen-Konflikt, Qaddafi kommt ums Leben, Mubarak tritt als Präsident in Ägypten zurück und wird inhaftiert, Präsident Saleh verlässt den Jemen und Syrien wird in einen desaströsen Bürgerkrieg mit über 100.000 Toten und Millionen von Flüchtlingen hineingezogen. Im Frühjahr 2013 erlebt die Türkei Massenproteste gegen die Politik der Regierung Erdogan, während der neu gewählte ägyptische Präsident Mursi, nach nur einem Jahr im Amt, infolge von andauernden Massenprotesten im Juli 2013 vom Militär abgesetzt wird.

Seit 2011 erleben fast alle Länder in Nordafrika und im Nahen Osten lokale Proteste, spontane Aufstände und Massendemonstrationen; einige haben schwerwiegende Konsequenzen und verzeichnen viele Todesopfer, in anderen treten Präsidenten zurück oder Regierungen werden entlassen. Besonders der Widerstand in den Hauptstädten setzt die Regierungen unter Druck. Jugendliche spielen dabei eine entscheidende Rolle.[2] Doch die Auseinandersetzung mit der Rolle der Jugend in arabischen Ländern hat lange Zeit wenig Beachtung in der Forschung gefunden (Hegasy & Kaschl 2002; Herrera & Bayat 2010b; Bayat 2012b). Nur in den Jahren nach der Erlangung der Unabhängigkeit arabischer Länder wurde sie kurzzeitig als Hoffnungsträger für den Aufbau neuer Staaten angesehen (vgl. Neyzi 2001). Erst mit dem demographischen Anwachsen, der zahlenmäßigen Zunahme der Jugend zogen wachsende soziale und ökonomische Probleme in den 1980er und 1990er Jahren eine gewisse Aufmerksamkeit auf sich. Die sogenannte Ausprägung der *youth bulge*, des als 'Jugendblase' bezeichneten deutlichen Übermaßes an jugendlichen Bevölkerungsanteilen, in den Ländern der Region wurde von manchen Kommentatoren gar als 'Zeitbombe' charakterisiert. In der Tat hat die massive Jugendarbeitslosigkeit die Kategorie der Jugend in den letzten zwei Jahrzehnten zu einem Objekt der Problematisierung gemacht (Gertel 2004; Kabbani & Kothari 2005). Die Terroranschläge in den USA vom 11. September 2001 verstärkten diese Sichtweise noch, die in 'perspektivlosen Massen' muslimischer Jugendlicher vor allem eine Brutstätte für politische Instabilität und einen islamistischen Terrorismus sieht. Erst in den letzten Jahren wurden die zunehmend schwierige sozioökonomische Situation Jugendlicher in der MENA-Region sowie verschiedene Jugendkulturen und -bewegungen in einigen Sammelbänden beleuchtet (vgl. Bonnefoy & Catusse 2013; Herrera & Bayat 2010b; Dhillon & Yousef 2009; Honwana & De Boeck 2013); mit den Revolten und Umstürzen in den arabischen Staaten werden Jugendliche schließlich seit 2011 – vor allem in Medien und der Wissenschaft – vorübergehend zu den Helden der Umbrüche gekürt (vgl. Honwana 2013; Jung et al. 2013; Wessel 2013; Khalaf & Khalaf 2011).

Jugend als soziale Kategorie

Der Begriff 'Jugend' ist und bleibt strittig. Er repräsentiert verschiedene gesellschaftliche Ideen und Konstruktionen, spiegelt jedoch keine allgemein geteilte Auffassung wider. Statistische Alterseinteilungen, wer jugendlich ist oder eben nicht, sind keineswegs selbstevident. Manchmal wird Jugend auf den Lebensabschnitt von 15 bis 25 Jahren angesetzt, andere Studien schließen sogar 35-Jährige mit ein. Dem liegen unterschiedliche Überlegungen zugrunde: Häufig wird mit Jugend ein Lebensabschnitt bezeichnet, der vereinfacht zwischen der Kindheit und dem Erwachsensein angesetzt wird. Neben biologischen oder juristischen Kriterien wie der Geschlechtsreife oder einer gesetzlichen Volljährigkeit können auch soziale und wirtschaftliche Kriterien in die Abgrenzung mit einbezogen werden. Zu solchen sozialen Kriterien gehört etwa die Frage, ob eine (junge) Person ihre Ausbildung abgeschlossen hat, in das Erwerbsleben eingetreten ist, ein Leben unabhängig von der Familie oder den Eltern führen kann und einen unabhängigen Hausstand gegründet hat. Gerade die Heirat und die Gründung einer eigenen Familie stellen wichtige Schwellen zum Übergang von der Jugend zum Erwachsenenleben dar.

In vielen Ländern verschiebt sich dieser biographische Übertritt jedoch immer weiter nach hinten, wenn z.B. arbeitslosen Schulabgängern oder Universitätsabsolventen die wirtschaftlichen Voraussetzungen fehlen, um eine Wohnung zu kaufen und eine Hochzeit auszurichten. Anstatt in die Welt der Erwachsenen, die *adulthood*, einzutreten, verharren sie in der *waithood* (Honwana 2012), einer Art prekärer Latenzzeit, durch die sich die Dauer der Jugend stark verlängert (vgl. Dhillon & Yousef 2009). Die *waithood* enthält jedoch ein großes kreatives und transformatives Potenzial. Jugendlichkeit ist von einem bestimmten Lebensgefühl geprägt. Dieses hängt auch mit bestimmten dezidierten 'Jugendkulturen' zusammen, die im Zuge der Subcultural Studies zu einem beliebten Forschungsobjekt avanciert sind. Hierbei stehen vor allem Fragen der Identitätsbildung im Kontext einer Globalisierung von kulturellen Einflüssen und

Strömungen im Vordergrund (Cole & Durham 2007). Bayat kritisiert, dass solche Studien häufig davon ausgehen, dass die Anwesenheit junger Menschen etwa in den Jugendorganisationen politischer Parteien oder in subkulturellen Bewegungen automatisch auf die Existenz einer Jugendbewegung hinweise. Er plädiert vielmehr dafür, dass Jugend durch einen bestimmten Habitus und eine relative Autonomie gekennzeichnet ist und dass Jugendbewegungen letzten Endes darauf ausgerichtet sind, »Jugendlichkeit zurückzuerobern« (Bayat 2012b, 157). Erst durch die Urbanisierung und die kollektive Erfahrung in staatlichen Massenerziehungseinrichtungen sei Jugend zu einer sozialen Kategorie und somit zu einem sozialen Akteur geworden. Gleichzeitig ist zu konstatieren, dass Jugend keine kohärente Klasse darstellt, die frei von sozialen, politischen oder geschlechtsspezifischen Disparitäten wäre.

Jugendforschung in der MENA-Region

Mit der eklatanten Zunahme jugendlicher Bevölkerungsanteile in den 1990er Jahren nahm auch das wissenschaftliche Interesse an Jugendlichen in der MENA-Region zu. Dabei stehen Fragen der Entwicklungsforschung und Probleme der Jugendarbeitslosigkeit sowie Dynamiken der Jugendkulturen, der Rolle von Musik, Kunst und der Mediennutzung bis hin zu Untersuchung des revolutionären Potentials der Jugendlichen im Blickfeld. Zunächst begann sich die Entwicklungsforschung mit Jugendthemen auseinanderzusetzen. Einerseits wurden hierbei die spezifischen Probleme der Jugendlichen thematisiert, da sie in besonderem Maße von strukturellen Problemen wie Armut, Arbeitslosigkeit, Ausbeutung, Migration, Marginalisierung, innerstaatlichen Kriegen und der Auflösung traditioneller Strukturen betroffen sind. Die These von einem direkten Zusammenhang zwischen einem großen demographischen Jugendüberhang eines Staates und politischer Instabilität und Gewalt wird allerdings unter Verweis auf andere Entwicklungsländer etwa in Südasien mit ähnlichen jugendlichen Bevölkerungsanteilen als zu vereinfachend kritisiert (Courbage & Todd 2007; Angenendt & Popp 2013). Es ist weniger der demographische Jugendüberhang an sich, sondern vielmehr die überdurchschnittlich hohe Jugendarbeitslosigkeit, welche die MENA-Region von anderen Entwicklungsregionen unterscheidet (Achcar 2013, 56-60; Roudi 2011). Sie gilt als eine der größten wirtschaftlichen wie auch sozialen und politischen Herausforderungen für die gesamte Region (Angel-Urdinola et al. 2013; Kouaouci 2004). Als Gründe werden neben einem Überangebot an Arbeitskräften auch die zunehmende Beteiligung von Frauen am Arbeitsmarkt und zu starre Strukturen in Bürokratie und öffentlichem Sektor (Kabbani & Kothari 2005) sowie der Abbau öffentlicher Stellen genannt (Filiu 2011). Andererseits wird Jugend jedoch auch als ein Entwicklungspotenzial behandelt, das bei dem Streben nach einer nachhaltigen Zukunftssicherung nicht außer Acht gelassen werden kann (Roudi-Fahimi 2007; Breuer 2012). Im algerischen Diskurs wurde 'Jugend' nach den Oktoberunruhen 1988 zu einer problematisierten Kategorie. Nicht mehr allein Arbeitslosigkeit wird als Entwicklungsproblem beurteilt, sondern mittlerweile auch das weitverbreitete Phänomen der Auswanderung algerischer Jugendlicher; sie wird als Form des Protestes gegen das Regime angesehen, ja sogar als 'neuer Terrorismus' beschrieben. Obwohl Algerien die Probleme von hoher Jugendarbeitslosigkeit und Perspektivlosigkeit teilt, ist es hier trotz zahlreicher Demonstrationen und wiederkehrender Protestwellen allerdings noch nicht zu Revolten im Ausmaß der Nachbarländer gekommen (vgl. Ouaissa sowie Hecking, in diesem Band; Safir 2012).

Ein weiterer Fokus der Jugendforschung lag auf Transformationsprozessen von Jugendkultur im Zuge der aufkommenden Globalisierungsdebatten. Bennani-Chraïbi stellt in ihren langjährigen Studien zu marokkanischer Jugendkultur die These von einer *bricolage culturel* auf; in einer Art 'Bastelidentität' verknüpften Jugendliche als 'traditionell' eingestufte Werte und Religiosität mit Versatzstücken 'moderner' Bezugssysteme und mit kreativen Bewältigungsstrategien in einem Alltag voller neuer sozialer und ökonomischer Hürden und Herausforderungen (Bennani-Chraïbi 1994). Peterson (2011) untersucht, wie für viele ägyptische Jugendliche die Aneignung westlich und somit kosmopolitisch konnotierter Konsum- und Lebensstile die Zugehörigkeit zu einer sozialen (Ober-)Schicht bzw. das Streben nach sozialem Aufstieg repräsentiert, gleichzeitig jedoch mit Vorstellungen von lokaler, traditioneller oder authentischer Kultur verknüpft wird.

Bei den Fragen nach Lebensstilen spielen konfessionelle Positionierungen eine zentrale Rolle. Bennani-Chraïbi (2010) zeigt, dass der Islam in Marokko auch vor dem Hintergrund einer verstärkten islamistischen Sozialisation nur einen Aspekt in der ständig wechselnden Positionierung von Jugendlichen darstellt, der etwa beim Thema Palästina oder Tschetschenien zum vereinenden Element wird, in anderen Bereichen jedoch an Bedeutung verliert. Im Falle der Türkei entstehen aus dem streng angelegten Säkularismus des Staates zusätzliche Dilemmata für junge Muslime, die zunehmend neue Formen der Religiosität erkennen lassen (Saktanber 2010; Hecker, in diesem Band). In Saudi-Arabien konkurrieren islamische Studiengruppen mit einer speziellen, kriminalisierten Subkultur um die Aufmerksamkeit junger Männer: Beim *tafhit*, einer Form von illegalen Autorennen, häufig mit gestohlenen Fahrzeugen, geht es darum, mit angezogener Handbremse um enge Kurven zu driften und halsbrecherische Stunts zu vollführen. Im öffentlichen Diskurs wird diese lebensgefährliche Praxis mit diversen moralischen Grenzüberschreitungen – von Diebstahl über Alkoholkonsum bis hin zu Homosexualität – in Verbindung gebracht. Die Veranstaltungen ziehen oft zahlreiche Zuschauer an und bieten auf den breiten Straßen der saudischen Autofahrgesellschaft Ausbruchsmöglichkeiten für junge Männer, die sich häufig von der Teilhabe am Ölreichtum des Staates ausgeschlossen sehen (Al-Otaibi & Ménoret 2010).

Jugendliche Grenzüberschreitungen erregten auch in anderen Staaten der MENA-Region Aufsehen. Ägyptische Jugendliche blieben zwar abgesehen von einem regen Aktivismus anlässlich der zweiten Intifada in Palästina weitestgehend fern von einem offenen politischen Engagement. Entgegen dem stereotypen Bild strengreligiöser Jugendlicher im Umfeld islamistischer Bewegungen, das sich in den 1990er Jahren in Ägypten breitmachte, zeigten viele Jugendliche allerdings einen erheblichen

'Moralverfall' und setzten sich über traditionelle gesellschaftliche Normen hinweg. Am Ende dieses Jahrzehnts kamen Untergrundkonzerte und -partys auf, etwa Heavy-Metal-Partys in leerstehenden Gebäuden und zunehmend auch kommerzielle Raves mit elektronischer Musik. Steigende Zahlen beim Konsum von Alkohol und illegalen Drogen sorgten ebenso für Aufregung. Auch wenn die Heirat mit einer nicht-jungfräulichen Frau immer noch von einer Mehrzahl der Männer abgelehnt wurde, war vorehelicher Geschlechtsverkehr unter dem Deckmantel des Schweigens wesentlich weiter verbreitet, als der erste Anschein vermuten ließ. Solche Grenzüberschreitungen repräsentierten jedoch nicht notwendigerweise eine Abkehr vom islamischen Glauben; für viele muslimische Jugendliche ließen sie sich in einer 'innovativen Anpassung' (Bayat 2010b) mehr oder weniger unproblematisch mit religiösen Vorschriften vereinbaren. Auf diese Weise arrangierte sich die ägyptische Jugend lange Zeit mit dem herrschenden System und durchlebte erst zu Beginn des neuen Jahrtausends eine zunehmende politische Mobilisierung.

Im Gegensatz dazu herrschte im postrevolutionären Iran eine wesentlich strengere Kontrolle jeglicher Form kulturellen Ausdrucks oder sozialer Geselligkeit. Waren die Jugendlichen in der Revolution und dem langwierigen Krieg gegen den Irak zu Helden der Gesellschaft avanciert, so wurde ihre Entwicklung im Zuge der Kulturrevolution der 1980er Jahre auch deutlich strenger behütet und überwacht. Die unterdrückte Jugendlichkeit fand infolgedessen ein Ventil im nonkonformen Verhalten und in offenen wie verborgenen Subkulturen. Verbote von Musikgruppen und westlichen Kulturgütern sowie traditionelle Geschlechterrollen und Dresscodes wurden unterlaufen. Der Kleiderschrank werde zum *Identity-Kit* und Kleidung sei, wie Elmenthaler (2010) am Beispiel des Jemen zeigt, als bekleideter Körper konstitutiv für eine situative Ausformung von ambivalenter, widersprüchlicher, oder auch kohärenter Identität. Nicht nur im Iran führten Jugendliche voreheliche Beziehungen, konsumierten Drogen und rissen aus ihren Elternhäusern aus, etwa um Rockstars zu werden oder mehr Freiheit in dem Ausleben von Liebesbeziehungen zu genießen. Die Zahl jugendlicher Prostituierter stieg rapide an und inoffiziell war die Rede von zahlreichen Fällen illegaler Abtreibungen. Jugendliche Subkulturen stellten im Iran jedoch eine direkte Herausforderung der staatlich-religiösen Legitimität dar, die von zivilgesellschaftlichem Engagement und der Gründung von zahlreichen Nichtregierungsorganisationen und anderen Jugend- und Kulturgruppen begleitet war. Indem Jugendliche etwa religiöse Feiertage oder Fußballspiele zum Anlass für ausgelassene Feiern in der Öffentlichkeit der Straßen nahmen, behaupteten sie neue Räume der Jugendlichkeit, gegen die auch eine Welle staatlicher Repressionen zu Beginn des neuen Jahrtausends relativ machtlos war (Bayat 2010b; Khatam 2010).

Musik stellt einen wichtigen Aspekt jugendlicher Subkulturen dar, der in den Ländern der MENA-Region häufig dazu tendierte, soziale, kulturelle und religiöse Empfindsamkeiten zu verletzen und dadurch einen subversiven Charakter anzunehmen. In Algerien entwickelte sich in den 1980er Jahren eine populäre Form des Raï, der ursprünglich aus der Hirtenmusik des westalgerischen Oran stammte und mit anderen musikalischen Strömungen wie westlicher Popmusik und afrikanischen Einflüssen vermischt wurde. Als Ausdruck sexueller und kultureller Befreiung wurde der Raï zunächst als Gefährdung der staatlichen Stabilität angesehen und verboten, 1985 dann jedoch legalisiert. Spätestens als aber im algerischen Bürgerkrieg ab 1991 viele Raï-Sänger Algerien Richtung Frankreich verließen, da sie von islamistischen Gruppierungen angegriffen und verfolgt wurden, erhielt der Raï einen stark politischen Charakter (Gross et al. 1997; Virolle-Souibès 1989). Die Aufstände seit 2011 waren von Beginn an musikalisch begleitet; zahlreiche arabische Rapper verfassten Protestlieder und verbreiteten diese online (Filiu 2011). Swedenburg (2012) kritisiert allerdings den Fokus insbesondere westlicher Medien auf die Rolle der Rap-Musik in der ägyptischen Revolution, die eine kulturelle Nähe und Modernität zu vermitteln scheint. Stattdessen betont er die Bedeutung alter Protestlieder, die eine lange Geschichte und revolutionäre Tradition in Ägypten haben, sowie die Entstehung einer neuen Strömung des *Mahragan*, die populäre (*sha'bi*) Musik aus den Arbeitervierteln mit schnellen elektronischen Beats unterlegt und mit dem – häufig ironischen oder sarkastischen – Gesang eines Rappers begleitet. Marokko hingegen hat zwar eine eigene Tradition bekannter Protestsongs, eine Revolution ist jedoch bisher ausgeblieben (Schaefer 2012). Hier erhalten auch solche (jugendlichen) Musikrichtungen wie der Hip-Hop eine Bühne auf staatlich geförderten Festivals, die zunehmend auch ausländische Besucher anziehen. Auf diese Weise werden gleichzeitig ein tolerantes und pluralistisches Außenbild hergestellt und inneren sozialen Bewegungen und neuen Protestformen durch die Kooptierung die subversive Schlagkraft genommen (Boum 2012). Eine andere Wandlung hat der *Dabke*-Tanz in Syrien vollzogen: Ehemals als Symbol der Baath-Partei für eine traditionelle, ländliche Identität hochgehalten, wird die *Dabke* von Regimegegnern neu angeeignet, wenn sie bei Beerdigungen von im Kampf gegen das Regime Gefallenen tanzen oder Tanzvideos auf Youtube hochladen (Silverstein 2012). Heckers (2012) Studie über Heavy Metal in der Türkei beschreibt die panikartigen Reaktionen, die dieser Musik- und Lebensstil – unterstützt von Gerüchten über satanistische Morde und sexuelle Perversionen – teilweise in der türkischen Gesellschaft hervorgerufen hat. Musik ist auch hier eine Ausdrucksform des Widerstands. Neben Musik stellen auch Graffiti und andere Streetart-Spielarten eine weitere künstlerische Form jugendlichen Protests dar, die das Erscheinungsbild vieler Städte der MENA-Region prägt (vgl. Ouras 2009). Die arabischen Aufstände und Umbrüche seit 2011 haben ein neues Aufblühen dieser Gestaltung und Aneignung des öffentlichen Raums angeregt (vgl. Schielke & Winegar 2012; Widany, in diesem Band). Visuelle, auditive und audiovisuelle Jugendpraktiken werden dabei zu neuen Formen des Widerstands.

Honwana (2012) ordnet die tunesische Revolution in einen gesamtafrikanischen Kontext ein und zieht Parallelen zwischen den Problemen tunesischer Jugendlicher und den Ausgrenzungs- und Protesterfahrungen ihrer Generationsgenossen in Mosambik, Senegal und Südafrika. Hierbei betont sie die Rolle der digitalen Medien in der Organisation der Proteste. Die Mediennutzung Jugendlicher aus der MENA-Region wird besonders im Zuge von Globalisierungsforschungen zum Objekt des Interesses. Technologische Entwicklungen wie die Verbreitung von Satellitenfernsehen und Internet weckten ebenso große Erwartungen wie eingeschränkte Reformen der Pressefreiheit in einigen arabischen Ländern, so etwa die vorsichtige Öffnungspolitik des libyschen Staatschefs Muamar Gaddafi seit 2003 (Richter 2004). Auch im kurzen syrischen 'Frühling' nach dem Ableben des Präsidenten Hafez al-Assad im Jahr 2000 legalisierte dessen Sohn Bashar den Gebrauch von Mobiltelefonen und des Internets und räumte der Presse für kurze Zeit gewisse Freiheiten ein. Vor allem die Etablierung des Fernsehsenders Al-Jazeera rückte die Verbreitung arabischer Massenmedien in den Fokus des öffentlichen Interesses (Hafez ed. 2008).

Bildungsreformen sowie eine zunehmende Urbanisierung hatten in vielen arabischen Ländern eine Generation mit hohem Bildungsniveau hervorgebracht, und mit dem rasanten Fortschritt technologischer Neuerungen überstieg die Medienkompetenz der Jugend häufig die Fähigkeiten etablierter Eliten des Staates, 'gefährliche' Informationsmöglichkeiten gesellschaftlich einzudämmen. Internetdienste wie der *Instant-Messaging*-Dienst ICQ *('I seek you')* waren schon früh unter Jugendlichen weit verbreitet. Kommentatoren bedauerten den Mangel an einer explizit politischen Instrumentalisierung und neuer politischer Protestformen mithilfe der neuen Medien in Marokko, doch das Internet ermögliche es Jugendlichen, sich in neuen, auch globalen Räumen zu bewegen und konventionelle Grenzen zumindest teilweise zu überschreiten. Die Verbreitung neuer Medien wie des Satellitenfernsehens und später des Internets ermöglichten damit auch eine Aneignung, Modifizierung und Kreation neuer Referenzialitäten, Lebensentwürfe und Rollenbilder. Braune (2008) untersucht die alltägliche Internetnutzung marokkanischer Jugendlicher, bei der die neuartigen Kommunikationsmöglichkeiten wie Chat-Dienste eine wichtige Rolle spielen. Das Internet ermöglicht die Aneignung neuer sozialen Räume und eine Überschreitung von Grenzen, die *offline* nicht akzeptabel wäre.

Waren schon in der iranischen Revolution 1979 von Ayatollah Khomeini besprochene Tonbandkassetten von großer Bedeutung für die Verbreitung seiner Nachrichten, so wird generell den neuen Medien ein großes revolutionäres und demokratisierendes Potenzial zugeschrieben (Hirschkind 2006). Richter (2011) stellt in ihrer Studie über die Medienstrategien islamistischer Gruppierungen in Ägypten die These auf, dass trotz geschickter Kooptationsstrategien seitens der Regime durchaus eine schleichende Öffnung der Verfügbarkeit von Informationen und eine Verbreitung oppositioneller Ideen stattgefunden haben. Zudem ist in einigen arabischen Ländern in den letzten Jahren eine lebhafte Blogger-Szene entstanden, insbesondere in Ägypten, Palästina und im Libanon (Jurkiewicz 2011; Chalcraft 2012; Lynch 2007) und die Informations- und Vernetzungsmöglichkeiten des Internets haben dem Widerstand palästinensischer Jugendlicher vor allem seit den Ausgangssperren der zweiten Intifada neue Betätigungsfelder eröffnet (Khoury-Machool 2010).

Das Schicksal des ägyptischen Bloggers Khaled Said, der im Juni 2010 von ägyptischen Sicherheitskräften zu Tode geprügelt wurde, erlangte nicht zuletzt durch die

Facebook-Seite »*We are all Khaled Said*« weltweite Bekanntheit, schürte den Zorn der Bevölkerung und wurde zu einem Sammelpunkt oppositioneller Bewegungen (Sonay, in diesem Band). Auch in der tunesischen Revolution nahmen Blogger eine prominente Position ein. Der bekannteste unter ihnen ist Slim Amamou, der nach dem Sturz Ben Alis zeitweilig ein Amt in der Übergangsregierung übernommen hat. In Marokko geht die Bewegung des 20. Februar, die Hunderttausende mobilisierte und auf die Straße brachte, auf Internetaktivisten und ihr Portal 'mamfakinch.com' – was soviel bedeutet wie 'wir geben nicht auf' und 'wir geben nicht nach' – zurück, die sich wiederum mit Netzaktivisten in Tunesien (etwa dem Portal 'nawaat.org') verzahnen (Gertel 2014). Solche *cyber activists* spielten eine wichtige Rolle in der Kommunikation, der Verbreitung von Informationen und Bildmaterial über die Handlungen des Regimes sowie in der Organisation von Demonstrationen und anderen Protestaktionen (vgl. Honwana 2011; 2013).

Die gerade in westlichen Medien stark verbreitete Darstellung der tunesischen und ägyptischen Revolutionen als 'Facebook-Revolutionen' einer gebildeten Mittelschichtjugend zog jedoch auch scharfe Kritik auf sich. Neue Medien und Kommunikationsmittel hatten zwar die Verbreitung von Informationen, die Vernetzung von Aktivisten und die Organisation der Proteste erleichtert und mit Handykameras aufgenommene Fotos und Videos machten das Vertuschen von Polizeigewalt oder Massendemonstrationen unmöglich; Facebook, Twitter und Youtube waren jedoch nicht ursächlich für die Revolten. Die Fokussierung auf den Verdienst einer medienkompetenten jugendlichen Mittelklasse missachtet die Rolle marginalisierter Bevölkerungsgruppen in ländlichen Regionen wie in den Städten sowie den Einsatz anderer zivilgesellschaftlicher Gruppen (Ayeb 2011).

Dennoch hat das Engagement und das revolutionäre Potential der arabischen Jugendlichen in den jüngsten Aufständen eine neue Qualität erlangt. In den 'Brotpreisunruhen' im Nachgang neoliberaler Strukturanpassungsprogramme in den 1980er und 1990er Jahren war es nicht die Jugend, die an vorderster Front marschierte. In den von alten Eliten beherrschten Regimes der 2000er Jahre war kein Platz für die Jugend. Arbeitslosigkeit, Perspektivlosigkeit und der Ausschluss aus zentralen sozialen und politischen Bereichen lässt daher den Jugendlichkeiten kaum eine andere Möglichkeit, als sich im stillen, alltäglichen Sich-Durchschlagen neue Räume wie die Straße anzueignen (vgl. Bayat, in diesem Band) oder den offenen Protest zu suchen. Standen Jugendliche zumindest temporär im Mittelpunkt der revolutionären Bewegungen, so spielen sie in den post-revolutionären Gesellschaften, die teilweise immer noch stark von alten Strukturen geprägt sind, schon wieder kaum mehr eine einflussreiche Rolle. Sie sind nicht nennenswert an der Gründung neuer politischer Parteien beteiligt und bleiben auch von Regierungsämtern weitestgehend ausgeschlossen. Von einer Depolitisierung der Jugend kann dennoch nicht gesprochen werden; ihr direktes politisches Engagement konzentriert sich vielmehr auf die Bildung zivilgesellschaftlicher Allianzen und einen medialen Aktivismus. Misstrauisch und aufmerksam verfolgen sie die politischen Entwicklungen und gehen immer wieder gegen die neuen Machthaber auf die Straße. Allein schon aufgrund ihres demographischen Gewichts ist eine dauerhafte Stabilität kaum zu erreichen, solange diese Bevölkerungsgruppen aus wichtigen Bereichen des Staates ausgeschlossen bleiben.

Jugendbewegungen in der arabischen Welt

Die vorliegende Edition zu *Jugendbewegungen* widmet sich dem städtischen Widerstand und Umbrüchen in der arabischen Welt und besteht aus drei Teilen. Der erste Teil führt konzeptionell in die Themen Jugend, Widerstand und Stadtentwicklung ein. Daraufhin folgen die Fallstudien; im zweiten Teil zu Nordafrika und im dritten Teil zum Nahen Osten. Diese Studien beruhen auf jahrelangen Feldforschungserfahrungen und intensiven Gesprächen mit den Jugendlichen vor Ort. Hierbei kommen Stimmen von Jugendlichen zu Wort, die bisher kaum gehört wurden.

Im Folgenden nimmt Jörg Gertel in seinem einleitenden Beitrag zunächst die Ursachen von Protestaktionen in Nordafrika und dem Nahen Osten in den Blick. Er beleuchtet, wie Krisen und Widerstand zusammenwirken, und untersucht, warum sich soziale Gruppen inklusive der Jugendlichen mobilisieren und aktiv werden. Er argumentiert, dass die Ursachen in der neoliberalen Globalisierung sowie der dramatischen Privatisierungswelle und der damit zusammenhängenden wachsenden Armut und Schutzlosigkeit zu suchen sind. Gleichzeitig haben sich die Ursachen für Widerstand verschoben. Sie entstehen heute nicht mehr allein vor Ort, sondern räumlich weit entfernt von Kairo oder Rabat in internationalen Büros und kommerziellen Handelssälen, generieren sich im Gewand technisierter Verfahren der Wertschöpfung, verstecken sich in anonymen Verfahrensweisen und bleiben intransparent, während sich ihre Akteure häufig der gesellschaftlichen Verantwortung entziehen. Gertel zeigt, wie besonders Banken und Nahrungskonzerne für ihre Profitabsichten tätig werden. Diese Form von »Technoliberalismus« führt, so der Autor, zu massiven Unsicherheiten, neuen Risiken und über die massive Verteuerung von Grundnahrungsmittelpreisen zu weltweit simultanen Protestaktionen, die letztlich auch den Arabischen Frühling mit verursachten. Im darauffolgenden Kapitel beleuchtet Asef Bayat das weitverbreitete Bild neoliberaler Städte, in denen sich die Prozesse der Privatisierung und Gentrifizierung in Verbindung mit einer wachsenden Marginalisierung weiter Teile der Bevölkerung im Zuge eines neoliberalen Abbaus staatlicher Sozialsysteme konzentrieren und die den »Tod der Städte« ankündigen. Neben solchen Ausgrenzungsphänomenen – die besonders im arabischen Raum greifen – beobachtet Bayat eine zunehmende Aneignung des öffentlichen Raums durch entrechtete und benachteiligte Stadtbewohner, die die Straße, öffentliche Plätze und Grünanlagen etc. als Räume für Arbeit, Freizeit und Gemeinschaftsleben nutzen. Nicht durch konzertierte politische Mobilisierungen, sondern durch informelle Alltagspraktiken behaupten sie in einer Form »sozialer Nicht-Bewegungen« ihr Recht auf die Stadt und treiben die Eliten in die Defensive und in den Schutz ihrer sicherheitsüberwachten und privatisierten Rückzugsräume.

Den zweiten Teil des Buches zu den Fallbeispielen aus dem urbanen Nordafrika leitet Johannes Frische ein; er untersucht vor dem Hintergrund des tunesischen Aufstands im Dezember 2010 und Januar 2011 die Lebensbedingungen von Jugendlichen, die in besonderem Maße von Arbeitslosigkeit oder von prekären, informellen Arbeitsverhältnissen betroffen sind. Dabei beleuchtet er ihr Verhältnis zur herrschenden politökonomischen Ordnung. Geografische Ungleichheiten spielen hier ebenso eine Rolle wie der Umgang des Regimes unter Ben Ali mit den verschiedenen informellen Praktiken, mit denen prekarisierte Jugendliche versuchen, ihren Alltag zu bewältigen und über die Runden zu kommen. In der Entstehung des Aufstands wird deutlich, dass sich sozioökonomische Faktoren mit universellen politischen Forderungen verkoppelten und so aus der kollektiven Alltagsbewältigung eine klassenübergreifende politische Protestbewegung erwuchs. Rachid Ouaissa beleuchtet analog dazu, wie sich im Nachbarland Algerien die Ursachen und Formen von Jugendprotesten in den letzten Jahrzehnten entwickelt und verändert haben. Nach Erlangung der Unabhängigkeit von Frankreich hatte das Regime mithilfe seiner Öldevisen ein Rentiersystem geschaffen, in dem die Jugend klientelistisch in das Staatsprojekt eingebunden wurde. Widerstand gegen die panarabistische Ideologie erwuchs zunächst aus den kulturellen Autonomiebestrebungen der Berberbewegungen in der Kabylei. Sinkende Ölpreise, Haushaltsprobleme und Sozialabbau führten dann zu einer wachsenden sozialen Ungleichheit, die die Legitimität des Regimes untergrub und in den 1980er Jahren Massenproteste und soziale Unruhen nach sich zog, die in den Oktoberunruhen von 1988 gipfelten. Mit dem Erstarken islamistischer Bewegungen und den blutigen Auseinandersetzungen mit dem algerischen Regime in den 1990er Jahren erreichte der jugendliche Widerstand einen wesentlich höheren Organisationsgrad. Eine erneute Verteilungspolitik, großangelegte Kreditprogramme und autoritäre Repressionen seitens der Regierung treffen heute auf subtilere und indirektere Formen des Widerstands, die etwa in Form von Auswanderung und Selbstverbrennungen dem Staat seine Legitimität absprechen, ohne dass es bisher jedoch zu Massenprotesten tunesischer oder ägyptischer Ausmaße kommt. Hier knüpft der Beitrag von Britta Hecking an. Sie geht auf die aktuellen Phänomene der jugendlichen 'Aneignung der Straße' in Algier ein und untersucht deren Bedeutung für die Lebenswelt Jugendlicher, insbesondere aus marginalisierten Stadtvierteln Algiers. Die Straße stellt für sie nicht nur eine wichtige ökonomische Ressource für den Straßenhandel und andere informelle ökonomische Aktivitäten dar, sondern bietet auch Freiräume für die Begegnung mit anderen Jugendlichen, die Freizeitgestaltung und den Ausbruch aus den beengten Lebensbedingungen in vernachlässigten Altstadtvierteln und den randständigen Häuserblöcken ausgelagerter Wohnsiedlungen. Hecking vertritt die These, dass räumliche Überschneidungen von Geografien der Ungleichheit und Geografien der Revolten bestehen, die sich in der Stadtgeschichte beispielhaft in der emblematischen Rolle des Viertels Bab al-Oued, Zentrum des Widerstands sowohl im Befreiungskrieg als auch während der Oktoberunruhen 1988, widerspiegelt. Informelle Aktivitäten, Auswanderung und die Besetzung der Straße im Allgemeinen gelten ebenfalls als Formen des Protestes; der Grad ihrer Regulierung dient der Regierung jedoch auch als Stellschraube für den Umgang mit Massenprotesten und Unruhen.

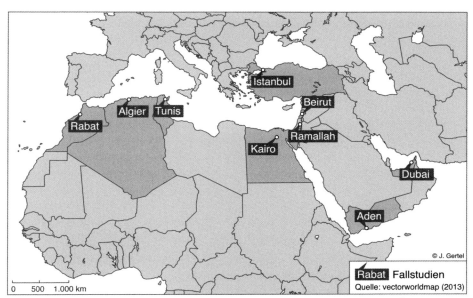

Karte 1-1: Fallstudien zu Jugendbewegungen in der Arabischen Welt

Im darauffolgenden Kapitel geht Jörg Gertel der Frage nach, wie die marokkanischen Jugendlichen in Rabat leben, wie sie ihren Alltag gestalten und welche Gruppen von ihnen politisch aktiv werden und Widerstand leisten. Die Ausführungen beruhen auf einer Studie, die im Juni 2012 in Rabat mit mehreren hundert Jugendlichen durchgeführt wurde. Die Untersuchung erfasst die Situation nach den großen Protestbewegungen vom Frühjahr 2011, sowie nachdem bei den vorgezogenen Parlamentswahlen die islamisch ausgerichtete Partei für Gerechtigkeit und Entwicklung zur stärksten Kraft des Landes gewählt wurde. Die Jugendlichen aus den unteren Einkommensschichten in der marokkanischen Hauptstadt geben Auskunft über ihre ökonomische Situation, ihre sozialen Netzwerke, Lebensentwürfe und Zukunftsängste sowie ihre politischen und religiösen Einstellungen, ihr Engagement und Mobilisierung. Dabei wird deutlich, dass zwischen dem Medienbild und dem Alltag von Jugendlichen ein großer Unterschied besteht. Das Image, Jugendliche seien leicht für Massenveranstaltungen zu mobilisieren, und ihre tatsächliche politische Mobilisierung klaffen weit auseinander, während die Beschäftigung mit gesellschaftlichen Werten und Zielen besonders im Internet neue Räume gewonnen hat.

Die folgenden drei Kapitel beleuchten das urbane Ägypten und hier besonders Kairo. Stefan Widany zeichnet ein Bild der seit den Massenprotesten von 2011 enorm gewachsenen Kairoer Streetart-Szene und identifiziert verschiedene Kategorien der Kunst- und Widerstandsobjekte. Im Vergleich zu Tendenzen in globalen Graffiti- und Streetart-Szenen fällt auf, dass im ägyptischen Fall die Vermittlung politischer Inhalte durch Stilmittel der Streetart im Vordergrund steht. Dies wird auch deutlich in der

Untersuchung dessen, ob und wie sich die Kairoer Szene in die klassischen Streetart-Spannungsfelder von Subkultur, Kommerz und Kunst einordnet. Im darauffolgenden Kapitel zeigt Ali Sonay am Beispiel der Jugendbewegung des 6. April, einer der zentralen Gruppen bei der Mobilisierung gegen Husni Mubarak, wie sich ägyptische Jugendliche in Kairo städtischen Raum aneigneten und somit Widerstand gegen die herrschende Ordnung in der gesamten ägyptischen Gesellschaft leisteten. Dieser Widerstand ordnet sich ein in globale Netzwerke von Jugendbewegungen, die mit ähnlichen Mitteln ihren Protest zum Ausdruck bringen, öffentliche Räume besetzen und sich hierbei eine globale Öffentlichkeit schaffen. Mit der Bildung neuer politischer Institutionen und Strukturen steht die Bewegung jedoch vor der Herausforderung, ihre politischen Forderungen auch in einem institutionalisierten Rahmen zu vertreten. Schließlich beschäftigt sich Ivesa Lübben mit einem weiteren Teil des Spektrums ägyptischer Oppositionsbewegungen, den jugendlichen Mitgliedern der Muslimbruderschaft und mit salafistischen Gruppierungen. Die zunächst abwartende und ambivalente Haltung der Muslimbruderschaft in Ägypten gegenüber den Massenprotesten auf dem Tahrir-Platz in Kairo ließ einen Generationenkonflikt innerhalb der streng hierarchisch und autoritär strukturierten Bewegung aufbrechen. Politische Abspaltungen und das zunehmend selbstbewusste und eigenständige Verhalten vieler junger Muslimbrüder werfen Fragen nach einer Neuausrichtung und Neuorientierung der Muslimbruderschaft auf. Auch unter den weniger hierarchisch organisierten salafistischen Bewegungen werden neue Rollenbilder gesucht und – etwa bei den Costa-Salafis – eine vorsichtige Annäherung an andere Jugendbewegungen betrieben.

Der dritte Teil des Buches nimmt die Rolle widerständiger Jugendlicher im urbanen Nahen Osten in den Blick. Amira Augustin beleuchtet die spannungsgeladene Transformation der südjemenitischen Hafenstadt Aden. Sie zeichnet ihre Geschichte als britische Kronkolonie, Hauptstadt der südjemenitischen Volksdemokratischen Republik Jemen bis zur Vereinigung mit dem Nordjemen in den 1990er Jahren nach. In der Gegenwart findet sich die Stadt in einer zugleich marginalisierten Position und im Zentrum regionaler Migrationsströme und globaler Auseinandersetzungen und wird immer wieder zum Austragungsort von Protesten und Ausschreitungen vor allem junger Menschen, die besonders von den eklatanten sozioökonomischen Problemen des Landes betroffen sind. Ihre Protestbewegung hebt sich insofern von den anderen arabischen Aufständen ab, da sie nicht nur die Souveränität eines autokratischen Staatsregimes, sondern in ihren Separationsbestrebungen auch die Staatsgrenzen selbst in Frage stellt. In David Kreuers Untersuchung jugendlicher Palästinenser tritt vor allem ihr spannungsgeladenes Verhältnis zu 'Widerstand' in den Vordergrund. Widerstand hat in Palästina einen hohen Stellenwert, wird jedoch von den Jugendlichen mit verschiedenen Bedeutungen aufgeladen. Anhand von Fallbeispielen innerhalb und außerhalb von Ramallah zeigt der Beitrag, wie Jugendliche versuchen, ihr Engagement im Widerstand und ihre Wünsche nach uneingeschränkter persönlicher Bewegungsfreiheit in Einklang zu bringen, und wie sie mit den auftretenden Widersprüchlichkeiten umgehen. Karolin Sengebusch stellt in ihrem Beitrag fest, dass vor allem die Präsenz junger, unerfahrener Aktivisten die anti-konfessionelle Protestwelle prägte, die 2011 im Libanon – hauptsächlich in der Hauptstadt Beirut – kurzzeitige Massenproteste mobilisiert hat. Sie beschreibt die explosionsartige Expansion und rapide Kontraktion der Protestwelle und fragt danach, inwieweit dies ein Ergebnis der Themen, Organisationsweisen und Protestformen war, die die junge Generation in die Bewegung eingeführt hat. Hiermit verbunden sind disparate Konzeptionen von 'Politik', die von verschiedenen Typen und Generationen von Aktivisten vertreten werden. Der anschließende Beitrag von Daniel Falk beleuchtet daraufhin die Lebenssituation einer völlig anderen Gruppe, nämlich der junger Migranten in Dubai, die einen Großteil der vor Ort anwesenden Bevölkerung stellen und seit einiger Zeit den öffentlichen Raum sichtbar – und kontrovers – prägen. Er argumentiert, dass diese, trotz restriktiver Einwanderungspolitik und dem damit verbundenen prekären Aufenthaltsstatus, schon durch ihre allgegenwärtige Präsenz und ihre Alltagspraktiken Gesellschaftsentwürfe und Lebensrealitäten vor Ort verändern. Diese Aneignung des öffentlichen Raumes stellt eine 'stille' Form des Protests junger Migranten in Dubai dar, denen institutionelle und offene Formen des politischen Protests verwehrt bleiben. Pierre Hecker befasst sich im vorletzten Kapitel mit der Transformation von Jugend und Jugendlichkeit in der Türkei, wo ihre Rolle auch gegenwärtig Gegenstand einer öffentlichen und politischen Auseinandersetzung ist, die weiterreichende Implikationen für die Bedeutung der Religion im Staat hat. Die unterschiedlichen Positionen in dieser Frage spiegeln sich wider in dem »*Clash of Lifestyles*« türkischer Jugendlicher, der an den Beispielen eines Rock-'n'-Roll-Lifestyles und eines modernen islamischen Lifestyles aufgezeigt wird. Als dynamische und kosmopolitische Stadt stellt vor allem Istanbul den Ort dar, wo diese verschiedenen Lebensstile ausgelebt und vorgelebt werden. Im Sommer 2013 entstehen auch hier Massenproteste. Abschließend stellt Ines Braune eine weitere Form der Jugendbewegung vor – das Parkour, also die Fortbewegung und das Überwinden von Hindernissen im städtischen Raum mit keinen Hilfsmitteln außer dem eigenen Körper. Ende des letzten Jahrhunderts in einem Pariser Vorort entwickelt, hat diese jugendliche Subkultur durch die mediale Vermittlung schnell eine internationale Mitgliedschaft aufgebaut, so auch in Marokko. Sie argumentiert, dass trotz der immer noch geringen Akteurszahlen und dem Fehlen eines politischen Bewusstseins der Geist des Parkour sozialen Nicht-Bewegungen ähnelt: Hindernisse werden überwunden oder in Hilfsmittel umgewandelt; öffentliche Räume werden umgedeutet, in der Bewegung eingenommen und verändert. So bleibt festzuhalten: *Jugendbewegungen* sind vielfältig und dynamisch.

Wie sind diese empirischen Befunde zu bewerten? Jugendliche, soviel scheint klar, sind die wichtigsten Akteure für die Gestaltung unserer Zukunft. Entsprechend werden sie im afrikanischen Kontext als »*social shifter*« (Durham 2000) bzw. als »*social breakers and makers*« (Honwana & DeBoek 2005) bezeichnet. In der arabischen Welt sind sie besser gebildet als jemals zuvor, verfügen über eine Medienkompetenz wie keine andere soziale Gruppe und sind durch die wachsende sprachliche Konvergenz im Englischen fähig, grenzüberschreitende soziale Netzwerke zu bilden. Trotzdem handelt es sich bereits allein aufgrund ihrer demographischen Größe um eine Gruppe, die ausgesprochen binnendifferenziert ist. Spätestens mit dem Arabischen Frühling stellen wir zudem fest, dass die Auswirkungen der Globalisierung in Wissenschaft und Politik oft unterschätzt wurden und dass gerade die Rebellion der Jugendlichen – im Gefolge von Finanz- und Umweltkrisen auch in europäischen und in außereuropäischen Gesellschaften – sowohl als Ursache wie auch als Ergebnis von Globalisierungsprozessen zu verstehen ist. Wir stellen daher abschließend vier Thesen vor, die die folgenden Kapitel im weiteren Kontext der Jugendforschung positionieren.

(1) Jugendliche werden zunehmend zu einem internationalen Akteur mit sich annähernden Lebensentwürfen. Es entstehen neue Allianzen, die einerseits auf gemeinsamen Kohorten-Erfahrungen wie der erlebten Möglichkeit, ein Regime zu stürzen, und andererseits auch auf Generationsbrüchen und der Ablösung von traditionellen Bindungen und Werten beruhen. Dies bedeutet keineswegs eine zunehmende Homogenisierung der Jugend, sondern vielmehr die Ausbildung unterschiedlicher 'Jugendlandschaften'[3], die lokale Bindungen und Ländergrenzen überschreiten. Somit driften gleichzeitig die Alltagspraxen der unterschiedlichen Generationen weiter auseinander, während sich unterschiedliche Gruppen von Jugendlichen ausdifferenzieren – etwa in Subkulturen, die sich partiell aus ihrem lokalen Umfeld herauslösen können, weltweite Bezüge herstellen, neue mediale Interaktionen generieren und sich auch als Gruppe durch selektive Aneignungsprozesse neu formieren.

(2) Jugendliche sind Akteure des Widerstands: Von globalen Krisen wie dem Reaktorunfall in Fukushima und den Auswirkungen der Finanzkrise in Europa sind vor allem Jugendliche betroffen. Ihre Arbeits- und Zukunftschancen werden etwa in Spanien, Griechenland und Japan teilweise massiv eingeschränkt. Wie in der *Occupy*-Bewegung werden sie zu Gegnern der räuberischen Züge der Globalisierung und wachsender Ausgrenzung. Trotz Partikularitäten zeigt sich dabei eine historische Kontinuität. Seit den Unabhängigkeitsbewegungen und den Nationalismusdiskursen postkolonialer Staaten, den 1968-Bewegungen im Westen und den Anti-Globalisierungsbewegungen bis hin zum Arabischen Frühling: Immer waren Jugendliche Adressaten der Hoffnung und auch Träger der Protestaktionen. Während allerdings früher große gesellschaftliche Projekte und Utopien im Mittelpunkt standen, zeigen sich nun zwei parallele Entwicklungen: Einerseits sind es individuelle, private Träume und hedonistische Lebensentwürfe, um die Jugendliche ringen. Andererseits scheint die Jugend auch kollektiven Idealen verpflichtet zu sein. Jugendliche formieren sich zu einer neuen gesellschaftlichen Kategorie; ihre politische Bedeutung wächst.

(3) Jugend und Urbanisierung: Jugendliche wachsen in Städten anders auf als in ländlichen Gebieten. Städte sind im kolonialen Gefüge als Brückenköpfe, in der postkolonialen Phase als Primatstädte und unter Globalisierungsdynamiken als Portale beschrieben worden. Städte waren und sind die Taktgeber von gesellschaftlichen Transformationen und Jugendliche sind damit in besonderer Weise verbunden. Bereits heute lebt mehr als die Hälfte der Menschheit im urbanen Raum. Doch gerade die Metropolen

und Megacities des globalen Südens wie Kairo oder Istanbul zeichnen sich durch Problemballungen auf engstem Raum aus. Die räumliche Segregation in Arm und Reich wird durch Abschottung in abgeschlossene Wohngebiete (*Gated Communities*) manifest, die Ungleichheit und Ausgrenzung wird auch für Jugendliche immer sichtbarer und erlebbarer. Überwachungstechnologie, privatisierte Sicherheitsapparate und Abschottungsarchitektur verzahnen sich und produzieren territorial manifeste Exklusionsorte. Gleichzeitig greifen Proteste in Hauptstädten die Legitimität der Regierung unmittelbar an. Protestorte wie der Midan Tahrir (Platz der Befreiung) in Kairo liegen nicht nur zentral, sondern sind auch symbolisch aufgeladen; sie waren wiederholt Orte der Konfrontation, die medial sichtbar gemacht wurden. Das Ringen darum, in Szene gesetzt zu werden, ist gleichermaßen so urban wie politisch.

(4) Jugendliche entwickeln neue, auch subversive Partizipations-, Mobilisierungs- und Protestformen: Es ist zu unterscheiden zwischen individueller politischer Partizipation, kollektiven Protestaktionen und dem generellen Wunsch, Teil der Gesellschaft zu sein, zur Moderne dazu zu gehören. Entgegen der These, dass Jugendliche entpolitisiert seien, möchten sie, oft ohne gemeinsame politische Agenda, bestehende Ordnungen testen und in Frage stellen. Subversive Formen des Protests umfassen die physische Anwesenheit im öffentlichen Raum, Streetart- und Graffitiaktionen und alternative 'sportliche' Bewegungen in der Stadt (Parkour) bis hin zu Gehorsamsverweigerungen und spontanen Protestaktionen. Oft sind es individuelle Aktionen, die Massenwirksamkeit entfalten, die den Staat symbolisch bloßstellen wie das *harraga*-Phänomen. Sie zeichnen sich dadurch aus, dass sie kaum eine hierarchische Struktur benötigen, mit niedrigen Schwellen arbeiten, spontan verlaufen können und zunehmend eine virtuelle Sichtbarkeit erfahren. Die vielfältigen und dynamischen Schnittstellen zwischen virtuellen Interaktionen, physischer Präsenz und gesellschaftlicher Mobilisierung fordern neue Forschungen über Jugendliche in der arabischen Welt.

Anmerkungen

[1] Siehe hierzu beispielsweise die Ausführungen von Filiu (2011), Honwana (2013), Jünemann & Zorob (2013), Lynch (2012), McMurray & Ufheil-Somers (2013), Sowers & Toensing (2012).

[2] Vgl. Hansen (2008), Dillabough & Kennelly (2010), Mörtenbeck et al. (2012) und Wessel (2013).

[3] Maria und Soep (2005) verwenden den Begriff *youthscape*, um die Einbettung lokaler Jugendkulturen in übergeordnete nationale und globale Kontexte herauszustellen. Die konzeptionellen Überlegungen Appadurais (1996) reichen weiter. Im Zentrum seiner Argumentation steht die Praxis der Imagination, die er als Schlüsselkomponente der neuen globalen Ordnung versteht.

Krise und Widerstand

Jörg Gertel (Leipzig)

> »Die Revolutionen in Ägypten und Tunesien haben komplexe Ursachen –
> der bewundernswerte Mut der Aufständischen speist sich aus tiefen Wurzeln.
> Aber der Hunger, die Unterernährung, die Angst vor den rasch steigenden
> Preisen des täglichen Brots waren ein mächtiger Beweggrund der Revolte.«
>
> – Jean Ziegler, Sonderberichterstatter der UN für das Recht auf Nahrung (2012, 47)

Einleitung

Die jüngere Geschichte der arabischen Länder ist von Widerstand, Unruhen und Aufständen durchzogen. Städtische Protestaktionen sind dabei die prominentesten: sie sind sichtbar, können große Gruppen mobilisieren und einschneidende politische Konsequenzen, wie die Ablösung von Regierungen, nach sich ziehen. Ausgangspunkt sind oft die prekären, unsicheren und ungerechten Lebensumstände, gegen die Widerstand geleistet wird. Im Folgenden sollen die Ursachen und Reichweiten von Protestaktionen in den Blick genommen werden. Im Mittelpunkt steht dabei die Frage, wie Krisen und Widerstand zusammenwirken, und welche Mechanismen soziale Gruppen – auch Jugendliche – mobilisieren und aktiv werden lassen.

Ich gehe davon aus, dass die jüngere Geschichte und Genealogie der Mobilisierung in den arabischen Ländern nur zu verstehen ist, wenn die wachsenden Unsicherheiten des Alltagslebens analysiert werden. Hierzu wird es notwendig, die neoliberale Globalisierung zu betrachten, die kommunale und gemeinschaftliche Bezüge über viele Jahre hinweg aushöhlte, zu tief greifenden Privatisierungen der Volkswirtschaften führte, einen Großteil der Bevölkerung weiter in die Armut trieb und sie zunehmend alleine der individuellen Risikobewältigung überließ. In Kombination mit diesen eher mittelfristig wirksamen Prozessen sind die jüngeren globalen Krisen und ihre Verkettungen zu beleuchten, also etwa das Zusammenwirken existenzieller Unsicherheiten mit globalisierten Nahrungs-, Finanz-, Energie- und Umweltkrisen. Diese Krisen repräsentieren das Wachsen unübersichtlicher Handlungs- und Verursachungsketten, die gleichzeitige Zersplitterung von Verantwortungsgefügen sowie die unzureichenden und oft gar komplett fehlenden Haftungsmechanismen, die immer größere gesellschaftliche Risiken für immer breitere Schichten nach sich ziehen. Die gesellschaftliche Mobilisierung in der arabischen Welt ist daher nicht allein durch regionale, hausgemachte Probleme zu erklären und auch nicht allein auf 'politische' Probleme zu reduzieren. Vielmehr ist sie auch als Ergebnis langfristiger Deprivationsprozesse und wachsender Armut zu verstehen, die historische und externe Bezüge aufweisen und sie ist das Resultat großer Handlungsspielräume entfesselter ökonomischer Akteure, die neue globale Risiken hervorbringen. Ich nehme hier die ökonomische Dimension in den Blick und argumentiere, dass sich die Ursachen für Protestaktionen historisch verschoben haben. Sie entstehen heute räumlich weit entfernt von den Austragungsorten der Proteste, in Büros und Handelssälen, generieren sich im Gewand technisierter Verfahren der 'Wertschöpfung', verstecken sich gleichzeitig in anonymen 'Verfahrensweisen' und werden so komplex und intransparent, dass selbst Finanzmathematiker ihre eigenen Produkte nicht mehr erkennen. Diese Handlungen unterliegen keiner moralischen Kontrolle, entledigen sich jeder gesellschaftlichen Verantwortung und entziehen sich einer sozialen Bewertung und Haftung.

Meine Argumentation werde ich nach einer kurzen Einführung in die generellen Entwicklungslinien der arabischen Welt und der konzeptionellen Annäherung an die Begriffe 'Krise' und 'Mobilisierung' in vier Schritten vortragen: Zunächst wird 'Widerstand' aus Perspektive der moralischen Ökonomie und der Subsistenzethik der Armen untersucht, um herauszustellen, unter welchen Bedingungen lokale Sanktionsmechanismen greifen und Protestaktionen die Verantwortlichen von Krisen treffen. Ich argumentiere, dass Situationen der Kopräsenz hierfür entscheidend sind. Dann beschäftige ich mich mit den städtischen Brotpreisaufständen der 1980er Jahre, die erstmals eine systematische räumliche Trennung von Ursachen und Austragungsort von Nahrungskrisen und Nahrungsprotesten repräsentierten. Hieran schließt sich drittens die Analyse der Beschleunigung von gesellschaftlichen Polarisierungseffekten unter den Bedingungen der neoliberalen Weltordnung seit den 1990er Jahren an, bei der neue Akteure wie Banken und Handelshäuser in den Vordergrund treten. Viertens wird schließlich die Ausbildung komplexer Krisenstränge und neuer finanzkapitalistischer Gefährdungen beleuchtet, die ich Technoliberalismus nenne und die zu massiven Steigerungen von Grundnahrungsmittelpreisen und weltweit simultanen Protestaktionen führten(vgl. Abbildung 2-1), den Arabischen Frühling mit verantworteten und sich mit neuen Formen virtueller Mobilisierung kombinierten.

Entwicklungslinien

Eingangs gilt es, zunächst grundlegende Entwicklungslinien in der arabischen Welt aufzuzeigen. Sie liefern den Hintergrund zum Verständnis gesellschaftlicher Differenzierungsprozesse und räumlicher Ungleichheiten, die ihrerseits lokal unterschiedliche Voraussetzungen schaffen, um mit globalen Ereignissen und Krisen umzugehen. Hier ist an erster Stelle die nationalstaatliche Formierung im Zuge der politischen Unabhängigkeit von der europäischen Kolonialherrschaft zu nennen. Sie war oft ausgesprochen gewalttätig und hat erst nach teilweise heftigen Unabhängigkeitskämpfen neue staatliche Akteure hervorgebracht. Im Gefüge der Blockbildung nach dem Zweiten Weltkrieg entfalteten sich die jungen Nationalstaaten im Rahmen unterschiedlicher Einflusssphären. Abhängig von der jeweiligen Rolle der USA und der Sowjetunion beschritten sie phasenweise sehr unterschiedliche Entwicklungswege, die vom arabischen Sozialismus etwa im Irak, Syrien und Ägypten bis zum Wirtschaftsliberalismus tunesischer Provenienz reichten. Die Rolle des Staates in den arabischen Ländern ist daher unterschiedlich. An zweiter Stelle ist die häufig unterschätzte, jedoch noch immer große Bedeutung der Landwirtschaft anzuführen. Sie wurde nur in einigen Ländern, und auch das erst seit wenigen Jahrzehnten, durch oft bescheidene Industrieentwicklungen – vor allem im Ölsektor – und neue Dienstleistungsaktivitäten überlagert und nur teilweise abgelöst. In Ländern wie dem Sudan, Mauretanien, Marokko oder dem Jemen ist ein Großteil der Bevölkerung nach wie vor in der Landwirtschaft tätig. Trotz Agrarreformen und partiellen Umverteilungen in den 1950er und 1960er Jahren blieben Landbesitz und damit Lebenschancen auch in Ländern wie Ägypten oder Palästina ungleich verteilt. Immer wieder wird um Landzugang gekämpft (Bush 2002). Die Zahl der Landlosen und Kleinstbauern nimmt bis in die Gegenwart weiter zu und immer weniger Menschen können von der Landwirtschaft allein leben. Trotzdem bleiben landwirtschaftliche Zusatzeinkommen für die Existenzsicherung vieler Familien nach wie vor essentiell. Drittens ist die industrielle Förderung von Öl und Gas als wichtige Entwicklungslinie anzusprechen. Sie ließ einige Länder, besonders die Monarchien am Golf, wirtschaftlich profitieren – allerdings standen diese dabei lange unter dem Einfluss westlicher Ölkonzerne (BP, Shell, Mobil etc.), die weit über die Kolonialzeit hinaus vorteilhafte Förderkonzessionen besaßen. Andere arabische Länder partizipieren über Arbeitsmigration und Gastarbeiterüberweisungen indirekt an den Erdöleinkünften. Viertens ist festzuhalten, dass nicht nur Arbeitskräfte und Devisen zirkulieren, auch Ideen, Visionen und religiöse Vorstellungen sind mobil und werden durch Migration ausgetauscht. So gelangen beispielsweise Normen islamisch-wahabitischer Prägung, die aus der Golfregion stammen, in den weiteren arabisch-islamischen Raum. Hinzu tritt der stark europäisch geprägte Massentourismus, der wiederum andere, auch säkulare Ideen befördert. Fünftens sind die Konsequenzen der internationalen Schuldenkrise der 1970er und 1980er Jahre zu nennen, die langfristige Wirkungen entfalten. Sie stellen die historische Vorlage für die von Internationalem Währungsfond (IWF) und Weltbank begleitete Durchführung groß angelegter ökonomischer Liberalisierungs- und Privatisierungsmaßnahmen dar, die Marktöffnungen und massive nationale Sparmaßnahmen nach sich zogen, welche vor allem die Armen trafen. Durch so genannte Strukturanpassungsprogramme wurden öffentliche Versorgungssysteme für Nahrungsmittel, Wohnungsbau und Transport verkleinert und trotz weitreichender Proteste – so genannte Brotpreisaufstände – oft großteils aufgelöst. Gleichzeitig mit der nun forcierten Marktöffnung hat sich sechstens regional eine immer größere Abhängigkeit von Nahrungsmittelimporten, besonders von Getreide, ausgebildet. Länder wie Marokko, Ägypten, Sudan, Irak und Algerien sind gezwungen, Weizen zu importieren, um ihre Bevölkerungen zu versorgen. Dabei machen transnational agierende Agrarfirmen immense Gewinne, gerade in Krisenzeiten, wenn das wenige Geld der Armen für Brot ausgegeben werden muss. Gleichzeitig sind siebtens die beträchtlichen

KRISE UND WIDERSTAND

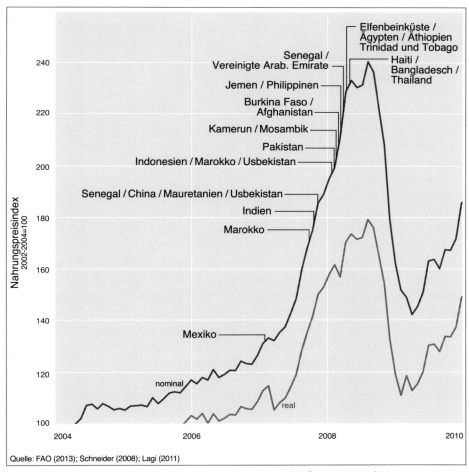

Abbildung 2-1: Internationale Nahrungspreisaufstände 2007/08

Ausgaben anzusprechen, die für Waffen und bewaffnete Konflikte gezahlt werden (vgl. Sadowski 1993; SIPRI 2012). Kriege wie die zwischen Iran und Irak, zwischen Irak, Kuwait und den Alliierten sowie die Bürgerkriege im Libanon, Sudan und in Syrien und niederschwelligere Konflikte wie in Palästina und Israel sowie im Südosten der Türkei haben zusammen Hunderttausende an Opfern gefordert und Milliardensummen verschlungen.

In dieser fragmentierten Landschaft, in der sich in der arabischen Welt arme und reiche Gebiete verschieben, gewalttätige Konflikte abwechseln und in die private Wirtschaftsinteressen transnationaler Akteure hineinreichen, beschleunigten sich nach dem Zweiten Weltkrieg Verstädterung und Metropolenentwicklung. 1970 lebten bereits

38 Prozent der arabischen Bevölkerung in Städten, 2005 waren es 55 Prozent und 2020 werden es mehr als 60 Prozent sein (UNDP 2010). Immer stärker kommt es dabei zur räumlich konzentrierten Problemballung in Metropolen wie Casablanca, Algier, Kairo oder Istanbul, in denen Millionen von Einwohnern an oder unterhalb der Armutsgrenze leben (Bonine 1997; Davis 2007). Da die arabische Bevölkerung eine junge Bevölkerung ist – 60 Prozent sind jünger als 25 Jahre (AHDR 2009) – schließt dies besonders junge Menschen mit ein, die gut gebildet und mit modernen Technologien zunehmend medial vernetzt sind, jedoch kaum über angemessene Berufschancen verfügen. Die Krisen, die sich seit 2007 in schneller Folge kombinieren, treffen die Jugendlichen und die städtischen Armen mit voller Wucht: Die finanzkapitalistisch ausgelöste Weltfinanzkrise und die internationalen Nahrungspreisproteste im Winter 2007/08 treffen mit Finanzspekulationen auf Nahrungsmittel und dem neuen globalen Landraub (dem massiven Aufkauf von Agrarland durch Banken und kapitalstarke Staaten) zusammen, um dann im Winter 2010/11 mit erneuten internationalen Höchstpreisen für Grundnahrungsmittel in den Arabischen Frühling einzumünden (vgl. Abb. 2-2).

Die arabische Welt ist entsprechend hochgradig binnendifferenziert, unterliegt wechselnden externen Interessen und flexiblen Allianzen. Gleichzeitig existiert eine Vielfältigkeit von Widerständigkeit, von Mobilisierungen und Protestaktionen, die von nationalen Unabhängigkeitskämpfen und Befreiungsbewegungen über Brotpreisproteste und IWF-Aufstände bis hin zu sozialen Bewegungen, global vernetzten Mobilisierungen und den politischen Umbrüchen im Gefolge des Arabischen Frühlings reichen.[1] Die wissenschaftliche Aufarbeitung dieser Ereignisse hat vielfältige Erklärungsansätze hervorgebracht. Sie unterscheiden sich im Hinblick darauf, welche Ausschnitte der Gesellschaft betrachtet werden – lokale, regionale oder nationale Gefüge – und welche Temporalität der Ereignisse im Fokus steht, etwa kurzfristige Prozesse, langfristig wirksame Strukturen oder auch die Wechselwirkung zwischen beiden.

In diesem Kapitel steht die Erklärung von Nahrungskrisen und Nahrungsprotesten im Mittelpunkt. Nahrung ist ein Grundbedürfnis und betrifft die existentielle Sicherung des Überlebens. Ausbleibende Nahrungssicherung hat dramatische Folgen: Hunger und Mangelernährung sind zum weltweit größten Gesundheitsrisiko geworden, ihre Auswirkungen sind gravierender als die von Aids, Tuberkulose und Malaria zusammengenommen. Angesichts dessen, dass die Zahl der weltweit Hungernden 2008 die Milliardengrenze überschritten hat, spricht der Sonderbeauftragte der UN für das Recht auf Nahrung, Jean Ziegler, von einer »Massenvernichtung in der Dritten Welt« (Ziegler 2012). Nahrungskrisen sind nicht neu, sie durchziehen die Geschichte, auch die der arabischen Länder, und haben sich dort als zentraler Kristallisationspunkt des Empfindens von Ungerechtigkeit immer wieder mit anderen Formen von Mobilisierungen verbunden.

Begriffe

Wie jedoch sind Krisen zu verstehen – was bedeuten sie? Krisen können zunächst als Prozess oder besser als Bündel von Prozessen verstanden werden; sie haben eine temporale Dimension, ein Vorher und ein Nachher sowie einen Anfang und ein Ende. Zweitens sind Krisenprozesse als Stadien der Destabilisierungen zu begreifen; entsprechende Prozesse beziehen sich auf Systeme, deren Identität oder strukturelle Integrität bedroht ist.[2] Der Vorgang der Destabilisierung weist in seinem Verlauf drittens einen Wendepunkt auf, der darüber entscheidet, ob sich das System wieder erholt oder ob es endgültig kollabiert und sich in Fragmente auflöst. Während die Destabilisierung über eine Grundanfälligkeit und erhöhte Anfälligkeit ein immer größeres Ausmaß annimmt, wird häufig erst der letzte Zeitabschnitt, das Stadium des Wendepunktes, als die eigentliche Krisensituation wahrgenommen. Das betroffene System kann dabei sowohl ein soziales System wie ein Nahrungssystem sein oder – entsprechend dem klassischen Krisenbegriff (vgl. Bühl 1988) – ein biologisches wie der menschliche Körper[3] (Gertel 2010a). Während es bei sozialen Systemen schwierig sein mag, zwischen (heftiger) Transformation oder (leichtem) Kollaps zu entscheiden, ist dies beim menschlichen Körper eindeutig: Bei einem kompletten Zusammenbruch stirbt die Person, ein Vorgang, der offensichtlich nicht reversibel ist. In diesem Sinne ist der menschliche Körper auch als finaler Ort sozialer Auseinandersetzungen zu verstehen. Gleichzeitig sind soziale Systeme und menschliche Körper untrennbar miteinander verbunden. Sie existieren nicht unabhängig voneinander, was gerade bei Nahrungskrisen augenfällig ist.[4]

In diesem Zusammenhang gilt es einen weiteren Begriff, den der sozialen Reproduktion, zu verorten. Ein Verständnis von Nahrungskrisen, das bei der individuellen Person ansetzt, bedeutet auch, dass bereits im Vorfeld und im Verlauf einer Nahrungskrise der unmittelbare Reproduktionskontext (Familie, Haushalt) der infrage stehenden Person betroffen ist. Mit der Ausbildung einer Nahrungskrise – also einer Bedrohung der körperlichen Unversehrtheit eines Haushaltsmitgliedes – kann eine Bedrohung der sozialen Reproduktion eines Haushalts zusammenhängen. Dies umfasst neben der unmittelbaren körperlichen Dimension schwerwiegender Mangelernährung auch Auswirkungen auf die übergeordneten reproduktiven Strategien eines Haushalts. Angelehnt an Giddens (1992) verstehe ich soziale Reproduktion daher als einen rekursiven Vorgang, der bestimmte Strukturen in sozialen Systemen wieder herstellt. Ausgangspunkt sind soziale Beziehungen, die im Rahmen institutionalisierter Praktiken immer wieder neu produziert werden. Im Mittelpunkt steht dabei die Familie bzw. der Haushalt als kleinste soziale Reproduktionseinheit. Verändert sich die Ressourcenstruktur eines Haushaltes, insbesondere in den Bereichen des Ernährungs- und Gesundheitszustandes einzelner Personen dahingehend, dass Gefahren nicht mehr abgefedert werden können, so ist das Auftreten von Reproduktionsproblemen und Nahrungskrisen nicht mehr auszuschließen.

Für eine weitere gesellschaftliche Kontextualisierung von Krisen erscheint es sinnvoll, zwischen langfristigen, strukturellen Ursachen, die über große Zeiträume Ressourcenzugänge verändern, und kurzfristigen, konjunkturellen Ereignissen, die oft als Auslöser von Krisen wirken, zu unterscheiden. Festzuhalten ist auch, dass einzelne Ursachen und ihre Auswirkungen sich mit anderen Problemen kombinieren und verketten können, um sich über die Zeit hinweg als wachsende Gefährdung zu akkumulieren. Tritt zu einem bestimmten Zeitpunkt ein scheinbar unbedeutender Auslöser hinzu, dann kann eine auf den ersten Blick stabile Situation sich scheinbar plötzlich destabilisieren und zur akuten Krisensituation werden, die das komplette System infrage stellt. Doch auch das Gegenteil ist möglich: Nahrungs- und Reproduktionskrisen entwickeln sich auch, wenn das politische System stabil ist und stabil bleibt.

Mit Mobilisierung ist schließlich vor allem das Überschreiten von Alltagsroutinen und Alltagsmobilitäten (Gertel & Breuer 2012) angesprochen, ein kognitiver und lokomotorischer Vorgang. Das Spektrum reicht von der Mobilisierung an Wahlen teilzunehmen, bis hin zu gewalttätigen, illegalen Aktionen. Mobilisierung ist nicht alltäglich, sie konnotiert, etwas Besonderes zu tun, etwa politisch und physisch-körperlich in der Öffentlichkeit sichtbar zu werden; sie ist nicht nur in den arabischen Ländern oft verbunden mit den Konsequenzen der körperlichen Exposition und der Möglichkeit, persönlichen Schaden zu nehmen. Auch die Umbrüche des Arabischen Frühlings stehen, wie ich zeigen werde, mit Nahrungskrisen, der Angst vor Hunger und neuen Formen der Mobilisierung im Zusammenhang.

Widerstand

Moralische Ökonomie und Subsistenzethik

Der Begriff 'moralische Ökonomie' *(moral economy)* wurde von E.P. Thompson in seiner Studie über die englische Arbeiterklasse bereits 1963 eingeführt und 1971 in einem Beitrag über die englische Bevölkerung des 18. Jahrhunderts nochmals weiter konkretisiert. Er stellt heraus, dass Nahrungsaufstände *(food riots)* sehr komplexe Formen öffentlicher Aktionen darstellen, dabei allerdings klare Ziele verfolgen. Der Begriff 'Aufstand' sei jedoch zu klein, um die große Bandbreite politischer Kontexte zu erfassen, in denen die moralische Ökonomie sich entfaltet. Er führt aus:

> »Es ist sicher richtig, dass Aufstände durch steigende Preise oder durch Fehlverhalten der Händler oder durch Hunger ausgelöst wurden. Allerdings wurden diese Missstände innerhalb eines öffentlichen Konsenses verhandelt, bei dem zwischen legitimen und illegitimen Praktiken beim Handeln, Mahlen, Backen etc. unterschieden wurde. Diese Unterscheidung wiederum war in der konsistenten traditionellen Sichtweise sozialer Normen und Verpflichtungen und den genauen ökonomischen Funktionen verschiedener Parteien innerhalb der Gemeinschaft verankert, welche zusammengenommen die moralische Ökonomie der Armen konstituieren.« (Thompson 1971, 79)[5]

Drei Mechanismen zur Erklärung von traditionellen Nahrungsaufständen sind demnach wichtig: erstens die Herausbildung eines gemeinschaftlichen Konsenses über legitime und nicht-legitime Praktiken der beteiligten Akteure; zweitens das Einhergehen sozialer Verpflichtungen mit dem Erwirtschaften ökonomischer Profite; und drittens die Aushandlung von Normen und Verpflichtungen, den Referenzen sozialen Handelns, innerhalb von Gemeinschaften. Die Dimensionen moralischer Ökonomie werden also durch Konsensbildung über legitimes Handeln, Verpflichtungen ökonomischen Handelns und die Referenz lokaler Gemeinschaft definiert. Thompson stellt in diesem Zusammenhang heraus, dass historisch eine tiefe Überzeugung bestand, dass in Zeiten des Mangels Preise zu regulieren seien und dass Profiteure, die aus dem Mangel Kapital schlagen würden, sich außerhalb der Gemeinschaft stellen. Das Motiv der Einschüchterung sei entsprechend bedeutsam. Er führt aus:

> »Wenn Männer und Frauen, die dem Hungertod nahe sind, Mühlen, Getreidemühlen und Getreidespeicher angreifen, dann nicht etwa, um Nahrungsmittel zu stehlen, sondern um die Eigentümer zu bestrafen.« (Thompson 1971, 114)

Da in agrarisch geprägten Ländern wie dem Sudan, Jemen oder Marokko noch große Bevölkerungsteile von der Landwirtschaft leben, in welcher Austauschprozesse keineswegs komplett von der Geldwirtschaft durchdrungen sind – was ebenso für einige informelle Austauschsysteme städtischer Ökonomien gilt – wird eine weitere historische Beobachtung von Thompson interessant: Wenn im Zuge der industriellen Revolution von einem Bargeld-Nexus gesprochen wird, so könne im 18. Jahrhundert auch von einem Brot-Nexus gesprochen werden. Der Unterschied und das Gefälle zwischen Stadt und Land sowie der Konflikt zwischen Traditionalismus und neuer politischer Ökonomie sei durch den Brotpreis vermittelt worden (vgl. Tilly 1971). Ökonomische Klassenkonflikte fanden, so Thompson weiter, ihren Ausdruck dabei zunehmend in der Bedeutung des Lohns. Die Mobilisierung der arbeitenden Bevölkerung war entsprechend durch steigende Lebensmittelpreise sehr schnell zu entzünden (ebd., 79); sie lebte nicht allein von Brot, aber viele Familien waren großteils davon abhängig. Thompson stellt fest: »Wenn Preise hoch sind, dann kann mehr als die Hälfte des wöchentlichen Budgets einer Arbeiterfamilie in die Ausgaben für Brot gehen« (ebd., 82). Diese Situation spiegelt sich im heutigen Nordafrika und Nahen Osten wider und entspricht der Situation im Ägypten der 1980er Jahre, als die schwächste städtische Einkommensgruppe etwa die Hälfte ihres Kalorien- und Proteinbedarfs ausschließlich durch den Konsum von subventioniertem Brot und Weizen decken musste; die Ausgaben für Nahrungsmittel machten dabei knapp zwei Drittel der Gesamtausgaben aus (Gertel 2010a, 225). Dies war die Ausgangslage, bevor ab Mitte der 1980er Jahre die großen Einschnitte und Sparmaßnahmen in das staatliche Subventionssystem erfolgten. Der Brotpreis hatte und hat demnach eine lebenswichtige Bedeutung und seine Veränderung ist Auslöser für Mobilisierungen.

James Scott (1976) führt diese Überlegungen weiter und untersucht die Beziehungen zwischen Subsistenzbefriedigung und Rebellion im ländlichen Südostasien. Er fokussiert damit nicht mehr auf einen historischen, sondern auf einen entwicklungspolitischen Kontext und führt aus: »Das Problem der Ausbeutung und Rebellion ist nicht nur ein Problem von Kalorien und Einkommen, sondern eine Frage der bäuerlichen Konzeptionen von sozialer Gerechtigkeit, von Rechten und Verpflichtungen und von Reziprozität« (ebd., VII). Scott hält fest:

> »Die Angst vor Nahrungsknappheit hat in den meisten präkapitalistisch-bäuerlichen Gesellschaften zur Ausbildung einer 'Subsistenzethik' geführt. Diese Ethik, die Bauern in Südostasien mit denen in Frankreich, Russland oder Italien des 19. Jahrhunderts teilen, war eine Konsequenz davon, dicht am Existenzminimum zu leben.« (Scott 1976, 2)

Gegenwärtig[6] trifft dies auch auf Länder wie Mauretanien, Marokko, Tunesien, Ägypten, den Sudan, Palästina oder den Jemen zu. Hier lebt teilweise weit mehr als die Hälfte der Bevölkerung unter oder nur knapp über einer Armutslinie, an der Grenze zur Überlebenssicherung. Während vorkapitalistische Gemeinschaften versuchten, das Risiko, unter die Subsistenzgrenze zu fallen, durch Patron-Klient-Beziehungen, Umverteilungsmechanismen (Redistribution) und Reziprozität abzufedern, bemüht sich mit den Unabhängigkeitsbewegungen im 20. Jahrhundert der Staat, diese Rolle zu übernehmen. Doch dieser scheitert, wie ich im Folgenden weiter argumentieren werde, oft daran, menschliche Sicherheit zu gewährleisten, was seine Legitimität infrage stellt. Scott jedenfalls resümiert zunächst:

> »Die moralische Ökonomie der Subsistenzethik kann an den Themen bäuerlicher Proteste dieser Periode abgelesen werden. Zwei Themen herrschten vor: Erstens waren Ansprüche auf die bäuerlichen Einkünfte seitens der Großgrundbesitzer, Geldverleiher oder des Staates niemals legitim, wenn sie das, was als minimale, kulturell definierte Subsistenzgrenze galt, überschritten, und zweitens sollten die Produkte des Landes so verteilt sein, dass allen eine Subsistenznische garantiert war.« (Scott 1976, 10)

Dementsprechend sollte die Subsistenzgrenze bzw. das, was Scott als »Krisenzone der Subsistenz« und Grenze identifiziert, nicht unterschritten werden, wenn Widerstand und Proteste vermieden werden sollten. In Bezug auf die Ausführungen von Thompson stellt er fest: »Die Armen hatten das soziale Recht auf Subsistenz. Jedwede Forderung seitens der Eliten oder des Staates gegenüber den Bauern ist daher ungerechtfertigt, wenn die Grenze der Subsistenzbedürfnisse überschritten wird« (ebd., 33).

Wenige Jahre später beleuchtet Scott im ländlichen Malaysia die Formen des »alltäglichen Widerstandes« und die »Waffen der Schwachen« (*Weapons of the Weak*, 1985). Er geht dabei von der Überlegung aus, dass alle offenen Formen des Protestes und Revolutionen letztlich nur zu einem Staatsapparat führen, der dazu gelernt hat und eine noch stärkere Kontrolle über die Bauern ausübt (ebd., 29). Daher sei Widerstand in den Alltag eingeschrieben, niederschwellig und quasi banal – aber dennoch wirkmächtig. Dies betrifft die andauernde Auseinandersetzung zwischen den Bauern und jenen, die Arbeitskraft, Nahrungsmittel, Steuern und andere Abgaben von ihnen abschöpfen. Formen des Widerstandes umfassen dabei Verzögerungstaktiken, Verheimlichungen,

Verstellungen, falsche Auskünfte, Fehlmeldungen, kleine Diebstähle, scheinbare Ignoranz, Verunglimpfungen, üble Nachrede, Brandstiftung, Sabotage usw. (ebd., 29). Diese Formen des Widerstandes benötigen kaum oder keine Koordination oder Planung, sie nutzen implizite Übereinkünfte informeller Netzwerke, repräsentieren Formen individueller Selbsthilfe und vermeiden typischerweise jede Form direkter, symbolträchtiger Konfrontation mit den Autoritäten. Sie erinnern damit an die Ausführungen zu Nicht-Bewegungen *(non-movements)* von Bayat (2012a). Die Reichweite dieser Form der Widerständigkeit ist allerdings beschränkt. Sie ist nicht imstande, die Ursachen und Mechanismen der Ausbeutung grundsätzlich zu beheben, noch haben die Subsistenz- und Kleinbauern ein Monopol auf diese Instrumente, die ebenso von anderen Gruppen angewandt werden. Dennoch ist Scott – ebenso wie Bayat (2012a; in diesem Band) – der Überzeugung, dass sie in langfristiger Hinsicht die bedeutsamsten und effektivsten Formen des Widerstands darstellen.

Städtischer Widerstand

Der Widerstand in der arabischen Welt im Zuge und Nachgang des Arabischen Frühlings hat seine Wurzeln sowohl auf dem Land als auch in der Stadt – jedoch jeweils unter anderen Bedingungen. Allerdings sind es vor allem die städtischen Proteste und besonders die in den Hauptstädten, die die Legitimation der Regierungen unmittelbar bedrohen; diese Proteste sind sichtbar, erfahrbar und medienwirksam. Zur Analyse der Herausbildung des städtischen Widerstandes in der arabischen Welt werden drei Erklärungsansätze vorgestellt, nämlich zu sozialen Netzwerken, zu Arbeiter- und Gewerkschaftsbewegungen und zu Nicht-Bewegungen, bevor anschließend die internationalen Brotpreisproteste in den Blick genommen werden.

Denoeux (1993) beleuchtet in »*Urban Unrest in the Middle East*« die Bedeutung informeller Netzwerke in Ägypten, im Iran und im Libanon, um städtische Protestbewegungen im Nahen Osten zu erklären, wobei die Zeit von 1940 bis 1980 im Mittelpunkt seiner Betrachtungen steht. Er geht davon aus, dass Aufstände vor allem in Städten wie Kairo und Teheran stattfinden, und dass eine grundlegende Verbindung zwischen der schnellen Urbanisierung und der politischen Instabilität in der Region besteht (ebd., 3). Denoeux konzentriert sich auf die persönlichen Beziehungen informeller Netzwerke, die »Politik der Straße« (»politics of the street«, ebd. S. 6; vgl. Bayat 1997b) und die Politik der Gegenelite (ebd., 6). Er unterscheidet dabei vier Typen von Netzwerken – klientelistische, berufsbezogene, religiöse und wohnstandortbezogene – und argumentiert, dass die schnelle Urbanisierung zur Multiplikation informeller Verbände geführt hat. Vereinfachenden Überlegungen, dass Migranten, die in die Stadt gelangen und in informellen Siedlungen und Slums leben, als entwurzelte und desorientierte Personen zu verstehen sind, die aus ihren traditionellen sozialen Strukturen herausgerissen wurden, um dann radikalen Bewegungen gegenüber offen zu sein, erteilt er eine Absage. Die empirischen Befunde würden solche Aussagen keineswegs stützen. Urbanisierung zerstöre keine sozialen Gruppen, sondern stärke sie vielmehr.

Gerade informelle Zusammenschlüsse innerhalb von Städten, so Denoeux weiter, seien sehr vital; sie würden sich gerade im Gefüge von Patron-Klient-Beziehungen über Klassengrenzen hinweg ausbilden, den Migranten und Armen helfen sich zu integrieren, sie mit Wohnraum versorgen, sowie in Notsituationen auch Hilfeleistungen und Unterstützung anbieten. Korrespondierende Einsichten zur Bildung sozialer Netzwerke und 'strategischer Gruppen', die auch im Nahen Osten jenseits von sozialen Schichtungen und Klassen Strategien zur Aneignung und Sicherung von Ressourcen ausbilden, wurden von Bielefelder Entwicklungssoziologen bereits einige Jahre früher vorgetragen (vgl. Evers 1973, Evers & Schiel 1988). Für Denoeux (1993) steht ebenso fest, dass Patron-Klient-Beziehungen einerseits die Wünsche der Armen selektiv 'nach oben' in die Politik transportieren, andererseits die Regierung über die Führer lokaler Gemeinschaften kooptiv und damit politisch stabilisierend tätig wird. Die Ambivalenz informeller sozialer Netzwerke entstehe entsprechend seinen Überlegungen nun daraus, dass sie neben ihrer integrierenden Wirkung gleichzeitig auch die Basis für die Artikulation von Unbehagen mit politischen Entwicklungen darstellen und als Vehikel für die Umsetzung von Protestaktionen dienen. Während Vertrauen und Solidarität als Voraussetzungen für politische Mobilisierung zu gelten hätten, seien informelle Netzwerke als Mittel des Widerstandes gegen repressive Regime zu verstehen (ebd., 24). Denn Netzwerke, so Denoeux, haben Begegnungsorte, stellen Kontakte her und verfügen über Kanäle für den Informationsaustausch. Gleichzeitig sind sie gerade aufgrund ihrer Informalität kaum durch Regierungen zu identifizieren oder zu kontrollieren. Informelle Netzwerke seien daher bestens in der Lage, Gruppen für politische Proteste zu mobilisieren und neue Gemeinschaften zu bilden (ebd., 25). Exemplarisch werden Jungendbanden angesprochen, deren gesellschaftliche Rolle als nicht legitimierte politische Opposition sich durch die islamische Geschichte zieht:

> »Durch die Verdichtung der internen Solidarität einer Nachbarschaft und durch die Bestärkung einer bestimmten Subkultur [die der Jugendlichen] innerhalb derselben, haben wohnstandortbezogene Netzwerke eine kommunale, lokale Solidarität gezeigt und verstärkt, die gegenüber äußeren Kräften misstrauisch ist und die sich leicht gegen politische Autoritäten oder gegen Mitglieder von rivalisierenden Verbänden in anderen Quartieren richten kann.« (Denoeux 1993, 46)

Gilden, also städtische Berufsverbände, die historisch oft im Basar organisiert waren, konfessionelle Netzwerke wie religiöse Bruderschaften und nachbarschaftlich organisierte Quartiersgemeinschaften wie die angesprochenen Jugendbanden sind drei typische Quellen, aus denen heraus persönliche Loyalitäten entstehen, die wiederum städtische Protestbewegungen speisen können. Schließlich kann sich die hierarchische Organisation informeller Netzwerke auch in öffentliche Führerschaft bei Aufständen übersetzen; und zwar nach Denoeux dann, wenn die Zentralinstanz instabil wird und wenn die Interessen der Netzwerkeliten von außen oder innen bedroht sind (ebd., 53).

Beinin & Lockman (1987) verschieben in »*Workers on the Nile*« den Fokus auf die Kämpfe der Arbeiterklasse (vgl. Lockman 1994). Ihre Untersuchungen in Ägypten zeigen, dass die Auseinandersetzung mit einem sich verändernden Staat eine lange Geschichte hat und bis in die Gegenwart hinein anhält. Die städtische Arbeiterklasse war in Ägypten während des Zweiten Weltkrieges stetig angewachsen. Am Ende des Krieges waren über 600.000 Arbeiter in knapp 130.000 Betrieben angestellt. Arbeiter und Gewerkschaften waren bis 1952 in einer Reihe von Protestaktionen engagiert und traten für höhere Löhne ein. Bereits 1947 hatten etwa 26.000 Fabrikarbeiter der Spinnereiindustrie in al-Mahalla al-Kubra, der größten ägyptischen Industrieanlage, aus Angst vor Entlassungen und Einschränkungen von Arbeitnehmerrechten gestreikt. Doch die Situation der Arbeiter im Ägypten der 1940er und 1950er Jahre war problematisch:

> »[E]s kann kein Zweifel daran bestehen, dass zermürbende Armut, Mangelernährung, schlechte Lebens- und Arbeitsbedingungen und der Mangel an Bildung der ägyptischen Arbeiterklasse eine enorme Menge an Energie und Vitalität entzogen und maßgeblich ihre Kapazität reduzierten, in den Gewerkschaften und in der politischen Arena zu kämpfen. In vielen Fällen hat allein der Überlebenskampf den unmittelbaren Horizont der Arbeiter bestimmt und ihre gesamte Energie absorbiert.« (Beinin & Lockman 1987, 272)

Als Nasser 1952 antrat und die volle ägyptische Unabhängigkeit sowie das Ende des Feudalismus versprach, wurde er von vielen Arbeitern zunächst enthusiastisch unterstützt. Doch die neue Regierung war nicht willens, militante und unabhängige Gewerkschaften zu akzeptieren. Nur wenige Monate nach Nassers Machtübernahme kam es in Kafr ad-Dawwar, einem weiteren großen Spinnereistandort mit 9.000 Arbeitskräften einige Kilometer südlich von Alexandria, zu Streiks und Auseinandersetzungen mit dem Militär. Die Politik des arabischen Sozialismus, die die kommenden Jahre bestimmen sollte, bescherte den Arbeitern zwar höhere Löhne und bessere Sozialleistungen, doch sie stand unter Nassers Motto »*The workers don't demand; we give*« (die Arbeiter fordern nichts; wir geben) (in: Posusney 1997, 73). Gewerkschaften als Mittel zum Streik waren nicht erwünscht. Erst mit der Regierungsübernahme durch Sadat und dessen Öffnungspolitik (1974) gegenüber den USA sowie infolge seiner Sozialkürzungen kam es 1977 zu ersten 'Brotpreisaufständen' in Ägypten, die den Auftakt für weitreichende Protestaktionen durch die Arbeiter insbesondere in den 2000er Jahren bilden sollten (vgl. Beinin 2012).

In diesen Kontext fügt sich jüngst Bayats Argumentation zu »Leben als Politik« (2012a) in die städtische Widerstandsliteratur ein, wobei er neue Akzente setzt und das »stille Vordringen« und die »Nicht-Bewegungen« in den Mittelpunkt stellt (vgl. Bayat, in diesem Band). Im Nahen Osten sind nach Bayat vier Dynamiken gesellschaftsstrukturierend wirksam: So werde vor allem die urbane Mittelschicht durch die Strukturanpassungsprogramme marginalisiert. Viele Menschen hatten in den 1990er Jahren den Verlust formaler Beschäftigungen zu beklagen und waren von Informalisierungen betroffen. Diese verarmte Mittelschicht, so Bayat, »tendiert dazu eine

Schlüsselrolle in der Politik des Streits zu spielen« (2012a, 50). Zweitens seien hinsichtlich sozialer Bewegungen im Nahen Osten Familien- und Verwandtschaftsbande bedeutsamer als in Lateinamerika, so dass in Nordafrika »primäre Solidaritäten relevanter sind als sekundäre Vereinigungen und soziale Bewegungen« (ebd., 58). Soziale Netzwerke bleiben nach Bayat allerdings flüchtig, unstrukturiert und paternalistisch. Hinzu kommt drittens ihre Kooption durch die organisierte Zivilgesellschaft: »Die Professionalisierung der NGOs führt tendenziell dazu, die Mobilisierungsfähigkeit der Graswurzelinitiativen zu mindern und dabei einer neuen Form des Klientelismus Vorschub zu leisten« (ebd., 51). Schließlich unterstreicht Bayat, dass gerade die islamischen Bewegungen, die vor den Umbrüchen 2011 aktiv waren, weniger die Armen als eher die gebildeten Mittelschichten mobilisierten.

Vor diesem Hintergrund setzt Bayat (2012a) mit seinem Beitrag zum »stillen Vordingen des Alltäglichen« an (vgl. auch Bayat 2000). Hiermit beschreibt er »die nichtkollektiven, ausdauernden und indirekten Handlungen einzelner Individuen und Familien mit dem Ziel, sich auf leise und bescheidene Weise das Notwendigste zum Leben anzueignen« (2012a, 50) und versteht dies als Gegenentwurf zu vorherrschenden Sichtweisen über den Widerstand der Armen. In vielen Widerstandstexten werden, so Bayat, die Strategien des Zurechtkommens mit »effektiver Partizipation oder der Subversion von Herrschaft verwechselt« (ebd., 66). Er stellt zudem fest, dass bei der Beschäftigung mit Widerstand oft nicht zwischen Absicht und Bedeutung unterschieden wird (ebd., 64); dass es weiterhin unklar bleibt, ob Widerstand bedeutet, etwas zu verteidigen oder etwas bereits Erreichtes voranzutreiben; auch sei die Rolle des Staates besser zu klären, oft fehle eine Staatstheorie und damit eine Analyse der Möglichkeit der Vereinnahmung (ebd., 65). Für Bayat ist es hingegen bedeutsam, dass Subalterne nicht einfach nur Opfer sind, sondern über eigene Handlungsmacht verfügen und Teil komplexer Machtverhältnisse sind. In Anlehnung an Pile (1997, 2) versteht er Macht und Gegenmacht nicht als binären Gegensatz, sondern vielmehr als einen »entkoppelten, komplexen, ambivalenten und permanenten 'Tanz der Kontrolle'« (in: ebd., 60). Das Lokale sei dabei wichtiger Schauplatz der Kämpfe, und da organisierte kollektive Aktionen nicht überall möglich seien, müssten alternative Formen der Auseinandersetzung entdeckt und anerkannt werden.

> »Der Begriff des 'stillen Vordringens' bezeichnet das leise, hartnäckige, weitverbreitete Vorrücken ganz normaler Menschen auf die Besitzenden, Mächtigen und den öffentlichen Raum mit dem Ziel, zu überleben oder ihr Leben zu verbessern. Es handelt sich um eine leise, größtenteils atomisierte und fortwährende Mobilisierung mit sporadischen kollektiven Aktionen – offenen und kurzen Kämpfen ohne eine klare Führung, Ideologie oder strukturierte Organisation.« (Bayat 2012a, 67)

Er erläutert: »Einfache und scheinbar banale Praktiken können leicht in den Bereich einer widerständigen Politik übergehen. Sie engagieren sich in kollektiven Aktionen und betrachten sich und ihre Aktivitäten vor allem dann als politisch, wenn das bisher

Erreichte gefährdet wird. Ein wesentliches Merkmal des stillen Vordringens besteht also darin, dass Fortschritte zwar still, individuell und graduell erreicht werden, die Verteidigung dieser Fortschritte aber häufig kollektiv und lautstark stattfindet« (ebd., 70). Allein durch ihre kumulative Zahl werden die Praktiken disparater Individuen und Familien dabei zu einer gesellschaftlichen Kraft. Es handele sich dabei meist nicht um eine Politik des Protests »sondern um eine Politik des Abhilfe-Schaffens« (ebd., 71). Zwei Ziele stehen dabei im Vordergrund: Die Umverteilung gesellschaftlicher Güter und das Erreichen von Autonomie, außerhalb der Grenzen des Staates und bürokratischer Institutionen (ebd., 72). Zwei Charakteristika von Nicht-Bewegungen werden hierbei deutlich: So suchen und gestalten sie einerseits Sicherheit im umfassenden Sinne – als Menschliche Sicherheit (AHDR 2009) und als Existenzsicherung (Gertel 2010a) – während sie andererseits nicht in der Lage sind, aus sich selbst heraus strukturelle Veränderungen herbeizuführen.

> »Angesichts ihrer existentiellen Beschränkungen [...] ist das stille Vordringen für marginalisierte Gruppen eine gangbare Befähigungsstrategie zur Sicherung ihres Überlebens und zur Verbesserung ihrer Lebenschancen. Allerdings kann diese Nicht-Bewegung keine weiterreichenden politischen Veränderungen herbeiführen – und das ist auch nicht ihr Ziel. [...] Die städtische Basisbevölkerung dürfte kaum zu einem einflussreichen Akteur in einem erweiterten Kontext werden, wenn sie sich nicht kollektiv mobilisiert und ihre Kämpfe mit breiteren sozialen Bewegungen und zivilgesellschaftlichen Organisationen verbindet.« (Bayat 2012a, 78f.)

Bayat führt hiermit eine dringend benötigte neue Begrifflichkeit für das Verständnis von Widerstand ein. Der genaue anthropologische Blick auf die lokalen Kontexte erschließt dabei wichtige Zusammenhänge wie zwischen dem stillen Vordringen, den Nicht-Bewegungen und der Politik der Straße (Bayat, in diesem Band). Unklar bleibt allerdings, wie der Übergang von Alltagshandlungen zur politischen Mobilisierung erfolgt, und unscharf bleibt, welche Gruppen dabei aktiv werden. Sind es die Ärmsten der Armen, die 'vor der Tür Gottes' stehen *('ala-l-bâb allah)* und auf die Hilfe anderer angewiesen sind oder ist es doch der verarmte Mittelstand? Wer wiederum sind die ganz normalen Menschen? Zudem bleiben in dieser Betrachtung die externen Ursachen von Unsicherheit, Armut und Krisen weitgehend ausgeblendet.

Brotpreisaufstände

Walton & Seddon (1994) legen mit »*Free Markets and Food Riots*« die umfangreichste Analyse der weltweiten Brotpreisproteste bzw. der IWF-Aufstände vor. Damit werden erstmals die globalen Verflechtungen von externen Ursachen, exemplarisch verkörpert durch die Politik des Internationalen Währungsfonds (IWF), und lokaler Mobilisierung, repräsentiert durch die protestierenden Gruppen, direkt in den Blick genommen. Die Autoren zählen zwischen 1976 und 1992 insgesamt 146 Proteste gegen Sparmaßnahmen in 39 Ländern. Sie definieren diese Proteste als: »große kollektive Aktionen, die politische

Demonstrationen, Generalstreiks und Aufstände umfassen, die aus der Beschwerde über die staatliche Politik der ökonomischen Liberalisierung resultieren, welche als Antwort auf die Schuldenkrise eingesetzt wurde« (Walton & Seddon 1994, 39). Gerade da die Strukturanpassungsmaßnahmen vom IWF angeordnet und implementiert wurden, sind die gewalttätigen Proteste als 'IWF-Aufstände' bekannt geworden. Proteste fanden oft wiederholt statt, so auch in Algerien (1987, 1988), Ägypten (1977, 1986, 1987, 1989), Iran (1978, 1979, 1991, 1992), Jordanien (1989), Libanon (1987), Marokko (1965, 1978, 1981, 1984), Sudan (1979, 1982, 1985), Tunesien (1978, 1984, 1987) und der Türkei (1978-9).

Um die Dynamik dieser Mobilisierungen zu erklären, ist es notwendig, drei miteinander zusammenhängende Entwicklungen genauer zu beleuchten: die Ölpreiskrisen von 1973/74 und 1979/80, die Schuldenkrise in den frühen 1980er Jahren und die nachfolgenden Strukturanpassungsmaßnahmen. Die Ölkrise begann, als die erdölproduzierenden Länder ein Embargo einrichteten und einen höheren Anteil der Profite von den westlichen Ölkonzernen einforderten. Die daraus resultierenden neuen und höheren Einkommen insbesondere in den Golfstaaten führten zum Entstehen und zur Akkumulation so genannter Petro-Dollars. Das neue liquide Kapital gelangte in Fremddollarmärkte außerhalb der USA, in neue private Banken, etwa nach Singapur (El Masry 1994). Diese Banken standen in einem strengen Wettbewerb und unterboten sich darin, günstige Kredite an Staaten der Dritten Welt für teilweise fragwürdige Projekte bereitzustellen. Die Kreditvergabe war allerdings von Anfang an problematisch: Die bankbezogenen Sicherungsmechanismen waren schwach und das Szenario, dass Staaten bankrott gehen könnten, galt als ausgeschlossen. Hinzu kam, dass die Kredite überwiegend mit variablen Zinsen vergeben wurden, die in der Anfangszeit noch niedrig waren. Mit dem erneuten Ölpreisanstieg und der Rezession der frühen 1980er Jahre kam es jedoch zu extremen Zinsanstiegen, die die verschuldeten Staaten kaum mehr bewältigen konnten. Zur wachsenden Auslandsverschuldung trat eine sinkende Kreditwürdigkeit hinzu. Die Schuldenkrise begann: Von 1970 bis 1984 ist die Auslandsverschuldung der Entwicklungsländer von 64 Milliarden USD auf 686 Milliarden USD gestiegen, wobei der Anteil der Schulden gegenüber privaten Banken von einem Drittel auf über die Hälfte der Gesamtschulden angewachsen war (Walton & Seddon 1994, 14). Umschuldungen wurden immer zwingender notwendig. Ihre Zahl stieg von 23 im Jahr 1981/82 auf 65 im Finanzjahr 1983/84. Die internationale Schuldenkrise war nun kurz vor ihrem Höhepunkt. Die Kredite der Privatbanken an die Entwicklungsländer wurden massiv zurückgefahren: 1986 entsprachen sie nur noch einem Drittel des Standes von 1980 (ebd., 16). Die Verschuldung der arabischen Länder war dramatisch: In Algerien verdoppelte sie sich fast und stieg von 14,4 Milliarden USD 1981 auf 23,2 Milliarden USD 1988. Dies betraf ebenso Jordanien, Marokko, Tunesien und die Türkei. In Ägypten hatten sich die Auslandsschulden gar verdreifacht, sie waren von 13,9 Milliarden USD 1981 auf 42,1 Milliarden USD im Jahr 1988 angestiegen und machten 123,4 Prozent des Bruttonationalprodukts aus (ebd., 184).

Von nun an wurden dringend benötigte Kredite, die kaum mehr von privaten Banken zu bekommen waren, davon abhängig gemacht, ob der IWF und die Weltbank in Stabilisierungs- und Strukturanpassungsprogramme einwilligten. Sie verfolgten im Rahmen des so genannten *Washington Consensus* konsequent eine Konditionierung der Kreditvergabe, also die Forderung nach Marktöffnung und Abbau des Protektionismus bei gleichzeitigem Rückzug des Staates und der Durchsetzung massiver Sparmaßnahmen. Diese Strategie war die einzig akzeptable in den 1980er Jahren und wurde in ein standardisiertes Maßnahmenbündel übersetzt. Damit verbunden waren die Liberalisierung der Handelspolitik, der Abbau von Handelsbeschränkungen, Wechselkurskorrekturen und Abwertungen, die Deregulierung von Märkten und Preisen, die Aufhebung von Export- und Importbeschränkungen, die Privatisierung öffentlicher Unternehmen und Einrichtungen, sowie Entlassungen aus Staatsbetrieben, die Kürzung der öffentlichen Ausgaben und der Abbau von Subventionen für Grundnahrungsmittel bei gleichzeitiger Einführung neuer Steuern. Diese Sparmaßnahmen schlugen sich unmittelbar bis auf die Haushaltsebene der Armutsgruppen durch, denen nun deutlich weniger Transferleistungen zur Verfügung standen (vgl. Gertel & Kuppinger 1994). Walton & Seddon halten fest:

> »Proteste gegen Sparmaßnahmen sind das direkte Resultat wachsender Auslandsschulden der Entwicklungsländer. [...] Die städtischen Armen und die Arbeiterklasse sind durch eine Kombination von Subventionskürzungen, sinkenden Reallöhnen und Preissteigerungen betroffen, die aus der Abwertung der Wechselkurse und den steigenden öffentlichen Verwaltungskosten resultieren.« (Walton & Seddon 1994, 40-41)

In Ägypten stellte sich die Situation so dar, dass bis 1986 über 30 Milliarden USD Auslandsschulden aufgelaufen waren. Knapp 15 Prozent der gesamten Staatsausgaben wurden damals immer noch für Subventionen aufgewendet – von denen der IWF forderte, sie drastisch weiter zu senken (vgl. Gertel 2010a). Von den 48 Millionen Ägyptern (1986) lebte allerdings fast die Hälfte an oder unterhalb der Armutsgrenze und gerade die Städter in Kairo und Alexandria waren auf den Import von Lebensmitteln, besonders von Getreide, angewiesen. Dass die Schwelle für Subventionsstreichungen und Preiserhöhungen für viele Familien sensibel war und ihre Existenzsicherung unmittelbar bedrohte, hatten die Proteste bereits 1977 gezeigt, als Demonstrationen das ganze Land ergriffen hatten. Im Oktober 1984 folgten erneut in Kafr ad-Dawwar Unruhen wegen Preissteigerungen und der Erhöhung von Sozialabgaben. Im Januar 1986 streikten Arbeiter nördlich von Kairo für höhere Löhne und im Februar demonstrierten mehrere tausend Bereitschaftspolizisten, die fast kein Einkommen hatten, gegen die Verlängerung ihrer Dienstzeit. Die Unruhen eskalierten, sie betrafen die Touristendistrikte, Hotels wurden geplündert und in Brand gesetzt, Nachtclubs und ein Freizeitpark waren Angriffsziele. Es folgten Straßenschlachten mit dem Militär, an denen sich nach und nach auch Jugendliche aus den ärmeren Vierteln beteiligten. Die Demonstranten riefen: »Die essen Fleisch, wir essen Brot.« (FR 28.2.1986; Taz 8.4.1986) Burke bemerkte in Bezug auf Kairo:

»IWF-Proteste folgen nicht dem klassischen Muster. Sie finden in verstreuten Stadtbezirken und nicht im Zentrum der Altstadt statt. Die Ziele für den Zorn der Menge wurden mit Blick auf ihren Platz im Machtgewebe nahöstlicher Regime ausgewählt. Sie betreffen lokale Regierungsagenturen, Luxushotels und Restaurants. Sie repräsentieren sichtbare und schamlose Übertretungen kulturell verankerter Vorstellungen von Gerechtigkeit: internationale Konsumstile, Korruption und Verschwendung.« (Burke 1989, 52)

Die Mechanismen der moralischen Ökonomie griffen: Weder wurde das Handeln der Regierung als legitim empfunden, denn die Grenze der Subsistenz war überschritten, noch war die Regierung ihrer Verpflichtung der Fürsorge und des gesellschaftlichen Interessenausgleichs nachgekommen. Allerdings verfügte die Regierung auch in den 1980er Jahren über Handlungsmacht und konnte einzelne Maßnahmen zurücknehmen, wiewohl sie bereits kaum mehr in der Lage schien, strukturelle Änderungen ihrer ökonomischen Abhängigkeiten herbeizuführen. Ähnliches galt für Tunesien. Die Brotpreisproteste in Tunesien begannen mit der Ankündigung von Preiserhöhungen der tunesischen Regierung zum Jahreswechsel 1983/84. Zum Abbau der Schulden (1983 ca. 2,3 Milliarden Euro) sollte mit Zustimmung der Gewerkschaftsführung der Brotpreis verdoppelt werden. Die Grundnahrungsmittel wurden damals noch mit ca. 225 Millionen Euro subventioniert (Taz 19.1.1984). Die Proteste begannen am 28.12.1983 im Süden des Landes in Douz mit der Preiserhöhung von Gries- und Teigwaren, es folgten Unruhen in den Industriestädten Kasserine, Gafsa und Gabès und am 2.1.1984 auch in Tunis. Die Proteste entwickelten sich spontan, zunächst waren wohl Jugendliche und Kleinhändler daran beteiligt, dann linke und islamische Gruppen (Le Monde 31.1.1984). Während im Süden Minenarbeiter demonstrierten, war die Mobilisierung in den Städten vor allem von Studenten und Oberschülern ausgegangen. Trotzdem die Regierung den Ausnahmezustand verhängte und Abfederungsmaßnahmen für die Armen ankündigte, gingen die Unruhen weiter. Erst als Präsident Bourgiba in einer öffentlichen Rede am 5. Januar 1984 die komplette Rücknahme der Preiserhöhungen ankündigte, beruhigte sich die Lage. Im Verlauf der Auseinandersetzungen wurden 121 Menschen getötet.

In Marokko folgten Brotpreisproteste nur Tage später. Das Land hatte 1983 ca. elf Milliarden USD Auslandsschulden und war aufgrund von hohen Kriegsausgaben (Westsahara) und sinkenden Einnahmen (Phosphat-Exporte) quasi zahlungsunfähig; es war auf Kredite vom IWF angewiesen und gezwungen, Sparmaßnahmen umzusetzen. Das Staatsdefizit sollte von 8,7 Prozent des Bruttoinlandsproduktes auf 6 Prozent abgesenkt werden (NZZ 8.3.1984). Während etwa 40 Prozent der Bevölkerung (21 Millionen) unter der Armutsgrenze lebten, mussten Nahrungsmittel, besonders Getreide, in Abhängigkeit der lokalen Dürren und schwankender Erträge immer wieder importiert werden. Bereits im Juni 1981 hatten Preiserhöhungen bei Grundnahrungsmitteln zu Aufständen geführt, bei denen Hunderte von Menschen ums Leben kamen (vgl. Taz 24.1.1984). Im Januar 1984 trafen dann unterschiedliche Ereignisse als Folge der Sparpolitik zusammen: In Nador protestierten am 20.1.1984 Schüler und Studenten gegen die Erhöhung der Studiengebühren und der Nahrungsmittelpreise. Einen Tag später kam es neben

Nador auch in anderen nordmarokkanischen Städten wie in El Hoceima und Tetuan zu Aufständen gegen die Einführung einer Grenzübertrittssteuer, die den Schwarzhandel mit den spanischen Enklaven (Ceuta, Melilla) unterbinden sollte. Gleichzeitig wurde in Agadir, Marrakesch und Rabat gegen die Preiserhöhung bei Lebensmittel protestiert (vgl. NZZ 8.3.1984). Zu bedenken ist auch hier, dass 54 Prozent der marokkanischen Bevölkerung jünger als fünfzehn Jahre alt waren.

Die Situation in Algerien war anders. Bei den Oktoberaufständen von 1988 handelte es sich nach Roberts (2002) weder um ökonomisch noch um islamisch motivierte Proteste. Er macht zwei bedeutsame Beobachtungen: Er stellt zunächst fest, dass islamische soziale Bewegungen zwar in Opposition zur Regierung gingen, gleichzeitig jedoch die Stärkung freier Marktkräfte unterstützten. Roberts führt aus:

> »Wiewohl es sicher der Fall ist, dass zahllose Aufstände in der arabisch-muslimischen Welt in den letzten 20 Jahren über Probleme wie Nahrungsmittelpreise (Brotpreisaufstände) stattfanden, und dass die Protestierenden dazu neigten, eher mehr denn weniger vom Staat hinsichtlich der Eingriffe gegenüber den Marktkräften zu verlangen, hatten diese Aufstände keine betont islamische Orientierung. Die islamisch-sozialen Bewegungen der infrage kommenden Länder neigten eher dazu, sich Staatsinterventionen, und -regulationen sowie Nationalisierungen entgegenzustellen und sich auf Seiten der Marktgesetze einzureihen, die gegen paternalistische und redistributive Impulse des Staates wirken.« (Roberts 2002, 5)

Eine islamische Mobilisierung gegenüber der Politik des IWF sieht Roberts daher nicht. Ganz im Gegenteil vermutet er eine Interessensübereinstimmung zwischen islamistisch-sozialen Bewegungen und dem Marktliberalismus des IWF. Sein zweiter Punkt betrifft dann direkt die soziale Komposition der Protestierenden und ihre Ziele. Er bezieht sich auf Khadda und Gadant (1990) und erinnert an die Slogans, die während der Aufstände in Algerien 1988 skandiert wurden: »Erhebt Euch, Jugendliche«; »Chadli Mörder!«; »Wir fordern unsere vollständigen Rechte« und »Wir sind Männer«. Die Protestierenden riefen auch: »Wir wollen weder Butter noch Pfeffer. Wir wollen einen Führer, den wir respektieren. Boumediène komm zurück zu uns. Halima kam, um uns zu beherrschen. Chadli, das reicht. Sag Deinem Sohn, er soll das Geld zurückgeben« (ebd., 9-10). Roberts stellt fest, dass es hier keineswegs um Brotpreise oder Couscous gehe. Um die Situation zu erklären, erinnert er uns vielmehr daran, dass zur damaligen Zeit die überwiegende Mehrheit, also zwischen 70 und 90 Prozent der Bevölkerung von Algier, Oran und anderen Städten – besonders die städtischen Armen – die erste und zweite Generation von Migranten darstellten, die aus ländlichen Gebieten stammten. Die Proteste spiegelten also vielmehr den speziellen Urbanisierungsprozess wider, der mit der 'Verländlichung' der Städte zusammenhängt. Der Zusammenbruch der algerischen Politik besteht vor allem in dem Bruch zwischen Staat und Bevölkerung. Auch Roberts bezieht sich auf Thompsons' Argument der moralischen Ökonomie und betont, dass die Protestierenden traditionelle Rechte und Bräuche verteidigen, dass es um die traditionelle Sicht auf soziale Normen und Verpflichtungen geht. Er schränkt jedoch die ökonomische Bedeutung ein. Vielmehr stellt er den politischen Kontext in den Mittelpunkt und verwendet Thompsons Begriff der »*moral polity*« (Thompson 1971, 90). Roberts argumentiert, dass der grundlegende gesellschaftliche Bruch auf die systematische Verletzung der Rechte der Bevölkerung durch konstanten Machtmissbrauch und Behördenwillkür zurückzuführen ist. Die Menschen, die als Migranten massenhaft vom Land in die Stadt gelangten, hätten ihr 'Recht zu sprechen' verloren (vgl. Spivak 1988). Die Möglichkeit, in lokalen Versammlungen das Wort zu ergreifen, sei synonym mit dem Selbstverständnis, sich als 'richtiger' Mann zu präsentieren. Entsprechend verlangten sie über die Protestaktionen, dass (bei Ausblendung der impliziten Geschlechterungleichheit) die egalitäre Tradition politischer Repräsentation durch den Staat honoriert wird. Sie fordern zumindest einen respektierbaren Führer, einen richtigen Mann, und nicht jemanden wie den Präsidenten Chadli Bendjadid, der sich als korrupt gezeigt hatte. Mit dieser Argumentation löst Roberts die Proteste in Algerien aus dem Kontext der IWF-Aufstände und ebenso aus dem Kontext der moralischen Ökonomie heraus und lenkt den Blick auf die versagende nationale, politische Ordnung – eine Einschätzung, die Walton & Seddon so nicht teilen würden.

Als Zwischenfazit ist festzuhalten, dass es in den 1980er Jahren erstmals zur kontinentüberschreitenden räumlichen Trennung von Ursachen und Austragungsorten von Nahrungskrisen und Nahrungsprotesten kommt – auch wenn nicht jede Protestaktion ökonomisch motiviert ist. Während unter kolonialen Bedingungen politische Maßnahmen etwa der britischen oder französischen Mutterländer räumlich bereits weitreichende Wirkungen entfalten und auch Hunger vor Ort etwa in Nordafrika nach sich ziehen konnten (vgl. Meier 1995), werden nun erst die Wirkungszusammenhänge einzelner politischer Gefüge – wie das vormalige britische Empire oder die französische Kolonialadministration – durchschnitten: politisch-ökonomische Kopplungen werden nun unabhängig von politischen Allianzen international wirksam. Verschuldung, Strukturanpassung, Marktöffnung und Widerstand sind omnipräsent geworden, sie überschreiten politische Gefüge. Darüber hinaus mobilisierten die Mechanismen der moralischen Ökonomie über Jahre hinweg Hunderttausende von Protestierenden. Es zeichnete sich jedoch ab, dass die Protestaktionen gegen die Regierungen sich zunehmend gegen die falschen Adressaten richten. Die nationalen Herrschaftssysteme werden eher zu Ausführenden einer Politik der neoliberalen Globalisierung, während privatwirtschaftliche Akteure international agierender Firmen, Getreidehändler und Banken, wie ich im Folgenden zeige, an Einfluss gewinnen und Nahrungskrisen mit verursachen.

Die neue Weltordnung

Mit dem Ende des Kalten Krieges wurde in den 1990er Jahren in den arabischen Ländern die neoliberale Globalisierung und der Ressourcenabzug von den Armen weiter beschleunigt. Bis zur ersten massenhaften Materialisierung der globalen Nahrungspreis- und Finanzkrisen im Jahr 2007 sind die noch bestehenden Bewältigungsmöglichkeiten eines Großteils der Bevölkerung erschöpft und ausgelaugt. Im Folgenden werde ich

Tab. 2-1: Reduzierung von Nahrungssubventionen in den 1990er Jahren

Algerien	Nahrungsmittelsubventionen wurden graduell abgeschafft: 1991 machten sie noch 4,7 Prozent vom BIP aus, 1993 noch 1,8 Prozent und 1995 nur noch 0,9 Prozent. Im Jahr 1996 waren sie ganz abgeschafft. Zwar wurden soziale Sicherheitsnetze eingeführt (1994), um die steigenden Nahrungspreise abzufedern, doch die Einsparungen zogen große Belastungen für die Armen nach sich. Der durchschnittliche Kalorienverbrauch sank auf ein sehr niedriges Niveau von 1.237 Kalorien/Tag, weit unterhalb des empfohlenen Minimums von 2.165 Kalorien/Tag.
Ägypten	Nahrungsmittelsubventionen wurden ab den 1980 Jahren eingeschränkt: Die Anzahl der Rationskartenbezieher wurde reduziert, ebenso wie das Spektrum der subventionierten Lebensmittel. In den 1990er Jahren waren nur noch Speiseöl und Brot subventioniert. Die Qualität bei Brot und Weizenmehl wurde weiter reduziert. Die Kosten der Nahrungssubventionen sanken von 4,4 Prozent des BIP (1990) auf 1,7 Prozent (1997). Der GINI-Koeffizient zeigt eine immer größere Kluft zwischen Arm und Reich und steigt von 0,322 (1981/82) auf 0,385 (1997) für urbane und von 0,275 auf 0,321 in ländlichen Gebieten.
Iran	1992 begannen Reformen, um die Kosten zu senken: Dazu zählen Wechselkursanpassungen und die Reduzierung des Angebotsspektrums von Nahrungsmitteln für das subventionierte Coupon-System; Bargeldtransfers ersetzten den Couponbezug von weißem Fleisch und Eiern.
Jordanien	Die Politik ist durch die Reduzierung der Nahrungsmittelsubventionen gekennzeichnet: 1996 wurde ein Couponsystem für alle eingeführt, das 1997 durch Bargeldtransfers ersetzt wurde, die wiederum 1999 aufgelöst wurden. Die Nahrungssubventionen betrugen daher 1999 nur noch 0,3 Prozent des BIP und lagen im Jahr 2000 bei null.
Marokko	Alle landwirtschaftlichen Erzeuger- und Zwischenhandelspreise wurden liberalisiert, während Konsumentenpreise für Zucker, Speiseöl und Mehl durch die Regierung festgelegt wurden. Durch die mindere Qualität von subventioniertem Mehl wird es nur durch die Armen und die untere Mittelklasse nachgefragt. Die Kosten der Nahrungssubventionen liegen Ende der 1990er Jahre bei etwa 1,7 Prozent des BIP.
Tunesien	Die Nachfrage differenziert sich entlang der Qualitätsunterschiede aus. Dies betrifft: Gries, Brot, Speiseöl, braunen Zucker und pasteurisierte Milch. Die Subventionskosten sinken von 2,8 Prozent des BIP (1989) auf 2,3 Prozent 1996 und weiter auf 1,2 Prozent des BIP im Jahr 1999.
Jemen	Weizenpreise und -vermarktung wurden 1999 liberalisiert. Die Kosten für Nahrungsmittelsubventionen variierten: sie lagen 1992 bei 3,7 Prozent des BIP, 1994 bei 5,1 Prozent, stiegen 1996 weiter auf 7,9 Prozent, um 1998 auf 3,6 Prozent des BIP zu fallen.

Quelle: Weltbank (1999), Adams (2000), Gertel (2005b).

die historischen Ursachen der Nahrungsunsicherheit in der arabischen Welt im Hinblick auf ihre wechselnde Position im globalen Nahrungssystem diskutieren. Ich gehe davon aus, dass die Konsequenzen der auf die Strukturanpassungsmaßnahmen zurückgehenden, tiefgreifenden Sparmaßnahmen, die seit den 1970er Jahren zu Massenprotesten und Brotpreisaufständen in der arabischen Welt und anderswo geführt haben, sich mit der weiteren Marginalisierung der städtischen Armen kombinierten, insbesondere nach 1989, als im Kontext der neuen Weltordnung westliche Hilfeleistungen für die arabischen Länder deutlich abnahmen. Entwicklungs- und Nahrungsmittelhilfe wurden damals neu ausgerichtet und gelangten zunehmend in den 'Osten', während der 'Süden' – besonders die sozialistisch ausgerichteten arabischen Länder – die Verluste trug (vgl. Hopfinger 1996). Diese Entwicklung wurde durch die Politik der internationalen Entwicklungsagenturen wie Weltbank und Internationalem Währungsfond, aber auch von USAID forciert. In Abwesenheit anderer vergleichbarer Wettbewerber verstärkten sie im Rahmen des *Washington Consensus* ihre Kooperation und nutzten ihre gestärkte Machtposition, um die Privatisierungs- und Sparmaßnahmen weiter voran zu treiben. Algerien, Ägypten, Iran, Jordanien, Marokko, Tunesien und der Jemen waren dadurch gezwungen, ihre Nahrungsmittelsubventionen zwischen 1990 und 2000 komplett abzuschaffen (vgl. Tab. 2-1). Die Konsequenzen waren dramatisch: noch weiter wachsende ökonomische Ungleichheiten und extreme Belastungen für die Armen, die aufgrund von Kaufkraftverlusten und sinkenden Zugangschancen noch anfälliger gegenüber Reproduktionskrisen und Mangelernährung wurden (Milanovic 2008, 2009). Die Umsetzung makro-ökonomischer Reform- und Stabilisierungsprogramme wurde somit auf Kosten wachsender Armut und Nahrungsunsicherheit teuer erkauft.

Das weitere Auseinanderdriften arabischer Gesellschaften war demnach programmatisch angelegt, die ökonomische Polarisierung omnipräsent.[7] Die Konsequenzen dieser Entwicklungen können – zumindest teilweise – anhand statistischer Aussagen aufgezeigt werden. Doch sollte dabei nicht vergessen werden, dass numerische Aussagen nur einen Teil des Alltags repräsentieren können. Beispielsweise ist die Bedeutung der Subsistenzproduktion etwa in der Landwirtschaft nicht durch nationale Statistiken abgebildet, obwohl diese für die Existenzsicherung vieler Bewohner arabischer Länder, besonders wenn sie agrarisch geprägt sind, außerordentlich wichtig ist. Statistiken über Länder, die sich zudem noch in bewaffneten Konflikten befinden, wie Sudan oder Irak ziehen noch mehr Fragen an die Umstände der Wissensproduktion nach sich. Die Glaubwürdigkeit daraus abgeleiteter Argumente ist bedenklich, vielfach sind sie nicht einmal ungenau, sondern schlichtweg falsch. Daher beabsichtigen die folgenden Ausführungen keineswegs, die Bevölkerung generalisierend als ein 'Ganzes' zu repräsentieren oder sie in kategoriale Artefakte einzuordnen, noch sie als kulturelle Einheiten oder ökonomische Entitäten darzustellen, die allein in der Form von Nationalstaaten darzustellen wären, obwohl die Mechanismen der Repräsentation, die in konventionelle Statistiken eingeschrieben sind und hier teilweise repräsentiert werden, genau diese Lesart begünstigen.

In der MENA-Region haben in den 1990er Jahren die reichsten 20 Prozent der jeweiligen National-Bevölkerung – mit Ausnahme der Golfländer – Zugang zu 39 bis 48 Prozent des Gesamteinkommens.[8] In Tunesien und in der Türkei verdient diese oberste Gruppe knapp die Hälfte des Gesamteinkommens, während die ärmsten 20 Prozent nur Zugang zu knapp sechs Prozent des Einkommens haben. Diese Zahlen geben nur relative Positionen wieder, doch einige Bevölkerungsteile sind ganz offensichtlich reicher als andere. Das Ausmaß der Deprivation wird deutlicher, wenn Armutslinien zur Betrachtung der Ungleichheit herangezogen werden. Eine der einfacheren Möglichkeiten, solche Armutslinien zu kalkulieren, besteht darin, die Gruppe derjenigen zu bestimmen, die weniger als zwei USD pro Tag und Person zur Verfügung haben, um ihr Überleben zu sichern (vgl. Ravallion 1992; AHDR 2002). Diese vermeintlich einfache Rechengröße ist allerdings nicht für jedes Land vorhanden. Für Tunesien und die Türkei, die beiden Länder mit der höchsten Konzentration von Einkommen in wenigen Händen, ist der Anteil der Bevölkerung, der 1993 unter der Armutslinie lebte, relativ klein: zehn Prozent in Tunesien und 18 Prozent in der Türkei. Demgegenüber sind es 85 Prozent in Pakistan, 53 Prozent in Ägypten und 45 Prozent der Bevölkerung im Jemen.[9]

Wer sind vor diesem Hintergrund die Gruppen, die gegenüber Nahrungskrisen am exponiertesten leben? Allgemein zählen zu den potentiellen Risikogruppen zunächst Kinder, schwangere Frauen und ältere Menschen. Zwischen 1990 und 2000 wurden laut UNICEF besonders beim Absenken der Mangelernährung von Kindern gute Fortschritte erzielt: Der Anteil von Kindern unter fünf Jahren mit Untergewicht – einem der wichtigsten Indikatoren zur Messung von Mangelernährung – ist in den Entwicklungsländern durchschnittlich von 32 auf 28 Prozent gesunken.[10] Süd- und Ostasien sowie Lateinamerika hatten dabei bemerkenswerte Erfolge zu verzeichnen. Im subsaharischen Afrika blieben die Werte fast unverändert. Allein die MENA-Region war von einem Anstieg der Mangelernährung bei Kindern von 13 auf 17 Prozent betroffen. Dazu trug besonders die sich verschlechternde Situation im Irak[11] und in den besetzten palästinensischen Gebieten[12] bei. Das größte Ausmaß untergewichtiger Kinder war zudem in Afghanistan (48%), Jemen (46%) und Pakistan (38%), anzutreffen, gefolgt vom Oman, Mauretanien und dem Sudan. Auch in Saudi-Arabien und den Emiraten wurden immerhin noch 14 Prozent der Kinder als moderat oder schwerwiegend untergewichtig eingestuft. Zurückgebliebenes Größenwachstum *(stunting)*, der zweite Indikator, der die Dauer von Mangelernährung bei Kindern anzeigt, bestärkt dieses Bild. In Afghanistan, Jemen, Mauretanien, Kuwait und dem Oman war die Situation am gravierendsten (Bellamy 2003). Selbst in vermeintlich 'reichen' Ländern wie Kuwait war bis zu einem Viertel der Kinder von Mangelernährung betroffen.[13]

Parallel zu diesen Entwicklungen hat sich die demographische Struktur in den arabischen Ländern verändert (Bonine 1997). In Ländern wie dem Jemen oder in Palästina wuchs die Bevölkerung mit vier Prozent jährlich (AHDR 2002). Bereits 1996 hatten nur noch wenige arabische Länder eine städtische Bevölkerung, deren Anteil weniger als 50 Prozent an der Gesamtbevölkerung betrug.[14] Daher lebt ein immer größerer Teil der

Konsumenten in Städten, wo sie kaum Nahrungsmittel für ihren eigenen Bedarf produzieren können. Aufgrund ihrer begrenzten Kaufkraft können sich die Armen kaum ausgewogen ernähren, sie sind nicht in der Lage, teures Obst, Gemüse, Milch, geschweige denn Fleisch zu erwerben. Eine wesentliche Konsequenz der ökonomischen Liberalisierung besteht dementsprechend in der wachsenden Nachfrage nach billigem Weizen als Grundnahrungsmittel (Gertel 2005a, 2010a). Dies spiegelt sich in den steigenden Weizen-Importen der arabischen Länder wider.

Die Macht der Getreidehändler

Der Bedarf an Weizen hat in den arabischen Ländern in den 1990er Jahren durchschnittlich um 16 Prozent zugenommen.[15] Allein die Importe wuchsen in diesem Zeitraum um 21 Prozent, was deutlich macht, dass die landwirtschaftliche Produktion kaum imstande war, die steigende Nachfrage zu bedienen, die ihrerseits sowohl den Bevölkerungsanstieg als auch den armutsbedingten Zuwachs der spezifischen Nachfrage widerspiegelt. Länder wie Ägypten, Iran, Algerien und Marokko zählen weltweit zu den größten Weizenimporteuren, besonders wenn nicht-industrialisierte Länder als Referenz dienen.[16] Zwischen 1998 und 2000 waren diese vier Länder erneut gezwungen, ihre Importe um nochmals 16 Prozent auf insgesamt 20,3 Millionen Tonnen Weizen (2000) zu erhöhen, um ihren Bedarf zu decken. Die Kosten hierfür beliefen sich auf 2,9 Milliarden USD. Während das Bevölkerungswachstum in diesen Ländern moderat war – es lag bei 1,8 Prozent in Algerien und Ägypten sowie bei 1,9 Prozent in Marokko (AHDR 2002) – hat die Armutsentwicklung und die daraus resultierende Anfälligkeit gegenüber globalisierten Nahrungskrisen zugenommen.

Die wachsende Abhängigkeit von Weizenimporten muss im Gefüge des globalen Nahrungssystems betrachtet werden: Es ist durch eine räumliche Spezialisierung geprägt, die durch die asymmetrische Politik der neoliberalen Globalisierung verstärkt wurde. Einerseits wird die Landwirtschaft in Handelsblöcken wie der NAFTA und der EU protektioniert und subventioniert, andererseits werden die Regierungen des Südens wie die der MENA-Region gezwungen, Subventionen abzubauen und ihre Märkte zu öffnen. Gleichzeitig sind die Agrarsubventionen der reichen Länder zehnfach höher als die gesamte Entwicklungshilfe für Afrika (Held & Kaya 2008, 1). Hinzu kommt, dass Weizen für Exportmärkte paradoxerweise vor allem durch industrialisierte Länder geliefert wird, wie durch die USA, Kanada, Frankreich, Australien, Argentinien, Russland, die Ukraine und Deutschland (Gertel 2010a, 87). Allein die ersten fünf Nationen bestritten 1998 zwei Drittel der weltweiten Weizenexporte.[17] Demgegenüber gelangen aus Afrika und der MENA-Region immer stärker nicht-traditionelle Produkte wie Schnittblumen, Obst und Gemüse in die Supermärkte des reichen Nordens (Clapp & Fuchs 2009). Diese Struktur hat eine historische Dimension: Nach dem Zweiten Weltkrieg waren es vor allem die Weizenexporte nach Afrika, Asien und Lateinamerika, die dort zur Veränderung der lokalen Nahrungsgewohnheiten geführt haben und eine Transformation der landwirtschaftlichen Anbaustrukturen einleiteten, oft mit desaströsen Folgen (vgl. Friedmann 1995). Als Konsequenz der erzwungenen, exportorientierten *Cash-crop*-Produktion nimmt zum einen das Agrarland ab, das den lokalen Gemeinden zur Selbstversorgung zur Verfügung steht; sie verlieren an Kontrolle über ihre Ressourcen und liefern ihre Produkte den Preisschwankungen der internationalen Märkte aus, von denen sie nun Grundnahrungsmittel beziehen müssen. Damit werden sie gegenüber globalisierten Nahrungskrisen noch anfälliger. Zum anderen entwickeln sich die Armutsgruppen, besonders in den Städten des Südens, zur wichtigsten Konsumgruppe und formen einen sehr stabilen Absatzmarkt, von dem eine konstant hohe Nachfrage nach Importweizen ausgeht. Die arabischen Länder bilden in dieser Hinsicht einen 'Wachstumsmarkt'. Marokko und Algerien wurden in den 1990er Jahren vor allem durch Frankreich beliefert, Iran durch Kanada, Australien und Argentinien, und Ägypten durch die USA, die zeitweise über 90 Prozent der ägyptischen Weizenimporte kontrollierten (Gertel 2010a). Weizenimporte sind nicht nur finanziell lukrativ, sie entfalten zunehmend eine strategisch-politische Bedeutung, die bereits in der Formulierung »Weizen als Waffe« (NACLA 1982) zum Ausdruck kommt. Allerdings wäre das analytische Bild der Risiken von Nahrungskrisen unvollständig, wenn allein nationalstaatliche Regierungen als Akteure betrachtet würden, denn international agierende Firmen spielen hierbei eine immer größere Rolle.

Im globalen Getreidehandel der 1980er und 1990er Jahre ist die Marktmacht der so genannten 'großen Fünf' *(big five)* von ausschlaggebender Bedeutung. Dazu zählen die Konzerne Cargill, Continental Grain, Louis Dreyfus, Bunge y Born und Cook Industries (Morgan 1979; Kneen 2003). Diese Korporationen haben zeitweise über 90 Prozent der US-amerikanischen und 80 Prozent der argentinischen Weizenexporte bestritten, während allein Cargill und Continental Grain 90 Prozent der Getreideexporte der Europäischen Union kontrollierten. Exakte Angaben waren bereits in den 1980er Jahren schwierig zu erhalten, da es sich oft um Familienbetriebe handelt, die über kaum zugängliche soziale Netzwerke operieren. Continental Grain gehörte zum Beispiel dem Multimillionär Michael Fribourg, der über Jahrzehnte hinweg nicht eine einzige Abrechnung veröffentlichte (Gowers 1986). Louis Dreyfus, 1851 gegründet, erzielte 2007 Umsätze von 22 Milliarden USD – über Gewinne allerdings wird nicht berichtet (vgl. GRAIN 2008a). Eine öffentliche Kontrolle bleibt zudem schwierig, da die Firmen international tätig sind, über bessere, global orientierte Informationssysteme verfügen als einzelne Regierungen, institutionell weit verzweigt aufgebaut sind und finanzielle Abrechnungen oft über Drittländer abwickeln. Morgan (1997) führt in seinem Buch »*Merchants of Grain*« bereits für die 1970er Jahre ein entsprechendes Beispiel an:

> »Wenn etwa eine bestimmte Menge Mais für einen holländischen Viehzuchtbetrieb von der Firma Cargill über den Mississippi und Baton Rouge nach Rotterdam verschifft wird, ist zwar der Transportweg relativ einfach, die Abrechnung und Zahlungen sind jedoch weitaus komplexer. In den Büchern wird Cargill den Mais zunächst an einen seiner firmeneigenen Ableger Tradax International mit Sitz in Panama verkaufen. Dieser

wird wiederum Tradax in Genf als *Subcontracter* einstellen, die ihrerseits Tradax Holland beauftragen, den Handelsabschluss mit dem holländischen Viehzuchtbetrieb zu arrangieren. Die Gewinne aus dem Geschäft werden dann dem steuerbegünstigten Tradax International in Panama gutgeschrieben, während Tradax in Genf lediglich einen kleineren Festbetrag für seine Vermittlungsdienste erhält.« (Morgan 1979, 205)

Für die Staaten, die in einen Handelsvorgang eingebunden sind, stellt sich daher nicht nur der Nachvollzug von Informationsflüssen, Abrechnungswegen und Transportstrecken als problematisch dar, auch eine eventuelle Sanktionierung ist beinahe unmöglich. Innerhalb der 'big five' kommt Cargill eine herausragende Rolle zu: Die Firma ist über 140 Jahre alt, zu 85 Prozent in den Händen von drei Familien, beschäftigt weltweit über 160.000 Angestellte, ist in 67 Ländern aktiv und hatte in der Zeit ihres Bestehens bis zum Jahr 2000 lediglich sechs Geschäftsführer. Allein die acht Familienmitglieder aus dem Cargill-MacMillan-Klan – Whitney MacMillan, Cargill MacMillan, Marion MacMillan Pictet, Pauline MacMillan Keinath, James R. Cargill II, Mary Janet Morse Cargill, Marianne Cargill Liebmann und Austen S. Cargill II – haben ein geschätztes Privatvermögen von über 22 Milliarden USD. Sie gehören damit zu den reichsten Familien der Welt (Forbes 2013). Dementsprechend verfügt die Firma nicht nur über ein bemerkenswertes Privatkapital, sondern auch über immense Informationsressourcen, während das Insiderwissen auf die Familie und die engsten Mitarbeiter beschränkt bleibt. Bon Bergland, Staatssekretär für Landwirtschaft unter US-Präsident Carter, führt aus: »Cargill sind die Besten bei der Beschaffung, was landwirtschaftliche Geheiminformationen betrifft. [...] Sie sind weltweit aktiv. [...] Sie haben mehr Agenten als die CIA« (in: Nader & Taylor 1986, 312).

Cargill expandierte zudem wirtschaftlich (vgl. Kneen 2003; Gertel 2010a). Bereits 1998 wurde der wichtigste Konkurrent, nämlich Continental Grain, aufgekauft. 2004 fusionierte Cargill in der Ukraine mit IMC Global, einem weltführenden Düngemittelbetrieb. Nach der Fusion wurde das Unternehmen in Mosaic umbenannt. Ein Jahr später erwarb Cargill zwei Getreidebetriebe mit Speicher in den ukrainischen Regionen Donetsk und Kharkiv. 2004/05 stieg Cargill in Argentinien in das Geschäft mit Rindfleisch ein, indem es den zweitgrößten argentinischen Rindfleischexporteur (Finexcor SRL) aufkaufte. 2006 erwarb Cargill die restlichen Aktien von Blattmann Schweiz AG sowie für 540 Millionen Euro das komplette Geschäft für Lebensmittelzusatzstoffe von Degussa. Dadurch gingen Geschäftsstellen in Deutschland, Marokko, Belgien, den Niederlanden, Spanien, Brasilien, Polen, Frankreich und Italien an Cargill über. In Rumänien wurden 2006 die jüngsten Übernahmen umbenannt: Olpo wurde zu Cargill Oils, FNC Calarasi zu Cargill Siloz und Comcereal SA Alexandria zu Cargill Cereale. In Russland hat Cargill im Jahr 2005 von Rusagro zwei Speicheranlagen in der Region Krasnodar sowie eine Flussumlade- und Speicherstation in Rostov gekauft, um über das Schwarze Meer Zugang zum Mittelmeer und damit zu den nordafrikanischen Absatzmärkten zu gewinnen. Das Portfolio wurde systematisch erweitert. 2007 kaufte Cargill nach zwölfjähriger Kooperation dann alle Aktien von Agrograin in Ungarn auf und fusionierte im gleichen Jahr als Cargill Japan mit Toshoku Ltd (Japan) zur Cargill Japan

Ltd Toshoku Business Unit – ein Geschäftszweig, der wiederum bis nach Australien reicht. Bereits 1999 war Cargill in Australien über *Joint Ventures* in New South Wales im Getreidehandel aktiv geworden. Zudem hatte 2002 Goodman Fielder in Australien seine Mühlen an Cargill verkauft und im August 2008 wurde Cargill dann von Wheat Exports Australia für den Weizenexport akkreditiert, was im Zusammenhang mit den neuen japanischen Geschäftszweigen nicht nur für den südostasiatischen Markt bedeutsam war. Zunehmend gelangten damit Marktanteile aus den wenigen weizenexportierenden Ländern – wie eben Australien und neuerdings aus den osteuropäischen Ländern – in die Kontrolle von Cargill. Cargill ist damit endgültig zum wichtigsten Akteur bei der globalen Getreideversorgung avanciert.

Der Ausbau des Firmenimperiums ist gleichzeitig mit der Verflechtung in politische Institutionen verbunden. So kommt es für die Sicherung der Auftragslage zur Nutzung von Nahrungsmittelhilfsprogrammen auch im arabischen Raum (vgl. Gilmore 1982). Dabei mag hilfreich sein, dass leitende Angestellte von Cargill regelmäßig ins US-amerikanische Landwirtschaftsministerium wechseln (Krebs 1992). Im Jahr 2000 löste Gregory Page den bisherigen Präsidenten von Cargill Warren Staley ab. Staley wurde schließlich noch im gleichen Jahr Vorsitzender des Aufsichtsrates von Cargill und 2003 von Präsident Bush in den *Export Council* berufen, dem wichtigsten Gremium des internationalen Handels, das direkt dem Präsidenten zuarbeitet.

Diese Konzentration von Marktmacht im Getreidehandel hat einen entscheidenden Einfluss auf die Nahrungssicherung in der MENA-Region, insbesondere seit viele arabische Länder im Gefolge der ökonomischen Liberalisierung gezwungen waren, ihre ökonomischen Puffermöglichkeiten zum Schutz der Konsumenten mit niedrigen Einkommen aufzugeben. Zum sinkenden Schutz gegenüber Preisschwankungen auf dem Weltmarkt kam hinzu, dass strategische Nahrungsketten wie die Produktion von Getreide, das Mahlen von Mehl sowie das Backen und Ausliefern von Brot nach und nach – wie in Ägypten – der globalen Privatwirtschaft übertragen wurden (Gertel 2010a): 1990 wurde erstmals Weizenmehl von Privatfirmen importiert, zwei Jahre später Weizen. Mitte der 1990er Jahre wurden die staatlichen Weizenmühlen teilweise privatisiert und neue private Mühlen zugelassen. Seither werden sie größtenteils von wenigen US-amerikanischen Firmen kontrolliert. Gleichzeitig liefen die letzten Nahrungsmittelsubventionen aus, Einzelhandelspreise für Brot stiegen an, Fladen verloren an Gewicht, der Ausmahlungsgrad des Getreides wurde erhöht, billiger Mais beigemischt und die Qualität minimiert – alles de facto versteckte Preiserhöhungen. Obwohl den Konsumenten oft die einzelnen Maßnahmen verborgen blieben, war eines klar: der Preis für Brot und Leben – im ägyptischen Arabisch synonym als 'aish bezeichnet – hatte sich innerhalb weniger Jahre dramatisch erhöht.

Zusammenfassend ist festzuhalten: In den frühen 2010er Jahren sind sowohl die ökonomischen Puffermöglichkeiten vieler arabischer Staaten als auch die der individuellen Haushalte aufgebraucht und am Ende. Hieraus entsteht eine große Schutzlosigkeit gegenüber externen und internen Krisensituationen. Nichtstaatliche private

Akteure – insbesondere Handelshäuser und Investmentbanken – erlangen großen Einfluss auf die globale Nahrungssicherung, was erstmals 2007/08 aufgrund von drastischen Preissteigerungen weltweit zu Massenprotesten geführt hat (vgl. Abb. 2-1). Diese Nahrungspreiskrisen bescherten den Getreidehändlern hohe Einkünfte. Cargill etwa ging mit vorzüglichen Gewinnmeldungen ins Jahr 2009: Die Firma hatte 2008 ca. 3,6 Milliarden USD verdient – eine Steigerung um 55 Prozent im Vergleich zu 2007 – mit wachsender Gewinnprognose (Grain 2009). Was dies für die arabischen Länder bedeutete, wird im Folgenden herausgearbeitet.

Technoliberalismus

Unter Technoliberalismus verstehe ich in Erweiterung von Technoscience (Haraway 1997; Gertel 2007), die Verschmelzung von Technoscience und Neoliberalismus (Harvey 2005), die sich in der interessengeleiteten Beschleunigung des Informationsaustauschs niederschlägt (vgl. Castells 2003a). Aufgrund elektronisch-mathematischer Verfahrensweisen, die in der vernetzten Welt Echtzeittransaktionen in Milliardendollarhöhe ermöglichen und auch bei niederschwelligeren, verzweigten sozialen Netzwerken Interaktionen simultan von physischer Kopräsenz und von nationalen territorialen Grenzen entkoppeln, entstehen neue soziale Mensch-Maschinen-Verbindungen, *assemblages* (Latour 2005), die wenig reguliert sind und oft keinen umfangreichen Haftungen unterliegen. In Kombination mit der Freihandelspolitik der zurückliegenden Dekaden, die staatliche Regulationsmöglichkeiten einschränkte und vielfach quasi abschaffte, erwachsen hieraus neue Risiken und Gefahren.[18]

Auch in der arabischen Welt kommt es spätestens seit 2007 zur Kombination verschiedener – stark extern induzierter – Gefährdungslagen, die den ohnehin polarisierten Lebensalltag, der durch den massiven Verlust existentieller Sicherheiten geprägt ist, erneut dramatisch verändern: Aufgrund der finanziellen Spekulation mit Lebensmitteln und Rohstoffen entstand bereits im Winter 2007/08 zeitgleich zu internationalen Nahrungspreisprotesten ein massenhafter Zuwachs an Hungernden in der Welt – die Milliardengrenze wurde erstmals in der Geschichte der Menschheit übersprungen (Holt-Giménes & Patel 2009; Patel & McMichael 2009; Bush 2010). Als Getreidenettoimporteure waren die arabischen Länder von den hohen Kosten besonders betroffen (McCalla 2009). Verschärft wurde und wird die Situation strukturell durch die internationale Finanzkrise und den globalen Landraub *(land grab)*, der durch externe Landaufkäufe und jahrzehntelange Pachtverträge seitens fremder Regierungen und Banken den lokalen Bauern ihr Land entzieht (Matondi et al. 2011, Gertel et al. 2014). Die Weltbank schätzt, dass allein zwischen 2008 und 2009 ca. 45 Millionen Hektar Agrarland den Besitzer wechselten, davon mehr als zwei Drittel in Afrika (World Bank 2010). Gegen Spekulationsgewinne und Enteignungen wurden vielfach globale Proteste laut (vgl. Grain 2008-2013; farmlandgrab.org; Mörtenbecker & Mooshammer 2012), die wie die *Occupy*-Bewegung weit über den arabischen Raum hinausreichen. Hinzu kommt die globale Energieproblematik: das absehbare Ende der Ölwirtschaft *(peak-oil)* mit massiven

Energiekostensteigerungen sowie der landwirtschaftlichen Flächenbelegung für den Anbau von Biotreibstoffen und die Katastrophe von Fukushima, die viele Gegner mobilisierte und in Deutschland zum Ausstieg aus der Atomenergie führte. Jugendliche in ganz Europa, vor allem in Spanien und Griechenland, protestierten gleichzeitig gegen Perspektiv- und Arbeitslosigkeit. Doch bereits im Winter 2010/11 stiegen die Nahrungspreise erneut drastisch an; sie begleiteten den Beginn des Arabischen Frühlings (vgl. Abb. 2-2).

Im Folgenden wird die Argumentation zur Verkettung globaler Krisen in mehreren Schritten erfolgen: Zunächst geht es um die Bedeutung von Städten als Austragungsort gesellschaftlicher Konflikte und Krisen. Darauf folgt exemplarisch die Beschäftigung mit dem Widerstand in Ägypten, bevor auf die Problematik der Finanzspekulation mit Nahrungsmitteln sowie auf die Konsequenzen von Derivat- und Hochfrequenzhandel eingegangen wird. Abschließend folgt die Auseinandersetzung mit der Sichtbarkeit und Reichweite von Protestaktionen.

Seit 1950 haben die Städte fast zwei Drittel der weltweiten Bevölkerungsexplosion absorbiert. Während zu Beginn des 20. Jahrhunderts nur ein Zehntel der Weltgesellschaft, ca. 150 Millionen Personen, in Städten lebte, sind es zu Beginn des 21. Jahrhunderts bereits 2,9 Milliarden. Seit der Jahrtausendwende wohnen nun weltweit mehr Menschen in Städten als auf dem Land. Die höchsten Zuwachsraten haben die Metropolen des globalen Südens mit jeweils mehr als einer Million Personen. Dies kombiniert sich mit dem »Urknall der städtischen Armut« (Davis 2007, 161), der die Städte zu Zentren gesellschaftlicher Problemballungen macht. Seit den 1970er und 1980er Jahren ringen städtische soziale Bewegungen um die Legalisierung von informellen Wohnstandorten und um die Akzeptanz informeller Tätigkeiten – Raumorganisation und Existenzsicherung werden neu verhandelt (Castells 1983; Pile & Keith 1997). Doch Stadt- und Metropolenwachstum haben in Verbindung mit Strukturanpassungsmaßnahmen, Währungsabwertungen und Subventionsabbau dramatisch zum weiteren Anstieg der städtischen Armen beigetragen und einen neoliberalen Stadtraum geschaffen, in dem sich gesellschaftliche Widersprüche auf engstem Raum konzentrieren (Bayat, in diesem Band). In den *Least Developed Countries* leben heute über drei Viertel der städtischen Bewohner in Slums. Hier entfaltet sich eine immense Abhängigkeit von billigen Nahrungsmitteln, insbesondere von Getreide, während die Marktabhängigkeit wächst: Die Verwundbarkeit gegenüber Preisschwankungen auf dem Weltmarkt ist daher gerade in den Metropolen des globalen Südens extrem hoch. Gleichzeitig verfügt eine wachsende Mittelschicht besonders in den BRIC-Ländern (Brasilien, Russland, Indien und China) mit hohen ökonomischen Wachstumsraten über ausreichend Kaufkraft, um immer stärker hochwertige Milcherzeugnisse und Fleischprodukte wie Geflügel, Schweine und Rinder nachzufragen. Die damit verbundene Beanspruchung von Agrarland für Futtermittel schränkt die Nahrungsproduktion ein, vermindert das Angebot und verändert über Preiserhöhungen letztlich die Nahrungssicherung von Konsumenten an anderen Orten im globalen Nahrungssystem, insbesondere in den importabhängigen Metropolen des globalen Südens.

Ägypten: Brotpreise und Proteste

In den arabischen Ländern entwickelte sich hieraus eine gesellschaftliche Zuspitzung, die exemplarisch am Beispiel Ägyptens für die frühen 2010er Jahre rekonstruiert werden kann (vgl. Gertel 2010c): Die Versorgungsengpässe bei Brot führten 2003 dazu, dass sich die Regierung im Oktober gezwungen sah, gegen alle bisherigen Regeln der Privatisierungspolitik zusätzlich 1,6 Milliarden ägyptische Pfund (LE) (223 Millionen Euro) für die Subvention von Nahrungsmitteln bereitzustellen. Dies bedeutete eine komplette Kehrtwende zur bisherigen Liberalisierungspolitik, die den Staat immer weiter von ökonomischer Einflussnahme entbinden wollte. Doch trotz aller staatlichen Interventionen stieg der Brotpreis von September 2003 bis März 2004 weiter um 25 Prozent an. Der jährliche Pro-Kopf-Verbrauch von Weizen erreichte 2004 eine Rekordhöhe von 186 Kilogramm, da für viele Konsumenten überhaupt nur noch Brot bezahlbar war. Gleichzeitig dehnten sich die Kosten für Nahrungsmittelsubventionen auf 3,8 Milliarden LE (530 Millionen Euro) aus. Eine lokale Zeitung berichtete:

> »Lange Schlangen von Personen, die stundenlang vor Bäckereien warten, die Fladenbrot verkaufen, sind zum üblichen Bild in Kairo und anderen Landesteilen geworden. Obwohl der Markt voll ist mit nicht-subventioniertem Brot, bleibt das subventionierte Fladenbrot die erste Wahl für viele Personen, da es nur fünf Piaster kostet.« (El-Din 2005)

Eine Ägypterin kommentierte: »Nichts kann eine Alternative für Fladenbrot sein. Das Kilo kostet 0,45 LE während ein Kilo Reis 2,5 LE und Nudeln mindestens 3 LE kosten« (in: El-Din 2005). Die ägyptische Regierung geriet zunehmend unter Druck. Bei der parlamentarischen Aussprache am 1. Januar 2005 prangerte die Opposition die Politik des Neoliberalismus und die Korruption in Regierungskreisen an. Die Regierung versuche, auf Kosten der Mehrheit der Ägypter die Interessen einiger wohlhabender Geschäftsleute zu sichern. Ayman Nour von der oppositionellen al-Ghad-Partei warf der Regierung vor, dafür verantwortlich zu sein, dass mehr als 30 Millionen Ägypter gezwungen wären, unter der Armutslinie von einem Einkommen von weniger als zwei USD pro Tag zu leben. Zur Illustration hielt Nour im Parlament zwei Fladenbrote hoch und forderte Premier- und Versorgungsminister auf, diese zu essen. Falls sie aufgrund der miserablen Qualität dazu nicht imstande seien, sollten beide von ihren Ämtern zurücktreten (El-Din 2005).

Die Sorge der Bürger über den Verlust sozialer Sicherheit und eine ambivalente neoliberale Wirtschaftspolitik trafen zusammen und mündeten in wachsende öffentliche Proteste ein. Der Widerstand entwickelte sich zur größten sozialen Bewegung, die Ägypten und die arabische Welt nach dem Zweiten Weltkrieg erlebt hatten. Seit 2004 waren mehr als 3.000 kollektive Aktionen wie Streiks und Demonstrationen mit insgesamt zwei Millionen aktiven Personen zu verzeichnen (Solidarity Center 2010; Gertel 2010c). Die Protestbewegungen setzten sich aus mehreren gesellschaftlichen Gruppen zusammen und verfolgten zum Teil unterschiedliche Interessen. Mindestens vier Akteursgruppen waren zu unterscheiden: in religiöser Hinsicht die Muslimbrüder, die auf eine neue religiös-politische Ordnung abzielten (Lübben, in diesem Band); in politischer Hinsicht die Kifaya-Bewegung (*kifâya*, Ägyptisch-Arabisch für 'Es ist genug'), die die Ablösung des Mubarak-Regimes erreichen wollten (Sonay, in diesem Band); die gewerkschaftlich basierten Arbeiterproteste, die Arbeitsplatz- und Lohnsicherheit erreichen wollten (Beinin 2012); sowie die Aufstände auf dem Land, die für Menschenrechte und gegen feudale Strukturen protestierten (Bush 2002, 2007). Diesen unterschiedlichen Gruppen war gemeinsam, dass steigende Preise für Nahrungsmittel, inadäquate Löhne, ausbleibende politische Reformen und Ängste vor den Folgen weiterer Entlassungen durch die Privatisierung von Staatsbetrieben ihnen Zulauf brachten. Die größte Schnittstelle der Gruppen war jedoch eine tief empfundene Ungerechtigkeit in Anbetracht der wachsenden Polarisierung und der steigenden Armut in der Gesellschaft. Die Proteste wurden massenwirksam, da sie im Sinne der *Moral Economy* der kollektiven Stimmung Ausdruck verliehen, dass die zumutbare Grenze zur Existenzsicherung überschritten sei. Der Preis für Brot war dabei von mehr als nur symbolischer Bedeutung, er repräsentierte die auseinanderbrechenden sozialen Beziehungen in der ägyptischen Gesellschaft und übersetzte sich durch Konsumverzicht, Mangelernährung und Hunger unmittelbar in die Lebensbedingungen von millionen Armutshaushalten.

Die anhaltende Privatisierung von Staatsbetrieben, die 2007 einen neuen Höhepunkt erreichte (Erlöse von 5,3 Milliarden USD), in Kombination mit der Ausdehnung privatwirtschaftlich verwalteter Sonderwirtschaftszonen, die zunehmend türkisches und chinesisches Kapital anzogen, untergruben die soziale Sicherheit. In Ägypten nahmen und nehmen gerade Einkommen aus dem formellen Sektor – selbst wenn diese niedrig sind – einen besonders wichtigen Stellenwert ein: Sie haben eine zentrale ökonomische Sicherungsfunktion, da sie im Gegensatz zu Tätigkeiten im informellen Sektor kontinuierlich gezahlt werden, in der Höhe nicht fluktuieren und es bei Krankheitsfällen zu Lohnfortzahlungen kommt. Mehr noch, sie sind oft rentenwirksam. Mit den Entlassungen aus den ehemaligen Staatsbetrieben, unsicheren Arbeitsverhältnissen und steigenden Nahrungsmittelpreisen war daher der soziale Frieden breiter Gesellschaftsschichten bedroht (vgl. Gertel 2010c).

Gleichzeitig stiegen die Preise für Grundnahrungsmittel, insbesondere für Getreide, nicht nur in Ägypten, sondern – im liberalisierten Agrarmarkt – weltweit; sie mündeten seit 2007 erneut in eine Preisspirale. Während der Nahrungspreisindex der FAO vom Jahr 2000 bis 2006 zunächst nur moderat zunahm, stieg er bis Juni 2007 deutlich an, um dann innerhalb eines Jahres bis Juni 2008 in die Höhe zu schnellen (vgl. Abb. 2-1). Noch dramatischer stieg der Getreidepreisindex: Er hatte sich innerhalb eines Jahres bis Juni 2008 beinahe verdoppelt, nämlich von 156 auf 274 Indexpunkte (vgl. FAO 2008). Abnehmende Ressourcen auf Seiten der ägyptischen Haushalte trafen daher nicht mehr allein die Armen, sondern wurden in bisher unbekannter Weise zunehmend auch in der gesellschaftlichen Mitte spürbar. Die Grenze zwischen beiden Gruppen existierte kaum noch. Damit verkoppelt blieb die Versorgungslage angespannt, die Proteste rissen nicht ab und mündeten in die weltweiten Massenproteste gegen unbezahlbare

Nahrungsmittel im Winter 2007/08 ein. Protestaktionen erfolgten fast zeitgleich in Marokko, Jemen und Ägypten sowie in vielen weiteren Ländern (vgl. Abb. 2-1). Sie machten die Marktabhängigkeit der Nahrungssicherung und den Handlungsverlust von Regierungen in postkolonialen Ländern international sichtbar und spiegelten die negativen Folgen und die strukturelle Dimension »globalisierter Nahrungskrisen« (Gertel 2010a) wider. Allein aufgrund der dramatischen Preisanstiege 2007/08 konnten sich über 100 Millionen Menschen nicht mehr adäquat ernähren, während die internationalen Getreidehändler Rekordgewinne erzielten.

Finanzmarktspekulationen mit Nahrungsmitteln

Die internationalen Finanzmärkte überbieten die traditionellen Getreidehandelshäuser allerdings noch als Preistreiber und Verursacher von immensen Preisschwankungen (Prakash 2011). Investmentbanken und institutionelle Investoren sind zu den neuen Markt-Konkurrenten für Länder wie Ägypten avanciert. Sie haben allerdings kein Interesse, Waren wie Getreide de facto zu kaufen, sondern wetten vielmehr auf Preisbewegungen und pumpen dabei Unmengen an Kapital in die Agrargütermärkte. Spekulative Einlagen kontrollierten 2008 zwischen 50 und 60 Prozent des Weizenhandels an den entsprechenden Börsen.

Welche Faktoren sind hierfür ausschlaggebend? Die kapitalkräftigsten Akteure sind institutionelle Investoren, sie verwalten ca. 30 Billionen USD (Gertel 2010b). Meist handelt es sich dabei um öffentliche und private Rentenfonds, Staatsfonds, Stiftungsvermögen etwa von Universitäten oder Lebensversicherer, die normalerweise überwiegend im Kapitalmarkt investieren. Sie hatten sich nach der Jahrtausendwende in großer Zahl und zeitgleich aufgrund von entsprechenden Studien dafür entschieden, Investitionen in Rohstoffmärkte als sinnvolle Anlagestrategie zu betrachten. Milliarden von Dollar wurden daher über so genannte Index-Spekulationen (das Wetten auf Bewegung bei Indizes, die bis zu 24 Güter listen) investiert – unter anderem in landwirtschaftliche Produkte wie Kaffee, Mais, Sojabohnen, Zucker, Weizen, Rinder und Schweine, und zwar als langfristige Anlagen und unabhängig von der aktuellen Preisentwicklung in realen Märkten. Die zwei populärsten Indizes sind der Standard & Poors – Goldmann Sachs Commodity Index (S&P-GSCI) und der Dow Jones AIG Commodity Index (DJ-AIG). Aufgrund des spekulativen Charakters der Investitionen und infolge der systematisch vierteljährlichen Übertragung von Fälligkeiten in die Zukunft wird dadurch allerdings Liquidität auf Jahre gebunden und immense Auswirkungen auf die Preisentwicklung der Waren werden in Kauf genommen (Masters 2008). Im April 2008 besaßen die Index-Investoren 35 Prozent der US-amerikanischen Mais-Futures,[19] 42 Prozent der Sojabohnen-Futures und 64 Prozent der Weizen-Futures, während sie noch 2001 keine nennenswerten Marktanteile innegehabt hatten. In nur viereinhalb Jahren, von Anfang 2003 bis Juli 2008, hat das Investitionsvolumen um das 25-fache zugenommen, es ist von 13 auf 317 Milliarden USD angestiegen (Masters & White 2008). Im gleichen Zeitraum sind die Rohstoffpreise der Agrarprodukte um 200 Prozent in die Höhe geschnellt. Doch während die Preise

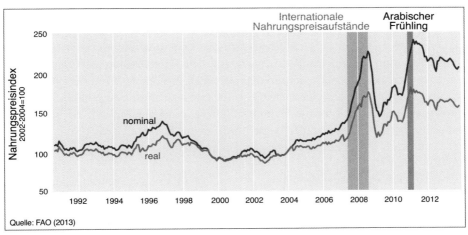

Abbildung 2-2: Nahrungspreisentwicklungen und Proteste

dramatisch anzogen, waren de facto wenige Produkte knapp. Spekulativ bedingte Preiserhöhungen und nicht Angebotsknappheit an Getreide haben daher maßgeblich zu den Nahrungspreisprotesten 2008 geführt.

Da allein Rentenfonds 65 bis 75 Prozent der Einlagen aller institutionellen Investoren bestreiten, deren Fondsmanager mit Wall-Street-Banken für die Übertragung von Fälligkeiten in die Zukunft *(swaps)* zusammenarbeiten und zudem – wie beim Indexhandel vorgesehen – keine tatsächlichen Waren ausgeliefert werden, kommt es zu einer bedeutenden Konzentration von Marktmacht. Es sind letztlich vier Großbanken – Goldman Sachs, Morgan Stanley, J.P. Morgan und Barcleys Bank – die 2008 ca. 60 Prozent aller *swaps* beim Indexhandel kontrollierten (vgl. Masters & White 2008). Das entsprach in etwa einem Viertel aller langfristigen Anlagen auf den globalen Rohstoffmärkten. Eine herausragende Rolle kommt dabei Goldman Sachs zu, die nicht nur über viele Jahre die weltweit führende Investmentbank war, sondern über hochkarätige politische Verbindungen verfügt. So stellte sie mit den ehemaligen CEOs Robert Rubin und Hank Paulson wiederholt die US-amerikanischen Finanzminister. Auch Peter Sutterland, ehemaliger EU-Kommissar und Generaldirektor der Welthandelsorganisation (GATT), Mario Monti, italienischer Regierungschef und Mario Dragi, Direktor der Europäischen Zentralbank sowie Robert Zoellick, Chef der Weltbank waren hochrangige Goldman Sachs-Mitarbeiter. Aber auch Personen wie Petrus Christodoulou, Chef der Griechischen Schuldneragentur oder Charles de Croisset, der u.a. die französische Finanzaufsicht überwachte, sind ehemalige Mitarbeiter von Goldman Sachs. Hiermit sind bedeutende politische Entscheidungsträger angesprochen, die darauf Einfluss nehmen, wie die globale Wirtschaft reguliert werden soll, welche Rücklagen beispielsweise Banken anzulegen haben, welche Besteuerung durch den Staat sinnvoll ist, wie Transparenz für die Bürger hergestellt wird und welche Haftungsauflagen für fehlgeschlagene Transaktionen vorzusehen sind. Der Wechsel zwischen Regierung und Privatwirtschaft und umgekehrt kann dabei persönlich sehr lukrativ sein. Hank Paulson gab beispielsweise seine Position als CEO bei Goldman Sachs auf und folgte dem Ruf von George W. Bush auf den Posten als US-amerikanischer Finanzminister, wofür er sein Goldman-Aktienpaket verkaufen musste, um Interessenkonflikte zu vermeiden. Smith (2012, 155) spricht dabei vom »Deal des Jahrhunderts«, der Paulson eine halbe Milliarde USD einbrachte, auf die er noch nicht einmal Kapitalertragssteuer zahlen musste, da er ein Staatsamt antrat.

Ende 2008 stellten die Vereinten Nationen fest, dass sich die Kosten der Nahrungsmittelimporte der am wenigsten entwickelten Länder im Vergleich zum Jahr 2000 verdreifacht hatten. Dies resultierte nicht etwa aus größeren Importmengen, sondern aus gestiegenen Preisen. Die sozialen Kosten dieser Entwicklung waren dramatisch. Seit 2006 waren infolge der Nahrungsmittelpreissteigerungen noch einmal über 100 Millionen Menschen unter die Armutsgrenze von einem Dollar pro Tag gefallen. Das bedeutete, dass die jüngsten Preisentwicklungen die Erfolge bei der Armutsreduzierung zwischen 1990 und 2004 zunichte gemacht haben (vgl. Gertel 2010b). Gleichzeitig mit den international tätigen Getreidehändlern machen jedoch auch Banken wie Goldman Sachs Rekordgewinne. Ein ehemaliger Mitarbeiter schreibt: »Goldman steuerte durch die Krise dank eines brillanten Risikomanagements. Der Derivatehandel[20] verdient am meisten Geld mit hoher Volatilität, und 2008 und Anfang 2009 machten Goldmans Derivate-Abteilungen ein Vermögen« (Smith 2012, 232). Allerdings produzierte Goldman für seine Kunden auch hohe Verluste, die nicht nur die deutsche IKB (Deutsche Industriebank) trafen; auch eine Währungswette im Auftrag der libyschen Regierung scheiterte: »1,3 Milliarden waren in kürzester Zeit verdampft« (ebd., 180).

Wie konnte es dazu kommen? Hier ist eine kurze Rückblende angebracht, die in vier Schritten den Zusammenhang vom Entstehen einer scheinbar unlimitierten internationalen Kapitalzirkulation, der Entwicklung der Rohstoffmärkte und der jüngeren finanzwirtschaftlichen Deregulation sowie der Auswirkungen des Derivatehandels auf die systematische Untergrabung globaler Nahrungssicherung deutlich macht.

Für die Ausbildung des internationalen Finanzsystems sind drei Entwicklungen seit Anfang der 1970er Jahre ausschlaggebend: Die Entkopplung der US-amerikanischen Währung vom Goldstandard, die Auflösung fester Wechselkursbindungen und die Formierung des elektronischen Handels, der eine internationale Vernetzung von Finanzmärkten herstellte. Erst unter diesen Bedingungen konnte Kapital – in elektronischer Form – quasi grenzenlos und mit Hochgeschwindigkeit hin- und hergeschoben werden (Castells 2003b). Dass länderübergreifende Institutionen (wie die Weltbank, der Internationale Währungsfonds und die Welthandelsorganisation), diese Dynamiken nicht mehr steuern konnten und versagten, wurde an der internationalen Schuldenkrise bereits deutlich.

Die Entwicklung der Rohstoffmärkte gilt es, vor diesem Hintergrund nochmals zeitlich zu kontextualisieren: die Flucht in Sachwerte hatte nach der Jahrtausendwende auch mit dem Einbruch der Internetblase und des neuen Marktes (u.a. Enron-Skandal) zu tun. Hieraus folgten eine Suche nach neuen lukrativen Anlagemöglichkeiten und eine Umschichtung der Anlagen hin zu Rohstoffen. Es zeigt sich, dass mit der Liberalisierung der Finanzmärkte auch die Abschaffung der Positionslimits im Rohstoffhandel aktiv betrieben wurde: Seit 1936, im Nachgang der großen Depression, hatte das Limit für Händler bei 500 Standardkontrakten pro Getreideart (55.000 t Weizen) gelegen. Dieses Limit war 60 Jahre lang wirksam (vgl. Schumann 2011). Zudem war das konventionelle Bankgeschäft vom Handel mit Wertpapieren, wie es Investmentbanken – etwa Goldman Sachs – betreiben, über Jahrzehnte hinweg getrennt. Da die Investmentbanken jedoch ohne festen Kundenstamm operierten und höhere Zinsen für die Beschaffung von Kapital zahlen mussten, hatten sie großes Interesse, die alten Regelungen aufzuheben. Der Slogan von der »Selbstregulation der Märkte« hatte in den 1990er Jahren Hochkonjunktur (ebd., 32): Finanzmärkte, so wurde propagiert, seien umso effizienter, je weniger staatliche Aufsicht sie behindere. Gerade der Rohstoffindexhandel bot den Investmentbanken ungeahnte Profite bei minimalen Risiken, da die Kunden die kompletten Verluste der Transaktionen zu tragen hatten, während die Gewinne mit dem ausführenden Bankhaus zu teilen waren (Berg 2011, 269).

Für den dramatischen Preisanstieg bei Getreide (Mais, Reis, Weizen) und Soja stellt Bass (2011) in einer Studie für die Deutsche Welthungerhilfe heraus, dass die wirtschaftswissenschaftliche Theoriebildung den Trend befördert hat, in Rohstoffindizes zu investieren. Indizes gelten gegenüber individuellen Selektionsstrategien als effizientere Anlagestrategie und Rohstoffe wie Getreide und Soja sind laut den Studien von Gorton & Rouwenhorst (2004) aufgrund ihrer Unabhängigkeit von anderen wirtschaftlichen Entwicklungen bestens geeignet, die Portfolios der Anleger sinnvoll zu diversifizieren, da sie auf komplementären Werten beruhen. Hierbei ist allerdings zu bedenken, dass »wissenschaftliche Erkenntnisse sich nicht nur einfach neutral [entfalten], bar gesellschaftlicher Interessen, [sie] sind auch im Kontext von Hunger- und Nahrungskrisen das Ergebnis des Ringens um Deutungshoheit, bei dem öffentliche Universitäten, private Forschungseinrichtungen und Entwicklungsabteilungen transnationaler Konzerne miteinander konkurrieren« (Gertel, 2010b, 11). So beschäftigt die Finanzindustrie in den USA ca. 1.600 Lobbyisten, um allein den Handel mit Derivaten zu fördern (Berg 2011, 273). Bei der Konkurrenz um Deutungshoheit und dem Wettbewerb um die 'klügsten Köpfe' sind die finanziellen Anreize der Investmentbanken bei der Rekrutierung von Nachwuchskräften aus Eliteuniversitäten keineswegs zu unterschätzen, wie Smith (2012) aus eigener Erfahrung für Goldman Sachs aufzeigt. Der Boom von Rohstofftransaktionen ist in zwei weitere Entwicklungen einzuordnen: den Ausbau des Derivatehandels einerseits sowie die parallele Abschaffung der existierenden Limits und Begrenzungen im Rohstoffhandel. Seit den 1990er Jahren beschleunigte sich der Handel mit Derivaten. Sie erlebten unter den Bedingungen der Deregulation einen massiven

Auftrieb und brachten gleichzeitig unüberschaubare Risiken mit sich. Allein »der weltweite Markt für Kreditderivate umfasste 2008 ein Volumen von 47 Billiarden US-Dollar. Das weltweite Bruttoinlandsprodukt, also die globale Wirtschaftsleistung innerhalb eines Jahres, betrug 2004 dagegen rund 31,5 Billiarden US-Dollar« (T. 2009, 108). Greg Smith, ehemaliger Goldman Sachs Mitarbeiter, schreibt dazu:

> »Die ganzen nuller Jahre hindurch wurden an der Wall Street komplexe Derivate entwickelt, um europäischen Regierungen wie Griechenland und Italien zu helfen, ihre Schulden zu verstecken und ihren Haushalt gesünder aussehen zu lassen, als er wirklich war. Diese Deals generierten für die Banken Hunderte von Millionen Dollar an Gebühren, aber letzten Endes halfen sie diesen Ländern nur, ihre Probleme vor sich herzuschieben. Diese Weigerung, die Probleme anzugehen, gipfelte dann in der europäischen Schuldenkrise, mit der die Welt heute fertig werden muss.« (Smith 2012, 217)

Eine deutsche Händlerin führt über die Popularisierung und Massenverbreitung von Derivaten in der Bevölkerung und das Marketing der Banken Folgendes aus:

> »[Mit] exotischen Derivaten [konnte] man sich richtig austoben. Sie wurden uns zeitweilig in Milliardensummen aus den Händen gerissen, so dass wir mit dem Strukturieren und Ausdenken neuer Phantasieprodukte kaum noch hinterherkamen. Jedes dieser Produkte bescherte der Bank einen Profit in Millionenhöhe, als schlechte Deals galten jene im sechs- oder gar fünfstelligen Bereich. [...] Die Privatanleger lernten die Produkte natürlich nicht als hochriskante exotische Derivate kennen. [...] Die von der Anlageberatung einer Hausbank veräußerten sie für uns unter dem Mäntelchen der 'Garantieanleihe' oder als 'Classic Zertifikat' – selbstverständlich als sichere und profitable Anlage.« (T. 2009, 107)

Der Handel mit Derivaten, soviel war bereits in den 1990er Jahren klar, konnte hohe Wachstumszahlen zeitigen und immense Profite bringen, besonders wenn staatlicherseits keine Kontrolle ausgeübt wurde. Umgekehrt stellte Brooksley Born, die Leiterin der Commodity Futures Trading Commission (CFTC) – die für die Aufsicht der Terminbörsen in den USA zuständig war – bereits 1998 bei einer Anhörung im Kongress fest, dass der völlige Mangel an zentralen Informationen es den Derivate-Händlern erlaube, »Risiko-Positionen einzunehmen, die unsere regulierten Märkte, ja sogar unsere ganze Wirtschaft bedrohen, und das ohne das Wissen bei irgendeiner Bundesbehörde« (Born, in: Schumann 2011, 32). Aber Borns Ankündigung, die CFTC wolle die nötige Aufsicht übernehmen, traf auf massiven Widerstand. Drei Männer waren nach Schumann (2011) dafür verantwortlich: Der US-amerikanische Finanzminister Robert Rubin, der zuvor Chef bei Goldman Sachs gewesen war, der damalige Vorsitzende des Bankenausschusses im Senat, Phil Gramm, der später Vizepräsident bei UBS wurde, sowie Alan Greenspan, der Vorsitzende der US-Notenbank Federal Reserve; alle drei lehnten die Initiative von Born vehement ab. Born gab daraufhin auf und trat zurück. Gramm und Rubin brachten kurz darauf im Jahr 2000 zwei radikale Gesetzesänderungen auf den Weg, die den Finanzkapitalismus weiter entfesselten: erstens den Gramm-Leach-Bliley-Act, der alle Grenzen im Finanzgewerbe aufhob; Finanzkonzerne durften fortan alle Arten von Finanzgeschäften unter einem Konzerndach vereinen. Zweitens der Commodity Futures Modernization Act; dieses Gesetz stellte nicht nur das OTC-Derivate-Geschäft ausdrücklich von jeder Aufsicht frei. OTC bedeutet *over the counter* und steht dabei für den außerbörslichen Handel mit Derivaten, der für Außenstehende nicht transparent ist. Zugleich hob das Gesetz auch für den Handel mit Energiefutures (Öl, Gas) alle bis dahin geltenden Begrenzungen auf. Parallel dazu setzte die Leitung des Chicago Board of Trade (CBOT), der Warenterminbörse in Chicago, auch die Positionslimits für die Futures auf Getreide und Sojabohnen immer weiter herauf. Sie wurden auf Betreiben von Goldman Sachs schließlich ganz abgeschafft.

> »Am Ende des Jahres 2010 waren nach Angaben der US-amerikanischen Aufsichtsbehörde US-amerikanische Finanzunternehmen zu Anlagezwecken ([I]ndexinvestoren) mit einem Bestandsvolumen von etwa 14 Mrd. USD auf dem Terminmarkt für Mais, von etwa 17 Mrd. USD auf dem Terminmarkt für Soja und von etwa 10 Mrd. USD auf dem Terminmarkt für Weizen engagiert.« (Bass 2011, 7)

Grenzüberschreitend gehandelt wurde Mais im Jahr 2008 im Wert von 32 Mrd. USD und Weizen im Wert von 37 Mrd. USD (vgl. Bass 2011). Ähnliches galt für Soja. Entsprechend groß ist der Einfluss der Indexinvestoren auf die Preisentwicklung des exportierten Getreides, was sich auch an dem dramatischen Zuwachs der gehandelten Kontrakte ablesen lässt (vgl. Gertel 2010b). Die arabischen Länder sind durch ihre Importabhängigkeit von Preisschwankungen bei Getreide besonders betroffen. Das Investitionsvolumen der Indexspekulationen ist von 2008 bis zum Frühjahr 2011 erneut gestiegen und auf 412 Mrd. USD angewachsen. Hierbei sind noch keine Hedgefonds[21] berücksichtigt (deren Anteil am Rohstoffhandel konservativ auf 100 Mrd. USD geschätzt wird) und es sind noch keine Transaktionen im Bereich der außerbörslichen OTC-Rohstoffderivate berücksichtigt (deren Anteil zwischen 180 und 461 Mrd. USD geschätzt wird; vgl. Schumann 2011, 36). Da Derivatprodukte sich von Basiswerten ableiten (wie von Getreide), wirken sich die Volatilitäten der Derivate letztlich auch auf die Preisentwicklung der Basiswerte aus. Die Konsequenzen sind unüberschaubar:

> »Inzwischen sind die globalen Finanzmärkte so liberalisiert, dass nicht mehr nachzuvollziehen ist, wer 'reale Risiken' besitzt und wer Phantasierisiken, und wie viele Billionen an Kreditrisiken durch den Ringelreigen mit den ursprünglichen Risiken geschaffen wurden. Eine Nachprüfung scheitert in allererster Linie deshalb, weil es keine globale Aufsicht oder Datensammelstelle gibt.« (T. 2009, 110)

Alle diese Prozesse trafen nach 2007/08 nun im Winter 2010/11 erneut zusammen (vgl. Abb. 2-2). Schuman (2011) hält fest: 2011 waren Weizen, Mais und Reis im weltweiten Durchschnitt nach Abzug der Inflation 150 Prozent teurer als im Jahr 2000. Allein 2010 sind die Nahrungspreise um mehr als ein Drittel gestiegen und dadurch 40 Millionen mehr Menschen zusätzlich von Hunger und absoluter Armut betroffen. Die Spekulationen mit Lebensmitteln wie Mais, Soja und Weizen an Rohstoffbörsen stehen – so folgert Schuman – im dringenden Verdacht, die Armut und den Hunger mitverursacht zu haben.

Nahrungskrisen sind also konzeptionell neu zu fassen: Sie entfalten sich nicht mehr (nur) 'vor Ort', quasi in einem entfernten 'Dort', in postkolonialen Ländern wie Marokko oder Ägypten, sondern sie sind Teil von Handlungsketten und diskursiven Räumen, die sich bis zu jenen Institutionen erstreckten, die auch 'Hier' in Berlin oder London über unsere Alterssicherungen und Sparstrategien entscheiden und beispielsweise als institutionelle Investoren tätig werden – ohne sich immer für die sozialen Konsequenzen ihres Handelns zu interessieren oder diese zu überblicken. Das sind die Rahmenbedingungen, die den Arabischen Frühling möglich machten.

Hochfrequenzhandel

Neben der Intransparenz und den Hebelwirkungen der Finanzprodukte besteht eine weitere Komplexität in der Geschwindigkeit der Transaktionen, die – wie beim Hochfrequenzhandel – nicht mehr durch manuelle Eingriffe zu steuern ist. Dies wurde beim so genannten *Flash Crash* im Mai 2010 erneut deutlich. Als *Flash Crash* wird der Einbruch der US-amerikanischen Aktienmärkte am 6. Mai 2010 bezeichnet, bei dem die Börsenkurse innerhalb von Minuten kollabierten und sich genauso schnell wieder erholten.[22] In zehn Minuten wurden beinahe 1,3 Milliarden Aktien gehandelt. Zahlreiche Aktien fielen dabei vorübergehend auf einen Bruchteil ihres ursprünglichen Kurses, manche um bis zu 99 Prozent. Innerhalb weniger Minuten zogen Marktteilnehmer ihr Geld ab und verbrannten mehrere Milliarden Dollar an Börsenwerten. Im Bericht der Untersuchungskommission lesen sich Auszüge wie folgt:

> »Zwischen 14:32 und 14:45, als die Preise der E-Minis [Anm. d. Autors: eine Form von Futures] rapide sanken, hat der Verkaufsalgorithmus ungefähr 35.000 von den 75.000 intendieren E-Mini-Kontrakten verkauft (im Wert von ca. 1,9 Milliarden USD). Der Hochfrequenzhandel begann, Kontrakte gegeneinander zu kaufen und zu verkaufen, und generierte dabei einen so genannten 'heißen-Kartoffel-Effekt', da die gleichen Positionen hin- und her-gehandelt wurden. Zwischen 14:45:13 und 14:45:27 wurden 27.000 Kontrakte gehandelt, die 49 Prozent des gesamten gehandelten Volumen ausmachten, während netto nur 200 zusätzliche Kontrakte gekauft wurden.« (JAC 2010)

Innerhalb von 14 Sekunden wurden also 27.000 Verträge geschlossen, bzw. innerhalb einer Sekunde knapp 1.000 Verträge gehandelt.[23] Dank neuer Computersysteme können Transaktionen inzwischen in Bruchteilen von Millisekunden abgewickelt werden: »Das System Algo M2 [w]ickelt Käufe und Verkäufe in 0,016 Millisekunden ab. Die altehrwürdige London Stock Exchange kommt mit ihrem neuen System Millenium IT auf 0,13 Millisekunden« (Bayer et al. 2010). Selbst Greg Smith, der ehemalige Goldman Sachs Mitarbeiter und Spezialist für E-Mini-Kontrakte, der nach eigenen Angaben routinemäßig solche Futures im Wert von drei Milliarden USD gehandelt hat, findet den *Flash Crash* unheimlich und schenkt der offiziellen Begründung – ein Fondsmanager von Wadell & Reed sei daran Schuld – keinen Glauben:

»Was mich [...] an dem Blitzcrash beunruhigte, war die Tatsache, dass er die extreme Instabilität des Marktes offenbarte, der irrwitzig komplex geworden war. Es gab miteinander verbundene Technologie-Plattformen und Sicherungssysteme, die jedoch nicht unbedingt in der Lage waren, miteinander zu kommunizieren, wenn etwas schiefging. Der Hochgeschwindigkeitshandel [...] macht inzwischen einen großen Anteil des täglichen Handelsvolumen aus.« (Smith 2012, 267)

Die Technoliberalisierung, die neue *assemblages*, Mensch-Maschinen-Kopplungen, hervorbringt, generiert neue Risiken – mehr noch: »es entsteht eine neue Riskantheit des Risikos, weil die Bedingungen seiner Kalkulation und institutionellen Verarbeitung teilweise versagen« – wie Beck (2007, 24) in anderen Zusammenhängen herausstellt. Heute findet die Kommunikation, die Risiken absichern soll, zwischen »Technologie-Plattformen und Sicherungssystemen« (Smith 2012, 267) statt: elektronische Ereignisse – hier milliardenschwere Finanztransaktionen – und existentielle Lebenschancen, die von internationalen Getreidepreisen abhängen, sind unabdingbar verzahnt. Ihr Zusammenwirken wird jedoch technologisch durch Rechenoperationen und Softwareinteraktionen übersetzt und betrieben; es ist ein Verflechtungsgefüge, das außer Kontrolle gerät. Eine komplette Steuerung ist selbst für hochbezahlte Finanzspezialisten, die zudem meist interessengeleitet auf Profitmaximierung setzen und kaum das Gemeinwohl im Auge haben, nicht mehr möglich.

Sichtbarkeit des Widerstands

Zeitgleich hat die politische Mobilisierung in den arabischen Ländern in den 2010er Jahren eine hohe Latenz entfaltet, und zwar aufgrund der sich ausbreitenden Unsicherheit, die als ökonomische Konsequenz oft Hunger nach sich zieht, im rechtlichen Gefüge den Verlust von Ansprüchen bedeutet und politisch wegbrechende Teilhabe impliziert. Protestaktionen in Tunesien, Ägypten, Algerien oder Marokko verdichteten sich über Jahre. Der Arabische Frühling hat mehrere, auch unbekannte, Auslöser, aber, wie deutlich wurde, eindeutige strukturelle Ursachen. Das Ringen um eine andere Gegenwart und bessere Zukunft geht maßgeblich – doch keineswegs allein – von der jungen Bevölkerung aus. Einfache Kausalitäten oder die Einteilung von Prozessen nach einem 'Täter-Opfer-Schema' reichen jedoch nicht aus, um das Verantwortungsversagen innerhalb der modernen Gesellschaft zu erklären.

An der Verbreitung solcher vereinfachenden Aussagen ist die Ambivalenz der Informationsgesellschaft beteiligt: Einerseits ist die Medienkompetenz gerade der Jugendlichen bemerkenswert und stark gewachsen, andererseits gilt jedoch der Slogan aus der Berichterstattung über den Irakkrieg »*The More You Watch the Less You Know*« – »Je mehr Du fern-siehst, desto weniger weißt Du« (vgl. Merip, No. 171, 1991). Die überbordende Informationsflut bewirkt keineswegs eine qualitativ verbesserte Nachrichtenlage, vielmehr verschleiert die Massenproduktion von Banalitäten häufig die Analyse von strukturbildenden Vorgängen und Interessenlagen. Soziale Netzwerke wie im arabischen Raum stellten allerdings die Möglichkeit bereit, Situationen der Kopräsenz, das Sich-Versammeln und die Weitergabe von Informationen virtuell zu erzeugen. Zwei Aspekte sind dabei wesentlich: Der Handlungsraum von Informationen und nachgelagerten Interaktionen dehnt sich aus, er überschreitet leicht die Straße, das Viertel, die Stadt und die Nation; und der Zeitrahmen hierfür kann sich erweitern. Informationen sind sowohl in Echtzeit für viele geräuschlos verfügbar und gleichzeitig stehen sie auch im Zeitverlauf weiter zur Verfügung. Die Reichweite für die Mobilisierung zu Protestaktionen ist damit potentiell erhöht. Allerdings stehen dem zwei Bedingungen entgegen. Zum einen bleiben die virtuellen Teilnehmer, soweit sie ihre Netzidentitäten nicht kennen, anonym, sie sehen und erkennen sich nicht wie auf einem physischen Platz, sie können sich nicht identifizieren und ihr Bedürfnis nach der Einordnung von möglichen Gefährdungen, die von 'dem Anderen' ausgehen, bleibt unbefriedigt. Entsprechend ist Vertrauen in unterschiedlicher Weise herzustellen als im physischen Raum. Zum anderen verlaufen virtuelle Interaktionen eben ohne körperliche Präsenz, sie kennen nicht nur keinen eindeutig identifizierbaren Begegnungsort (die virtuelle Teilnahme kann von überall erfolgen), die mangelnde körperliche Präsenz lässt auch keine unmittelbaren körperlichen Konsequenzen durch Anwesenheit erwarten. Völlig anders sieht es im physischen Protestraum aus, wo radikale und gewaltbereite Gegner, Schlägertrupps, Polizisten, Milizen oder die Armee zu fürchten sind. Daher nimmt die Kopplung von virtuellen Informationen (mit Rückbestätigungen durch identifizierbare Netzakteure) mit der persönlichen Mobilisierung, im physischen Raum aktiv zu werden, eine besondere Bedeutung ein, und zwar gerade in Städten wie Kairo, Tunis oder Algier, in denen Sichtbarkeit und körperliche Präsenz in kurzer Zeit auf öffentlichen Plätzen hergestellt werden können. Mörtenböck & Mooshammer (2012) greifen auf die Ausführungen von Juris (2012) zur Wechselwirkung von Online-Welt und Stadtplatz zurück und formulieren:

> »Versammlungslogiken, wie jene der stark von sozialen Medien geprägten Occupy-Bewegung, unterscheiden sich [...] deutlich von den Netzwerklogiken früherer Protestbewegungen, weil sie andere Muster sozialer Interaktion erzeugen. Anstelle der Entwicklung langfristiger und komplex strukturierter Bindungen geht es bei Logiken der Anhäufung um die Bildung kollektiver Formationen, die punktuell und kurzfristig agieren. [...] Niedrige Zugangsschwellen und der Gebrauch weit verbreiteter Technologien ermöglichen es, unterschiedlichste soziale Netzwerke in diese Diskussions- und Versammlungsprozesse einzubeziehen. [...] Physischer Raum wird von den neuen Protestbewegungen unserer Zeit daher nicht nur benötigt, um Formen direkter Demokratie zu praktizieren oder um Gelegenheit für Austausch und Zusammenarbeit zu bieten, sondern auch, um ihre stets von Auflösung bedrohte kollektive Subjektivität zu bewahren.« (Mörtenböck & Mooshammer 2012, 94)

Parallel zu Blogs, Twitter und Facebook wirkt eine weitere mediale Landschaft: die der bewegten Bilder. Ihre Produktion und Verbreitung ist nicht mehr das Monopol von staatlichen Nachrichtenagenturen. Protestaktionen können selbst mit Handykameras aufgenommen, via YouTube oder Livestream-Kanälen ins Internet gestellt und international sichtbar gemacht werden (Meek 2012). Die Multiplikation möglicher Quellen stellt wiederum die Produktionsintention in Frage: wer hat wo, wann, mit welchen Interessen die Aufnahmen gemacht, inszeniert und beauftragt, alltägliche Fragen, die beispielsweise die Berichterstattung über den syrischen Bürgerkrieg kennzeichnen. Der Begriff der *assemblage* erhält hier eine weitere, der englischen Konnotation entsprechenden Bedeutung: Er steht stellvertretend für die durch elektronisch-mathematische Verfahrensweisen ermöglichte Gelegenheit des Sich-Versammelns. Im Kern werden durch Kommunikationsinfrastrukturen neue soziale Verbindungen, das virtuell/reale Erfahrung-Machen und das gesellschaftliche Sichtbar-Werden befördert. Diese Form des Technoliberalismus kann ebenso intransparenten Verfahrensweisen und Kommerzialisierungsinteressen unterliegen wie die Operationen mit spekulativem Finanzkapital.

Epilog

Das Ausmaß von absoluter und latenter Armut hat in den arabischen Ländern zugenommen. Die Kosten für Grundnahrungsmittel wie Getreide verschlingen einen Großteil des verfügbaren Einkommens – besonders der städtischen Armen; Weizenerwerb ist der wichtigste Haushaltsposten von Millionen von Familien. Im globalisierten Nahrungssystem reichen minimale Preiserhöhungen, die im Eurocent-Bereich liegen können, um dramatische Auswirkungen hervorzurufen. Die Ursachen für Nahrungsunsicherheit in der arabischen Welt verlagern sich dabei von Problemen der Nahrungsmittelproduktion, die die lokale Verfügbarkeit einschränken wie in Ägypten oder Marokko, zu Zugangsproblemen (Sen 1981). Dies betrifft die mangelnde Kaufkraft und stellt ein besonderes Problem für die Armutsbevölkerung in Städten wie Kairo oder Tunis dar. Hinzu tritt ein Interventionsversagen etwa in Konfliktsituationen wie in Gaza, dem Irak oder in Syrien. Immer mehr Menschen hungern, obwohl die technischen Möglichkeiten bestünden, alle ausreichend mit Nahrungsmitteln zu versorgen (vgl. Devereux 2007). Die unterschiedlichen Ursachen von Krisen können sich zudem kombinieren und gegenseitig verstärken. Während die Gründe und Strukturen von Nahrungskrisen in der Vergangenheit identifizierbar, nachvollziehbar und mit lokalen Machtkonstellationen sowie Interessen verknüpft waren (Thompson 1971; Tilly 1971), erstrecken sich die Ursachen gegenwärtiger Nahrungskrisen über verschiedene soziale Felder: Rohstoff-Spekulation durch Banken und Anleger, die Marktmacht internationaler Getreidehändler, die kommerzielle Flächenbelegung für die Produktion von Biotreibstoffen, die Enteignungen und der Landaufkauf im großen Stil *(land grab)* und andere Faktoren spielen zusammen. Einzelne Akteure – wie die Regierungen der arabischen Welt – für solche »globalisierten Nahrungskrisen« (Gertel 2010a) verantwortlich zu machen, bei denen die Verursachungsketten nur sehr aufwändig zu rekonstruieren sind, erscheint zu kurz gegriffen. Die neue Struktur des globalen Nahrungssystems ist durch fragmentierte Verantwortlichkeiten gekennzeichnet, entsprechend kollabiert, mangels eindeutiger Adressaten, die moralische Ökonomie – die Felder gemeinschaftsbezogener

Regelungen versagen. Heute ist nicht nur die Verflechtung von Produktion und Konsum von weltweiter Ausdehnung, auch die Preisbildung findet oft weit entfernt vom Ort des Nahrungsmittelumschlages und nur zum geringen Teil im Einflussbereich von Konsumenten statt. Während viele Protestaktionen die jeweilige Regierung adressieren, bleiben die Handlungen und Interessen von Akteuren wie Banken oder Getreidekonzernen weitgehend unbekannt; und sie werden noch seltener überhaupt zur Verantwortung gezogen oder gar für Nahrungskrisen haftbar gemacht.

Die Zusammenhänge von Krisen und Widerstand in den arabischen Ländern sind aufgrund ihrer komplexen Verkettung nur fallspezifisch zu entschlüsseln. Territoriale und temporale gesellschaftliche Gefüge sind dabei in vier Konfigurationen zerlegbar: erstens in Armut und Hunger, die als strukturelle Bedingungen etwa in Ägypten oder Marokko den Alltag von Millionen bestimmen; zweitens in Widerstand und Mobilisierung, die situative lokale Reaktionen auf Krisenerfahrungen wie beispielweise Protestaktionen in Algier oder Rabat hervorbringen; drittens in das Zusammenspiel von Information und Kapital, das die globale Wissensgesellschaft, die asymmetrische Wohlstandsverteilung und die ungezügelte Ressourcenausbeutung vorantreibt; sowie viertens in Verantwortung und Haftung, die neue institutionelle Heimaten suchen. Jugendliche sind von diesen Verkettungen massiv betroffen, nicht nur in den Städten der arabischen Welt, doch die dortigen Jugendlichen erleben Willkür, Gewalt, Ungerechtigkeit und Perspektivlosigkeit länger und häufiger als etwa ihre europäischen Altersgenossen. Widerstand ist entsprechend vielgestaltig und reicht von profanen Verweigerungen alltäglicher Handlungen bis zum bewaffneten Widerstand wie in Syrien. Viele alltägliche Formen des Widerstands – in der zahlenmäßigen Mächtigkeit von Alltagshandlungen, von Nicht-Bewegungen, aber auch von Aktionen direkter Gewalt – existieren parallel und unterliegen völlig unterschiedlichen Handlungsorientierungen: der materiellen Existenzsicherung, der Suche nach individuellen Freiräumen sowie auch säkularen oder konfessionellen Überzeugungen.

Doch die Komplexität des Technoliberalismus hat Auswirkungen auf die Reichweite des Widerstands: Selbst wenn die physische Ortsgebundenheit von klassischen Protestaktionen durch virtuelle Kommunikationsmöglichkeiten partiell aufgehoben wird – und selbst, wenn sich Widerstand über soziale Netzwerke nun auf globaler Ebene rekrutieren und formieren kann (Konsumverzicht, etc.) – bleibt die Identifikation der Protestadressaten ein zentrales Problem. Drei Dynamiken verzahnen sich dabei: Handlungsketten verzweigen sich und spalten sich auf; Wirtschaftsinteressen kombinieren sich mit opaken bürokratischen Maßnahmen; und Informationsasymmetrien werden nicht nur räumlich, sondern auch temporal manifest, so dass Handlungszeiten (Auslöser wie Ursachen) und Reaktionsgeschwindigkeiten (Steuerung wie Widerstand) nicht mehr zusammen passen. Technoliberalismus führt entsprechend zur gesellschaftlichen Unwucht. Auf der einen Seite kann der Hochfrequenzhandel Milliardensummen in Sekunden generieren oder vernichten, auf der anderen Seite muss ein immenser, häufig intransparenter Verwaltungs- und Kontrollaufwand betrieben werden, um die globale Technoliberalisierung auch nur halbwegs zusammenzuhalten: Beispielsweise waren 2011 allein in Genf ca. 10.000 Sitzungen der Vereinten Nationen angesetzt (Ziegler 2012, 18). Das entspricht 38 parallelen Sitzungen pro Arbeitstag, allein an einem Ort. Wer koordiniert solche Sitzungen und diejenigen von Regierungen oder der Europäischen Union und wie werden sie – falls überhaupt – inhaltlich abgestimmt, bleibt rhetorisch zu fragen. Die institutionellen Abläufe im öffentlichen Bereich, der demokratisch organisiert ist, sind vielfach aufwändiger und schwerfälliger als privatwirtschaftlich organisierte, betriebsinterne und weisungsgebundene Verfahrensweisen. Hinzu kommt die systematische Überforderung von Politikern, die – auch aus Zeitmangel – kaum mehr die komplexen Zusammenhänge verstehen, die sie steuern sollen, und die sich gleichzeitig von Lobbygruppen abhängig gemacht haben (vgl. corporateeurope.org). Die mangelnde Transparenz, die hierin eingeschrieben ist, wird beispielsweise am systematischen Schweigen von Volksvertretern deutlich, wenn sie Auskunft darüber geben sollen, wohin die abgeführten Beträge zur Rettung der Banken gelangen (Schuman 2013). Wer sind die Profiteure dieser 'Rettung'? Der Slogan von der 'Privatisierung der Gewinne und der Sozialisierung von Verlusten' repräsentiert die Einsicht in die tiefe Asymmetrie globaler Austauschbeziehungen: Lediglich 146 transnationale Korporationen (TNCs) kontrollieren 40 Prozent aller Werte, die von insgesamt 43.060 TNCs weltweit gehandelt werden (Vitali et al. 2011).

Kaum jemand wurde in diesem Zusammenhang jüngst mehr beachtet als Stéphane Hessel, der sich mit seinem Aufruf »Empört Euch!« an die Jugendlichen richtete. Hessel, der 1917 in Berlin geboren wurde, sich in der Résistance engagierte, das Konzentrationslager Buchenwald überlebte und an der Ausarbeitung der Charta der Menschenrechte beteiligt war, schreibt 2010 im Alter von 93 Jahren: »Die Verantwortlichen in Politik und Wirtschaft, die Intellektuellen, die ganze Gesellschaft dürfen sich nicht kleinmachen und kleinkriegen lassen von der internationalen Diktatur der Finanzmärkte, die es soweit gebracht hat, Frieden und Demokratie zu gefährden« (ebd., 10). Er kommentiert:

> »Man wagt uns zu sagen, der Staat könne die Kosten d[e]r sozialen Errungenschaften nicht mehr tragen. Aber wie kann heute das Geld dafür fehlen, da doch der Wohlstand so viel größer ist als zur Zeit der Befreiung, als Europa in Trümmern lag? Doch nur deshalb, weil die Macht des Geldes – die so sehr von der Résistance bekämpft wurde – niemals so groß, so anmaßend, so egoistisch war wie heute, mit Lobbyisten bis in die höchsten Ränge des Staates. In vielen Schaltstellen der wieder privatisierten Geldinstitute sitzen Bonibanker und Gewinnmaximierer, die sich keinen Deut ums Gemeinwohl scheren. Noch nie war der Abstand zwischen den Ärmsten und Reichen so groß. Noch nie war der Tanz um das goldene Kalb – Geld, Konkurrenz – so entfesselt. [...] Wir [...] rufen die Jungen auf, das geistige und moralische Erbe der Résistance, ihre Ideale mit neuem Leben zu erfüllen und weiterzugeben. Mischt euch ein, empört euch!« (Hessel 2011, 9-10)

Anmerkungen

[1] Vgl. Burke & Lapidus (1988), Le Saout & Rollinde (1999), Beinin (2012) und Bayat (2012a).

[2] Debatten über Krisen haben eine lange Geschichte und sind maßgeblich durch materialistische Ansätze geprägt (Habermas, 1992, Offe 1985, O'Connor 1987), die das Auftauchen von Krisen in sozialen Systemen verorten. In konzeptioneller Hinsicht wird davon ausgegangen, dass von einer Krise nur die Rede sein kann, wenn die Identität bzw. die strukturelle Integrität des Systems in Frage gestellt wird. Für eine grundlegende Kritik im Entwicklungsdiskurs siehe Watts (1989).

[3] Diese Trennung in soziale und biologische Systeme ist artifiziell. Weder ist der Körper ein rein biologisches System, noch das Nahrungssystem ein rein soziales. Die Unterscheidung dient hier allein der Problematik, die sich aus der Systemdefinition ergibt, die je nach Handlungstheorie oder Systemtheorie zu unterschiedlicher empirischer Handhabung führt (vgl. Gertel 2010a, 7ff.).

[4] »Krisen ereignen sich nicht einfach: sie stehen häufig erst am Ende strukturell wirksamer Deprivationsprozesse. Krisen – und gerade Nahrungskrisen – sind immer personengebunden, sie bedrohen die körperliche Unversehrtheit unmittelbar, implizieren schwerwiegende körperliche Konsequenzen und letztlich die Möglichkeit eines frühzeitigen Todes. Der Begriff ›globalisierte Nahrungskrisen‹ legt die Betonung auf die Veränderungen im weltweiten Nahrungssystem, die sich, häufig vermittelt über internationale Austauschvorgänge, in neuen Unsicherheiten widerspiegeln, die bis auf die körperliche Integrität durchschlagen« (Gertel 2010a, X).

[5] Alle Zitate wurden, soweit nicht anders angegeben, vom Autor ins Deutsche übersetzt.

[6] Die Parallele, die hier gezogen wird, bezieht sich nicht auf die implizite Stufentheorie, die sich in Scotts damaligen Begriff des »präkapitalistisch-bäuerlichen« vermuten lässt. Es geht um die Ausbildung einer Subsistenzethik, die entsteht, wenn man dauerhaft gezwungen ist, am Existenzminimum zu leben.

[7] Grundsätzlich ist es dabei hilfreich, zwischen Verwundbarkeit und Armut zu unterscheiden: nicht alle verwundbaren Personengruppen müssen per se arm sein, doch sie sind gegenüber rechtlichen oder ökonomischen Veränderungen, die existentielle Zugangsverluste beinhalten, exponiert. Personengruppen, die von Entlassungen bedroht oder von einer Änderung der Rechtslage betroffen sind, wie die landwirtschaftlichen Pächter in Ägypten (Bush 2002), werden beispielsweise durch den Verlust der Produktionsmittel plötzlich zu verwundbaren Gruppen, die um ihre existentielle Sicherheit fürchten müssen.

[8] Die Zahlen wurden von der Weltbank für den Zeitraum von 1992 bis 1999 ausgegeben, folgende Länder sind berücksichtigt: Algerien (42.6%), Ägypten (39.0%), Jordanien (44.4%), Mauretanien (44.1%), Marokko (46.6%), Pakistan (41.1%), Tunesien (47.9%), Türkei (47.7%) und Jemen (41.2%) (World Bank, Development Indicators, 2001).

[9] Die Angaben für 1993 basieren auf der Kalkulation eines Kaufkraftausgleichs (*purchasing power parity*) (UNDP 2002, Tab. 3). Weitere Daten liegen für Algerien (15.1%), und für Jordanien (7.4%) vor.

[10] Siehe: www.childinfo.org/eddb/malnutrition/index.htm (4.4.2003).

[11] Siehe: www.casi.org.uk/info/unicef/0211nutrition.pdf (4.4.2003).

[12] Ein Bericht für die Westbank und für Gaza stellt fest, dass sich die Mangelernährung bei Kindern verfestigt und zugenommen hat (vgl. Abdeen et al. 2002).

[13] Die Sterblichkeitsrate von Kindern unter fünf Jahren war 2001 besonders im Irak und im Sudan sehr hoch und am geringsten in Israel und den Emiraten, was nicht nur die Präsenz gewalttätiger Konflikte sondern auch die Ausstattung mit kapitalintensiver Gesundheitsinfrastruktur widerspiegelt.

[14] Dazu zählten Oman (12%), Jemen (23%), Sudan (27%) und Mauretanien (39%) (AHDR 2009).

[15] Die Berechnung basiert auf Daten der FAO für die Jahre 1990-99 (faostat-database).

[16] Im Jahr 1998 waren die weltweit wichtigsten Weizenimporteure (in Millionen Tonnen): Ägypten (7,4), Italien (7,1), Brasilien (6,9), Japan (5,9), and Korea (4,7); zum Vergleich Algerien (4,0) Iran (3,5) und Marokko (2,7) (FAO, faostat-database).

[17] Die exakte Angabe ist 69.4% (FAO, faostat-database, Food Balance Sheet 1998).

[18] Der Begriff Technoliberalismus ist nicht unbelegt; er steht jenseits meines Verständnisses auch für eine Weltanschauung, die sich in der Tradition des bürgerlichen Liberalismus verortet und den Freiheitsbegriff durch staatliche Eingriffe bedroht sieht. Technologie gilt als wichtigstes politisches Instrument für gesellschaftlichen Fortschritt. Kernziel ist die Schaffung freier Informationsinfrastrukturen. Diese Begriffsverwendung teile ich nicht.

[19] Future bezeichnet einen Vertrag zwischen Käufer und Verkäufer, bei dem Kurs und Menge sofort festgelegt werden, Lieferung und Zahlung aber zu einem künftigen Termin erfolgen. Ursprünglich geht dies auf Situationen in der Landwirtschaft zurück; Landwirte versuchen mit Warentermingeschäften *(commodity futures)* ihre Ernte abzusichern, etwa gegen Dürre, Hagel, Sturm oder eine ungewisse Nachfrage.

[20] Derivat ist ein Oberbegriff für Optionen, *swaps*, *futures*, exotische und strukturierte Finanzprodukte. Generell bezieht ein Derivat seinen Wert von einem Basisprodukt *(derived from)* wie einer Aktie, einer Anleihe oder einem Rohstoff.

[21] Hedgefonds sind Fonds, die keiner gesetzlichen Begrenzung in ihren Anlagestrategien unterliegen und die deshalb in der Regel in Steueroasen registriert sind. Meist stehen sie nur für vermögende Anleger und Finanzinstitutionen offen.

[22] Siehe: Financial Times Deutschland vom 11.05.2010: »1000-Punkte-Rutsch: das Geheimnis des großen Börsencrashs«; und das Handelsblatt vom 1.10.2010: »Was den US-Börsencrash im Mai verursachte.« Ein Verweis auf die jüngeren Ereignisse vom 20.12.2012 (ebenfalls mit E-Mini-Kontrakten) und eine filmische Aufarbeitung vom Flash Crash im Mai 2010 unter dem Titel: »*Backlight – Money and Speed. Inside the Black Box*« finden sich unter http://der-klare-blick.com/2012/12/flash-crash-2/.

[23] Diese Finanztransaktionen entziehen sich der rein menschlichen Steuerbarkeit, sie nehmen durch ihre überlegene technologische Geschwindigkeit Marktprozesse voraus, was auch von Händlern als illegal bezeichnet wird (Berg 2011).

Die neoliberale Stadt und 'die Politik der Straße'

Asef Bayat (Urbana-Champaign, Illinois)

Einleitung[1]

Ungleichheit ist kein neues Phänomen in der Stadt. Selbst die alten Städte des Nahen Ostens im Mittelalter, in denen Arm und Reich und verschiedene Volksgruppen Seite an Seite lebten, waren von erheblichen Hierarchien geprägt (Abu-Lughod 1971; Sassen 2006). Auch wenn die Moderne neue Verwerfungen entlang klassenspezifischer und ethnischer Trennlinien erzeugt hat, verändert besonders das jüngste Vordringen des Neoliberalismus die Städte und bringt neuartige Formen hervor. Dieses Kapitel, das auf meinen Forschungen im Nahen Osten[2] in den letzten zwei Jahrzehnten basiert, untersucht die Bedeutung der 'neoliberalen Stadt' *(neoliberal city)* für die Ausgestaltung des städtischen Raums und seiner Armutsgruppen, die so genannten Subalternen. Ich analysiere, welche Belastungen sie den Stadtbewohnern aufbürdet, welche Möglichkeiten sie ihnen bietet, und welche Reaktionen sie hervorruft.

Der Neoliberalismus wird gemeinhin als Ideologie angesehen, die dafür eintritt, dass Wirtschaft und Gesellschaft von staatlichen Regulationen befreit und stattdessen – vermittelt durch die unsichtbare Hand des Marktes – von Individuen und Unternehmen und deren Eigeninteressen kontrolliert werden. Die Verbreitung der neoliberalen Logik hat seit den 1980er Jahren durch die Einführung von Strukturanpassungsprogrammen tiefe Spuren in den Ökonomien und Gesellschaften des globalen Nordens und Südens hinterlassen (Harvey 2007). Sie hat urbane Räume tiefgreifend geprägt und 'neoliberale Städte' hervorgebracht.

Die 'neoliberale Stadt' ist also eine marktbedingte Urbanität, eine Stadt, die mehr von der Marktlogik als von den Bedürfnissen ihrer Bewohner bestimmt ist, die eher individuellen oder unternehmerischen Interessen gehorcht als dem Gemeinwohl. Sie ist von zunehmender Deregulierung und Privatisierung der Produktionsprozesse, des kollektiven Konsums und der räumlichen Organisation gekennzeichnet. Nach dieser Logik wird städtischer Raum zur abhängigen Variable dessen, was Harvey (2007) die »Absorption von Überschusskapital« nennt, wenn nämlich die Stadt zum Ort gewinnorientierter kapitalistischer Operationen wird, statt dem Gemeinbedarf zu dienen. Das bedeutet, dass der Staat und seine Beamten eine geringere Rolle in der Ausgestaltung der Stadt spielen als zuvor und vielmehr die Akkumulation von Kapital als das Wohlergehen städtischer Einwohner im Blick haben. Diese neue Umstrukturierung hat in der Praxis viel Schaden in den Bereichen von Arbeit und Produktion, kollektivem Konsum und Lebenswelten angerichtet, mit tiefgreifenden Auswirkungen auf die Gestaltung von Raum und Politik in der Stadt (Hackworth 2006).

Mit der schrittweisen Implementierung der Strukturanpassungspolitik im Nahen Osten und in Nordafrika in den 1990er Jahren zogen sich die ehemals volksnahen und sozialistischen Staaten zunehmend aus der öffentlichen Versorgung und der kollektiven Wohlfahrt zurück; Unternehmen des öffentlichen Sektors wurden rationalisiert, die Zahl der Privatunternehmen wurde erhöht und urbane Beschäftigungsstrukturen durchlebten einen dramatischen Wandel. Wir haben das Schrumpfen des traditionell beschäftigungsintensiven öffentlichen Sektors erlebt, der einst in der postkolonialen Ära der 1960er und 1970er Jahre den Traum der Arbeiter und relativ gut gebildeten Mittelschichten darstellte. Kein anderer Sektor konnte damals mit den Vergünstigungen, den Boni, der Arbeitsplatzsicherheit, der Flexibilität und dem Status mithalten, die mit den Unternehmen des öffentlichen Sektors verbunden waren. Zudem entstanden hier auch die am besten organisierten Gewerkschaften, die für einen weiteren Beschäftigungsanstieg sorgten. Mit der neoliberalen Rationalisierung jedoch sank die Beschäftigungsrate in diesem Sektor; Arbeiter wurden entlassen, versetzt oder auf andere Berufe umgeschult, während ihre Vergünstigungen, Sicherheiten und Sozialleistungen gekürzt oder ganz abgeschafft wurden. Die fortschreitende Rationalisierung erzeugte weitere Arbeitslosigkeit, Gelegenheitsarbeit und eine immer weiter um sich greifende Informalisierung mit der Konsequenz einer umfassenden Fragmentierung der städtischen Arbeiterschaft (Bayat 2002). Gegenwärtig prägt ein weitreichender Sektor verstreuter informeller und prekärer Tätigkeiten und Dienstleistungen das wirtschaftliche Schicksal neoliberaler Städte (Portes et al. 1989; Gilbert 2004). Geschätzte 180 Millionen Araber beziehen ihren Unterhalt aus diesem Sektor (de Soto 2011).

Der teilweise Rückzug staatlicher Behörden aus der Verantwortung für den kollektiven Konsum überlässt die Befriedigung der alltäglichen Bedürfnisse der Menschen entweder den Launen des Privatkapitals, den Möglichkeiten von NGOs oder der Barmherzigkeit wohltätiger Einrichtungen. Nicht nur grundlegende Subventionen für Grundnahrungsmittel wie Brot, Öl und Gas sind gekürzt oder gestrichen worden; die Aufhebung von Mietkontrollen hat auch Massen von verwundbaren Haushalten (insbesondere frisch Verheiratete und junge Familien) den Gesetzen des Grundstückmarktes unterworfen. Die Vorherrschaft von Privatkapital in städtischen Abläufen hat dazu geführt, dass grundlegende Güter und Dienstleistungen wie Trinkwasser, Elektrizität, Transport, Abfallentsorgung, Grünanlagen und saubere Luft, ganz zu schweigen von Schulen, Krankenhäusern, Polizei- und Sicherheitsdiensten, privatisiert oder bestenfalls in ein dreischichtiges System (Staat – Privatunternehmen – NGOs) überführt werden. Die erschwingliche staatliche Versorgung verschlechtert sich aufgrund niedriger Investitionen und schrumpft aufgrund der 'Privatisierung durch die Hintertür' zusammen. In dieser Form der Privatisierung müssen Patienten zum Beispiel ihre eigene Medizin mit ins Krankenhaus bringen oder Schüler in öffentlichen Schulen Privatstunden nehmen, um die schwindende Betreuung im öffentlichen Bildungssystem zu kompensieren (vgl. Karshenas & Moghadam 2006). Der teure Privatsektor expandiert immer weiter, genau wie NGOs, deren Entwicklungsbeitrag minimal bleibt. Identitätspolitik erhält dabei neuen Aufwind (z.B. islamische NGOs kontra christliche NGOs) und vertieft ethnische oder religiöse Gräben (Tadros 2009). Der NGO-Sektor vermittelt im Grunde einen geordneten Übergang zur zunehmenden Marktorientierung und Kommodifizierung in den Gesellschaften des globalen Südens (Elyashar 2005).

Der gegenwärtige Niedergang staatlicher Arbeiterwohnungen in heruntergekommenen und grob vernachlässigten Gebäuden stellt nichts anderes als eine Ausdehnung des Slumlebens dar (Davis 2006). Ägyptens öffentlicher Wohnungsbau, ein Überbleibsel von Nassers sozialistischer Umverteilungspolitik, unterscheidet sich in seinem Verfall kaum von der minderwertigen Bausubstanz informeller Siedlungen, er ist sogar eher weniger flexibel im Hinblick auf Innovationen und Ausbaumöglichkeiten. In einem Akt, den Harvey (2007) »Akkumulation durch Enteignung« *(accumulation by dispossession)* nennt, unterstützen Staaten die Vertreibung der Armen mit ungesicherten Landrechten aus den Stadtzentren, um sich hochwertiges Land anzueignen und es Unternehmen zu übereignen, die Großprojekte und Bauvorhaben wie Einkaufszentren, Freizeiteinrichtungen oder Bürohäuser verfolgen. Dies stellt eine Erweiterung der bekannten Politik der Gentrifizierung dar, bei der die Enteignung de facto durch die unsichtbare Macht hoher Preise und exklusiver Standortaufwertung erfolgt. Anstelle von Sozialwohnungen und Versorgungseinrichtungen aus der Zeit des Wohlfahrtsstaates erleben wir demnach die Entstehung von Megaprojekten fantastischer Größenordnungen – Flughäfen, Einkaufszentren, Kaufhäuser, Urlaubsorte und *Gated Communities* – die vor allem lokale und ausländische Eliten bedienen.

Natürlich sind diese Prozesse nicht vollkommen neu; vielmehr sind sie zugespitzt und intensiviert worden durch eine neoliberale Politik, die zeitgleich Dezentralisierung, Demokratie und Bürgerbeteiligung proklamiert. Die Idee einer verminderten Rolle des Staates setzt die Beteiligung der 'Zivilgesellschaft' in der städtischen Verwaltung durch NGOs, Gemeinderäte und Kommunalverwaltung voraus, um Dienstleistungen zu erbringen sowie um den Haushalt und die regionale Planung zu organisieren. Auch wenn die Zivilgesellschaft von Ungleichheiten bestimmt ist und vor allem privilegierte Institutionen die Regierungsführung beeinflussen, mögen sich dennoch Möglichkeiten für eine subalterne Mobilisierung eröffnen. Was bedeutet dies für den städtischen Raum und seine Bewohner? Wie artikuliert sich die Politik der Subalternen in neoliberalen Zeiten? Verfechter des Informellen wie de Soto oder de Souza sehen in diesem Sektor den deutlichen Ausdruck des tiefsitzenden Verlangens der Menschen im globalen Süden nach freiem Unternehmertum. Das Informelle stellen sie dann als Alternative zur erdrückenden Kontrolle des Staates über die Wirtschaft dar (de Soto 1989, 2003). De Soto (2011) geht sogar so weit, zu argumentieren, die arabischen Revolutionen seien teilweise von den 'Kräften des Marktes' angetrieben worden, um »die unternehmerischen Armen zu emanzipieren«. An dieser Stelle möchte ich nicht weiter auf den Wert solcher Aussagen eingehen – ein überzeugendes Argument legt vielmehr nahe, dass die neoliberale Politik eine Schlüsselrolle für den revolutionären Dissens gespielt hat (Ayeb 2011; El-Mahdi & Marfleet 2009). Ich möchte zudem behaupten, dass die umfangreiche

Literatur zur Informalität auffällig wenig zu den räumlichen Implikationen des informellen Lebens und noch weniger zu den Effekten neoliberaler Städte zu sagen hat.

Die nach außen gekehrte Stadt

Ich schlage vor, dass eine wesentliche Eigenschaft der neoliberalen Stadt mit den doppelten und dialektischen Prozessen des 'Von-innen-nach-außen-Kehrens' *(inside-outing)* und der 'Einhegung' *(enclosure)* beschrieben wird. Zum einen ist die neoliberale Stadt eine 'nach außen gekehrte Stadt', in der eine große Zahl städtischer Einwohner, die Subalternen, gezwungen ist, in öffentlichen Räumen zu agieren, zu arbeiten und schlicht zu überleben, und zwar auf den Straßen, in einer vielgestaltigen Ökonomie unter freiem Himmel *(out-doors economy)*. Hier wird der öffentliche Raum zu einem unabdingbaren Vermögenswert, zum Kapital für Menschen, um zu überleben, zu handeln und sich zu reproduzieren. Wenn man mitten an einem Arbeitstag durch die Straßen von Kairo, Teheran oder Amman schlendert, ist die überwältigende Präsenz so vieler Menschen, die auf den Straßen ihren Geschäften nachgehen, kaum zu übersehen: sie arbeiten, stehen, sitzen, rennen herum, verhandeln oder fahren. Man mag sich fragen, wie derart unfassbare Verkehrsstaus mitten an einem Arbeitstag entstehen können, wenn die Menschen sich doch eigentlich in geschlossenen Räumen aufhalten sollten.

Die Zunahme von Entlassungen und Arbeitslosigkeit,[3] die aus der Umstrukturierung des öffentlichen Sektors, der Aufhebung von Stellengarantien und der Verlagerung von verarbeitenden Industrien hin zu Dienstleistungen und hochtechnisierten, kapitalintensiven Industrien resultieren, hat sowohl gelegentliche wie auch dauerhafte informelle Arbeit gefördert; Inbegriff dessen sind Straßenhändler, Boten, Fahrer und Träger oder auch diejenigen, die in Straßenwerkstätten (wie Straßenwäschereien, Autowäschen, Mechanikern oder Reparaturläden in kleinen Gassen) arbeiten, ganz zu schweigen von den spektakulären Bordsteinrestaurants. Sinkende Einkommen und Absicherungen (Nahrungsmittelsubventionen, Mietkontrolle) haben viele arme Familien dazu gezwungen, mehr Familienmitglieder (wie Frauen und Kinder) einzusetzen, um ihren Lebensunterhalt zu verdienen. Diese enden häufig in der 'Ökonomie unter freiem Himmel', wenn sie sich dagegen entscheiden, Unterstützung zu suchen oder ihren Verwandten auf der Tasche zu liegen.

Natürlich gibt es immer noch die 'Option', auf der Straße zu leben und obdachlos zu sein. Aber unter der Annahme, dass Raum auch kulturell konstruiert ist, kann dieses Phänomen unterschiedliche Formen annehmen. So finden sich in nahöstlichen Städten kaum die Formen purer Obdachlosigkeit oder eines 'Bürgersteiglebens' wie in Bombay oder Delhi. Denn ein entblößtes, den öffentlichen Blicken von 'Freunden und Feinden' ausgesetztes Leben stellt die schlimmste Art des Versagens dar und verpflichtet somit Familien dazu, selbst zu einem hohen Preis eine Form von Unterkunft zu finden. Diese Unterkunft bewahrt die Bewohner nicht nur vor Kälte und Hitze, sondern vor allem vor einer allgemeinen Sichtbarkeit und davor, zu einem öffentlichen Spektakel zu werden. Während Erwachsene die kulturellen Qualen eines entblößten Lebens kaum ertragen können, sieht die Situation für Kinder anders aus. In der Tat sind 'Straßenkinder' als dunkle Seite neoliberaler Urbanität zu einem hervorstechenden Merkmal großer Städte in diesem Teil der Welt geworden. Hier in den Stadtfluchten, unter Brücken, in Friedhöfen und Seitenstraßen, haben Straßenkinder 'florierende' Gemeinschaften gebildet, oft mit ausgeklügelter Ordnung, Disziplin und einer Überlebensökonomie unter freiem Himmel: sie betteln, stehlen, schuften und prostituieren sich (Honwana & de Boeck 2005; Fahmi 2007).

Slumbehausungen, Gelegenheitsarbeit, Zahlungen unter der Hand und ambulanter Straßenhandel sind nicht länger charakteristisch für die traditionellen Armen. Sie haben Verbreitung gefunden unter gebildeten jungen Menschen mit höherem Status, Ambitionen und sozialen Fähigkeiten – Staatsbeamte, Lehrer und Fachleute. Informelles Leben ist also zu einer Facette gebildeter Mittelklasseexistenzen geworden. Indem sie die tatsächlich existierende Flexibilität ausnutzen und sich von der Korruption im öffentlichen Sektor ermutigen lassen, subventionieren viele Staatsbeamte ihre mageren Einkommen, indem sie sich einen zweiten oder dritten Job in der 'Ökonomie unter freiem Himmel' suchen. Dementsprechend ist es keine ungewöhnliche Entdeckung, wenn Taxifahrer, Straßenpetitionsschreiber oder verschiedenartige Händler in Wirklichkeit Lehrer oder Beamte mit niedrigem Einkommen, Armeeangehörige oder sogar gut ausgebildete Fachkräfte wie Anwälte sind.

Da die Männer nun dazu tendieren, tagein, tagaus in mehreren Jobs zu arbeiten, so dass 'sie nie zu Hause sind', müssen Frauen und besonders Hausfrauen viele Aufgaben, die traditionell dem Mann zufallen, selbst übernehmen: Rechnungen bezahlen, Bankgeschäfte erledigen, mit Automechanikern umgehen, die täglichen Einkäufe erledigen, die Kinder von der Schule abholen oder zu Behörden gehen. Sei es als Arbeiterinnen oder beim Erledigen von Besorgungen: Zusätzlich zu den Männern sind auch die Frauen zunehmend mobil und präsent in öffentlichen Räumen, in Straßen, Ämtern, Bussen, Straßenbahnen und Verkehr. Entgegen herrschender Annahmen in Bezug auf den islamischen Nahen Osten hat die 'islamische Tradition', insbesondere die Verschleierung, Frauen nicht an öffentlicher Präsenz und Sichtbarkeit gehindert. Wenn überhaupt, dann war sie ihrer Mobilität eher zuträglich, da sie sie vor ungewollten männlichen Blicken 'schützt'. Auch wenn der Anstieg von öffentlich zur Schau getragener Frömmigkeit in Form des hijab (muslimisches Kopftuch) unverschleierte Frauen an öffentlichen Orten einem größeren Druck ausgesetzt hat, hat er Frauen aus 'traditionellen' Familien mehr Freiheiten gebracht, sich im Freien an öffentlichen Plätzen aufzuhalten. Es mag überraschend klingen, aber im Jahr 2008 arbeiteten in Teheran um die 800 verschleierte Frauen neben ihren männlichen Arbeitskollegen als Taxifahrerinnen unter der Herrschaft der Islamischen Republik. Diese Art der erzwungenen und gleichzeitig erwünschten Öffentlichkeit steht in scharfem Kontrast zu Andre Gorz' Auffassung vom Heimischen oder der 'Hausarbeit' als einer »Sphäre der Freiheit« und somit der Selbstregulation im Gegensatz zu der Disziplin der sozialen Ökonomie (der Sphäre der Bedürfnisbefriedigung), in der Menschen arbeiten müssen, um zu überleben (Gorz 1982, 1985). In den neoliberalen Städten von heute sind Ökonomien im Freien und öffentliche Präsenz Notwendigkeiten und (für einige Frauen) zugleich Räume der Selbstverwirklichung.

Die nach außen gekehrte Stadt ist nicht auf die räumlichen Eigenschaften des Arbeitslebens beschränkt. Sie hallt noch stärker in den Lebenswelten wider, in der Art, wie Menschen in ihrer täglichen Existenz auskommen und handeln. Die neoliberale Logik erweitert und vertieft die Informalisierung von Lebenswelten, deren bestimmendes Merkmal das Leben unter freiem Himmel ist. Die Gentrifizierung von Stadtzentren, die nun globale Unternehmen beherbergen, zwingt in der Regel zahlreiche Mittelklassefamilien mit niedrigem Einkommen (Staatsangestellte, Lehrer, Fachkräfte oder Arbeiter), das Leben der Armen in den wachsenden Slums und Squattersiedlungen (Davis 2006) zu teilen, wo das Leben im Freien das grundlegende Charakteristikum darstellt. Nicht nur der informelle Lebensunterhalt stützt sich stark auf die Ökonomie im Freien, informelle Gemeinschaften, Slums und Squattersiedlungen sind auch in erheblichem Maße auf öffentliche Räume im Freien angewiesen, die von den Bewohnern als Orte der Arbeit, Geselligkeit, Unterhaltung und Erholung genutzt werden. Die überfüllten Behausungen der Armen wie diejenigen im Kairoer Stadtviertel Dar-es-Salam sind schlicht zu klein und beengt, um ihre räumlichen Bedürfnisse zu befriedigen. Ohne Innenhof, angemessene Zimmer oder eine geräumige Küche, so es denn überhaupt eine gibt, müssen die Bewohner ihr tägliches Dasein auf die öffentlichen Räume im Freien verlagern: in die Gassen, Straßen, Freiflächen oder auf Flachdächer. An diesen Orten organisieren die Armen öffentliche Veranstaltungen: Hochzeiten, Feste und Begräbnisse. Diese Freiräume bilden ein unentbehrliches Gut sowohl für den wirtschaftlichen Lebensunterhalt als auch für die soziale und kulturelle Reproduktion eines Großteils der städtischen Bewohner (Bayat 1997b, 1997a; Bayat & Denis 2000).

Im Gegensatz zu den Reichen, die das teure Leben in geschlossenen Räumen genießen, können die Armen es sich nicht leisten, abgeriegelte Restaurants, Cafes, Ferienanlagen oder Hotels zu frequentieren. Wer zu Feiertagen wie dem Opferfest *(Eid al-Adha)* oder dem Fest des Fastenbrechens *(Eid al-Fitr)* durch die Straßen von Kairo spaziert, der kann die Anwesenheit der außerordentlich armen Familien nicht übersehen, die, jung und alt in bunter Kleidung zurechtgemacht, am Nilufer oder an umliegenden Wasserläufen die erschwinglichen Vergnügungen und Festivitäten dieser Orte genießen. Arbeitslose Jugendliche oder Alte können sich nur billige Teehäuser im Freien leisten, wo sie wie im Fall der »Tee trinkenden Jugendlichen von Kairo und Dakar« viele Stunden ungestört verbringen und sich die Zeit vertreiben können (Masquelier 2010).

In krassem Gegensatz zur Ausbreitung der Armen vollzieht sich gleichzeitig ein Prozess der Einhegung und Abgrenzung – ein Prozess, der eines der eklatantesten Charakteristika der neoliberalen Urbanität darstellt. Zusammen mit der Expansion der Slums und ihren realen wie imaginierten Gefahren von Verbrechen und Extremismus findet die historische Flucht der Reichen in die 'sicheren Häfen' der Privatstädte und *Gated Communities* statt – in die Beverly Hills, die Utopien und die Traumländer der Megastädte des globalen Südens inklusive des Nahen Ostens (Landman & Schönteich 2002;

Falzon 2004; Adham 2005; Genis 2007; Bartu & Kolluoglu 2008). Die Superreichen des Südens werden zu Nachbarn der neuen Klasse smarter IT-Fachleute und der privaten Bauunternehmer, die einen exklusiven Lebensstil anstreben. Während die unteren Schichten auf die Straßen und in andere öffentliche Räume im Freien vordringen und ihre durchschlagende Präsenz entfalten, so dass sie 'überall zu sein' scheinen, suchen sich die Reichen, nun eingeschüchtert von der physischen Präsenz und den 'sozialen Gefahren' der Enteigneten, ihre eigenen abgeschlossenen exklusiven Zonen: die privaten Strände, exklusiven Wohngegenden, *Gated Communities*, streng bewachten Bars, Restaurants und Orte der Geselligkeit, der Arbeit und sogar der Andacht und des Gebets. In Städten wie Kairo besuchen die globalisierten Reichen kaum die Gebetshallen der einfachen Leute. Stattdessen errichten sie ihre eigenen privaten Moscheen für Predigten und religiöse Unterweisungen, indem sie Scheichs und Prediger in die sicheren Räume ihrer exklusiven Unterkünfte bringen. In Rio de Janeiro oder Johannesburg ist das Sicherheitsgefühl der Eliten bereits eng mit dem hochentwickelten Apparat von Bodyguards, Checkpoints, elektronischen Überwachungssystemen und Stacheldrahtzäunen verbunden. Selbst ihre beweglichen Fahrzeuge bleiben nicht von massiven Schlössern, Riegeln und Alarmanlagen verschont (Landman & Schönteich 2002; Graham 2010).

Mit solchen realen wie subjektiven 'Checkpoints' und 'Barrieren' sind neoliberale Städte keine Räume der Flaneure mehr, in denen die Ströme der Bewohner frei durch die städtische Weite fließen. Die Privatisierung der Straßen und Viertel hat zur Folge, dass Menschen von außerhalb den Zugang zu diesen exklusiven Orten verlieren, während die Bedrohung durch reale und imaginierte Verbrechen und Gewalt die Bewegungsfreiheit der reichen wie auch der einfachen Menschen, insbesondere der Frauen, in vielen Gegenden dieser Städte einschränkt (Davis 1992; Sorkin 1992; Phadke 2008). Zudem vertreibt die inkongruente 'urbane Ökologie', verstärkt durch die durchdringenden Blicke der Einheimischen, die nicht geladenen Fremden mit unpassendem Habitus aus der intimen Öffentlichkeit der Wohngebiete. Es stellt sich daher die Frage, was solche städtischen Landschaften mit ihren Mustern der Ausbreitung im Freien und der Abgrenzung für die Konzepte des Öffentlichen und des Privaten bedeuten. Wenn öffentlicher Raum allgemein als offener, zugänglicher und alles einbeziehender Raum verstanden wird, den die Behörden regulieren, wie öffentlich sind dann noch solche Räume, wenn Teile der städtischen Bevölkerung keinen Zugang mehr zu ihnen haben, weil sie Angst haben oder fehl am Platz sind? Was geschieht mit dem öffentlichen Charakter dieser Räume, wenn die Armen hier leben, sie in private ökonomische Güter verwandeln, sie zur Geselligkeit und kulturellen Reproduktion nutzen? Tatsächlich stellen sich diese Räume weder als streng öffentlich noch als streng privat dar; sie sind vielmehr zu Schwellenräumen geworden, die zwischen einem legalen Status und einer exklusiven Aneignung ihrer Nutzung changieren.

In diesen urbanen Landschaften schwindet so jede Olmsted'sche Vision von zentralen Parks und Freiräumen für die Vermischung und den Austausch verschiedener sozialer Klassen. Angesichts der wachsenden Dezentralisierung und Fragmentierung von Städten in unterschiedliche und oft gegensätzliche Gemeinschaften, jede mit ihrer eigenen Identität und ihrem eigenen Besitzerstolz, haben manche den Tod der Stadt als eine begrenzte räumliche Realität mit einheitlicher Identität und Zugehörigkeit verkündet (Koolhaas 2001; Huyssen 2008). Heute gebe es keine Stadt mehr, sondern nur mehr städtischen Raum, so das Argument. Auch wenn Städte in Wirklichkeit fast schon immer von Abgrenzungen, verschiedenen Lebensstilen und sich unmittelbar gegenüberstehenden räumlichen Einheiten geprägt – bzw. laut Lefebvre von ihnen definiert – waren (Parakash & Kruse 2008), weisen Bedenken hinsichtlich der Fragmentierung und des Todes der Stadt auf bestimmte grundlegende Veränderungen von urbanen Räumen hin.

Subalterne Politik in der neoliberalen Stadt

Was sagen uns diese neuen räumlichen Gegebenheiten über die Machtbeziehungen in den heutigen Megastädten des Nahen Ostens? Welche Schlussfolgerungen lassen sich aus der neoliberalen Urbanität für die Politik der urbanen Subalternen ziehen, vor allem derjenigen in autoritären und repressiven Regimen? Die vorherrschende Meinung der Linken scheint zu sein, die neoliberale Stadt als verlorene Stadt anzusehen, in der das Kapital herrscht, die Wohlhabenden sich amüsieren und die Subalternen gefangen sind. Sie ist eine Stadt eklatanter Ungleichheit und Unausgeglichenheit, in der das Ideal eines Rechts auf die Stadt so gut wie verschwunden ist. Belege aus einer Reihe von Städten im globalen Süden scheinen dieser Behauptung eine gewisse Plausibilität zu verleihen (Bayat & Biekart 2009). So dokumentieren beispielsweise Mona Fawaz' Studien zu Beirut, wie neoliberale Politik in den letzten drei Jahrzehnten die Informellen entmachtet hat, weil städtische Grundstückspreise (aufgrund der Anwesenheit von Personen, Kapital und Firmen aus dem Ausland) gestiegen sind, die Polizei ihr Vordringen stärker kontrolliert, die Bereitstellung von sozialen Diensten an nichtstaatliche Institutionen wie NGOs oder politische Parteien ausgelagert wurde und nun ein immer größerer Andrang auf solche mageren Dienstleistungen besteht, da deren Klientel nun auch die verarmten Mittelschichten umfasst (Fawaz 2009). Dies steht im Einklang mit Harveys Argument, dass die Armen in der Logik des Kapitals strukturell gefangen sind und ihr kaum entkommen können, wenn nicht die gesamte Funktionsweise des Kapitalismus verändert wird (Harvey 2008). Wie können die Armen etwa mit der zunehmenden Umweltzerstörung umgehen, unter der sie in einer Stadt leiden, wenn Freizeit, Grünflächen und saubere Luft immer mehr privatisiert werden? Während sich die Reichen in ihre Clubs, *Gated Communities*, Wochenendrefugien und abgeschiedenen klimatisierten Residenzen zurückziehen, haben die Armen wenige Möglichkeiten. Auch der Rückgriff auf NGOs (die zwischen den Armen und anderen sozialen Bewegungen vermitteln) kann nicht weiter helfen, wenn keine Allianzen zu einflussreichen Institutionen existieren. Wie Peter Evans (2002) vorschlägt, kann nur die Synergie von Gemeinden, NGOs und Staaten möglicherweise den Problemen urbaner Bewohnbarkeit begegnen. Kurz gesagt, die neoliberale Stadt fällt dem 'Urbizid' durch globale Eliten zum Opfer: Städte wie

Kairo werden vernichtet durch das Zusammenspiel von Zonierungen und neuen Schnellstraßen, die zwar Arbeits- und Freizeitbereiche der Eliten mit ihren *Gated Communities* verbinden, den urbanen Raum jedoch fragmentieren; alle anderen werden ihrem Schicksal überlassen und den Verbrechen und der Gewalt in den Slums ausgeliefert (Rodgers 2009). In anderen Worten, die urbanen Subalternen, die Mehrzahl der Stadtbewohner, werden von der kapitalistischen Logik, der Macht des Staates und der globalen Wirtschaftsstruktur strukturell entmachtet. Auf sich allein gestellt können die Armen kaum etwas tun. Eine Lösung bestünde möglicherweise in der Mobilisierung breiterer nationaler oder globaler Bewegungen wie dem Sozialforum, transnationalen NGOs oder sogar überstaatlichen Organen.

In deutlichem Gegensatz zu dieser Position scheinen Autoren wie Mike Davis sogar heftigen Widerstand seitens der Enteigneten auf unserem »Planeten der Slums« zu erwarten. In der Tat sind Slums für Davis (2004, 28) wie »Vulkane, die jeden Moment ausbrechen könnten« und ihre Explosion könnte die Entstehung »eines neuen, unerwarteten historischen Ereignisses« einläuten, das »ein globales emanzipatorisches Projekt« vorantreibt. Auch wenn Slumbewohner kein marxistisches Proletariat darstellen, wird ihnen das Potenzial zu radikalen Handlungen zugeschrieben. In der Tat begründen Slums bereits dasjenige äußerst unberechenbare Kollektiv, in dem die »Götter des Chaos«, die Enteigneten, die Außenseiter, ihre auffallende Strategie des Chaos – Selbstmordattentate und »eloquente Explosionen« – gegen die »Orwell'schen Unterdrückungstechnologien« anwenden (Davis 2006, 206). Für andere Analysten wie Joe Beall (2007) und Dennis Rodgers (2009) repräsentiert die aufsehenerregende Gewalt der Gangs in Lateinamerika die Antwort der Enteigneten auf ihren Status des Ausgegrenztseins. In der Tat entsprechen Gangs avantgardistischen Formen der von James Holston (1999, 148) bezeichneten »aufständischen Bürgerschaft«, die versucht, im Kontext ihrer weitreichenden Ausgrenzung durch Gewalt neue Räume möglicher Zukunftsalternativen abzustecken. Kurzum, ähnlich Eric Wolfs Bauernkriegen des 20. Jahrhunderts läuten Slums die »urbanen Kriege des 21. Jahrhunderts« ein. Da jedoch die Wirkung der Gewalt über die Reichen und die Funktionäre hinaus auch die Armen erreicht, zieht Dennis Rodgers den Schluss, dass die Subalternen diesen Krieg an die neoliberale politische Ökonomie und ihre Schergen im Wesentlichen verloren haben (Rodgers 2009; Beall 2007).

Diese Analysen bieten wertvolle Einsichten und Erkenntnisse über das Dilemma der Subalternen in den neuen liberalen Zeiten, sie werfen jedoch auch wichtige Fragen auf. Wenn zum Beispiel nach Harveys Ansicht das Mittel gegen den Prozess der Enteignung darin liegt, globale soziale Bewegungen weitreichenden Ausmaßes zu begründen, um den neoliberalen Ansturm rückgängig zu machen oder aufzuhalten, wie sollten die Armen diese Verantwortung übernehmen können? Wenn die Enteigneten darauf warten sollen, dass eine soziale Revolution den Kurs des kapitalistischen Vordringens wendet, was sollen sie denn in der Zwischenzeit tun, welche Strategien in ihrem alltäglichen Leben verfolgen? In anderen Worten, die Marginalisierten der Stadt sind für die absehbare Zukunft im strukturellen Netz des gegenwärtigen kapitalistischen Systems und der Staaten, die dieses aufrechterhalten, gefangen. Mike Davis scheint jedoch, wie bereits festgestellt, optimistischer zu sein. Er scheint zu behaupten, dass bereits ungeheurer Widerstand geleistet wird, ein Widerstand, der in die Sprache und in die gewaltsamen Praktiken des radikalen Islam im Nahen Osten (also die Selbstmordattentate und aufsehenerregenden Explosionen) und der rapiden Verbreitung der Pfingstbewegung in afrikanischen und lateinamerikanischen Slums gekleidet ist.

Dieses Argument ist jedoch schwer zu halten. Wie ich bereits an anderer Stelle zu zeigen versucht habe, stellt der radikale Islam wohl kaum die Ideologie der urbanen Enteigneten dar. Vielmehr baut er auf den Einstellungen und Erwartungen der umfassend gebildeten Mittelklasse auf, die sich in den vorherrschenden ökonomischen, politischen und internationalen Sphären benachteiligt fühlt (Bayat 2007b). Wenn Davis von spektakulärer Gewalt spricht, die von den Slums ausgeht, dann scheint er sich in Wirklichkeit auf die Ausnahmefälle von Bagdad und dem palästinensischen Gaza zu beziehen, wo Armut und Ausgrenzung sich mit unverhohlener ausländischer Besatzung (der USA im Irak und Israels in den palästinensischen Gebieten) kombinieren. Tatsache ist, dass an kaum einem anderen Ort im globalen Süden, selbst nicht im Nahen Osten, die gleiche Form der Gewalt zu beobachten ist, wie sie zeitweise in Bagdads Sadr City oder im Gazastreifen entstanden ist. Und auch wenn sich das Christentum der Pfingstgemeinde sicherlich in den 1990ern schnell in Lateinamerika und Afrika verbreitet hat, so hat es doch wenig zur Mobilisierung der Slumbewohner beigetragen und die politischen Parteien der Pfingstler genießen wenig Unterstützung seitens der ganz Armen (Coleman & Stuart 1997; Rodgers 2009). In Afrika entspricht die Pfingstlerethik des 'Reichtums als geistliche Tugend' sehr wohl der Stimmung der aufstrebenden Mittelklasse, die von ihrer Kirche hört, dass man »sowohl reich als auch erlöst werden kann« (Gandy 2005). Schließlich bleiben die Berichte von Joe Beall und Dennis Rodgers über Slumkriege und Gewalt größtenteils auf Lateinamerika fokussiert. Ihre Analyse von urbaner Gewalt als eine »Funktion ökonomischer und politischer Beziehungen« bleibt a-kulturell. Es stellt sich in der Tat die Frage, warum ein so hoher Grad an Gewalttätigkeit in vielen lateinamerikanischen Städten trotz mehr oder weniger vergleichbarer ökonomischer und politischer Ausgrenzung so wenig Widerhall etwa in den Slums Nordafrikas und des Nahen Ostens findet. Es ist daher zwingend notwendig, die Politik der Armen zu kontextualisieren hinsichtlich ihrer jeweiligen politischen Kulturen und in Beziehung zu ihren spezifischen Subjektivitäten und den möglichen alternativen Austragungsorten, an die sich verschiedene enteignete Gruppen in verschiedenen Ländern mit ihrer Ausgrenzung wenden.

Ein ausschließlicher Fokus auf soziale Gewalt in Post-Conflict-Situationen wie auf Gangs oder auf konventionelle Massenmobilisierung und soziale Bewegungen lenkt uns vielmehr davon ab, die komplexen Prozesse von »Leben als Politik« (Bayat 2012a) bei den Subalternen in den Städten des globalen Südens genügend zu beachten. Eine ausschließliche Beschäftigung mit kategorischen Dichotomien wie passiv/aktiv oder

Gewinner/Verlierer kann unsere konzeptionelle Vorstellungskraft vereinnahmen und uns daran hindern, weiter zu forschen und den komplexeren Einfallsreichtum zu entdecken, mit dem sich die Subalternen diskret und still behaupten und ihre Interessen verteidigen. In diesem Rahmen möchte ich (jenseits der Einschränkungen) analysieren, welche Möglichkeiten die neoliberale Stadt unabsichtlich für subalterne Kämpfe schaffen könnte, nicht nur für die der Armen, sondern auch für die der Frauen und der Jugendlichen. Ich stütze mich auf die Städte des Nahen Ostens, in denen sich neoliberale Urbanität vor dem Hintergrund unliberaler Regime und konservativer sozialer und religiöser Trends entwickelt hat. Ich möchte anregen, dass diese neue Urbanität der nach außen gekehrten Stadt nicht nur einen tiefgreifenden Ausgrenzungsprozess darstellt, sondern auch neue Dynamiken der Öffentlichkeit generiert, mit bedeutenden Implikationen für soziale und politische Mobilisierung im Sinne dessen, was ich als »Straßenpolitik« *(street politics)* und »politische Straße« *(political street)* beschrieben habe (Bayat 2012a). Während die subalternen Gruppierungen viele ihrer traditionellen Rechte auf die Stadt einbüßen mögen, tendieren sie im Gegenzug dazu, neue Rückzugsräume zu finden oder zu generieren, in denen sie auf andere Weise ihr Recht auf die Stadt zurückfordern und in manchen Fällen die Eliten zum Rückzug zwingen. Die soziale Dimension der nach außen gekehrten neoliberalen Stadt im Kontext unliberaler (autoritärer) Staaten erzeugt einen Typ von Graswurzel-Mobilisierung, den ich »soziale Nicht-Bewegungen« *(social non-movements)* genannt habe. Die sozialen Nicht-Bewegungen verstärken und vertiefen sowohl die Straßenpolitik als auch die politische Straße.

Straßenpolitik

Wenn Menschen kein Recht auf politische Wahlen haben oder nicht daran glauben, damit etwas ändern zu können, tendieren sie dazu, auf ihre eigene institutionelle Macht zurückzugreifen, um ihre Widersacher dazu zu drängen, ihren Forderungen nachzugeben (so wie streikende Arbeiter oder Universitätsstudenten). Aber denjenigen, denen solche institutionelle Macht fehlt (wie den Arbeitslosen, Hausfrauen und generell den 'informell Tätigen'), wird die Straße zu einer wichtigen Arena, um ihren Unmut zu äußern. Für solche subalternen Gruppen geht die zentrale Rolle der Straße über die reine Äußerung von Streitpunkten hinaus. Ihnen können die Straßen vielmehr als unabdingbare Ressource zur Existenzsicherung dienen, um ein Auskommen zu haben und um ihr ökonomisches wie kulturelles Leben zu reproduzieren. In beiden Bereichen sind die Akteure in eine Machtbeziehung über die Kontrolle des öffentlichen Raums und der öffentlichen Ordnung eingebunden. In anderen Worten, sie machen Straßenpolitik. Straßenpolitik beschreibt also ein Bündel an Konflikten zwischen bestimmten Gruppen, Individuen und Behörden, die im physischen und sozialen Raum der Straßen – von den Seitengassen zu den Hauptstraßen, von unsichtbaren Rückzugsräumen der Stadt zu den zentralen Plätzen – geformt und ausgedrückt werden. Der Folgekonflikt entsteht daraus, dass die Akteure öffentliche Räume aktiv in Gebrauch nehmen, und zwar entgegen den Bedingungen des modernen Staates, nach denen sie diese Räume nur passiv und in staatlich sanktionierten Formen nutzen sollen. Straßenverkäufer, die ihre Geschäfte auf den Gehwegen ausbreiten, arme Leute, die ihr Leben auf die Bürgersteige ausdehnen, Obdachlose, die öffentliches Land in Beschlag nehmen, oder Demonstranten, die auf den Straßen marschieren, sie alle sind an der Straßenpolitik beteiligt (Bayat 1997b).

Aber Straßen sind nicht nur Orte, an denen Konflikte gebildet und/oder ausgedrückt werden. Sie sind auch Plattformen, an denen Menschen kollektive Identitäten ausbilden und ihre Solidarität über ihre familiären Kreise hinaus auch auf Unbekannte und Fremde ausdehnen. Erleichtert wird diese Erweiterung der Solidarität durch die Wirksamkeit latenter und passiver Netzwerke zwischen Individuen, die einander unbekannt sein mögen, obwohl sie gemeinsame Eigenschaften teilen. Passive Netzwerke sind momentartige Verständigungen zwischen atomisierten Individuen, hergestellt durch die schweigsame Anerkennung ihrer Gemeinsamkeiten und vermittelt im realen oder virtuellen Raum. So können Straßenhändler, die sich nicht einmal persönlich kennen, dennoch am Karren, am Verkaufstisch oder an den Rufen des anderen ihre gemeinsame soziale Position erkennen. Auf ähnliche Weise können auch junge Menschen mit ähnlichen Frisuren, Blue Jeans oder Verhaltensweisen miteinander Verbindung aufnehmen und ihre geteilten Identitäten erkennen, ohne notwendigerweise eine aktive oder absichtliche Kommunikation aufzubauen oder Teil einer Organisation zu sein (Bayat 1997b).

Mehr noch: Straßen formen nicht nur den Unmut, drücken ihn aus und setzen ihn fort, sie dienen nicht nur der Existenzsicherung, sondern Straßen kommt auch eine besondere symbolische Bedeutung zu, die über das Physische der Straße hinausgehend kollektive Stimmungen vermittelt. Dies kennzeichnet die 'politische Straße' gegenüber der 'arabischen Straße' oder der 'muslimischen Straße'. Mit der politischen Straße meine ich die kollektiven Stimmungen, geteilten Gefühle und öffentlichen Meinungen gewöhnlicher Menschen in ihren alltäglichen Äußerungen und Praktiken, die allgemein und beiläufig in urbanen öffentlichen Räumen, in Taxis, Bussen, Läden, Bürgersteigen oder auf Massendemonstrationen ausgedrückt werden (Bayat 2012a).

Nun wird dieser Prozess der nach außen gekehrten Stadt zu einem zentralen Moment in der Straßenpolitik und der politischen Straße. Denn diese Rückgewinnung des öffentlichen Raums durch das physische Vordringen, das räumliche Ausbreiten, und das subsistenzorientierte Auskommen der armen Leute ist Ausdruck der Straßenpolitik, während es gleichzeitig in die politische Straße einfließt und sie akzentuiert. In anderen Worten, durch dieses Vordringen sind die Enteigneten dauerhaft eingebunden in Kämpfe im und um öffentlichen Raum. Sie nehmen Teil am Streit um die Gestaltung der urbanen Form und die Prägung der urbanen Textur, den Sphären des Sozialen, des Politischen und des Sensorischen: Lärm, Geruch und Anblick. Diese lebensgetriebene und konstante Natur von Raumpolitik unter den Armen des Nahen Ostens (oder den Obdachlosen in San Francisco) unterscheidet sie von derjenigen, die von den *Occupy*-Bewegungen hervorgebracht worden ist, deren Präsenz im öffentlichen Raum, den Straßen, ihrem Wesen nach absichtlich und vorübergehend statt strukturell und dauerhaft ist.

Wie können diese Auseinandersetzungen in und über die urbane Textur unter Bedingungen stattfinden, in denen autoritäre Staaten im Nahen Osten den organisierten und fortwährenden Protest gegen politische und ökonomische Eliten eindämmen? Ich habe vorgeschlagen, dass die politischen Einschränkungen autoritärer Herrschaft die urbanen Entrechteten dazu zwingen, auf eine besondere Form der Mobilisierung zurückzugreifen: die unorganisierten und voraussetzungslosen Nicht-Bewegungen. Nicht-Bewegungen oder die kollektiven Handlungen nicht-kollektiver Akteure beschreiben die geteilten Praktiken einer großen Anzahl von fragmentierten Menschenmengen, deren ähnliche, aber unverbundene Ansprüche einen wichtigen sozialen Wandel in ihrem eigenen Leben wie in der gesamten Gesellschaft hervorbringen, obwohl solche Praktiken selten von einer Ideologie, einer erkennbaren Führerschaft oder Organisation geleitet werden (Bayat 2012a). Allgemein ausgedrückt: Nicht-Bewegungen spiegeln wider, wie Gruppen, beispielsweise muslimische Frauen, Jugendliche oder die urbanen Entrechteten im Nahen Osten, ihre jeweiligen Forderungen nach Geschlechtergleichheit, Staatsbürgerschaft und dem Recht auf die Stadt erfolgreich vertreten können, obwohl sie verstreut, unorganisiert und zersplittert sind. Aber der Begriff der Nicht-Bewegung trifft besonders darauf zu, wie die Enteigneten der Stadt sich an der Straßenpolitik und den politischen Straßen beteiligen.

Die Enteigneten in der Straßenpolitik

Die Nicht-Bewegungen stellen möglicherweise die hervorstechendsten Eigenschaften des Aktivismus der städtischen Entrechteten in Nordafrika und im Nahen Osten sowie parallel dazu auch in vergleichbaren Gegenden des globalen Südens dar. Ich beziehe mich auf das stille, durchdringende und anhaltende Vordringen armer Menschen zu den Begüterten, zu den Mächtigen und in das Öffentliche in dem Bestreben, zu überleben und ihr Leben zu verbessern. Ohne eine klare Führung, eine ausformulierte Ideologie oder eine strukturierte Organisation repräsentieren diese unverbundenen Bemühungen hauptsächlich individuelle, alltägliche und lebenslange Mobilisierungen, die nur gelegentlich auch kollektive Aktionen beinhalten (Bayat 1997b). In den Primatstädten des Nahen Ostens drückt sich das etwa darin aus, dass sich Millionen ländlicher Migranten auf lange Wanderschaft begeben, um ihrem unglücklichen Schicksal zu entkommen und einen besseren Lebensunterhalt und ein neues Leben zu finden. Sie weihen ihr neues Leben ein, indem sie kleine Flecken Land besetzen und Unterkünfte errichten in den scheinbar verlassenen, unbeachteten und unübersichtlichen urbanen Rückzugsräumen wie in Seitengassen, unter Brücken, auf Hausdächern oder irgendwo in den Randbereichen der Megastädte. Sobald sich eine Familie niedergelassen hat, beginnen die Bemühungen um Elektrizität, indem ihr Heim mit dem nächstgelegenen Strommasten verbunden wird, und dann darum, fließendes Wasser sicherzustellen, oft indem raffinierte Untergrundleitungen oder improvisierte Wasserschläuche vom Nachbar oder von öffentlichen Leitungen in der Nachbarschaft gelegt werden. Telefonleitungen werden auf mehr oder weniger ähnliche Weise beschafft. Mit dem Anwachsen der Nachbarschaft bauen sie Straßen, Andachtsorte und organisieren die Abfallentsorgung – Anstrengungen, die dann notwendigerweise zu einer kollektiven Angelegenheit werden (Bayat 1997b; Bayat & Denis 2000). Was die Existenzsicherung angeht, so bemühen sich gegenwärtig über 180 Millionen arabische Erwerbstätige, in solchen Lebensräumen ein Auskommen zu finden, indem sie, meist ohne reguläre Anstellung oder Qualifikationen, zu Tausenden als Hausierer und Straßenhändler auf die Hauptstraßen, Bürgersteige und Plätze vordringen und günstige Geschäftsgelegenheiten nutzen, die Ladeninhaber und reiche Händler geschaffen haben. Oft vermarkten sie ungestört diverse preisgünstige Produkte inklusive globalisierter, aber gefälschter Handelsmarken wie Nike-Schuhe, Gucci-Hemden oder Levi's-Jeans. In Südkorea konnte der Louis Vuitton-Laden in Pusan einen Handkarrenverkäufer nur so davon abhalten, die Fälschungen seiner Taschen direkt vor dem Laden zu verkaufen, indem sie den Platz kauften, den der Verkäufer besetzt hatte. Nike International und Ralph Lauren berichten über ähnliche Probleme (Far Eastern Economic Review 1992). Die marginalisierten Gruppen organisieren ihr kollektives Leben, indem sie gemeinsam Streitigkeiten lösen und mit den Banditen und Verbrechern fertigwerden, die sich gerne in solchen illegalen Räumen einnisten. Dennoch müssen sie die dauerhaften Unsicherheiten von Schulden, illegalem Straßenleben und eines ungewissen Schicksals ertragen (Bayat 1997b).

Solche Alltagspraktiken, das physische Vordringen einer Vielzahl von Menschen, haben praktisch die Städte Nordafrikas und des Nahen Ostens sowie der gesamten Entwicklungsländer transformiert. Mit der Zeit haben sie massive Gemeinschaften mit Millionen von Bewohnern, komplexen Lebenswelten, wirtschaftlichen Arrangements, kulturellen Praktiken und Lebensstilen geschaffen (Yonder 2006; Bayat 2010c; Sims 2011). In diesen größtenteils unübersichtlichen urbanen Randbereichen streben die Armen danach, autonom zu leben, indem sie ihre Beziehungen auf Eigenständigkeit, Reziprozität, Flexibilität und Aushandlung gründen. Ihre Lebensweise steht im Widerspruch zu modernen Ideen und bürokratischen Institutionen, festen Verträgen und Disziplinen und setzt sich gleichzeitig mit diesen auseinander. Sie stecken Reviere ab, behaupten ihre Ansprüche und verdrängen sogar die Eliten aus weiten Bereichen des städtischen Universums. Somit werfen sie die Frage auf, wer die Städte besitzt, sie verwaltet und Macht über sie ausübt und wer die eigentlichen Akteure der urbanen Regierung sind.

Ich möchte hier keine romantische Version eines widerständigen Subalternen zeichnen, auch wenn ich mir bewusst bin, dass durchaus, wie in der *New Urbanism School*, eine Versuchung besteht, das Straßen- und Bürgersteigleben zu romantisieren oder die Informalität für ein Allheilmittel gegen urbane Übel zu halten (Duneier 1999). Es ist sicherlich wichtig, die Handlungsfähigkeit der Enteigneten bei der Verteilung von sozialen Gütern und Lebenschancen und der Bildung pulsierender Gemeinschaften zu erkennen. Wer könnte jedoch leugnen, dass der neoliberale Vormarsch Slumdemolierungen, Gentrifizierung und die Räumung von Straßenmärkten in großem Stil mit sich gebracht hat? Wie könnte man bestreiten, dass die Logik der Kontrolle im modernen Staat die politischen Ämter dazu veranlasst, jeden illegalen und unübersichtlichen Raum – die Slums, die informellen Märkte, das Leben im Untergrund oder unregistrierte Menschen – in transparente, lesbare und quantifizierbare Einheiten zu verwandeln? Der Abriss spontaner Siedlungen oder das absichtliche Abfackeln von Straßenmärkten und sogar Programme zur Slumsanierung können in der Tat dazu dienen, Transparenz und Wissenshoheit wiederherzustellen und die soziale Kontrolle sicherzustellen (Bayat & Biekart 2009). In Wahrheit produziert jedoch genau diese Logik der neoliberalen Urbanität die parallelen, unerkennbaren und opaken Lebenswelten. Sie übersetzt sowohl die Enteignung als auch die Wiederaneignung in einen simultanen Prozess und macht somit den städtischen physischen und sozialen Raum zum Schauplatz eines langwierigen Kampfes um Hegemonie. Auf die strukturelle Enteignung reagieren die Armen, indem sie nicht einfach loslassen; häufig leisten sie Widerstand gegen die Räumung und Demolierung von Slums oder machen solche Maßnahmen anderweitig zu einer politisch kostspieligen Angelegenheit. In Kairo ließen selektive Abrissaktionen in den frühen 2000ern wütende Siedler auf die Straßen ziehen und Umsiedlungen fordern; in Teheran stimmten die Armen in den frühen 1990ern erst gegen Kompensationszahlungen einer Umsiedlung zu. Es finden immer wieder Slumräumungen und -abrisse statt, aber die Menschen ziehen trotzdem an andere, noch abgelegenere, weniger sichtbare und weniger strategisch bedeutsame Orte, um das zurückzugewinnen, was sie verloren haben, und ihr Leben wieder von Neuem aufzubauen. In diesem langen Abnutzungskrieg zeigen sie der Macht ihre Grenzen auf.

Das Vordringen der Armen betrifft nicht nur die physische Kontrolle über Land, Straßenecken oder öffentliche Parks. Es dehnt sich auch auf soziale und politische Räume aus – auf Sphären der Kultur, der städtischen Ordnung, der Lebensweisen, des sensorischen Bereichs, mit einem Wort, auf die urbane Textur. In der nach außen gekehrten Stadt scheinen die Subalternen überall zu sein. Tatsächlich sind sie überall. Als Träger eines bestimmten Habitus – ihrer Seinsweise, ihres Verhaltens und ihres Handelns – sind die Armen in den Hauptstraßen, den öffentlichen Parks und den Seitengassen präsent; in Teehäusern, Bussen, auf öffentlich zugänglichen Plätzen und auf den Gehwegen. Wo sonst könnten arme Jugendliche Fußball spielen als auf den Straßen, den Gassen im Viertel oder in anderen offenen Räumen? Wo sonst könnten sie eine erschwingliche Atempause genießen, wenn ihre beengten Unterkünfte kaum körperliche Bewegung zulassen? Also streifen sie umher, gehen ihren Geschäften nach, sitzen herum, hängen ab und hocken oder schlafen auf jedem grünen Fleck, der noch zum Ausruhen einlädt. In Kairo kolonisieren die Massen von Armen die Grünanlagen im öffentlichen Raum, die Gehwege am Nilufer, Plätze, öffentliche Parks und jeden Zentimeter grünen Raums, in dem sie sich ausruhen oder picknicken können. Zäune werden um grüne Flecken herum errichtet, aber sie können dem Vordringen der Armen in die öffentlichen Grünanlagen nicht standhalten, besonders wenn deren Viertel mit Müll, Fabrikabfällen und Verschmutzung belastet sind. Mit ihrer überwältigenden Präsenz in den öffentlichen Arenen durch ihre Erscheinung, ihre Mienen, ihre Blicke, ihr Verhalten und durch ihren Lebensstil, durch Lärm und Geruch zwingen die Subalternen die verstimmten Eliten unabsichtlich dazu, sich an ihre eigenen sicheren Zufluchtsorte zurückzuziehen.

Diese subalterne Form der Ausbreitung in den Städten des globalen Südens erinnert uns an die Art und Weise, in der illegale Migranten auf internationaler Ebene ihre Bewegungen und ihr Leben organisieren. Mittlerweile gibt es gewaltige Grenzkontrollen, Barrieren, Zäune, Mauern und Polizeipatrouillen. Dennoch strömen sie weiterhin durch die Luft, das Meer, die Straße, versteckt hinten in Lastwägen und Zügen oder schlicht zu Fuß. Sie breiten sich aus, expandieren und wachsen in den Städten des globalen Nordens. Sie lassen sich nieder, finden Arbeit, besorgen sich eine Unterkunft, gründen Familien, bilden Gemeinschaften und kämpfen um rechtlichen Schutz. Die Angst und Panik, die diese subalternen Gruppen unter den Eliten auf nationaler wie internationaler Ebene hervorgerufen haben, ähneln sich tatsächlich auf bemerkenswerte Weise. Die Kairoer Elite beklagt die 'Invasion' der Bauern *(fallahin)* aus dem ländlichen Oberägypten und die Istanbuler Elite warnt vor dem Vordringen der 'schwarzen Türken', der ländlichen armen Migranten aus Anatolien, die, wie sie sagen, 'unsere modernen Städte' völlig verländlicht und deformiert haben (Bartu & Kolluoglu 2008). Auffallend ähnlich klingen weiße europäische Eliten, wie etwa in den Niederlanden, wenn sie ihrer tiefen Beunruhigung über die 'Invasion der Ausländer' – der Afrikaner, der Asiaten und besonders der Muslime – Ausdruck verleihen, die in ihren Augen Europas sozialen Lebensraum überrannt und so die 'europäische' Lebensart verzerrt haben durch ihre physische Präsenz und ihre kulturellen Bräuche, ihr Verhalten, ihre Kopftücher, Moscheen und Minarette (Erlanger 2011). Ungeachtet aller Rhetorik bleibt die Tatsache, dass das Vordringen sowohl auf lokaler städtischer wie auf globaler Ebene real ist und wahrscheinlich andauern wird. Diese Handlungen sind mehr als nur die arglosen Praktiken im Alltagsleben urbaner Subalterner. Sie bewirken unbeabsichtigte politische Konsequenzen. Sie sind an der Aneignung von Möglichkeiten und sozialen Gütern sowie der Durchsetzung des Rechts auf die Stadt beteiligt. Sie nehmen, zusammenfassend ausgedrückt, Teil am Kampf um Bürgerrechte. Während also die neoliberale Stadt viele Bewohner ihrer städtischen Bürgerrechte beraubt, trifft es auch zu, dass die Entrechteten ihrerseits die Eliten in den sozial-räumlichen Rückzug und zur Abgrenzung zwingen, durch *Gated Communities*, private Wachdienste, verschlossene Fahrzeuge, zur partiellen Regierungsführung und parzellierten Hegemonie. So reagieren die Subalternen auf die neoliberale »Akkumulation durch Enteignung«, indem sie auf die Strategie des »Überlebens durch Wiederaneignung« *(survival by repossession)* zurückgreifen.

Die Logik der Wiederaneignung

Wie und warum kann eine solche Antwort, wie das Überleben durch Wiederaneignung, stattfinden? Zwei Faktoren sind von zentraler Bedeutung in diesem Prozess. Der erste hängt mit den speziellen Eigenschaften von Nicht-Bewegungen zusammen und der zweite mit der Form der politischen Konstellation (den Staatsformen), in der Nicht-Bewegungen agieren. Wie bereits oben erwähnt, repräsentieren Nicht-Bewegungen das kollektive Handeln nicht-kollektiver Akteure, die mehr an der Praxis orientiert sind, als von einer Ideologie geleitet zu werden, die sich eher mit den Alltagspraktiken beschäftigen als mit dem Protest (Bayat 2012a). Im Gegensatz zu konventionellen Formen des Aktivismus, die per definitionem außergewöhnliche Handlungen darstellen, verschmelzen Nicht-Bewegungen mit gewöhnlichen Praktiken des Alltagslebens, von dem sie einen wesentlichen Bestandteil ausmachen. Die Entschlossenheit der armen Menschen, fortzuziehen, Unterkünfte zu bauen, auf der Straße zu arbeiten, zu leben, tätig zu sein und umherzustreifen, sowie die Handlungen der illegalen Migranten, Grenzen zu überqueren, Arbeit zu finden und einen Lebensunterhalt zu suchen, sie alle stellen Momente der gewöhnlichen Praktiken des täglichen Lebens dar, die (im Gegensatz zu außergewöhnlichen Handlungen wie der Teilnahme an Treffen, das Marschieren oder Demonstrationen) die Fähigkeit besitzen, Repressionen gegenüber immun zu bleiben. Was diesen Nicht-Bewegungen Macht verleiht, ist nicht die Einheit der Akteure, die bei den Widersachern Spaltung und Unsicherheit hervorrufen könnte. Die Macht von Nicht-Bewegungen liegt vielmehr in den mittelbaren Auswirkungen auf die Normen und Werte der Gesellschaft, wenn viele (einzelne) Menschen gleichzeitig ähnliche Dinge tun, die immer weiter in den Alltag vordringen.

Dies kann jedoch nicht unter allen Umständen und in allen Staatsformen geschehen. Nicht-Bewegungen funktionieren in der Regel unter Regierungsformen, die die sozialen und materiellen Bedürfnisse der Entrechteten nicht erfüllen können, es nicht wollen oder in dieser Form wahrgenommen werden. Letzteren bleibt in der Folge keine andere Wahl, als direkte Maßnahmen zu ergreifen. Anstatt kollektiven Protest zu organisieren und Arbeitsplätze oder Wohnraum zu fordern, ergreifen also arme Menschen einfach die Initiative und eignen sie sich selber durch direktes Handeln an. Darin haben sie vor allem deswegen Erfolg, weil die Staaten, in denen sie agieren, in der Hinsicht 'weiche Staaten' sind, dass sie trotz ihrer häufig autoritären Veranlagung und ihrer politischen Allgegenwärtigkeit nicht über die notwendigen Kapazitäten, die Hegemonie und die technologische Effizienz verfügen, um volle Kontrolle über die Gesellschaft auszuüben. So bleiben viele Auswege, Räume und unkontrollierte Schlupflöcher bestehen, die die innovativen Subalternen zu ihrem Vorteil nutzen können. Entsprechend können die Gesetze oft leicht gebrochen werden, obwohl diese Staaten viele strenge Regeln zur Regierung ihres Volkes hervorbringen. Auch wenn Bürokraten grob mit den Armen umspringen, sind sie häufig nicht schwer zu bestechen. Dementsprechend bleibt die Reichweite des Staates (ganz zu schweigen von seiner Hegemonie und Legitimität) trotz seiner scheinbaren Allgegenwärtigkeit äußerst eingeschränkt, was viele Freiräume offen lässt, in denen Nicht-Bewegungen gedeihen und wirken können (Bayat 2012a).

Ebenso entscheidend sind die bürgerlichen Tugenden der Akteure, ihre Ausdauer und innovative Fähigkeit, die eigene Präsenz in der Gesellschaft zu behaupten. Ich beziehe mich auf die subalterne Kompetenz, die eigenen Beschränkungen zu erkennen und trotzdem Gelegenheiten und originelle Methoden der Praxis zu verstehen und zu entdecken, um die bestehenden Freiräume für Widerstand und Weiterleben auszunutzen. Diese Kunst der Präsenz beinhaltet die Fähigkeit, den kollektiven Willen allen Widrigkeiten zum Trotz durchzusetzen, Beschränkungen zu umgehen, alle Möglichkeiten auszunutzen und neue Räume zu entdecken, um gehört, gesehen, gefühlt und wahrgenommen zu werden. Die Kunst der Präsenz dient als Medium, mit Hilfe dessen die Subalternen Überleben durch Wiederaneignung als Antwort auf ihren Status der Enteignung in der neoliberalen Stadt erreichen können. Und die nach außen gekehrte Stadt wird zur räumlichen Artikulation subalterner Politik in der gegenwärtigen neoliberalen Urbanität.

Anmerkungen

[1] Der englische Originaltext, der unter dem Titel »Politics in the City-Inside-Out«, in *City & Society* (Vol. 24, 2, S. 110-128) im Jahr 2012 erschien, wurde mit Genehmigung des Verlags von Sonja Ganseforth und Jörg Gertel ins Deutsche übersetzt.

[2] Meine Forschungen fanden hauptsächlich in Ägypten und Iran, aber auch in Marokko und der Türkei statt.

[3] Die MENA-Region hatte in den 1990er Jahren die höchste Arbeitslosenquote der Welt; die 26 Prozent Jugendarbeitslosigkeit bleiben weiterhin die höchste (Al Tamim 2012).

Jugendliche in Tunesien – Zwischen prekärem Alltag und kollektiver Mobilisierung

Johannes Frische (Leipzig)

»Natürlich war ich an den Protesten beteiligt. Es sind Freunde von mir dabei getötet worden. Da drüben beim Kreisverkehr. Die Proteste hier im Stadtviertel Ettadhamen begannen aus Solidarität mit den Menschen aus Gafsa, Kasserine und Sidi Bouzid. Innerhalb von 24 Stunden haben wir die Polizei aus dem Stadtteil vertrieben. Wir haben uns gegenseitig per Handy abgesprochen. Die Jungs aus dem einen Viertel *(awlâd al-hûma)* haben denen aus dem anderen Viertel Bescheid gegeben. Später sind wir in die Altstadt *(qasba)* gegangen und haben dort protestiert. Wir haben dort Leute aus Sidi Bouzid und Kasserine getroffen, die nach Tunis gekommen waren. Die Milizen des Regimes wollten uns Geld geben, damit wir uns mit den Leuten aus dem Süden schlagen und nicht mit ihnen solidarisieren. Aber wir haben uns natürlich nicht darauf eingelassen.« (Anis, Tunis, 28.6.2012)

»Als die Revolution nach Tunis kam, begann sie in Ettadhamen. Jugendliche kamen spontan in den Straßen zusammen. Sie begannen, staatliche Gebäude zu demolieren und zu verbrennen. Mit Molotov-Cocktails. Sie hatten keine Angst vor der Polizei. Die Polizei hatte Angst vor ihnen, weil sie arm sind.« (Anis, Tunis, 28.6.2012)

– Anis, 30 Jahre alt, aus Ettadhamen, Tunis, arbeitet als informeller Händler und pendelt regelmäßig zwischen Tunis und Ben Guerdane im Süden von Tunesien.[1]

Vor dem Hintergrund des revolutionären Umbruchs in Tunesien im Dezember 2010 und im Januar 2011 möchte der Beitrag die Faktoren, die zur Entstehung von Widerstand unter tunesischen Jugendlichen gegen das Regime Ben Alis und die herrschende politökonomische Ordnung führten, untersuchen sowie Formen und Orte der Mobilisierung und des Widerstandes beschreiben. Politische Mobilisierung unter Jugendlichen war nicht organisiert und koordiniert, sondern fand vor allem in der Anfangsphase der Proteste weitgehend spontan statt (Honwana 2011, 1). Auch gab es weder eine gemeinsame Ideologie noch eine zentrale Führung (Ayeb 2011, 478). Im Folgenden soll trotzdem der Frage nachgegangen werden, inwieweit sich im Kontext des tunesischen Aufstandes von der Herausbildung einer kollektiven Protestbewegung Jugendlicher sprechen lässt.

In den letzten zehn Jahren stand Jugend in der arabischen Welt zunehmend im Zentrum der Aufmerksamkeit. Begriffe wie *'youth bulge'* (Jugendblase) oder *'youth explosion'* (Jugendexplosion) kamen in Umlauf, um dem überproportionalen demographischen Wachstum junger Bevölkerungsgruppen sowie den damit zusammenhängenden Problemen von Massenarbeitslosigkeit unter Jugendlichen und dem Mangel an ökonomischen Perspektiven Rechnung zu tragen (Chaaban 2008; Yousef 2003, 12). Dies führte dazu, dass die arabische Jugend als Fokusthema in die Agenda der internationalen Entwicklungspolitik (Weltbank, UN Millennium Development Goals) aufgenommen wurde. Durch die Widerstandsbewegungen des Arabischen Frühlings, die maßgeblich von Jugendlichen ausgingen, hat sich dieses Interesse noch verstärkt. Tunesien, wo mit der so genannten 'Jasminrevolution' der Initialfunke für den Arabischen Frühling gezündet wurde, gehört zu den Ländern, auf denen ein besonderes Augenmerk liegt. So wurden in Folge des revolutionären Umbruchs mehrere Studien von internationalen Think Tanks (National Democratic Institute, International Policy and Leadership Institute, Social Science Research Council) herausgebracht, die nicht nur die Rolle von Jugendlichen in der tunesischen Revolution thematisieren, sondern sich auch als Plädoyers verstehen, der Jugend als wichtigem Akteur der Revolution eine Stimme zu geben und sie in den politischen Transformationsprozess einzubeziehen (Collins 2011; IPLI 2011; Honwana 2011). Es besteht zwar weitgehend Konsens darüber, dass Jugendliche als gesellschaftliche Akteure in den Protestbewegungen eine zentrale Rolle spielten, ja als Hauptinitiatoren des Umsturzes gelten können. In Bezug auf die Frage, um welche Jugendlichen es sich genau handelte und was ihre konkreten Problemlagen, Interessen und Bedürfnisse sind, gehen die Einschätzungen jedoch oft auseinander. Handelte es sich primär um die gebildete Mittelschicht und um Aktivisten, die Demokratie und politische Freiheiten einforderten, um arbeitslose Akademiker, die das Recht auf Arbeit und einen angemessenen Lebensstandard geltend machten, oder um Jugendliche der Unterschicht, die ums wirtschaftliche Überleben kämpften?

An solchen Unterschieden wird deutlich, dass Jugend nicht als feste, eindeutige Kategorie verstanden werden kann, die sich am biologischen Alter festmachen ließe, sondern an soziale Bedingungen wie Familiensituation, Arbeitsverhältnisse und Teilhabe an der Gesellschaft gekoppelt ist. Allgemein gilt in Tunesien als Jugendlicher, wer keinen festen Job und kein festes Einkommen hat, unverheiratet ist und noch bei den Eltern wohnt. Jedoch bilden Jugendliche keine homogene gesellschaftliche Gruppe, sondern müssen in Bezug auf Identitätskomponenten wie Geschlecht, soziale Schicht und Ethnizität beziehungsweise Kultur differenziert werden (Gertel 2004, 288; Bayat & Herrera 2010, 8). Oft wird Jugend erst im Verhältnis zur älteren Generation und durch die Abgrenzung von ihr bestimmbar (Bourdieu 1992). Jugend- und Erwachsensein werden somit in den Beziehungen und Konflikten zwischen 'Alten' und 'Jungen' sozial konstruiert und ausgehandelt. Da tunesische Jugendliche darum kämpfen, den ihnen verweigerten Status des Erwachsenseins zu erlangen, können sie auch als Proto-Erwachsene gesehen werden (Allal 2011, 55). Die tunesische Revolution war nicht nur gegen ein korruptes Regime und einen autokratischen Herrscher gerichtet, sondern muss auch als ein Generationenaufstand, in dem die Kluft zwischen 'Alt' und 'Jung' zutage tritt, verstanden werden (Schäfer 2011, 3). Damit ist freilich nicht gesagt, dass es bei den Protestaktionen keine Solidarität zwischen den Generationen, insbesondere innerhalb der Unterschicht, gegeben habe.

Tunesische Jugendliche im Vorfeld der Revolution

Mehr als jede andere gesellschaftliche Gruppe hatten Jugendliche im System Ben Ali unter Polizeigewalt, Medienzensur und Überwachung des öffentlichen Raums zu leiden. Damit einher ging ein starkes Empfinden von Ungerechtigkeit, Korruption und ungleicher Verteilung von Wohlstand im Alltag (Hibou 2011b). Die wachsende Entfremdung zwischen den Generationen wird am Diskurs über Jugend in Tunesien vor der Revolution deutlich. So wurden Jugendliche allgemein als 'Khobzistes' (abgeleitet vom arabischen Wort für Brot, *khubz*) bezeichnet, also Konsumenten, denen es nur darum gehe, ihre materiellen Bedürfnisse zu befriedigen, sich mit den neuesten technologischen Errungenschaften zu amüsieren und von Medien berieseln zu lassen, ohne irgendein politisches Interesse zu entwickeln (Chouikha 2011, 12). Jugendliche galten als apathisch, lethargisch und gegenüber gesellschaftlichen Fragen indifferent. Ein wichtiger Grund für die Entpolitisierung der Jugend sowie anderer gesellschaftlicher Gruppen liegt in der Überwachung des öffentlichen Raums durch den Sicherheitsapparat und in den alltäglichen Repressalien. Ein apolitisches Bewusstsein wurde auch im Rahmen der Reformierung des Bildungsprogrammes und der Lehrinhalte in Sekundar- und Hochschulen gezielt gefördert. So wurden Themen, die bei Schülern und Studenten eine Politisierung hätten hervorrufen können, wie Gewalt, Staat und Sozialvertrag sowie die politische Soziologie, aus dem Lehrprogramm gestrichen (Mabrouk, zitiert in Haouari 2011). Studenten, die politisch aktiv waren, flogen aus den Bewerbungsverfahren und hatten dann keine Chance mehr, von Unternehmen rekrutiert zu werden und einen Job zu bekommen (ebd.).

Das tunesische Regime war sich durchaus der Tatsache bewusst, dass vor allem Jugendliche unter der sozioökonomischen Marginalisierung zu leiden hatten. Es versuchte deswegen, der Förderung von Jugendlichen in der Bildungs- und Arbeitsmarktpolitik zumindest in seiner Rhetorik einen besonderen Stellenwert beizumessen. 2008 startete die Regierung unter dem Titel »Nationaler Jugendpakt« *(Pacte nationale de la jeunesse)* ein politisches Programm, das als Beginn eines Dialogs mit der Jugend präsentiert wurde und in einem Klima der Repression ironischerweise darauf abzielte, Werte wie Demokratie, Freiheit und Pluralität unter Jugendlichen zu verbreiten (Chomiak 2011, 71). Die Initiative war, anknüpfend an die globale Agenda der Vereinten Nationen, das Jahr 2010 zum Internationalen Jahr der Jugend zu erklären, ein weiterer vergeblicher Versuch, der wachsenden Entfremdung von Jugendlichen entgegenzuwirken. Teil dieser Initiative war eine empirische Umfrage, die den Titel trug: »Eine Jugend, die fähig ist, die Herausforderungen anzunehmen« *(Une jeunesse capable de relever les défis)*. Bei dieser Studie, die vom Institut National de la Statistique sowie vom Observatoire National de la Jeunesse unter 10.000 Jugendlichen beider Geschlechter aus allen Regionen des Landes durchgeführt wurde, stand die Nutzung der neuen Medien durch Jugendliche im Mittelpunkt (Lapresse 2010; Letemps 2010). Außerdem ging mit der Initiative ein Projekt zur Förderung tunesischer Jugendlicher im Rahmen der UN Millenium

Development Goals einher, das mit einem Budget von 3,1 Mio. US-Dollar aus dem Millenium Development Goals Achievement Fund finanziert wurde. Damit sollten Zugänge Jugendlicher zum Arbeitsmarkt in besonders marginalisierten Regionen und Zentren der Emigration mittels Beschäftigungsprogrammen verbessert werden (MDG Achievement Fund 2010).

Diese Maßnahmen waren zwar wichtige Schritte, stellten jedoch, wie die späteren Proteste bewiesen, allerhöchstens Palliativmittel dar, die an den Wurzeln des Problems der Jugendmarginalisierung wenig änderten. Auch zeigt die stark paternalistische Tönung der Rhetorik, wie wenig Verständnis für die realen Probleme von Jugendlichen auf Seiten der tunesischen Autoritäten existierte. In Folge des revolutionären Umbruchs ab Dezember 2010 sollten sich diese Probleme dann deutlicher denn je herauskristallisieren.

Das System Ben Ali als politische Ökonomie der Repression

Die Lebenswelten tunesischer Jugendlicher lassen sich nur im Kontext der strukturellen, sozioökonomischen Rahmenbedingungen verstehen, auf denen das System Ben Alis basierte und die nach wie vor die tunesische Gesellschaft prägen. Schließlich führen der Regimewechsel allein und die Neugestaltung der politischen Ordnung (Etablierung von Parteien, Parlamentswahlen, Verfassungsreform) nicht automatisch zu einem grundlegenden Wandel des politökonomischen Systems und seiner sozialen Implikationen. In Tunesien war unter Ben Ali die politische Machtausübung eng mit dem Zugang zu ökonomischen Ressourcen verknüpft, von denen nur bestimmte Gruppen profitieren konnten, von denen andere aber ausgeschlossen waren. Die ungleiche Verteilung dieser Ressourcen innerhalb der tunesischen Gesellschaft wurde insbesondere am Reichtum des Ben Ali-Trabelsi-Clans deutlich. Dieser besaß alle größeren Unternehmen in sämtlichen Sektoren, angefangen bei den Kommunikationstechnologien über das Bankwesen, die Fertigungswirtschaft, Einzelhandel und Transport bis hin zur Landwirtschaft und Lebensmittelverarbeitung.

Eine Vielfalt von ökonomischen und sozialen Vorteilen wurden durch die allgegenwärtigen Netzwerke der Einheitspartei RCD (Rassemblement constitutionnel démocratique) vermittelt. Das gilt für Sozialprogramme, Lizenzvergaben sowie Genehmigungen für jegliche legalen, semi-legalen und illegalen ökonomischen Aktivitäten. In dieses Patronage-System waren sowohl privilegierte – also Angestellte des höheren Dienstes und Unternehmer – wie auch marginalisierte Akteure der tunesischen Gesellschaft, also Arbeiter und arbeitslose Akademiker, involviert. Die tunesische Bevölkerung wurde in einen ständigen Prozess der Anpassung an diese Dominanzordnung gezwungen, der durch Arrangements im Alltag ausgehandelt wurde. Korruption, Klientelismus und offensichtliche Rechtsverstöße wurden partiell von den Autoritäten geduldet, solange die jeweiligen Akteure in die autoritäre Herrschaft aufgrund ökonomischer Vorteile einwilligten. Die Machtausübung manifestierte sich in disziplinarischen Machttechniken, die den Prinzipien der Belohnung oder Bestrafung folgten und die in ökonomischen und sozialen Praktiken des Alltags wirksam wurden. Béatrice Hibou (2011a; 2011b) bezeichnet das Verhältnis zwischen Staat und Bevölkerung in Tunesien als Sicherheitspakt. Darunter versteht sie all die Kompromisse, Aushandlungen und Arrangements, die dazu beitrugen, die Herrschaft zu konsolidieren, ohne dass der Staat repressive Maßregeln von oben oder gar offen Gewalt ausüben musste. Wenn diese Mechanismen nicht griffen, konnte der Gehorsam durch die Polizei und die Einheitspartei im öffentlichen Raum jederzeit erzwungen werden. Maßnahmen wie die Zensur im Internet – etwa die Blockierung von Webseiten wie youtube und dailymotion – sowie das Verbot politischer Vereine betrafen Journalisten, Menschenrechtsaktivisten und Mitglieder der Opposition genauso wie einfache Menschen und vor allem Jugendliche.

Im Laufe der 1980er Jahre musste der hoch verschuldete tunesische Staat die von den Bretton-Woods-Institutionen Weltbank und Internationaler Währungsfonds verordneten Maßnahmen zur Strukturanpassung umsetzen, die auf eine Marktöffnung sowie eine Liberalisierungs- und Privatisierungspolitik abzielten. Sie beinhalteten das Einfrieren von Löhnen, die Reduzierung von Subventionen für Konsumprodukte und den öffentlichen Sektor, die Abwertung der Währung sowie die Erhöhung der Zinssätze (Khiari 2003, 20-25). Außerdem führten neue Wirtschaftspraktiken wie Subcontracting, die Befristung von Arbeitsverträgen und Just-in-time-Produktion zu einem Rückgang an Jobsicherheit und einer wachsenden Flexibilisierung der Arbeitsverhältnisse. Dies wurde vom Staat als weiteres Kontroll- und Disziplinierungsinstrument gegenüber der Bevölkerung, insbesondere der jungen Beschäftigten, genutzt. Eine weitere Folge der Liberalisierungspolitik war die steigende Arbeitslosigkeit. Die tatsächlichen Arbeitslosenzahlen wurden jedoch von den Autoritäten verschleiert, um dem international anerkannten Image des Wirtschaftswunders Tunesien nicht zu schaden. Nach offiziellen Angaben lag die Arbeitslosigkeit im Jahr 2004 unter Jugendlichen zwischen 18 und 29 Jahren bei 14 Prozent und unter Hochschulabsolventen bei 22,5 Prozent, tatsächlich waren wohl eher 24 Prozent, 2009 sogar 29,8 Prozent, dieser Altersgruppe ohne Beschäftigung (Haouari, Februar 2011). Bei Hochschulabsolventen lag die Arbeitslosigkeit sogar bei 45 Prozent (Hibou et al. 2011, 38). 2004 waren 80 Prozent der registrierten Arbeitslosen unter 35 Jahre alt (ebd., 44).

Auf diesem Wege wollte die Regierung die Tatsache verhehlen, dass das tunesische Wirtschaftsmodell trotz positiver Wachstumszahlen spätestens seit den 1990er Jahren in der strukturellen Krise steckte (Hibou 2011b, XV). Der Diskurs des Wirtschaftswunders Tunesien beruhte darauf, dass das Land wirtschaftliche Reformen gemäß den Vorgaben der internationalen Finanzinstitutionen sehr gewissenhaft umgesetzt habe. Weltbank und Internationaler Währungsfonds lobten Tunesien für seine hohen Wachstumsraten sowie seine Bemühungen, ausländische Direktinvestitionen ins Land zu holen und die Steuern für Unternehmen zu senken (World Bank 2005; Honwana 2011, 5). Diesem positiven Image stand jedoch eine sehr viel düstere Realität entgegen, da vom ökonomischen Wachstum nur eine Minderheit profitierte. Jedes Jahr strömten um die 140.000 neue Arbeitssuchende auf den Arbeitsmarkt, obwohl nur 80.000 bis 85.000 neue Jobs entstanden. Selbst die wichtigsten und ertragreichsten Wirtschaftsbereiche wie Textilindustrie, Tourismus und der Offshore-Sektor schufen bei weitem nicht genug Arbeitsplätze, um die arbeitssuchende Bevölkerung absorbieren zu können. Unter 140.000 Arbeitssuchenden befanden sich 70.000 Universitätsabsolventen, deren Ausbildung an den Anforderungen des Arbeitsmarktes vorbei ging. Das Problem der Arbeitslosigkeit in Tunesien liegt somit primär darin, einen Einstieg ins Berufsleben zu finden (Hibou et al. 2011, 44). Vor allem Jugendliche scheitern oft bei der Arbeitssuche. Mehr als jede andere Gruppe können sie als Ausgegrenzte des polit-ökonomischen Systems in Tunesien gesehen werden.

Urbaner Raum und territoriale Ungleichgewichte

Tunesien wird räumlich von der Hauptstadt Tunis, dem wirtschaftlichen Zentrum, dominiert. Außerdem findet sich eine Konzentrierung von großen und mittelgroßen Städten an der Küste (Chabbi 2005). Die verstärkte Urbanisierung in den 1970er Jahren ist vor allem auf die Landflucht verarmter Bauern nach Tunis oder in die Provinzhauptstädte zurückzuführen. Es fehlten jedoch eine konsequente Stadtplanung sowie soziale Wohnbauprogramme, um diese Bevölkerungen zu integrieren (Chabbi 2012). So entstanden zahlreiche informelle Stadtviertel an der Peripherie der Großstädte, die vom Staat rigoros umstrukturiert oder gar zerstört wurden und deren Bewohner teilweise in ihre Herkunftsregionen zwangsumgesiedelt wurden (Chabbi 2005, 4).

Im Zeitraum zwischen 1975 und 1995 kam es durch die räumliche Ausdehnung von Städten zur Bildung von verdichteten Ballungsräumen, die mit steigenden Grundstückspreisen einherging. Auch wenn der Staat stadtplanerisch tätig war, so zog er sich jedoch gleichzeitig aus der Finanzierung von Wohnungen zurück, was zu verstärktem Wohnmangel führte. Die zentralistische Verwaltung des tunesischen Territoriums und eine Raumpolitik, die nicht nur von den öffentlichen Autoritäten, sondern zunehmend vom Präsidenten und von einigen wenigen privaten Immobilien- und Grundstücksspekulanten gesteuert wurde, führten zu territorialen Ungleichgewichten. Vor allem der tunesische Küstenstreifen wurde zu einem Schauplatz für großangelegte touristische, kommerzielle und industrielle Bauprojekte, Wohnanlagen und Einkaufszentren (Bouraoui 2011).

Mit der Kluft zwischen den Generationen geht somit eine territoriale Kluft einher: Die meisten der neu entstehenden Arbeitsplätze befinden sich im Norden des Landes und der Großteil der Unternehmen ist im Großraum Tunis, in größeren Küstenstädten wie Bizerte und Sfax sowie in der Touristenregion um Djerba und Hammamet-Nabel konzentriert (Hibou et al. 2011, 38, 40). Staatliche und private Investitionen sowie infrastrukturelle Entwicklungsprojekte wurden lange Zeit fast ausschließlich in diese Regionen gelenkt. Im Süden hingegen werden primär Rohstoffe gefördert, darunter Öl, Gas, Phosphate und Eisen; diese Aktivitäten trugen jedoch kaum zur Entwicklung der Region bei, da die Rohstofferlöse nicht in die Region zurückflossen (Ayeb 2011, 471). Außerdem erlebte die landwirtschaftliche Subsistenz in den Regionen um Gabès, Sidi Bouzid, Gafsa und Kasserine einen rapiden Niedergang. An ihre Stelle traten stattdessen profit-orientierte Agrarbetriebe. Von Investitionen in den Bereichen Agrobusiness und Tourismus profitierte die lokale Bevölkerung kaum, da sie nur eine begrenzte Zahl an Arbeitsplätzen schufen. Gerade junge Menschen mit Bildungsabschlüssen finden dort keine Arbeit. Aus dem Südwesten und dem zentralen Westens des Landes, wo die Armutsrate viermal so hoch ist wie im Rest des Landes (Honwana 2011, 5), migrierten viele junge Menschen in größere Städte, um sich dort durchzuschlagen.

Die Proteste im Laufe der tunesischen Revolution waren in erster Linie urbaner Natur. Sie erfassten den ländlichen Raum trotz seiner Verarmung kaum. Der Widerstand folgte einem progressiven Anstieg: Er ging aus von kleineren und mittleren Städten im Inneren des Landes, um dann auf die Küstenstädte und schließlich die Hauptstadt überzuschwappen, ohne jedoch in den anderen Regionen abzuebben. Auch in der Hauptstadt begannen die Proteste an der Peripherie, nämlich im Arbeiterviertel Hay Ettadhamen, dem größten informell gewachsenen Stadtviertel Tunesiens. Dieser Moment war ein wichtiges Schlüsselereignis, bevor es im Zentrum von Tunis zur Vereinigung der unterschiedlichen Protestbewegungen kam.

Informalisierung und prekärer Alltag

Aufgrund der prekären wirtschaftlichen Bedingungen lässt sich der Alltag der meisten tunesischen Jugendlichen als das Rennen nach dem *khubza*, das heißt dem täglichen Brot, als ein Wirtschaften des 'Sich-Durchbeißens' und des 'Über-die-Runden-Kommens' (Meddeb 2011, 35) charakterisieren. So äußerte sich ein 26-jähriger Tunesier mit abgeschlossener Berufsausbildung aus Ettadhamen, Tunis, der als ambulanter Händler arbeitet und kleine Straßenkiosks mit Lebensmitteln versorgt, im Juni 2012:

> »Wenn du in Tunesien Geld verdienen willst, musst du sehr dynamisch sein. Du musst immer rennen und den Chancen hinterher sein, um ein Geschäft machen zu können. Der Staat tut hier nichts für die Jugendlichen, also müssen sie sich selber helfen.« (Ibrahim, Tunis, 24.6.2012)

Der Wunsch nach Migration ist bei vielen Jugendlichen, vor allem unter jungen unverheirateten Männern, stark ausgeprägt (Fourati 2008, 8). 2005 erklärten 75,9 Prozent der Befragten im Alter von 15 bis 29, dass sie emigrieren würden, wenn sie die Gelegenheit dazu hätten (ebd., 6). Dies hängt zum einen mit der schlechten wirtschaftlichen Situation zusammen, zum anderen mit der Tatsache, dass Tunesien seit dem Gastarbeiter-Abkommen mit Frankreich im Jahre 1963 auf eine länger zurückreichende Tradition der Arbeitsmigration zurückblicken kann, die durchaus im Sinne des tunesischen Staates liegt. Seit den 1990er Jahren hat jedoch aufgrund der restriktiven EU-Migrationspolitik und der Einführung eines strengen Visa-Systems die irreguläre Migration zugenommen, die wegen einer immer stärker werdenden Grenzüberwachung der Festung Europa ein erhebliches Risiko für die Migranten darstellt.

Für viele bleiben somit nur Aktivitäten in der informellen Wirtschaft, um ihre Existenz sichern zu können. Die Leistung des informellen Wirtschaftssektors, in dem 40 Prozent der Bevölkerung insbesondere aus dem Südwesten und dem westlichen Zentraltunesien arbeiten, wurde im Jahr 2002 auf 38 Prozent des Bruttosozialprodukts geschätzt (Hibou et al. 2011, 44). Zahlreiche Jugendliche sind in informellen, prekären Arbeitsverhältnissen beschäftigt, sie üben Kleinjobs in Großstädten aus, arbeiten in Call-Centern, leben vom Straßenverkauf und der Schmuggelwirtschaft. Grenzorte wie zum Beispiel die Provinzstadt Ben Guerdane im äußersten Südosten des Landes gelten als Hochburgen des Schmuggels. Ben Guerdane liegt nahe der Grenze zu Libyen an der 'al-khatt' (die Linie) genannten, grenzüberschreitenden Handelsroute. Von hier aus wird die gesamte tunesische Wirtschaft mit Konsumprodukten und asiatischen Manufakturwaren versorgt. Darunter sind Elektrogeräte, Kleidung, Nahrungsmittel, Kosmetikprodukte, Teppiche und Autoreifen. Auch Benzin wird illegal nach Tunesien eingeführt, da Libyen zu den wichtigsten erdölfördernden Ländern der Region zählt (Meddeb 2010, 70). Jugendliche, die im informellen Handel aktiv sind, begeben sich auf Märkte im Norden, vor allem nach Sidi Boumendil in der Altstadt von Tunis, wo gefälschte Produkte gehandelt werden. Dort können sie die Waren, die sie von Großhändlern gekauft haben, weiterverkaufen, müssen allerdings stets damit rechnen, mit den Autoritäten in Konflikt zu kommen (Hibou et al. 2011, 44-45). Zwar wurden informelle Aktivitäten im Rahmen einer Laissez-faire-Politik vom tunesischen Staat teilweise geduldet, nicht zuletzt, um die Bevölkerung zu entpolitisieren (Meddeb 2010, 73). Das hinderte die Autoritäten jedoch nicht daran, zu bestimmten Zeitpunkten immer wieder zu intervenieren und die informelle Ökonomie stärker zu kontrollieren oder Bestechungs- und Schutzgelder einzufordern. Informelle Aktivitäten bringen einen provisorischen Alltag voller Entbehrungen, Ungewissheiten und Unsicherheiten mit sich. Jugendliche, die in der informellen Ökonomie tätig sind, sind für ihre Existenzsicherung auf unsichere Arrangements und Aushandlungen angewiesen. Einerseits sind sie gezwungen, Strukturen zu nutzen, die auf Korruption und Klientelismus basieren und für den tunesischen Sicherheitspakt prägend waren. Andererseits sind sie jedoch nur partiell in die Patronage-Netzwerke integriert, beziehungsweise nehmen eine marginale Stellung ein. Folglich ist die Arbeit in der informellen Ökonomie ein tagtäglicher Kampf, der Jugendliche mit zahlreichen Unsicherheiten konfrontiert, die ihr legitimes Recht auf Arbeit und ökonomische Existenzsicherung immer wieder in Frage stellen (Meddeb 2011, 36). Erfahrungen der Unsicherheit prägen somit das Bewusstsein aller, die unter solch prekären Bedingungen der Existenzsicherung leben. Die zunehmenden Interventionen in die informellen wirtschaftlichen Aktivitäten im Vorfeld des revolutionären Umbruchs, beispielsweise durch Razzien der Polizei gegen Straßenhändler in Tunis oder die Kontrolle des Grenzhandels zwischen Tunesien und Libyen, hatten drastische Konsequenzen für die wirtschaftliche Situation Tausender von Menschen (Hibou et al. 2011, 38). Angesichts der Tatsache, dass der Staat in seiner Aufgabe, formelle Arbeitsplätze zu schaffen, komplett versagt hat, scheinen seine Eingriffe in die informelle Wirtschaft, die für viele Menschen die einzige Arbeitsoption darstellt, aus gegenwärtiger Perspektive umso folgenreicher (Sadiki 2011).

Jugendbewegung: politische Mobilisierung von unten

Die Schwächung der Mechanismen zur sozialen Absicherung und Integration führte zu dauerhafter Frustration und latenter Unzufriedenheit, insbesondere in den südlichen und zentralen Regionen des Landes sowie in den verarmten Vorstädten der Großstädte. Trotzdem wäre es verkürzt, die Ursachen der Mobilisierung, die schließlich zum Volksaufstand geführt hat, allein in der ökonomischen Situation zu suchen. Dieser ist vielmehr das Ergebnis von komplexen Wechselwirkungen, die unterschiedliche Vorstellungen von Gerechtigkeit, Würde, öffentlichem Gut und Legitimität der politischen Ordnung wirksam werden lassen (Hibou 2011a, 7). Schon E.P. Thompson (1971) hat in seiner Untersuchung zu den Bauernaufständen in England des 18. Jahrhunderts festgestellt, dass die Verletzung bestimmter Normen und Praktiken kollektiver Ethik mindestens genauso wichtige protestauslösende Faktoren darstellten wie prekäre wirtschaftliche Lebensbedingungen. Auch im Falle Tunesiens wird Ausgrenzung nicht allein als wirtschaftliche Marginalisierung verstanden, sondern als Missachtung einer symbolischen Ordnung moralischer Vorstellungen. Aus der Verletzung moralischer Normen, die selbst innerhalb des bestehenden Systems Gültigkeit hätten haben sollen, ergab sich ein wirkungsmächtiges Gefühl der Ungerechtigkeit und Entwürdigung (Mabrouk 2011, 144). Damit einher gingen die Forderungen nach gesellschaftlicher Teilhabe, vor allem nach Zugang zum Arbeitsmarkt, mit einer wachsenden Wut über die Aberkennung dessen, was einem eigentlich legitim zusteht. Es machte sich der Konsens breit, dass die Schwelle des Akzeptablen nun überschritten war – ein Gefühl, das stärker wurde als die Angst vor dem lange als übermächtig empfundenen Staatsapparat (Hibou 2011a, 5).

Es ist gewiss kein Zufall, dass Widerstand von der Peripherie des Landes, das heißt von marginalisierten Regionen im Zentrum, Südosten und Südwesten Tunesiens ausging (Hibou 2011b, XV). Die ersten Unruhen fanden vor allem in Kleinstädten im Zentrum und Südwesten des Landes, in Sidi Bouzid, Gafsa, Ben Guerdane und Kasserine statt. Zu Anfang waren vor allem prekarisierte Jugendlichen aus ökonomisch schwachen Familien, die trotz ihrer Bildungsabschlüsse keine Arbeit fanden, in die Proteste involviert. Die Behauptung, dass es sich um eine 'Revolution 2.0' oder eine 'Facebook-Revolution' gehandelt habe, die von der gebildeten Mittelschicht initiiert wurde, wie stellenweise in den Medien behauptet wurde (Goldstein 2011), entspricht so nicht der Realität. Erst ab Januar 2011, als die Demonstrationswellen die großen urbanen Zentren erreichten, kam es zu einer klassenübergreifenden Allianz mit der Mittelschicht. Junge Cyberaktivisten sowie organisierte Gruppen der Zivilgesellschaft, allen voran die Gewerkschaft UGTT (Union Générale Tunisienne du Travail), Menschenrechtsorganisationen sowie Berufsverbände von Anwälten und Lehrern mobilisierten sich und schlossen sich der Protestbewegung an (Ayeb 2011, 476).

Der revolutionäre Prozess in Tunesien hat sich nicht aus dem Nichts entwickelt, er hat eine Geschichte und muss als das Ergebnis von Kämpfen, Widerständen und sozialen Protesten über längere Zeiträume hinweg verstanden werden. Schon die Brotunruhen in den 1980er Jahren waren ein erstes Moment des Widerstandes gegen die als ungerecht empfundenen gesellschaftlichen Verhältnisse. Im Jahre 1982 hatte die Verdopplung des Brotpreises in Kombination mit stagnierenden Löhnen zu massiven Protesten im ganzen Land geführt, bei denen Jugendliche aus prekären Schichten und marginalisierten Regionen besonders präsent waren.

Auch bei den jüngsten Ereignissen markiert nicht erst die Selbstverbrennung Mohamed Bouazizis in Sidi Bouzid am 17. Dezember 2010 den Beginn der Protestbewegung. Bereits zuvor hatte es Streiks in Textilfabriken und im Tourismus-Sektor sowie Proteste gegen Arbeitgeber gegeben. Die wichtigsten Ereignisse waren die Unruhen in Gafsa im Januar 2008 sowie in Ben Guerdane im August 2010. Als sich herausstellte, dass die CPG (Compagnie des Phosphates de Gafsa) im Rahmen einer Einstellungskampagne Bewerbungskandidaten aus anderen Regionen bevorzugte, entwickelte sich in den Bergwerkstädten der Region um Gafsa eine Protestbewegung (Geisser & Chouikha 2010). Aus Wut über solche nepotistischen Vorgehensweisen kam es über sechs Monate hinweg zu einer Serie von Sit-ins und Protestaktionen, in deren Verlauf drei Menschen getötet und über 100 verhaftet und angeklagt wurden. Bei diesen spontanen kollektiven Protestaktionen ohne jegliche Form der Institutionalisierung – den größten seit den Brotunruhen 1984 – waren in erster Linie Jugendliche und ihre Familien beteiligt (Allal & Geisser 2011). Auch in Ben Guerdane entstanden am 9. August 2010 Unruhen, nachdem die Grenze zwischen Libyen und Tunesien unter dem Vorwand geschlossen wurde, den informellen Handel einzudämmen. Tatsächlich ging es dem unter Ben Ali führenden Trabelsi-Clan darum, stärker von der Schmuggelwirtschaft zu profitieren und sie daher in die strategisch wichtigere Region von Sfax zu verlegen (Ayeb 2011, 473f.). Da allerdings Tausende von Familien in der Gegend von Ben Guerdane vom informellen Handel leben, beziehungsweise informell gehandelte Produkte konsumieren, kam es zu einem zehntägigen Aufstand, dem das Regime mit Verhaftungen, Folterungen und Gerichtsprozessen begegnete.

Die Selbstverbrennung von Mohamed Bouazizi erfolgte, nachdem er von einer Polizistin erniedrigt worden war, weil er angeblich nicht über die notwendige Lizenz zum Obstverkauf verfügte. Sie war sicher nicht der alleinige Auslöser der Bewegung, aber ein wichtiges emotionales Moment, da Bouazizi als Identifikationsfigur die Frustrations- und Wutgefühle zahlreicher Jugendlicher kanalisierte. Die Proteste verbreiteten sich wie ein Lauffeuer von Sidi Bouzid nach Menzel Bouzaiene, Kasserine, Gafsa und Sfax. Mit gutem Grund veranlassten die tunesischen Autoritäten zu diesem Zeitpunkt die Schließung von Schulen und Universitäten, da es sich hierbei um soziale Räume handelte, in denen große Gruppen von Jugendlichen zusammentrafen und sich mobilisieren konnten. Anfang Januar 2011 stellte sich auch die nationale Führung der Gewerkschaft UGTT hinter die Proteste. Lokale Führer der UGTT hatten junge Demonstranten schon zuvor unterstützt. Spätestens jetzt hatten die Proteste eine nationale Dimension erreicht, wobei die brutale Niederschlagung der Demonstrationen die Solidarisierung und Radikalisierung der Bewegung nur verstärkten. Am 9. Januar erklärte die Regierung, sie wolle fünf Milliarden US-Dollar in Entwicklungsprojekte investieren und 50.000 Universitätsabsolventen innerhalb der nächsten Monate einstellen, aber die Maßnahmen waren unzureichend und kamen zu spät (Honwana 2011, 4). Am 10. Januar 2011 begannen die ersten Demonstrationen im Großraum Tunis, auch hier primär in marginalisierten, prekären Stadtvierteln wie Ettadhamen, Intilaka und Ibn Khaldoun. Im Laufe der Proteste übernahmen Gruppen von Jugendlichen in vielen Stadtvierteln in Tunis und anderen Städten die Kontrolle, nachdem die Polizei von dort vertrieben worden war. Sie gründeten Komitees, um in Absprache mit der Armee sogar die Einhaltung der Sperrstunde zu überwachen. Diese neue Verantwortung brachte einen erhöhten Status für Jugendliche mit sich, der auch von den Älteren im Viertel anerkannt wurde (Allal 2011). Nur kurze Zeit später, am 14. Januar 2011, verließ Ben Ali das Land und wurde durch die Regierung unter Mohamed al-Ghannouchi, BenAlis Premierminister ersetzt, die allerdings Anfang März nach andauernden Demonstrationen und Sit-ins ebenfalls zurücktreten musste.

Ab Januar beteiligten sich auch Jugendliche der gebildeten Mittelschicht an den Protesthandlungen. So übernahmen Blogger und Cyberaktivisten eine wichtige Rolle, indem sie soziale Online-Netzwerke wie Internetforen, Blogs, Facebook-Seiten und Twitter-Feeds nutzten, um Verbrechen der Regierung bloßzustellen und Informationen über die Situation in Sidi Bouzid und anderen Regionen des Landes bereitzustellen. Am 6. Januar 2011 wurden mehrere tunesische Blogger und Internetaktivisten verhaftet. In der Folge entwickelte sich ein regelrechter Cyberkrieg, in dem die Regierung Webseiten und Blogs attackierte oder blockierte. Cyberaktivisten reagierten und holten sich die Unterstützung der internationalen Online-Gruppe Anonymous, um die Zensur von Wikileaks zu verhindern, auf der brisante Details über die Korruption des Systems Ben Ali offengelegt wurden. Der bekannteste der Cyberaktivisten, der 33-jährige Slim Amamou (Twitter: Slim404), war schon im Mai 2010 bei dem Versuch verhaftet worden, eine Demonstration in Tunis zu organisieren. Während der Revolution berichtete er über die Vorfälle in Sidi Bouzid. Am 25. und 27. Dezember 2010 organisierte er zusammen mit Aziz Amami zwei Solidaritätsdemonstrationen in Tunis. Auch die Verbreitung von Bildern und Videos über das Internet sowie im Sattelitenfernsehen, insbesondere durch den Sender al-Jazeera, trugen maßgeblich dazu bei, die Protestbewegung weiterzutragen.

Darüber hinaus boten jugendliche Subkulturen in Musik und Kunst Möglichkeiten, Protest und Widerstand zum Ausdruck zu bringen. Das prominenteste Beispiel ist der Rapper Hamada ben Amor, der den Künstlernamen »El Général« trägt. Er kommt aus einer Familie der moderaten Mittelschicht in Sfax (Parker 2011). Bereits im Jahr 2008 begann er damit, Raptexte zu schreiben. In seinem Lied »Herr Präsident« *(sîdî ra'îs)* forderte er den Präsidenten auf, die Korruption im Land zu bekämpfen. Wegen des politischen Inhaltes seiner Texte musste El Général seine Musik im Untergrund verbreiten. Als er am 22. Dezember 2010 sein Protestlied »Unsere Heimat Tunesien« *(tûnis bilâdna)* auf Youtube ins Internet stellte, wurde er von der tunesischen Polizei verhaftet und verhört. Er wurde für drei Tage festgehalten und musste danach eine Erklärung unterschreiben, nie wieder politische Musik zu produzieren. Nach der Revolution wurde seine Musik sehr populär und sein Lied »Präsident des Landes« *(ra'îs l'il-bilâd)* sogar zur Hymne der Revolution erklärt (ebd.). Street Art kann als weiteres Medium der Artikulation politischer Botschaften jenseits von offiziellen Kanälen gesehen werden. In vielen Stadtteilen, insbesondere in den nördlichen Vorstädten von Tunis, fanden sich Slogans wie »RCD hau ab!« *(Dégage RCD)* oder »die Macht dem Volk« *(Pouvoir au peuple)*. Insbesondere die Gebäude der RCD, der Einheitspartei unter Ben Ali, sowie der herrschenden Trabelsi-Familie wurden mit Graffiti besprüht. Die Trabelsis waren berüchtigt dafür, Land zu enteignen, um darauf ihre Villen zu bauen. Daher kann die Besprühung mit Graffiti als Akt der Rückübernahme dieses gestohlenen Landes gedeutet werden (Korody 2011, 23).

Schließlich muss als weitere Form der politischen Mobilisierung während und nach der Revolution das Engagement Jugendlicher in zivilgesellschaftlichen Vereinen und sozialen Bewegungen genannt werden, beispielsweise die unmittelbar nach dem Regimesturz von einer Gruppe Jugendlicher gegründete unparteiische Non-Profit Organisation Sawty (meine Stimme). Sawt Chabeb Tunes (Stimme der Jugendlichen von Tunis) hat es sich aufgrund der Erkenntnis, dass Wissen Macht bedeutet, zum Ziel gesetzt, die tunesische Jugend mit objektiven Informationen zu versorgen (Sdiri 2011). Gemäß ihrem Motto »Die Zukunft liegt in unseren Händen« *(the future is in our hands)* informieren sie nicht nur über Themen wie Prinzipien der Demokratie, politisches System und politische Parteien, sondern haben es sich auf die Fahnen geschrieben, die Rolle von Zivilbürgern, insbesondere von Jugendlichen, im Transitionsprozess zu stärken. Zugleich kritisieren sie auf ihrer Webseite die zunehmende Tendenz der Technokratisierung im Prozess der politischen Umgestaltung des politischen Systems:

> »Im Zuge der Spezialisierung greifen Regierungen zunehmend auf Experten zurück, um die Reflexion bei den Wählern zu fördern. Gewiss speisen sich Entscheidungen aus Wissen, aber wenn Technokraten die Entscheidungsträger bis zum dem Punkt beeinflussen, dass sie die Souveränität des Volkes untergraben, dann begünstigt diese Macht des Technokratentums Gewohnheiten, die der demokratischen Praxis genau entgegenlaufen. Die Macht der Technokratie derjenigen des Bürgers vorzuziehen bedeutet, dass die Technokratisierung der Gesellschaft von vornherein legitimiert ist und für die Verarmung des demokratischen Prozesses mitverantwortlich wird.« (Sawty.org, März 2011)

Mit diesen Worten kritisieren die Vertreter von Sawty die Tatsache, dass vor allem politische Eliten, namhafte Intellektuelle sowie Experten der tunesischen Diaspora in den politischen Reformprozess involviert waren und als Minister in die Übergangregierung eingebunden wurden. Einzige Ausnahme stellte der Blogger Slim Amamou dar, der als einer der Vorreiter der sogenannten Facebook-Revolution zum Staatssekretär für

Jugend und Sport der Übergangsregierung ernannt wurde (Sydow 20.9.2011). Er äußerte sich selbst allerdings eher skeptisch über die politischen Partizipationsmöglichkeiten Jugendlicher im tunesischen Reformprozess (Wolf 2011). Angesichts der Lebensrealität vieler Jugendlicher muss die Frage gestellt werden, inwieweit Technokraten und Experten den Bedürfnissen und Hoffnungen der jüngeren Generation überhaupt entgegenkommen und deren Interessen angemessen vertreten können. Schließlich ist diese Form des Technokraten- und Expertentums nicht politisch neutral, sondern an der Gestaltung einer neuen Dominanzordnung mitbeteiligt (Hibou 2011b, xxii). Zwar boten die Wahlen am 23. Oktober 2011 Möglichkeiten der Mitbestimmung, aber nur die Hälfte der Wahlberechtigten war überhaupt auf den neuen Wahllisten registriert, folglich nahm ein Großteil der Bevölkerung an den Wahlen nicht teil. Auch stellt sich die Frage, inwieweit die einflussreichsten politischen Parteien Jugendliche und ihre Interessen repräsentieren. Auf tunesischen Facebook-Seiten äußerten sich viele Jugendliche skeptisch gegenüber den Wahlen und bezweifelten, dass das politische System und die dominierenden Parteien die Probleme von Jugendlichen lösen und ihnen bessere Zukunftsperspektiven schaffen könnten (Schipper 2011). Ayub, ein 22-jähriger Jugendlicher aus Hay Ettadhamen, der Betriebswirtschaft studiert und nebenbei in einem Internetcafé arbeitet, äußerte sich im Mai 2012 folgendermaßen zu der Situation:

> »Die Revolution hat hier in Ettadhamen nicht viel verändert. Es hat politische Veränderungen gegeben. Es gibt jetzt politische Parteien, Meinungsfreiheit, Religionsfreiheit. Aber in Bezug auf die Lebensbedingungen haben sich die Dinge sogar verschlechtert, wenn ich mir beispielsweise mein persönliches Leben anschaue. Weniger Jobs und der Lebensunterhalt ist teurer geworden.« (Ayub, Tunis, 30.5.2012)

Fazit

Die jugendliche Protestbewegung, die sich vor und im Laufe des revolutionären Umbruchs herausbildete, entwickelte sich spontan und wurde nicht zentral von einer Führung organisiert. Sie kann somit im Sinne Asef Bayats als Nicht-Bewegung gesehen werden (Bayat 2012a; Bayat, in diesem Band). Er versteht darunter die kollektiven Handlungen eines nicht-kollektiven Akteurs, das heißt der einfachen Menschen, die aufgrund ihrer großen Anzahl soziale und politische Veränderungen hervorbringen können.

An den Ausführungen sollte zudem deutlich geworden sein, dass die Kategorie Jugend nicht nur von Alter und Familiensituation abhängt, sondern eine soziale Problematik von Arbeitslosigkeit, Unterbeschäftigung und prekären, informellen Arbeitsverhältnissen impliziert. Demzufolge wurde der Protest anfänglich vor allem von denjenigen Jugendlichen initiiert, die am stärksten von diesen Problemen betroffen waren, insbesondere im Süden des Landes und in den verarmten Vorstädten. Die Ausgrenzung vom Arbeitsmarkt sowie die Unterbindung informeller Praktiken als einzige Option durch die Autoritäten gingen mit einer wachsenden sozialen Polarisierung, alltäglicher

Korruption und staatlich-polizeilichen Kontroll- und Disziplinierungsmechanismen einher. Es waren primär solche gemeinsamen Problemlagen sowie geteilte Alltagserfahrungen der Unterdrückung und Erniedrigung *(hogra)* und die sich daraus ergebenden Forderungen, etwa das Recht auf Arbeit und eine gerechte Aufteilung der Ressourcen des Landes, und weniger eine gemeinsame Gruppenidentität, die für die tunesische Jugendbewegung prägend wurden. Nichtsdestotrotz erwuchs Widerstand aus der kollektiven Vorstellung einer neuen Heimat *(bilâd)*, die sich als stärker erwies als die Angst vor dem allmächtigen Staat; sie konnte individualisierte tunesische Jugendliche zumindest temporär zu einer Bewegung vereinigen. Die tunesische Jugendbewegung war schichtübergreifend, da es im Kampf gegen das Regime zu einer Interessensüberschneidung kam. Die Unterschicht kämpfte vor allem für Arbeit und gegen sozioökonomische Exklusion, die Mittelschicht hingegen in erster Linie für individuelle Freiheiten und politische Rechte der Partizipation und freien Meinungsäußerung. Im Zuge des politischen Wandlungsprozesses hat sich an dem prekären Lebensalltags zahlreicher Jugendlicher allerdings nicht viel geändert. Vor diesem Hintergrund bleiben die Fragen zu beantworten, inwieweit ihre Stimmen in der aktuellen Umbruchphase überhaupt zu Wort kommen und inwieweit sie eine Position einnehmen können, die es ihnen ermöglicht, allen Zwängen zum Trotz sozialen Wandel hervorzubringen, der zu einer Verbesserung ihrer Lebensbedingungen führt.

Anmerkung

[1] Die Namen wurden aus Gründen des Personenschutzes anonymisiert. Alle Zitate, soweit nichts anders angegeben, sind eigene Übersetzungen des Autors.

Jugend Macht Revolution:
Die Genealogie der Jugendproteste in Algerien

Rachid Ouaissa (Marburg)

> »Heute leiden Algerier unter dem internen Kolonialismus. Wir leben unter dem Joch der *hogra*, Korruption, Vetternwirtschaft und Repression. Wir kämpfen für unsere Würde. Das Regime sollte sich schämen, den 50. Jahrestag der Unabhängigkeit zu feiern, da das Land Massen an *harraga* und an Selbstverbrennung verzeichnet. Das algerische Volk hat seine Unabhängigkeit noch nicht wiedererlangt. Schauen Sie sich doch an, was passiert in Hassi Messaoud[1], wo die US-Konzerne und andere über alles entscheiden. Wir, die Bürger des Südens, sind in einer erschreckenden Situation der Ausgrenzung und Missachtung.«
>
> – Tahar Belabès, in: El Watan 5.7.2012[2]

Einleitung

Der junge Tahar ist Aktivist im Nationalen Komitee für die Rechte der Arbeitslosen.[3] Er beschreibt hier den miserablen Zustand der algerischen Jugendlichen 50 Jahre nach der Unabhängigkeit des Landes. Dementsprechend wird in diesem Kapitel anhand der ökonomischen und politischen Umwälzungen in Algerien seit der Ölkrise Mitte der 1980er versucht, die ambivalenten Beziehungen zwischen Staat und Jugendlichen zu analysieren. Dabei werden nicht nur die Kooptationsstrategien des Staates thematisiert, sondern auch die veränderten Protest- und Organisationsformen der Jugendlichen diskutiert. Im Gegensatz zum folgenden Kapitel (Hecking) stehen nicht die Jugendproteste in der Hauptstadt im Mittelpunkt der Betrachtung, sondern die historische Ausbildung urbanen Widerstands, der bis in kleinstädtische Kontexte hineinreicht. Der Algerienkrieg, der lange als verbindendes Element zwischen den unterschiedlichen Schichten der algerischen Gesellschaft galt und ein Mobilisierungsfaktor des herrschenden Regimes für die großen Reformprojekte war, hat bei der Nachkriegsgeneration an Wert verloren. Für sie steht das postkoloniale Algerien nun eher für den Verrat durch die herrschende Klasse, für Korruption, Demütigung und die Verarmung breiter Teile der Gesellschaft sowie für das Eindringen westlicher Ölfirmen. In den hoffnungsvollen Aufbruchsjahren der 1960er und 1970er Jahre waren es die politischen Ziele des jungen algerischen Staats, eine egalitäre Gesellschaft zu verwirklichen und die Unterentwicklung zu überwinden. Die Jugendlichen waren wichtige Akteure bei der Realisierung dieser gesellschaftlichen Projekte. Mit der Krise der Ölwirtschaft und dem Beginn der Implementierung der neoliberalen Ansätze seit Ende der 1980er Jahre ging allerdings das Scheitern der versprochenen gesellschaftlichen Sozialutopien und damit die zunehmende Fragmentierung der Gesellschaft und die Marginalisierung der jungen urbanen Bevölkerung einher. Dieses Auseinanderdriften der Gesellschaft zeigt sich – wie im Eingangszitat deutlich wird – auch in der Alltagssprache und den Alltagspraktiken der jungen urbanen Gesellschaft.

'Tschichi', 'hittist', 'trabendist' und 'harraga' sind einige etablierte Begriffe zur Charakterisierung soziologisch unterschiedlicher Jugendgruppen in Algerien. Der erste Begriff bezeichnet Kinder reicher Eltern (Militärs, Staatsbedienstete und Geschäftsleute), die von der neoliberalen Öffnung der 1980er Jahre profitiert haben. Diese wohnen in verbarrikadierten Luxusstadtvierteln der Großstädte und fahren große Geländewagen, verbringen ihren Urlaub in Europa und machen ihre Einkäufe in Paris, Rom oder Madrid. Die drei anderen Begriffe bezeichnen marginalisierte Jugendliche, die aus armen Stadtvierteln stammen. Mit dem Begriff 'hittist' bezeichnet man Jugendliche ohne Geld und Arbeit, die an Häuserwänden lehnen und die Passanten beobachten, um sich die Zeit zu vertreiben. Das Wort 'hît' bedeutet Wand oder Mauer. Der Begriff 'trabendist' stammt aus dem Spanischen und bezeichnet diejenigen Jugendlichen, die auf dem informellen Markt aktiv sind. Sie schmuggeln algerische subventionierte Produkte über die Landesgrenzen und verschaffen sich dadurch Devisen, um Luxusprodukte (Zigaretten, Parfüm, Damenunterwäsche etc.) in den benachbarten Staaten (Marokko, Spanien und Türkei) zu kaufen und diese dann in Algerien wieder zu verkaufen. Zuletzt sind mit dem Begriff 'harraga' die jungen Menschen gemeint, die oft mit Hilfe von Fischerbooten versuchen, das Mittelmeer zu überqueren und nach Europa zu flüchten. Die drei letzten Gruppen *(harraga, hittist* und *trabendist)* verbindet das Gefühl der *hogra*. Das Wort 'hogra' bezeichnet die Demütigung und Achtungslosigkeit, der sie ausgesetzt sind, und beschreibt die tägliche politische und administrative Schikane, die sie erleben.

Die Hoffnungslosigkeit und die Orientierungslosigkeit der Jugendlichen, die hier durch eine neue Sprachsemantik zum Ausdruck gebracht werden, äußern sich im Alltag durch die Entstehung von neuen sozialen Segregationsräumen in Großstädten wie Algier. Es findet seit Ende der 1980er Jahre eine Art Reterritorialisierung der sozialen Unterschiede in den Ballungszentren Algeriens statt. Dabei überlappen sich die neuen sozialen Grenzen mit den neuen innerstädtischen territorialen Grenzen. So wohnen die *nouveaux riches* und die hochrangigen Staatsbediensteten in den Luxusvierteln der Stadt Algier wie Hydra, El Biar oder Bouzareah und Ben Aknoun. Dagegen wohnen die marginalisierten Schichten in den Armenvierteln wie der Kasbah oder Bab El Oued. Während der kolonialen Zeit waren diese armen Stadtviertel von den europäischen Siedlern aus der Unterschicht und Algeriern bevölkert. Historisch beherbergten diese Stadtviertel die wichtigsten populären Rebellionen der jüngsten Geschichte Algeriens, wie zum Beispiel den antikolonialen Kampf (die Schlacht von Algier 1957) oder den islamistischen Kampf unter der Führung der Islamischen Heilsfront (Front Islamique du Salut, kurz FIS) in den 1990er Jahren.

In den hier kurz beschriebenen sozialen Segregationen, neuen städtischen Grenzziehungen und den rebellischen Antworten waren zwar die Jugendlichen das am meisten betroffene Segment der Gesellschaft, gleichzeitig sind die Jugendlichen jedoch auch das Sprachrohr für breitere Teile der fragmentierten algerischen Gesellschaft. In seinem Aufsatz »*La jeunesse n'est qu'un mot*« ('Die Jugend ist bloß ein Wort') warnte der französische Soziologe Pierre Bourdieu allerdings von der Überbewertung der Jugend als analytische Kategorie. Jugendforschung könne dazu führen, die gesellschaftlichen Missstände und Machtkämpfe zu kaschieren (Bourdieu 1984). Die Bezeichnung und Klassifikation von bestimmten gesellschaftlichen Gruppen als 'Jugendliche' dient oft ihrer Diskreditierung und ihrem Ausschluss, indem man ihr Verhalten als anomisch, anarchisch, rebellisch oder subversiv disqualifiziert. Diese Klassifikation ist somit ein Akt der Manipulation seitens der herrschenden Klasse. Die algerische Erfahrung zeigt, dass das gespannte Verhältnis zwischen Staat und Jugendlichen – das sich zwischen zyklischen Kooptationsversuchen und Revolten bewegt – eine getreue Abbildung der unterschiedlichen gesellschaftlichen Machtverhältnisse ist. Die Jugendlichen sind strukturell und durch Mechanismen der Klientelisierung sowie materieller Anreizsysteme an den Staat gebunden.

Scheitern des Rentiersystems und die Jugendrevolten in Algerien

Die Aufstände, die breite Teile der arabischen Welt erfasst haben, erhielten in den journalistischen und wissenschaftlichen Veröffentlichungen rasch viele Etiketten: Arabellion, Jasmin-Revolution, arabischer Frühling, Facebook-Revolution, um nur einige zu nennen. Am meisten jedoch assoziieren die Beobachter und Analysten diese Ereignisse mit einem 'Aufstand der Jugend' und bezeichnen diese als eine 'Jugend-Revolution'. In der Tat waren die Jugendlichen nicht nur die Hauptinitiatoren, sondern auch die Hauptträger der Aufstände von Marokko bis in den Jemen. Nach dem »Arab Human Development Report« von 2009 liegt der Anteil der Jugendlichen unter 25 Jahre bei mehr als 60 Prozent der Gesamtbevölkerung in allen Staaten der arabischen Welt. Nach diesem Bericht wird die Region bis 2020 zirka 51 Millionen neue Arbeitsplätze benötigen, um die Massen an Jugendlichen zu beschäftigen. Die Arbeitslosigkeit wird als größte Herausforderung erachtet. Dabei liegt die Arbeitslosenquote für Frauen mit 31,2 Prozent viel höher als die Arbeitslosigkeit der Männer mit 25 Prozent (AHDR 2009). Auch in Algerien stellen die Jugendlichen unter 30 Jahren mehr als 67 Prozent der Bevölkerung dar. Nach der letzten Untersuchung des algerischen Statistikamts liegt die Arbeitslosigkeitsquote bei Jugendlichen (16-24 Jahre) bei 21,3 Prozent und für Jugendliche mit Hochschulabschluss bei 21 Prozent (El Watan Januar 2011).

Für viele Beobachter stellt sich dennoch die Frage, warum es im Jahr 2011 in Algerien nicht ähnliche Revolten gab wie in den Nachbarländern. Die wirtschaftliche und soziale Situation der Algerier ist genauso schlecht wie in anderen arabischen Staaten, trotzdem findet sich keine Spur von einer Revolution tunesischer oder ägyptischer Art. Zwar fanden auch in Algerien viele Demonstrationen statt. So meldete die Gendarmerie Nationale allein für das Jahr 2010 landesweit bis zu 11.500 kleinere und größere Unruhen und Demonstrationen. Auch im Jahre 2011 haben Unruhen und Proteste in breiten

Teilen Algeriens stattgefunden. Allein im Monat März 2011 haben noch 70 Proteste, also mehr als zwei Proteste am Tag, stattgefunden. Die Nationale Koalition für Veränderung und Demokratie[4] wurde gegründet, um die Proteste zu kanalisieren. Dies aber scheiterte an der politischen Uneinigkeit der führenden Akteure und damit auch an deren mangelnder Mobilisierungskraft. Obwohl viele Demonstrationen und kleine Revolten stattfinden, scheint die Mehrheit der Algerier sich mit dem Status-quo zufriedenzugeben bzw. vor großen Revolten doch zurückzuschrecken. Die herrschende Meinung in Algerien zu Beginn der Revolten in Tunesien und Ägypten war: »Wir hatten unsere Revolution vor 20 Jahren« oder »wir waren die Vorreiter für die arabischen Revolutionen«.

In der Tat fanden vor 25 Jahren, im Jahr 1988, die so genannten Oktober-Unruhen in Algerien statt. Die Unruhen wurden durch Jugendliche geführt. Dabei starben mehr als 500 Menschen allein in der Hauptstadt Algier. Nach den Unruhen wurden Oppositionsparteien zugelassen, Verfassungsänderungen vorgenommen und die ersten freien Wahlen in der Geschichte des Landes durchgeführt. Die Ergebnisse der politischen Öffnung waren jedoch mit zehn Jahren Bürgerkrieg und mehr als 200.000 Toten verheerend. Zwar haben einige Machtverschiebungen innerhalb des Regimes stattgefunden und neue Legitimationsarten wurden etabliert, allerdings blieb das System politisch intakt, nach dem Motto »Je mehr sich verändert, desto mehr bleibt alles beim Alten« (Plus ça change, plus c'est la même chose).

Eine Rückblende: Mit Ende des Kolonialismus (1962) etablierte die herrschende Partei FLN (Front de Libération Nationale) eine Art 'Erziehungsdiktatur' in Algerien, deren Ziel es war, mit Hilfe der Ölrente die gesamte Gesellschaft an sich zu binden bzw. sogar zu erziehen. Die Macht des Regimes fußte zum einen auf der Rentierwirtschaft und zum anderen auf einer nationalistischen, panarabischen und antiimperialistischen Ideologie. Rentierstaaten sind Staaten, deren Deviseneinnahmen von Monopolen bzw. vom Export von Primärprodukten abhängig sind. Rente ist Folge eines beschränkten Wettbewerbs, entweder aufgrund von natürlichen Monopolen oder aufgrund politisch geschaffener Marktbeschränkungen. Durch Rentenakkumulation und Rentendistribution gewinnt der Staat ein hohes Maß an Autonomie gegenüber der Gesellschaft und bindet zugleich die diversen Gruppen der Gesellschaft klientelistisch an sich. Jegliche Autonomie dieser Gruppen wird somit erschwert oder gar unmöglich gemacht. Der Staat bleibt somit in allen Bereichen involviert und bestimmt die Sphären der Politik, Wirtschaft, Kultur und des Sozialen. Diese Bereiche werden monopolisiert, so dass keine staatsfreien Sphären für eine eventuelle Zivilgesellschaft übrig bleiben (Schmid 1991; Beblawi & Luciani 1987; Elsenhans 2001). Mithilfe der Erdölrente erzielte die herrschende Elite beachtliche soziale Fortschritte. Die Schaffung von Arbeitsplätzen im öffentlichen Sektor, Lohnsteigerungen, Kaufkrafterhöhungen, niedrige Preisen für Konsumgüter durch staatliche Subventionen und ein kostenloses Gesundheits- und Schulsystem führten zur Einbindung der algerischen Jugendlichen in das ideologische Narrativ des Systems.

Die Einheitspartei FLN monopolisierte durch ihre diversen hierarchisch aufgebauten Massenorganisationen (Frauenorganisation UNFA[5], Arbeiterorganisation UGTA[6] etc.) die politische Sphäre und illegalisierte jede politische Aktion außerhalb dieses Rahmens. Die algerische Jugend wurde unter zwei wichtige Organisationen der FLN eingeordnet, nämlich die Jugendorganisation UNJA[7] und die Studentenorganisation UNEA.[8] In der algerischen Nationalcharta von 1976 wird die algerische Jugend als eine wichtige revolutionäre Kraft des unabhängigen Algerien bezeichnet, deren Aufgabe darin bestehe, für den Wiederaufbau des Landes, die Überwindung der Unterentwicklung und gegen den Imperialismus zu kämpfen. Die Rolle der Jugendorganisation UNJA ist folgendermaßen definiert: »Die Hauptaufgabe der UNJA ist [...] die kraftvolle Betreuung der algerischen Jugendlichen und ihre Integration in die revolutionäre Transformationsbewegung des Landes « (Charte Nationale 1976, 51).[9] Die algerische Jugend wurde somit zum Protagonisten der großen staatlichen nationalistischen Projekte wie der Agrar- und der Kulturrevolution. Die Kulturrevolution hatte eine 'neue' algerische Identität, die auf der Versöhnung von Islam und Sozialismus basierte, sowie die Vertiefung der Arabisierung durch importierte Lehrkräfte aus dem Nahen Osten zum Ziel.

Die panarabistische Ideologie verteufelt jegliche ethnische, kulturelle und sprachliche Diversität als separatistisch. So wurden die Berbersprache und die Tamazight-Kultur aus dem öffentlichen Leben verbannt. Gerade diese Politik führte zu den ersten Jugend- und Studentenrevolten der jüngeren Geschichte Algeriens. Im April 1980 begann der so genannte Berber-Frühling an der kabylischen Universität Tizi-Ouzou nach dem Verbot einer Konferenz des Schriftstellers und Intellektuellen Mouloud Mammeri über die Berberpoesie. Die Studenten der Universität, gefolgt von der Bevölkerung der ganzen Region der Kabylei, forderten zum ersten Mal in der Geschichte Algeriens das Regime heraus. Für Ouali Ilikoud handelte es sich – in Anlehnung an Jean-Francois Bayart – um einen Akt der 'dé-totalisation' des Staates durch die Zivilgesellschaft (Ilikoud 1999, 137): Ein Aufstand gegen den totalitären Diskurs der Regimes, der eine seiner wichtigsten Legitimationssäulen, nämlich die panarabistische Politik, angriff. Unterstützt durch viele Intellektuelle und einige Oppositionsparteien im Hintergrund forderten die kabylischen Studenten die Anerkennung der Berbersprache und -kultur und deren Verankerung in der Verfassung. Im Zuge der Berberrevolten wurden in Auseinandersetzung mit dem Sicherheitsapparat mehrere Hundert Menschen verletzt und die Anführer der Revolten verhaftet. Die regierungsnahe Tageszeitung El Moudjahid (arab. der Kämpfer) kommentierte die Ereignisse in der Kabylei wie folgt: »Die Ereignisse von Tizi Ouzou haben die Untergrabung der nationalen Einheit nach einem vorgefertigten Plan zum Ziel. Dieser Plan wurde von imperialistisch-reaktionären und revolutionsfeindlichen Kräften vorgefertigt, um das [algerische] Volk zu teilen« (El Moudjahid, 15. April 1980). Die Studenten und Jugendlichen wurden als zionistische, imperialistisch finanzierte Unruhestifter etikettiert. In den staatlichen Medien wurde sogar propagiert, dass kabylische Studenten den Koran verbrannt hätten. Im Zuge dieser Ereignisse entstand die kulturelle Berberbewegung MCB (Mouvement Culturel Berber). Durch die Politisierung der Berberidentität hat die MCB die Berberbevölkerung mobilisiert und den Druck auf die herrschende Klasse aufrechterhalten. Erst im Jahre 1994, mitten im Krieg zwischen dem Sicherheitsapparat und den islamistischen Gruppen, in einer Zeit, in der die herrschende Klasse in ihrer Existenz bedroht war und deswegen auf Verbündete aus der Zivilgesellschaft hoffte, wurde die Berbersprache jedoch als zweite offizielle Sprache neben dem Arabischen anerkannt.

Die nächsten Revolten ließen nicht lange auf sich warten. Der Zusammenbruch des Weltenergiemarktes machte sich ab 1983 bemerkbar und mündete 1986 in eine Budgetkrise Algeriens und das Scheitern des verfolgten Entwicklungsmodells. Die Ölkrise führte also zur Krise des Sozialstaats und damit auch zum Ende der staatlichen Kooptationsmechanismen. Die marginalisierten Schichten der Gesellschaft antworteten mit Massenprotesten und sozialen Unruhen. In den Städten Saida, Oran, Tlemcen, Mostaganem und Mascara im Jahre 1982; in Tiaret im Jahre 1984; in Algier, Ghardai, Tizi-Ouzou im Jahre 1985; in Constantine und Sétif lieferten sich im Jahre 1986 Schüler und Studenten Schlachten mit dem Sicherheitsapparat. Die Proteste mündeten in die besonders gewaltsamen Oktoberunruhen im Jahre 1988, die mehr als 500 junge Algerier das Leben kosteten. Diese Form gesellschaftlicher Proteste war neu in Algerien. Im Vergleich zu den Berberprotesten waren die sozialen Proteste Mitte der 1980er weder religiös noch ethnisch geleitet. Sie waren städtisch, nicht auf bestimmte Produktionszweige beschränkt, unorganisiert und spontan. Darüber hinaus waren sie besonders radikal, nahmen die Form von Aufständen an und hatten die Zerstörung staatlicher Symbole zum Ziel, wie ein Beobachter der Revolte in Constantine im Jahre 1986 bemerkt:

> »Die Bewegung war eindeutig gegen den Staat gerichtet. Alle ins Visier genommenen Ziele, die verbrannten Fahrzeuge, die zerstörten Fassaden, waren Staatseigentum. Weder private Geschäfte, noch die Büros von Air France oder die des französischen Konsulats waren betroffen. Diese Handlungen verdeutlichen eine Wut gegenüber der Bürokratie und einem staatlichen Einfluss, der das Individuum von sich selbst enteignet, ohne jedoch die wachsenden sozialen Ungleichheiten einzudämmen. Die Aggressivität richtete sich demzufolge gegen den Staat und nicht gegen die Besitzenden.« (Chergui 1987, 69-70)

Das seit der Unabhängigkeit Algeriens verfolgte Entwicklungsmodell, das auf der Ölrente basierte, hatte zur Verbesserung der sozialen und wirtschaftlichen Situation breiter Schichten der Gesellschaft geführt. Neben dem Ausbau des Bildungs- und Gesundheitssystems bot der riesige öffentliche Sektor gute soziale Aufstiegsmöglichkeiten. Mit der Ölkrise wurde jedoch eine schrittweise Wirtschaftsprivatisierung eingeleitet, die zum Rückzug des Staates aus seiner sozialen Verantwortung führte (vgl. Gertel, in diesem Band). Die neue Liberalisierungspolitik machte soziale Missstände und Ungleichheiten sichtbar. Mitte der 1980er Jahren begann eine neue gesellschaftliche Umstrukturierung in Algerien. Ergebnis der Liberalisierungspolitik war die Entstehung einer Schicht von Neureichen. Ein Konglomerat an Akteuren, bestehend hauptsächlich aus privaten Kaufleuten, Parteikadern und Militärs, profitierte von der Privatisierung der staatlichen Sektoren. Damit entstanden auch die neuen Reichenviertel mit Villen, Privatschulen und Luxusautos in Algier. Zugleich war der Staat gezwungen, die vom IWF und der Weltbank diktierten Strukturanpassungsprogramme umzusetzen. Dies führte zu einem rasanten Anstieg der Arbeitslosigkeit und zur Entstehung von slumähnlichen Zuständen in den verarmten Stadtvierteln der Großstädte. Gerade weil das Land seit der Unabhängigkeit viel im Bildungssektor investiert hatte, betraf die Arbeitslosigkeit vor allem die jungen Menschen mit Hochschulabschluss. Die algerische Jugend, die nun keine Möglichkeit mehr hatte, in den schon gesättigten öffentlichen Sektor rekrutiert zu werden, stellte alles in Frage, was bis dahin als unantastbar gegolten hatte, so etwa die Bezüge zum Befreiungskrieg. In diesem Zusammenhang entstanden die Begriffe 'hittist' und 'trabendist', welche die fragmentierte algerische Gesellschaft und diejenigen Gruppen gut beschreiben, die am stärksten an den Unruhen beteiligt waren. Omar Carlier führt aus:

> »'Hittist' und 'trabendist' sind Sozialfiguren, die oft von denselben konkreten Individuen verkörpert werden. Ihre Zahl und Sichtbarkeit nimmt der Wirtschaftskrise wegen zu, doch spiegeln sie auch eine ältere, ungute gesellschaftliche Situation wider, die zu einem erheblichen Teil Folge der Auflösung kultureller Strukturen ist und in der parallel dazu auch die religiöse Welt umstrukturiert wird. Hier ist das Scheitern des Regimes am schwerwiegendsten. Der Staat hat der Gesellschaft eine 'nationale Kultur' aufzwingen wollen, die er selbst fabriziert hat und die nicht frei ist.« (Carlier 1994, 22)

Die beiden Figuren sollten bald eine politische Heimat finden, denn die islamische Bewegung bot sich als Sammelbecken aller reformfrustrierten und marginalisierten Gesellschaftssegmente an.

Gewalt und die Faszination der Emire

Das algerische Regime reagierte mit einer politischen Öffnung. Neben Verfassungsänderungen und der Durchführung von Wahlen wurden auch politische Parteien zugelassen. Dadurch war der Weg frei zur Legalisierung der islamistischen Parteien. Diese kanalisierten die sozialen Proteste und boten den frustrierten Schichten der Gesellschaft, vor allem den Jugendlichen, eine politische Heimat. Eine besondere Anziehungs- und Mobilisierungskraft zeigte dabei die Islamische Heilsfront FIS. Bei den ersten Parlamentswahlen im Dezember 1991 erreichte die FIS 47 Prozent der Stimmen. Die Militärführung, unterstützt durch der FLN nahestehende Organisationen wie die Arbeitergewerkschaft UGTA sowie einige laizistische Oppositionsparteien, reagierte im Januar 1992 mit einem Putsch gegen Präsident Chadli Bendjedid, der Aussetzung der Verfassung und schließlich mit dem Verbot der FIS. Dieses Vorgehen stürzte das Land in eine Gewaltspirale, in der Gewalt und Gegengewalt sich gegenseitig legitimierten. Den Erfolg der islamistischen Bewegung vor allem bei der Mobilisierung der Jugendlichen beschreibt der ehemalige algerische Wirtschaftsminister Hidouci wie folgt:

> »Die islamistische Bewegung gedeiht erfolgreich in den Vororten der großen Städte und im Allgemeinen überall dort, wo überstürzte, unorganisierte Urbanisierung mit einem durchschnittlichen und niedrigen Lohnniveau gekoppelt war. Sie dehnte sich auch in Städten mit starker Arbeitslosenquote aus, in denen der informelle Sektor blühte. Ferner

verzeichnete sie Erfolge bei den Jugendlichen aus den schwer zugänglichen Gebirgsregionen. Die Führung stammte aus den deklassierten Mittelschichten und hielt nicht viel von Aktivismus. Die Basis jedoch sah sich mit einem kontinuierlichen Sinken der eigenen Kaufkraft und einer Verschlechterung des Bildungs- und Gesundheitssystems konfrontiert, bei ihr waren der Hass und die Verachtung gegenüber den staatlichen Institutionen stärker und äußerten sich radikaler. Die Predigten der Imame übten eine unwiderstehliche Anziehungskraft auf die Jugendlichen aus. Die wohlhabenden Schichten versuchten, die Bewegung auf eine Zusammenarbeit mit dem Machtapparat auszurichten, indem sie für eine progressive Liberalisierung eintraten, jedoch ohne Erfolg [...].« (Hidouci 1995, 150)

Ende der 1990er Jahre erreichte die Gewalt eine neue Qualität und Quantität. Es wurde nicht mehr nur getötet, es wurde massakriert. Besonders brutal waren die Massaker zwischen August 1997 und Januar 1998 in Rais, Beni-Messous, Bentalha, Relizane und Sidi Hammed, denen häufig mehr als hundert Menschen pro Nacht zum Opfer fielen. Die Gewalt bewirkte eine vollständige Lähmung politischer Aktivität. Journalistische Berichterstattung war nur unter strenger Kontrolle möglich. Armee und Geheimdienste gewannen innerhalb der algerischen politischen Klasse erheblich an Macht. Die zuvor entstandenen Parteien wurden bedeutungslos.

In diesem Bürgerkriegszustand gewann die Figur des 'Emirs' an Faszination bei den marginalisierten Jugendlichen, die unter *hogra*, Demütigung und Willkür lebten. Die jungen Emire übernahmen die Führung der radikalsten islamistischen Gruppierung GIA (Groupe islamique armé), die sich durch ihre Radikalität von den anderen islamistischen Gruppen abgrenzte. Die GIA bestand hauptsächlich aus durch Arbeitslosigkeit in die Marginalität gedrängten Jugendlichen mit niedrigen Schulabschlüssen, die selten über 30 Jahre alt waren. Diese Jugendlichen organisierten sich in kleinen Banden innerhalb der GIA unter der Führung eines Emirs. Die GIA bot einen Raum des Widerstandes mit gewisser Organisationsflexibilität und Möglichkeiten des Aufstiegs zum Helden. Die Terrororganisation hat sich, sarkastisch ausgedrückt, dem Jugendformat angepasst. Luis Martinez beschreibt die Emire als aktiv, clever, einfallsreich sowie frei von jeglicher familiärer Bindung, so wie die meisten Jugendlichen im Algerien dieser Jahre (Martinez 1998, 156). Des Weiteren realisierten die Emire durch ihren Kampf gegen das herrschende System die Träume der frustrierten Jugendlichen. Wie schon oben erwähnt, gilt der Algerienkrieg als wichtigste Quelle der Legitimation, des Prestiges und der Macht des herrschenden Systems. Nun wagten es die Emire, gegen dieses Regime Widerstand zu leisten. Ihre Vorbilder waren die Freiheitskämpfe der 1950er; Biographien (Khelladi 2002, 197-248) und Altersdurchschnitt – zwischen 20 und 30 Jahre alt – sind vergleichbar. Zwar bekämpften die Emire und die Freiheitskämpfer unterschiedliche Feinde, jedoch waren die Hauptmotive vor allem der Kampf gegen Ungerechtigkeit und *hogra*. Die Emire wollten nun ihren eigenen Krieg führen; Krieg wurde zum wichtigsten Instrument für den sozialen Aufstieg.

Dass die Jugendlichen dem Staat den Rücken kehrten und sich zunehmend für die islamistischen Gruppen begeistern ließen, war dem Regime bewusst. Deswegen gab es ab Mitte der 1990er Jahren mehrere Versuche, die Jugendlichen zurückzugewinnen. So wurde im Jahre 1995 der 'Höchste Rat für Jugend' gegründet (Faath 1995, 56). Der Krieg von 1991 bis 2002 zwischen den islamistischen Gruppen und dem Sicherheitsapparat dauerte über 10 Jahre und kostete mehr als 150.000 Menschen das Leben, mehr als 4.000 gelten noch immer als vermisst.

Von der Hogra zu Harraga: Die neuen Artikulationsformen der Jugendlichen

1999 wurde Abd al-Aziz Bouteflika zum Präsidenten gewählt. Die Ölpreise auf dem Weltmarkt stiegen wieder. Das verhalf dem algerischen Staat zum Wiederaufstieg. Während die meisten Staaten der Welt in tiefe Finanzkrisen gerieten, verzeichnete Algerien im Jahr 2011 über 160 Milliarden Dollar Devisenreserven. Daher verbinden viele AlgerierInnen mit Präsident Bouteflika Stabilität, ökonomische Aufstiegsmöglichkeiten und Frieden. Durch die hohen Weltmarktpreise für Öl und Gas verfügt auch der Präsident über mehr finanzielle Spielräume für seine Verteilungspolitik. Aufgrund des Ölreichtums des Landes gelingt es dem Regime immer wieder, soziale Ruhe zu erkaufen. Als Reaktion auf den Arabischen Frühling in den benachbarten Staaten werden große Summen verteilt. Verschiedene Maßnahmen der Sozialhilfe mit Gesamtkosten in Höhe von 20 Milliarden Euro sind geplant. Straßenhändler werden nicht mehr kontrolliert, die Steuern auf Lebensmittel wurden reduziert. In verschiedenen Sektoren wurden die Löhne erhöht, beispielsweise auf bis zu 300 Prozent für HochschullehrerInnen und 110 Prozent für Angestellte. Die Regierung kündigte zudem an, den Kauf von Lebensmitteln zu subventionieren.

Um die rebellierenden Jugendlichen, vor allem im Zuge des arabischen Frühlings, noch unter Kontrolle zu halten, wurde das Budget für die im Jahre 1996 geschaffene Nationale Agentur für die Unterstützung von Jugendbeschäftigung (ANSEJ) drastisch aufgestockt.[10] Die ANSEJ vergibt für junge Menschen zwischen 19 und 35 Jahren Kredite, die bis zu 100.000 Euro reichen können, mit sehr geringen Zinsen und einem sehr großzügigen Rückzahlungszeitraum. Der Eigenbeitrag liegt bei einem Prozent des Gesamtkreditvolumens. Die Kredite sind dafür gedacht, vor allem den arbeitslosen Jugendlichen zu helfen, eigene Kleinunternehmen oder ein eigenes Geschäft aufzubauen und damit die Jugendlichen aus der Arbeitslosigkeit herauszuholen. Seit den Unruhen in der arabischen Welt verfolgt die Agentur ANSEJ allerdings vor allem zwei wesentliche strategische Ziele: zum einen die Kontrolle der Rebellierenden und die Überwachung der Jugendlichen, indem für jeden Jugendlichen eine Akte angelegt wird. Zum anderen entpuppten sich die Kredite als ein lukratives Instrument für große Korruptionsaffären. Die jungen Menschen, die von den Krediten profitieren und eine kleine Firma aufbauen wollen, brauchen Maschinen und Informationstechnologie aus Europa. Nur ein ausgewählter Personenkreis vor allem aus dem Kreis der Militärs und systemnahen Personen besitzt jedoch Importlizenzen für solche Produkte. 2010 traf das auf etwa 25.000 Personen zu (L'Expression 21. November 2010). Parallel dazu ist ein großer informeller Sektor entstanden, in dem mehr als die Hälfte aller Waren verkauft wird

(Expression 30.4.2003). All das hat dazu geführt, dass sich die Zahl der KleinhändlerInnen und Kleingeschäfte zwischen 2001 und 2010 mehr als verdoppelt hat und bei etwa 1,5 Millionen liegt. Damit kommt auf 20 Einwohner Algeriens jeweils ein Geschäft.

Die grassierende Korruption und die Dominanz des informellen Sektors haben zum Erstarken der *trabendist* gegenüber den *hittist* und den arbeitslosen Jugendlichen geführt. Zwischen den Trabendisten und den Handelsbaronen entsteht eine Art ungeschriebene Allianz. Die Waren, die die Importbarone importieren, müssen ja auf den algerischen Markt gebracht werden und diese Aufgabe erledigen die Kleinhändler und *trabendist* (Ouaissa 2012), die gerade mit staatlichen Krediten ihr Geschäft aufgebaut haben. Damit schafft das Regime durch die Agentur ANSEJ ein Instrument zur strukturellen Klientelisierung der Jugendlichen. Die ANSEJ ersetzt damit die Klientelpolitik der 1970er Jahre, in denen eine Abhängigkeit von Jobs im öffentlichen Sektor bestand. Ein hochrangiger Militär stellte gegenüber der Tageszeitung El Watan (das Heimatland) fest: »Seit einigen Jahren ist die ANSEJ ein Instrument in den Händen der Geheimdienste, der Armee und des Präsidenten.« (El Watan 16.6.2011)

Jedoch zeichnen sich nach einigen Jahren der großzügigen Kreditvergabe an Jugendliche neue politische Dynamiken bei den algerischen Jugendlichen ab. Als Reaktion auf die Kooptationsversuche des Regimes entwickeln die Jugendlichen subversive Strategien, um das System zu banalisieren und herauszufordern. In einer Umfrage unter Jugendlichen, die von der Kreditvergabe profitiert haben, kam El Watan zu erstaunlichen Ergebnissen. Die Mehrheit der Jugendlichen nutzt die Kredite der ANSEJ, um das Land zu verlassen. Auf die Frage, was er nun mit seinem Kredit plane, antwortet Mourad (22 Jahre alt): »Ein Visum kaufen[11] und ins Ausland gehen. Ich will dort meine Zukunft aufbauen.« Auch Sofian (27 Jahre alt) hat klare Pläne für seinen Kredit: »Ich werde ein Auto kaufen und mir dieses Jahr eine Reise in die Türkei gönnen.« (El Watan 16.6.2011)

Der Fischer Mohamed erhielt einen Kredit, um seine Fischereifirma zu modernisieren. Für ihn aber ist es lukrativer, junge Menschen illegal nach Europa zu befördern. Auf die Frage, was er nun mit seinem Kredit machen werde, antwortet er: »Ich kaufe zehn Schlauchboote, um so viele Jugendliche wie möglich nach Spanien zu befördern.« (El Watan 6.6.2011) Mit dem Plan, mit dem staatlichen Geld die Jugendlichen illegal nach Europa zu befördern, ist Mohamed laut der Umfrage kein Einzelfall. In ein Schlauchboot passen bis zu 20 Personen, ein Passagier zahlt im Durchschnitt etwa 120.000 bis 150.000 Dinar, umgerechnet etwa 1.000 bis 1.500 Euro (El Watan 17.12.2010).

Die sozioökonomische Misere, die Perspektivlosigkeit und die systematische *hogra* der letzten Jahre haben unter algerischen Jugendlichen mit dem Willen zur Ausreise ein neues Protestphänomen hervorgebracht. In der algerischen Öffentlichkeit wird das Phänomen *harraga* als eine Art Jugendprotest gegen die herrschende Ordnung und die tägliche Willkür betrachtet. Die jungen Menschen nehmen alle Risiken auf sich und überqueren das Mittelmeer, um nach Europa zu fliehen. Übersetzt bedeutet das Wort eigentlich ›verbrennen‹. Damit wird die semantische Ähnlichkeit deutlich zwischen den algerischen Jugendlichen und der Selbstverbrennung Mohamed Bouazizis, die zum

Auslöser der tunesischen Revolution wurde. Die Zahl der *harraga* aus Algerien stieg von 1.500 im Jahr 2007 auf etwa 40.000 im Jahr 2009. Zwischen November 2010 und März 2011 wurden weitere 12.000 illegale Migranten in Griechenland als Algerier identifiziert, was elf Prozent der gesamten illegal nach Griechenland migrierten Menschen in diesem Zeitraum entspricht. Dabei fanden mehr als 1.400 Menschen im Meer vor Sizilien den Tod (El Watan, 18. 12. 2011).

Somit fungiert die Regierung durch ihre Kreditvergabe und Subventionspolitik selbst als Helfer, die staatliche Ordnung zu untergraben. Diese neuen Protestformen sind dadurch gekennzeichnet, dass die jugendlichen Akteure nicht mehr in konzertierten Aktionen und in hierarchisch aufgebauten Massenbewegungen ihren Missmut zum Ausdruck bringen, sondern in individuellen und selbstorganisierten Aktionen und Formen. Asef Bayat bezeichnet diese neuen kollektiv erscheinenden, jedoch individuell organisierten Protestformen als »kollektive Aktionen nicht kollektiver Akteure« (Bayat 2012a, in diesem Band).

Fazit

Wie die kurze Analyse der jüngsten Geschichte Algeriens gezeigt hat, ändern sich die Organisations- und Protestformen der Jugendlichen mit der Veränderung ihrer Beziehungen zum Staat, die wiederum von den staatlichen Finanzkapazitäten (Vorhandensein von Ölrenten) abhängt. Dabei erzeugen die unterschiedlichen staatlichen Kooptationsmechanismen unterschiedliche Arten des Widerstands bei den Jugendlichen, die sich auch durch eine neue Beanspruchung von Räumen äußern. Diese Räume können von begrenztem geographischem Umfang sein, zwie Straßen und zentrale Treffpunkte der Jugendlichen sowie Stadtviertel, können aber auch ganze Regionen sein. So wird die Region der Kabylei in den Augen des Regimes als eine Region der ständigen Revolte wahrgenommen.

Die Revolten der kabylischen Jugendlichen Anfang der 1980er Jahre waren organisiert und geführt durch die Studenten der Universität Tizi-Ouzou. Die Räume der Universität wurden zu einem extraterritorialen Raum, der vom Staat nicht mehr kontrolliert wurde, erinnert sich einer der Hauptanführer der kulturellen Berberbewegung (MCB) (Djamel Zenati, Akbou, 15.6.2011). Die Bergregion der Kabylei wurde von der Universität gesteuert, bis diese von Militär und Spezialeinheiten am 20. April 1980 überfallen wurde. Die gemeinsamen politischen Ziele waren klar definiert als die Anerkennung der Kultur und Sprache der Berber. Die ethnische Einheit war das identitätsstiftende Element.

Dagegen waren die so genannten Brotunruhen in den 1980er Jahren ein Ergebnis des Scheiterns der Wirtschaftspolitik, die auf der Öl-Finanzierung basierte. Diese Revolten umfassten die gesamten algerischen Großstädte. Sie waren spontan und hatten kein geographisches Zentrum. Aufgrund ihrer Dezentralität waren diese Revolten nicht bedrohlich für das herrschende Regime. Erst im Oktober 1988 wurden Algier und damit die marginalisierten Stadtviertel zum Zentrum der Revolten. Vor allem nachdem die islamistischen Kräfte die Führung der Protestbewegung übernommen hatten, bekam diese eine Struktur, eine Strategie und eine hierarchische Führung. Die islamistische Bewegung FIS entstand in Bab El Oued, das zum Herzstück der Revolten wurde. Die rebellierenden Jugendlichen in Algier berufen sich weiterhin auf die Revolte-Traditionen der Orte wie Bab El Oued und der Kasbah. Parolen wie »*Bab El Oued El Shuhada*« (Badb El Oued der Märtyrer) sind als Bezug auf antistaatliche Räume identitätsstiftend (vgl. Hecking, in diesem Band). Diese Revolte-Traditionen entstanden während der Kolonialzeit und wurden in der Bürgerkriegszeit 1990-2000 wiederbelebt. Das Regime verbarrikadierte sich an sicheren Orten. Während des Bürgerkriegs verschanzten sich die Regierung und die wichtigsten Militärs in der Hafenstadt Zeralda. Der Zugang in die ölreiche Sahara war für normale Bürger nur mit spezieller Erlaubnis *(laissez-passez)* möglich. Die Praktiken des *laissez-passez* entstanden während der französischen Kolonialzeit, um die von Europäern bewohnten Stadtviertel zu schützen. Der durch extreme Gewalt gekennzeichnete Zeitraum zwischen 1990 und 2000 korreliert mit der Zeit der Ölpreiskrise in Algerien und damit auch mit einer Zeit, in der sich der Staat von seiner Sozialverantwortung völlig zurückgezogen hatte und keine Kooptationsmöglichkeiten besaß.

Mit dem Anstieg der Öl- und Gaspreise versucht der Rentierstaat Algerien nun, die protestierenden Segmente der Gesellschaft erneut zu kooptieren. Jedoch scheint die reine Rentenverteilung nicht das erwünschte Ziel einer 'Zähmung' der Jugendlichen zu erreichen. Zwar sind keine großen Revolten tunesischer oder ägyptischer Art in Algerien zu verzeichnen, jedoch entwickeln die Jugendlichen neue subversive Arten des Protests, die es, im Sinne von De Certeau (1988), zu dechiffrieren gilt. Die vorherigen, klassisch organisierten Protestformen der Massenmobilisierung scheinen gescheitert zu sein. Wir erleben deswegen eine Abkehr von den organisierten, ideologiegeleiteten, hierarchisch aufgebauten Massenbewegungen und die Durchsetzung von spontanen, ideologielosen und individuell motivierten Aufständen. Diese können auch passive und subversive Formen haben. Mit Blick auf die gesamte Region verweisen die neuen hybriden Konsumformen und Konsumprodukte, die die lokalen Traditionen mit den globalen Trends verbinden, auf neue ästhetische Formen der Untergrabung der herrschenden Ordnung: 'Halal-Produkte', 'Mecca-Cola' oder modisch gestylte, verschleierte Frauen *('sexy hijab')* sowie die neuen Musikrichtungen wie Pop-Islam (vgl. Hecker, in diesem Band). Die Jugendlichen in Algier besetzen die Straßen und Stadtviertel als Handelsraum und verwenden sie als Wohnraum. Die Straße ersetzt die Familie, die Schule und die damit verbundene Ordnung. Bei der Beanspruchung der Straße geht es auch darum, den Staat bloßzustellen (vgl. Bayat, in diesem Band). Damit wird die Eroberung der Straße zur Eroberung des Politischen, gegen *'la police'* (die politischen Instanzen) im Sinne von Rancière (1995). Aus dieser Perspektive muss man auch das *harraga*-Phänomen sowie die Selbstverbrennungen sehen, nämlich als das Bloßstellen des Staates und der bankrotten moralischen, gesellschaftlichen und politischen Ordnungen.

Anmerkungen

[1] Ölreiche Stadt im Süden Algeriens.
[2] Alle Zitate wurden vom Autor übersetzt, sofern nicht anders gekennzeichnet.
[3] *Comité National pour la Défense des Droits des Chômeurs (CNDDC).*
[4] *Coordination Nationale pour le Changement et la Démocratie (CNCD).*
[5] *Union Nationale des Femmes Algériennes.*
[6] *Union Générale des Travailleurs Algériens.*
[7] *Union Nationale de la Jeunesse Algérienne.*
[8] *Union Nationale des Étudiants Algériens.*
[9] »*La tâche principale de l'UNJA est ... d'encadrer puissamment la jeunesse algérienne et de l'intégrer dans le mouvement de transformation révolutionnaire du pays.*«
[10] Agence Nationale de Soutien à l'Emploi des Jeunes).
[11] Für algerische Jugendliche ist es fast unmöglich, auf legale Art und Weise ein Visum nach Europa zu bekommen. Möglich ist es aber, ein Visum auf dem Schwarzmarkt zu kaufen. Ein Visum nach Frankreich kann bis zu 10.000 Euro kosten.

Die Besetzung der Straße –
Jugendliche am Platz der Märtyrer, Algier 1988/2011

Britta Elena Hecking (Leipzig)

»Ein Aufruhr ist die Sprache der Ungehörten.«

– Martin Luther King

Anfang des Jahres 2011 waren die Straßen der unteren Kasbah von Algier wie leergefegt, nachdem die Polizei wieder einmal versucht hatte, gegen den informellen Straßenhandel vorzugehen. Eine Gruppe Jugendlicher trommelte auf den nackten Schaufensterpuppen ihres leergeräumten Verkaufsstandes. Sie sangen dazu und forderten den Staat auf, ihnen Arbeit und Wohnungen zu geben: »a'ndhum al-haq« (sie haben Recht), fanden die Frauen, die ihre Einkäufe dort erledigten. Viele Familien leben von dem Einkommen aus dem Straßenhandel.

»Sie haben Recht«, lautete auch die öffentliche Meinung wenige Tage später, als Algerien am 4. Januar 2011 von heftigen Straßenprotesten in mehreren Städten und Regionen erschüttert wurde,[1] die fortan als Januar-Unruhen 2011 bezeichnet werden. Vor dem Hintergrund der Ereignisse in Tunesien und Ägypten und bezüglich des Ausmaßes der Unruhen sprach die algerische Presse bald von der »Rückkehr der Oktoberrevolte« von 1988. In der unteren Kasbah am Platz der Märtyrer, dem symbolischen Schauplatz der Aufstände von 1988, hatte es keine Unruhen gegeben, stattdessen wurde der Straßenhandel dort jetzt im Schutze der Nacht getätigt. Doch schon bald blühte er auch am Tage wieder auf. Angesichts der unruhigen 'politischen Straße' (Bayat 2012a, 27-31, 209-211) in Algier wurde der informelle Handel wieder geduldet: »Sie lassen uns jetzt verkaufen, weil sie Angst haben, dass wir randalieren.« (Nazim, 18 Jahre alt, Algier, 1.3.2011).

Algerien und besonders die Hauptstadt Algier blieben fortan unter Spannung. Die Straßenverkäufer profitierten von der angespannten politischen Situation. Die Straße wurde zugleich freier für den Straßenhandel, und kontrollierter für politische Aktionen. Die am 21. Januar 2011 gegründete parteiunabhängige demokratische Oppositionsbewegung Coordination Nationale Pour le Changement et la Démocratie (CNCD), rief am 12. Februar 2011 zu ihrer ersten Demonstration auf und brach damit das Demonstrations- und Versammlungsverbot, das seit der Ausrufung des Ausnahmezustandes 1992 in der Hauptstadt galt. In den folgenden Wochen bildeten sich zahlreiche Bewegungen, meist Berufsverbände (Lehrer, Ärzte, Studenten, Schüler, Kommunalgarde etc.) mit interessensspezifischen Forderungen (höhere Löhne, Hochschulreformen, Lehrprogramme etc.). Die Polizei registrierte für das Jahr 2011 9.000 kleinere Ausschreitungen (Daoud 2012, 33). Die permanente und verstärkte Polizeipräsenz im öffentlichen Raum sowie die Duldung des informellen Handels machten die Verunsicherung der Regierung sichtbar.

Nachdem die Stadtverwaltung den Platz der Märtyrer trotz der anhaltenden Besetzungen durch unterschiedliche soziale Bewegungen am 14. April 2011 in eine umzäunte Baustelle verwandelte, wurde der Raum rund um den Platz für die Straßenverkäufer eng und Streitigkeiten zwischen Straßenhändlern, Ladenbesitzern, Busfahrern etc. nahmen zu. Die Polizei nahm das zum Anlass, wieder einmal gegen den informellen Handel vorzugehen. »Ich weiß nicht, was ich jetzt mit den 40 Kartons Butter und Marmelade machen soll«, klagte Hamada, der zuvor optimistisch seine Ware aufgestockt hatte.[2] Hamada, 29 Jahre alt, 'navigiert' seit über 15 Jahren auf den Straßen rund um den Platz der Märtyrer. *Naviguer* (navigieren) bezeichnet in der Sprache der Jugendlichen in Algier all jene sozio-kulturellen und ökonomischen Praktiken im urbanen Raum, die mit der Suche nach Möglichkeiten, Geld zu verdienen und sich eine Zukunft aufzubauen, verbunden sind. In der Kasbah geboren und aufgewachsen, wurde Hamada mit seiner Familie Anfang der 1990er Jahre in die östliche Banlieue Algiers umgesiedelt. Seitdem kommt er fast täglich zum Platz der Märtyrer zurück, um seine Waren dort zu verkaufen. Das Jahr 2011 sollte für ihn das letzte Jahr 'auf der Straße' sein: »Ich möchte heiraten, eine Familie gründen, nach Ouargla [die Herkunftsstadt seiner Familie in Südalgerien] ziehen und dort den Lederwarenladen meines Vaters übernehmen. In Algier wird der Druck zu groß.« (Hamada, Algier, 6.2.2012). Der Platz der Märtyrer ist wegen seiner zentralen Lage ein beliebter Arbeitsplatz für die Straßenverkäufer. Doch viele der Jugendlichen dort klagen wie Hamada über den zunehmenden Druck. Der Platz steht stellvertretend dafür, dass Algier als 'umkämpfter' Raum angesprochen werden muss. Die Städte des Globalen Südens erfahren in den *Urban Studies* des 21. Jahrhundert viel Aufmerksamkeit:

> »Während das 20. Jahrhundert mit einer Debatte und Kontroverse über den Übergang von der 'Chicago-Schule der Stadtsoziologie' zur 'Los Angeles-Schule' postmoderner Geographie zu Ende geht, liegt die urbane Zukunft bereits anderswo: in den Städten des Globalen Südens, in Städten wie Shanghai, Mumbai, Mexico City, Rio de Janeiro, Dakar und Johannesburg. Können die Erfahrungen dieser Städte den theoretischen Kern der urbanen und metropolitanen Analysen umgestalten?« (Roy 2009, 820)[3]

Mit der Ausbreitung der Straßenwirtschaft in den Strukturen neoliberaler Stadtplanung bekommt die Straße, oder allgemeiner das 'Draußen', multiple Bedeutungen für die städtischen Armen, und wird somit auch zur Bühne sozialer und politischer Forderungen, besonders für all diejenigen, die über keine institutionelle Repräsentation verfügen (Bayat 2012). Mit der »Politik der Straße« bezeichnet Bayat nicht nur Straßenrevolten und soziale Bewegungen, die die Straße als Bühne des Protests nutzen, sondern alle Formen der 'Besetzungen' der Straße, die sich den staatlichen Autoritäten widersetzen und die autonomen Handlungsspielräume der Armen in den Städten fördern. In Algier, wie in vielen Städten des globalen Südens, sind solche Praktiken, die oftmals zwischen formell, informell und illegitim wechseln, fest in den Alltag integriert.

Dieses Kapitel behandelt die 'Besetzung der Straße' am Beispiel Jugendlicher am Platz der Märtyrer in Algier und beleuchtet seine Bedeutungen als erweitertes Zuhause, Marktplatz und Bühne des Widerstandes: Mit einem Rückblick auf die Oktoberrevolte 1988 wird der historische Kontext betrachtet, in dem Jugend in Algerien zu einer kritischen sozialen Kategorie konstruiert worden ist und als Akteur von Widerstand hervorgeht. Ebenso aus historischer Perspektive beleuchtet ein Exkurs über die Stadtentwicklung und die Konstitution des urbanen Raumes heute Überschneidungen zwischen urbanen Geografien der Ungleichheit und Geografien urbaner Proteste. Aufbauend darauf werden die Praktiken und Diskurse der Jugendlichen, die heute am Platz der Märtyrer navigieren, analysiert, um die ambivalenten Beziehungen zwischen Alltagsbewältigung, Mobilisierung und Demobilisierung darzulegen.

Rückblick: Oktober 1988

Mit dem Ausbruch der Januar-Unruhen 2011 in mehreren Städten und Regionen Algeriens ist der 'Oktober 1988' zurückgekehrt: für die einen ist der Oktober 1988 ein Synonym für die Revolution, die schon gewesen ist, für die anderen steht dieses Datum für den Beginn eines anhaltenden, aber unterbrochenen Demokratisierungsprozesses, dessen Fortführung noch immer erkämpft werden muss.

In der Nacht zum 5. Oktober 1988 begannen Jugendliche in Bab el-Oued zu randalieren und bald breiteten sich die Unruhen in andere Stadtviertel und Städte aus: Die Jugendlichen, darunter viele Schüler und junge Arbeitslose, brachten ihre Empörung über *al-hogra* (von arab. *haqara*; verächtlich sein), die Erfahrung von Ungerechtigkeit, Willkür, Unrecht und Machtmissbrauch, zum Ausdruck (Dris 2001, 396; Le Saout 1999, 62). Sie protestierten gegen die schlechten Lebensbedingungen (hohe Lebenshaltungskosten, Arbeitslosigkeit, Wohnraummangel etc.) und für politische Freiheiten. Algerien befand sich in den frühen 1980er Jahren unter Chadli Bendjedid, der nach dem Tode Houari Boumedienes das Amt des Präsidenten übernommen hatte, in einer Phase wirtschaftlicher Transformationen im bis dahin sozialistisch regierten Algerien der Einheitspartei Front de Libération Nationale (FLN). »Hunderte von Jugendlichen bemächtigen sich der Straße. Schreiend lassen sie ihrer Wut freien Lauf und attackieren alles, was die Macht symbolisiert. Ihre Präsenz und die Intensität der Gewalt haben zuerst Besorgnis und dann Repression verursacht.« (Abada 1999, 249) Geschäfte werden geplündert, Autos angezündet, Polizeiposten angegriffen und in Brand gesetzt, das Ministerium für Jugend und Erziehung verwüstet.

Besonders betroffen von den Protesten waren die einfachen Stadtviertel *(quartiers populaires)* Bab el-Oued, Bachdjarah und El-Harrach. Vor dem Hintergrund der Ölkrise 1986, wachsender Arbeitslosigkeit und steigender Lebenshaltungskosten konnte auch Algier seine Versprechen des 'Fortschritts' für große Teile der Bevölkerung nicht einlösen. Dies betraf sowohl die schwindende Mittelschicht als auch die zugezogene

Landbevölkerung, die die neuen Armen der Städte bildeten (Abada 1999, 249; Boukhoubza 2009). Mit der unter Chadli Bendjedid eingeführten Privatisierung der Wirtschaft begann auch die soziale Ungleichheit zu wachsen. Die Umstrukturierung der bis dahin staatlichen Unternehmen führte zum Anstieg der Arbeitslosigkeit. Die jungen Arbeitslosen, *hittisten* (von arab. hit/ Mauer) genannt, blieben nicht untätig an die Mauern gelehnt, sondern wendeten sich stattdessen dem informellen Handel zu (vgl. Chabou 2005, 103; Dillmann 2001, 210), der sich seitdem zunehmend im öffentlichen Raum verbreitet. Doch die Wut auf den staatlichen Verwaltungsapparat hing nicht nur mit der Wirtschaftskrise, sondern auch mit der wirtschaftlichen und politischen Transformation Algeriens seit der Unabhängigkeit zusammen, die viele Funktionäre in Ämter erhoben hatte, für die sie nicht die notwendigen Kompetenzen mitbrachten, während junge Menschen mit universitären Abschlüssen ohne Arbeit geblieben waren (Boukhoubza 2009, 241). Hugh Roberts entwickelt darauf aufbauend die Idee der *moral polity* als Erklärung für die Revolten: Nicht vordergründig die ökonomische Krise, sondern die erniedrigende Behandlung der Zivilbevölkerung seitens der staatlichen Autoritäten, ihre politische Unterdrückung, habe die Empörung hervorgerufen (Roberts 2002). Die fehlende politische Repräsentation der städtischen Armen unter dem Regime Bendjedids erklärte laut Roberts auch das Überlaufen der Aufständischen vom Oktober 1988 zur islamistischen Bewegung: Während die spontanen und nicht-organisierten Revolten anfangs keine ideologische Färbung erkennen ließen, wurden die meist jugendlichen Demonstranten im Laufe der Ereignisse zum Teil von der in den 1980er Jahren erstarkenden islamistischen Bewegung mobilisiert, bzw. war es dieser Bewegung gelungen, sich in der Folgezeit der Oktoberrevolte als Vertreter der städtischen Armen darzustellen.[4] Am 10.10.1988 hatte Ali Belhadj, einer der späteren Gründungsväter der Front Islamique du Salut (FIS), zu einer Demonstration aufgerufen, die auf ihrem Weg zum Hauptsitz der Polizei vom Militär niedergeschlagen wurde und Algier in einen Schockzustand versetzt hatte (Semiane 1998).

Der Platz der Märtyrer erinnert seitdem nicht nur an die Märtyrer der Novemberrevolution (benannt nach dem Ausruf der Algerischen Revolution am 01.11.1954), sondern auch an die Märtyrer der Oktoberrevolte. Bab el-Oued ist fortan auch als Bab el-Oued der Märtyrer *(Bab el-Oued el-Shuhada')* bekannt:[5] Das harte Vorgehen der Regierung gegen die Demonstranten hatte zu einem schweren Vertrauensbruch zwischen der aus dem Befreiungskampf (1954-1962) hervorgegangenen Regierungselite und dem Volk geführt.

Angesichts der Geschehnisse des Arabischen Frühlings im Jahre 2011 ist ein Vergleich mit der Oktoberrevolte von 1988 für Algerien naheliegend, besonders bezüglich der Rolle von Jugendlichen als Akteure des Widerstandes. Algerien habe seine Jugend erst im Oktober 1988 entdeckt (Rarrbo 1995; Musette 2004; vgl. Ouaissa, in diesem Band). Zwei Entwicklungen zeichnen sich ab: Die Positionierung von Jugend im öffentlichem Diskurs und die Verschleppung des Demokratisierungsprozesses. So ist zum einen festzuhalten, dass das Thema Jugend fortan vor allem aus der Perspektive von Marginalität und Devianz behandelt wird (siehe z.B. Cellier & Rouag-Djenidi 2008; Rarrbo 1995). Mit der zunehmenden Verjüngung der Gesellschaft und der gleichzeitigen Urbanisierung wird Jugend entsprechend zu einer Problem-Kategorie konstruiert: 'Jugendarbeitslosigkeit', 'Jugendgewalt', 'Jugend ohne Perspektiven und ohne Wurzeln' etc. dominieren die wissenschaftliche und politisch-mediale Repräsentation von Jugend.[6] Zum anderen wurden die Ereignisse in der Folge vom Oktober 1988 unmittelbar mit der 'Macht der Straße' und Jugendliche mit Akteuren des Widerstandes in Verbindung gebracht, auch wenn die Meinungen über Mobilisierung, Profil und politische Forderungen der Demonstranten auseinandergingen und von der Bezeichnung als *'chahut de gamins'* (Kinderrandale) bis hin zur Vermutung der Manipulation und parteiinterner Rivalitäten reichte.

Mit der Verfassungsänderung von 1989 wurde eine neue Phase der politischen und ökonomischen Transformation eingeleitet: Die politische Öffnung zum Mehrparteiensystem und das Vereinsgründungsrecht, die Privatisierung der Medien und wirtschaftliche Reformen versprachen den Beginn eines Demokratisierungsprozesses.

Zwei Jahre währte die politische Öffnung, die mit der Annullierung der zweiten Wahlrunde nach dem Sieg der FIS im Dezember 1991, dem Rücktritt des Präsidenten Chadli Bendjedids am 11. Januar 1992 und der Ausrufung des Ausnahmezustandes am 29. Februar 1992 ein jähes Ende nahm. Mit dem Verbot der FIS begannen die Radikalisierung eines Teils der islamistischen Bewegung und die Terrorismusbekämpfung der Regierung, die die algerische Gesellschaft spaltete und zu einem Bürgerkrieg, dem so genannten 'Schwarzen Jahrzehnt' Algeriens, führte. Der amtierende Präsident Abdelaziz Bouteflika leitete nach seiner ersten Wahl zum Präsidenten 1999 die Politik der 'Nationalen Aussöhnung' ein, doch bis heute fordern Hinterbliebenenverbände Rechenschaft über das Verschwinden ihrer Verwandten und Entschädigungen für die Opfer. Der Ausnahmezustand galt bis zum 23. Februar 2011, und trotz seiner Abschaffung prägen Polizeisperren und das Versammlungsverbot noch immer den öffentlichen Raum der algerischen Hauptstadt.

Von kritischen Journalisten, Wissenschaftlern, Schriftstellern und Filmemachern wird der Oktober 1988 fortan als Symbol einer gegen den Staat rebellierenden Jugend dargestellt. Die illegale Emigration *(harraga)*[7], die steigenden Drogen- und Selbstmordraten sowie das informelle Geschäftemachen *(tbizniss)* (Dris 2001, 285) werden entweder als Fortführung der Revolte von Oktober 1988 interpretiert oder als Zeichen einer resignierten Jugend, die im Gegensatz zur Generation von 1988 nur noch am eigenen Wohl interessiert sei (vgl. Daoud 2012, 33).

Mit dem Ausbrechen der Straßenproteste im Januar 2011 und vor dem Hintergrund des Arabischen Frühlings ist das Thema Jugend nun ganz oben auf die Agenda der Politik zurückgekehrt. Aber nicht nur die Akteure der Unruhen (Jugendliche) von 1988/2011, sondern auch die Orte der Proteste in Algier deuten auf Verbindungen zwischen den beiden Ereignissen hin: Die Orte der Revolten im Jahre 1988, ebenso wie die der Revolten 2011, zeugen von Überlappungen zwischen Geografien der Ungleichheit und den Geografien der Revolten (Dikeç 2006, 160). Der folgende Exkurs über die Stadtentwicklung Algiers und urbane Proteste soll diese Beziehung genauer beleuchten.

Exkurs: Stadtentwicklung und urbaner Protest in Algier

Der Wohnungsbau war in der Geschichte kolonialer Konfrontationen in Algerien laut Çelik (1997) ein wichtiger Akteur in den Anstrengungen Frankreichs gegen die Dekolonisierungsbewegung. Auch heute heißt es, dass sich der Staat den sozialen Frieden unter anderem durch seine Wohnraumpolitik und die Vergabe von Grundstücken und Sozialwohnungen erkaufe. Doch führt die Wohnraumpolitik auch immer wieder zu lautstarken Protesten. Am Beispiel der Kasbah und der Wohnsiedlung Climat de France, die Çelik (1997) als Ausläufer der Kasbah beschrieben hat, werde ich die Wohnraumproblematik bis in die Gegenwart der 3,5 Millionen Einwohner zählenden »Metropole im Werden« (Safar-Zitoun 2009) darstellen.

Das vorkoloniale Stadtzentrum, der heutige Stadtteil Kasbah, größtenteils unter osmanischer Herrschaft errichtet, wurde nach der militärischen Eroberung durch die französische Armee seiner wichtigsten Funktionen beraubt und zu einem marginalen Stadtviertel degradiert (Çelik 1997). Um den Place du Gouvernement, den heutigen Platz der Märtyrer, zu errichten, der zuerst militärischen Zwecken diente und dann zum ersten *place publique* umfunktioniert wurde, wurden ganze Straßen, zahlreiche Paläste, Moscheen und Wohnhäuser zerstört. Der Bau der Kolonialstadt sollte die militärische und zivilisatorische Überlegenheit der Kolonialmacht demonstrieren (Çelik 1997; Dris 2001). In »Die Verdammten der Erde« beschreibt Franz Fanon bildhaft die daraus resultierenden Gegensätze zwischen der Stadt der Kolonialherren und der Kolonisierten, die eine »zweigeteilte Welt« (Fanon 1981 [1961], 33) bilden. Die arabisch-muslimische Stadt, Kern und Zentrum vorkolonialer Herrschaft, wird unter den französischen Besatzern zu einem Refugium für die Kultur, Identität und später des Widerstandes der algerischen Bevölkerung und somit zu einem Symbol für die algerische Nation.

Neben den ethnischen Grenzen spiegelte sich auch damals schon die soziale Polarisierung – sowohl unter der europäischen als auch unter der einheimischen Bevölkerung in der Stadt wider. Bab el-Oued zum Beispiel war ein Arbeiterviertel mit kosmopolitischem Charakter, in dem Italiener, Spanier, Franzosen und eine Minderheit von jüdischen und muslimischen Algeriern lebten, während das neue Stadtzentrum und die auf den Höhen errichteten Villenviertel den Eliten der Kolonialgesellschaft vorbehalten waren (Çelik 1997; Dris 2001). Zum hundertjährigen Jubiläum der Kolonisation demonstrierte die Kolonialmacht ihre Hegemonie durch zahlreiche neue Monumentalbauten, darunter das Musée des Beaux Arts, l'Hôtel de Ville etc. (Dris 2001, 89), während der Wohnungsbau privaten Investoren überlassen wurde. Die Stadtentwicklung spiegelte die koloniale Ideologie ungleicher Rechte und des kapitalistischen Wirtschaftssystems (Immobilienspekulationen und soziale Ungleichheiten) wider (Dris 2001, 92).

Die wachsende Unzufriedenheit der algerischen Bevölkerung in den Elendsvierteln (1954 lebten ein Drittel der muslimischen Bewohner Algiers in Slums, Dris 2001,

102) und die aufkommende Mobilisierung gegen die Besatzer veranlasste die französische Stadtverwaltung zum Umdenken. Künftig sollte auch die algerische Bevölkerung, die mittlerweile circa die Hälfte der Bewohner Algiers ausmachte, in der Stadtplanung berücksichtigt werden. Der Bürgermeister Chevallier, der Algier zwischen 1953 und 1958 regierte, verfolgte eine Politik zur Verbesserung der sozialen Situation der arabischen Bevölkerung, weshalb er aus eigenen Reihen auch als 'Bürgermeister der Araber' bezeichnet wurde. Für ihn war der Konflikt zwischen Frankreich und seiner Kolonie vor allem ein sozialer Konflikt, in dem die entwürdigende soziale Situation der einheimischen Bevölkerung die Revolte gegen die Kolonialmacht heraufbeschwor. Frankreich müsse Tag und Nacht bauen, um das Wohnproblem und die damit in Verbindung stehenden sozialen Probleme in den Griff zu bekommen. Die 1954-56 von dem französischen Architekten Ferdinand Pouillon gebaute Wohnsiedlung Climat de France ist eines der Wohnprojekte, die Frankreich für die algerische Bevölkerung errichten ließ (Çelik 1997). Damals wurden die Menschen aus der Kasbah und den Slums am Rande der Stadt in diese Wohnungen umgesiedelt. Doch die Mobilisierung der algerischen Bevölkerung gegen die französische Kolonialmacht weitete sich seit der 1954 ausgerufenen Revolution aus und war auch in Algier nicht mehr aufzuhalten. Sowohl die Kasbah und die Slums als auch die neuen Wohnsiedlungen wurden nach und nach zu Orten des Widerstandes. Im Jahre 1957 begann die Schlacht um Algier, in der die französische Armee unter dem Kommando des Generals Jaques Massu die FLN-Partisanen mit dem Einsatz einer Fallschirmjägerdivision in der Kasbah bekämpfte. Die Kasbah war durch ihre Architektur, aber auch durch ihre soziale Degradierung, zu einer Wiege des urbanen Widerstandes geworden: Die FLN-Kämpfer konnten den französischen Soldaten in dem ihnen vertrauten Straßenlabyrinth entkommen und sich, von der Solidarität der Bewohner des Viertels geschützt, dort verstecken.

Auch wenn die Schlacht um Algier eine militärische Niederlage im Befreiungskampf darstellte, hat sie bis heute besonders für die Bewohner der Hauptstadt eine wichtige identitätsstiftende Funktion. Ali la Pointe und Hassiba Ben Bouali gehören zu den bedeutendsten Akteuren der Schlacht um Algier, die auch durch den gleichnamigen Film Pontecorvos international bekannt wurden. Ali la Pointe ist ein Symbol für den Widerstand der städtischen Armen und Hassiba Ben Bouali steht für den Beitrag der algerischen Frauen im Befreiungskampf.[8]

Mit der Unabhängigkeit Algeriens 1962 und der Übernahme der Macht durch die FLN begann auch die Übernahme und 'Algerianisierung' der Stadt: Die ehemals von den Europäern bewohnten Häuser wurden nun von der Regierung an die algerische Bevölkerung verteilt und trotz der sozialen Heterogenität in der Besetzung der Stadtviertel wurden die ehemals ethnischen Grenzen bald durch soziale ersetzt. Um Zugang zu den guten Vierteln zu bekommen, brauchte man Beziehungen, und in einem guten Viertel zu wohnen, bedeutete umgekehrt, gute Beziehungen zu haben. Der vorhandene Wohnraum der Kolonialstadt reichte bald nicht mehr aus. Zwar versucht die Regierung immer wieder, die Wohnraumproblematik durch den massiven Bau von Wohnungen, jüngst auch mit Hilfe chinesischer Bauunternehmen, und der Vergabe von Sozialwohnungen in den Griff zu bekommen, doch die Wohnungsvergabe ist der Korruption und Vetternwirtschaft innerhalb der Verwaltung ausgesetzt.

So gibt es in Algerien keine Wohnraumkrise, sondern eher eine Misswirtschaft, die laut dem Collège National des Experts Architects (CNEA) dazu geführt hat, dass es heute eine 'Immobilienblase' gibt: 1,5 Millionen unbesetzte Wohnungen, die auch zu schwindelerregenden Preisanstiegen auf dem Immobilienmarkt geführt haben sollen (Liberté 19.4.2011, 3). Die Urbanisierungswellen während und nach der Unabhängigkeit sowie während des Bürgerkriegs der 1990er Jahre haben die Entstehung von Wohnsiedlungen verstärkt, die im Bericht des Gouvernorat du Grand Alger (1998) als »sensible und schwierige Stadtviertel« *(quartiers sensibles et difficiles d'Alger)* (Iamarène-Djerbal 2002, 133) bezeichnet werden: eine hohe Wohnraumdichte, mangelnde Infrastruktur und die Häufung sozialer Probleme in Verbindung mit der hohen Arbeitslosenrate, besonders nach der Schließung nationaler Unternehmen, in deren Nähe einige der Wohnsiedlungen gebaut wurden, prägen den Alltag dieser Viertel, die immer wieder zu Orten des Protests werden.

Heute ist Climat de France beispielsweise einer der Orte in Algier, die in den Medien regelmäßig mit Berichten über Gewalt und Drogenhandel Schlagzeilen machen und einen neuen Typ prekärer Wohnverhältnisse *(habitat précaire)* (Safar-Zitoun 2009, 52) darstellen: Unerlaubte Konstruktionen auf freien Zwischenflächen oder auf den Dächern der Wohnblöcke werden nicht von der 'exogenen Ansiedlung' der Migranten vom Land, sondern der 'endogenen Reproduktion' der neuen Generation von Bewohnern vorgenommen (Safar-Zitoun 2009, 52). Nachdem die Regierung im März 2011 die an die *cité* (Wohnsiedlung) angrenzenden informellen Bauten zerstört hatte, kam es zu gewalttätigen Auseinandersetzungen zwischen Bewohnern und der Polizei. Die Medien schrieben von einem 'Bürgerkrieg'. Ein auf youtube gepostetes Video mit dem Titel »Climat de France der Märtyrer« *(Climat de France Chohada)* dokumentiert die Unruhen mit einer Botschaft an die Regierung:

> »Leider sind das Algerier in ihrem Land, die ihre einfachen Rechte verteidigen. Das Recht zu leben. Nur eine kleine Nachricht von Seiten der Bewohner von Climat de France. Niemals auf den Knien. Für uns gibt es kein Zurück. Wir verteidigen unsere Rechte bis zum Tod. *Climat de France Chouhada.*« (youtube 29.03.2011)

Über mehrere Tage hinweg hatten sich die Bewohner und die Polizei heftige Straßenschlachten geliefert. Erst im Januar 2011 war Climat de France bereits einer der Schauplätze der Unruhen gewesen. Am 9. Januar 2011 antwortete der Innenminister Daho Ould Kablia in einem Interview folgendermaßen auf die Frage, wer die Aufständischen gewesen seien:

> »Sie lieben all diese Dinge, die sie sich nur über Diebstahl, Schmuggel oder Drogenhandel besorgen können. Sie finden keine Ablenkung in der Musik, im Sport oder in Reisen. Ihr Universum ist die Straße des Viertels.« (El Watan 18.1.2012)

Auch wenn die Mehrheit der Bevölkerung der Empörung der Aufständischen im Januar 2011 zustimmte, erschreckte sie das Gewaltpotential der Aufständischen. »Die alltägliche Gewalt – der andere Terrorismus« (El Watan 25.08.2011) ist ein präsentes Thema im öffentlichen Diskurs. Die Schauplätze der Unruhen im Januar 2011 zeichnen sich für den Großraum Algier als Geographie entlegener Orte (Bouira, Bous Smail, Sidi Aich etc.) und Gegenorte (Climat de France/Bab el-Oued, Belcout, Bachdjerrah, vgl. Germes & Glasze 2010) ab. Diese Orte zeugen von der wachsenden sozialen Ungleichheit und der Kriminalisierung der Armen, die mit dem Diskurs über Sicherheit einhergeht und die Spaltung der Gesellschaft verstärkt: »Gewalterzählungen erhalten Unterscheidungssysteme nicht nur aufrecht, sie schaffen auch Stereotype und Vorurteile. Sie trennen Kategorien von Menschen und verstärken Ungleichheiten.« (Caldeira & Holston 1999, 698).

Auch in Algier gibt man den Zugezogenen die Schuld an der steigenden Kriminalität und dem Gewaltpotential der Unruhen. Während der Januarunruhen 2011 wurden staatliche Einrichtungen, aber auch Luxusgeschäfte wie etwa die Renault-Filiale in Climat de France, einem der Brennpunkte der Unruhen, zerstört und geplündert. Die Stigmatisierung männlicher Jugendlicher aus den *quartiers populaires* hat in Algerien während des Schwarzen Jahrzehnts seinen Höhepunkt gefunden, als einige der Viertel zu *No-Go-Areas* bzw. für ihre Bewohner auch zu *No-Go-Out-Areas* wurden (vgl. Verges 1994). Die FIS wurde am 18. Februar 1989 in der Sunna-Moschee in Bab el-Oued gegründet und zählte dort Anhänger und Sympathisanten. Die Gründe für die Unterstützung der islamistischen Bewegung durch die Bewohner und besonders durch die Jugendlichen aus diesen Stadtvierteln werden meist in Zusammenhang mit ihrer Perspektivlosigkeit und Marginalität diskutiert (Vergès 1994; Dris 2001), doch Bayat weist darauf hin, dass der Diskurs über die *islamist poor* (2010, 176-181), ähnlich wie der Diskurs über die 'Rurbanisierung' (Safar-Zitoun 2009, 33), konstruiert wird und der Angst nationaler und internationaler Eliten (Politik und Medien) vor den sozialen Konsequenzen urbaner Marginalität entspringt (Bayat 2010a, 184).

Im Falle der Kasbah, der Altstadt von Algier, die zum Stadtkreis Bab el-Oued gehört, spielte außerdem die symbolische Bedeutung des Viertels eine wichtige Rolle für die Legitimation der islamistischen Bewegung in der algerischen Bevölkerung (Dris 2001): Als historisches *quartier populaire* symbolisiert dieser Stadtbezirk das algerische Volk und seine durch den Widerstand gegen die französische Kolonialmacht geprägte Identität:

> »Kein anderer Ort als die Kasbah könnte die Verwurzelung im Volk besser illustrieren. Es war also notwendig, diesen künstlichen Antagonismus zu schaffen, um glauben zu machen, dass die Bevölkerung in Aufruhr war.« (Liberté 27.6.1996, in: Dris 2001, 351)

Auch heute blicken die Medien, wenn es Unruhen gibt, besonders auf die historischen *quartiers populaires* Kasbah/Bab el-Oued. Bab el-Oued sei das politische 'Barometer' Algeriens, ein symbolischer Ort des Dagegenseins und des Widerstandes. Dass es am Platz der Märtyrer, der zwischen Kasbah und Bab el-Oued liegt, während der

Januarunruhen 2011 ruhig geblieben war, während der Straßenhandel nach seiner Unterbindung Ende 2010 dort wieder aufblühte, bestärkt die These, dass die Regierung die informelle Straßenwirtschaft als sozialen und politischen Abfederungsmechanismus nutzt, sie besonders in Krisenmomenten toleriert und die jugendlichen Straßenverkäufer somit demobilisiert.

Navigieren am Platz der Märtyrer 2011: die Verknüpfung von Alltagspraxis und Mobilisierung

Die Wurzeln der Protestkultur der Jugendlichen aus Bab el-Oued und der Kasbah führen weit zurück in die Geschichte Algiers. Alltagspraxis und Mobilisierung werden dabei verknüpft. So soll etwa die Gründung der Fußballvereine Mouloudia Club Alger (MCA) im Jahre 1921 und Union Sportive des Muselmans Algeriens (USMA) 1937 gegen Ende der Kolonialzeit dazu beigetragen haben, das nationale Bewusstsein der algerischen Bevölkerung zu stärken und somit für den Befreiungskampf zu mobilisieren (Fates 2009). Nach der Oktoberrevolte 1988 wurde der Slogan »Erhebt euch, Jugendliche der Hauptstadt. Erhebt euch« (Nodo, ya ouled el assima, nodo; in: Rarrbo 1995, 81) in den Stadien gesungen und auch heute stellen die Fußballstadien einen Ort des Protests dar und die Fußballspiele enden oft in Auseinandersetzungen zwischen den Jugendlichen und der Polizei. Die Fankultur der Vereine MCA und USMA, die in der Kasbah/Bab el-Oued gegründet wurden, ist bis heute eng mit der Alltagskultur dieser Viertel verbunden: bei den Aufständen, Fußballspielen oder Hochzeitsfeiern werden die Lieder der Fans in den Straßen gesungen, in denen der Staat als *hagâr* (Unterdrücker) kritisiert oder die Migration als einziger Ausweg zelebriert wird.

> »Wir haben nichts. Wir in der Kasbah existieren für diese Regierung nicht, sie haben uns vergessen. Wir sind für sie nichts als Kriminelle.« (Hoho, Algier, 31.3.2011)

Noch bevor ich eine Frage stelle, beginnt Hoho zu kritisieren. Er habe das schon einmal gemacht, für einen Journalisten vor der Kamera, erzählt er Hamada und Sofiane, die bei dem Interview dabei sind. Hoho und Hamada verkaufen auf der Straße, Sofiane ist Taxifahrer. Alle drei sind *'awlâd al-hûma*, Jungs aus dem Viertel, aus der Kasbah. Etwas später im Interview frage ich Hoho, was er von den Ereignissen in Tunesien und Ägypten denkt. »Sie haben Recht«, meint er. »Und was hältst du von den Samstagsdemonstrationen des CNCD?«, frage ich ihn weiter.

> »Nein, das brauchen wir nicht. Wir haben unsere Revolution schon gehabt. Algerien ist nicht Ägypten. Hier gibt es kein ya mu'allim, ya mu'allim,[9] nein, uns geht es besser. Wir machen Geld. Schau meine Klamotten an, alles Lacoste, die kosten mehr als der Mindestlohn hier. Ich verdiene gutes Geld auf der Straße. Gott Sei Dank. Gott sei Dank.«

Zur Bestätigung zieht er ein Bündel Geldscheine aus der Tasche, küsst es: »Das ist mein Tageslohn.« Hamada und Sofiane stimmen ihm zu.

Hohos Narration widerspricht der Darstellung von Jugendlichen, die keine andere Wahl hätten, als auf der Straße zu verkaufen. Wie viele andere, die ich zwischen Januar und März 2011 interviewt habe, betont er, sich für die 'Straße' entschieden zu haben. In Gruppeninterviews mit Jugendlichen, die eine feste Arbeit hatten, diskutieren sie die Vor- und Nachteile des selbstständigen Arbeitens im Vergleich zum Angestelltenverhältnis. Gleichzeitig hat Hohos Kritik zu Beginn des Interviews den Diskurs über die 'rebellische' Jugend Bab El-Oueds reproduziert. Die meisten der Jugendlichen, die in den Straßen rund um den Platz der Märtyrer 'navigieren', nehmen im Interview mit mir eine ähnliche Haltung wie Hoho ein. Sie distanzieren sich von den politischen Protestbewegungen. Dennoch kritisieren sie die Regierung und betrachten ihre Praktiken angesichts der *hogra* und der als 'mafiös' wahrgenommenen und bezeichneten Politik als legitim. Die in die Alltagspraktiken und Diskurse integrierten Formen des Protests und der Kritik enthalten zugleich die Forderung nach Handlungsfreiräumen. Die Straße ist für die Jugendlichen ein solcher Freiraum geworden.

Die Straße – Zuhause und Existenzsicherung

Der Platz der Märtyrer ist einer der belebtesten und zentralsten informellen Straßenmärkte, der trotz seines schlechten Rufes wegen Diebstählen und Übergriffen sehr beliebt ist.

> »Stellen Sie sich vor, es wäre ein legaler Markt mit Steuern und so weiter, Algerien wäre reicher als Amerika. Haben Sie die vielen Stände gesehen? Zusammengerechnet sind das sehr große Summen, die dort umgesetzt werden. Wir Verkäufer vom Platz der Märtyrer sind die besten Verkäufer. Ich schwöre, wir können verkaufen! Ich habe Kundinnen, die kommen nur wegen mir, wenn ich nicht da bin, kaufen sie nichts. Wir bringen unsere Kunden zum Lachen, und eh sie sich versehen, sind sie 3.000 Dinar [circa 25 Euro] losgeworden.« (Islam, Algier, 5.2.2011)

Islam, 23 Jahre alt, wohnhaft in der Kasbah, verkauft neben seinem Studium und seiner Tätigkeit als Nachhilfelehrer gelegentlich auf der Straße:

> »Aber wenn ich in der Uni Mädchen kennen lerne und sage, dass ich am Platz der Märtyrer wohne, dann denken sie sofort an Diebe und erzählen mir, was ihnen das letzte Mal dort alles geklaut worden ist.« (Islam, Algier, 5.2.2011)

Trotz ihres schlechten Rufes als *quartier populaire* ist die Kasbah/der Platz der Märtyrer für viele Jugendliche besonders aus den peripheren Stadtrandgebieten ein Refugium. Vor allem die Jugendlichen der umgesiedelten Familien kommen zum Arbeiten oder aus anderen Gründen in die Kasbah zurück. Auch Hamada, der seit fünfzehn Jahren auf der Straße arbeitet, bevorzugt den Platz der Märtyrer: »In meinem Viertel ist es zu gefährlich. Nur wenn die Polizei uns am Platz der Märtyrer nicht arbeiten lässt, verkaufe ich in Fort de l'Eau[10] Sardinen.« (Hamada, Algier, 14.4.2011) Die Jugendlichen, die wie Hamada seit ihrer Umsiedlung Anfang der 1990er Jahre in der östlichen Peripherie Algiers wohnen, bilden Fahrgemeinschaften mit alternativen Taxibetrieben, *taxis clandestins*, sie teilen sich Lagerräume für ihre Waren und manchmal auch ein 'Versteck' in einem der leerstehenden Häuser der Kasbah. Seit zwölf Jahren lebt Hamada in Fort de l'Eau, doch er ist ein Junge aus dem Viertel *(walad al-hûma)* der Kasbah, geblieben. Die Zugehörigkeit zum Viertel ist wichtig, um einen Platz auf der Straße zu bekommen, und garantiert die Solidarität und Unterstützung der anderen aus dem Viertel (vgl. Chabou 2005, 155 f.). Auf die Frage, wie Mohamed, 18 Jahre alt, wohnhaft in der Kasbah, der erst seit Kurzem auf der Straße arbeitet, einen Platz bekommen habe, antwortet er:

> »Durch die Jungs aus dem Viertel. Sonst gibt es keinen Platz. Langsam, langsam, haben sie es geregelt. Der Sektor ist für die Jungs aus dem Viertel. Sie sind die Ersten. Darum gibt es hier viele Probleme. Es gibt sehr viele, die hier verkaufen wollen, also werden die Probleme mehr werden.« (Mohamed, Algier, 1.3.2011)

Die Jugendlichen aus dem Viertel haben das Vorrecht auf die Plätze, sie vermieten sie auch an Jugendliche aus anderen Vierteln und Städten:

> »Manche kommen sogar aus Tizi-Ouzou. Manchmal müssen sie bis zu sechs Monate Miete im Voraus bezahlen. Einer hat sogar seinen Platz verkauft, für 380.000 Dinar [circa 2.500 Euro], davon hat er sich dann ein Auto gekauft.« (Islam, Algier, 5.2.2011)

Die Straße ist für die Jugendlichen mehr als ein ökonomischer Raum. In Mehdis Narration ist sie, besonders für die männlichen Jugendlichen, die das Haus tagsüber den Frauen der Familie überlassen, ein erweitertes Zuhause:

> »Für uns Jugendliche ist die Straße ein Raumrefugium. Warum? Weil es bei uns keinen Raum gibt, verstehen Sie, bei uns, da sind unsere Brüder, Schwestern, Tanten und unsere Eltern – wir sind zu viele. Wie Sie sehen können, gibt es hier nur große Gebäude, keine Villen, nur große Gebäude mit kleinen Zimmern. Wir haben also keinen Raum, um uns zu entfalten. Also, wo entfalten wir uns? Auf der Straße. Schauen Sie, das alles ist unser Zuhause. Ich spreche für die Jugendlichen allgemein. Das hat uns also die Straße gebracht. Am Anfang vor allem Raum, Freiheit. [...] Jetzt ist die Straße vor allem eine Möglichkeit geworden, Geld zu verdienen, Kleidung zu verkaufen oder Zigaretten, oder wie ich, ich habe ein kleines Transportunternehmen und damit verdiene ich mein Essen. Sehen Sie, ich fahre herum, bis mich jemand anhält und sagt, er habe einen Umzug. Und die Jugendlichen machen es genauso, [...] sie machen es mit ihren Mitteln. Sagen wir, sie haben ein kleines Auto, sie haben keine Genehmigung von der Regierung, um ein Taxi zu betreiben, aber sie machen es trotzdem. Sie betreiben ein Taxi ohne Genehmigung, weil die Straße ihr Zuhause ist.« (Mehdi, 28 Jahre alt, Algier, 5.3.2011)

Mehdis Erzählung über die Bedeutung der Straße für die Jugendlichen in Algerien verweist auf die sozio-ökonomischen Strukturen urbaner Ungleichheiten. Besonders in den Städten des Globalen Südens ist die Straße für die Mehrheit der Bevölkerung ein Kompensationsraum als alternativer Arbeitsplatz und Ort der Geselligkeit. Bis spät in die Nacht bleiben die Jugendlichen besonders im Sommer auf der Straße. Sie gehen ein Sandwich essen, dann einen Tee trinken, ziehen weiter, spielen eine Runde Billard oder Tischfußball eine Runde für 20 Dinar (ca. 15 Cent), die ein anderer verdient, der die Tische auf einem freien Stück Straße oder einem der kleinen Plätze zwischen den Häusern aufgestellt hat. Das Navigieren beinhaltet auch Spaß und 'Jugendlichkeit' (vgl. Bayat 2012). Die ökonomischen und sozialen Praktiken der Jugendlichen, die in der urbanen Kultur Algiers verwurzelt sind, etwa durch die Zugehörigkeit zu Fußballvereinen, spiegeln zugleich den von Mobilitäten, Verbindungen und Fragmentierungen geprägten urbanen Raum des 21. Jahrhunderts wider. Die jungen Straßenverkäufer betrachten sich als Unternehmer, die so schnell wie möglich so viel Geld wie möglich machen wollen. Markenkleidung, neue Mobiltelefone, iPods, Sonnenbrillen, Silberketten etc. gehören zu ihren Accessoires. Gleichzeitig erzeugen die Jugendlichen mit materiellen Symbolen auch eine Gegenkultur: T-Shirts von Che Guevara, Musik von Tupac Shakur und Fotos auf dem Handy von Ali la Pointe, einem Helden der Schlacht um Algier (1957). Style ist den Jugendlichen als Erkennungszeichen der echten Städter wichtig, genau wie die Sprache, die urbane Variante des algerischen Arabisch, in der Jugendliche auf Arabisch, Französisch und Englisch zurückgreifen. Auf diese Weise distanzieren sie sich auch von den Zugezogenen, die sie abwertend als 'Schäfer' bezeichnen. Gleichzeitig verorten sie sich so in den sozialen Landschaften (Appadurai 1996) globaler Jugendkulturen.

Die sich aus dem Draußen-Sein ergebenden Begegnungen sind immer auch neue Möglichkeiten, mögliche wichtige Kontakte, um dieses oder jenes tun zu können, aber auch Momente der möglichen Mobilisierung, wenn die Autoritäten versuchen, ihre Handlungsspielräume einzuschränken.

Die Straße – das Empfinden von Druck

Auch wenn die Jugendlichen betonen, sich freiwillig für die Straße entschieden zu haben, schildern sie die Schwierigkeiten oder Nachteile der Arbeit auf der Straße, die ihre Solidarität und Identität als Gruppe stärkt. Die empfundenen Unsicherheiten des 'Navigierens' beziehen sich nicht nur auf die Abhängigkeit von der Toleranz der Autoritäten und die Straßenkriminalität, sondern auch auf die Flüchtigkeit des Einkommens, den Tageslohn ohne soziale Sicherheiten und die Schwierigkeit, sich aus diesem Verdienst eine Zukunft aufzubauen, eine Wohnung zu bekommen und eine Familie zu gründen. Hinzu kommen die physischen Anstrengungen, bedingt durch Regen, Hitze, Staub und Menschenmengen:

> »Im Ramadan arbeiten wir sehr viel. Erst tagsüber, dann nochmal abends nach dem Fastenbrechen. Es ist hart, den ganzen Tag in der Hitze zu arbeiten und dann nachts kaum zu schlafen. Zum Ende des Ramadans hin ist immer mehr los und wir bleiben bis spät in die Nacht. Nach dem Ende des Ramadans machen wir daher alle eine Woche Pause. [...] In einer Woche findest du hier niemanden mehr. Alle Jugendlichen vom Platz der Märtyrer machen eine Woche Urlaub.« (Hamada, Algier, 23.8.2011)

Der kollektive Urlaub der Straßenverkäufer ist ein Zeichen ihrer Solidarität und Vernetzung. Als die Polizei nach dem Ramadan 2010 die Pause des Straßenverkaufes nutzen wollte, um ihn längerfristig einzudämmen, war es in der Kasbah deswegen nach der

Verhaftung einiger Straßenverkäufer zu Protesten und gewaltsamen Auseinandersetzungen zwischen der Polizei und Hunderten von Jugendlichen gekommen (El Watan 25.9.2010). Auch im Mai 2011 organisierten die Straßenverkäufer eine Versammlung vor dem Sitz der Polizei, um gegen die erneuten Einschränkungen des Straßenverkaufes zu protestieren. Immer wieder müssen sich die Jugendlichen ihre Handlungsfreiräume erkämpfen oder verteidigen. Die Straße als öffentlicher Raum ist ein permanent unter Druck stehender Raum. Das Empfinden von Druck wurde von vielen der Jugendlichen, die auf der Straße arbeiten, beschrieben, besonders bezüglich der polizeilichen Kontrolle und Willkür. Die Jugendlichen erleben den urbanen Raum als zunehmend kontrolliert und umkämpft, die Schwierigkeiten mit der Polizei würden wachsen. General Hamel, der Nachfolger des 2010 ermordeten Polizeichefs Tounsi, hatte 2010 neben Gehaltserhöhungen und der Aufrüstung der Polizeipräsenz im öffentlichen Raum auch die Installation von Kameras in den 'sensiblen' Vierteln (Bab el-Oued, Harrach, Bachdjerrah etc.) veranlasst. Bei den Januarunruhen 2011 wurden die Kameras zur Zielscheibe der Aufständischen, jedoch seien einige von ihnen auch im Nachhinein durch die Videoüberwachung identifiziert und verhaftet worden. Kleine Straftaten wie Diebstähle von Mobiltelefonen und der Besitz einer geringen Menge Haschisch würden heute mit hohen Strafen belegt: »Ich kann nicht arbeiten, ich bin mehrmals vorbestraft«, erzählt *Walid el-Qat* (Walid-die-Katze), 30 Jahre alt, wohnhaft in Fort de l'Eau, auch ein Navigateur.

> »Früher habe ich am Hafen gearbeitet, konnte dort Fisch kaufen und verkaufen, aber jetzt ist alles kontrolliert. Ich habe auch mal einen kleinen Zigarettenstand gehabt. Früher war das in Ordnung. Heute kann ich das nicht mehr. Zu viel Druck.« (Algier, 7.3.2011)

Hamada und Walid el-Qat waren damals in der Kasbah Nachbarn und sind es auch heute in Fort de l'Eau. Sie sind beide um die 30 Jahre alt und haben den Oktober 1988 als Kinder miterlebt.

> »Hamada, *miskîn* [der Arme], hat nichts davon mitbekommen, weil er immer zu Hause war. Meine Eltern hatten Angst um mich, aber Walid el-Qat, Walid war immer draußen, er ist mit den Terroristen aufgewachsen.« (Hamada, Algier, 7.3.2012)

Walid el-Qat zieht seine Hose hoch und zeigt die Narbe einer Schusswunde, die er sich zugezogen habe, als er zwischen Polizei und Terroristen geraten sei. Für ihre Generation steht der Oktober 1988 vor allem für den Beginn des Schwarzen Jahrzehnts. Der Beginn der 1990er Jahre markiert auch den Zeitpunkt ihrer Umsiedlung. »Warum wurden eure Familien damals umgesiedelt?« frage ich Hamada und Walid el-Qat. »Weil sie die Kasbah für die Kultur und die Touristen wollen«, glaubt Walid el-Qat (Algier, 7.3.2012), und Hamada stimmt ihm zu: »Da, wo wir gewohnt haben, in der unteren Kasbah, gibt es viele Museen. Es gibt keinen Platz in den Häusern und viele der Häuser sind kaputt.« (Algier, 7.3.2012) Genova, 30 Jahre alt, wohnhaft in der Kasbah, glaubt, dass die Umsiedlungen auch eine Maßnahme gegen die immer wiederkehrenden Revolten in ihren

Vierteln sind: »Aber auch, weil sie uns trennen wollten, weil sie Angst vor unserer Solidarität hatten. Sie wissen genau, wenn sich einer von uns erhebt, erheben wir uns alle.«

Das Wohnungsproblem ist neben dem Mangel an geregeltem Einkommen das größte Hindernis für die Jugendlichen, eine Familie zu gründen und somit erwachsen zu werden. Die Zusammengehörigkeit der Jugendlichen wird vor allem durch den gemeinsamen Erfahrungsraum geprägt, aber auch durch die Identifikation als Jugendliche, die weniger an einer spezifischen Altersklasse festgemacht wird, als an der sozio-ökonomischen Situation: »Ich bin fast 30 und immer noch nicht verheiratet«, sagt Hamada und macht dabei eine Geste der Verzweiflung. Hamada hat seine Hochzeit noch einmal verschoben. Während des Ramadan 2011 hatte er einen guten Umsatz gemacht. Mittlerweile aber wird der Raum für den Straßenverkauf wieder strenger kontrolliert. Wie vielen anderen seiner Generation bleibt ihm nichts anderes übrig, als weiter in den Straßen rund um den Platz der Märtyrer zu navigieren. »So Gott will werde ich 2012 heiraten.« (Hamada, Algier, 14.4.2011)

Die Politik der Straße

Die Straße hat eine politische Funktion als öffentlicher Begegnungsort unterschiedlicher Akteure (Bayat 2012; Bayat, in diesem Band). Gleichzeitig ist die Straße ein erweitertes Zuhause für die Jugendlichen, wodurch sie zu einem angeeigneten und somit eigenen Raum wird: Mit der Aneignung der Straße als 'Zuhause' erklärt Mehdi am Beispiel der *taxis clandestins* die Legitimation informeller ökonomischer Praktiken. Dieser Anspruch auf die Straße findet seinen Ausdruck in all jenen Besetzungen des öffentlichen Raumes, die als *incivisme*, Ablehnung der staatlichen Autorität und ihrer Regeln, bezeichnet werden (Boumedine 2002). Diese werden jedoch zum Teil auch von der Gesellschaft und sogar dem Staat ignoriert, toleriert oder sogar legitimiert, da sie eine kompensatorische Funktion haben in Hinblick auf die Unmöglichkeit, eine formelle Arbeit zu finden: der informelle Straßenhandel, die selbst ernannten Parkwächter, die *taxis clandestins*. Die in den dynamischen Spannbreiten zwischen Legalität, Illegalität und Legitimation angesiedelten Praktiken sind jedoch nicht nur als Überlebens- oder Bewältigungs-Strategien zu verstehen, da sie vor allem auch akkumulierende Funktion haben (Bayat 2010a), mit dem Ziel der Verbesserung der eigenen Lebenssituation:

> »Dabei etablieren sie neue Normen und Praktiken vor Ort. Dieser Typus eines stillen und schrittweise operierenden Aktivismus an der Basis tendiert dazu, fundamentale staatliche Vorrechte anzufechten, darunter den Stellenwert von Ordnung, die Kontrolle des öffentlichen Raums, der öffentlichen und privaten Güter und die Relevanz von Modernität.« (Bayat 2012, 68)

Wie Hoho haben einige der Straßenverkäufer ihre Entscheidung für die Straße und den Vorteil des besseren Verdienstes gegenüber formeller Arbeit betont. Andere arbeiten für einen Nebenverdienst neben ihrer festen Arbeit auf der Straße. Erst wenn die Eliten versuchen, sie an der Ausübung dieser Praktiken zu hindern, bekommen die informellen

Praktiken einen defensiven Charakter. In diesem Moment der Aushandlung der Autonomie liegt das Konfliktpotential (vgl. Bayat 2012, 73). In der Kasbah und anderen populären Stadtvierteln kommt es immer wieder zu Ausschreitungen, wenn die Polizei versucht, gegen den Straßenhandel vorzugehen. In diesen Momenten kann aus dem stillen Vordringen (Bayat 2012) einzelner Akteure eine kollektive Protestbewegung werden, da die Straßenverkäufer eine Art passives Netzwerk bilden (vgl. Bayat 2010a, 43).

Vor dem Hintergrund des Arabischen Frühlings waren sich die Straßenverkäufer daher ihrer Macht bewusst: Der informelle Handel hatte sich im öffentlichen Raum Algiers nach den Januarunruhen 2011 so sehr verbreitet, dass er in der Presse als Zeichen der Schwäche der Regierung bezeichnet wurde. Doch auch das Nichteingreifen des Staates ist eine Form, Kontrolle auszuüben: »Die Staatsgewalt wird reproduziert durch die Fähigkeit, Kategorien der Legitimität und Illegitimität zu konstruieren und rekonstruieren.« (Roy 2004, 149). Die 'Politik der Straße' (Bayat 2012) ist zugleich eine 'Politik der Ausnahmen' (Chaterjee 2008), über die der Staat mit den Teilen der Bevölkerung verhandelt, die aufgrund ihrer marginalisierten Position außerhalb der Zivilgesellschaft und ihrer Rechte gestellt werden.

Fazit

Der Begriff 'navigieren', den die Jugendlichen in ihrer Alltagssprache aus dem Französischen in das algerische Arabisch integriert haben, ist vielversprechend, um die Alltagspraktiken der Jugendlichen zwischen Bewältigungsstrategien, alltäglichem Vordringen und direktem politischem Widerstand zu beschreiben, da er die Beziehung zum städtischen Raum einschließt: 'Navigieren' bezeichnet ursprünglich die Orientierung und zielgerichteten Fähigkeiten und Techniken in der Schifffahrt, die eine genaue Kenntnis des Raumes voraussetzten. Im Falle der Jugendlichen ist dieser Raum die Straße oder allgemeiner der öffentliche städtische Raum, den sie als Ressource zur Alltagsbewältigung nutzen. Der Fokus auf die Praktiken des Navigierens ermöglicht es, die dichotome Gegenüberstellung von Jugendlichen als Akteure aktiven politischen Widerstands auf der einen Seite und einer passiven nihilistischen Jugend auf der anderen Seite aufzubrechen, und die Verknüpfung von Alltagsbewältigung und Mobilisierung aufzuzeigen: Der Wunsch nach einer Verbesserung der individuellen Lebenssituation steht im Vordergrund der Praktiken des Navigierens. Gleichzeitig brauchen und kreieren diese Praktiken auch Gemeinschaften. Die Straße als öffentlicher Raum spielt hier als Begegnungsort spontaner Mobilisierung eine wichtige Rolle. Doch in Algier ist der öffentliche Raum seit Oktober 1988 und fortan im Namen der Terrorismus- und Kriminalitätsbekämpfung ein stark kontrollierter Raum, in dem der normale Fluss des städtischen Lebens (Bayat 2012, 28) durch polizeiliche Straßensperren, Überwachungskameras etc. eingeschränkt wird.

Die Straßenverkäufer am Platz der Märtyrer im Jahre 2011 verkörpern das politische Bewusstsein der Armen in den Städten des 21. Jahrhunderts, die sich gegen eine Stadtentwicklung wehren, die sie zu disziplinieren und aus dem Zentrum zu verdrängen versucht. In diesem Sinne ist ihre 'Besetzung der Straße', auch wenn sie vom Staat als Abfederungsmechanismus in Krisenzeiten genutzt wird, auch eine Form der Mobilisierung gegen soziale und räumliche Exklusion.

Heutige Formen sozialer Polarisierung und räumlicher Segregation haben in Algier ihren Ursprung bereits in den Strukturen des Kolonialismus. Seit der Unabhängigkeit 1962 waren es besonders die Momente globaler Krisen und Umbrüche, in den 1980er Jahren und 2011, die in Algier die Überlappung von Geografien der Ungleichheit und Geografien der Revolten (Dikeç 2006) deutlich gemacht haben und auf die strukturellen Ursachen und materiellen Bedingungen aufmerksam machen, auf die sich die Revolten zurückführen lassen. Diese Überlappungen verdeutlichen, dass die Unruhen kein Ausdruck irrationaler Gewalt sind, wie es von den Regierenden dargestellt wird, die sich der eigenen Verantwortung entziehen, indem sie auf angebliche Differenzen zwischen der Mehrheitsgesellschaft und den 'kriminellen Anderen' verweisen (vgl. Dikeç 2006). Die Denunziation der *hogra*, die den Revolten in Algerien zugrunde liegt, ist zwar in der politischen Kultur Algeriens verwurzelt (Roberts 2002), sie zeigt aber auch Verbindungen zu den Revolten der Unterdrückten in anderen Städten der Welt, in denen die Demokratien ihr Versprechen der Gleichheit der Bürger in den Strukturen neoliberaler Politik nicht einlösen.

»Das ist unser Arabischer Frühling«, haben auch Jugendliche bei den Unruhen in London im Sommer 2011 gesagt und der britische Journalist Hari Kunzru entdeckte mit etwas Zynismus »den inneren Mubarak« in den Reaktionen der britischen Politiker, die die Empörung der Jugendlichen kriminalisierten und mit Härte gegen die Aufständischen vorgingen:

> »Es war sehr ärgerlich zu sehen, wie Menschen, die erst kürzlich die Straßenkämpfer des Arabischen Frühlings gelobt hatten, ihren inneren Mubarak fanden. Menschen, die geschockt (geschockt!) darüber gewesen sind, dass die arabischen Diktatoren das Internet ausschalteten, riefen jetzt dazu auf, die Black Berry Messenger (die sie gerade erst entdeckt hatten) auszuschalten.« (Kunzru, in: The Guardian 12.8.2011)

Im Falle Algeriens sind es die männlichen Jugendlichen der einfachen Stadtviertel, die über den Diskurs der islamistischen Gefahr in den 1990er Jahren und heute über den Diskurs 'alltäglicher Gewalt' zu den 'Anderen' der Republik konstruiert werden. Auf diese Weise wird auch ihr Protest in Form von Straßenunruhen kriminalisiert und somit seiner politischen Forderung beraubt. Auch wenn die 'Empörung' der Straße, die immer wiederkehrenden Straßenunruhen sowie die Praktiken rund um das Navigieren keine organisierte Form des politischen Widerstandes sind, so enthalten sie doch eine politische Forderung: Die Denunziation der *hogra* in den Praktiken und Diskursen der Jugendlichen, ob bei den Straßenprotesten, in den Liedern der Fußballfans oder in den täglichen Konversationen der Straßenverkäufer ist eine Forderung für mehr Gleichheit und gegen die Verdrängungspolitik eines exklusiven urbanen Regimes.

Anmerkungen

[1] Der Artikel basiert auf dem Material mehrerer Feldforschungsaufenthalte in Algier zwischen 2009 und 2012 im Rahmen meines Dissertationsprojektes (Jugend und Widerstand in Algier), insbesondere meiner beiden Aufenthalte im Jahre 2011 (20.12.2010 bis 23.4.2011 und 4.8. bis 16.9.2011).

[2] Telefongespräch mit der Autorin am 3.5.2012.

[3] Alle Zitate wurden von der Autorin übersetzt, sofern nicht anders gekennzeichnet.

[4] Neben der islamistischen Bewegung erstarkten in den 1980er Jahren in Algerien auch die Frauenbewegung und die ethnisch-kulturell geprägte Berberbewegung. Im Frühjahr 1980 und 2001 kam es dabei auch zur gewaltvollen Unterdrückung der bis dahin friedlichen Aktionen der Bewegung durch Polizei und Militär, die als 'Berberfrühling' (1980) und 'Schwarzer Frühling' (2001) in die Geschichte Algeriens eingingen.

[5] Der nationale Jugendverein Rassemblement Actione Jeunesse (Raj) organisiert jedes Jahr am 5. Oktober eine Demonstration zur Erinnerung an die Opfer vom Oktober 1988 und zur Bewahrung der demokratischen Errungenschaften der Revolte.

[6] Einen ausführlichen Überblick zur Jugend in der algerischen Sozialforschung in den 1970er/80er und frühen 1990er Jahren gibt Rarrbo (1995) in seiner Einleitung von L' Algérie et sa Jeunesse und Musette (2004) in: Les Jeunes et la Santé en Algérie.

[7] Als *harraga* wird im maghrebinischen Arabisch die 'Migration ohne Visa' bezeichnet, *harraga* führt auf das arabische Verb *haraqa* (verbrennen) zurück und bedeutet im übertragenem Sinne, die 'Identität' oder auch die 'Grenzen' verbrennen.

[8] Am 4.3.1985 protestierte eine Gruppe Frauen in der Kasbah in Gedenken an die Märtyrerin Hassiba Ben Boualis gegen das 1984 eingeführte Familiengesetz, das die Stellung der Frau juristisch für unmündig erklärte. Auch bei Demonstrationen gegen die FIS nach deren Wahlsieg 1992 erinnerte die Frauenbewegung an Hassiba Ben Bouali mit Plakaten auf denen zu lesen war: *Hassiba Ben Bouali, si tu voyais notre Algérie* (vgl. Susan Slyomovics, 1995).

[9] »Mein Meister, mein Meister«, ist eine im ägyptischen Dialekt gebräuchliche Anrede an Vorgesetzte etc., die gesellschaftliche Hierarchien und die Unterdrückung der Arbeiter symbolisiert und durch den ägyptischen Film im arabischsprachigen Raum bekannt ist.

[10] Fort de l'Eau liegt in der östlichen Peripherie, die in den 1990er Jahren durch den massiven Bau von Sozialwohnungen gewachsen ist und heute im Vergleich zur westlichen und süd-westlichen Peripherie für ihren einfachen Charakter bekannt ist. In den 1990er Jahren wurden u.a. viele Familien aus der Kasbah wegen der Renovierungsprojekte dorthin umgesiedelt.

Jugendliche Lebenswelten –
Wer leistet eigentlich Widerstand in Rabat?

Jörg Gertel (Leipzig)

»Vor dreißig Jahren waren die jungen Marokkaner revolutionär in der Seele, frei von gesellschaftlichen Zwängen, Laizisten selbst ohne darüber nachzudenken.«

– Driss Ksikes et al. (2004, o. S.)[1]

Einleitung[2]

Im Frühjahr 2011 machten drei Ereignisse Schlagzeilen in Marokko. Am 20. Februar demonstrierten landesweit mehr als 350.000 Personen, davon ca. 20.000 in Casablanca und 15.000 in Rabat. Die Bewegung des 20. Februar war dabei vor allem eine Jugendbewegung, die via Internet (mamfakinch.com)[3] und Facebook mobilisiert und zu Demonstrationen aufgerufen hatte. Unterstützt wurde die Aktion von der marokkanischen Vereinigung für Menschenrechte, von Gewerkschaften, kleinen links gerichteten Parteien, der islamischen Bewegung für Gerechtigkeit und Wohltätigkeit, der islamisch orientierten Partei für Gerechtigkeit und Entwicklung (PJD) sowie zivilgesellschaftlichen Organisationen. Die Proteste hatten politische Reformen zum Ziel, keineswegs jedoch die Abschaffung der Monarchie. Sie knüpfen dabei an die langwährenden Demonstrationen arbeitsloser Akademiker an und stellen eine Fortsetzung deren Aufmärsche vor dem Parlament in der Hauptstadt Rabat dar. Daraufhin hielt der marokkanische König am 6. März 2011 eine Rede, in der er konstitutionelle Reformen und die Ausdehnung von individuellen und kollektiven Freiheiten versprach. Doch am 24. April demonstrierten erneut zehntausende junge Marokkaner in Rabat, Casablanca, Fes und anderen Städten des Landes für Reformen und für eine neue Verfassung. Neben der Forderung nach Demokratisierung wandten sich die Demonstranten auch gegen Korruption und Folter sowie die wirtschaftliche Perspektivlosigkeit vor allem junger Menschen. Vor diesem Hintergrund geht das vorliegende Kapitel den Fragen nach, wer eigentlich die marokkanischen Jugendlichen sind, wie sie ihren Alltag gestalten und welche von ihnen politisch aktiv werden.

Kontext

Dem jüngeren Engagement der Jugend stehen Annahmen von einer fügsamen, indifferenten und desinteressierten Jugend entgegen, die von einer traditionellen Religion benebelt sei und sich mit den gesellschaftlichen Zuständen arrangiert habe, wie dies noch vor den aktuellen Protestaktionen in Marokko behauptet wurde (Bennani 2006).

Bis dahin wurden die revolutionären Bewegungen der 1970er Jahre, die offensichtlich einen anderen Lebensentwurf verfolgten, oft nostalgisch verklärt, wie im Eingangszitat deutlich wird. Nach einem anderen Autor geht der Verlust dieses liberal-modernistischen Geistes der marokkanischen Jugendlichen in den 1970er Jahren – den 'Bleijahren' *(années de plombe)* – auf die Politik von König Hassan II zurück, der die Bewegung brutal zerschlug. Der Befund aus dem Jahr 2004 liest sich wie folgt:

> »Das Marokko der 1970er Jahre war ein Marokko, in dem Frauen mit Miniröcken und einer Zigarette im Mund im Café saßen und mit Männern über die sexuelle Befreiung diskutierten; ein Marokko, wo kulturelle Initiativen in die Zehntausende gingen; ein Marokko, in dem die Jugend in der Lage war, zu träumen, und (beinahe) in Übereinstimmung mit ihren Träumen lebte. 30 Jahre später traumatisiert die Religion die Massen. Es reicht, für sich in Anspruch zu nehmen, etwas zu behaupten, irgendetwas, und man terrorisiert den Widerspruchsgeist. Daher ist fast nichts mehr übrig geblieben. Wenn diese Frau im Minirock, die in einem Café eine Zigarette rauchte, während sie mit einem Mann über Sex sprach, … wenn sie doch nur noch existieren würde. Kulturelle Initiativen mit Bürgernähe sind heute rar. Und um es abzuschließen: Die jungen Marokkaner träumen nicht mehr und wenn, dann von der Auswanderung. Nicht verwunderlich, sie verharren und baden in einer generellen Schizophrenie. Man könnte ein Leben damit verbringen, zu erklären, was passiert ist. Aber man kann es auch in einem Satz zusammenfassen: Hassan II war da. Der verstorbene König betrachtete die Jugend als Feind, die Intelligenz als Bedrohung und die Kultur als Gefahr. Er hat die drei nachdrücklich bekämpft, durch die Förderung der Feigheit, der Mittelmäßigkeit und der Bigotterie. Er hat gewonnen. Wir beginnen uns mit Mühe wieder aufzurichten. Zaghaft nehmen wir den Kampf wieder auf. Allerdings ist es diese Mal nicht die Jugend gegen ein System, es ist die Jugend gegen sich selbst. Und das ist sehr viel zäher.« (Benchemsi 2004, o. S.)

Die Geburt dieser revolutionären Jugend begann im März 1965, als in der Mehrzahl Schüler und Studenten in Casablanca gegen einen repressiven Staat und eine ebensolche Gesellschaft demonstrierten (Ksikes et al. 2004). Nicht alle Jugendlichen zählten sich zur revolutionären Linken, aber viele träumten von der Befreiung aus patriarchalen Familien, autoritären Gesetzen und festgelegten Geschlechterverhältnissen. Die Hippie-Bewegung schwappte in dieser Zeit von Europa nach Marokko und beeinflusste eine ganze Generation.[4] Viele marokkanische Jugendliche brachen mit ihren Familien und nahmen besonders in den Jahren 1971 und 1972 an Streikaktionen teil. Reisen nach Europa waren, zwei Jahrzehnte vor dem Schengen-II-Abkommen (1990) – das zwar Reisefreiheit innerhalb von Europa garantiert, aber die Außengrenzen als 'Festung Europa' beinahe undurchdringlich macht –, relativ unproblematisch und ab März 1972 hatten Interrail-Tickets neue Wege auch für junge Marokkaner eröffnet.

Die ideologische Basis der damaligen Aufbrüche war mit den Schriften von Marx, Sartre und Camus verbunden. Der Krieg von 1967 war ein Ereignis, das großen Einfluss auf die arabische Jugend hatte und panarabische Gedanken beförderte. Aber auch universelle Ideen und gewerkschaftliches Engagement entfalteten sich. Der staatliche Gegenwind und die Unterdrückung wurden stärker, als sich die Studenten mit den

Arbeitern solidarisierten. Anfang der 1970er Jahre gingen die politisierten Aktivisten in den Untergrund, während ein anderer Teil der Jugendlichen eine eher formalere Revolution suchte, die ihren Ausdruck in der Literatur, in Theater und Kino fand. Doch bald wurde seitens der Regierung auch Kunst als Widerstand interpretiert und etliche junge Künstler gelangten ins Gefängnis. Da auch politische Parteien mundtot gemacht wurden, entwickelten sich die Universitäten zu Orten von Aktivismus und Mobilisierung (für Algerien vgl. Ouaissa, in diesem Band). Auch Jugendhäuser und Kinosäle boten den Jugendlichen Raum, um über soziale Grenzen hinweg zusammenzukommen.

Gleichzeitig waren die 1970er Jahre auch die Zeit der musikalischen Revolution mit der so genannten *Ghiwane*-Generation. Verschiedene Bands wie die der Brüder Megri oder Jil Jilala, Lemchaheb und die Nas Ghiwane wurden sehr populär. Sie waren vom Hippie-Rock des Westens inspiriert, die meisten Musiker stammten aus städtischen Nachbarschaften der Arbeiterklasse wie aus dem Viertel Hay Mohammadi in Casablanca. Sie nutzten das marokkanische Alltagsarabisch *(darija)* als Textsprache, griffen aber auch auf traditionelle Musik wie das *gnaoua* und *issaoua* zurück (Caubet 2006). Die Texte waren zwar nie explizit politisch, aber offen für verschiedene, auch subversive Interpretationen. Mhammed Zouheir, der selbst aus Hay Mohammadi stammt, erinnert sich: »Die Bandmitglieder waren sich sehr klar darüber, was sie repräsentierten, da gibt es keinerlei Zweifel. Sie haben sehr schnell verstanden, dass die Kultur ihres Stadtviertels der Kultur aller populären Viertel von Marokko entsprach« (in: Ksikes et al. 2004, o.S.) Gleichzeitig zur schnellen Urbanisierung, die oft auf Zuwanderungen vom Land beruhte (Rachik 2012), entstanden neue Verbindungen zwischen urbanen Jugendlichen unterschiedlicher Städte. Doch obwohl sich die Jugendlichen nach Freiheit und sexueller Befreiung sehnten, fand eine sexuelle Revolution in Marokko nicht statt.

Vielmehr setzte in den 1970er und 1980er Jahren eine wachsende Islamisierung ein.[5] Die Polizei führte beispielsweise Kontrollen durch, ob Jugendliche im Ramadan fasteten. Beziehungen außerhalb der Ehe waren streng verboten. Hippies wurden mit Misstrauen betrachtet; die Jugend wurde immer stärker zum Feind und jede Form von Intellektualität als Gefährdung von Gesetz und Ordnung beurteilt. Die Proteste 1981 und 1984 zeigten die wachsenden ökonomischen Schwierigkeiten an (Gertel, in diesem Band). Marokko zählte als landwirtschaftlich geprägtes Land ohne eigene größere Ölvorkommen zu den Ländern in Nordafrika, die eine massive Auslandsverschuldung zu bewältigen hatten (1973: 1,3 Mrd. USD; 1983: 13 Mrd. USD; 1989: 22 Mrd. USD; Mattes 1991, 110). Die Gründe der Verschuldung lagen u.a. im Rentabilitätsmangel der marokkanischen Wirtschaft, den immensen Kosten, die mit dem Westsaharakonflikt verbunden waren, und dem Verfall des Phosphatpreises. Bereits 1983 war Marokko nicht mehr in der Lage, der vereinbarten Schuldentilgung nachzukommen und musste erstmals einem Strukturanpassungsprogramm beitreten. Entsprechend sahen die von Weltbank und IWF verordneten Sparmaßnahmen Kürzungen im Sozialbereich vor, beispielsweise eine Senkung staatlicher Subventionen bei Nahrungsmitteln und Energiepreisen sowie die Privatisierung von Staatsunternehmen. Während die makroökonomischen

JUGENDLICHE LEBENSWELTEN – RABAT

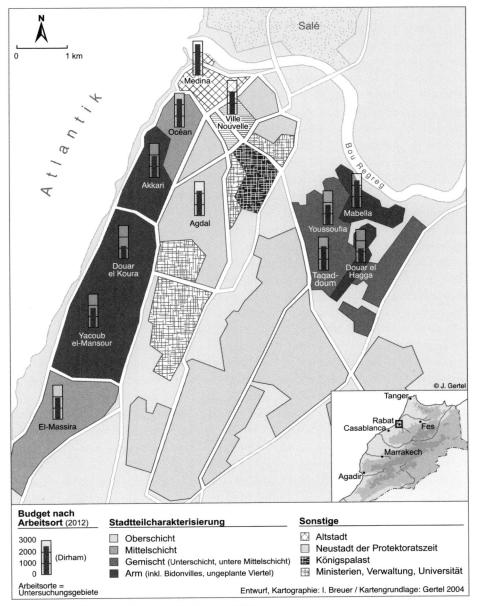

Karte 7-1: Rabat – Budget der Jugendlichen

Konsequenzen der ökonomischen Liberalisierung mit der Stabilisierung der Wechselkurse und dem Ausgleich der Defizite weitgehend positiv bewertet wurden, zeigten der Rückgang der Sozialausgaben und die Privatisierungspolitik negative Konsequenzen, insbesondere für die ärmeren Bevölkerungsschichten. Zwar konnte die Armutsquote zwischen 1985 und 1991 von 21 Prozent auf 13 Prozent gesenkt werden, sie erhöhte sich mit dem Wirksamwerden der Sparmaßnahmen jedoch wieder deutlich (vgl. Krause 1998, 5). Selbst die Weltbank, die für ihre konservative Position bekannt ist, ging davon aus, dass die Armutsquote von 13,1 Prozent im Jahr 1990/91 (3,4 Mio. Menschen) auf 19 Prozent im Jahr 1998/99 (5,3 Mio. Menschen) angestiegen war (World Bank 2001, 2). Parallel hierzu sei auch ein Anwachsen der ökonomisch Verwundbaren (jene, die nur 50% über der Armutslinie leben) von 35 Prozent auf 44 Prozent der Gesamtbevölkerung zu verzeichnen.[6] Armut war dabei in erster Linie ein ländliches Phänomen (CERED 1997, 51): Obwohl 1999 nur noch 46 Prozent der marokkanischen Gesamtbevölkerung in ländlichen Gebieten wohnten (1991: 51%), konzentrierten sich dort 66 Prozent der Armutsbevölkerung. Allerdings begann die städtische Armut schneller zu wachsen: 1991 waren 27 Prozent der urbanen Bevölkerung arm, 1999 waren dies bereits 34 Prozent (World Bank 2001, 8). Zwei Entwicklungen sind besonders hervorzuheben: Im Kontext der Strukturanpassungsmaßnahmen hatte sich die Arbeitslosigkeit nicht nur insgesamt erhöht (1998 waren nach offiziellen Angaben 16 bis 20Prozent, nach inoffiziellen Angaben gar 30Prozent arbeitslos; Krause 1998, i), besonders die Jugendlichen waren von wachsender Arbeitslosigkeit betroffen. Bereits Anfang der 1990er Jahre war sie unter Jugendlichen doppelt so hoch wie unter der Gesamtbevölkerung – etwa die Hälfte aller Arbeitslosen war zwischen 15 und 24 Jahren alt (Wolff 1993, 247). Zudem war das Ausmaß der Arbeitslosigkeit mit dem erreichten Ausbildungsabschluss positiv korreliert: je höher das Ausbildungsniveau, desto höher die Arbeitslosenquote. So waren zu Beginn der 1990er Jahre 48,7 Prozent der marokkanischen Sekundarschulabsolventen, 25,8 Prozent der Primarschulabsolventen, jedoch nur zwölf Prozent der Menschen ohne Ausbildung arbeitslos (Wolff 1993, 248).[7]

In den 1990er Jahren trat die Jugendarbeitslosigkeit als immer stärkeres Problem hervor und mehrere Initiativen wurden gestartet, um diesem zu begegnen. 1991 wurde von Hassan II der Nationale Rat der Jugend und der Zukunft (*Conseil National de la Jeunesse et de l'Avenir*, CNJA) gegründet, der auch auf die Jugend- und Studentenproteste Ende der 1980er Jahre reagierte. Aufgabe des CNJA – der im Jahr 2000 wieder aufgelöst wurde – war es, empirische Studien zur Jugend in Marokko zu erarbeiten und politikberatend zu wirken.[8] Parallel zu den Veröffentlichungen des CNJA entstanden jedoch auch einige inhaltlich gewichtigere Studien zu Jugend in Marokko (Bennani-Chraïbi 1994; Mejer 2000). Diese Arbeiten thematisierten im Wesentlichen zwei Problemfelder: Sie betonten die demographische Bedeutung Jugendlicher in Marokko und stellten die hohe Jugendarbeitslosigkeit heraus; mehr als 70 Prozent der marokkanischen Bevölkerung waren in den 1990er Jahren jünger als 30 Jahre, die Arbeitslosenquote für die Altersgruppe zwischen 15 und 34 Jahren lag bei 37 Prozent, die Quote für die

Altersgruppe zwischen 25 und 34 Jahren bei 30 Prozent (Boutata 1999, 20). Die Jugendarbeitslosigkeit in Marokko habe somit eine Dimension erreicht, die die marokkanische Gesellschaft in ihrer Existenz gefährde (ebd., 7). Der Entwicklung des marokkanischen Schul- und Bildungssystems wurde daher eine besondere Bedeutung zugemessen. Zwar erhielt ein kontinuierlich wachsender Teil der jungen Generation Zugang zu staatlichen Bildungseinrichtungen, allerdings wurden die damit verbundenen Erwartungen wie sozialer Aufstieg zunehmend enttäuscht und führten zu gesellschaftlichen Konflikten. Zu einem zentralen Problem avancieren insbesondere die so genannten *diplômés chômeurs*, die arbeitslosen Akademiker, die gut ausgebildet, aber ohne Berufsaussichten, bei gleichzeitig hohen Erwartungen die politische Stabilität des Regimes bedrohen (vgl. Duval 2001). Darüber hinaus wurden die aktuellen Prozesse der Identitätsbildung bei Jugendlichen problematisiert, die, immer stärker von Globalisierungsprozessen beeinflusst, von Bennani-Chraïbi (1994, 27) als »kulturelle Bastelei« *(bricolage culturel)* charakterisiert wurden (siehe auch CERED 2000).

Während nach der Jahrtausendwende der 11. September 2001 die Wahrnehmung des Islam und der arabischen Staaten in der ganzen Welt veränderte, waren es in Marokko zwei lokale Ereignisse im Frühjahr 2003, die die Nation zusätzlich erschütterten: Zum einen wurden im März 2003 aufgrund von Satanismusvorwürfen 14 jugendliche Rockmusiker bzw. deren Freunde festgenommen und inhaftiert (für die Türkei siehe Hecker, in diesem Band). Daraufhin folgte eine beispiellose Mobilisierung in der Bevölkerung, die sich für deren Freilassung einsetzte. Daif führt 2003 aus:

> »In dieser Angelegenheit ist alles gesagt worden. Das, was nötig war, und das, was nicht nötig war. Mehrere Berichterstattungen haben enttäuscht, nicht abgesicherte, unsinnige Geschichten verbreitet, die ihnen von der PJD eingeflüstert wurden, über die jugendlichen Bluttrinker, die Katzen Kehlen durchschneiden und den Satan anbeten. Die Satanisten. So hat man sie folglich genannt. Schauerlich. Die andere Berichterstattung, die die Jugendliche unterstützte, hat andere Begriffe gefunden wie 'Inquisition', 'Zensur', 'kultureller Mord' und der '11. September der Kultur'. Und das war der Fall. Wir haben alle das Gleiche gedacht: Man musste flüchten. Flüchten vor einem Staat, der verrückt geworden war. Doch selbst dabei war sich niemand sicher. War der Staat wirklich verrückt geworden? Hat sich hinter dem, was wie eine Verrücktheit aussah, nicht vielmehr die Islamisierung des Systems versteckt, das sich als Moralprediger aufspielt? Oder war es schlicht und einfach politisches Kalkül (die Wahlen hätten ja fünf Monate später stattfinden sollen)? Alle haben nach einer Erklärung gesucht.« (Daif 2003, o.S.)

Diskussionen über städtische Jugendkultur, künstlerischen Geschmack und die Bedeutung wachsender Verwestlichung waren in Gang gesetzt, in die hinein jedoch die Anschläge vom 16. Mai 2003 stattfanden, die von 14 Jugendlichen aus den Vororten von Casablanca verübt wurden, ca. 40 Personen, meist Marokkaner, in den Tod rissen und für viele Marokkaner einen tiefen Schock herbeiführten. Eine solche Gewalttat war nicht für möglich gehalten worden. Beide Ereignisse standen gleichsam für einen offensichtlichen Bruch, einerseits für das Herauslösen einer urbanen Jugend aus der Gesellschaft und andererseits für die Suche nach einer neuen sozialen Kohärenz, die über kulturelle und künstlerische Sozialisierungen erzeugt werden sollte (Rachik & Jenjar 2012).

Eine Zuspitzung dieser gesellschaftlichen Spaltung bildete sich in der Bewegung der *chômeur diplômés* ab. Die nationale Vereinigung der diplomierten und promovierten Arbeitslosen (ANDC) war bereits im Mai 1991 gegründet worden. Mitte der 2000er Jahre hatte sie ca. 7.000 Mitglieder und galt insgesamt als moderat. Doch noch 2004 lag die Arbeitslosenquote der *diplômés chômeur* bei 26,8 Prozent und damit doppelt so hoch wie der nationale Durchschnitt mit 11,8 Prozent. Da die jungen arbeitslosen Akademiker bereits über Hochschulabschlüsse verfügen, lehnen sie oft weitere Qualifizierungsmaßnahmen ab. Die organisierte Bewegung verlangt vielmehr von der Regierung, ihre Arbeitsmarktversprechen einzuhalten. Sie weigern sich, in der Privatwirtschaft zu arbeiten, welche sie als instabil und klientelistisch beschreiben. In verschiedenen Aktivistengruppen organisiert stellen sie, begleitet durch Proteste und Sit-ins vor dem Parlament in Rabat, seit Jahren immer wieder die gleiche Forderung: eine feste Anstellung in der öffentlichen Verwaltung. Aufgrund der weitgehenden Erfolglosigkeit des Protests wurden die Maßnahmen über die Jahre radikaler und führten zu spektakulären Aktionen. Hierbei sind besonders zwei kleine Aktivistengruppen zu nennen: die Détenteurs des Lettres Royales und die Lauréats de la Formation Qualifiante. Lamlili & El Azizi halten 2006 fest:

> »Da die *diplômés chômeurs* keine Arbeitsplätze im öffentlichen Sektor finden, ziehen sie zunehmend kollektiven Selbstmord in Betracht. Einige sind bereits zur Tat geschritten. Die Regierung ist wutentbrannt angesichts der Erpressung und sie hat nicht Unrecht. Aber sie ist in weiten Teilen verantwortlich für diese ideologische Einkapselung, die ans Sektierertum grenzt. Es ist das i-Tüpfelchen in einem nationalen Drama, das sich von Tag zu Tag verschlimmert.« (Lamlili & El Azizi 2006, o.S.)

Nach dem Selbstmord von Adelhakim Hachemi im August 2005 erfolgten im Dezember weitere Selbstmordversuche von sechs jungen Arbeitslosen. Am 2. März 2006 versuchten sich einige Jugendliche dann als menschliche Fackeln zu verbrennen. Ihre Forderung lautete: »Einen Job in der öffentlichen Verwaltung oder den Tod.« (ebd., o.S.) Lamlili und El-Azizi lassen einen Gleichaltrigen über ein Mitglied der *diplômés chômeurs* in Rabat sprechen:

> »›Wenn man in diesem Land ein Arbeitsloser ist, dann ist man weniger als nichts. Die Tage werden unerträglich und die Zeit kommt einem wie die Ewigkeit vor.‹ Selbst wenn er nicht mit den jungen Arbeitslosen, die versucht sind, sich als Opfer anzubieten, einverstanden ist, der junge Mann aus Rabat versteht sie genau. ›In diesem besonders armen Stadtteil – der Mellah [in Rabat] – komme ich im Alltag mit ihnen zusammen und ich kann ihnen versichern, dass die Entscheidung, sich umzubringen, in ihren Köpfen reift, nach und nach, mit jedem Aufschieben der Hoffnung, eine Arbeit zu finden.‹« (Lamlili & Al Azizi 2006, 35)

Tab. 7-1 Jugendliche in Rabat: Budget nach Stadtquartier (2012)

Interviewort / Stadtviertel	Anzahl Interviews	Anteil Arbeitsort = Wohnort (%)	Monatliches Budget (Dh)	Anteil eigener Arbeit (%)	Alter
Medina / Sale	38	ª18,4	2.739	85,0	24,5
V. Novelle/Sale	40	ᵇ22,5	2.032	62,4	23,1
Agdal	38	ᶜ34,2	2.213	67,7	23,1
Ocean	38	81,6	2.509	74,3	23,2
Akkari	41	63,4	1.894	87,2	24,7
Y. Mansour	38	100,0	1.750	85,0	25,7
Douar el Koura	36	61,1	1.178	58,8	22,7
El Massira	43	74,4	1.917	76,8	24,4
Youssoufia	33	87,9	1.770	92,5	27,2
Mabella	44	ᵈ47,7	2.419	59,3	23,0
Taqaddoum	44	90,9	2.187	79,5	25,9
Douar el Hajja	38	60,5	1.302	81,5	24,5
	471	---	2.004	75,5	24,3

Anmerkung: Der Wohnort ist nicht immer identisch mit dem Arbeitsort. Die Interviewten in der Medina (a) wohnen de facto vor allem in Salé (50,0%) und einige in Temara (7,9%); ebenso bei den Befragten in der Ville Nouvelle (b), die in Salé (40,0%) und in Temara (10%) wohnen; sowie die in Agdal (c), die ebenfalls in Salé (26,3%) und in Temara (15,8%) wohnen, während 18,2% der Interviewten von Mabella (d) in Douar el-Koura leben.

Die arbeitslosen Akademiker leben, so scheint es, oft verzweifelt in einer eigenen Welt. Sie lehnen ausbeuterische Arbeitsbedingungen ab, sind gegen Saisonarbeit und alle Risiken des privaten Sektors. Sie übertragen 'das Recht auf Arbeit' allerdings fälschlicherweise auf einen Anspruch gegenüber dem Staat, eine Arbeitsplatzgarantie im öffentlichen Sektor zu bekommen. Unter den einzelnen Gruppen – wie al-Amal, al-Khoums, Unions des Cadres Diplômés Supérieurs oder der Group de 14 – gibt es einen Wettbewerb darum, welche Strategie die richtige ist. Auch noch nach den aufsehenerregenden Protestaktionen von 2011 – wie am 20. Februar und dem 24. April – erfolgten im Januar 2012 erneut Selbstverbrennungen. Die Aktionen der *diplômés chômeurs* laufen trotz politischer Reformen weiter, da sich bisher wenig an den strukturellen Bedingungen für die Jugendlichen geändert hat. Zunehmend sind sie auch im Internet zu verfolgen.[9] Der Regierung müssen diese Aktionen allerdings nicht durchweg ungelegen kommen, zeigen sie doch der Öffentlichkeit über den Maghreb hinaus, dass Widerstand in Marokko durchaus möglich ist.

Rabat

Mit den Protesten in Rabat rückt die marokkanische Hauptstadt in den Fokus. Rabat liegt am nördlichen Ende der wichtigsten ökonomischen Entwicklungsachse des Landes, die sich von Casablanca entlang der Atlantikküste nach Norden bis Rabat erstreckt. Gegenüber Fes, dem alten religiösen und kulturellen Zentrum, grenzt sich Rabat als säkulares Verwaltungs- und Bildungszentrum ab (Abu Lughood 1980). Der urbane Großraum beherbergt heute ca. 1,3 Millionen Personen und untergliedert sich, getrennt durch das Flusstal des Bou Regreg, in zwei Städte: in Rabat und Salé (Bargach 2008). Die Stadtstruktur von Rabat wiederum ist maßgeblich durch Zuwanderungen aus den ländlichen Gebieten geprägt (Gertel 2004). Die unteren Einkommensgebiete erstrecken sich von der Altstadt ausgehend zum einen entlang der Küste und zum anderen entlang des Bou Regreg, an dessen Mündungsdelta eines der größten Stadtentwicklungsprojekte Marokkos entsteht (Zemni & Bogaert 2011; Bogaert 2012). Eingerahmt hiervon erstrecken sich die gehobenen Wohnviertel in einem Korridor nach Südosten (vgl. Karte 7-1).

Die weiteren Ausführungen basieren auf einer empirischen Studie, die im Juni 2012 in Rabat durchgeführt wurde,[10] ein halbes Jahr nachdem bei den vorgezogenen Parlamentswahlen die islamisch ausgerichtete Partei für Gerechtigkeit und Entwicklung (PJD, Parti de la Justice et du Développement) zur stärksten Kraft des Landes gewählt wurde und seither mit Abdelilah Benkirane den Premierminister stellt. Die Studie umfasst 471 unverheiratete Jugendliche im Alter von 15 bis 34 Jahren. An der Befragung teilgenommen haben 261 Männer und 210 Frauen. Das Durchschnittsalter der Frauen lag bei 23,9 und das der Männer bei 24,7 Jahren. Diese Jugendlichen repräsentieren vor allem die unteren Einkommensgruppen der Stadt, was mit der Auswahl der Interviewworte zusammenhängt (vgl. Breuer 2012; Gertel 2014).

Ökonomische Situation

Die Unterschiede im monatlichen Budget der Jugendlichen sind von vielen Faktoren abhängig. Zunächst ist die Differenz zwischen Frauen und Männern sehr deutlich: Frauen verfügen durchschnittlich über 1.470 Dirham (Dh)[11] und Männer über 2.435Dh. Zusätzlich gibt die unterschiedliche Wohnsituation innerhalb von Rabat einen ersten Aufschluss über die ökonomischen Bedingungen und räumlichen Prädispositionen (vgl. Tab. 7-1). Das Durchschnittsbudget der Jugendlichen rangiert standortabhängig zwischen 2.739Dh und 1.178Dh. Auch der Anteil des Budgets, der auf eigene Arbeit zurückgeht, unterscheidet sich deutlich und reicht bezogen auf die Durchschnittsangaben für unterschiedliche Stadtviertel von 58,8 Prozent bis 92,5 Prozent. Eine weitere Annäherung an den Lebensalltag der Jugendlichen erfolgt durch die eigene Einschätzung ihrer ökonomischen Situation. Diese geben zwei Drittel als »gut« (63,4%) oder gar als »exzellent« (3,2%) an. Nur ein Drittel der Jugendlichen bezeichnet ihre ökonomische Situation als »schlecht« (22,8%) oder »sehr schlecht« (10,6%). Je älter die Jugendlichen sind, desto negativer fällt ihre Bewertung aus: Das Durchschnittsalter derjenigen, die

»exzellent« angeben, liegt bei 19,8 Jahren, derjenigen, die »gut« angeben, bei 23,6, derjenigen, die »schlecht« angeben, bei 25,5 Jahren und bei denen, die »sehr schlecht« angeben, bei 27,5 Jahren. Dies spiegelt sich auch in dem sinkenden Budget wieder, das sie monatlich zur Verfügung haben. Es fällt von durchschnittlich 3.180 (Dh) (exzellent) über 2.134Dh und 1.699Dh bis auf 1.534Dh pro Monat für die, die ihre ökonomische Situation als »sehr schlecht« beschreiben. Das verfügbare Geld setzt sich bei jeder Gruppe unterschiedlich zusammen, abhängig davon, welcher Anteil aus eigener Arbeit resultiert oder auf einem Transfer seitens der Familie beruht: Die ökonomisch am besten gestellte und gleichzeitig jüngste Gruppe erhält mehr als die Hälfe ihres Geldes von der Familie (53,1%). Diejenigen, die ihre ökonomische Situation als »gut« darstellen, erwirtschaften über drei Viertel (77,9%) ihres Budgets durch eigene Arbeit. Dies entspricht in etwa auch der dritten Gruppe (ökonomische Situation: schlecht; 79,3% eigene Arbeit). Die ökonomisch am schlechtesten gestellte und gleichzeitig älteste Gruppe erwirtschaftet den allergrößten Anteil (84,0%) selbst. Mit zunehmendem Alter ist somit auch eine ökonomische Herauslösung aus der Familie verbunden.

Für eine genauere Betrachtung können sechs Gruppen von Jugendlichen unterschieden werden, abhängig davon, wie sie wohnen, arbeiten und ökonomisch mit ihren Eltern verbunden sind:

(1) Schüler und Studenten, die bei ihren Eltern leben und nicht arbeiten.[12] Sie stellen mit 28 Prozent knapp ein Drittel der Befragten, sind durchschnittlich 19 Jahre alt und verfügen über ein durchschnittliches Budget von 1.078Dh im Monat. Dabei ist die Differenz im Budget zwischen Jungen (sie stellen 45% dieser Gruppe) und Mädchen (55%) eklatant: Die Jungen erhalten 1.442Dh und die Mädchen nur etwa die Hälfte (775Dh).

(2) Jugendliche, die bei ihren Eltern leben und nicht arbeiten. Sie stellen knapp elf Prozent der Befragten, sind knapp 27 Jahre alt und verfügen über ein durchschnittliches Budget von 801Dh im Monat. Ein Budgetunterschied zwischen Männern (46 % im Sample) und Frauen (54%) ist noch vorhanden, aber gering: Die Männer verfügen über 847Dh im Monat, die Frauen über 761Dh.

(3) Jugendliche, die bei ihren Eltern leben und nur unregelmäßig arbeiten. Sie stellen 13 Prozent der Befragten, sind knapp 26 Jahre alt und verfügen über ein Budget von 1.929Dh im Monat. Der Budgetunterschied zwischen Männern (63%) und Frauen (37%) ist deutlich: Die Männer verfügen über 2.079Dh im Monat, die Frauen über drei Viertel davon (1.556Dh). 57,1 Prozent dieser Jugendlichen unterstützen ihre Familie finanziell mit durchschnittlich 670Dh monatlich.

(4) Jugendliche, die bei ihren Eltern leben und regelmäßig arbeiten. Sie stellen 25 Prozent der Befragten, sind knapp 27 Jahre alt und verfügen über ein Budget von 2.556Dh im Monat. Dabei ist der Einkommensunterschied zwischen Männer (57%) und Frauen (43%) sehr deutlich: Die Männer erzielen 2.945Dh, die Frauen lediglich

zwei Drittel davon (2.045Dh). Mehr als zwei Drittel dieser Jugendlichen (68,6%) unterstützen ihre Familie finanziell mit durchschnittlich 888,9Dh monatlich.

(5) Jugendliche, die nicht mehr bei ihren Eltern wohnen, jedoch Geld von ihren Eltern beziehen. Sie stellen fünf Prozent der Befragten, sind 25 Jahre alt und verfügen über ein Budget von 1.584Dh im Monat. Dabei ist der Unterschied zwischen Männern (27%) und Frauen (73%) moderat: Die Männer erhalten 1.758Dh und die Frauen 1.519Dh.

(6) Jugendliche, die nicht mehr bei ihren Eltern wohnen und ihr eigenes Geld verdienen. Sie stellen 18 Prozent der Befragten, sind knapp 27 Jahre alt und erwirtschaften mit 3.596Dh das höchste Einkommen im Monat. Der Unterschied zwischen Männern (69%) und Frauen (31%) ist sehr deutlich: Die Männer erzielen 3.906Dh, die Frauen drei Viertel davon, nämlich 2.916Dh. Zwei Drittel dieser Jugendlichen (66,7%) unterstützen ihre Familie finanziell mit durchschnittlich 833,8Dh monatlich.

Diese Gruppen sind entsprechend unterschiedlich stark in der Jugendphase verhaftet: Ein Großteil (77%) wohnt noch bei den Eltern, die Jugendlichen sind jedoch durch verschiedene Altersgruppen (Schüler & Studenten) und ökonomische Situationen (keine, unregelmäßige und regelmäßige Arbeit) charakterisiert, die unterschiedliche Positionen zum Erwachsenwerden, dem sich Herauslösen aus der eigenen Herkunftsfamilie und dem 'Verantwortung-für-andere-übernehmen' implizieren. Die beiden Gruppen, die bereits alleine wohnen, sind ihrer Unabhängigkeit möglicherweise bereits einen Schritt näher, besonders diejenigen, die ein regelmäßiges Einkommen erwirtschaften. Hieran wird die große Binnendifferenzierung der Jugendlichen sichtbar, was deutlich über Rabat hinaus von Bedeutung ist und von künftigen Studien einen genaueren Blick fordert. Diese Differenzierung zeigt sich auch in den Bereichen der sozialen Netzwerke, der Lebensentwürfe, der Zukunftsängste und der politischen Mobilisierung der Jugendlichen, die im Folgenden besprochen werden.

Für die Lebensentwürfe und Zukunftsgestaltung spielen eine gute Heirat (35,6%), gute Arbeit (31,6%) und gute Beziehungen zur Familie (30,9%) die ausschlaggebende Rolle, wohingegen die Option, wirkliche Freunde zu haben, kaum Bedeutung erlangt (1,9%) (vgl. Tab. 7-2). Für viele Männer gilt eine gute Arbeit als erste Priorität (34,1%), aber auch die richtige Heirat ist für ein Drittel wichtigstes Ziel (32,2%). Bei den meisten Frauen steht eine gute Heirat ganz oben in der Hierarchie (39,9%), gefolgt von guten Beziehungen zur Familie (30,3%). Ungeachtet der Geschlechterprioritäten war von allen, die sich eine gute Heirat wünschen, die Gruppe, die nicht mehr bei ihren Eltern lebt und ihr eigenes Geld verdient, am stärksten vertreten. Für sie ist dies konsequenterweise der nächste Schritt, um aus dem Jugendlichsein herauszutreten und eine eigene Familie zu gründen. Gefolgt wird diese Gruppe von jenen, die noch bei den Eltern leben, aber bereits regelmäßig arbeiten. Im Gegensatz dazu wünschen sich diejenigen Jugendlichen am häufigsten eine gute Arbeit, die noch bei den Eltern wohnen, aber kein eigenes oder nur unregelmäßig Geld verdienen. Die beiden Gruppen von Jugendlichen, die nicht

Tab. 7-2 Jugendliche in Rabat und ihre Lebensentwürfe

»Was ist das Wichtigste für Deine Zukunft: eine gute Heirat, eine gute Arbeit, wirkliche Freunde zu haben oder eine gute Beziehung mit der Familie?«

(Nur eine Antwort möglich, Antworten in Prozent)

	Bei Eltern / ohne Geld		Bei Eltern / mit Geld		Alleine Wohnen	
Typ	(1)	(2)	(3)	(4)	(5)	(6)
n=471	132	50	65	118	22	84
Heirat	29,2	26,0	34,9	41,5	31,8	45,2
Frauen	32,9	29,6	50,0	49,0	43,8	42,3
Arbeit	39,2	42,0	38,1	25,4	31,8	15,5
Frauen	38,6	37,0	27,8	19,6	25,0	11,5
Familie	28,5	30,0	25,4	31,4	36,4	38,1
Frauen	27,1	29,6	22,2	29,4	31,2	46,2
Freunde	3,1	2,0	1,6	1,7	0,0	1,2
Frauen	1,4	3,7	0,0	2,0	0,0	0,0

Typ:
(1) Schüler und Studenten, die bei ihren Eltern leben und nicht arbeiten.
(2) Jugendliche, die bei ihren Eltern leben und nicht arbeiten.
(3) Jugendliche, die bei ihren Eltern leben und nur unregelmäßig arbeiten.
(4) Jugendliche, die bei ihren Eltern leben und regelmäßig arbeiten.
(5) Jugendliche, die nicht mehr bei ihren Eltern wohnen, jedoch Geld von ihnen beziehen.
(6) Jugendliche, die nicht mehr bei ihren Eltern wohnen und ihr eigenes Geld verdienen.

mehr bei den Eltern leben, sind gleichzeitig auch diejenigen, die sich am häufigsten eine gute Beziehung zu den Eltern wünschen.

Für die Lebensentwürfe von Frauen sind drei Beobachtungen wichtig. Die Gruppen, die am häufigsten eine Heirat als wichtigstes Ziel angeben, sind diejenigen, die noch bei den Eltern wohnen, aber eigenes Einkommen erwirtschaften, entweder regelmäßig oder unregelmäßig. Korrespondierend hierzu ist eine gute Arbeit zu finden häufig für jugendliche Frauen wichtig, die ebenfalls noch bei ihren Eltern wohnen, aber ohne Arbeit sind; eine Arbeit zu finden wäre ihr nächster Schritt hin zur größeren Selbständigkeit und zum Erwachsenwerden. Die häufigsten Wünsche, eine gute Beziehung zur Familie zu haben, gehen schließlich wiederum von den allein lebenden jungen Frauen aus.

Soziale Netzwerke

Bei der Untersuchung der sozialen Netzwerke von Jugendlichen werden abhängig von den Problemlagen – wie Geldsorgen, Arbeitssuche, Krankheit oder persönliche Probleme

– unterschiedliche soziale Beziehungsgefüge mobilisiert. Aus sechs möglichen Antworten wurden für Unterstützungsleistungen vor allem drei Optionen ausgewählt: Familie, Freunde und staatliche Einrichtungen, aber oft stand auch »Niemand« zur Verfügung (vgl. Tab. 7-3). Bei Krankheit und Geldproblemen war die Antwort eindeutig: Hier ist die Familie weit vor anderen Institutionen der häufigste Ansprechpartner. Bei Krankheiten ist entsprechend die Familie (82,4%)[13] der mit Abstand häufigste Ansprechpartner, gefolgt von staatlichen Einrichtungen (29,5%) und Freunden (11,5%). Bei Geldsorgen bleibt die Familie der häufigste Adressat (75,8%), nun allerdings gefolgt von Freunden (25,7%). Am dritthäufigsten wird dann allerdings bereits die Option »Niemand« (10,2%) genannt. Bei persönlichen Probleme halten sich dann Freunde (50,5%) und Familie (41,8%) fast die Waage, doch der Anteil für »Niemand« (17,8%) steigt hier nochmals an. Fast ein Fünftel der Jugendlichen hat somit nach eigenen Angaben niemanden, an den sie sich bei persönlichen Problemen wenden können.

Bei der Arbeitssuche wird die Netzwerkstruktur, die in Anspruch genommen wird, differenzierter. Freunde stehen zwar an der Spitze (36,0%), doch auch die Familie (23,4%) und staatliche Einrichtungen (20,0%) sind wichtige Ansprechpartner. Allerdings hat auch hier ein Fünftel der Jugendlichen »Niemanden« (20,6%), an den sie sich wenden können. Einige Jugendliche (4,0%) verweisen bei der Option »Andere« allerdings explizit auf die Möglichkeiten der Internetsuche.

Werden die Jugendlichen gruppenspezifisch betrachtet (vgl. Tab. 7-3), zeigen sich große Unterschiede bei der Mobilisierung ihrer sozialen Netzwerke. Im Falle von Krankheiten ist die Familie für alle Gruppen noch fast ungebrochen der häufigste Ansprechpartner, allein die Jugendlichen, die bei ihren Eltern leben und regelmäßig arbeiten, würden sich in weit über einem Drittel der Fälle an staatliche Einrichtungen wenden. Für einige derjenigen (8,0%), die ohne eigenes Einkommen bei ihren Eltern wohnen, spielt das Vertrauen auf Gott im Krankheitsfall eine wichtige Rolle. Auch bei Geldsorgen ist die Familie noch immer in mehr als der Hälfte aller Fälle die am häufigsten angesprochene Institution. Doch stechen zwei Ergebnisse hervor: Zum einen wenden sich jene Jugendliche, die nicht mehr bei ihren Eltern wohnen und eigenes Einkommen erwirtschaften, bei Geldsorgen in fast der Hälfte der Fälle an ihre Freunde. Sie haben sich eigene Netzwerke aufgebaut, die eine ökonomische Loslösung vom Elternhaus möglich machen. Zum anderen hat von denen, die noch bei ihren Eltern wohnen, aber nur unregelmäßig arbeiten, über ein Fünftel keinen Ansprechpartner. Die Situation verschärft sich für diese Gruppe noch bei der Arbeitssuche: Fast ein Drittel von ihnen kann sich gerade in dem Bereich, der sie von anderen Gruppen unterscheidet – nämlich keine eigene Arbeit zu haben – an niemanden wenden, was, wie gezeigt werden wird, sich auch in ihren Zukunftsängsten niederschlägt. Bei der Arbeitssuche wiederum setzen die Jugendlichen, die alleine leben, aber noch Geld von ihren Eltern beziehen, vor allem auf staatliche Einrichtungen und erst danach auf Freunde und Familie. Für einen Teil derjenigen Jugendlichen, die bereits alleine wohnen und arbeiten, spielen auch Beziehungen in ihre Heimatregion *(awlâd bled)* ein Rolle (16,7%). Bei persönlichen Problemen wechselt die Bedeutung von Familien und Freunden je nach Gruppe. Die größte Häufigkeit erzielen die

Tab. 7-3 Jugendliche in Rabat und ihre sozialen Netzwerke

»An wen wendest Du Dich, wenn Du krank bist, Geld benötigst, persönliche Probleme hast oder Arbeit suchst: Familie, Freunde, Nachbarn, Bekannte aus der Herkunftsregion, Vereinigungen, Staat, Niemanden, Weiß Nicht, Andere?«

(Mehrfachantworten möglich, Antworten für die drei / vier häufigsten Optionen in Prozent)

Typ	Bei Eltern / ohne Geld (1)	(2)	Bei Eltern / mit Geld (3)	(4)	Alleine Wohnen (5)	(6)
Krankheit						
Familie	91,7	82,0	81,5	74,6	90,1	77,4
Staat	18,2	30,0	33,8	38,1	22,7	33,3
Freunde	13,6	10,0	6,2	13,6	9,1	10,7
Rest	3,8	24,0	13,8	9,3	13,6	16,7
Geld						
Familie	97,0	84,0	60,0	72,9	86,4	51,2
Freunde	15,2	18,0	24,6	28,8	18,2	45,2
Niemand	0,8	16,0	21,5	10,2	9,1	13,1
Rest	2,3	2,0	7,7	5,1	0,0	9,5
P. Probleme						
Freunde	66,7	42,0	35,4	47,5	50,0	46,2
Familie	34,8	48,0	41,5	42,4	45,5	47,6
Niemand	11,4	22,0	24,6	21,2	13,6	16,7
Rest	6,8	16,0	10,8	6,8	0,0	8,3
Arbeitssuche						
Freunde	25,0	34,0	35,4	47,5	27,3	40,4
Familie	33,3	16,0	15,4	22,0	13,6	22,6
Staat	18,9	28,0	16,9	16,9	40,9	17,9
Niemand	14,4	28,0	32,3	22,0	13,6	16,7
Rest	16,7	38,0	20,0	17,8	4,5	39,3

Anmerkung: Für die Typen 1-6 siehe Tabelle 7-2.

Schüler und Studenten, die noch bei ihren Eltern wohnen und sich bei persönlichen Problemen an Freunde wenden, während die Jugendlichen, die bei ihren Eltern wohnen, aber nicht arbeiten, sich vor allem erneut an die Familie wenden. Hierbei zeigt sich somit eine Gruppe Jugendlicher, die finanziell wie emotional stark von den Eltern und der Familie abhängt. Bei den Zukunftsängsten der Jugendlichen zeichnet sich ab, dass insbesondere die Vorstellung, »im Leben nicht so erfolgreich zu sein, wie man es sich wünscht«, für die meisten Jugendlichen mit Angst besetzt ist (vgl. Tab. 7-4). Etwa zwei Drittel der Jugendlichen (64,6%) geben an, sich »sehr« (36%) oder »ziemlich« (28,6%) davor zu fürchten. Werden diese beiden Kategorien zusammen gezogen, so ergibt sich für andere Aspekte der Zukunftsängste folgende Hierarchie. An zweiter Stelle wird die Angst genannt, schwer zu erkranken (56,1%), dann die Arbeit zu verlieren (41,2%), drogenabhängig zu werden (40,1%) sich mit den Eltern unwiederbringlich zu überwerfen (39,9%), unverheiratet zu bleiben (36,9%), arm zu werden (34,4%), keine Freunde zu haben (29,4%) und schließlich gezwungen zu sein, Marokko aus ökonomischen Gründen zu verlassen (28,2%).

Bei der gruppenspezifischen Betrachtung fallen einzelne Positionen pointierter aus: Die Angst, im Leben nicht so erfolgreich zu sein, wie man es sich wünscht, ist ganz besonders bei den Jugendlichen hoch, die als Schüler und Studenten noch bei ihren Eltern leben und kein Einkommen erwirtschaften. Sie sind es auch, die am häufigsten Angst haben, schwer zu erkranken, ebenso wie die Jugendlichen, die alleine wohnen, aber kein eigenes Einkommen erwirtschaften. Die Angst vor Drogenabhängigkeit ist bei mehreren Gruppen verbreitet, ebenso wie diejenige, die Arbeit zu verlieren. Interessanterweise sind es gerade jene Gruppen, die keiner regelmäßigen Beschäftigung nachgehen, die sich hierbei am häufigsten Sorgen machen. Bedenken, sich mit den Eltern zu überwerfen, sind wiederum vor allem bei den Schülern und Studenten verbreitet. Diese Gruppe erscheint insgesamt auch am ängstlichsten gegenüber der Zukunft. Für sie ist noch wenig entschieden; weder bei der Gestaltung des Berufslebens noch bei der Wohnsituation können sie auf eigene Erfahrungen zurückgreifen. Die zweite Gruppe, die sich durch Unsicherheit und Ängste auszeichnet, sind die Jugendlichen, die alleine wohnen, aber kein eigenes Einkommen erwirtschaften. Sie leben in einer Übergangssituation, zwar räumlich getrennt, aber dennoch ökonomisch abhängig von den Eltern.

Welche Flexibilität und Mobilität sind die Jugendlichen in Rabat bereit einzugehen, um an ihrer Situation etwas zu ändern? Generell gesprochen lautet die Antwort: eine hohe. Über zwei Drittel sind bereit, eine Arbeit in einem anonymen Umfeld zu akzeptieren (82%), jemanden aus einer niedrigeren sozialen Schicht zu heiraten (75,6%), ihre Familie für eine gute Ausbildung zu verlassen (72,6%) und jemanden aus einer höheren sozialen Schicht zu heiraten (63,3%). Allerdings ist nur noch weniger als die Hälfte bereit, eine Arbeit unterhalb ihrer Qualifikationen zu akzeptieren (45,6%) und nur noch ein Fünftel, jemanden mit einer anderen Religion zu heiraten (20,6%). Dabei bestehen grundsätzliche Unterschiede zwischen Männern und Frauen: Die jungen Männer zeigen durchgängig eine höhere Flexibilität, allein einer Heirat in eine höhere soziale Schicht stimmen weniger Männer (56,3%) als Frauen (71,9%) zu. Gruppenspezifisch betrachtet zeigen vor allem diejenigen, die alleine wohnen, aber Geld von den Eltern beziehen, die häufigste Bereitschaft, sich zu verändern: 95,5 Prozent würden eine Arbeit in einem anonymen Umfeld akzeptieren, 90,9 Prozent würden ihre Familie für eine gute Ausbildung verlassen und 81,8 Prozent würden jemanden aus einer höheren sozialen Schicht heiraten. Eine Auswanderung aus Marokko ist lediglich für weniger als ein Viertel der Jugendlichen noch eine ernsthafte Option. Nur 6,2 Prozent sind sich sicher, dass sie

JUGENDLICHE LEBENSWELTEN – RABAT

Tab. 7-4 Jugendliche in Rabat und ihre Zukunftsängste

»Was fürchtest Du in der Zukunft... (bitte bewerte mit sehr, ziemlich, wenig, überhaupt nicht, wird nie vorkommen)?«

(Zusammenfassung der beiden Kategorien »sehr« & »ziemlich«. Antwort in Prozent)

Typ	Bei Eltern / ohne Geld		Bei Eltern / mit Geld		Alleine Wohnen	
	(1)	(2)	(3)	(4)	(5)	(6)
nicht erfolgreich zu sein	75,6	58,0	58,7	64,1	59,3	57,1
schwer zu erkranken	62,1	58,0	50,8	52,6	63,7	51,2
drogenabhängig werden	44,3	24,5	42,8	39,0	31,8	45,3
die Arbeit zu verlieren	47,8	36,0	46,0	32,2	45,5	41,7
mit Eltern überwerfen	49,6	36,0	36,5	33,9	27,3	40,9
unverheiratet zu bleiben	32,6	44,0	31,7	42,3	31,8	37,7
arm zu werden	34,8	42,0	28,6	29,6	45,4	36,9
keine Freunde zu haben	35,9	25,0	20,6	27,2	36,4	30,1
Marokko zu verlassen	27,3	22,0	33,3	30,5	22,7	27,4

Anmerkung: Für die Typen 1-6 siehe Tabelle 7-2.

emigrieren wollen und 17 Prozent möchten gerne auswandern. Ein knappes Drittel hat einmal mit dem Gedanken gespielt (28,2%), während fast die Hälfte (48,6%) keineswegs das Land verlassen möchte.

Bevor im Folgenden vor diesem Hintergrund die politische Mobilisierung der Jugendlichen beleuchtet wird, sollen zwei Fallstudien die Situation in Rabat exemplarisch etwas genauer beschreiben.

> MILOUDA ist 30 Jahre alt, nicht verlobt, wohnt und lebt im Stadtteil Mabella und hat die Schule mit dem Abitur abgeschlossen. Ihr Vater ist Kleinhändler, ihre Mutter Hausfrau. Aufgrund ihrer Arbeit – sie ist bezahlte Praktikantin in einer Krankenschwesterausbildung – und auch, um unabhängig von der Familie zu sein, lebt sie mit einer Freundin zusammen. Sie verdient 2.000Dh im Monat und zahlt 400Dh als Miete. Ihre ökonomische Situation gibt sie als »schlecht« an. Für das Praktikum hat sie sich formell beworben, wobei ihr Vorgesetzter aus dem gleichen Stadtgebiet stammt. Neben ihrer Familie wird sie von einer befreundeten Krankenschwester sowohl moralisch wie finanziell unterstützt. Milouda: »Sie unterstützt mich wirklich sehr und ich bin fast ein bisschen zu sehr von ihrer Hilfe abhängig.« Neben den Mietkosten gibt sie viel von ihrem Geld für Kleidung und ihr Mobiltelefon aus. Aus ihrer Familie ist 1972 ein Cousin nach Deutschland emigriert; sie selbst hat eine Auswanderung bereits in Betracht gezogen und würde, wenn überhaupt, dann am liebsten nach Frankreich emigrieren. Milouda betet fünfmal täglich, geht aber nicht in die Moschee, sie fastet im Ramadan und hört sich täglich Koranrezitationen an. Ein Kopftuch trägt sie nicht:

»Im Moment denke ich nicht daran, eins zu tragen, vielleicht viel später einmal.« Für sie ist es sehr wichtig, dass ihr zukünftiger Partner die gleichen religiösen Werte teilt wie sie, und sie wünscht sich, dass die Prinzipien des Islam einen größeren Einfluss auf das Alltagsleben nehmen. Auf die Frage, ob sie sich Predigten anhört, antwortet sie: »Ja, Houssine Yakoub aus Ägypten, im Fernsehen und im Internet. Ich habe vor acht Jahren angefangen, das Internet zu nutzen, seit 2010 habe ich einen Zugang bei mir zu Hause und seit 2011 gehe ich auch in Internetcafés. Durchschnittlich bin ich drei Stunden täglich im Netz. Meistens diskutiere ich religiöse Angelegenheiten, suche nach möglichen Arbeitsplätzen oder spreche und verabrede mich mit Freunden. Freunde sind für mich wichtig: wenn ich persönliche Probleme habe oder krank werde, aber auch wenn ich Geld benötige.« Ihre eigenen größten Ängste sind, so sagt sie, schwer zu erkranken, keine Freunde zu haben und sich unwiederbringlich mit ihren Eltern zu überwerfen. »Das Wichtigste in der Zukunft ist eine gute Arbeit.« Die wichtigsten Ereignisse in meinem Leben? »In Marokko die Anschläge in Casablanca und international der 11. September in den USA sowie für mich persönlich: als meine beste Freundin nach Frankreich emigriert ist – ja, und mein Abitur.« »Politisch engagiere ich mich nicht, doch mit den Initiativen gegen den Missbrauch von Frauen und mit den *diplômés chômeurs* sympathisiere ich. Ich bin gegen die Bewegung des 20. Februar. Die sind nicht gut organisiert und sie haben auch keine Antworten auf die aktuellen Probleme in Marokko.«

ABDERRAHIM ist 28 Jahre alt, hat Abitur und eine Berufsausbildung als Mechaniker, er wohnt bei seinen Eltern in der Medina und arbeitet als Angestellter zusammen mit seinem Vater in dessen Handwerksbetrieb. Im Monat verdient er 4.000Dh, wovon er 1.000Dh wiederum an seine Familie zahlt. Seine ökonomische Situation bezeichnet er als »gut«. Das meiste Geld gibt er neben der Familienabgabe für das gemeinsame Ausgehen mit Freunden und die Reparatur seines Motorrads aus. Von seiner Familie war und ist niemand im Ausland und auch er hat nicht vor zu emigrieren. Regelmäßiges Beten beschränkt er wie auch seine Moscheebesuche auf den Monat Ramadan. Doch auch für ihn ist es sehr wichtig, dass seine zukünftige Partnerin die gleichen religiösen Werte teilt wie er, und die Prinzipien des Islam sollten auch für ihn einen größeren Einfluss auf das Alltagsleben nehmen. Das Internet nutzt er nicht, hat aber seit 2006 ein Mobiltelefon, das er überwiegend zum Kontakt mit seinen Freunden innerhalb von Rabat verwendet. Auf die Frage nach den wichtigsten Ereignissen in seinem Leben, die ihn prägten, antwortet Abdelrahman: »In Marokko hat mich die Gewalt des Staates als Reaktion auf die Proteste beschäftigt und außerhalb Marokkos die Selbstverbrennung von Mohamed Bouazizi in Tunesien sowie die ägyptische Revolution; persönlich war ich am stärksten vom Tod meiner Schwester betroffen. Die politische Situation diskutiere ich mit Freunden, am meisten interessiert uns der Arabische Frühling. Politische Parteien unterstütze ich keine, aber die *diplômés chômeurs*, die vor dem Parlament hier in Rabat protestieren, finde ich gut. Ich denke auch, dass die Bewegung des 20. Februar Recht hat, sie sagen die Wahrheit.« Das wichtigste Ziel in seinem Leben bleiben gute Beziehungen zu seiner Familie, große Sorgen bereitet ihm, dass er gezwungen sein könnte, Marokko aufgrund ökonomischer Probleme zu verlassen. Doch auch die Ängste, alleinstehend zu bleiben, keine Freunde zu haben und drogenabhängig zu werden, machen ihm zu schaffen. Bei persönlichen Problemen, so sagt er, habe er niemanden, an den er sich wenden kann.

Tab. 7-5 Jugendliche in Rabat: Religiöse Praxis

»Fastest Du während des Ramadan, hörst Du dir regelmäßig Koranrezitationen an, hast Du die Intention, die Pilgerfahrt (hajj) zu absolvieren, besitzt Du einen Koran, betest Du regelmäßig, gehst Du in die Moschee, trägst Du einen Schleier?«
(Mehrfachantworten möglich)

»Meiner Meinung nach sollten die Prinzipien des Islam (a) einen größeren Einfluss auf das Alltagsleben nehmen, (b) es ist gut so wie es ist, (c) weniger Einfluss auf das Alltagsleben nehmen?« (nur eine Antwort möglich)

Typ	Bei Eltern / ohne Geld		Bei Eltern / mit Geld		Alleine Wohnen	
	(1)	(2)	(3)	(4)	(5)	(6)
Ramadan	100,0	100,0	100,0	100,0	100,0	100,0
Rezitationen	90,9	82,0	90,7	94,1	95,5	94,0
Hajj	93,9	88,0	90,5	94,1	90,9	76,2
Koran	93,9	72,0	81,0	88,0	86,4	82,1
Gebete	59,1	54,0	55,6	58,5	54,5	61,9
Moscheebesuch	48,5	40,0	34,9	50,8	50,0	53,6
Schleier (Frau)	32,9	53,6	27,8	51,9	62,5	46,2
Islam						
(a) mehr	68,9	68,0	69,8	75,4	68,2	64,3
(b) gut so	23,5	22,0	17,5	15,3	22,7	19,0
(c) weniger	7,6	10,0	12,7	9,3	9,1	16,7

Anmerkung: Für die Typen 1-6 siehe Tabelle 7-2.

Werden diese individuellen Positionen in allgemeinere Aussagen zur politischen Mobilisierung eingeordnet, so ergibt sich folgendes Bild: Auf die Frage, mit wem die Jugendlichen in Rabat über Politik diskutieren, antwortete knapp die Hälfte »mit niemanden« (47,1%), ein Drittel (33,4%) spricht mit Freunden darüber und ein kleiner Teil mit seiner Familie (13,1%) bzw. mit Familie und Freunden (4,7%) sowie mit anderen Personen (1,7%). Fünf Themen bestreiten im Sommer 2012 zu zwei Dritteln den politischen Diskurs: Es geht um die neue marokkanische Regierung (27,1%), den Arabischen Frühling, besonders die Situationen in Syrien und Ägypten (15,4%), die steigenden Preise, insbesondere bei Treibstoffen (13,8%), sowie die konstitutionellen Reformen in Marokko und die Arbeitsmarktsituation (je 4,9%). Drei Gruppen von Jugendlichen sprechen vor allem mit ihren Freunden über Politik: diejenigen, die noch bei den Eltern wohnen, aber regelmäßig arbeiten, und beide Gruppen, die bereits alleine wohnen; es sind also jene Jugendliche, die sich bereits soziale Bezugssysteme jenseits von Familie und Ausbildung aufbauen konnten, die am häufigsten politische Diskussionen mit Freunden führen. Junge Frauen, die alleine wohnen und ihr eigenes Geld verdienen, und solche, die noch bei ihren Eltern leben und Einkommen erwirtschaften, zählen zu den aktivsten: beinahe drei Viertel von ihnen sprechen mit ihren Freunden über Politik.

Bei der Frage »Sympathisierst Du mit folgenden Gruppen oder Bewegungen?« wurde deutlich, dass sich bei Fußball (66,1%) und bei Musikgruppen (64,1%) etwa zwei Drittel der Jugendlichen hierfür interessieren, auch für die *diplômés chômeurs* (42,3%) und Verbände *(associations)* (29,1%) gibt es häufig Sympathie, bei politischen Parteien (15,5%), kulturellen (8,7%) und religiösen Gruppen (4,2%) dann allerdings deutlich weniger. Während also das Engagement für Fußball und Musikgruppen erwartungsgemäß hoch ist, sind zwei Ergebnisse eher bemerkenswert: die häufige Sympathie für die *diplômés chômeurs* und die ausgesprochen geringe für religiöse Gruppen.

Doch zunächst noch eine Bemerkung zu den politischen Parteien. Hierbei steht bei denen, die mit politischen Parteien sympathisieren, also etwa einem Sechstel der Jugendlichen, ganz deutlich die islamisch orientierte Partei für Gerechtigkeit und Entwicklung (PJD) als Favorit fest. Über zwei Drittel (69,4%) sprechen sich für die PJD aus. Sie war lange die wichtigste Oppositionspartei, bevor sie 2011 bei den vorgezogenen Parlamentswahlen, zur stärksten Kraft in Marokko wurde. Die beiden Gruppen, die am häufigsten ihrer Unterstützung Ausdruck verleihen, sind die Jugendlichen, die regelmäßig arbeiten und dabei entweder alleine oder noch bei den Eltern wohnen.

Die auffallend große Sympathie für die *diplômés chômeurs* hat ohne Zweifel mit ihrer physischen Präsenz im Stadtraum von Rabat und den fast täglichen Protesten vor dem Parlament zu tun, welches im Zentrum der Stadt, unweit des Bahnhofs gelegen, von vielen Personen alltäglich passiert wird und wo Aktionen entsprechend wahrgenommen werden. Die Binnendifferenzierung zwischen den einzelnen Jugendgruppen ist hierbei außerordentlich groß: Während die jüngeren Schüler und Studenten sich höchstens zu einem Drittel mit den arbeitslosen Akademikern solidarisieren, macht dies bei den anderen Gruppen knapp die Hälfte und bei denen, die alleine wohnen, aber noch von ihren Eltern Geld beziehen, über drei Viertel der Jugendlichen aus (Tab. 7-6). Der Erfolgsdruck ist, wie deutlich wurde, am häufigsten mit Versagensangst besetzt und eine gute Arbeit für viele Jugendliche ein ganz wichtiges Ziel.

Hinsichtlich der Religion besteht ein großer Unterschied zwischen der Sympathie mit religiösen Organisationen, die sehr gering bleibt, und der individuellen religiösen Praxis (vgl. Tab. 7-5). Bei der eigenen Praxis zeichnet sich ab, dass alle Jugendlichen während des Ramadan fasten, eine große Mehrheit (91,9%) sich regelmäßig Koranrezitationen anhört und eine fast ebenso große Gruppe einen Koran besitzt (85,9%) und vorhat, die Pilgerfahrt zu absolvieren (89,6%). Allerdings werden regelmäßige Gebete, Moscheebesuche und das Tragen eines Schleiers (bei Frauen) bereits nur noch etwa von der Hälfte der Jugendlichen praktiziert. Trotzdem wünschen sich mehr als zwei Drittel (69,9%), dass die Prinzipien des Islam einen größeren Einfluss auf das Alltagsleben nehmen sollten. Hier überwiegt also der Wunsch nach verbindlichen Werten in der Gesellschaft ganz eindeutig gegenüber dem nach religiöser Organisation oder Institutionalisierung.

Tab. 7-6 Jugendliche in Rabat: Politische Mobilisierung

»Sympathisierst Du mit (a) diplômés chômeurs, (b) politischen Parteien, (c) religiösen Gruppen?: Ja / Nein ?«

»Was denkst Du von der Bewegung des 20. Februar?: Dafür / Dagegen / Neutral«

Typ	Bei Eltern / ohne Geld (1)	(2)	Bei Eltern / mit Geld (3)	(4)	Alleine Wohnen (5)	(6)
Chomeurs: Ja	26,5	46,0	44,4	44,9	77,3	51,8
Frauen	31,9	55,6	38,9	45,1	81,2	52,0
Parteien: Ja	14,4	16,0	11,1	18,6	9,1	18,1
Frauen	12,5	18,5	5,6	15,7	12,5	15,4
Religiöse: Ja	1,5	4,0	4,8	8,5	0,0	3,6
Frauen	0,0	3,7	5,6	3,9	0,0	0,0
20. Februar						
Pro	12,9	24,5	17,5	23,1	18,2	21,4
Contra	38,6	16,3	22,2	14,5	27,3	21,4
Neutral	48,5	59,2	60,3	62,4	54,5	57,2
Frauen Pro	15,3	33,3	11,1	23,5	18,8	38,5
Contra	36,1	7,4	16,7	7,8	25,0	15,4

Anmerkung: Für die Typen 1-6 siehe Tabelle 7-2.

Bei der Frage »Was denkst Du über die Bewegung des 20. Februar?« sprachen sich etwa ein Fünftel der Jugendlichen (19,0%) dafür aus, ein Viertel (24,5%) war dagegen und über die Hälfte (56,5%) blieb neutral (vgl. Tab. 7-6). Für diese vorsichtige und eher skeptische Einstellung gibt es viele verschiedene Erklärungen. Die Haltung von etwa der Hälfte der befragten Jugendlichen lässt sich drei Antworttypen zuordnen. Knapp ein Fünftel kennt die Bewegung nicht (19,7%), ein weiteres Fünftel ist nicht an ihr interessiert (22,5%) und eine weitere Gruppe findet, dass sie nicht gut organisiert sei bzw. keine klaren Ziele habe (4,7%). Die andere Hälfte hat individuelle Gründe für ihre jeweilige Position. Doch welche Gruppen von Jugendlichen positionieren sich dabei wie? Die Beurteilung junger Männer und Frauen unterscheidet sich ebenso wie die bezogen auf die ökonomische Selbsteinschätzung – hierfür gibt es, wie deutlich wurde, vier Kategorien: exzellent, gut, schlecht, sehr schlecht. Die anteilsmäßig häufigste Unterstützung für die Bewegung des 20. Februar geht von Jugendlichen aus, die ihre Situation als sehr schlecht angeben. Über ein Viertel (26%) sind für die Bewegung des 20. Februar. Komplementär dazu findet sich die größte Gruppe, die die Bewegung ablehnt, bei denen, die ihre ökonomische Situation als exzellent angeben: Über ein Drittel (35,7%) sind dagegen. Die größte Gruppe derjenigen, die eine neutrale Position einnehmen, stellen wiederum jene, die ihre ökonomische Situation als schlecht beschreiben, nämlich weit über die Hälfte (61,3%). Allerdings gibt es deutliche Unterschiede zwischen Männern und Frauen. Generell gilt, dass nur 16,2 Prozent der Männer die Bewegung des 20. Februar unterstützen, während dies 22,5 Prozent der Frauen tun. Die jeweils größten Unterstützergruppen finden sich mit 34,3 Prozent bei Männern, die ihre ökonomische Situation als »sehr schlecht« angeben, sowie bei Frauen (33,3%), die ihre ökonomische Situation als »schlecht« beurteilen.

Die Binnendifferenzierung der Jugendlichen eröffnet weitere Einsichten: Die häufigste Unterstützung kommt von den Frauen, die nicht mehr bei den Eltern leben, aber Geld von ihnen beziehen, sowie von jenen, die nicht arbeiten, aber noch bei den Eltern leben. Demgegenüber stellen die Schüler und Studenten, die bei ihren Eltern leben und nicht arbeiten, mit Abstand die größte Gruppe der Gegner der Bewegung des 20. Februar. Während 38,6 Prozent dagegen sind, sprechen sich nur 12,9 Prozent dafür aus. Die andere Hälfte dieser Gruppe bleibt indifferent. Jene Jugendliche, die bei ihren Eltern leben und regelmäßig arbeiten, bilden mit knapp zwei Dritteln (62,4%) demgegenüber die Gruppe mit der häufigsten Neutralität: Nur 14,5 Prozent sind eindeutig gegen die Bewegung.

Wie verbindet sich dies mit der Nutzung moderner Kommunikationstechnologien? Fast alle Jugendlichen in Rabat (außer 4,9%) verfügen über mindestens ein Mobiltelefon, über die Hälfte (57,3%) hat einen Internetanschluss zu Hause und ein Drittel (32,5%) nutzt Internetcafés. Gelegentlich sind es die gleichen Personen, die beides nutzen. Werden die Doppelnutzer abgezogen, so verfügen fast drei Viertel (72,8%) der Jugendlichen über einen Zugang zum Internet. Die meisten haben im Alter von 16 Jahren angefangen, das Netz zu nutzen, die Zugänge zu Hause wurden durchschnittlich in den Jahren 2006 und 2007 angelegt. Mobiltelefone werden vor allem innerhalb von Rabat und für die Kommunikation mit Freunden eingesetzt. Bei den Jugendlichen, die das Netz nutzen, ist weit vor Twitter und Blogs vor allem Facebook als soziales Netzwerk beliebt. Dabei lässt sich die Art und Weise der Nutzung unterscheiden: mit Freunden in Kontakt bleiben (75,7%), Treffen mit Freunden organisieren (67,5%), Musik und Videos teilen (59,6%), über Religion diskutieren (32,5%), Arbeitssuche (27,4%), über Politik diskutieren (21,8%), Opposition gegenüber politischen Positionen betreiben (12,7%), Opposition gegenüber anderen religiösen Positionen betreiben (11,6%), eine Organisation oder Mobilisierung aus religiösen Gründen (7,3%) oder aus politischen Gründen suchen (4%).

Werden die einzelnen Gruppen betrachtet, so wird in Facebook von den Jugendlichen am häufigsten über Politik diskutiert, die alleine wohnen und ihr eigenes Geld verdienen (35,3%), von Schülern und Studenten, die noch bei ihren Eltern wohnen, hingegen am seltensten (17,7%). Opposition gegenüber politischen Positionen wird ebenfalls vor allem von den allein wohnenden Jugendlichen vorgebracht, sei es durch diejenigen, die noch Geld von ihren Eltern beziehen (25%), oder von denen, die eigenes Einkommen erwirtschaften (21,6%). Das Gleiche gilt für die politische Mobilisierung: Erneut zeigen sich hier am häufigsten diejenigen Jugendlichen, die alleine wohnen und auch ökonomisch selbständig sind (7,8%). Ein ähnliches Bild zeichnet sich beim religiösen Facebook-Engagement ab: Die Anteile werden von »Diskussionen« über »Opposition« zur

»Mobilisierung« immer geringer. Am häufigsten diskutiert wird von der alleine lebenden Gruppe Jugendlicher mit festen Einkommen (39,2%), »Opposition« wird am häufigsten von den Jugendlichen betrieben, die ohne eigenes Einkommen noch bei den Eltern leben (17,2%) und »Mobilisierungen« via Facebook werden am häufigsten von den Schülern und Studenten angeschoben, die noch bei ihren Eltern wohnen (9,2%).

Fazit

Jugendliche sind keine homogene Gruppe und keineswegs sind alle oder auch nur die Mehrheit in Protestaktionen gegen die Regierung verstrickt. Dies gilt auch für städtische Jugendliche wie die in der marokkanischen Hauptstadt Rabat, denen per se eine größere politische Präsenz unterstellt wird als Jugendlichen vom Land. Zwischen Kindheit und Erwachsenwerden liegen viele einzelne Schritte und verschiedene Übergänge wie erste Arbeitserfahrungen, dauerhafte Anstellungen, der Auszug von Zu Hause, sexuelle Erfahrungen, der Aufbau eines Freundschaftsnetzwerks, das Festigen politischer Überzeugungen, die finanzielle Unterstützung der Eltern und schließlich mit der Heirat die Gründung eines eigenen Hausstandes und die dauerhafte Übernahme von Verantwortung für Kinder und andere Personen. Diese Phasen werden häufig vereinfacht unter 'Jugend' zusammengefasst, ganz zu schweigen davon, dass unterschiedliche historische Kontexte für verschiedene Generationen unterschiedliche kollektive Erfahrungen von Jugendlichkeit bedeuten, die eben nicht linear zu einer immer größeren Freiheit für Jugendliche führen. Für einige junge Marokkaner war beispielsweise die Bewegungs- und Reisefreiheit der 1960er bis 1980er Jahre deutlich größer und Reisen nach Europa waren keineswegs so kompliziert, teuer und durch rechtliche Hürden abgeschottet, wie dies heute der Fall ist. Jugendlichkeit ist nicht ohne weiteres vergleichbar. Auch in diesem Zusammenhang ist deutlich zwischen dem Medienbild und dem Alltag von Jugendlichen zu unterscheiden. Das Image, Jugendliche seien leicht für Massenveranstaltungen zu mobilisieren, ja, sie warteten geradezu darauf, aktiv zu werden, und die tatsächliche politische Mobilisierung der Jugendlichen besonders aus unteren Einkommensgruppen, die hier im Blick standen, klaffen weit auseinander. Nur ein geringer Teil der Jugendlichen sympathisiert mit der Bewegung des 20. Februar – dies selbst in der marokkanischen Hauptstadt – und ein noch geringerer Teil steht für politische oder religiöse Mobilisierungen überhaupt zur Verfügung. Vielmehr geht es vielen, wenn überhaupt, dann um einen eher privaten und stillen Postislamismus, dem Streben »nach einer gläubigen Gesellschaft innerhalb eines zivilen (säkularen) demokratischen Staates« (Bayat 2012a, 225). Leicht wird allerdings die mediale Sichtbarkeit besonderer Protagonisten generalisiert und mit der angeblichen Politisierung einer vermeintlich homogenen Gruppe 'von Jugendlichen' verwechselt. Gesellschaftliches Engagement und Verantwortung sind jedoch etwas völlig anderes und sollten den Jugendlichen keineswegs abgesprochen werden. Die Auseinandersetzung mit Werten und gesellschaftlichen Zielen hat dabei insbesondere im Internet neue Räume gewonnen (Braune 2008; Ait Mous 2012). Der »Aufbruch marokkanischer Lebenswelten« (Gertel & Breuer 2012) bleibt spannend.

Anmerkungen

[1] Übersetzung aller folgenden Zitate aus den Originalsprachen durch den Autor.

[2] Dieser Beitrag greift auf Recherchearbeiten von Johannes Frische in marokkanischen Onlinemagazinen, insbesondere bei Tel Quel, zurück (Typoscript: Youth in Morocco, 3.11.2011) und nutzt Befragungen, die Ingo Breuer (Bristol) und ich zusammen mit Hassan Rachik (Casablanca) vorbereitet haben und die vor Ort im Juni 2012 von jungen Marokkanerinnen und Marokkanern durchgeführt wurden. Hamdi Echkaou, Lagrini Mohamed, Salima Massoui Mubarak Agnaou, Ahmed Eddarkoui, Milouda Bouizgarne, Mohamed, Abeddaim, Oukrich Asma, Essadi Abderrahim, Mohamed Echkaou, Hanna Lalla Chafik, Noura Ennah, Salima Massaoui, Aziza Afqir, Marwane El-Mariami sowie Lilo Brißlinger und Louise Wendebourg aus Leipzig bin ich sehr zu Dank verpflichtet. Die Arbeiten sind Teil eines größeren gemeinsamen Projektes über Jugend in Rabat, das, als Längsschnittanalyse angelegt, 2002 seinen Anfang nahm (vgl. Gertel 2004; Breuer 2012; Gertel 2014). Für die kritische Durchsicht des Manuskriptes möchte ich Sonja Ganseforth und Johannes Frische danken. Der Deutschen Forschungsgemeinschaft bin ich für die langjährige Förderung nachdrücklich zu Dank verpflichtet.

[3] Das Portal »mamfakinch.com« wurde am 17. Februar 2011 von einem Kollektiv marokkanischer Netzaktivisten und Blogger freigeschaltet und rief zur Teilnahme an den landesweiten Demonstrationen des 20. Februar auf. Der Name *mamfakinch* stammt aus dem marokkanischen Arabisch und bedeutet soviel wie »wir brechen nicht ein«, »wir geben nicht auf«, »wir geben nicht nach«, »keine Konzessionen« (vgl. Ait Mous 2013).

[4] Siehe hierzu beispielsweise den Roman von J.A. Michner »Die Kinder von Torremolinos« (1971).

[5] Die linke Studentenbewegung und die Islamische Bewegung gingen aus der gleichen Organisation (Nationale Vereinigung für Maghrebinische Studenten) hervor. Das Verhältnis zwischen beiden Bewegungen war ambivalent, da sie trotz Konkurrenz zumindest anfänglich auch ideologische Überschneidungspunkte teilten wie die Dependenztheorie und die Interessen der Dritten Welt. Die Ermordung von Omar Benjelloun, einem prominenten Gewerkschaftsführer, 1975, die dem militanten Flügel der Chabiba Islamiya angelastet wurde, verschärfte den Antagonismus zwischen beiden Lagern. Nachdem die Revolte der Studentenbewegung während der Bleijahre niedergeschlagen worden war, gewann die islamistische Opposition an Bedeutung. Die staatliche Islamisierung von oben war ein Instrument, um dieser Opposition den Wind aus den Segeln zu nehmen.

[6] Der Human Development Index (HDI) in Marokko weist zwar im Verlauf der 1990er Jahre minimale Verbesserungen auf (1990: 0,539; 1995: 0,568; 1999: 0,596; UNDP 2001: 147), nichtsdestotrotz lag auch im Jahr 1999 der HDI Marokkos noch hinter Tunesien, Algerien und Ägypten (World Bank 2001, 2).

[7] Bei diesen Daten ist zu bedenken, dass nicht alle Arbeitslosen sich auch als solche bezeichnen oder sich gar offiziell melden. Zudem kann anhand dieser Daten keine Aussage über die Einkommenshöhe bzw. das Ausmaß der ökonomischen Unsicherheit getroffen werden. In vielen postkolonialen Ländern lässt sich allerdings ein deutlicher Zusammenhang von Analphabetismus und Armut zeigen.

[8] Vergleiche CNJA (1992, 1993, 1994a, 1994b, 1995, 1996, 1997). Die Aussagen dieser Studien, die sehr allgemein und deskriptiv gehalten sind, sollten im Zusammenhang ihrer Entstehung eher vorsichtig beurteilt werden.

[9] Siehe beispielsweise: http://www.slateafrique.com/81289/maroc-trois-diplomes-chomeurs-simmolent-par-le-feu-rabat.

[10] Die Untersuchung muss aufgrund der nicht sichergestellten Zufallsziehung als nicht repräsentativ gelten, sie repräsentiert als eine der umfangreicheren Studien zu Rabat gleichwohl wichtige Ausschnitte aus dem Alltagsleben Jugendlicher.

[11] Im Juni 2012 entsprachen elf marokkanische Dirham etwa einem Euro.

[12] Zwei Personen, die bei ihren Eltern leben und unregelmäßig arbeiten wurden hier nicht berücksichtigt. Es handelt sich um zwei Männer mit einem Durchschnittsbudget von 1.500Dh. pro Monat.

[13] Die Durchschnittsangaben beziehen sich auf das gesamte Sample. Sie sind damit gewichtet, was die einzelnen Typen von Jugendlichen betrifft. Das bedeutet, dass es sich nicht um aggregierte Durchschnittsangaben für einzelne Typen (deren Häufigkeit im Sample wiederum von der Auswahl der Befragten abhängt) handelt. Hierzu könnten die typenspezifischen Durchschnittsangaben aus Tabelle 7-2 addiert und durch die Gruppenzahl dividiert werden.

Kairos Streetart-Szene im Kontext der Januar-Revolution

Stefan Widany (Leipzig)

> »Streetart wurde ein neuer Weg, mich auszudrücken. Davor war das Internet der einzige Ort, wo ich mich ehrlich unterhalten konnte. Auf der Straße konnten wir einfach nicht frei sprechen, besonders nicht über Mubarak. Mittels Streetart kam die Meinungsfreiheit aus der virtuellen in die reale Welt.«

– Ballant, Kairo, 8.5.2012[1]

Im August 2011, ein halbes Jahr nach Beginn der ägyptischen Januar-Revolution, waren Graffiti mit Revolutionsbezug bereits zu einem festen Bestandteil des Kairoer Stadtbilds geworden. Nicht nur am Tahrirplatz, dem Symbol-Platz der Revolution, sondern auch in zahlreichen Hauptstraßen, in unscheinbaren Seitengassen und an Grundstücksmauern der Kairoer Außenbezirke fanden sich Parolen und ausgestaltete Wandbilder. Außerdem war eine junge, hoch politische Streetart-Szene in der Stadt und im Netz präsent. Bekannten Künstler_innen wurden Ausstellungen gewidmet, ihre Aktivitäten im Internet verfolgt und neue Werke im Web-Stadtplan eingetragen. Graffiti waren plötzlich ein präsentes gesellschaftliches Thema.

Streetart und die hier als Jugendbewegung beschriebene Quasi-Subkultur der Kairoer Streetart-Akteure sind nur ein bestimmter Teil von Kairos breiten Spektrum an Graffiti-Objekten und Graffiti-Schaffenden. Durch die gezielte Medienaufmerksamkeit und die Vernetzungsfähigkeiten ihrer Akteur_innen ist Streetart aber auch der Teil, der sich am einfachsten betrachten lässt.

In diesem Kapitel soll untersucht werden, wie sich die Inhalte und Ereignisse der Januar-Revolution 2011 in Streetart-Objekten widerspiegeln. Warum drücken sich die Autor_innen auf diese Weise aus? Wie ordnet sich das komplexe, globale Phänomen 'Streetart' in den Revolutionskontext ein und in welchen Spannungsfeldern bewegt es sich? Die Januar-Revolution wiederum kann nur im größeren Kontext der Geschichte des Landes verstanden werden. Die geschichtlichen Hintergründe der Revolution müssen also zuerst betrachtet werden, um den Entstehungskontext der Streetart-Objekte und das plötzliche Aufblühen der Streetart-Szene zu verstehen.

Begriffsannäherung

Der Begriff 'Graffiti' stammt von dem italienischen Wort *graffito*, das ursprünglich jahrtausendealte Wandmalereien bezeichnete. Seit den 1960er Jahren bezeichnete der Begriff Graffiti eine im US-amerikanischen Raum entstandene Jugendbewegung, die in der Literatur und auch zur Abgrenzung in dieser Arbeit als *'American Graffiti'* bezeichnet wird. Bei *American Graffiti* ging es vor allem um das größtmögliche Verbreiten der eigenen, künstlerisch gestalteten Pseudonyms (des persönlichen *tag*) an öffentlichen Flächen im städtischen Raum. Dabei war es das Ziel der Autor_innen, möglichst weitreichend auf der Straße bekannt zu werden. Heute ist der Graffiti-Begriff unschärfer abgegrenzt. Er kann die ursprüngliche Graffiti-Subkultur bezeichnen, wird aber auch als Oberbegriff für jegliche gemalte und gesprühte Objekte in öffentlichen Plätzen verwendet. In dieser Funktion, also als Oberbegriff, findet Graffiti auch in dieser Arbeit Anwendung. Die Erzeuger von Graffiti sind 'Graffiti-Akteur_innen' oder 'Graffiti-Schaffende' (Reinecke 2007; Willm 2010).

'Parolengraffiti' und 'Streetart' sind zwei zentrale Kategorien der Graffiti-Forschung. Spezifisch als 'Parolengraffiti' oder 'politische Graffiti' werden hier die Objekte bezeichnet, die nur aus Schrift bestehen und politische Standpunkte transportieren (Beck 2009, vgl. Bildteil). 'Streetart' wird in der Arbeit nach Willms (2010) als vielfältige kreative Praxis im öffentlichen Raum verstanden: »Streetart beschreibt die neuere, experimentelle Form der angewandten und bildenden Kunst im öffentlichen Raum, [...] also Schablonengraffiti, Scherenschnitte, Aufkleber, Plakate, *cut-outs*, Mosaike, Arbeiten aus verschiedenen Materialien [...] etc.« (Willms 2010, 33) Die erwähnten Schablonengraffiti werden als *'stencil'* bezeichnet. *Cut-outs* sind ausgeschnittene Poster-Motive bei denen die Schnittkonturen einen Teil der Gestaltung bilden.

Hintergründe

Um Streetart in ihren Entstehungskontext einordnen zu können, sollten wir zuerst die aktuelle Geschichte Ägyptens betrachten. Am 19. Februar 2011, also kurz nach dem Rücktritt Mubaraks, wurde der politische Analyst Rami G. Khouri in einem Interview nach den Gründen für das gerade jetzt erfolgende Aufbegehren der Menschen in Ägypten befragt. Er antwortet:

> »Seit den 1980ern verfallen die Lebensstandards. Parallel dazu wuchsen die Polizeipräsenz und der Sicherheitsapparat des Regimes. Verbunden damit war auch der immer größer werdende, unverdiente Wohlstand der herrschenden Elite und die Entstehung einer Kleptokratie in vielen arabischen Ländern. Währenddessen stehen die Bürger unter zunehmendem ökonomischem, sozialem und ökologischem Druck.« (Ramy G. Khoury, in: McLeod 2011a, 113)

Auch die Aktivistin und NGO-Koordinatorin Esraa Abdel Fattah sieht ähnliche Ursachen für den Unmut der ägyptischen Bevölkerung:

> »Wir haben keine Demokratie, keine Meinungsfreiheit. Alle meine Kommilitonen sind im Gefängnis und auch ich war im Gefängnis, nur weil ich meine Meinung auf einer Facebook-Seite geäußert habe. [...] Die Korruption war vor dem 25. Januar überall in Ägypten offensichtlich, ich denke das war ein Grund für die Revolution. Außerdem hatte sich viel Druck aufgebaut, [...] durch die steigenden Preise, durch das miese Bildungssystem und die miserable Wirtschaftspolitik. All dieser Druck lastete am 25. Januar auf den Menschen.« (Esraa Abdel Fattah, in: Bohn 2011, 74)

Die Entwicklungen der letzten dreißig Jahre, also in der Herrschaftszeit Mubaraks, werden hier als Ursprung der Januar-Revolution gesehen. Die genannten Faktoren, wie die Verschlechterung der Lebensbedingungen und zunehmende Repressionen fußen aber auf früheren Entwicklungen in der ägyptischen Geschichte. Die starke Dominanz der Exekutive im aktuellen ägyptischen Staat und damit einhergehende Repressionen lassen sich bereits seit der Machtübernahme Nassers im Juli 1952 beobachten. Des Weiteren kann das Wirtschaftssystem Ägyptens mit der darin existierenden 'Kleptokratie' und weit verbreiteten Korruption als Folge der neoliberalen Öffnungspolitik der Sadat-Ära gesehen werden, wobei bereits im Staatskapitalismus unter Nasser eine bürokratische Klasse existierte, die öffentliche Mittel zu ihrem eigenen Vorteil nutzte (Kassem 2004; El-Naggar 2009).

Mubarak konnte bei seiner Machtübernahme 1981 bereits auf ein von seinen Vorgängern geformtes System autoritärer Herrschaft zurückgreifen. Aufgrund des Scheiterns der arabischen Einheit, Sadats Friedensschluss mit Israel und hoher Staatsschulden existierte bei Beginn seiner Regentschaft in Ägypten aber auch schon die anfangs zitierte allgemeine Desillusionierung. Mubarak begegnete der Lage zunächst mit Lippenbekenntnissen zur Demokratie. Aber auch er regierte autoritär und verkörperte die zentrale Entscheidungsgewalt im ägyptischen Staat. Seine Entscheidungen implementierte er mittels Gesetzesentwürfen. Der allgemeine landesweite Notstand, der nach der Ermordung Sadats ausgerufen und seitdem nicht wieder aufgehoben wurde, ermöglichte es ihm, weite Teile der eigentlich verfassungsrechtlich festgelegten politischen Kontrollmechanismen zu übergehen (Kassem 2004).

Tatsächlich erfuhr Ägypten unter Mubarak eine gewisse politische Öffnung, in der Oppositionsparteien und Nichtregierungsorganisationen mehr Spielraum hatten. An der fundamentalen autoritären Natur des Systems änderte sich aber nichts (Wille 1993). Ägypten unter Mubarak konnte als *low-intensity democracy* beschrieben werden, in der zwar eine gewisse Oppositionsarbeit möglich war und Wahlen stattfanden, systematische Wahlfälschung und gewalttätige Repression gegen die Opposition und Medien aber tatsächliche Mitbestimmung unmöglich machten. Die Macht blieb in der Hand des Präsidenten und seiner Klientel, in Ägypten vor allem auch hohen Militärs (Marflet 2009). Andere Analyst_innen sprechen von einem *hybrid state*, in dem sowohl autoritäre als auch freiheitliche Aspekte gleichzeitig existierten. Politische Meinungsbildung und -äußerung wurden geduldet, aber politische Handlungen durch selektive Gesetze verboten oder durch aktives Eingreifen unterdrückt (Springborg 2009).

Für diese Eingriffe wurde der Polizeiapparat unter Mubarak signifikant erweitert: Die schon 1968 gegründeten, nur für die Aufstandsbekämpfung zuständigen Central Security Forces wurden enorm erweitert. Zusätzlich wurde 1990 die Staatssicherheit ins Leben gerufen. Schon in den 1980er Jahren war Folter fester Bestandteil des Umgangs mit Oppositionsmitgliedern in Polizeigewahrsam. Besonders Frauen sind in Polizeigewahrsam oft sexueller Gewalt ausgesetzt. Bereits Ende der 1990er Jahre begann das Regime auch Einsatzkräfte und bezahlte Schläger in Zivilkleidung gegen Demonstrant_innen einzusetzen (Springborg 2009).

Auf ökonomischer Ebene implementierte das Mubarak-Regime weiterhin ausgewählte liberale Marktprinzipien, oft, da diese von Ägyptens Schuldnern oder dem Internationalen Währungsfond vorgeschlagen wurden. Die negativen Folgen für die ägyptische Bevölkerung wurden dabei außer Acht gelassen. Das Regime begann sich in den 1980er Jahren darauf zu verlassen, dass die Golfstaaten und andere arabische Länder überschüssige ägyptische Arbeitskräfte aufnehmen würden. Als sich später aber auch dort die Einstellungssituation verschlechterte, strömten diese Arbeitskräfte zurück in ein Land, in dem der Staat das Schaffen von neuen Arbeitsplätzen lange unbeachtet gelassen hatte. Löhne wurden nicht genügend den ständig wachsenden Lebenshaltungskosten angepasst, was zu einer steten Verringerung der Lebensqualität der arbeitenden Bevölkerung führte und die Kaufkraft minderte. Korruption war weit verbreitet; besonders im Verlauf der vom Regime vorangetriebenen Privatisierung des öffentlichen Sektors führte dies zu enormen Verlusten für den Staat, dessen Einrichtungen oft weit unter Wert verkauft wurden. Das totalitäre Regime, der Repressionsapparat und die für den Großteil der ägyptischen Bevölkerung unvorteilhafte Wirtschaftspolitik können hier nur in kleinen Ausschnitten dargestellt werden. In ihrer Gesamtheit bilden sie Ursache und Kontext der Januar-Revolution und damit auch der politischen Parolengraffiti und Streetart, die in Kairo bis heute geschaffen werden (El-Naggar 2009).

Kontinuität des Protests

Neben der Kontinuität autoritärer Herrschaft ist auch eine Kontinuität des Widerstands in Ägypten zu beobachten. Das Mubarak-Regime reagierte auf internationalen Druck mit einer Scheindemokratisierung, in der politische Parteien und sogar eine Anzahl lokaler Menschenrechtsorganisation entstehen konnten. In ihrem Wirken waren diese aber fundamental eingeschränkt (Kassem 2004).

Die islamistische Opposition, allen voran die Muslimbruderschaft, gewann unter Mubarak an Unterstützung. Heute wird davon ausgegangen, dass sie die einzige politische Gruppe in Ägypten ist, die wirklich über eine breite Massenbasis verfügt (Naguib 2009). Dies zeigte sich auch in den Ergebnissen der Parlamentswahlen von 2012.

Neben Parteien und Organisation übte in den letzten Jahren auch eine Reihe frei organisierter, demokratischer Protestbewegungen starke Kritik am Regime aus. 2004 machte die Kifaya-Bewegung (*kifâya*, Ägyptisch-Arabisch für 'Es ist genug') mit zahlreichen Protestkundgebungen und Erklärungen auf sich aufmerksam, in denen sie autoritäre Aspekte des Regimes offen verurteilte. Nachdem das Regime Kifaya anfangs weitgehend unbeachtet ließ, war die Bewegung ab 2005 harten Repressionen ausgesetzt. Obwohl sie 2007 praktisch wieder zerfallen war, ohne nur eines ihrer erklärten Ziele erreicht zu haben, hatten ihre Aktionen durchaus Relevanz. Kifaya zeigte, dass öffentlicher Protest möglich ist, etablierte neue Mobilisierungsstrategien und inspirierte damit spätere Bewegungen. Danach nahmen andere Bewegungen Kifayas Stellung als zentrale Protestbewegung ein. Nach dem 'Aufstand der Richter_innen', die sich 2006 für die Wiederherstellung der Unabhängigkeit der Judikative einsetzten, begannen 2007

Industriearbeiter_innen verschiedener Bereiche eine Streikserie von selten dagewesenem Ausmaß zu organisieren (al-Sayyid 2009). Die genannten Bewegungen standen oft in Beziehung zu früheren Protesten und dem Maß an Repression, das ihnen entgegengebracht wurde. El-Mahdi (2009) spricht dabei von 'Protestzyklen' und spekulierte bereits 2009, dass es im Vorfeld der Präsidentschaftswahlen 2011 zu einer neuen Protestwelle kommen würde. Somit kann die Januar-Revolution nicht nur als Teil der 2011 in vielen autoritär regierten Ländern einsetzenden Protestbewegungen gesehen werden, sondern auch als Fortsetzung von kontinuierlichem Widerstand in Ägypten. Der Kairoer Politikwissenschaftler Amr Hamzawi behauptet sogar:

> »Die Annahme, dass die Ägypter nicht willens sind, sich den Autoritäten zu widersetzen, basiert auf einer falschen Lesart der Geschichte. Die Geschichte Ägyptens war nie eine Geschichte der Unterwerfung unter Herrscher.« (Amr Hamzawi, in: McLeod 2011b, 113)

Der Beginn der Januar-Revolution

Die Lebensumstände der Menschen in Ägypten erklären die Ursache und Motivation der Januar-Revolution. Ihr Ausbruch kam dennoch überraschend. Ursprünglich organisierten verschiedene Gruppen einen 'Tag des Zorns' am 25. Januar 2011, dem Feiertag der Polizei. Zu den ursprünglichen Organisator_innen zählten verschiedene kleinere Parteien und die Muslimbruderschaft (McLeod 2011b). Auch zwei auf Facebook organisierte Gruppen, die jeweils mehrere Tausend Unterstützer_innen zählten, riefen zur Teilnahme an den Demonstrationen auf: Zum einen die Bewegung des 6. April, die zur Unterstützung von Industriestreiks ins Leben gerufen worden war, zum anderen die Seite »Wir sind alle Khaled Said«. Der junge Blogger Khaled Said war 2010 in Alexandria von Polizeikräften auf offener Straße getötet worden. Viele im Internet aktive junge Ägypter_innen identifizierten sich mit ihm und er wurde zu einer Symbolfigur im Kampf gegen Polizeigewalt und Folter (McLeod 2011c).

Weit mehr Menschen als erwartet nahmen an den Protesten teil und die überraschend große Menge von Demonstrant_innen, die an diesem Tag ihre Meinung auf der Straße kundtaten, wird als signifikanter Faktor für den Beginn der Revolution gesehen. Deutlich wurde, dass sehr viele Menschen Veränderung durch direkte Aktionen erzielen wollten und keine Hoffnung mehr in die politische Führung, Reformen oder die Opposition setzten (McLeod 2011b). Immer wieder wird der Autor 'Ala' al-Aswani zitiert, der beschreibt, dass mit dem Beginn der Revolution am 25. Januar »die Barriere der Angst« (vor dem Regime) plötzlich durchbrochen war (Alexander 2011, 30). Auch die vorangegangenen Ereignisse in Tunesien, in deren Verlauf Präsident Ben Ali durch öffentliche Proteste zum Rücktritt gezwungen wurde, zeigten, dass Veränderung durch Protest möglich war, und inspirierten die Menschen in Ägypten (Bohn 2011). Als Beginn der Januar-Revolution wurde der 25. Januar zu einem zentralen Symboldatum, das auch in Parolengraffiti und Streetart verarbeitet wurde.

Die Januar-Revolution

Die Staatsmacht begegnete den Demonstrationen in den folgenden Tagen und Nächten mit extremer Gewalt. Darüber hinaus wurden soziale Netzwerke im Internet ab dem 27. und die Mobilfunknetze ab dem 28. Januar blockiert. Die Repression konnte aber nicht verhindern, dass sich am 28. Januar noch mehr Menschen den Protesten anschlossen und den Tahrir-Platz besetzten (Khalil 2011). An den Demonstrationen vom 25. Januar partizipierten vor allem Jugendliche und bereits vorher politisierte Menschen, etwa Unterstützer_innen der Kifaya-Bewegung (McLeod 2011b). Ab dem 28. Januar waren Menschen vieler Altersgruppen aus einem breiten Spektrum der Gesellschaft auf dem Tahrir-Platz zu finden (Bohn 2011). Nach Hamzawy drückte sich darin ein landesübergreifender Konsens des Widerstands gegen das Systems aus, welcher auch schon in den Debatten und Protesten der vorangegangenen Jahre entstanden war (McLeod 2011b).

Die Entmachtung des Regimes wurde zur zentralen Forderung der Demonstrant_innen. Die Art und Weise der Machtabgabe wurde immer wieder diskutiert (McLeod 2011b). Neben Mubaraks Rücktritt wurden auf Bannern vereinzelt auch universelle Wünsche verdeutlicht, etwa nach Freiheit. Auch Graffiti thematisieren solche Werte. Die Regierung hatte solch umfangreiche Proteste nicht erwartet. Sie reagierte generell zu spät, meist mit geringfügigen Zugeständnissen und Repressionen (McLeod 2011a). Der Wechsel des Ministerkabinetts, die Ernennung eines Vizepräsidenten sowie die Zusage Mubaraks, nicht für eine weitere Periode zu kandidieren, kamen allesamt zu einem Zeitpunkt, an dem bereits allerorts der Rücktritt des Präsidenten gefordert wurde (Khalil 2011).

Am 28. Januar marschierte die ägyptische Armee in der Kairoer Innenstadt ein; die Truppen wurden von vielen Ägypter_innen freudig begrüßt. Im weiteren Verlauf der Januar-Revolution nahm die Armee keine klare Position ein. Die Soldaten gingen nicht gegen die Demonstrant_innen vor, aber Kampfjets flogen im Tiefflug über den Platz, um die Menge einzuschüchtern. Außerdem ließ die Armee schon am 28. Januar vom Regime bezahlte Schläger passieren, die dann ungehindert Demonstrant_innen angriffen (Mohsen 2011). Ein weiterer umfangreicher Angriff dieser Art fand am zweiten Februar statt, bei dem bewaffnete Menschen in Zivilkleidung auf Pferden und Kamelen den Platz stürmten (McLeod 2011c).

Die inzwischen landesweiten Proteste konnten durch diese Aktionen aber nicht nachhaltig gestört werden. Immer mehr Menschen nahmen an Demonstrationen in zahlreichen Städten teil. In einer für den 10. Februar angekündigten Ansprache des Militärs erwartete die breite Masse der Bevölkerung die Ankündigung des Rücktritts Mubaraks. Als dieser ausblieb, kam es erneut zu Massenprotesten, bei denen die Menschen auch zum Präsidentenpalast marschierten. Inzwischen hatten sich auch Industriearbeiter_innen und Angestellte der Transportunternehmen und des öffentlichen Nahverkehrs mit den Demonstrant_innen solidarisiert und bestreikten weite Teile des Landes. Angesichts dieser finalen Mobilisierung drängte auch die Militärführung Mubarak schließlich zum Rücktritt. Am 11. Februar legte er sein Amt nieder (McLeod 2011b).

Die Untersuchung einer vom Militär eingesetzten Kommission ergab später, dass während der Januar-Revolution mindestens 846 Menschen ums Leben gekommen und mindestens 6.400 teilweise schwer verletzt worden waren. Viele trugen dauerhafte Schäden davon (Rocia 25.4.2011).

Nach Mubaraks Rücktritt übernahm die Militärführung in Gestalt des Supreme Council of the Armed Forces (SCAF) die Führungsrolle im ägyptischen Staat. Aktivist_innen wie Maikel Nabel Sanad argumentierten schon früh, dass die Militärregierung nicht auf Seiten der Bevölkerung stehe und vor allem ihre eigenen Interessen verfolge, eine Ansicht, die sich später offenbar bei vielen Menschen durchsetzte (Rocia 25.1.2012). Die öffentliche Meinung blieb aber gespalten: Ein Teil der Ägypter_innen sah die kontinuierlichen Demonstrationen als Fortsetzung der Revolution gegen die weiter bestehende totalitäre Herrschaft, andere standen der Position des Militärs nahe, das vor allem nicht weiter definierte 'ausländische Elemente' für die Unruhen verantwortlich machte. Dazwischen existierten noch viele weitere Positionen (Badrawi 2012). Ein Jahr nach dem Rücktritt Mubaraks war der SCAF weiterhin an der Macht, es gab immer wieder Demonstrationen und Ausschreitungen, verbunden mit umfangreichen Repressionen (Rocia 17.12.2011)

Nach seiner Entmachtung verblieb Mubarak einige Zeit mit seiner Familie in Sharm el-Sheikh, bis er und seine zwei Söhne im April 2011 festgenommen wurden (Fatih 2011). Ihm wurde vorgeworfen, den Tod zahlreicher Demonstrant_innen während der Revolution verantwortet zu haben. Zu den Vorwürfen zählten außerdem Amtsmissbrauch und Veruntreuung von Staatsgeldern (MENA 2011). Im Zusammenhang mit dem Prozess kam es immer wieder zu Protesten und Zusammenstößen zwischen Regimegegner_innen und Mubaraks Unterstützer_innen (Ahram Online 2011).

Das passive bis repressive Verhalten des Militärs wurde schon früh von Aktivist_innen kritisiert. Während das Militär Foltervorwürfe stets als unbegründet zurückwies, sprachen persönliche Erfahrungsberichte von Aktivist_innen eine andere Sprache (Azab 2011). Die Bewegung »Nein zu Militärprozessen für Zivilisten_innen« formierte sich. Die Abschaffung der Militärprozesse für Zivilist_innen war bereits während der Januar-Revolution gefordert worden und blieb auch danach ein erklärtes Ziel bei Protestkundgebungen (Zeinobia 2011), ebenso im Zuge der Massenproteste des 8. Juli (Rocia 9.7.2011). Für diesen Tag hatten mehrere Gruppen zu Sitzblockaden auf dem Tahrir-Platz und zu Demonstrationen aufgerufen, zu denen sich erneut tausende Menschen einfanden (Rocia 8.7.2011).

Graffiti, Streetart und Subkultur

In vielen Quellen wird beschrieben, dass die Aktivitäten von Graffiti-Schaffenden mit der Revolution enorm zunahmen (Batrawy 2011). Auch Interviews mit Akteur_innen aus Kairo bestätigen diese Entwicklung (Morayef 11.7.2011). In einem Gespräch mit Mashallah News beschreibt die Kairoer Graffiti-Bloggerin Soraya Morayef aber auch, dass in Kairo und Alexandria schon vor der Revolution eine kleine Streetart-Szene im Geheimen aktiv war (Gustavson 2011). Die Objekte dieser sehr kleinen Gruppen von Streetart-Akteur_innen wurden aber immer schnell wieder entfernt (Morayef 11.06.2011). Die große Mehrheit der ursprünglich dokumentierten Graffiti wiesen inhaltlich einen politischen Bezug zur Januar-Revolution auf, was sie klar als ein Produkt selbiger identifizierbar macht.

Politische Graffiti und Streetart haben aber auch eine politische Dimension, die unabhängig von ihren Inhalten ist. Zentrale Überlegung ist dabei, »[...] dass die Zuordnung einer politischen Ebene nicht dem Bild zugeordnet wird, sondern in der Aktion des Sprühens zu finden ist« (Volland 2010, 94). Graffiti wird als »autonome [...] Besetzung öffentlichen Raumes« (Beck 2009, 49) und »symbolische Aneignung öffentlicher Flächen« (Steinard 2007, 36) gesehen, womit es „[...] offen die legale innerstaatliche Ordnung missachtet und so immer auch Protest und Auflehnung gegen die herrschende Ordnung ist« (Beck 2009, 40).

Im ursprünglichen *American Graffiti* ging es den Akteur_innen darum, in der Szene bekannt zu werden *(getting up)* und damit Ruhm und Anerkennung *(fame)* zu erlangen (Volland 2010). Manche Graffiti-Schaffenden sehen ihre Objekte auch selbst ganz konkret als den zuvor beschriebenen Angriff auf Besitzverhältnisse und damit als eine Möglichkeit, Widerstand zu leben (Steinard 2007).

Während *American Graffiti* bereits seit 40 Jahren existiert, ist Streetart in ihrer global verbreiteten Form ein neueres Phänomen. Es gab allerdings auch schon in der Anfangszeit des *American Graffiti* Künstler_innen, die Streetart-Techniken wie *stencil* oder geklebte Zeichnungen im öffentlichen Raum verbreiteten. Diese waren Teil der Avantgarde-Bewegung und quasi die ersten Streetart-Akteur_innen. Mit der ursprünglichen Subkultur des *American Graffiti* hatten sie nichts zu tun (Willms 2010).

Aktuelle Streetart ist aber vor allem aus dieser Subkultur hervorgegangen. Das zeigt sich in Gemeinsamkeiten: etwa das »[ungefragte], illegale Anbringen der Arbeiten im öffentlichen, urbanen Raum und gelegentlich die Verwendung gleicher Mittel, wie zum Beispiel [der] Sprühdose« (Reinecke 2007, 19). Einen Großteil der heutigen Streetart-Schaffenden machen junge Erwachsene aus, die zuvor der in den 1980er Jahren boomenden klassischen Graffiti-Subkultur nahestanden und später Studiengänge mit Design-Schwerpunkt absolvierten. Sie wollten mit fortschreitendem Alter die Risiken des illegalen Sprühens nicht mehr eingehen und mehr Menschen mit ihren Arbeiten erreichen. Die ihnen vertrauten Techniken des Designs halfen ihnen dabei. Es entstand Streetart: sie unterscheidet sich von *American Graffiti* darin, dass sie bekannte Symbole verwendet, verständlicher ist und dadurch mehr Rezipient_innen, auch außerhalb der Subkultur, anspricht. Streetart wird als ästhetischer wahrgenommen, sie ist temporärer, existiert eher in einer rechtlichen Grauzone und ist mit weniger strafrechtlicher Verfolgung verbunden (Willms 2010).

Die anfangs erwähnten freien Künstler_innen und die später vom *American Graffiti* abgewanderten Streetdesigner_innen gelten bei Reinecke (2007) als klassische Akteur_innen des Streetart-Feldes. Mit der Etablierung dieser zwei Gruppen und der zunehmenden Präsenz von Graffiti in Medien und Stadtbild fanden immer mehr Menschen an Streetart Gefallen und begannen teils persönlich im Feld aktiv zu werden. Diese Menschen bezeichnet Reinecke als »Nachahmer_innen« (Reinecke 2007, 106). Bei den verschiedenen Akteur_innen-Gruppen kann es überall Überschneidungen geben: Streetdesigner_innen können auch im Kunstfeld erfolgreich sein, manche freie Künstler_innen arbeiten mit graphischen Mitteln und die Mehrzahl der Nachahmer_innen studieren Grafikdesign oder Kunst oder interessieren sich dafür (Reinecke 2007).

Reinecke (2007) beobachtet zudem, dass sich immer mehr junge Erwachsene der Streetart widmen und von einer eigenen Streetart-Subkultur gesprochen werden kann. Der Begriff der Subkultur wurde schon im Zusammenhang mit *American Graffiti* verwendet und bedarf genauerer Betrachtung. Reinecke (2007) weist auf zahlreiche mögliche Subkulturdefinitionen hin und orientiert sich unter anderem an Sarah Thornos Entwurf, bei dem Subkultur »eine soziale Gruppe ist, die sich um ihre geteilten Interessen und Praktiken herum organisiert« und »sich von einer anderen Gruppe oder vom Mainstream absetzt« (Reinecke 2007, 101). Sowohl Streetdesigner_innen als auch freie Künstler_innen und Nachahmer_innen interessieren sich für das ungefragte Schaffen von Kunst im öffentlichen Raum, welches auch von ihnen praktiziert wird. Mit dieser Praxis und ihrem gemeinsamen Interesse an Kunst und Design heben sie sich vom Mainstream ab und werden Teil der Streetart-Subkultur. Willms (2010) betont aber auch, dass Subkulturen in der Postmoderne nicht mehr als klar abgrenzbar angesehen werden und plädiert dafür, den Begriff eher als Modell und Werkzeug zur Umschreibung der Wirklichkeit zu verstehen.

Streetart ist als relativ neue Subkultur im Trend und wird von Jugendlichen aufgrund ihrer Ästhetik generell durchaus geschätzt. Das macht sie für die Industrie und das Marketing äußerst attraktiv. Bekannte Streetart-Aktivist_innen arbeiten in unterschiedlichem Maß mit Firmen zusammen. Manche Akteur_innen nehmen nur Aufträge an, die sie als moralisch vertretbar ansehen, andere sind für jegliche Angebote offen. Das Verkaufen eines in der Subkultur weit verbreiteten Namens oder Motivs ist als *sellout* geächtet; für das Ansehen in der Subkultur ist es wichtig, dass die unkommerzielle Arbeit der Akteur_innen an erster Stelle steht. Streetart wird aber auch als Kunst angesehen, der sogar Ausstellungen gewidmet werden. Kunst muss dabei als eine Art kulturelle Übereinkunft in der Gesellschaft verstanden werden. Was als Kunst gilt, wird von der Gesellschaft diskutiert, ausgehandelt und letztendlich festgelegt. Da viele Streetart-Akteur_innen durch den oben beschriebenen klassischen Werdegang die Regeln und Sprache der Kunstwelt beherrschen, konnten sie für Streetart quasi einen (nicht voll anerkannten) Platz im Kunstfeld aushandeln und etablieren, einen Platz, der dem klassischen *American Graffiti* bis heute größtenteils verwehrt geblieben ist.

Streetart ist im Kern also wie Graffiti eine subversive Aktion, deren Ziel das Erreichen von Rezipienten und das damit verbundene *getting-up* (bekannt werden) ist. Streetart wird aber auch zur Ware kommerzialisiert, kann durch Ästhetisierung einen Platz im Kunstfeld beanspruchen und ist wie Graffiti identitätsstiftender Inhalt einer Subkultur, in der sie als Symbol der Abgrenzung zum Mainstream romantisiert wird (Reinecke 2007; Willms 2010).

Idealtypen von Graffiti in Kairo[2]

Überlegungen zur Generalisierbarkeit in der qualitativen Sozialforschung zufolge können aus einzelnen, real existierenden Fallbeispielen, wie den ursprünglich für diese Arbeit dokumentierten Graffiti, Idealtypen abgeleitet werden. Es geht dabei nicht darum, die einzelnen Objekte einer Gattung zu unterwerfen, sondern ihre charakteristische Ausbildung ausgehend von ihren Entstehungskontexten darzustellen. Für die Typenbildung wurde die Fallstruktur ausgewählter Kernfälle, hier also formelle und inhaltliche Merkmale bestimmter Graffiti, zu sich reproduzierenden Mustern verdichtet. Es wird gezeigt, dass ein Fall bestimmte Eigenschaften hat, die auch in anderen Fallbeispielen auftreten. Die Muster werden dann zu Idealtypen abstrahiert, welche wiederum in einem Typenfeld in Beziehung zueinander gesetzt und in einem Schaubild visualisiert werden können (Pryzborsky & Wohlrab-Sahr 2009). Die sich im Material zeigenden Idealtypen sind 'Klassische Streetart', 'Revolutions-Streetart', 'Diskursive Parolengraffiti', 'Märtyrer_innen-Graffiti' und 'Mobilisierungs-Stencil'.

Der Idealtyp Klassische Streetart bezeichnet komplex gestaltete Objekte, die meist mit typischen Mitteln der Streetart produziert wurden, wie etwa *stencil* und *cut-outs*. Botschaft und Inhalt erschließen sich vorrangig über die dargestellten Symbole, die der_die Rezipient_in aber kennen muss, um das Objekt zu verstehen. Dabei können sowohl in Ägypten etablierte, als auch international bekannte Symbole, Sprachen und Deutungsmuster zum Einsatz kommen. Durch ihre komplexe und ästhetische Gestaltung und die teilweise auch international erkennbare Symbolik wird Objekten, die sich diesem Idealtyp annähern, verstärkt mediale Aufmerksamkeit gewidmet, besonders auch auf internationaler Ebene.

Differenziert davon beschreibt der Idealtyp der Revolutions-Streetart ausgestaltete, meist großflächige Objekte, die spezifisch Ägypten und die Revolution darstellen und glorifizieren, wobei die Ausgestaltung unterschiedlich komplex sein kann. Ihre Autor_innen sind meist unbekannt und nicht unbedingt etablierte Streetart-Akteur_innen. Ihre Symbolik ist eher leicht verständlich und oft mit Text unterstützt. Mit diesen Objekten wird vor allem auch das Selbstbild der Demonstrant_innen multipliziert, sie dienen als Erinnerungsort.

Der Idealtyp der diskursiven Parolengraffiti beschreibt nun textdominierte Graffiti ohne komplexe Gestaltung, die Standpunkte und Forderungen mit Bezug zur aktuellen politischen Situation äußern. Ein Artikel der englischen Onlinevariante des Egypt Independent beschreibt anschaulich, wie sich die Themen von Parolengraffiti im Laufe des Jahres 2011 änderten. Für alle der im Artikel beschriebenen Themen fanden sich im Untersuchungszeitraum auch eigene Fallbeispiele (Charbel 2012).

Im Idealtyp des Märtyrer_innen-Graffiti werden Objekte charakterisiert, deren vorrangiger Zweck und Inhalt es ist, die in der Revolution ums Leben gekommenen

Menschen zu ehren und an sie zu erinnern. Das geschieht vor allem über die Zuschreibung des Märtyrer_innen-Status. Im Idealtyp des Mobilisierungs-*stencil* schließlich werden einfach reproduzierbare *stencil*-Graffiti beschrieben, die in arabischer Sprache auf bestimmte politische Aktionen oder Gruppen hinweisen und als Schablonen-Graffiti einfach und vielfach verbreitet werden können.

Mittels dieser Idealtypen sollen einige wiederkehrende Tendenzen und Muster der Graffiti-Objekte Kairos aufgezeigt werden. In dem ursprünglich gesammelten Material ist besonders der Übergang zwischen Revolutions-Streetart und Klassischer Streetart fließend. Märtyrer_innen-Graffiti sind gelegentlich auch mit einer Glorifizierung des Landes verbunden. Mobilisierungs-Stencil basieren auf einer klassischen Streetart-Technik und enthalten manchmal noch andere Design-Elemente. Die ausformulierten Idealtypen stellen also Utopien da, welchen sich die realen Fallbeispiele Kairoer Graffiti unterschiedlich stark annähern können. Um das Zusammenspiel und die Überlagerung der Typen darzustellen, wurde ein Typenfeld erstellt. Darin soll vor allem verdeutlicht werden, dass eigentlich alle hier entworfenen Idealtypen fließend ineinander übergehen können.

Motivation: Anomie im *hybrid state*

Die große Mehrheit der dokumentierten Graffiti-Objekte weisen klare inhaltliche Bezüge zur Januar-Revolution auf. Graffiti in Kairo erscheinen also als sehr politisch geprägt. Für die Motivation der Autor_innen scheint daher vor allem das Anomie-Konzept relevant.

Darin wird eine »beschränkte Öffentlichkeit« beschrieben, in der nicht alle Menschen die Möglichkeit haben, sich Gehör zu verschaffen und sich einzubringen, was im Widerspruch zu vorherrschenden demokratischen Idealen steht. Eine Möglichkeit auf diesen Widerspruch zu reagieren, ist es, sich neuen Mitteln der Artikulation und Teilhabe zuzuwenden, zum Beispiel eben Graffiti. In der ersten Mitteldeutschen Graffiti Studie wurde mittels einer schriftlichen Befragung nachgewiesen, dass Menschen mit höherem Anomie-Empfinden in Bezug auf politische Mitwirkung eher Graffiti als legitime Form der politischen Kommunikation ansehen.

Der von Beck nachgewiesene Zusammenhang zwischen gefühlter Anomie und der Akzeptanz von Graffiti kann durchaus auch in Kairo bestehen. Der autoritäre Staat Ägypten stellt praktisch die ultimative Form der beschränkten Öffentlichkeit dar, in der nur die herrschenden Eliten an der politischen Gestaltung des Landes mitwirken können und gleichzeitig die öffentliche Meinungsäußerung über die Staatsmedien kontrollieren (Beck 2009).

Auch der Zustand seit dem 25. Januar 2012 lässt sich als stark anomisch beschreiben. Werte wie das Recht auf Meinungsäußerung, Gerechtigkeit und Freiheit von Unterdrückung werden von breiten Teilen der Bevölkerung gefordert. Selbst der Militärrat präsentiert sich als Vertreter ebendieser Werte und als »Wächter der Revolution«. In der Realität gibt es aber weiterhin umfangreiche Repressionen. Kritik am Militärrat wurde bald der Zensur unterworfen und hatte im Erhebungszeitraum kaum Einfluss auf dessen Politik. Graffiti und Streetart könnten also als ein Teil der Gegenkultur (Shenker 2012) gesehen werden, die sowohl vor als auch im Fortschreiten der Revolution aus dem Widerspruch zwischen öffentlich vorherrschenden Idealen, gegenteiliger politischer Wirklichkeit und beschränkten öffentlichen Artikulationsmöglichkeiten entstanden ist (Springborg 2009).

Selbstbild

Im Gegensatz zu Autor_innen von Parolengraffiti genießen Produzent_innen von Streetart eine gewisse Medienaufmerksamkeit. Sie werden oft von Blogs und Zeitungen interviewt und haben somit die Möglichkeit, ihre Motivation auch öffentlich zu artikulieren. Ihre Aussagen bilden ein subjektives Selbstbild, das hier skizziert werden kann.

> »Es geht hier um eine Botschaft auf der Straße. Sie erreicht die Armen, die Reichen, die Müllsammler und Taxifahrer. [...] Die meisten dieser Leute sind weit weg vom Internet und der Welt der sozialen Netzwerke: Es ist eine Möglichkeit, sie zu erreichen.« (Karim Gouda, in: Batrawy 2011)

Karim Gouda beschreibt im Interview mit The Daily News Egypt, dass es ihm wichtig sei, mit seinen Graffiti viele Menschen zu erreichen, auch jene, die keinen Zugang zu den sozialen Netzwerken haben. Graffiti und Internet werden hier als Mittel der Gegenöffentlichkeit beschrieben, mit denen abweichende Meinungen und Kritik publik gemacht werden können. Gouda wirkte auch an den Graffiti-Kampagnen »*Mad Graffiti Weekend*« und »*Mad Graffiti Week*« mit, deren Ziel er im Interview beschreibt:

> »[Das Ziel von *Mad Graffiti Week* und *Mad Graffiti Weekend* ist es,] Streetart als ein Mittel zu nutzen, um Forderungen publik zu machen und unsere Rechte einzufordern, für uns selbst und für andere.« (Karim Gouda, in: Charbel 25.1.2012)

Auch Graffiti-Aktivist Omar 'X-ist' Mostafa charakterisiert Graffiti als effektives Mittel der öffentlichen Meinungsäußerung und erkennt Parallelen zu anderen Formen der Gegenkultur, die seit Beginn der Revolution ständig vielfältiger werden:

> »Wenn du keine anderen Kanäle hast, dann sind Graffiti der direkteste Weg, dich öffentlich auszudrücken. Die Anzahl der Graffiti-Künstler hat seit Beginn der Revolution dramatisch zugenommen; zugenommen hat auch die Anzahl der Straßenmusiker, das öffentliche Rezitieren von Gedichten und das Aufführen von Performance- und Theaterstücken [...].« (Charbel 25.1.2012)

Er beschreibt auch, wie dominante etablierte Meinungsführer in Form der Armee und Regierung die Äußerung gegenteiliger Meinungen bekämpfen und zensieren. Die Praxis der schnellen und teilweise weitflächigen Entfernung von Graffiti durch öffentliche Angestellte oder Privatpersonen konnte auch im Erhebungszeitraum beobachtet werden. Soraya Morayef spricht dazu auf ihrem Blog von einem »*War on Graffiti*«. Sie beschreibt, wie die Pro-Militär-Gruppe Badr Batallion eines der bekanntesten militärkritischen Objekte gezielt übermalte und sich öffentlich in einem Video dazu bekannte (Morayef 6.2.2012). Mostafa sieht den Widerstand gegen Graffiti als Bestätigung dafür, dass Graffiti ein effektives Mittel der öffentlichen Meinungsäußerung darstellen:

> »[Graffiti und Streetart] sind sehr mächtige und effektive Mittel der öffentlichen Meinungsäußerung, [...] das wird auch in der Tatsache deutlich, dass Polizei und Armee Leute festnehmen, die Graffiti mit politischen Inhalten schreiben, während die Kommunal-Verwaltungen auch ständig daran arbeiten, diese Graffiti wieder zu übermalen.« (Charbel 25.1.2012)

Damit kommt er Becks (2009) Charakterisierung von politischen Graffiti nahe. In den Interviews wird immer wieder das Ziel genannt, sich öffentlich zu äußern und eine Botschaft möglichst vielen Menschen mitzuteilen. Unabhängig vom Inhalt wird Graffiti von manchen Akteur_innen als Teil des symbolischen Widerstandes, als das Besetzen der Straße, identifiziert. So betont der Akteur Ganzeer den inhärent politischen und subversiven Charakter von Graffiti:

> »Graffiti bedeutet, die Straße in Besitz zu nehmen, genau wie wir es während des Aufstands getan haben. Also ist das natürlich etwas Politisches und illegal.« (Shenker 2011)

Wie sich an Medienberichten, Ausstellungen und Blogs zeigt, haben einige der interviewten Streetart-Akteur_innen in Kairo bereits eine gewisse, wenn sicher auch marginale, Bekanntheit erlangt. Der Wunsch, durch die Objekte bekannt zu werden, wird aber nie geäußert. Die erklärte Motivation der Streetart-Akteur_innen Kairos käme damit der von Parolengraffiti-Schaffenden nahe. Im Selbstbild erscheint Streetart in Kairo quasi als 'Parolengraffiti mit anderen Mitteln', bei der politische Meinungsäußerung im Vordergrund steht.

Kairoer Streetart als Subkultur?

Wie zuvor gezeigt wurde, sprechen Überlegungen der Graffiti-Forschung und Aussagen von Akteur_innen dafür, dass sich Parolengraffiti und Streetart im Kairo der Januar-Revolution in einen ähnlichen politischen Motivationskontext einordnen lassen. Es wurde aber auch schon erwähnt, dass Streetart-Akteur_innen von ägyptischen und internationalen Medien gezielt Aufmerksamkeit gewidmet wird, während Autor_innen von Parolengraffiti und deren Objekte quasi keine Medienpräsenz haben. Darüber hinaus widmen sich auch Internetmedien, wie Soraya Morayefs Blog und Mohamed Fahmys interaktive Karte, fast ausschließlich Objekten, die als Streetart bezeichnet werden können, und lassen Parolengraffiti unbeachtet. Der Idealtyp der Klassischen Streetart wurde auch dadurch differenziert, dass er in diesen Medien offenbar als spezifischer Typ wahrgenommen wird.

Willms (2010) beschreibt, dass Streetart im Vergleich zu Graffiti generell als ästhetisch ansprechender wahrgenommen und dadurch auch von mehr Menschen akzeptiert wird. Und tatsächlich deutet vieles darauf hin, dass sich in Kairo nicht nur die Medien für Streetart interessieren. Verschiedene Facebook-Gruppen, wie zum Beispiel »*Graffiti the Streets of Egypt*«, widmen sich Graffiti und zählen mehrere Tausend Mitglieder, die offenbar teilweise selbst im Feld aktiv sind. Die Graffiti-Gruppe der *Freedom Painters* ist ebenfalls auf Facebook präsent und hat »*Painting for a better looking Egypt*« zum erklärten Ziel. Die Gruppe hatte bei der Entstehung dieser Arbeit annähernd zweitausend Unterstützer_innen, wobei unklar ist, wie viele davon wirklich Autor_innen von Graffiti sind. Der Blog von Soraya Morayef, welcher Graffiti in Kairo wohl am ausführlichsten dokumentiert, wird nach eigenen Angaben überraschend viel besucht und an Aktionen wie der »*Mad Graffiti Week*« beteiligen sich zahlreiche Menschen.

In dem gemeinsamen Interesse dieser Menschen an Graffiti und deren Erschaffung deutet sich eine Subkultur an, allerdings ist schwer definierbar, inwiefern sich diese soziale Gruppe »vom Mainstream abhebt« (Reinecke 2007, 101). Tatsächlich wird besonders der Idealtyp der Klassischen Streetart nicht immer von allen Rezipient_innen verstanden und deswegen teilweise abgelehnt. Streetart-Akteur Keizer beispielsweise erklärt ganz offen, dass er mit seinen englischsprachigen Objekten und Popkultur-Referenzen gezielt gebildete Eliten und nicht die breite Masse anspricht (in: Morayef 28.7.2012). Liebhaber_innen und Autor_innen des Idealtyps der Klassischen Streetart, deren Symbolik oft nur mit spezifischem internationalem Hintergrundwissen verständlich ist, heben sich relativ klar vom Kairoer Mainstream ab. Was den 'Mainstream' oder die 'Mehrheitsgesellschaft' in Kairo nach der Januar-Revolution ausmacht, ist aber schwer zu fassen. Da gerade die neu entstandene Gegenkultur und 'die Revolution' weiterhin zahlreiche Anhänger_innen haben, könnte argumentiert werden, dass gerade diese Strömungen im heutigen Ägypten einen Teil des 'Mainstream' stellen und sich die Graffiti-Subkultur nur formell davon abhebt. Hier wirkt der Subkulturbegriff, angewendet auf Streetart in Kairo, simplifizierend und kann nicht ihre politischen Dimensionen und breite Variation darstellen. Mit den verschiedenen Idealtypen wird im Bildteil gezeigt, dass in Kairo ein breites Spektrum an Graffiti entstanden ist, von dem die subkulturell geprägte Klassische Streetart nur einen von vielen miteinander verwobenen Aspekten darstellt. Wie ebenfalls zuvor erläutert, 'interessieren' sich Kairoer Streetart-Akteur_innen nicht nur einfach für das Schaffen von Streetart. Vielmehr sehen sie darin auch ein machtvolles Werkzeug, um Menschen zu erreichen und gesellschaftliche Veränderungen anzustoßen. Einige etablierte Akteure der Kairoer Streetart-Szene sollen hier kurz vorgestellt werden.

Kurzportraits

AYA TAREK: In einem Interview mit Mashalla News beschreibt die Kairoer Graffitikennerin Soraya Morayef, dass im Bereich des Graffiti nur wenige Frauen aktiv seien. Neben der 22-jährigen Aya Tarek, die schon vor der Januar-Revolution in Alexandria gewisse Bekanntheit erlangte, nennt sie Hend Kheera als einzige ihr bekannte Akteurin in

Kairo (Gustenford 2012). Aya Tarek arbeitete, bevor sie Ingenieurin wurde, als Modedesignerin. Damit hat sie zum Teil einen klassischen Streetart-Hintergrund. In ihren Objekten behandelt sie aktuelle Geschehnisse und lässt sich von Film, Literatur und anderen Graffiti-Akteur_innen inspirieren. Bekannt wurde sie durch Objekte zur Unterstützung von Samira Ibrahim, welche während der Revolution Ziel von sexuellen Übergriffen durch Militärärzte geworden war und die Regierung daraufhin verklagte (Downey 2012).

SAD PANDA: Sad Pandas Hauptmotiv ist der namensgebende traurige Panda, der in Kairo 2011 weit verbreitet war. Oft bilden seine Objekte auch in Ägypten bekannte Persönlichkeiten ab. Sad Panda legt Wert darauf, dass die Rezipienten in Kairo eine Verbindung zu seinen Objekten aufbauen und sie auch verstehen können, weshalb er gezielt verbreitete Bilder und Deutungsmuster verwendet. Er versteht sich als Künstler und beschreibt, dass er im Gegensatz zu politischen Aktivist_innen versucht, seine Botschaften implizit und oft auch auf humorvolle Weise zu verbreiten. Schon vor der Januar-Revolution war er im Geheimen aktiv (Morayef 11.7.2012).

KEIZER: Im Gegensatz zu Sad Panda verwendet der 33-jährige Akteur Keizer oft Symbole und Motive der globalen Popkultur, die sich nicht automatisch allen Ägypter_innen erschließen. Auch Motive international bekannter Streetart-Akteur_innen, wie zum Beispiel von Shepard Fairey, werden von ihm wiederverwendet. Wenn seine Objekte Text enthalten, ist dieser meist auf Englisch. Nach eigener Aussage will Keizer damit gezielt die gebildeteren, oberen Schichten der Gesellschaft ansprechen, zu denen er auch Armeegeneräle und Politiker zählt (Morayef 28.7.2011).

GANZEER: Zuletzt soll noch der 29-jährige Ganzeer genannt werden. Auch er schuf einige ikonenhafte Objekte der Kairoer Streetart-Szene und ist weithin bekannt. Ganzeer, der mit bürgerlichem Namen Mohamed Fahmy heißt, versteht sich nicht in erster Linie als Streetart-Schaffender und ist auch nicht ständig im Feld aktiv. Für ihn macht Streetart nur einen Teil seiner Aktivitäten als Künstler aus, die generell sehr politisch geprägt sind. In seinen Augen soll Streetart vor allem Botschaften transportieren. Die Selbstpräsentation der Akteur_innen erscheint ihm dafür nicht zielführend, weshalb er auch an der Graffiti Ausstellung »*This is not Graffiti*« (s.u.) nicht teilnahm. Allerdings erlangte er gerade durch seine Konzentration auf politische Inhalte noch größere Bekanntheit, da er aufgrund eines seiner Poster-Motive festgenommen wurde.

Er gilt als der Initiator vieler selbstorganisierter Streetart-Aktionen in Kairo (Morayef 2012): In dem von Ganzeer initiierten »*Mad Graffiti Weekend*« schufen Teams von etablierten Graffiti-Aktivist_innen vom 20. bis 22. Mai 2011 koordiniert mehrere großformatige Objekte in Kairo, Alexandria und Suez. Dies erlaubte eine Vernetzung der Kairoer Akteur_innen, die zuvor nur selten zusammengearbeitet hatten. Die Kampagne richtete sich inhaltlich gegen die Militärprozesse gegen Zivilist_innen. Später folgte die »*Mad Graffiti Week*«, bei der *stencil*-Vorlagen im Internet verbreitet wurden. Auch Menschen, die noch nichts mit Graffiti zu tun hatten, waren dazu aufgerufen, selbst aktiv zu werden und Graffiti zu verbreiten (Charbel 2012).

Außerdem kann jede_r auf Ganzeers »Cairo Street Art Map« neue Objekte eintragen und dokumentieren. Mit dem »*Martyr's Mural Project*« plant er, Demonstrant_innen, die in der Revolution ums Leben gekommen sind, in großformatigen, einheitlich gestalteten Wandbildern zu ehren. Dabei unterstützen ihn zahlreiche andere Akteur_innen.

Ablehnung von Streetart-Kommerzialisierung

Die zuvor von Akteur_innen oft artikulierte Einstellung, dass Streetart in Kairo primär politisches Ausdrucksmittel sein sollte, zeigt sich auch an der Reaktion einiger Streetart-Akteur_innen gegenüber Werbekampagnen, die Graffiti verwenden. In diesen wurden öffentliche Wände mit Marken-Logos und Schriftzügen besprüht, die sich in Slogans wie »*Make tomorrow better*« teils klar auf die Januar-Revolution bezogen. Verschiedene Streetart-Akteur_innen kritisierten diese Kommerzialisierung der Revolution, die auch schon in anderen Medien vorkam (Morayef 15.8.2011).

Reinecke (2007) beschreibt in diesem Zusammenhang, wie Konzerne das Potenzial der Streetart ausnutzen wollen. Positiv wahrgenommene gesellschaftliche Erscheinungen (wie etwa die Januar-Revolution oder die ästhetische Gegenkultur der Streetart) werden vereinnahmt, um ein Produkt oder eine Marke selbst als Teil dieser Erscheinung und dessen, was sie repräsentiert, darzustellen. Dadurch soll das Produktimage aufgewertet werden. Keizer sieht diesen Mechanismus auch in Bezug auf Streetart in Kairo und kritisiert:

> »Sie nehmen etwas, studieren es und machen Geld daraus. Was Pepsi da tut gibt den Graffiti-Künstlern nichts zurück; die sagen nur: ›Wir sind Graffiti-Künstler genau wie du!‹, was der letzte Dreck ist.« (Morayef 15.8.2012)

Als Reaktion auf die Vereinnahmungsversuche durch das Marketing wurden diese Werbe-Graffiti von verschiedenen Streetart-Akteur_innen mit eigenen Objekten und satirischen Kommentaren und Objekten ergänzt und von Morayef auf ihrem Blog teils polemisch kritisiert (Morayef 15.8.2011). Wie zuvor erwähnt, ist die Kommerzialisierung von Streetart in vielen Teilen der Welt bereits gang und gäbe, wird teils weit weniger kritisch gesehen und setzt oft bereits bei den etablierten Akteur_innen selbst an, denen von Konzernen direkt Aufträge angeboten werden. Es bleibt hier unklar, inwiefern Streetart-Akteur_innen in Kairo die Möglichkeit hätten, mit ihrer Arbeit selbst Geld zu verdienen. Das gezeigte Beispiel und die vorherigen Ausführungen zur Motivation deuten darauf hin, dass Streetart zu kommerziellen Zwecken und die damit einhergehende Vereinnahmung der Januar-Revolution von Akteur_innen als höchst illegitim angesehen wird.

Streetart im Kairoer Kunstfeld

In der 2011 von Soraya Morayef organisierten Ausstellung »*This Is Not Graffiti*« hatten bekannte Akteur_innen die Möglichkeit, ihre Objekte in der Galerie Townhouse im Zentrum Kairos auszustellen. Hier deutet sich an, dass sich auch in Kairo das Kunstfeld für Streetart interessiert. Auch sonst wird Streetart in verschiedenen Medien und Aktionen näher an das Kunstfeld gerückt, zum Beispiel durch die Dokumentation »*The Noise of Cairo*« (Lange 2012), eine Gemeinschafts-Ausstellung in Frankfurt (fromheretofame 2012) und durch Artikel in Kunst-Blogs (Ballant 2012). Darin zeigt sich besonders auch die internationale Aufmerksamkeit, die ägyptischer Streetart gewidmet wird. Graffiti konnten sich in den USA und Europa erst in ihrer weiterentwickelten Form der Streetart im Kunstfeld etablieren. Für die Akzeptanz von Streetart im internationalen Kunstfeld ist sicher auch im Kairoer Kontext die von Reinecke erwähnte neue, erkennbare Sprache und Symbolik der Streetart und ihre galeriefähige Form relevant (Reinecke 2007).

Bestimmte Akteur_innen akzeptieren die Verortung der Streetart im Kunstfeld und arbeiten aktiv mit Kuratoren und anderen Akteur_innen aus selbigem zusammen. In der Ausstellung »*This is not Graffiti*« artikulierte Sad Panda mit seinem Objekt aber auch, dass Graffiti vor allem öffentliche Ausdrucksform sein sollten. Auch Adham Bakry missfiel das Konzept der Ausstellung offenbar; in seinem Graffiti-Beitrag beleidigte er die Galerie offen (Vinely 2011).

Die Ausstellung war als *non-profit*-Aktion organisiert, der Besuch war kostenlos und die Streetart-Schaffenden erhielten für ihre freiwillige Partizipation keine Gegenleistung (Morayef 19.9.2012). Graffiti-Akteur_innen stehen der Kunstszene unterschiedlich gegenüber. Darin und in den regen Diskussionen über die Ausstellung und ihre Legitimität deuten sich die gesellschaftlichen Aushandlungsprozesse an, die letztendlich festlegen, was Kunst ist und inwiefern Kairoer Streetart ins Kunstfeld passt und überhaupt passen will (Willms 2010). Reinecke (2007) beschreibt, wie sich Streetart-Akteur_innen in der europäischen Kunstwelt vor allem auch durch Selbstorganisation etablieren konnten. Kollektive selbstorganisierte Streetart-Veranstaltungen in Kairo wie die »*Mad Graffiti Week*« und das »*Mad Graffiti Weekend*« haben aber eher einen politischen Aktionscharakter. Hier deutet sich erneut an, wie stark Kairoer Streetart vom politischen Kontext dominiert ist, aus dem sie entstanden ist.

Fazit

Graffiti erscheinen im Anomie-Kontext des revolutionären Kairo als eine logische Form der Gegenkultur, als eine Möglichkeit für die Menschen, sich nach Jahrzehnten der Repression relativ ungehindert und wirkungsvoll auszudrücken. In den verschiedenen Fallstrukturen der gesammelten Graffiti zeigten sich dabei ursprünglich verschiedenste Tendenzen und Ziele von Graffiti: Sie erinnern an Personen, glorifizieren die Revolution und das Land, weisen auf politische Aktionen hin, vermitteln Kritik in komplex gestalteter Symbolik oder transportieren einfach nur Standpunkte und Forderungen von Individuen in die Öffentlichkeit. Während der Revolution wurde über Graffiti das Symbolsystem der Demonstrant_innen multipliziert und seit Revolutionsbeginn sind besonders die Parolengraffiti ein Spiegel aktueller Diskurse in Ägypten.

Es kann davon ausgegangen werden, dass junge Menschen bei all diesen Spielarten von Graffiti in Kairo eine zentrale Rolle spielen, aber nicht zwangsläufig müssen. Klar fassbar werden sie vor allem in der Jugendbewegung der Streetart-Schaffenden. In Kairo verfolgen die Autor_innen von Streetart nach eigenen Aussagen ganz ähnliche Ziele wie typische Autor_innen von Parolengraffiti: Sie wollen sich ausdrücken und ihre Ansichten verbreiten. Die normalen Kanäle der Informationsverbreitung und Meinungsäußerung empfinden sie als zu beschränkt oder nicht ausreichend. Ihre komplex gestalteten und international als ästhetisch wertvoll wahrgenommenen Objekte genießen inzwischen eine breite Medien-Aufmerksamkeit. Die zahlreichen Menschen, die sich für Streetart interessieren und selbst Objekte schaffen, könnten als Subkultur angesehen werden. Jedoch wollen viele der Akteur_innen die Gesellschaft mit ihren Graffiti-Botschaften eher direkt ansprechen, es geht nicht offen darum, sich wie in einer klassischen Subkultur von der Mehrheit abzugrenzen. Darin äußert sich die starke Politisierung der Streetart-Akteur_innen Kairos. Vor allem die Kommerzialisierung von Streetart und teilweise auch ihre Verortung im Kunstfeld werden dementsprechend abgelehnt, da Streetart als Mittel der freien Meinungsäußerung geheiligt wird.

Anmerkungen

[1] Alle in diesem Artikel verwendeten übersetzten Zitate – sofern nicht anders gekennzeichnet – sind eigene Übersetzungen.

[2] Die Untersuchungsgrundlage dieser Arbeit bildete das zwischen dem 4.8.2011 und dem 7.10.2011 von mir in Kairo angefertigte Bildmaterial. Auf 89 Fotos wurden 153 differenzierbare Graffiti-Objekte dokumentiert. Natürlich kann sich die Graffiti-Landschaft Kairos quasi täglich verändern. Neue Objekte werden geschaffen und alte entfernt. Ich beschränke mich in dieser Arbeit auf die Betrachtung der selbstgemachten Fotos aus dem Untersuchungszeitraum. Die gesammelten Graffiti-Objekte wurden nicht in einer streng quantitativ-empirischen Erhebung gesammelt. Das Fotomaterial diente nicht dazu, repräsentative, quantitative Schlüsse zu ziehen, kann aber als Sammlung real existierender Fallbeispiele betrachtet werden.

Bildteil

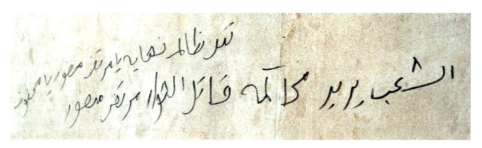

»Jedem ein Ende, der die Menschen unterdrückt! Oh Murtazar Mansur, du Geisteskranker!«
»Das Volk will, dass der Mörder der Demonstrant_innen verurteilt wird: Murtazar Mansur!«
Autor_innen unbekannt, Yusuf al-Djundi, 10.08.2011

Überlegungen zur Generalisierbarkeit in der qualitative Sozialforschung zufolge können aus einzelnen, real existierenden Fallbeispielen, wie für diese Arbeit dokumentierten Graffiti, Idealtypen abgeleitet werden. Idealtypen sind ein Werkzeug zum Erklären der individuellen Eigenschaften von Kulturerscheinungen, die gleichzeitig auch deren Gemeinsamkeiten erfassen. Es geht dabei nicht darum, die einzelnen Objekte einer Gattung zu unterwerfen, sondern ihre charakteristische Ausbildung ausgehend von ihren Entstehungskontexten darzustellen. Für die Typenbildung wurde die Fallstruktur ausgewählter Kernfälle, hier also formelle und inhaltliche Merkmale bestimmter Graffiti, zu sich reproduzierenden Mustern verdichtet. In diesem Bildteil sollen exemplarisch einige Idealtypen Kairoer Graffiti kurz vorgestellt werden.

»Nein zu den Militärprozessen«, »Nieder mit der Militärregierung«
Autor_innen unbekannt, 'Abd as-Salam 'Arif, 24.09.2011

Autor_In unbekannt
'Abd as-Salam 'Arif, 26.08.2011

(1) *Diskursive Parolengraffiti* beschreibt textdominierte Graffiti ohne komplexe Gestaltung, die Standpunkte und Forderungen mit Bezug zur aktuellen politischen Situation äußern.

(2) *Klassische Street-Art* bezeichnet komplex gestaltete Objekte, die meist mit typischen Mitteln der Street-Art produziert wurden, wie etwa *stencil* und *cut-outs*. Botschaft und Inhalt erschließen sich vorrangig über die dargestellten Symbole, die der_die Rezipient_in aber kennen muss, um das Objekt zu verstehen. Dabei können sowohl lokale als auch international bekannte Symbole, Sprachen und Deutungsmuster zum Einsatz kommen. Durch ihre komplexe und ästhetische Gestaltung und die teilweise auch international erkennbare Symbolik wird Objekten, die sich diesem Idealtyp annähern, verstärkt mediale Aufmerksamkeit gewidmet.

Dies war 2011 eines der bekanntesten Street-Art Objekte Kairos.
Es wurde mehrmals von verschiedenen Akteur_innen erweitert und schließlich am 20.01.2012 von der pro-Militär Gruppe Badr-Batallion größtenteils übermalt.
Autor_innen: Ganzeer, Sad Panda und Andere, al-Djibaliya/Kubri Sitta Uktubar, 01.09.2011

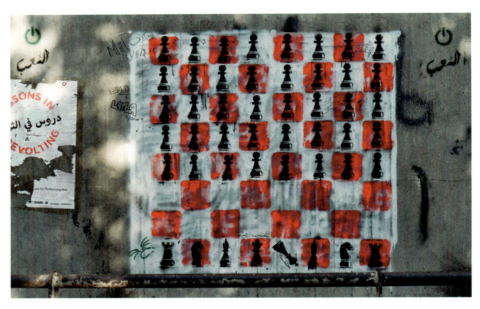

Autor: El-taneen, Yusuf al-Djundi, 26.08.2011

Kinder mit moderner Militärtechnik, in der Mitte offenbar
Muhammad Husain Tantawi Sulaiman, Mitglied des Militär-Rats.
Autor: Keizer, Wizâra az-Zira'a, 24.09.2011

STREET-ART – KAIRO

Links:»Wir holen dich aus Scharm (el-Scheich), oh Veräterin, oh Betrügerin.« Die dargestellte Frau ist die berühmte Schauspielerin Hend Rostom (Hind Rustum). Sie zweifelte öffentlich die Authentizität der Revolution an. Autorin: Hend Keheera
Rechts: Ryu versus M. Bison, Charaktere aus der in den 1990ern in Ägypten beliebten Computerspielserie 'Street-Fighter'. Im Spiel wurde M. Bison (rechts) als böser Diktator porträtiert, Ryu (links) hat in der Szene klar die Oberhand. Autor unbekannt, Yusuf al-Djundi , 26.08.2011

»Friedlich«, mit peace-Zeichen im Buchstaben Mim, darüber ein *stencil*, das Khaled Said zeigt. Autor_innen unbekannt, Midan at-Tahrir – Muhammad Mahmud, 21.09.2011

(3) *Revolutions-Street-Art* bezeichnet gestaltete, meist großflächige Objekte, die Ägypten und die Revolution darstellen und glorifizieren, wobei die Ausgestaltung unterschiedlich komplex sein kann. Ihre Autor_innen sind meist unbekannt und nicht unbedingt etablierte Street-Art-Akteur_innen. Mit diesen Objekten wird vor allem auch das Selbstbild der Demonstrant_innen multipliziert, sie dienen als Erinnerungsort.

Groß: »Sei Stolz – du bist Ägypter«, oben, klein: »Volksrevolution des 25. Januar«
Unten, klein: »Eine Revolution hat es geschaffen... Ägypten frei gemacht.«
Autor_innen unbekannt, Muhammad Mahmud, 21.09.2011

STREET-ART – KAIRO

Diese Objekte wurden bereits Anfang Oktober 2011 wieder übermalt.
Autor_innen unbekannt, Isma'il Muhammad, 24.09.2011

»Freiheit«, »Unity«, »L'Egypte« in den Farben der Landesflagge Ägyptens gestaltet.
Autor_innen unbekannt, Street 250, 28.09.2011

»Ehre dem Märtyrer Muhammad Djamal ad-Din«, Autor_In unbekannt, al-Djazira, 02.09.2011
»Der Märtyrer Tariq 'Abd al-Latif, 36 Jahre, Ingenieur«,Teil des 'Martyrs Mural Projekt',
das Ganzeer ursprünglich mit zahlreichen anderen Akteur_innen zu realisieren plante.
Darin sollten möglichst viele der in der Revolution getöteten Demonstranten mit
großformatigen Portraits auf der Straße verewigt werden. Einige der Objekte
wurden inzwischen bereits wieder übermalt.
Autor_innen: Ganzer und Andere, al-Djazira , 02.09.2011

(4) *Märtyrer_innen-Graffiti* charakterisiert Objekte, deren vorrangiger Zweck und Inhalt es ist, die in der Revolution ums Leben gekommenen Menschen zu ehren und an sie zu erinnern. Das geschieht vor allem über die Zuschreibung des Märtyrer_innen-Status.

Links: »Sit-In – 8. Juli« darunter »Opferbereit!« Autor_innen unbekannt Kubri Qasr an-Nil, 26.08.2011
Rechts: »Geh auf die Straße!« Autor: Adham Bakri, Midan at-Tahrir, 24.09.2011

Links: »Nein zu Militärprozessen für Zivilist_innen«, das Logo der Bewegung, die sich vorrangig gegen die Verurteilung von Zivilisten durch Militärgerichte wehrt. Rechts: »Die Herschaft des Militärs fällt nicht« Es besteht die Möglich, dass das »*la*« (nein/nicht) erst später hinzugefügt wurde, um eine Anti-Militär-Parole ins Gegenteil zu verkehren. Autor_innen unbekannt, Wizâra az-Zira'a, 24.09.2011

(5) Das *Mobilisierungs-Stencil* beschreibt einfach reproduzierbare *stencil*-Graffiti, die in arabischer Sprache auf bestimmte politische Aktionen oder Gruppen hinweisen und vielfach verbreitet werden. Mobilisierungs-Stencil basieren auf einer klassischen Street-Art-Technik und enthalten manchmal noch andere Design-Elemente.

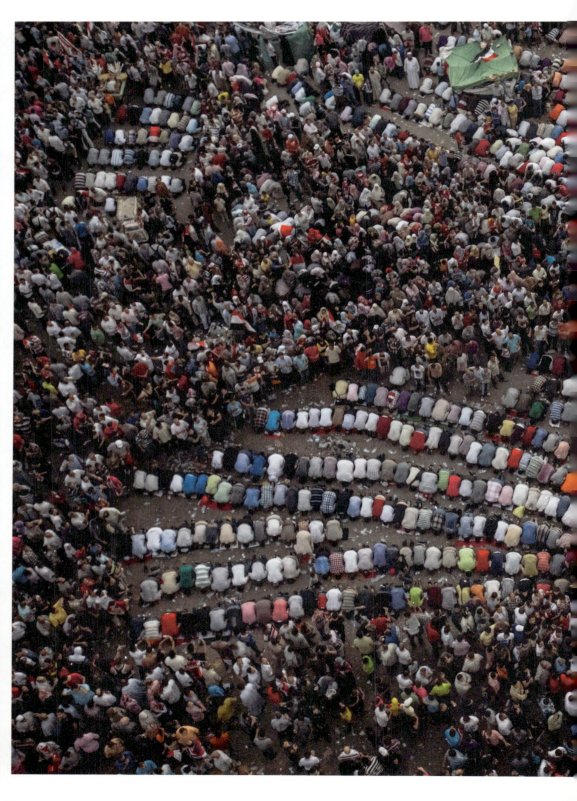

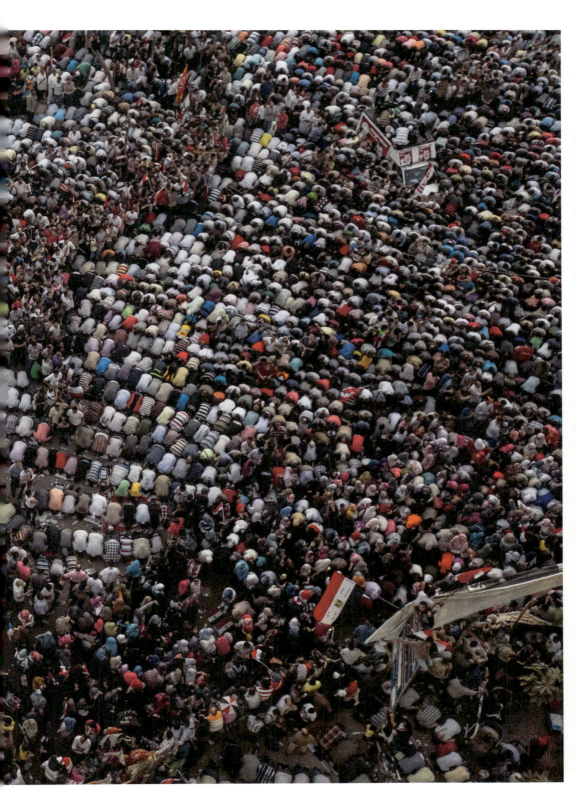

Das Recht auf Kairo: Die Jugendbewegung des 6. April
Ali Sonay (Marburg)

»Unser Leben als Aktivisten hat sich seit der Revolution natürlich verändert. Früher, als wir etwa Flyer auf der Straße verteilten, erschienen nach fünf Minuten Sicherheitskräfte und nahmen uns fest. Heute können wir unsere Aktivitäten auf den Straßen und Plätzen freier gestalten und zu den Menschen sprechen.«[1]

– Essam F., Aktivist der Jugendbewegung des 6. April, Kairo, 3.1.2013[2]

Einleitung

Die geschilderte Szenerie einer Auseinandersetzung zwischen Aktivisten der Jugendbewegung des 6. April und der ägyptischen Polizei vermittelt einen ersten Eindruck davon, unter welchen repressiven Bedingungen Jugendliche ihren Widerstand im urbanen Raum für lange Zeit artikulieren mussten. Die Jugendbewegung des 6. April von 2008 war jedoch drei Jahre später einer der Hauptinitiatoren der ersten Proteste, die ab dem 25. Januar 2011 Kairo und Ägypten erfassten. Die Gruppe wurde zu einem Symbol der neuen ägyptischen Jugendbewegungen und zu einem wichtigen Akteur des aktuellen Umbruchs. Die Vision der Bewegung ist der grundlegende Wandel Ägyptens hin zu einem demokratischen Regierungssystem, das individuelle Freiheiten und soziale Gerechtigkeit garantiert.

Der vorliegende Beitrag stellt die Entstehung und Vision dieser Bewegung sowie ihre Orientierung nach der Revolution dar. Er beabsichtigt dabei insbesondere darzulegen, welche alternativen Vorstellungen von Gesellschaft und Heimat für Kairo und Ägypten verhandelt werden und in welchen städtischen Räumen diese widerständige Artikulation sich entfaltet. Die Erklärung dieser Betrachtungen wird dabei nicht nur im Rahmen des ägyptischen Kontextes vollzogen, sondern es soll im Wallersteinschen Sinne auch das Moment des Globalen und Kosmopolitischen dieser Dynamiken beleuchtet werden. Dem liegt die Annahme zugrunde, dass die Aufstände in der arabischen Welt und aktuelle Protestdynamiken in urbanen Zentren weltweit, etwa die Indignados in Spanien und Aganaktismenoi in Griechenland (beide zu Deutsch 'die Empörten'), sowie Occupy Wall Street in den USA und Blockupy Frankfurt in Deutschland, einen Raum globaler Öffentlichkeit bilden, worin auch der politische Aktivismus von Jugendlichen in Kairo eingebettet ist. Neben parallelen Visionen einer neuen Form der repräsentativen und partizipatorischen Demokratie sowie sozialer Gerechtigkeit hat sich in diesem Kontext eine Diskussion über die Rolle neuer digitaler Technologien als das zentrale performative Medium entwickelt. Zweifelsfrei ist ein Prozess im Gange, der neue Räume zwischen dem Lokalen und dem Globalen produziert – gleichzeitig mit einer neuen Interdependenz des Digitalen und Nicht-Digitalen verknüpft– wodurch sich politischen Akteuren neue Gestaltungsmöglichkeiten öffnen.

Ausgehend von diesen Fragen folgt meine Argumentation folgendem Aufbau: Bezugnehmend auf Henri Lefèbvres 'Recht auf die Stadt' wird die Stadt als eine politisch und sozioökonomisch ambivalente Territorialität verstanden, welche gleichzeitig ausgeprägte Tendenzen des Widerstands ermöglicht (Lefèbvre 1973, 4). Daraufhin wird dieses Konzept auf den Kairoer Kontext übertragen, um anschließend das kosmopolitische Moment der Kairoer Jugend zu beleuchten. Schließlich wird dies anhand der Ausbildung von der Jugendbewegung des 6. April sowie ihrer ideellen und performativen Positionierung in der Gesellschaft vor und nach der Revolution beispielhaft aufgezeigt.

Das Recht auf die Stadt

> »Für den Studenten der modernen Stadtforschung jedoch repräsentiert Kairo vor allem Probleme und eine enorme Herausforderung. Tatsächlich handelt es sich um eine Stadt mit drückenden Problemen der Landnutzung, Belastung durch die Einwohner- und Verkehrsentwicklung sowie Armut; aber auch mit einem energischen Streben, eine Utopie zu erschaffen.« (Abu-Lughod 1971, V).

Im von Janet Abu-Lughod beschriebenen Kairo der 1970er Jahre taucht bereits die Vision auf, eine *utopia*, eine lebenswertere Stadt zu verwirklichen. Diese impliziert sowohl Widerstand gegen die gegenwärtige Ordnung als auch die Umsetzung gesellschaftlicher Alternativen.

Städte stellen seit den Anfängen der Soziologie und insbesondere im Kontext einer zunehmenden Urbanisierung im Zuge der industriellen Revolution eine der zentralen Analyseeinheiten dar (Fainstein & Campbell 2011). Sie bilden Projektionen ganzer Gesellschaften. Der Stadtsoziologe Robert Park interpretiert die zunehmende weltweite Urbanisierung als das Spiegelbild des menschlichen Zusammenlebens (Park 1967). David Harvey zufolge führt ein erneuter sozialer Wandel zum Besseren unweigerlich über eine Neugestaltung der städtischen Ordnung. Harvey erklärt hierzu:

> »Die Frage, welche Art von Stadt wir wollen, kann nicht davon getrennt werden, welche sozialen Beziehungen, welches Verhältnis zur Natur und welchen Lebensstil, welche Technologien und ästhetischen Werte wir wünschen. Das Recht auf die Stadt ist weit mehr als die individuelle Freiheit, Zugang zu urbanen Ressourcen zu haben. Es ist das Recht, uns selbst zu verändern, indem zuerst die Stadt verändert wird.« (Harvey 2008, 23).

Der von Harvey bereits erwähnte Begriff 'Recht auf Stadt' *(right to the city)* geht auf Henri Lefèbvres *(droit à la ville)* zurück (Lefèbvre 1973). Ausgehend von seiner Analyse der Wechselbeziehung zwischen urbanem Raum und der kapitalistischen Industrialisierung führt Lefèbvre das Recht auf die Stadt als eine Vision und ein Verlangen nach einer urbanen und damit gesamtgesellschaftlichen Demokratie ein, welche auf einer unablässigen Kritik der Dynamik zwischen Produktionsverhältnissen und den

Produktionskräften in der Stadt beruhe (Lefèbvre 1990, 146ff.). Dieses Recht ist nach Lefèbvre vor allem durch eine Partizipation der städtischen Bevölkerung bei allen die Stadt betreffenden Angelegenheiten und durch eine freie Aneignung des urbanen Raums im Alltagsleben zu erreichen (Lefèbvre 1990, 179). Nach Isin und Wood bedeutet Aneignung in erster Linie freien Zugang und Besetzung des städtischen Raums (Isin & Wood 1999, 104). Somit wird eine Transformation der urbanen Sozialbezüge gefordert, um die Stadt — und damit nach Harvey eine Gesellschaft insgesamt — aus dem alleinigen Einfluss der politischen und wirtschaftlichen Eliten loszulösen.

Lefèbvre beeinflusste durch seine Perspektive eine neue Generation von Soziologen und Geographen wie Manuel Castells und David Harvey (Brenner 2000, 363). Insbesondere die sozialwissenschaftliche Relevanz des Raumes wurde stärker in den Mittelpunkt gerückt. In diesem Rahmen wird in den Sozialwissenschaften seit den 1990er Jahren durch den zunehmenden Einfluss von Globalisierungs- und Digitalisierungsprozessen die Entstehung von so genannten *global cities* diskutiert (Brenner & Keil 2006, 3). Darunter sind Knotenpunkte zu verstehen, bei denen es nicht zwangsläufig auf eine enorme Bevölkerungszahl ankommt. Vielmehr bilden *global cities* als Knotenpunkte ein Netzwerk, in dem die Organisations- und Kommandostruktur der globalen Ökonomie repräsentiert wird und Finanzdienstleistungen, Produktions- und Innovationsstätten sowie die Bereitstellung von Arbeitskräften zu passender Zeit gewährleistet werden. Saskia Sassen (Sassen 2011b, 67) erläutert darüber hinaus, dass globale Städte eine Artikulationsplattform bieten und die Sichtbarkeit von marginalisierten Gruppen wie Migranten, Armen und perspektivlosen Jugendlichen ermöglichen. Der globale Raum, der durch die Vernetzung dieser urbanen Zentren entsteht, fördere die Entfaltung neuer Handlungsspielräume und Heimatvorstellungen lokaler Akteure:

> »Der durch das globale Netz von Global Cities begründete Raum, eine Sphäre mit wirtschaftlichen und politischen Potentialitäten, stellt womöglich eine der strategischsten Räume für die Formierung neuer, auch transnationaler Identitäten und Gemeinschaften dar. [...] Es ist nicht nur die Mobilität von Kapital, die sich in diesem globalen Netzwerk abspielt, sondern auch jene von sowohl Reichen – etwa die neuen transnational orientierten Arbeitskräfte – als auch Armen, wie etwa vielen migrierenden Arbeitern. Es ist aber auch ein Raum der Transmigration kultureller Einflüsse, etwa bei der Reterritorialisierung von 'lokalen' Subkulturen.« (Sassen 2011b, 67, Hervorhebungen im Original).

Diese Reterritorialisierungen von lokalen Ausdrucksformen im Globalen bilden den zentralen Aspekt auf den sich das Kapitel konzentriert. Ein wichtiger sozialer Transformationsprozess, der sich dabei im Zuge der Globalisierung durchgesetzt hat, ist der Einfluss der von Castells als Informationszeitalter bezeichneten Periode seit den 1970er Jahren (Castells 2000, 38ff.). Darunter sind primär neue Interaktionen zwischen Raum, Gesellschaft und Technologie zu verstehen, durch die neue Formationen zwischen Globalem und Lokalen entstehen und politischen Akteuren neue Artikulationspotentiale bieten (Castells 2000, 408). Sassen nennt diese Mischung aus digitalen Netzwerken, ihren Transaktionen, territorialen Manifestationen – insbesondere globalen Städten

— *assemblagen* (Sassen 2008, 604). Diese *assemblagen* können durch die digitalen Technologien auch von lokalen Organisationen und Individuen entwickelt werden, die nur über geringe Ressourcen verfügen. Sie können dabei Teil globaler Netzwerke und Auseinandersetzungen werden, welche sich zwar in lokalen Zusammenhängen abspielen, jedoch gleichzeitig global verteilt erscheinen. Die durch diese Streuung entstehenden Dynamiken globaler Öffentlichkeit tragen dazu bei, dass lokale Akteure nicht mehr an globale Institutionen oder gemeinsame Aktionen an einem bestimmten Ort gebunden sind, um eine weltweite Interaktion und somit Einfluss zu entfalten. Stattdessen finden diese Prozesse zunehmend auf digitaler und imaginärer Ebene statt.

Die urbanen Demonstrationsdynamiken im Nahen Osten und Nordafrika haben dabei beispielhaft offenbart, dass die sie repräsentierenden Gruppen zwar nicht durchweg die Macht ergriffen haben und nach wie vor über wenig Ressourcen verfügen, nichtsdestotrotz aber den dominanten Diskurs beeinflussen und Politiken mitgestalten können (Sassen 2011a, 574).

Angesichts der aktuellen globalen Ausbreitung dieser neuen Dynamiken im urbanen Raum, unter anderem in der arabischen Welt, in Griechenland, Spanien und den USA, spricht Sassen von einer *global street* (Sassen 2011a), in der marginalisierte Gruppen – insbesondere Jugendliche – diese multilokale Globalität in eine Ressource umwandeln und dadurch eine Form von einflussreicher globaler Öffentlichkeit ausstrahlen. Die Einbettung Kairos in diese Prozesse wird im Folgenden erörtert.

Der Raum des Urbanen als Feld ägyptischer Widerständigkeit

Das Urbane hat in der arabischen Protestkultur in der Form der so genannten 'arabischen Straße' früh eine zentrale Rolle als physische Begegnungsstätte gespielt. So ereilten in den 1950er Jahren große Protestwellen die Länder des Nahen Ostens infolge der Verstaatlichung des Suez-Kanals. Auch in den 1980er Jahren kam es im Zuge von Preiserhöhungen für Lebensmittel zu großen Demonstrationen. Den Großteil der Teilnehmer bildete dabei eine gebildete, aber perspektivlose Mittelschicht. Verantwortlich für die Mobilisierung waren kollektivistische Ideologien wie der arabische Nationalismus oder Sozialismus (Browers 2009). Der Islamismus bildete sich als die neueste Ideologie dieser Massenbewegungen heraus. In Ägypten ist es zwar dadurch einer islamistischen sozialen Bewegung – maßgeblich repräsentiert durch die Muslimbruderschaft – gelungen, mittels eines breiten sozialen Netzwerks weite Teile der Gesellschaft islamischen Normen zu unterwerfen (Bayat 2007a,33). Da der Staat jedoch danach strebte, die gesellschaftliche Autorität aufrechtzuerhalten, konkurrierte er mit den Islamisten und verbreitete somit selbst einen Diskurs auf religiöser und nationalistischer Basis (Bayat 2007a, 33). Aufgrund dieses dominanten Diskurses der religiösen und politischen Eliten des Landes wurden kritische Stimmen, die eine ideelle Neuorientierung im Rahmen demokratischer Prinzipien artikulierten, stark unterdrückt.

Somit stellt sich die Frage, auf welche Weise Akteure und Individuen agiert haben, um diese herrschenden Ordnungen und Diskurse durch subversive Praktiken zu unterlaufen. Eine sehr einleuchtende Interpretation oppositioneller Praxis im Nahen Osten und Nordafrika stellt das von Asef Bayat vorgestellte Konzept der *social nonmovements* dar (Bayat, in diesem Band). Diese bilden eine Bewegung von zahlreichen Individuen, die durch ihre Präsenz in öffentlichen Räumen wie Parks, Einkaufszentren, Schulen und Universitäten oder Moscheen sowie durch gemeinsame Symbole eine kollektive Identität bilden (Bayat 2010a, 41). Diese Individuen zielen darauf, ihre Visionen gleichzeitig praktisch umzusetzen, ohne jedoch eine gemeinsame Ideologie zu vertreten oder in hierarchischen Strukturen organisiert zu sein. Ihre graduell erzielten Errungenschaften bei der Schaffung neuer gesellschaftlicher Freiräume finden durch stille individuelle Praktiken des Alltags statt. Dadurch, dass eine sehr hohe Anzahl von Menschen ähnliche Verhaltensweisen praktiziert, können öffentliche Räume angeeignet werden. Von dort aus kann ihre Opposition neue soziale Logiken und eine Form von Macht hervorbringen (Bayat 2010a, 39). Als Beispiel für eine derartige Dynamik gesellschaftlichen Wandels im Nahen Osten nennt Bayat den Erfolg von iranischen Frauen, die sich in einem langwährenden Prozess gegenüber der Ordnungspolizei durchgesetzt haben, um ihre Kopftücher so anlegen zu können, dass auch ein Teil ihrer Haare zu sehen ist (Bayat 2010a, 34).

Bayat beschreibt diese Praktiken des Widerstands im Nahen Osten als ein primär urbanes Phänomen. Für diejenigen, die keine anderen Artikulationsmöglichkeiten haben, bleibt der öffentliche Raum der Straßen und Plätze die zentrale Lokalität, um Opposition zu kommunizieren. Denn ein wichtiges Attribut des öffentlichen Raumes ist, dass in ihm nicht nur Demonstrationen abgehalten werden, sondern durch den sozialen Aneignungsprozess Identitäten gebildet und Solidaritäten erweitert werden können. Somit kann ein größerer Kreis an potentiellen Teilnehmern sensibilisiert werden. Durch diese Dynamik der *nonmovements* können sich – wie oben angedeutet – erst Demonstrationen, soziale Bewegungen und schließlich Revolutionen entwickeln. Bayat empfiehlt in diesem Kontext einen adäquaten Forschungsansatz, mit dem der Zusammenhang von städtischem Raum und widerständigen, subversiven Dynamiken analysiert werden kann:

> »Revolutionen im Sinne von Aufständen sind nicht nur das Resultat bestimmter historischer Entwicklungen, sie werden ebenso von spezifischen Geografien geprägt und begünstigt. Wir sollten also nicht nur fragen, warum und zu welchem Zeitpunkt eine Revolution stattgefunden hat, sondern auch, *wo* sie ihren Ausgang nahm und warum gerade hier.« (Bayat 2012a, 29, Hervorhebungen im Original).

Eine Möglichkeit, die Präsenz in öffentlichen Räumen zu umgehen, stellen neue digitale Medien dar, mit deren Hilfe Individuen auch zueinander finden. Dabei kann eine Transformation von passiven Netzwerken – wie *nonmovements* – zu aktiven Netzwerken – wie sozialen Bewegungen – stattfinden. Dieser Wandel tritt nach Bayat vor allem durch günstige politische Gelegenheiten ein, beispielsweise wenn eine Regierung temporär durch interne Konflikte, Kriege oder internationalen Druck geschwächt ist. In solch einer Situation können organisierte Jugendbewegungen entstehen (Bayat 2010a, 44).

Als analytische Kategorie 'Jugend' kam vor Beginn des Arabischen Frühlings im Großteil der sozialwissenschaftlichen Literatur zum Nahen Osten und Nordafrika lediglich implizit bei der Untersuchung von sozioökonomischen Problemen zur Geltung (Bayat 2010a, 157). In einer ähnlichen Sichtweise wurden unter dem Begriff 'Jugendbewegungen' im Allgemeinen hauptsächlich Gruppierungen aufgefasst, in denen junge Menschen wie im Falle von Studenteninitiativen oder Subkulturen die Mehrheit bilden (Bayat 2010a, 158). Bayat verbindet mit Jugendbewegungen eine kollektive Vision sowie einen geteilten Habitus, der geprägt ist durch Idealismus und Experimentierfreudigkeit sowie dem Bestreben, Autonomie zu erlangen oder zu verteidigen (Bayat 2010a, 160). Im Falle von Ägypten konnten sich Jugendliche als *nonmovements* zwar neue Freiräume aneignen, ihr Einfluss und die sich daraus ergebende politische Sensibilisierung in Ägypten blieben jedoch begrenzt. Erst im Laufe der 2000er Jahre entstand auch mithilfe neuer digitaler Technologien eine neue Form des politischen Denkens und Handelns, welches die Grenzen des erwähnten dominanten Diskurses herausforderte und somit transformativen sozialen Einfluss versprach (Bayat 2010a, 165). Bayat nennt in diesem Zusammenhang ausdrücklich die Jugendbewegung des 6. April, welche durch ihren politischen Aktivismus ab dem Jahre 2008 zu einem wichtigen politischen Akteur in Ägypten wurde (Bayat 2010a, 188). Im folgenden Abschnitt wird Kairo als globale Stadt vorgestellt und der sich daraus entfaltende Einfluss auf das politische Bewusstsein von Jugendlichen diskutiert.

Kairo: Globalisierte Jugend in einer globalen Stadt

> »Die Stadt Kairo ist – wie alle globalen Städte – in Globalisierungsprozesse eingebettet, deren Arbeits-, Kapital- und Informationsströme die Grenzen, die Wirtschaftsstruktur und das politische Feld der Stadt umgestalten. [...] Die neoliberale Globalisierung entfaltet sich jedoch nicht ohne Widerstand.« (Singerman 2009, 3f.).

Diane Singerman hebt hervor, dass die globale Produktion des urbanen Raums, insbesondere die interagierenden Prozesse globaler Städte, sich auch in Kairo manifestieren. Jörg Gertel erläutert in diesem Zusammenhang, wie seit der ökonomischen Öffnung Ägyptens unter dem Präsidenten Anwar al-Sadat in den 1970er Jahren die soziale Raumorganisation Kairos grundlegend verändert wurde (Gertel 2010a, 112). Im Zuge dieser Prozesse wurden der ehemals große öffentliche Sektor weitgehend privatisiert, Staatsangestellte entlassen und Wohlfahrtsleistungen gekürzt. Die Raumgestaltung Kairos war folglich durch eine starke sozioökonomische Polarisierung geprägt (Gertel 2010a, 116). So sind auf der einen Seite neue private Wohnanlagen und Trabantenstädte entstanden, um der Stadt einen modernen Anstrich zu geben sowie neue Industrieanlagen und ausländisches Kapital anzulocken (Singerman 2009, 13). Auf der anderen Seite verbreiteten sich große informelle und ungeplante Siedlungen *(ashwayyiât)*, die unter stadtplanerischer Vernachlässigung leiden (Singerman 2009, 6). Singerman gibt die Absicht dieser Politiken wieder und unterstreicht zugleich die Kritik Lefebvrès. Sie erläutert, dass der Einfluss neoliberaler Paradigmen, der sich auch auf die ägyptischen Eliten auswirkt, das Streben nach Wachstum und Effizienz mit sich bringt. Folglich wird von staatlicher Seite aufgrund der Unsicherheiten einer gesellschaftlichen Partizipation bei der Entscheidungsfindung von städtischen Projekten und Problemen ausschließlich mit Vertretern der Privatwirtschaft und nicht-gewählten Bürokratie kommuniziert (Singerman 2009, 9f.).

Singerman und Gertel verdeutlichen jedoch auch, dass diese urbane Marginalisierung nicht kritik- und widerstandslos hingenommen wird. So stellt Gertel fest:

> »Der urbane Raum der ägyptischen Hauptstadt wird außerdem zunehmend politisiert. […] Auch wenn die Konfrontation zwischen Bürgern und Staat, insbesondere in Hauptstädten, durchaus kein neues Phänomen ist, erscheinen Metropolen wie Kairo zunehmend als Orte der gesellschaftlichen Problemballung, in denen sich eine Eskalation in der gewalttätigen Auseinandersetzung von Konflikten abzeichnet.« (Gertel 2010a, 115).

Singerman stellt außerdem fest, dass im Rahmen dieser Konflikte die Kairoer Bevölkerung einerseits gegen Globalisierungsprozesse agiert, andererseits gewisse Aspekte der Globalisierung internalisiert. So werden die sozioökonomisch polarisierenden Folgen einer neoliberalen Globalisierung von diversen Akteuren der ägyptischen Zivilgesellschaft kritisiert und Alternativen artikuliert. Gleichzeitig entfaltet sich bei dieser Artikulation eine Art *vernacular cosmopolitanism*, das heißt ein stetig wachsender universaler Ruf nach einer neuen Form der Demokratie, die soziale Gerechtigkeit, Partizipation und Repräsentation garantiert (Singerman 2009, 19f.).

Der erwähnte Aneignungsprozess von globalen Bezugssystemen im Lokalen wird von Marc Peterson in Anlehnung an Singerman im Kontext Kairos als eine Form von Kosmopolitismus bezeichnet. Peterson erläutert in seiner Studie, dass Jugendliche in Kairo eine Form des Kosmopolitismus verinnerlicht haben, die eine transnationale Orientierung aufweist, so dass bestimmte global geformte Praktiken und Diskurse übernommen und im Lokalen neu angeeignet werden (Peterson 2011, 7). Es handelt sich um eine neue Selbstpositionierung in der Welt, die Peterson folgendermaßen beschreibt:

> »Zugleich eine Praxis und Identität, stellt der Kosmopolitismus die Fähigkeit dar, in einem Raum des Übergangs und der Umwandlung zu leben. In diesem Sinne erschöpft er sich nicht nur im Bewohnen Kairos, sondern in der simultanen Präsenz im fluiden, mehrdimensionalen Raum imaginierter Gemeinschaften, Migrationsrouten, Medien, Finanznetzwerken und globaler Kulturströme.« (Peterson 2011, 11).

Im Allgemeinen kann man davon ausgehen, dass diese Orientierung auf studierte und aus nicht armem Elternhaus kommende Jugendliche zutrifft. Jedoch sind globale Einflüsse von Wahrnehmung, Idealen, Werten und Produkten insbesondere im städtischen Raum sehr präsent und entfalten dadurch zunehmend einen größeren Wirkungskreis unter ägyptischen Jugendlichen (Bayat & Herrera 2010, 41). Im nächsten Abschnitt werden die Folgen dieser urbanen, globalisierten Jugend auf der Ebene des politischen Aktivismus am Beispiel der Jugendbewegung des 6. April aufgezeigt.

Die Jugendbewegung des 6. April

Die Entstehung der Jugendbewegung des 6. April kann als ein Folgeeffekt einer neuen Politisierung der ägyptischen Opposition seit den 2000er Jahren betrachtet werden. Nach einer langen Periode, in der insbesondere Widerstand gegenüber sozioökonomischen Problemen und regionalen Konflikten artikuliert worden war, rückte zunehmend eine Liberalisierung der politischen Strukturen in den Mittelpunkt der Forderungen (El-Mahdi 2009, 1013). Die unterdrückte ägyptische Opposition wurde zunächst durch eine sich verstärkende ökonomische Krise und die politischen Entwicklungen in der Region – wie die palästinensische Intifada und die Besetzung des Irak im Jahre 2003 – beeinflusst. In Rahmen der neu entstandenen Initiativen entwickelte sich ein Narrativ, das Mubaraks Beziehungen zu den USA und Israel, den lokalen repressiven Kontext und die sozioökonomische Situation verknüpfte. Dadurch wurde der Ruf nach politischer Teilhabe in einen neuen nationalistischen Diskurs eingebettet. Die damit einhergehende erhöhte Präsenz im urbanen Raum wurde insbesondere durch die Kifaya-Bewegung (*kifâya*, Ägyptisch-Arabisch für 'Es ist genug') symbolisiert. Die im Jahre 2004 von einer urbanen Bildungsschicht mit unterschiedlichen ideologischen Hintergründen gebildete Koalition verlangte im Vorfeld der Parlamentswahlen von 2005 das Ende der Präsidentschaft Mubaraks und die Nichtnachfolge seines Sohnes Gamal sowie die Aufhebung des Ausnahmezustands, der seit 1981 in Kraft war. Zahlreiche Demonstrationen wurden in der Folge organisiert, die besonders viele Jugendliche mobilisierten. Für viele jüngere Menschen bildete die Plattform der Kifaya die ersten Erfahrungen mit politischem Aktivismus. Mehrere Hauptinitiatoren der Jugendbewegung des 6. April waren früher in der Jugendorganisation der Kifaya organisiert, unter anderem auch der besonders in der Öffentlichkeit stehende Ahmad Maher, der aktuelle Generalsekretär der Bewegung.

Gleichzeitig fällt die Entstehung der Gruppe in eine Phase weitverbreiteter Arbeiterstreiks. Ahmad Maher erfuhr im März 2008 von einem geplanten Streik von Textilarbeitern in der Industriestadt al-Mahalla al-Kubra gegen gestiegene Preise und niedrige Löhne. Diese Stadt hat insofern eine hohe symbolische Bedeutung, als sich dort einer der ersten großen, unter Nasser verstaatlichten Betriebe befindet (Beinin 2011, 192). In einem Versuch, die politische und ökonomische Dimension der Krise Ägyptens zu demonstrieren, gründete Maher mit seiner Mitstreiterin Asmaa Mahfouz eine Facebook-Gruppe, auf der zu einem landesweiten Streik am 6. April 2008 aufgerufen wurde. Obwohl schließlich die Partizipation an den Protesten in Kairo nicht stark war, gingen in al-Mahalla al-Kubra Tausende auf die Straßen (Wolman 2008). Hauptziel der Organisation ist seitdem die Schaffung einer 'wirklichen' Demokratie, die Menschenwürde, soziale Gerechtigkeit, Freiheit und Partizipation garantiert.

Aufgrund intensiver Beobachtung durch die Sicherheitsbehörden konnte die Bewegung in den nächsten Jahren keine hohe Präsenz erreichen. Der Durchbruch erfolgte im Zuge der Revolution, als mit anderen Jugendgruppen die ersten Proteste organisiert wurden. Die bedeutendste Kooperation fand dabei mit der Facebook-Gruppe »Wir sind alle Khaled Said« statt. Diese Gruppe wurde im Gedenken an den Foltertod von dem Blogger Khaled Said aus Alexandria gegründet und unter anderem von Wael Ghonim, dem Vertreter von Google im Nahen Osten, verwaltet (Ghonim 2012). Im Allgemeinen kann man die Jugendbewegung des 6. April im Verhältnis zu anderen politischen Strömungen in die von Kifaya angestoßene liberale, post-ideologische Dimension einordnen. So schlossen sich während der 18 Tage der Revolution Vertreter von unterschiedlichen Jugendgruppen zu einer Revolutionary Youth Coalition zusammen.[3] Neben der Jugendbewegung des 6. April waren auch Repräsentanten der Muslimbruderschaft sowie der linksnationalistisch-liberalen Parteien al-Karama (die Würde) und al-Tagammu (Die Versammlung) und der eher liberal gesinnten al-Ghad (das Morgen) vertreten. Es wird also deutlich, dass Beziehungen zu ideologischeren Gruppierungen wie der Muslimbruderschaft durchaus vorhanden waren und sind. Dennoch wurde gegen den Kandidaten der Muslimbruderschaft Mohamed Mursi anfänglich protestiert, da vor einem allzu großen Machtzuwachs der Bruderschaft infolge der von ihr bereits gewonnen Parlamentswahl gewarnt wurde (Egypt Independent 2011). Diese Haltung lässt bereits auf ein Selbstverständnis als Kontrolleur der Machtelite schließen. In diesem Sinne wurden die Parlamentswahlen im Winter 2011/2012 boykottiert, da die politische Landschaft noch zu sehr auf Mubaraks System aufbaute und dies wiederum ein gerechtes Ergebnis verhindert hätte (Elshami 2011).

Während die Bewegung vor der Revolution keinen offiziellen Status hatte, ist sie nun in allen Provinzen des Landes vertreten. Viele Stadtviertel in Kairo und Alexandria haben eigene Untergruppen und organisieren ihre Aktivitäten selbstständig. Entschlüsse, die die gesamte Bewegung angehen, werden von einem gewählten Zentralbüro zur Wahl per Mehrheitsbeschluss gestellt. Nach außen repräsentiert wird die Jugendbewegung des 6. April durch Ahmad Maher. Ihr Aktivismus dient der Verwirklichung einer Zukunft, in der der Einzelne sich wiederfindet und von staatlichen Institutionen respektiert wird:

> »Unser Ziel ist die Verwirklichung der Ziele der Revolution: Brot, Freiheit und soziale Gerechtigkeit. Wir wollen, dass sich die Regierung um die Belange des Volkes kümmert und ihr zuhört, so wie beispielsweise sozialdemokratische Regierungen in Südamerika. Wir wollen einfach ein besseres Leben, Arbeit, Freiheiten.«
> (Hania S., Aktivistin der Jugendbewegung des 6. April, Kairo, 5.1.2013).

Ein besonders wichtiger Aspekt ist, dass Politik im Allgemeinen als ein Spiel um Interessen und Positionen betrachtet wird. Politik wird deshalb auf eine praktischere Weise verstanden und gelebt. Somit verortet sich die Gruppe außerhalb der Parteipolitik und begreift sich als Kontrollinstanz, welche ihren Einfluss insbesondere im urbanen Raum entfaltet. Zwei interviewte Aktivisten erklären:

> »Wir wollen, dass es dem ganzen Volk gut geht, nicht nur einigen wenigen. Denn die Regierenden sind dort, um uns zu dienen, wir wählen sie deswegen. Sie stehen im Dienste des Volkes. Und wir sehen uns als eine Pressure-Group, um die Regierung, jede Regierung, auf Fehler hinzuweisen und uns für Veränderung einzusetzen.«
> (Mohamed S., Aktivist der Jugendbewegung des 6. April, Kairo, 10.1.2013).

> »Unser Ziel ist es, alle Ägypter zu erreichen, um sie auf Probleme im Land hinzuweisen. Wie müssen dort präsent sein, wo viele Menschen sind, auf der Straße, auf Plätzen, und zu ihnen sprechen. Dazu organisieren wir Demonstrationen, Sit-ins, Video-Screenings, singen Lieder und machen Graffiti.«
> (Dina M., Aktivistin der Jugendbewegung des 6. April, Kairo, 11.1.2013).

Die Gruppierung ist nicht an bestimmte Ideologien gebunden. Es sind verschiedene Strömungen innerhalb der Bewegung vorhanden und zur gesellschaftlichen Mobilisierung werden Kooperationen mit diversen anderen Bewegungen eingegangen:

> »Wir kooperieren mit vielen Gruppen und Parteien. Es hängt vom Thema ab. Bei einigen Themen finden wir Partner unter Liberalen und bei anderen unter Linken und Islamisten. Je nach Sachlage finden wir verschiedene Partner. So haben wir Mursi im zweiten Wahlgang zum Präsidenten gewählt, stehen ihm nun aber sehr kritisch gegenüber.«
> (Ahmed K., Aktivist der Jugendbewegung des 6. April, Luxor, 28.2.2013).

Eine Folge dieses flexiblen Politikverständnisses ist, wie Rabab El-Mahdi erkennt, ein bis jetzt reaktives Handeln der Gruppe. Auf der einen Seite schließen sich viele Jugendliche der Bewegung an, jedoch wollen gleichzeitig viele Ägypter wissen, welche Lösungsvorschläge die Jugendbewegung des 6. April genau anzubieten hat (Carr 2012). Hinzu kommt, dass sich angesichts des in Ägypten sehr präsenten Diskurses nationaler Unabhängigkeit Kontakte ins Ausland sehr leicht instrumentalisieren lassen. Aufgrund der ihm gegenüber kritischen Haltung hat der bis Juni 2012 regierende Militärrat die Jugendbewegung des 6. April als eine durch ausländische Institutionen geförderte Bewegung bezeichnet (Hawas 2012, 292). Dies schadet dem Ansehen der Gruppe bis heute.

Wie von Peterson dargelegt, sind Vertreter der Bewegung auf der einen Seite zwar auf Kairo und Ägypten fokussiert, worauf sich ihre visionäre Orientierung und ihre Forderungen richten. Dennoch machen sich einige Aktivisten eine erfahrungs- und solidaritätsstiftende globale Öffentlichkeit zunutze, in der sich ideelle und performative Aspekte gegenseitig inspirieren und annähern, und beeinflussen damit auch die weniger kosmopolitischen Mitstreiter.[4]

Auf diesen Beobachtungen basierend kann nun die Fallstudie der Jugendbewegung des 6. April als ein Beispiel eines lokalen Akteurs innerhalb einer globalen *assemblage* – bestehend aus weiteren urbanen Zentren – verstanden und die daraus folgende kosmopolitische Orientierung aufgezeigt werden. So wurde die Bewegung bereits vor der ägyptischen Revolution von der serbischen Jugendbewegung Otpor inspiriert, welche dazu beigetragen hatte, im Jahre 2000 den damaligen Präsidenten Slobodan Milošević zu stürzen (Rosenberg 2011). Vertreter der Jugendbewegung des 6. April reisten nach Belgrad, um sich über gewaltfreie Demonstrationstaktiken zu beraten. Auch auf symbolischer Ebene fand eine Anlehnung statt: Das Symbol einer geballten Faust wurde von Otpor übernommen (Rosenberg 2011). Außerdem wurden vor der Revolution bei weiteren Aktionen ebenfalls Aufrufe an Jugendbewegungen weltweit verschickt, um zeitgleich im jeweiligen Land für Ägypten zu protestieren und Solidaritätsbekundungen zu veröffentlichen.[5]

Nach der Revolution zeigte sich weiterhin diese Einbettung in Prozessen eines globalen und simultanen Aktivismus. Beispielhaft ist die Beziehung zwischen der Jugendbewegung des 6. April und der Occupy Wall Street-Bewegung in den USA. Schon im Juli 2011, vor der Gründung der Bewegung, kamen Ahmad Maher und Waleed Rashed als Vertreter der Jugendbewegung des 6. April in New York mit dem einflussreichen anarchistischen Aktivisten und Vordenker der Occupy-Bewegung, David Graeber, zu Beratungen zusammen (Graeber 2012, 12). Occupy Wall Street entstand dann im September 2011 als eine amerikanische Protestbewegung, die sich jedoch bald zu einer Bewegung in Städten weltweit ausbreitete. Die Bewegung tritt mit dem Hauptslogan »Wir sind die 99 Prozent« *(we are the 99 percent)* auf, wodurch die Kritik an sozialer Ungerechtigkeit, der Macht der Privatwirtschaft und der Unfähigkeit der Politiker, diese Ungerechtigkeiten zu lösen, betont wird. Asmaa Mahfouz und Ahmad Maher reisen im Herbst 2011 nach New York, um den dortigen Aktivisten symbolisch die Unterstützung ihrer Bewegung zu zeigen (Shenker/Gabbatt 2011).

Auch die spanischen Indignados und die griechischen Aganaktismenoi wurden in ihrem Verlangen nach einer wirklichen Demokratie explizit durch den ägyptischen Jugendaktivismus wie den der Jugendbewegung des 6. April beeinflusst (Hughes 2011, 411). Ägyptische Symboliken der Bewegung wie die Fahne oder die geballte Faust sind auf Demonstrationen in New York, Athen und Madrid häufig anzutreffen (Mann 2012, 189). Zwei Aktivisten der Jugendbewegung weisen auf die gegenseitige Beeinflussung und Motivation sowie die übereinstimmenden Ziele dieser simultanen Dynamiken folgendermaßen hin:

> »Jede soziale Gruppe ist vertreten. Es ist ein Abbild ganz Ägyptens. Die Bewegung besteht aus der ärmeren Schicht, aber auch aus der Mittel- und Oberschicht, die studiert haben, der Welt aufgeschlossen sind und somit der Bewegungen neue Impulse geben.« (Ibrahim H., Aktivist der Jugendbewegung des 6. April, Kairo, 17.1.2013).

> »Wir müssen uns permanent weiter bilden. Und man lernt am besten von anderen Erfahrungen und Fehlern, die auf der ganzen Welt auftreten. Aber es kommt keine direkte Hilfe aus dem Ausland, sondern ein indirekter Austausch. Wir lernen von der Welt und andere lernen von uns. Überall auf der Welt gibt es ein Erwachen gegen Ungerechtigkeit und Unterdrückung. Unsere Ziele sind die gleichen.« (Ahmed Maher, Gründer und Generalsekretär der Jugendbewegung des 6. April, Kairo, 25.2.2013).

Wie deutlich wird, bildet sich gegenwärtig ein globales Netzwerk lokal verankerter Aktivisten, wodurch eine diskursive Arena und damit eine neue Öffentlichkeit entsteht, die dominante Normen und Diskurse des gesellschaftlichen Zusammenlebens herausfordert. Damit stellt diese Dynamik gleichzeitig eine alternative Auffassung des Globalen dar: Aus Sicht der Aktivisten geht Globalisierung bis jetzt lediglich mit einer Integration wirtschaftlicher Transaktionen einher, die zudem eine höchst ungleiche Verteilung von Kapital mit sich bringt. Dies manifestiert sich vor allem im urbanen Kontext, wie etwa Kairo. Demgegenüber entwickelt sich die Forderung nach einer globalen Integration auf rechtlich und wirtschaftlich gleichem Niveau nur am Rande. Es ist genau diese Lücke, die die hier beschriebenen Bewegungen schließen möchten: Die Aktivisten der Jugendbewegung des 6. April sind zwar auf den lokalen Kontext in Ägypten fokussiert, da diese Dynamik jedoch simultan an mehreren Orten stattfindet und sich dadurch eine reale wie imaginäre Vernetzung vollzieht, bildet sich eine globale Öffentlichkeit.

Der soziale Druck von unten, sowohl im Nahen Osten und Nordafrika als auch auf globaler Ebene, macht deutlich, dass ein neuer theoretischer Rahmen und damit eine neue Terminologie erforderlich sind, um die Geschehnisse in der Region zeitgemäß einordnen zu können. Insbesondere neue Studien zu sozialen Bewegungen und neue Ansätze der Philosophie bieten hierbei Anknüpfungspunkte. Begriffe wie *flat ontology* oder *assemblage* drücken eine gegenwärtige Strömung der Sozial- und Kulturwissenschaften aus, in der eine alternative Vorstellung von Heimat Wirklichkeit werden kann (Escobar 2008, 285). Diese neue Sichtweise – vor allem durch die französischen Philosophen Gilles Deleuze und Bruno Latour beeinflusst – versteht Realität als eine Interaktion verschiedener Ontologien, etwa von Städten, Nationalstaaten oder interpersonellen Netzwerken, wodurch ein neues Ganzes geschaffen wird; im vorliegenden Fall die aus verschiedenen Lokalitäten zusammengesetzte globale Öffentlichkeit (Escobar 2008, 285).

In seiner Performanz kommt der Aktivismus vor allem durch die Präsenz im urbanen Raum, das heißt durch seine alternative Aneignung durch Demonstrationen, Video-Screenings oder Graffiti und seine Verarbeitung und Verbreitung im Internet, Fernsehen und Printmedien zustande. Das Selbstbild und die Partizipationsformen der Aktivisten offenbaren neue Sozialbeziehungen, wobei die Teilhabe, wie erläutert, nicht auf kollektivistischen Ideologien beruht. Stattdessen hat ein Individualisierungsprozess, auch gefördert durch die neuen Nutzungsmöglichkeiten digitaler Technologien, stattgefunden, der den politischen Aktivismus personalisiert. Jedes einzelne Individuum beansprucht das Recht, sowohl neue Alternativen als auch die dazu nötigen Räume einzufordern. Dieser Beitrag hat gezeigt, wie diese ideell auch unterschiedlich orientierten Individuen in Kairo dieses Fordern gegenwärtig in einem neuen Kollektiv artikulieren, und hat dabei gleichzeitig offenbart, dass dieser Prozess durch eine globale Dimension gekennzeichnet ist.

Fazit

Ausgehend von Lefèvbres Konzept des Rechts auf die Stadt wurde die Interaktion zwischen dem Widerstand gegen dominante städtische Ordnungen und dem Streben nach Alternativen, die sie ersetzen sollen, auf Kairo und implizit auf die Forderungen der ägyptischen Gesellschaft insgesamt übertragen. Des Weiteren legte dieser Beitrag dar, dass diese lokalen Prozesse in einem globalen Raum, jenseits von Kairo gleichzeitig in zahlreichen anderen urbanen Zentren, zur Entfaltung kommen. Die dadurch entstehende globale Öffentlichkeit wirkt auf die visionären Inhalte und Handlungsrepertoires strukturierend ein und verhilft den lokal orientierten und oft relativ machtlosen Aktivisten durch die globale Simultanität zu neuen Ressourcen, Sichtbarkeit und Habitus. Dieser Habitus zeichnet sich insbesondere durch die Entschlossenheit der Jugend zum Widerstand und dem Verlangen nach einer neuen demokratischen und sozialen Ordnung aus. Zentrale Elemente dieser globalen Öffentlichkeit sind urbane Räume, die besetzt werden und Territorien bilden, von wo aus sowohl dieser Widerstand artikuliert und ausgestrahlt als auch neue Vorstellungen von Heimat verhandelt werden.

Gleichzeitig zeigen sich ein Jahr nach der Revolution Verzögerungen der Anpassung an das neue politische Feld. Bis vor kurzem wurden die Dynamik und die Anziehungskraft der Jugend vor allem durch die revolutionäre Legitimität der urbanen Symbolik des Tahrir-Platzes gespeist. Die sich nun durchsetzende Legitimierung durch institutionelle Verfahren zwingt auch die Jugendbewegung des 6. April zu einer Neujustierung, was an ihrer anfänglichen Unterstützung für den neuen Präsidenten Mohamed Mursi erkennbar ist. Gleichzeitig hat sich aufgrund von Meinungsverschiedenheiten über die zukünftige Rolle der Bewegung eine Abspaltung unter dem Namen 'Jugendbewegung des 6. April – Democratic Front' ereignet.

Die Proteste im Zuge der Auflösung des Parlaments durch den Militärrat und dessen Machtzuwachs durch Abänderungen der Verfassung haben jedoch auch verdeutlicht, dass die Mauer der Angst innerhalb der ägyptischen Gesellschaft und insbesondere der Jugend endgültig gebrochen ist und die Machteliten fortan jederzeit mit der Artikulation dieses neuen Selbstbewusstseins rechnen müssen.

Anmerkungen

[1] Alle Zitate sind eigene Übersetzungen aus dem Arabischen oder Englischen.

[2] Auf Wunsch der Gesprächspartner wurden die Namen anonymisiert.

[3] Internetpräsenz von Carnegie Endowment for International Peace: Guide to Egypt´s Transition: Revolutionary Youth Coalition: http://www.jadaliyya.com/pages/index/6480/in-translation_the-revolutionary-youth-coalitions.

[4] Der Begriff der 'Öffentlichkeit' wird hier im Sinne von Habermas als ein »Netzwerk für die Kommunikation von Inhalten und Stellungnahmen« verstanden, welches die Kommunikationsflüsse so filtert und synthetisiert, dass sie sich zu themenspezifisch öffentlichen Meinungen bündeln und dadurch einen »sozialen Raum« erzeugen (Habermas 1992, 436).

[5] Internetpräsenz von Shabab6april, 2009: http://shabab6april.wordpress.com/about/shabab-6-april-youth-movement-about-us-in-english/, Zugriff: 3.5.2012.

Coffee-Shop-Salafis und rebellische Muslimbrüder: Die Revolution der islamistischen Jugend in Ägypten

Ivesa Lübben (Marburg/Bremen)

> »Niemand hatte eine Revolution geplant. Es gab einen Aufruf der 6. April-Bewegung[1] zu Protesten wie schon 2009 und 2010. Der 25. Januar ist nämlich der Tag der Polizei. Das war immer ein Anlass für Proteste: weil es keine Demokratie gibt und weil auf den Polizeistationen Leute gefoltert und umgebracht werden. Auch 2011 gab es wieder einen Aufruf. Aber diesmal war es irgendwie anders. Ich selber war auf der Kundgebung vor dem Obersten Gerichtshof. Wir waren viel mehr als früher: 10.000, vielleicht auch 12.000. Wir riefen dann Freunde auf den anderen Demonstrationen an und sie sagten uns: ›Wir sind 30.000‹, oder: ›Wir sind 40.000‹. So etwas hatte es in Ägypten noch nie gegeben. Überall schlossen sich die Leute den Protesten an. Sie kamen aus ihren Wohnungen oder stiegen aus den Bussen aus, um mit zu laufen. Wir wollten uns zum Tahrir-Platz durchschlagen. Die Polizei versuchte uns mit Tränengas, Gummigeschossen und Schallbomben aufzuhalten. Aber dann kamen aus allen Richtungen Demonstrationszüge, denen es gelang, den Sicherheitskordon zu durchbrechen.«[2]
>
> – Ahmed Uqail, Kairo, 1.3.2011[3]

Ahmed Uqail ist Jugendsekretär des ägyptischen Apothekerverbandes und Mitglied der Muslimbruderschaft. Wenn er oder sein Freund Mohammed H. im Büro des Apothekerverbandes in der alten Villa in Garden City von den Tagen der Revolution erzählen, erleben sie die Tage wieder und wieder aufs Neue, so als müssten sie sich selber immer wieder bestätigen, dass das nicht Vorstellbare eingetreten ist. Mohammed ist Ende zwanzig. Auch er ist Mitglied des Jugendsekretariats des Apothekerverbandes und ein Aktivist der Muslimbrüderjugend. »Am Ende dieses Tages sah die Welt völlig anders aus als am Morgen« erinnert sich Mohammed. »Abends gab es auf dem Tahrir nur noch die eine Parole: ›Hau ab Husni!‹[4] Die Leute auf dem Tahrir beschlossen dann, am nächsten Freitag, dem Tag des Zorns, eine Millionendemonstration zu organisieren.«

In dem Jahr vor der Revolution hatte sich einiges ereignet: der Tod des Bloggers Khaled Said, der von der Polizei auf offener Straße in Alexandria erschlagen wurde, die skandalösen und ganz offenen Wahlfälschungen bei den Parlamentswahlen 2010, der Anschlag auf die Kirche der zwei Heiligen in Alexandria, für den die Menschen die Geheimdienste verantwortlich machten, und der Foltertod von Sayyid Bilal, den die Polizei im Zusammenhang mit dem Anschlag verhaftet hatte. Irgendwann war die Wut der jungen Ägypter größer als die Angst.

> »Ganz wichtig waren die Ereignisse in Tunesien. Wir dachten ja immer, es sei unmöglich, etwas gegen das Regime auszurichten, egal, was wir machen. Aber dann konnten wir im

Fernsehen hautnah verfolgen, wie das tunesische Regime fiel. Das gab auch uns das Gefühl, dass wir etwas erreichen können, wenn wir auf die Straße gehen.«
(Mohammed H., Kairo, 1.3.2011)

Ahmed, Mohammed und andere Aktivsten der Muslimbrüderjugend sehen sich gleich dreifach als Teil einer neuen Elite: als Teil der revolutionären Jugend, die die Grenzen traditionellen politischen Handels überwunden hat, als Teil einer sozialen Elite, die selber über das eigene und das Schicksal des Landes befinden will, und als revolutionäre Avantgarde innerhalb der eigenen Organisation. Die Revolution führte nicht allein zum Wechsel an der Spitze des Regimes. Sie hat auch alte Autoritätsstrukturen radikal infrage gestellt, und zwar nicht nur innerhalb des Staatsapparates, sondern auch innerhalb der verschiedenen oppositionellen Bewegungen. Anhand von Protagonisten islamistischer Bewegungen, von Fernsehinterviews und Debatten in den Social Media soll im Folgenden gezeigt werden, zu welchen politischen Reflektionen und Neuorientierungen das neue Selbstbewusstsein der islamistischen Jugend in den großen urbanen Zentren Ägyptens, in Kairo und Alexandria, geführt hat.

Kairo – wo die Revolution begann

Anders als in Tunesien, wo sich die Revolution von den verarmten Provinzen ins Zentrum bewegte, war das Herz der ägyptischen Revolution in Ägypten der zentrale Platz der Hauptstadt Kairo, der Tahrir oder der Platz der Befreiung. Hier führen alle Fäden und Funktionen des ägyptischen Staates zusammen. Am Tahrir befindet sich das zentrale Verwaltungsgebäude, die *mugamma' al-tahrir*, der bürokratische Alptraum aller Ägypter, die einen Pass oder irgendeine Bescheinigung brauchen. Auf der anderen Seite befindet sich das Ägyptische Museum mit den Zeugnissen der jahrtausendealten Zivilisation des Landes. Hinter dem Tahrir entlang der Qasr al-Aini-Straße befinden sich das Parlamentsgebäude, der Senat, der Ministerrat und die wichtigsten Ministerien. Südlich liegt Garden-City, das unter den Engländern als begrüntes Villenviertel angelegt wurde und heute wichtige Botschaften und die Ärzte- und Pharmazeutengewerkschaft beheimatet.

Kairo ist ein Moloch, der aus allen Nähten zu platzen scheint. Zwischen Hochhäusern schlängeln sich manchmal in mehreren Etagen gebaute Hochbrücken. Trotzdem kommt der Verkehr in Stoßzeiten zum Erliegen. Kairo hat ungefähr acht Millionen Einwohner auf nur 214 Quadratkilometern – das entspricht einer Bevölkerungsdichte, die zehn Mal so groß wie die Berlins ist. Die Metropolregion ist jedoch größer, da sie neben Kairo am östlichen Ufer des Nils auch noch Gizeh mit den Stadtteilen Dokki, Muhandessin und Imbaba und den Pyramiden am westlichen Nilufer sowie die beiden Industriestädte Helwan und Shubra al-Khaima am südlichen, beziehungsweise nördlichen Rand der Stadt einschließt. Um Kairo zu entlasten, wurde in den letzten 20 Jahren der Bau mehrerer auf dem Reißbrett geplanter Satellitenstädte für die Mittelschicht in Angriff genommen wie die Stadt des 6. Oktober, die Stadt des 15. Mai oder Shaikh Zayid. In Groß-Kairo leben nach offiziellen Angaben 16 Millionen Menschen, manche Schätzungen gehen aber auch von 20 Millionen oder 25 Millionen aus – niemand weiß das so genau, da es keine Einwohnermeldeämter gibt. Immer mehr Menschen zieht es auf der Suche nach Arbeit in die Hauptstadt, wo sie sich in den Slums und informellen Siedlungen am Rande der Stadt niederlassen, die inzwischen auch nicht mehr aus Blechhütten, sondern zehn- oder noch mehrstöckigen, unverputzten, engen Hochhäusern aus Lehmziegeln bestehen, die sich zunehmend weiter in das kostbare Ackerland fressen. Immer mehr wohlhabende Ägypter fliehen aus der Stadt in geschlossene Villenviertel jenseits der Pyramiden oder nach New Cairo am süd-östlichen Rand der Stadt. Die Widersprüche zwischen diesen völlig unterschiedlichen Lebenswelten und die Wut über die ungleiche Verteilung des Reichtums waren eine – wenn auch nicht die einzige – Ursache der Revolution.

Jugend als revolutionäres Subjekt

Moderne Medien spielten zwar eine Rolle bei der Vorbereitung des 25. Januar, der Diskurs von einer Facebook-Revolution ist jedoch ein Mythos. Die Demonstrationen wurden von einem informellen Bündnis vorbereitet, dem neben der Bewegung des 6. April, der Jugend der liberalen Democratic Front Party, der linken Bewegung für Freiheit und Gerechtigkeit und der Jugend der Baradei-Kampagne[5] auch die Muslimbrüderjugend angehörten.[6] Aus diesem Bündnis sollte später die Koalition der revolutionären Jugend hervorgehen. Die Muslimbruderschaft hatte zwar offiziell keine Jugendorganisation, aber an den Universitäten hatten sich Netzwerke gebildet, die auch nach dem Studium untereinander und zu anderen Jugendbewegungen Kontakt hielten. Man hatte schon früher gemeinsam gegen den Irakkrieg demonstriert, Kampagnen zur Aufhebung der Blockade des Gazastreifens organisiert und 2005 die Kifaya-Bewegung (*kifâya*, Ägyptisch-Arabisch für 'Es ist genug') unterstützt, die sich zum Ziel gesetzt hatte, die Wiederwahl Husni Mubaraks, beziehungsweise die Inthronisierung seines Sohns Gamal bei den Präsidentschaftswahlen zu verhindern – damals ohne Erfolg. 2011 standen erneut Präsidentschaftswahlen an. Wieder war nicht klar, ob Husni Mubarak oder sein Sohn Gamal kandidieren würden. Aber für die Jugend stand fest: Diesmal wollte man nach 30 Jahren die Fortsetzung der Ära Mubarak verhindern.

Die jungen Aktivisten hatten eine Eskalationsstrategie entwickelt, die in eine Kampagne des zivilen Ungehorsams münden sollte. Die Demonstration am 25. Januar sollte erst der Auftakt sein. Man hatte aus den Fehlern von Kifaya gelernt. Auch wenn das Jugendbündnis politisch heterogen war, wussten alle, dass die politischen Grabenkämpfe zwischen den Oppositionsströmungen nicht nur die Opposition schwächten, sondern die unpolitische Mehrheit der Ägypter abschreckten. Deswegen einigte man sich darauf, dass niemand Parteifahnen und religiöse Symbole mit sich führen, sondern dass sich alle auf die gemeinsam verabredeten Parolen beschränken sollten. Die Aktionen von Kifaya waren auf eine kleine politische Elite beschränkt gewesen. Die Jugendorganisationen mobilisierten jedoch systematisch unter allen sozialen Schichten. In den Arbeitervierteln verteilten sie Tausende von Flugblättern. Im Vorfeld der

Demonstrationen kontaktierten sie die polizeierprobten Ultras der beiden wichtigsten Fußballvereine Ahli und Zamalek. Und sie nutzten die modernen Medien. Nach der Ermordung Khaled Saids hatte sich die Facebook-Seite »Wir sind alle Khaled Said«[7] gebildet, die inzwischen eine halbe Million ‹Freunde› hatte. Einige der Organisatoren wussten, dass Abdel Rahman Mansur, ein ehemaliger junger Muslimbruder, der anonyme Administrator der Seite war und baten ihn, den Aufruf und die Treffpunkte über Facebook zu verbreiten.[8]

Und noch etwas hatten die Jungen gelernt: Anders als die traditionellen Oppositionseliten riefen sie nicht zu Aktionen im Zentrum von Kairo auf, was in der Vergangenheit regelmäßig dazu geführt hatte, dass die Innenstadt von Polizei und Sicherheitsorganen abgeriegelt wurde. Stattdessen organisierten sie viele dezentrale Treffpunkte. Um die Polizei noch mehr zu verwirren, hatten sich kleinere Gruppen von eingeweihten Aktivisten zu Flash-Mobs in den verwinkelten Gassen von Armenvierteln verabredet. Dort riefen sie die Menschen spontan zu Demonstrationen auf, die dann zu den bekannten Treffpunkten zogen und die dort der Dinge harrenden Menschen mit sich rissen.

Die revolutionäre Jugend als soziale Elite

> »Die Leute, die am 25. Januar und am Freitag des Zornes auf die Straße gingen, sind die besten der Söhne, die Ägypten hat. Es war der bewussteste Teil der Jugend, diejenigen, die ihr Land lieben. Kaum einer von uns hat finanzielle Probleme. Die meisten von uns haben Arbeit. Was wir wollten, war ein Leben in Würde. Und damit haben wir anderen ein Beispiel gegeben.« (Mohammed H., 1.3.2011)

Der Kern der Aktivisten der ersten Stunde – ob aus dem islamistischen oder liberalen Lager – waren junge, gebildete Berufstätige: Ingenieure, Ärzte, Medienfachleute oder, wie Mohammed und Ahmed, Apotheker. Sie sehen sich als neue Elite des Landes, wissen aber auch, dass sie ohne die aktive Unterstützung subalterner Klassen nichts verändern können. Aus diesem Grund mobilisierten sie systematisch in den Slums – einer der wichtigen Faktoren, die zum Gelingen der Revolution beitrugen. Mit der Einbeziehung der Forderung nach sozialer Gerechtigkeit gelang es ihnen, ein kollektives Anliegen zu artikulieren, ohne zu bevormunden, wie Mohammed erklärt:

> »Nach dem 25. Januar – einem Dienstag – mussten wir uns überlegen, wie wir die Spannung bis zur Freitagsdemonstration halten können. Wir organisierten überall kleinere Demonstrationen, zuerst in der Innenstadt, dann aber auch in den Slums. Ich hab mich mit 15 anderen jungen Muslimbrüdern und ein paar Jungs von der Karama-Partei[9] in Talbiya verabredet. Talbiya liegt am Ende der Pyramidenstraße. Hier war bislang noch nichts passiert. Es ist eine sehr arme Gegend, die Straßen sind verwinkelt und eng und für die Polizei ist es schwer, hier durchzukommen. Wir haben uns dann am Donnerstag getroffen und sind durch die Gassen gezogen. Nach eineinhalb Stunden waren wir etwa 7.000 Leute. Als wir hörten, dass das Viertel von der Polizei umstellt sei, haben wir die Demonstration wieder aufgelöst und den Leuten gesagt, sie sollen am nächsten Tag

wiederkommen. Später erfuhr ich, dass die Leute auch ohne uns bis nach Mitternacht weiterdemonstriert hatten.« (Mohammed H., 1.3.2011)

Auch wenn die Revolution von einer jungen Elite initiiert wurde, entwickelte sich eine Dynamik, die über die Initiatoren hinweg rollte und in der am Ende das Volk selber Richtung, Forderungen und Parolen vorgab. Am Freitag des Zorns beschlossen die Demonstranten, den Tahrir-Platz so lange zu besetzen, bis das Regime zurücktritt.

Die revolutionäre Avantgarde innerhalb der Muslimbrüder

Die jungen Muslimbrüder wie Ahmed und Mohammed sehen sich jedoch auch als Avantgarde innerhalb der Muslimbruderschaft. Vor der Revolution war die zwar illegale, aber tolerierte Muslimbruderschaft stärkste Oppositionskraft. Bei den Wahlen 2005 gelang es ihr sogar trotz massiver Wahlfälschungen mit 88 Abgeordneten ins Parlament zu ziehen.[10] Ihr prekärer Partei-Status machte die Führung jedoch vorsichtig. Sie hatte Angst vor politischen Abenteuern, deren Ausgang ungewiss war. Islam Lutfi schildert die Situation unter Mubarak:

> »Sie spielten Katze und Maus mit dem Regime. Sie handelten politisch, dann wurden sie verhaftet, man beschlagnahmte ihr Geld, daraufhin mäßigten sie sich politisch, dann wurde ihnen wieder mehr Spielraum gegeben und das Ganze begann von vorne.« (Islam Lutfi, Kairo, 3.11.2011)[11]

Lutfi war früher für politische Fragen im Studentensekretariat der Muslimbruderschaft verantwortlich und einer der Vertreter der Muslimbrüder im revolutionären Jugendbündnis. Die jungen Muslimbrüder hielten das Maktab al-Irshad, das oberste Leitungsorgan, über ihre Planungen für den 25. Januar auf dem Laufenden:

> »Wir haben von ihnen verlangt, dass sie mit aller Kraft auf den 25. Januar mobilisieren. Sie haben das jedoch abgelehnt. Ihre Gründe? Sie sagten, sie wüssten nicht, wer hinter dem Aufruf stände. Es könnten sich ja irgendwelche Chaoten einmischen und Probleme machen. Aber sie ließen uns immerhin die Freiheit, weiterzumachen. Dann – nachdem der Druck größer wurde – wurden wir von Mahmud Abu Zeid, dem Verantwortlichen für Jugend und Studenten, darüber informiert, dass das Maktab al-Irshad doch beschlossen hätte, dass Mitglieder unter 30 zu der Demonstration gehen sollten. Wir stellten hinterher fest, dass manche Untergliederungen davon wussten, der Beschluss zu anderen jedoch nicht durchgedrungen war. Außerdem war er schwammig formuliert. Es hieß, es bestünden keine Einwände gegen eine Beteiligung. Das hat manche verunsichert.« (Islam Lutfi, 3.11.2011)

Die Führung der Muslimbruderschaft sah sich zwei Dilemmata ausgesetzt. Die Sicherheitsbehörden hatten gedroht, dass ein offizieller Aufruf die Verhaftung nicht nur des Maktab al-Irshad, sondern auch der Provinzverantwortlichen zur Folge hätte. Zweitens wollten sie potentielle Teilnehmer der Proteste nicht durch ein zahlenmäßiges Übergewicht der Muslimbrüder abschrecken. Immerhin stellte die Führung am Vorabend des 25. Januar zwei Videobotschaften ins Netz. Die geplanten Demonstrationen seien eine wichtige Etappe auf dem Weg zu Freiheit, Würde und Gerechtigkeit, erklärte der ehemalige Parlamentsabgeordnete und Mitglied des Maktab al-Irshad Saad Husseini. Die Ägypter müssten ihre Angst überwinden und ihre Forderungen mutig artikulieren. Sie würden ihre Rechte nur erhalten, wenn sie dafür kämpften:

> »Ob der morgige Tag zu einer Entwicklung führt, wie wir sie in Tunis hatten, weiß Gott allein… Wir hoffen, dass das Regime die Forderungen erfüllt und das Land vor Zerstörungen, die zum Nachteil aller sind, bewahrt. Aber es ist eine Tatsache, dass alle Türen zur Reform geschlossen sind.«[12] (Saad Husseinei, 24.1.2011, in www.egyptwindow.net)

Er verabschiedet sich in der Hoffnung, dass man sich bald in einer Festung der Freiheit wiedersehe. Für die Jugend kam die Wende zu spät und zu zögerlich.

> »Wir sind dann am Abend des 25. Januar zum Maktab al-Irshad gegangen. Wir haben ihnen gesagt: ›Das hier ist eine Revolution und die Muslimbrüder müssen sich mit aller Kraft daran beteiligen. Mubarak muss verschwinden, es gibt keine andere Wahl mehr. Wenn er nicht geht, wird er für alles, was in den letzten Tagen passiert ist, die Muslimbrüder verantwortlich machen. Dann seid ihr die ersten, die hängen werden.‹ Sie haben dann zum Freitag des Zorns aufgerufen.« (Islam Lutfi, 3.11.2011)

Aber auch dieser Aufruf war nach Meinung Islam Lutfis nur halbherzig:

> »Sie haben gesagt, die Leute sollten sich nach dem Freitagsgebet zu Protestversammlungen vor den Moscheen versammeln. Nach fünf Uhr sollten sie nach Hause gehen. Dabei gab es eine positive Grundstimmung bei den Leuten, auch bei den Mitgliedern der Muslimbrüder. Wir haben dann die Sache selber in die Hand genommen und uns mit den Untergliederungen der Organisation in Großkairo in Verbindung gesetzt. Wir waren ja bekannt in der Organisation und galten als die zukünftige politische Elite. Wir haben den Verantwortlichen von Zentralkairo kontaktiert. Er hat unsere Argumente unterstützt und versprochen, er werde all seine Leute auf den Tahrir-Platz mobilisieren. Das gleiche sagten Sayyid Mazili, der Verantwortliche von Gizeh, und Hilmi Jazzar, der verantwortlich für die Stadt des 6. Oktober ist. Hilmi versprach, alle Mitglieder darauf einzuschwören, in einer der Moscheen in Kairo zu beten und dann auf den Tahrir zu ziehen. Nur die Verantwortlichen aus Ostkairo und Helwan sagten, sie würden sich an die Vorgaben der Leitung halten. Die Führung war natürlich sauer auf uns, weil wir einfach hinter ihrem Rücken und gegen ihre Anweisungen gehandelt hatten. Aber am Ende sagten sie nichts, weil das Ergebnis dieses Tages positiv war: Das Innenministerium war faktisch in sich zusammengebrochen, das Mubarak-Regime war am Ende. Aber erst ein paar Tage später, nach der Kamel-Schlacht,[13] haben sie dann das Gewicht der ganzen Organisation in die Waagschale geworfen.« (Islam Lutfi, 3.11.2011)

Die Konflikte waren damit nicht beendet. Die Muslimbrüderjugend wollte wie die ganze ägyptische revolutionäre Jugend einen radikalen, kompromisslosen Wechsel und war nicht mehr bereit, sich der vorsichtig abwägenden Reformstrategie der Führung unterzuordnen. In den Monaten nach dem Amtsabtritt Mubaraks rief die Koalition der Jugend der Revolution immer wieder zu Demonstrationen auf, auf denen die Säuberung staatlicher Sicherheitsapparate und die Eröffnung von Prozessen gegen Offiziere, die für den Tod von Demonstranten verantwortlich gemacht wurden, gefordert wurden. Die Führung der Muslimbrüder hingegen meinte, das Land müsse zur Ruhe kommen. Differenzen gab es auch bezüglich der Rolle der Armee. Die Muslimbrüderführung hielt sich mit Kritik an dem SCAF (Supreme Council of Armed Forces), der die provisorische Macht an sich gerissen hatte, zurück. Sie hatte einerseits Angst vor einer Konfrontation, andererseits meinte sie, man müsse dem Militärrat eine Chance geben, die Wirtschaft wieder anzukurbeln. Und sie befürchtete, dass mit dem Zusammenbrechen der Armee auch das Land auseinanderbrechen würde. Die Differenzen spitzten sich so zu, dass das Maktab al-Irshad schließlich öffentlich erklärte, die Muslimbruderschaft hätte keine Repräsentanten im Revolutionären Jugendbündnis.

Die Organisationsstruktur der Muslimbrüder: Hören und Gehorchen

Die Revolution hatte ein Aufbrechen traditioneller Autoritätsstrukturen innerhalb der Muslimbruderschaft zur Folge. Mehr als über die offen ausgetragenen Meinungsdifferenzen war die Führung darüber verärgert, dass der Jugendkader sich den Anweisungen des Maktab al-Irshad widersetzte und damit eines der wichtigsten Prinzipien des Statutes, das Prinzip des Hörens und Gehorchens *(sama' wa ta'a)*, durchbrach.

Die Muslimbrüder haben sehr strikte Organisationsstrukturen. Dadurch entsteht einerseits eine enge soziale Kontrolle, andererseits bieten sie gerade jungen Leuten, vor allem Studenten, die fern ihrer Heimatorte studieren, sozialen Halt. Die kleinsten Organisationseinheiten nennen sich 'Familien'. Die Mitglieder der 'Familie' lesen und diskutieren zusammen, gehen zusammen beten, machen Ausflüge, besprechen ihre Probleme und kümmern sich umeinander. In den Familien werden den jungen Menschen eine konservative Moral und bürgerliche Werte wie Ordnung, Fleiß und ein effektives Zeitmanagement vermittelt.

Gerade in ländlichen Gebieten und Provinzstädten bieten die Muslimbrüder gebildeten und aufstiegsorientierten jungen Menschen intellektuelle Stimuli und soziale Netzwerke jenseits der engen Clan- und Familienstrukturen. »Ich habe immer gerne gelesen. Ich war sehr religiös, deswegen habe ich meistens religiöse Bücher oder Bücher über islamische Geschichte gelesen«,[14] erzählt Hammuda S. auf die Frage, wie er zu den Muslimbrüdern gekommen ist. Hammuda stammt aus einer Kreisstadt im östlichen Nildelta, aus der Provinz Sharqiya. Später ging er nach Kairo, um an der islamischen Azhar-Universität zu studieren.

> »Bei uns im Ort gab es zwei Buchhandlungen: eine Salafi-Buchhandlung und eine Buchhandlung der Muslimbruderschaft. Mir waren die Bücher aus der Buchhandlung der Muslimbrüder lieber. Ich las alles, was mir in die Hände kam. Ich ging auch regelmäßig in die Moschee zum Beten. Irgendwann sprach mich jemand an und begann mit mir zu diskutieren. Wir trafen uns öfter und irgendwann lud er mich zu einem Treffen ein. Ich war erleichtert, als ich hörte, dass er ein Muslimbruder und kein Salafist war. So kam ich zur Organisation.« (Hammuda S., Alexandria, 21.11.2011)

Jedes Mitglied wird angehalten, einen Kreis von Sympathisanten innerhalb einer Moschee, innerhalb der Schule oder innerhalb des Bekanntenkreises aufzubauen, zu denen man regelmäßig Kontakt pflegt. Wenn man das Gefühl hat, sie gehen positiv darauf ein, werden sie zu Aktivitäten oder Diskussionen eingeladen. Das Mitglied durchläuft mehrere Stufen innerhalb der Organisation: Sympathisant *(muhibb)*, Bewunderer *(mu'agib)*, Mitglied *(muntasib)*, ein regelmäßig an Sitzungen teilnehmendes Mitglied *(muntadhim)*, aktives Mitglied *('amil)* und Kämpfer *(mujahid)*.[15] Hammuda S., der die Organisation verließ, nachdem er über die liberalen Islaminterpretationen Gamal al-Bannas mit einigen der Rechtsgelehrten der Organisation aneinandergeriet, erzählt:[16]

> »Der *muhibb* und der *mu'agib* sind noch keine Mitglieder. Sie gehören zu Familien, die sich in der Moschee treffen. Die erste Mitgliedsstufe ist der *muntasib*. Die *muntasibun* stellen etwa 70 Prozent der Mitglieder. Sie gehören Familien an, die sich privat treffen. Sie können aber nicht an organisationsinternen Wahlen teilnehmen. Dazu muss man mindestens *muntadhim* sein. Man steigt in der Hierarchie durch den Vorschlag des Verantwortlichen der Familie auf. Man ist ihm gegenüber zu Gehorsam verpflichtet. *'amil* sind die Leute, die Verantwortung tragen. Sie sind für eine ganze Region oder eine Abteilung verantwortlich oder sitzen im Parlament. Die Muslimbrüder versuchen, Mitglieder in der Pubertät zu rekrutieren. Dann sind sie noch formbar. Sie sind sehr streng und sagen den jungen Menschen zum Beispiel, dass Masturbieren *harâm* – also nach islamischen Geboten verboten – sei und dass man keinem Mädchen hinterher guckt. Die Religion steht im Zentrum des Lebens. Dabei stützen sie sich auf religiöse Argumente. Es ist ein sehr enges Netzwerk der Kontrolle.« (Hammuda S., 21.11.2011)

Hassan al-Banna und der Aufbruch der islamischen Jugend

Als die Muslimbrüder 1928 durch Hassan al-Banna gegründet wurden, waren sie die Bewegung einer neuen mittelständischen Jugend im Aufbruch. Al-Banna selber war ein Prototyp dieser Generation und ihres sozialen Aufstieges. Er wurde in Mahmudiya, einem Dorf an den Ufern des westlichen Mündungsarms des Nils geboren. Sein Vater war Uhrmacher und Imam der lokalen Moschee. Al-Banna besuchte die Mittelschule in der nächstgelegen Kleinstadt, um schließlich in Kairo, am Dar al-'ulum, dem ersten säkularen Lehrerkolleg, ein Studium zu absolvieren. In Ismailiya trat er seine erste Lehrerstelle an. Als er dort die Muslimbruderschaft gründete, war er gerade erst 22 Jahre alt. Die meisten Mitglieder waren ambitionierte Studenten und Jungakademiker – viele mit ländlichem Hintergrund –, die ihren Platz in der von der ägyptischen Aristokratie dominierten politischen Öffentlichkeit suchten und ähnlich wie die heutige Jugend Ägyptens über das Schicksal ihres Landes mitreden wollten. Sie hatten einen religiösen Hintergrund, wollten aber zugleich tradierte Sitten überwinden, das Land aus kolonialer Bevormundung befreien und den Islam mit der Moderne kompatibel machen.

Der ambitionierte al-Banna strebte danach, einerseits eine breite und offene Reformbewegung zu begründen und andererseits ein Netzwerk von Kadern für eine neue Gesellschaft zu schaffen. Er gründete Pfadfinder- und Sozialorganisationen,

Moscheen, die zugleich Ausbildungsinstitutionen waren, und Wirtschaftsunternehmen, aber auch paramilitärische Untergrundzellen, die Anschläge auf britische Einrichtungen verübten und Ende der 1940er Jahre die palästinensischen Fedayeen unterstützten. Durch die verschiedenen Mitgliedsgrade sollte die Offenheit der Bewegung garantiert und die multifunktionalen Organisationsformen in einen Kontext gestellt werden. Zusammengehalten wurde die Organisation durch das Charisma ihres Gründers, der als Bewunderer Pestalozzis auf das positive Vorbild und nicht auf organisatorische Sanktionen setzte. Trotz der hierarchisierten Mitgliederstruktur herrschte eine offene Atmosphäre, unterstrichen durch al-Bannas Habitus, der demonstrativ in den kurzen Hosen der Pfadfinder in der Moschee zu beten pflegte oder grundsätzlich bei Reisen nur in der dritten Klasse reiste. Al-Banna predigte einen bürgerlichen Laienislam. Jeder, der des Arabischen mächtig sei, sei in der Lage, den Koran zu verstehen.[17]

Dies änderte sich nach al-Bannas Tod durch das Verbot der Organisation und die Verfolgungen durch das Nasser-Regime (1954-1970), durch die ideologische Radikalisierung der Organisation, die Werke Sayyid Qutbs[18] und die zunehmende Überalterung der Führungsriege. Unter den Bedingungen der Subversivität entstand ein hierarchisches und autoritäres Organisationsmodell. Für die Führung, die befürchtete, dass Differenzen zu Spaltungen führen könnten, stand der Erhalt der Einheit im Vordergrund.

Viele der heutigen jungen Muslimbrüder wollen wie Islam Lutfi zurück zu dem Erbe Hassan al-Bannas:

> »Für mich ist Hassan al-Banna nicht nur ein islamischer Denker. Er hatte ein positives Verhältnis zur Zivilgesellschaft. Er forderte die Muslimbrüder auf, sich in die Gesellschaft einzubringen. Er wollte die Gesellschaft mithilfe des Islam verschönern, sie besser machen. Aber er war mit der Gesellschaft im Reinen. Sayyid Qutb, der erst nach dem Tod al-Bannas den Muslimbrüdern beigetreten ist, hatte hingegen ein islamisches Projekt. Er glaubte, dass die ganze Gesellschaft korrupt sei und sich die wahren Muslime deswegen so lange aus der Gesellschaft zurückziehen müssten, bis der Moment gekommen sei, eine islamische Gesellschaft zu schaffen. Diejenigen, die heute Einfluss in der Muslimbruderschaft haben, beziehen sich zwar auf al-Banna, aber in Wirklichkeit sind sie von Sayyid Qutb geprägt. Auch der *murshid*, der Führer der Muslimbrüder, greift in vielen seiner Artikel auf Qutb zurück. Viele waren mit Qutb im Gefängnis. Sie glauben, es gebe in der Gesellschaft keinen richtigen Islam und dass sie sich von den anderen unterscheiden.« (Islam Lutfi, 3.11.2011)

Das Aufbrechen des Generationskonfliktes

Auch vor der Revolution brachen aufgrund eines solchen Dogmatismus und interner undemokratischer Strukturen Generationskonflikte innerhalb der Muslimbruderschaft auf. Mitte der 1990er Jahre spaltete sich eine Gruppe von jüngeren Kadern ab, um eine Partei zu gründen. Die meisten von ihnen waren Aktivisten der islamischen Studentenbewegung der 1970er Jahre, die sich nach dem Studium auf der Suche nach einer politischen Heimat der unter Sadat (1979-1981) wieder tolerierten, wenn auch nicht legalisierten Muslimbruderschaft angeschlossen hatten. Es war diese Generation, die nach den Jahren der Illegalität wesentlich zum Anwachsen des gesellschaftlichen Einflusses und zur politischen Öffnung der Muslimbruderschaft beigetragen hat. Diese 'Generation der 70er', wie sie in Analogie zu der europäischen 68er-Generation genannt wird, fühlte sich als politische Avantgarde und brachte das an den Universitäten gewonnene Selbstbewusstsein und Unabhängigkeitsgefühl mit in die Muslimbruderschaft. Die Muslimbruderschaft verdankt diesen Aktivisten, die nach den Jahren der Illegalität das neue Bindeglied zur Gesellschaft darstellten, ihren erneuten politischen Aufstieg. Nach ihrem Studium arbeiteten sie in den akademischen Berufsgenossenschaften, zu deren Politisierung sie beitrugen. In den wichtigsten dieser Berufsverbände wurde die Muslimbruderschaft bald die dominierende politische Kraft.[19]

Dabei wurde den jungen Aktivisten klar, dass die Muslimbruderschaft aufgrund der mangelnden Rezeption der Veränderungen in der ägyptischen Gesellschaft nicht in der Lage war, Antworten auf Probleme und Fragestellungen der jüngeren Generation zu geben. Obwohl sich Muslimbrüder auf den Listen anderer Parteien regelmäßig an Wahlen beteiligten, hatte die Bewegung kein politisches Programm und keine Strategie für gesellschaftliche Veränderungen. Hinter dem Rücken der Führung reichten Anfang 1996 die beiden ehemaligen Studentenfunktionäre Abu al-Ala Madi und Issam Sultan beim offiziellen Parteienkomitee Papiere zur Gründung der Hizb al-Wasat (Zentrums-Partei) ein, was zu ihrem Ausschluss aus der Muslimbruderschaft führte. Offiziell zugelassen wurde die Partei jedoch erst nach der Revolution. Auch ideologisch grenzten sich die Wasat-Gründer von der Muslimbruderschaft ab. Den Islam verstehen sie als eine zivilisatorische und Wertereferenz. Und auch wenn sie weiterhin von der *Scharia* sprechen, so fordern sie zugleich deren moderne Neuinterpretation.

Erst Mahdi Akif, der 2004 die Führung der Muslimbrüder übernahm,[20] gab der Jugend mehr Gewicht. Inzwischen gewannen digitale Medien immer mehr Bedeutung für die Außendarstellung der Organisation, der eine Zeitungslizenz von staatlicher Seite verwehrt wurde.[21] 2003 ging die Website »IkhwanOnline« – die Muslimbrüder werden oft nur als '*ikhwan*', als 'Brüder' bezeichnet – als offizielles Sprachrohr ins Netz. Kurz danach folgte die Diskussionsplattform »Multaqi al-Ikhwan« (die Plattform der Brüder) und die englischsprachige Website »IkhwanWeb«. Im September 2008 begann der Probelauf von »IkhwanWiki« – einer Internetmonographie über Geschichte und Persönlichkeiten der Muslimbruderschaft nach dem Vorbild von Wikipedia. Es waren die jungen Muslimbrüder, die aufgrund ihrer höheren Internetkompetenz diese Medien gestalteten. Dadurch entstand eine neue Öffentlichkeit um die Bewegung, die immer schwerer durch die Führung kontrolliert werden konnte.

Etwas später als im Iran oder China begannen auch in Ägypten 2004/5 immer mehr junge Leute über alles zu bloggen, was sie beschäftigte. Unter den Bloggern waren auch viele junge Muslimbrüder. 2007 löste Magdi Said mit seinem Blog-Eintrag »Bringt euch selbst bei, aufzubegehren, euch zu wundern und Steine zu werfen« eine kontrovers geführte Debatte unter den Cyberaktivisten der Muslimbrüder aus. Magdi forderte, gegen verknöcherte interne Hierarchien und die Abkapselung von der Gesellschaft zu rebellieren – unter Wahrung des brüderlichen Geistes und des gegenseitigen Respekts. Eine Organisation, die vor der Routine kapituliere und in der Dialoge zu Monologen verkommen, könne sich nicht entwickeln:

> »Wir müssen lernen, uns zu wundern, unsere Augen für Neues zu öffnen und uns für Dinge zu begeistern. Das können wir nur, wenn wir lernen, demjenigen zuzuhören, der eine andere Meinung hat als wir. [...] Nimm dir noch in dieser Woche vor, mit jemandem zu diskutieren, von dem du ganz sicher weißt, dass er eine andere Meinung hat als du. Du sollst dich wundern, du darfst wütend werden, aber du musst zuhören, du musst verstehen und trotz aller Differenzen versuchen, Gemeinsamkeiten zu finden.« (Magdi Said, 19.6.2007) [22]

Magdi forderte die jungen Muslimbrüder auf, Steine zu werfen. Das wollte er allerdings nicht als Aufruf zur Gewalt missverstanden wissen:

> »Wir haben uns an die Ruhe gewöhnt, die wir für Stabilität halten. Aber unter der ruhigen Oberfläche eines Teiches verbirgt sich meistens Brackwasser. Nur das Wasser, das sich bewegt, ist in der Lage, sich zu reinigen. Deswegen bringt das Wasser in Bewegung, indem ihr Steine hineinwerft und stellt Althergebrachtes in Frage, auch wenn es Unruhe stiftet.« (Magdi Said, 19.6.2007)

Die jungen Muslimbrüder reflektierten über die Angstkultur in ihrer Gesellschaft und über ihr Verhältnis zu Jugendlichen anderer politischer Strömungen. Junge Muslimschwestern forderten mehr Einfluss in der Organisation. Bis heute sind die Frauen in einem Parallelverband organisiert, der keinen Einfluss auf die Politik der Führung hat. Auch Tabu-Themen wie Aids oder Gender-Beziehungen wurden debattiert. Als die Führung der Muslimbruderschaft 2007 den ersten Entwurf eines politischen Programms vorlegte, brach unter den Bloggern ein Sturm des Protestes aus: Sie kritisierten nicht nur die Tatsache, dass der Entwurf ohne vorherige interne Diskussionen der Öffentlichkeit vorgelegt wurde, sondern auch Passagen, wonach Kopten und Frauen von der Präsidentschaft ausgeschlossen werden sollten, sowie den Vorschlag, dass eine Kommission aus Azhar-Gelehrten Gesetze auf ihre *Scharia*-Tauglichkeit beurteilen sollten. Dies würde den Prinzipien eines zivilen Staates und der Volkssouveränität widersprechen.[23]

Die Bloggerbewegung war einer der Vorläufer der revolutionären Jugendbewegung. Über die Blogs begannen junge Ägypter aus verschiedenen Milieus miteinander zu kommunizieren und über ihre Situation zu reflektieren. Sie wurden vom Regime verfolgt und solidarisierten sich über alle Parteigrenzen hinweg. Innerhalb der Muslimbruderschaft gewannen junge Blogger wie Islam Lutfi und Mohammed Qassas, die beiden Vertreter der Muslimbrüder im Revolutionären Jugendbündnis, ein neues Selbstbewusstsein gegenüber älteren Kadern.

Ein liberaler Islamismus?

> »Wir haben geträumt. Und als wir fühlten, dass der Moment gekommen ist, haben wir gehandelt, auch wenn es überstürzt gewesen sein mag. Dadurch haben wir etwas verändert. Die anderen Parteien haben 25 oder 30 Jahre lang nichts erreicht. Das ist der Unterschied.« (Islam Lutfi, 3.11.2011)

Auch wenn sich Menschen aller Altersgruppen an der Revolution beteiligt haben, so war es die Jugend, die die Geschichte ins Rollen brachte. Deswegen will sie sich nicht wieder von der alten Routine überrollen lassen und alten Hierarchien unterordnen. Für die Muslimbrüderjugend war die Revolution auch Anlass, gegen die innerorganisatorischen Verhältnisse zu revoltieren.

Im März 2011 trafen sich auf Initiative von Mohammed Qassas die jungen Aktivisten erstmals zu einem Kongress in einem Hotel im Kairoer Stadtteil Dokki ohne die strikte Geschlechtertrennung, wie es sonst bei Veranstaltungen der Muslimbrüder die Regel ist. Schließlich hatten die Schwestern wie die Brüder auf dem Tahrir gekämpft, waren den Angriffen der Polizei ausgesetzt, hatten bei der Versorgung von Verletzten geholfen. »Für uns stellt sich die Frage des 'empowerment' nicht« erklärt Imam, eine junge Muslimschwester selbstbewusst einem Fernsehjournalisten auf dem Kongress. »Wir sind präsent, wir spielen unsere Rolle. Und das gilt nicht nur für uns Muslimschwestern, sondern für alle jungen ägyptischen Frauen.« Von einer »Revolution der Muslimbrüderjugend«, wie einige ägyptische Zeitungen den Kongress beschrieben haben, möchte sie aber nicht sprechen:

> »Wir respektieren die Führung. Aber wir haben einige Anmerkungen zu machen. Wenn wir die Gesellschaft reformieren wollen, müssen wir uns öffnen. Bislang gab es Gründe, warum wir im Untergrund gearbeitet haben. Wir wurden von den Sicherheitsorganen verfolgt. Sie haben uns fertig gemacht. Jetzt ist das anders. Warum sollen wir nicht alles, was uns am Herzen liegt, offen im Fernsehen und den Medien debattieren. Das ist doch nichts Schlechtes. Zweitens wollen wir eine größere Rolle der Frauen. Ich kann ja verstehen, dass sie früher Angst um uns hatten. Es gab viele Repressionen, wenn wir auf die Straße gingen oder bei Wahlkampagnen. Aber jetzt fordern wir, dass es eine oder mehrere Frauen im Maktab al-Irshad gibt.« (Imam, Kairo, März 2011)[24]

Auf dem Kongress entwickelten sie ihre Vision von der Zukunft der Muslimbruderschaft als einer breiten sozialen Bewegung, die sich für die gesellschaftliche Renaissance des Landes einsetzt und die als Verein oder öffentliche Körperschaft beim Sozialministerium registriert ist. Dies würde die Offenlegung interner Strukturen und Finanzen implizieren. Zugleich sollte sie aber politischen Pluralismus in den eigenen Reihen zulassen. Dies würde entweder bedeuten, dass sich aus den Reihen der Muslimbruderschaft mehrere Parteien entwickeln oder dass es den Mitgliedern der Muslimbruderschaft freistünde, sich einer Partei ihrer Wahl anzuschließen – vorausgesetzt, dass deren Programm nicht im Widerspruch zu den islamischen Prinzipien steht, auf denen die Muslimbruderschaft gründet. Eine dritte Option wäre, dass die Muslimbrüder eine politische Partei gründen, die verschiedene Flügel in ihren Reihen toleriert. Eine solche Partei müsste jedoch organisatorisch und personell von der Muslimbruderschaft unabhängig sein.

Umso verwunderter waren die jungen Muslimbrüder, als das Maktab al-Irshad Ende April 2011 auf einer Pressekonferenz die Gründung der Partei der Freiheit und Gerechtigkeit *(hizb al-hurrîya wa'l-adâla)* bekanntgab. »Die Partei, die die Muslimbrüder für das ägyptische Volk gegründet haben«, steht auf den Plakaten während des Wahlkampfes für die Parlamentswahlen.

> »Wir hatten erwartet, dass sich die Jama'a [so nennen die Muslimbrüder ihre Organisation] als Verein konstituiert und den Mitgliedern freistellt, ob und, wenn ja, welcher Partei sie sich anschließen wollen«, kommentiert Mohammed Qassas den Beschluss. »Das Gegenteil ist jedoch passiert: Die Jama'a hat die Partei gegründet, den Vorstand eingesetzt, die Gründungsversammlung zusammengestellt, das Programm geschrieben. Dabei haben sich die Gründungsmitglieder noch nicht einmal getroffen, um die Weichen für die Politik der Partei zu stellen. Damit haben die Muslimbrüder die Basis für eine nicht-demokratische Partei gelegt. Dies steht im Widerspruch zu den Zielen der Revolution.« (Mohammed Qassas, Kairo, 24.4.2011)[25]

Am 21. Juni 2011 kündigten Mohammed Qassas, Islam Lutfi und andere junge Muslimbrüder die Gründung einer eigenen Partei unter dem Namen Partei der ägyptischen Strömung *(hizb al-tayyâr al-misrî)* an, was zu ihrem Ausschluss aus der Muslimbruderschaft führte.

> »Die Partei hat keine eindeutige ideologische Ausrichtung«, erklärt Islam Lutfi, der inzwischen offizieller Parteisprecher ist. »Ich selber bin Islamist, dies ist aber meine private Angelegenheit. Was ich denke, was ich bin, geht nur mich selber an. Wir sind eine Partei, die Ideologien überwunden hat. Wir sind eine nationale, konservative, demokratische und zivile Partei. Dies unterscheidet uns auch von anderen Parteien, die sich von der Muslimbruderschaft abgespalten haben, sich aber trotzdem als islamische Parteien begreifen. Wir können die Probleme der Menschen nur lösen, wenn wir die ideologischen Empfindlichkeiten beiseitelassen. Wir glauben, dass die Zeit nach der Revolution keine Zeit des Wettstreits der Ideologien ist, sondern dass sich alle hinter einem gemeinsamen nationalen Projekt sammeln sollten. Nur so können wir der Revolution zum Sieg verhelfen. Das Wichtigste ist, das alte Regime zu demontieren. Wenn wir das geschafft haben, können wir wieder links oder rechts, liberal oder islamisch sein.« (Islam Lutfi, 3.11.2011)

Am liberalen Rand der Muslimbruderschaft haben sich nach der Revolution noch andere Gruppierungen gelöst. Mustapha al-Naggar, einer der bekannten Muslimbrüder-Blogger, gründete nach der Revolution die Gerechtigkeitspartei *(hizb al-adl)*, die sich als Brücke zwischen dem islamischen und dem liberalen Lager sieht. Andere ehemalige Kader gründeten die Partei der Renaissance *(hizb al-nahda)* und die Partei der Führung *(hizb al-riyâdah)*.[26] Nach der Revolution kündigte der Repräsentant des Reformflügels innerhalb der Muslimbruderschaft Abdel Monem Abul Futuh entgegen der damaligen Entscheidung des Maktab al-Irshad, keinen Präsidentschaftskandidaten zu benennen, seine Kandidatur zur Präsidentschaft an. Seine Wahlkampagne wurde von 100.000 jungen Freiwilligen aus ganz unterschiedlichen Lagern getragen.[27] Darunter waren auch viele junge Muslimbrüder, die wie auch Abul Futuh aus der Organisation, die inzwischen doch einen Kandidaten benannt hatte, ausgeschlossen wurden.

Diese liberal-islamistischen Gruppierungen, die islamische Werte mit Forderungen nach Demokratie, Menschenrechten und sozialer Gerechtigkeit verbinden, sind bislang nur locker vernetzt, könnten aber in Zukunft eine wichtige Rolle neben der Muslimbruderschaft spielen. Trotzdem bleibt dieser islamische Liberalismus bislang ein Phänomen der akademisch gebildeten, urbanen Jugend vor allem in den Metropolen Kairo und Alexandria. Hier ist die Interaktion junger Islamisten mit anderen politischen Kräften am größten. Es gibt ein reiches kulturelles Leben und ausländische Kulturinstitute. Viele der Jungakademiker in den beiden Metropolen haben ausländische Schulen besucht. Dadurch sind sie sehr heterogenen Einflüssen ausgesetzt, die dazu führen, dass sie eingefahrene Wahrheiten und Strukturen stärker hinterfragen als ihre Altersgenossen in der Provinz.

Längst nicht alle jungen Muslimbrüder haben sich von der Organisation abgewendet. Der Grund liegt nicht allein in den sozialen Bindungen. Manche wollen die Organisation schrittweise von innen reformieren. Andere glauben, dass gerade in den unsicheren Zeiten des Übergangs eine Bewegung, die in allen Landesteilen und unter allen Schichten eine Basis hat, ein wichtiger Garant für die Stabilität des Landes ist. Sie glauben, dass nur über die Reform der Muslimbruderschaft auch die ägyptische Gesellschaft nachhaltig reformierbar ist. Wie groß der Einfluss der Muslimbrüderjugend trotz der Abspaltungen von Teilen ihrer urbanen Elite ist, wurde bei den Studentenratswahlen deutlich, aus denen die Muslimbrüder an den Universitäten Alexandria und in den meisten Provinzstädten als stärkste Kraft hervorgingen.

Die Salafi-Jugend

Bereits in den Jahren vor der Revolution gab es eine vielschichtige oppositionelle Öffentlichkeit. Und auch wenn konkrete Protestaktionen subversiv organisiert wurden, so glaubten die meisten Aktivisten der unterschiedlichen politischen Strömungen sich zu kennen. Umso größer war die Verwunderung Vieler über das massive Auftreten von Salafisten, die vor der Revolution keine Rolle in der politischen Öffentlichkeit des Landes gespielt hatten. Hin und wieder hatte man in der U-Bahn oder bei Fahrten durch die Provinz Männer in langen weißen Galabiyas, Schlapperlatschen und lang gewachsenen Rauschebärten und Frauen mit schwarzem Gesichtsschleier, dem *niqâb*, gesehen. Aber die meisten Ägypter waren überzeugt, dass Salafisten in der eher durch Sufi-Traditionen geprägten, lebensfrohen ägyptischen Gesellschaft keinen Platz haben.

Viele der salafistischen Scheichs hatten während der Revolution im Fernsehen verkündet, dass die Auflehnung gegen den Herrscher *harâm*, also nach der islamischen Rechtsprechung verboten sei. Doch nach der Revolution drängten auch die Salafisten massiv in die Öffentlichkeit. Überall im Nildelta strömten plötzlich Tausende ihrer

Anhängerinnen und Anhänger zu Veranstaltungen zur Verteidigung der *Scharia*, die sie durch liberale, revolutionäre Kräfte bedroht sahen. Am 13. Juni 2011 erhielt die salafistische Hizb al-Nur, die Partei des Lichtes, als zweite post-revolutionäre Partei die offizielle Zulassung. Am Beispiel der Salafisten wird deutlich, wie sehr einzelne soziale Orte in der vorrevolutionären Gesellschaft isoliert voneinander existierten. Jeder hatte seine eigene Landkarte, entlang derer er sich bewegte.

Alexandria – Minia al-Basil

Hochburg der Hizb al-Nur ist Alexandria. Dabei ist die mediterrane Hafenstadt das alte kosmopolitische Zentrum Ägyptens, in dem die Dichter Kavafis und Marinetti, der Schauspieler Omar Sharif und die Sänger Georges Moustaki und Demis Rossos geboren wurden. Noch heute zeugen die römischen Katakomben und das Amphitheater, Stadtteilnamen wie San Stefano, Gianclis, Cleopatra und Stanley von dem vergangenen Einfluss der Griechen und Italiener, die das Gesicht der Stadt geprägt haben. Alexandria ist ein schmaler Streifen, der sich 20 Kilometer lang vom Montaza-Palast, der ehemaligen Sommerresidenz des Königs, im Osten, an der wiedererbauten Bibliothek, klassizistischen Häuserfassaden, traditionellen Kaffeehäusern und begrünten Plätzen vorbei bis zum alten Fort des Qait Bey im Westen zieht.

Aber es gibt noch ein anderes Alexandria jenseits der Zitadelle in Richtung Hafen, in das sich kaum jemand verirrt, der hier nicht lebt oder arbeitet. Hier in Minia al-Basil ist nichts mehr von der kosmopolitischen Atmosphäre zu spüren: Die aufgerissenen Straßen werden von zwei- bis dreistöckigen grauen Häusern gesäumt, in deren unteren Etagen kleine Läden oder zur Straße offene Büros sind, dazwischen liegen kleine Werkstätten und Fabriken, in denen Lebensmittel aus dem Delta verarbeitet oder Verpackungsmaterialien und Kühlaggregate hergestellt werden. Es ist Wahlkampf. Hier sind die Straßen mit Plakaten der Hizb al-Nur vollgepflastert – selbst die Muslimbrüder scheinen hier nicht zu existieren.

Die meisten Leute, die hier leben, sind *Saidis*, Oberägypter, die mit der Industrialisierung und dem Hafenausbau in den 1930er und 1940er Jahren hierhergezogen sind. Anders als die Arbeitsmigranten aus dem Delta halten sie bis heute an den konservativen Traditionen und Werten ihrer Heimat fest. Jeder weiß, wer welchem Stamm angehört, den Hawara aus Sohag oder den Jaafara aus Assuan. Aber auch hier ändern sich die Verhältnisse langsam. Immer mehr junge Leute haben einen Berufsabschluss oder studieren. Genau dies ist der gesellschaftliche Boden für die Salafisten. Sie erlauben der jungen Generation ein schrittweises Ausbrechen aus tradierten sozialen Beziehungen ohne den totalen Bruch mit konservativen Traditionen.

Das Büro von Sayyid Mohammed, dem Kandidaten der Hizb al-Nur, ist unscheinbar, nicht größer als die kleinen Läden in der Straße. Sayyid ist Ende 20, Arbeiter mit einem Berufsschulabschluss. Er wurde von der Salafi-Jugend als Kandidat aufgestellt, weil er die Probleme des Stadtteils kennt, erklärt er: die hohe Arbeitslosigkeit, die schlechte Infrastruktur, ein Abwassersystem, das kaum funktioniert, Drogenprobleme, die mit der inneren Leere zusammenhängen, die die meisten jungen Leute hier spüren.

> »Wir versuchen sie durch den Glauben zu füllen. Wir ermuntern die jungen Leute dazu, eine positive gesellschaftliche Rolle zu spielen. Wenn jemand keine Arbeit hat, versuchen wir, ihm welche zu besorgen. Und wir bilden Gruppen zwischen Gleichaltrigen.« (Sayyid Mohammed, Alexandria, 21.11.2011)[28]

Melden sie Drogensüchtige der Polizei? Sayyid bestreitet das:

> »Das ist ein Problem des Innenministeriums, nicht unseres. Der Islam wurde nicht offenbart, um die Menschen zu bestrafen, sondern um die Gesellschaft zu reformieren. Strafen sind Ausnahmen, sie dienen der Abschreckung. Erst wenn wir eine islamische Gesellschaft haben und es dann immer noch notorische Verbrecher gibt, dienen Strafen dem Schutz der Gesellschaft.« (Sayyid Mohammed, 21.11.2011)

Sayyid erklärt, die Hizb al-Nur hätte mehr junge Kandidaten aufgestellt als die meisten anderen Parteien:

> »Die Jugend hat über alle Parteigrenzen hinweg eine Schlüsselrolle dabei, das neue Ägypten aufzubauen. Sie hat die nötige Energie dazu und sie sagt eher als ältere Menschen offen ihre Meinung.« (Sayyid Mohammed, 21.11.2011)

Kriterien für die Kandidatenaufstellung seien die Vertrauenswürdigkeit und Kompetenz. Auf Sayyids Kandidatenliste gibt es einen promovierten Juristen, einen Fachmann für *Human Development*, einen Städteplaner und einen Scheich. Sayyids Wahlprogramm orientiert sich an den Problemen des Stadtteils. Es könnte auch von einer säkularen Partei stammen. Er will eine Notaufnahme im Krankenhaus einrichten und den Jugendclub beleben, um zu verhindern, dass die Jugendlichen auf die schiefe Bahn geraten. Es gebe eine ungenutzte Kaserne im Stadtteil, die will er umbauen und Wohnraum schaffen, vielleicht auch ein paar kleine Läden dort einrichten. Für junge Arbeitslose will er zinslose Kleinkredite einführen und sie dabei unterstützen, Projekte damit aufzubauen. Was ihn bewogen hat, sich den Salafisten anzuschließen?

> »Ihre Moral. Sie sind großmütig, nachsichtig, gerecht. Sie reden nicht über andere hinter deren Rücken und sie helfen den Armen. Die meisten Jugendlichen hier hatten nichts im Kopf, sie tratschten über andere und machten sich gegenseitig schlecht. Sie hatten keine Ziele und waren ungebildet. Die Salafis waren anders, sie waren ruhig und wenn sie sich etwas vorgenommen hatten, haben sie es auch umgesetzt. Ich hab dann viel über die Salafi-Methode gelesen und festgestellt, dass sie das Beste ist, was es gibt.« (Sayyid Mohammed, 21.11.2011)

Die Wurzeln des ägyptischen Salafismus

Die Hizb al-Nur wurde von Mitgliedern der Dawa al-Salafiya – das bedeutet in etwa 'der Ruf der Salafisten' – gegründet, einer salafistischen Bewegung, die sich in Alexandria aus der Studentenbewegung der 1970er Jahre entwickelt hat.[29] Die Salafisten sind nicht so straff organisiert wie die Muslimbrüder, sondern gruppieren sich um einzelne Scheichs. Gemeinsam ist allen die Methode der Religionsexegese. Die Salafisten orientieren sich in ihrem Leben streng am Koran und an den Prophetentraditionen. Diese versuchen sie so zu interpretieren, wie es die Anhänger des Propheten, die *salaf*, taten. Daher rühren auch Symbole wie die langen Bärte oder das Verbot von Instrumentalmusik, die es auf der arabischen Halbinsel zur Zeit des Propheten nicht gab. Andererseits sind sie flexibler als die stark institutionalisierten Muslimbrüder. Jeder Scheich hat seine eigene Lesart der Texte, und wenn jemandem ein Scheich nicht zusagt, kann er sich einem anderen zuwenden.

Der ägyptische Salafismus hat viele Gesichter. Es gibt traditionsreiche salafistische Organisationen wie die Jam'iat al-Schari'a und die Ansar al-Sunna, die seit den 1920er Jahren existieren. Aus Suez stammt der revolutionäre Scheich Hafez Salama, der schon Ende der 1940er Jahre gegen die Briten in der Suezkanalzone kämpfte und in den Jahren 1967 bis 1973 eine Guerilla gegen die israelische Besatzung seiner Heimatstadt organisierte. Es gibt Fernsehscheichs, die während des Öl-Booms in Saudi-Arabien zu Geld gekommen sind und aggressiv gegen alles vermeintlich Unislamische hetzen. Andere Salafisten wie Sayyid Mohammed wehren sich dagegen, mit Saudi-Arabien identifiziert zu werden:

»Saudi-Arabien ist kein Vorbild für uns. Das ägyptische Volk ist anders, man kann das saudische System nicht auf Ägypten anwenden. Das politische System muss mit den Menschen harmonieren. Natürlich kann ich von anderen Erfahrungen – auch von nicht-islamischen – profitieren. Wir haben große Differenzen zu den saudischen Scheichs. Wir haben zum Beispiel die Beteiligung Saudi-Arabiens im Golfkrieg 1990 abgelehnt. Unsere Scheichs haben damals *fatwas* – Rechtsgutachten – abgegeben, die die *fatwas* der saudischen Scheichs kritisiert haben. Wir laufen den Saudis nicht hinterher.« (Sayyid Mohammed, 21.11.2011)

Die Salafisten hatten keine einheitliche Position gegenüber dem Mubarak-Regime und der Revolution. Einige unterstützen Mubarak, andere verhielten sich neutral, manche Scheichs standen auf den Gehaltslisten der Staatssicherheit, die versuchte ein unpolitisches islamisches Gegengewicht gegen die Muslimbrüder zu schaffen. Es gab auch Salafisten, die zwar das Regime als korrupt verurteilten, sich aber aus Angst vor möglichen Repressionen in die Nischen von Moscheen zurückzogen und Basisarbeit betrieben.

Nach der Revolution entstanden mehrere salafistische Parteien, von denen die Hizb al-Nur die stärkste ist.[30] Sie verfolgte eine eher pragmatisch-reformistische Politik, während andere Salafisten wie der charismatische Prediger und ehemalige Präsidentschaftskandidat Hazem Abu Ismael,[31] auf die Fortsetzung der revolutionären Bewegung drängten.

Das Verhältnis zwischen den salafistischen Scheichs und ihren jugendlichen Anhängern ist weniger hierarchisch als innerhalb der Muslimbruderschaft. Dadurch gibt es weniger Spannungen zwischen den Generationen, wenngleich die Aufbruchsstimmung der Jugend auch an den Salafisten nicht vorbeigegangen ist. Es waren die jungen Anhänger der Dawa al-Salafiya, die gegen manche Bedenken der Scheichs auf die Gründung einer politischen Partei drängten. Der junge Kandidat Sayyid beschreibt das Verhältnis zwischen den Generationen so:

»Die Jungen wollen etwas bewegen und die Alten versuchen sie aufzuhalten. Die Jungen folgen einer Idee, aber sie haben wenig Erfahrung. Die Alten stoppen sie: ›Hab Geduld, warte noch!‹ Das ist überall so: in der Familie, bei den Muslimbrüdern... Das gibt es auch bei uns. Die Jungen sind oft anderer Meinung als die Scheichs. Aber sie hören sich deren Meinung an, hinterfragen sie, argumentieren mit ihnen. Manchmal haben die Jungen Recht. Selbst der Prophet – Gott bete für ihn und schütze ihn – hat seinen jungen Anhängern in der Schlacht von Uhud nachgegeben.[32] Er wollte innerhalb der Stadt kämpfen, während die jüngeren Männer meinten, es sei besser die Schlacht vor den Stadttoren zu führen. Die Mehrheit schloss sich ihrer Meinung an. Auch der Prophet gab schließlich nach. Er sah ein, dass die Argumente der Jungen begründet waren.« (Sayyid Mohammed, 21.11.2011)

Die neuen Gesichter der Salafisten

Seit ihrer Gründung versucht die Hizb al-Nur Vorwürfe, sie wolle das Land ins Mittelalter führen, zurückzuweisen und zu zeigen, dass sie Authentizität – so wie sie diese versteht – mit der Moderne verbindet. Das gilt auch für die Beteiligung von Frauen am politischen Leben.

»Frauen sollen eine Rolle im Leben spielen. Die wichtigste Rolle der Frau ist jedoch die Erziehung zukünftiger Generationen. Das verbietet ihr nicht – wenn sie noch Zeit und Energie hat – an anderen Aktivitäten teilzunehmen: Politisch aktiv zu sein, zu arbeiten, zum Beispiel als Uni-Professorin oder als Schuldirektorin – unter der Voraussetzung, dass sie ihre Funktion zu Hause nicht vernachlässigt. Für uns ist die Familie das Wichtigste.« (Sayyid Mohammed, 21.11.2011)

Trotzdem bleiben die Frauen der Hizb al-Nur unsichtbar. Auf ihren Listen kandidierten zwar Frauen, auf den Wahlplakaten ersetzten sie jedoch ihr Portrait durch eine Rose. Vor allem der junge, immer adrett gekleidete Sprecher der Hizb al-Nur, Nader Bikar, versucht in den Medien ein modernes Bild der Salafisten zu präsentieren und distanziert sich von Übergriffen von Salafisten auf Sufi-Schreine und Kirchen. Für die salafistische Jugend ist der stets lächelnde und die Ruhe bewahrende Bikar ein Medienstar geworden. Nachdem Mitglieder der Partei während einer Open-Air-Veranstaltung griechische Statuen verhüllt hatten – ein Vorfall, der in der ägyptischen Öffentlichkeit Assoziationen zur Zerstörung der Buddha-Statuen von Bamiyan durch die Taliban hervorrief – kündigte Bikar eine parteiinterne Untersuchung des Vorfalls an. Die Hizb al-Nur respektiere das kulturelle Erbe des Landes. Und als einige der Scheichs der Dawa al-Salafiya im Kontext der Parlamentswahlen Bündnisse mit liberalen Parteien für unislamisch erklärten, wurden sie von Bikar zurechtgewiesen: Die Partei und nicht die Scheichs würden die Politik bestimmen.

Ein anderer Star der Salafi-Jugend ist der wortgewaltige Scheich Ahmed al-Sissi, der kurz vor den Wahlen auf dem Talaat Harb-Platz in Alexandria predigt, der direkt am Mittelmeer zwischen dem traditionsreichen Cecil-Hotel und traditionellen Kaffeehäusern gelegen ist. Vor der Bühne sitzen langbärtige Männer. Frauen, deren Gesichter hinter dem *niqâb* versteckt sind, haben sich zwischen ihren spielenden Kindern auf dem Rasen niedergelassen. Einige Alexandriner, die in diesem Teil der Stadt noch keine Salafisten gesehen haben, bleiben neugierig und etwas verstört am Rande stehen. Ahmed al-Sissi gibt sich bürgernah und patriotisch. Er preist den Mitbegründer der Wafd-Partei und Freimaurer Saad Zaghlul als Vater des neuen Ägyptens, verliert romantische Worte über das vor ihm liegende Meer und dankt der revolutionären Jugend – nicht nur der islamistischen, sondern ausdrücklich der ganzen Jugend des Landes – dafür, dass sie mit der Revolution den Weg zu einem neuen Ägypten geöffnet hätte. Ahmed al-Sissi gilt als der Revolutionär unter den Mitgliedern der Dawa al-Salafiya. Die Revolution sei noch nicht zu Ende, verkündigt er in seinen Predigten. Das alte Regime sei wie ein Oktopus, der das ganze System durchsetzt habe. Dahinter stände Amerika als neokoloniale Macht, die Ägypten weiter in Abhängigkeit halten wolle. Die Paschas, die Sultane, die Leute mit Macht wollten nicht, dass das Volk genauso lebt wie sie selber. Sie wollten weiter Könige und Paschas bleiben: »Und ihr, die Leute von der Straße, sollt ihre Diener und Sklaven sein.« Er wettert gegen alles, gegen Che Guevara, gegen die Kommunisten, gegen die Unmoral und gegen Ahmed Shafiq, den Präsidentschaftskandidaten des alten Regimes:

> »Wer wählt Ahmed Shafiq? Die Korrupten, die ›nackte Frau‹, für die Sünde etwas Normales ist und die keine Moral kennt, die Rauschgifthändler, die hier am Strand offen Drogen verkaufen. Die Kirche kauft Stimmen für ihn. Sie alle wollen keinen gerechten Herrscher, der die Hand dessen abhackt, der Schmiergelder annimmt.« (Ahmed al-Sissi)[33]

Die Costa-Salafis

Aber es gibt auch andere junge Salafisten, die sich nicht mehr von anderen abgrenzen wollen. Die Gruppe trifft sich seit ein paar Jahren im Costa-Coffee-Shop im Kairoer Stadtteil Dokki. Inzwischen haben sie ein abgewandeltes Costa-Coffee-Logo zu ihrem Erkennungszeichen gemacht: weinrote Polo-Shirts mit weißen Buttons, auf denen mit dem Original-Schriftdesign von Costa-Coffee »Salafyo Costa« steht. Die Geschichte der Costa-Salafisten ist auch die Geschichte zweier Brüder, des Salafisten Mohammed Tulba und seines liberalen Bruders Ezzet, die gemeinsam für die Revolution gekämpft haben und meinten, dass die Koexistenz zwischen Salafisten und Liberalen, die sie innerhalb der Familie praktizieren, auch in der Gesellschaft möglich sein müsse.

Mohammed, der gerade im Ausland war, kam am 30. Januar nach Kairo zurück. Da hatten die jungen Revolutionäre den Tahrir-Platz schon besetzt. Ezzet sagte, er solle doch mitkommen. Aber Mohammed hatte Angst:

> »In der Innenstadt gibt es viele Hotels. Ich hab zu Ezzet gesagt: ›Da gibt es überall Staatssicherheit. Wenn die jemanden mit Bart sehen, verhaften sie einen doch sofort. Dann bleibt man dort drei oder vier Stunden oder Tage oder Jahre.‹ Ezzet hat nur gelacht: ›Von wegen Staatssicherheit. Da gibt es weder einen Staat, noch Sicherheitsdienste.‹ Ich bin dann mitgekommen. Das erste Mal in meinem Leben hab ich gefühlt, was Freiheit ist.« (Mohammed Tulba)[34]

Nach der Revolution merkte Mohammed, dass die Menschen Angst vor den Langbärtigen hatten.

> »Wir haben deswegen beschlossen, auf die Menschen zuzugehen. Aber das setzte auch eine kritische Auseinandersetzung mit uns selber voraus. Wir haben drei Probleme an uns festgestellt: Das erste ist der Anspruch, im Besitz der absoluten Wahrheit zu sein. ›Ich habe Recht‹ - ›Warte mal, lass uns doch mal darüber diskutieren, vielleicht finden wir einen Kompromiss‹ - ›Nein, ich habe Recht‹ - ›Jetzt hör mir doch mal zu‹ - ›Ich habe Recht‹. Das zweite ist die Arroganz und das Überlegenheitsgefühl anderen gegenüber: ›Ich kommuniziere nicht mit dir, denn ich bin etwas Besseres, ich bin ein Star.‹ Das dritte Problem ist, dass wir nicht unter die Leute gingen. Wir sind dann auf andere zugegangen. Dabei haben wir festgestellt, dass andere nicht besser sind. Es ist die Krankheit, unter der ganz Ägypten gelitten hat.« (Mohammed Tulba, wie Endnote [34])

Daraus ist dann der Gedanke entstanden, eine Facebook-Seite zu gründen, die Seite »Salafiyo Costa«, die inzwischen über 100.000 'Freunde' hat.[35] »Die Administratoren bestehen aus angsteinflößenden echten Salafisten, so wie ich einer bin, aus fanatischen Christen und aus Sozialisten, die ich gar nicht erst beschreiben will«, erzählt Mohammed, der sich den ägyptischen Humor bewahrt hat. »Die Treffen sind echt schrecklich. Aber das ist eben Ägypten.«

Einer der Administratoren ist sein Bruder Ezzet. Er findet, dass die Salafisten eigentlich ein gutes Herz haben, aber völlig unfähig seien, mit anderen zu kommunizieren. Wenn sie etwas sagen, würden komische Dinge aus ihrem Mund kommen. Liberale würden ihrerseits die Salafisten immer als Dumme, Betrüger oder Terroristen porträtieren. Wenn er die Richtungskämpfe der politischen Eliten im Fernsehen angucke, würde er verzweifeln. »Unsere Botschaft war es den Leuten zu sagen: ›Hört Euch doch überhaupt erst einmal zu‹« ergänzt Mohammed.

Inzwischen haben sich die Costa-Salafisten organisiert. Sie reisen durch das Land und bringen junge Menschen unterschiedlicher Couleur an einen Tisch. In Ezbet al-Hagana, einem Kairoer Slum, betreuen sie arme Familien. Irgendwann hatte Ezzet die Idee, Kurzfilme zu produzieren und sie ins Netz zu stellen: »Komödien, das ist der beste Weg, an Ägypter heran zu kommen. Nicht das übliche Schulterklopfen oder irgendein Pastor, der einen Scheich küsst. Wir sprechen aus, was wir voneinander gedacht haben, um dann ein für alle Mal damit aufzuhören.« Der Film »Wo ist mein Ohr?«, in dem sie sich selber spielen, ist ein Beispiel dafür.[36]

> »Einige Liberale meinen, die Salafisten würden den Leuten das Ohr abschneiden, Kirchen anzünden, im Mittelalter leben und hätten sich nicht an der Revolution beteiligt. Und viele Salafisten meinen, die Liberalen würden in einer Bar leben, nur gleichgeschlechtliche Partner haben und Frauen mit Gewalt ihren Schleier abreißen. Dann hab ich Walid, den Salafisten, kennengelernt, der beschloss mich zu besuchen. Ich muss zugeben, dass wir beide Angst voreinander hatten.« (Ezzet Tulba im Vorspann, wie Endnote [36])

Walid kam fast zu spät zur Revolution. Die Scheichs hatten gesagt, dass Demonstrationen *harâm*, also unislamisch, seien. Bis zum letzten Tag wälzte Walid abgeschlossen in seinem Zimmer Bücher über Bücher auf der Suche nach einer *fatwa*, einem religiösen Rechtsgutachten, das ihm vielleicht doch erlauben würde, mit den anderen auf den Tahrir zu gehen. Am letzten Tag, als Mubarak zum Abtritt gezwungen wird, wird er endlich bei Ibn Taimiya[37] fündig. Auf dem Tahrir lernt er Ezzet kennen.

Nun steht Walid vor Ezzets Tür, überlegt lange, ob er klingeln oder doch lieber wieder verschwinden soll. Dann klingelt er, Ezzet öffnet die Tür und bittet Walid in die Wohnung. Die Atmosphäre ist gespannt. Sie sitzen sich stumm gegenüber und starren sich an. ›Was soll ich dem denn zu trinken anbieten?‹, denkt Ezzet. ›Was ist, wenn mir dieser Säkularist Wodka in den Kaffee schüttet?‹, geht es Walid durch den Kopf, während Ezzet denkt: ›Wenn ich ihm Nescafé anbiete, dann denkt der doch nur, dass ich seine Gesundheit ruinieren will. Vielleicht lieber Pepsi. Aber dann unterstellt der mir, da sei Schweinefett drin. Man sollte mit diesen Leuten sowieso lieber nicht zu viel reden.‹ Und er stellt sich vor, dass Walid ihm ein Messer an den Hals hält. Er schreit Walid an: »Was trinkst du?« - »Irgendetwas, wenn es nur *halâl* ist, also den islamischen Speisegesetzen entspricht.« - »So etwas haben wir nicht«, entgegnet Ezzet und Walid denkt: ›Hab ich doch Recht gehabt.‹ Als Ezzets Freundin anruft, nimmt dieser das Handy und geht vor die Tür. Er schämt sich vor Walid. Walid seinerseits wird panisch und befürchtet das Schlimmste: ›Wahrscheinlich spricht er mit der Stasi. Gleich holen sie mich ab.‹ Aus Angst klammert er sich an eine Nippes-Statue, die auf dem Beistelltisch steht. Ezzet kommt wieder rein und denkt: ›Hab ich mir doch gedacht. Die Salafis schnappen sich jede Figur, weil sie sie für Götzen halten und zertrümmern sie. Der zertrümmert mir wahrscheinlich noch das ganze Haus.‹ Er starrt Walid, der immer panischer wird, böse an. ›Dann spring ich einfach raus, wenn sie kommen, um mich abzuholen.‹ Es klingelt. Walid stürzt sich auf Ezzet und schreit: »Wer ist das?« Ezzet reißt sich los und öffnet die Tür. Es ist nur der Bügler. Ezzet schreit Walid an: »Für Euch sind wir ja sowieso nur *kufarâ*, Ungläubige.« Walid schreit zurück: »Was glaubst du, wie viele Bücher ich lesen müsste, wenn ich alle zu Ungläubigen erklären wollte. Weißt du überhaupt, wie viel Tage Arbeit es mich nach Beginn der Revolution gekostet hat, um auf den Tahrir zu gehen?« Die Schlussfolgerung des Films ist zugleich das Motto der Costa-Salafis: »Bleib nicht zu Hause: Geh auf die Straße, beteilige dich, lerne die anderen Leute kennen.«

Fazit

Revolutionen dynamisieren die Gesellschaft. Dies hat den schnellen Wandel der politischen Landkarte zur Folge. Politische und soziale Bewegungen, die gestern noch im Untergrund agierten, stehen heute an der Spitze des Staates. Bislang unpolitische Kräfte haben sich politisiert. Neue Netzwerke bilden sich und zerfallen wieder. Das gilt auch für die islamischen Bewegungen, die keinen homogenen Block darstellen. Die meisten Ägypter sind noch auf der Suche nach einer politischen Heimat und versuchen es nach dem *trial-and-error*-Prinzip mal mit der einen Partei, mal mit dem anderen charismatischen Politiker. Die Erwartungen sind hoch und Sympathien können auf Grund enttäuschter Hoffnungen schnell wieder in Missfallen und Wut umschlagen. Unsere

Protagonisten repräsentieren nur einen Ausschnitt einer politischen Strömung, die sich selber noch im Wandel befindet und auf der Suche nach einem Platz in der post-revolutionären Gesellschaft ist.

Die Umbrüche in Ägypten haben über alle politischen Lager hinweg zu einem stärkeren Selbstbewusstsein unter jungen Menschen geführt. Es waren junge Menschen, über alle Parteigrenzen hinweg, die die ersten Demonstrationen initiiert haben. Erstmals ist Jugend landesweit als handelnde soziale Gruppe aufgetreten – oder anders formuliert: Durch die revolutionären Umwälzungen hat sich Jugend – im Sinne von jungen Erwachsenen – als sozial handelndes Objekt konstituiert. Dadurch ist das Selbstbewusstsein der jungen Menschen gegenüber den Autoritäten in der Gesellschaft und in den einzelnen Institutionen und Organisationen gewachsen und gleichzeitig das gemeinsame Wir-Gefühl gestärkt worden, was die Annäherung zerstrittener politischer Lager ermöglicht hat.

Allerdings ist es 'der Jugend' nicht gelungen, sich zu institutionalisieren um so dem Transformationsprozess nachträglich ihren eigenen Stempel aufzudrücken. Als mit dem Neuaufbau politischer Strukturen alte Grabenkämpfe zwischen säkularen und islamistischen Kräften ausbrachen, konnte die Jugendbewegung dem kaum etwas entgegensetzen. Postislamistische Jugendparteien wie die Hizb al-Tayyar al-Misri oder die Hizb al-Adl erhielten bei den Wahlen wenige Stimmen. Das liegt nicht nur an den mangelnden Ressourcen, sondern auch daran, dass viele Menschen der Jugend nicht zutrauen, die Wirtschafts- und Sicherheitsprobleme zu lösen. Trotzdem hat die Jugend das neue Ägypten geprägt. Der Achtungserfolg des ehemaligen Muslimbruders Abdel Monem Abul Futuh war der Mobilisierung junger Revolutionäre zu verdanken. Die jungen Islamisten verbinden die Forderung nach Demokratie und sozialer Gerechtigkeit mit dem Wunsch nach Beibehaltung ihrer islamischen Identität und treffen damit den neuen Zeitgeist, der mit der Revolution geboren wurde. Selbst innerhalb eines Teils der Salafisten hat der größere Pragmatismus der Jugend die politische Integration befördert und zur Abschwächung der ideologischen Aggressivität zugunsten politischer Programmatiken beigetragen.

Dass die Jugend für die eigene politische Zukunft eine Schlüsselfunktion hat, haben auch etablierte Kräfte wie die Muslimbrüder erkannt, wenngleich die Führungsriege immer noch Angst vor Kontrollverlust zu haben scheint. Die Kader der Partei wurden verjüngt und auch wenn bei den Parlamentswahlen erfahrene Politiker – vor allem ehemalige Abgeordnete – nominiert wurden, so hat die Führung versprochen, dass sie bei den anstehenden Lokal- und Gemeinderatswahlen der Jugend mehr Chancen einräumen will, damit diese vor allem im lokalen Kontext politische Erfahrungen sammeln kann.

Anmerkungen

[1] Siehe zur Bewegung des 6. April den Beitrag von Ali Sonay in diesem Buch.

[2] Der Beitrag beruht zum großen Teil auf Interviews und Hintergrundgesprächen, die ich im Jahre 2011, zum Teil aber auch schon vor der Revolution in Ägypten geführt habe.

[3] Ahmed Uqail und Mohammed H.: Muslimbrüder und Mitglieder des Jugendsekretariats des Berufsverbandes der Apotheker (Kairo, 1.3.2011).

[4] Gemeint ist Husni Mubarak.

[5] Nachdem der ehemalige Vorsitzende der Internationalen Atomenergiebehörde, Mohammed Baradei, nach Ägypten zurückgekehrt war, bildete sich eine Bewegung, die ihn aufforderte, bei den geplanten Präsidentschaftswahlen 2011 gegen Husni Mubarak anzutreten.

[6] Die Details zu den Vorbereitungen der Demonstrationen am 25. Januar 2011 habe ich Ahmed Eid zu verdanken, der die Jugend der Democratic Front Party in dem Jugendnetzwerk vertrat. Interview mit Ahmed Eid, Februar 2011, siehe auch das Interview mit Amr Ezz durch Ahmed Mansour in der al-Jazeera-Serie mit Zeitzeugen der Revolution: *Amru 'Izz....shahid 'ala thaura al-misriya*, Teil 1. Gesendet am 26.5. Zu finden unter URL: http://aljazeera.net/programs/pages/e16bc485-f30a-4824-aca2-f5427a5bcb1a.

[7] http://www.facebook.com/elshaheeed.co.uk?fref=ts.

[8] Meistens wird der Google-Vertreter für den Nahen und Mittleren Osten, Wael Ghoneim, als Administrator der FB-Site genannt. Tatsächlich wurde die Seite jedoch von Mansur begründet, der Ghoneim, der in den Emiraten lebte, als zweiten Administrator mit ins Boot holte. Dies war eine Sicherheitsmaßnahme für den Fall, dass Mansur verhaftet würde, um den Fortbestand der Seite zu gewährleisten.

[9] Die Hizb al-Karama (Partei der Würde) ist eine links-nasseristische Partei, die sich 1996 von der nasseristischen Partei abspaltete.

[10] Die Muslimbruderschaft hatte sich auch schon vorher an Wahlen beteiligt, aber nicht mit so großem Erfolg. Bei den Wahlen 2000 errang sie z.B. 17 Mandate.

[11] Islam Lutfi: ehemaliger Muslimbruder und während der Revolution Vertreter der Muslimbruderjugend im revolutionären Jugendbündnis, Gründungsmitglied der Hizb al-Tayyar al-Misri (Kairo, 3.11.2011).

[12] http://www.egyptwindow.net/news_Details.aspx?Kind=7&News_ID=11002.

[13] Am 2. Februar 2011 schickten Anhänger des Regimes Tausende auf Pferden und Kamelen berittene Schlägertruppen auf den Tahrir-Platz, um die Demonstranten zu vertreiben.

[14] Hammuda S., ehemaliger Muslimbruder (Alexandria, 21.11.2011).

[15] *Mujâhed* ist hier nicht im militanten Sinne zu verstehen, auch wenn es in den 1940er Jahren die Bereitschaft zum bewaffneten Widerstand impliziert haben mag.

[16] Gamal al-Banna ist der jüngste Bruder des Gründers der Muslimbruderschaft. Er ist ein unabhängiger Intellektueller, der durch seine liberale Koran-Interpretationen bekannt ist, mit denen er dogmatischen Lehrmeinungen der Rechtsgelehrten, aber auch denen der Muslimbruderschaft entgegnet.

[17] Das Verständnis des Laienislam entwickelte Hassan al-Banna in einem seiner Sendschreiben, dem *risalat al-ta'alim*. Al-Banna fordert darin seine Anhänger auf, dass – selbst wenn sie den Lehrmeinungen eines Imams folgen – sie dessen Urteile studieren und reflektieren sollen. Sie sollen sich bemühen, durch Studium der religiösen Quellen ein Niveau zu erreichen, das ihnen erlaubt, sich ein eigenes Urteil zu bilden. Der Islam hätte den Verstand befreit.

[18] Sayyid Qutbs Thesen haben großen Einfluss unter den Kadern der Muslimbruderschaft, wenngleich sie zu dessen Lebzeiten nicht die Politik der Führung der Muslimbruderschaft widerspiegelten.

[19] Zum Beispiel in den wichtigen Berufsvereinigungen der Händler, Ärzte, Apotheker, Ingenieure, Veterinäre, Zahnärzte und Rechtsanwälte.

[20] Mahdi Akif leitete die Organisation bis 2010. Dann trat er aus Altergründen zurück. Zu seinem Nachfolger wurde Mohammed Badie gewählt. Die Wahlen wurden von einigen internen Kritikern angefochten, da das Verfahren den Statuten widersprochen habe.

[21] Zeitweilig gaben die Muslimbrüder mit »Âfâq arabiya« und »Al-Usra al-arabiya« eine Zeitschrift heraus. Jedoch wurde ihnen in beiden Fällen nach kurzer Zeit die Lizenz wieder entzogen.

[22] http://yallameshmohem.blogspot.de/search?updated-max=2007-06-19T05:13:00-07:00&max-results=20&start=45&by-date=false.

[23] Diese kontroversen Positionen wurden in späteren Programmen wieder fallengelassen.

[24] http://www.youtube.com/watch?feature=endscreen&NR=1&v=0dnlGccKhco.

[25] Mohammed Qassas: ehemaliger Muslimbruder und während der Revolution Vertreter der Muslimbruderjugend im revolutionären Jugendbündnis, Gründungsmitglied der Hizb al-Tayyar al-Misri (Kairo, 24.4.2011).

[26] Die beiden Parteien sind jedoch keine Jugendparteien.

[27] Seine politische Beraterin war Rabab al-Mahdi, eine junge Politikprofessorin, die sich als Trotzkistin bezeichnet. Andere Unterstützer gehören der liberalen Strömung an, sie sind ehemalige Muslimbrüder. Aber auch viele Salafisten unterstützten Abdel Moneim Abul Futuh und nicht den Salafisten Hazem Abu Ismael.

[28] Sayyid Mohammed, Kandidat der Hizb al-Nur bei den Parlamentswahlen 2011 (Alexandria, 21.11.2011).

[29] Aus der Studentenbewegung der 1970er Jahre sind sehr unterschiedliche islamische Strömungen hervorgegangen. Viele Aktivisten haben sich der Muslimbruderschaft angeschlossen. Einige der Kader in Alexandria haben die Dawa al-Salafiya, anderer Aktivisten vor allem in Oberägypten die militante Jamaa al-islamiya gegründet.

[30] Andere salafistische Parteien sind Hizb al-Fadila, Hizb al-Asala und Hizb al-Islah.

[31] Hazem Abu Ismael wurde von der Kandidatur ausgeschlossen, da seine Mutter einen amerikanischen Pass besitzt.

[32] 625 griffen die Quraish den Propheten und seine Anhänger in Medina an. In Medina entbrannte ein Streit um eine adäquate Verteidigungsstrategie. Während einige ältere Anhänger des Propheten – so auch Mohammed selber – in der Oase verbleiben wollten, waren einige der jüngeren Anhänger dafür, dem Feind entgegenzuziehen.

[33] http://www.youtube.com/watch?v=wQCrPEgwo2E.

[34] http://www.youtube.com/watch?v=TirNGG-Ptd0&feature=related.

[35] Siehe: http://www.facebook.com/salafyocosta.

[36] http://www.youtube.com/watch?v=LN7_ZV-K66A&feature=related.

[37] Ibn Taimiya (1263-1328) ist ein islamischer Rechtsgelehrter, der bis heute mit seiner strikten Textexegese großen Einfluss auf Salafisten und militante Islamisten hat.

Aden – vom Zentrum zur Peripherie?
Südarabische Jugendliche leisten Widerstand

Anne-Linda Amira Augustin (Leipzig)

> »Die Jugend in Aden ist zwischen Hirâk [Bewegung des Südens] und der Jugendbewegung in Sanaa geteilt. Aber die Mehrheit steht zur Hirâk. Viele sind arbeitslos oder Studenten. Die Jugendbewegung Sanaas wird von der Islâh-Partei unterstützt und sie stammen auch meist aus dem Norden. Die Jugend der Hirâk ist größer. Sie wollen die Sezession und viele stehen zu Ali Salim al-Bidh[1].«
>
> – Anis Abdallah, Aden, 19.8.2012[2]

Der Jemen gilt als das Armenhaus der arabischen Welt, da mehr als 40 Prozent der Jemeniten unterhalb der Armutsgrenze leben, die Hälfte davon in absoluter Armut. Die jemenitische Bevölkerung sieht sich seit den Aufständen im Zuge des Arabischen Frühlings 2011 zunehmend mit verschlechterten Lebensbedingungen wie Wasserknappheit, Hunger und Armut, aber auch mit Gewalt und Krieg konfrontiert. Sanaa wird in nur wenigen Jahren die erste Hauptstadt der Welt ohne Wasser sein und das Öl des Landes, welches größtenteils im Süden liegt, wird ausgebeutet sein. Zwei Drittel der Jemeniten sind heute unter 24 Jahre alt und die Bevölkerung wächst jährlich um drei Prozent weiter an, so dass in 20 Jahren eine Bevölkerungsverdopplung erwartet wird. Die jemenitische Gesellschaft ist dabei stark durch historische, tribale, wirtschaftliche sowie religiöse Bruchlinien fragmentiert. Dies wird einerseits darin ersichtlich, dass die staatliche Macht noch nie vollständig über das ganze jemenitische Territorium regieren konnte und sich heute fast nur noch auf die Hauptstadt beschränkt. Andererseits wird dies in Konflikten zwischen der Zentralgewalt und verschiedenen Gruppen wie den Houthis in der Region von Saada im Norden des Landes und der Bewegung des Südens im Südjemen deutlich. Seit einigen Jahren wird der Jemen zudem als Rückzugsgebiet für Kämpfer von al-Qaida identifiziert, die die staatliche Schwäche ausnutzen. Aber nicht nur für Terroristen, auch für die tagtäglich neuankommenden Flüchtlinge aus Afrika – vor allem aus Somalia – ist der Jemen ein Zufluchtsland geworden.

Der Südjemen, besonders Aden, repräsentiert die Überlagerung einer Vielzahl von Bruchlinien wie kaum eine andere Gegend im Jemen und in der ganzen arabischen Welt. Dies zeigt sich daran, dass sich politische und ideologische Positionen historisch betrachtet grundlegend umkehren. Aden, einst als kolonialer Brückenkopf des britischen Empires von 1839 bis 1967 im Zentrum von Globalisierungsprozessen stehend, wurde in den letzten Jahrzehnten scheinbar in die Bedeutungslosigkeit einer jemenitischen Provinzstadt abgedrängt. In Aden wird deutlich, wie das extreme Ungleichgewicht zwischen der schwachen Präsenz in der öffentlichen Wahrnehmung in westlichen Industriestaaten wie auch in der arabischen Welt auf der einen und der Intensität globaler Konflikte, die in die Stadt Aden hineingetragen werden, auf der anderen Seite wirksam wird. Mit der Bewegung des Südens artikulieren sich Proteste und Widerstand gegen Ungerechtigkeit, Korruption und Marginalisierung der Südjemeniten. Jugendliche spielen dabei eine zentrale Rolle mit meist stärkster Beteiligung an Demonstrationen. Aden stellt dabei eine wichtige Arena des Widerstands dar.

Der Beitrag gibt Aufschluss darüber, warum die Stadt immer wieder Austragungsort von Protesten und Ausschreitungen war und weshalb es heute wieder zu Mobilisierungen auf Adens Straßen besonders durch junge Menschen kommt. Zudem wird beleuchtet, wie Jugendliche, während sie tagtäglich mit dem Erwachsenwerden, Armut und Ausschluss kämpfen, neue Vorstellungen von Staat und Staatlichkeit sowie Heimat und nationaler Identität verhandeln. Das folgende Kapitel gliedert sich in drei große Abschnitte: Aden, die Bewegung des Südens und Jugendbewegungen in Aden.[3]

Adens wechselhafte Bedeutung

Koloniales Aden

Aden beansprucht historisch betrachtet eine herausragende Rolle auf der arabischen Halbinsel. Das Gebiet von Aden wurde bereits 1839 von Großbritannien eingenommen und entwickelte sich zu einer multikulturellen Hafenstadt, die 1937 britische Kronkolonie wurde. Da Aden auf dem Seeweg von Europa nach Indien liegt und sich durch einen natürlichen Tiefwasserhafen auszeichnet, galt es als zentrale Auftankstation für Dampfer. In den 1950er Jahren wurde der Hafen neben New York zu einem der wichtigsten weltweit, und zwar aufgrund seiner für damalige Verhältnisse globalen Vernetzung und Einbindung in globale Wirtschaftsstrukturen. Kolonialstädte waren Orte der Begegnung und globale Dreh- und Angelpunkte für Veränderungen (King 1990). Kulturgüter, die an das britische Empire erinnern, wie die Gandhisschule im Stadtteil Crater, christliche Kirchen, ein Dakhmah von Parsen,[4] Moscheen und ein jüdischer Friedhof sowie die Architektur zahlreicher Bauwerke, bestehen bis heute in Aden fort.

Aden war zu kolonialer Zeit stark nach ethnischer und religiöser Zugehörigkeit getrennt, was sich in der politischen und wirtschaftlichen Stellung einzelner Gruppen zeigte. Die machthabende Elite bestand aus den britischen Kolonialherren und anderen Europäern. Administrative Posten wurden von Indern und Pakistanern übernommen. Die führende arabische Elite setzte sich aus Adener Arabern zusammen. Nord- und südjemenitische Migranten waren meist als Tagelöhner und Lohnarbeiter im Hafen und in der Industrie tätig. Sie gehörten mit den afrikanischen Migranten – vorwiegend Somaliern – zu den benachteiligten Gruppen im kolonialen Aden. Die afrikanischen Migranten arbeiteten als Haushaltshilfen (Frauen) oder als ungelernte Hafenarbeiter (Männer) bzw. waren im Handel zwischen dem Horn von Afrika und dem Jemen tätig (Dahlgren 2010a, 48). Sie wohnten zumeist in den Elendsvierteln entlang des Vulkanhanges von

Crater oder Maalla. Ein Bevölkerungszensus von 1955 gibt die Bevölkerungszusammensetzung wie folgt wieder: Nordjemeniten mit 34,8 Prozent, Adener Araber mit 26,7 Prozent, Südjemeniten aus dem Hinterland[5] mit 13,7 Prozent, Inder und Pakistaner mit 11,4 Prozent, Somalier mit 7,7 Prozent, Europäer mit 3,2 Prozent und Juden[6] mit 0,6 Prozent (Halliday 1975, 169).

Im kolonialen Aden war ein unausgewogenes Geschlechterverhältnis in der Bevölkerung spürbar. 1955 waren nur 31 Prozent der Bevölkerung Frauen, da die Stadt vor allem männliche Arbeitsmigranten anzog. Ihre Familien mussten sie meist wegen des Wohnraummangels in ihren Dörfern zurücklassen. Neun Prozent der Bevölkerung wurden 1955 als obdachlos klassifiziert. Viele Zeitarbeiter und Arbeitsmigranten schliefen auf der Straße in notdürftigen Freiluftunterkünften (Dahlgren 2010a, 53). In der Stadt lebten 1955 bereits 138.400 Menschen; im Jahr 1964 waren es zirka 225.000, mit stetigen Wachstumsraten, da Menschen aus allen umliegenden Ländern vom Boom in Aden angezogen wurden (Halliday 1975, 168).

Die Stadt profitierte vom Freihafen. Neben dem regen Hafengeschehen wurde Aden jährlich von zirka 200.000 Transitpassagieren und 27.000 Touristen besucht, die in den Duty-Free-Geschäften am Steamer Point in Tawahi einkauften. Überdies zeichnete sich Aden als wichtiges Handelszentrum für den Im- und Export der Länder am Roten Meer und am Indischen Ozean aus. 1954 wurde in Buraika eine Erdölraffinerie von BP eröffnet, die 1966 8,3 Millionen Tonnen Erdöl produzierte. Neben dem Hafen erhielt Aden weitere Einnahmen durch die Salz- und Fischproduktion. Zudem siedelte die britische Kolonialmacht eine Militärbasis in Aden an, die ebenfalls die Wirtschaft der Stadt ankurbelte und eine der drei Zentren des weltweiten militärischen Einsatzes Großbritanniens darstellte (Halliday 1975, 171, 183).

Das Hinterland von Aden war jedoch fast vollständig vom Wohlstand und Boom Adens ausgeschlossen. Es wurde 1962 zur Föderation Südarabien zusammengeschlossen. 1963 wurde die Kronkolonie Aden mit einbezogen. In den 1960er Jahren formierte sich allerdings Widerstand gegen die Kolonialmacht im Hafen von Aden. Viele arabische Arbeiter, die in Gewerkschaften aktiv waren, begeisterten sich für den arabischen Nationalismus, der unter anderem die Unabhängigkeit von den europäischen Kolonialmächten forcierte. Der Widerstand wuchs auch im Hinterland von Aden, wo 1963 erste Kämpfe in den Bergen von Radfan – nördlich von Aden – ausbrachen. Der Konflikt griff auf Aden über, so dass die Stadt von 1964 bis 1967 von einem städtischen Guerilla-Krieg der Nationalen Befreiungsfront und der panarabischen Front für die Befreiung des besetzten Südjemen (FLOSY) gegen die britische Kolonialmacht sowie gegen die feudalen Strukturen und Sultane des Hinterlands gezeichnet war. Die Kämpfe endeten mit der Machtübernahme der Nationalen Befreiungsfront und der Unabhängigkeit von der britischen Kolonialherrschaft im Jahr 1967. Slogans wie »*FLOSY forever*« waren damals an Hauswänden in Crater zu finden. Die Föderation Südarabien sowie das Protektorat Südarabien[7] wurden im gleichen Jahr zur Volksrepublik Südjemen.

Aden als Hauptstadt der Volksdemokratischen Republik Jemen

Mit dem Ende der britischen Kolonialzeit wurde die Militärbasis abgezogen, was den Verlust von 20.000 Arbeitsplätzen bedeutete. Zudem brach die Wirtschaft wegen der Schließung des Suezkanals und der darauffolgenden Abnahme des Schiffsverkehrs im Golf von Aden 1967 zusammen, so dass bereits sechs Monate vor der Unabhängigkeit ein Handelseinbruch von 75 Prozent zu verzeichnen war (Halliday 1975, 239). Dies prägte die Sozialstruktur der Stadt nachhaltig, da alle Europäer, die Mehrheit der indisch-pakistanischen Bevölkerung, Juden sowie auch die jemenitischen Arbeitsmigranten die Stadt verließen. Es spiegelte sich außerdem im Geschlechterverhältnis der Stadt wieder, welches 1973 fast ausgeglichen war, da die zahlreichen männlichen Arbeitsmigranten an anderen Orten Arbeit suchen mussten (Dahlgren 2010a, 66).

Nach der Machtübernahme der Nationalen Befreiungsfront wurde Aden zur Hauptstadt der Volksrepublik Südjemen, die 1970 in die Volksdemokratische Republik Jemen umbenannt wurde. Mit der 'Korrekturbewegung' am 22. Juni 1969 wurde der Weg für das einzige marxistische Regime in der arabischen Welt geebnet. Um auf die miserable wirtschaftliche Situation zu reagieren, verabschiedet das Regime 1969 das Verstaatlichungsgesetz, welches Banken, Handelshäuser, Versicherungen und Firmen zu staatlichem Eigentum machte. BP blieb allerdings in privater Hand. Löhne wurden um 60 Prozent gekürzt und der Status des Freihafens 1970 eliminiert (Halliday 1975, 262). 1972 gingen Wohnungen und Häuser, die nicht von ihren Besitzern bewohnt wurden, in staatlichen Besitz über und wurden an Adener günstig vermietet. Viele Familien bezogen die verlassenen Wohnungen in den Wohnblöcken, die für britische Kolonialbeamte geschaffen worden waren. Diese Wohnungen waren jedoch nicht den jemenitischen Großfamilienverhältnissen angepasst, so dass bis heute eine Mehrzahl von Personen auf kleinstem Raum zusammen wohnt (Lackner 1985, 146f.).

Das Stadt-Land-Gefälle war während der sozialistischen Zeit enorm hoch. Da in Aden die Infrastruktur in kolonialer Zeit bereits gut ausgebaut wurde, entwickelte sich die Stadt zu einem Anziehungspunkt für die Menschen im restlichen Südjemen. Aden galt als eine moderne Stadt, in der das Leben angenehmer als in den ländlichen Gebieten war, wo 1980 nur zwei Prozent der ländlichen Bevölkerung Zugang zu Elektrizität und fünf Prozent zu Leitungswasser hatten (Lackner 1985, 126).

Als in den 1970er Jahren der Ölboom in den Golfstaaten eintrat, emigrierten Nord- wie Südjemeniten in die Golfregion zum Arbeiten, da sie nach der Unabhängigkeit keine Arbeit mehr in Aden, geschweige denn im Hinterland finden konnten. 1974 wurde allerdings im Südjemen ein Verbot der Arbeitsemigration verhängt, da die gebildeten Südjemeniten dem Aufbau des Landes dienen sollten. Emigration fand jedoch weiterhin illegal statt, besonders aus den Regionen Hadramaut, Yafaa und Shabwa. Für 1988 wird geschätzt, dass 300.000 Südjemeniten im Ausland arbeiteten (UNIDO 1989, 6-11), somit flossen entsprechende Rücküberweisungen in den Südjemen.

Die marxistische Einheitspartei versuchte eine neue Gesellschaft zu errichten, in der Abstammung, Religion, Geschlecht und Herkunft keine Rolle spielen sollten (Dahlgren 2010a, 63). Da die arabische Elite Adens und die Sultane des Hinterlandes nach der Unabhängigkeit das Land verlassen hatten und ihre Geschäfte nun in den wohlhabenden Nachbarländern weiterführten, schwand der Widerstand gegen die Errichtung einer neuen Gesellschaft. Armut und Knappheit waren Teil des alltäglichen Lebens. Jedoch wurden Nahrungsmittel staatlich subventioniert, damit niemand in Not geriet. Das Lohnverhältnis im Südjemen der 1970er Jahre war eins der ausgewogensten in der Welt (Brehony 2011, 92; Dahlgren 2010a, 81). In der ersten Verfassung von 1970 wurde allen Bürgern ein Recht auf Bildung, medizinische Behandlung und Wohnung zugesichert. Der Ausbau der sozialen Infrastruktur war im Südjemen zentral.

Uneinigkeiten über die Außenpolitik, Wirtschaft sowie über die Führerschaft innerhalb der Partei führten zu Konfrontationen und Widerstand im Politbüro, woraufhin ein Anschlag auf das Politbüro am 13. Januar 1986 in Aden verübt wurde. Einige hohe Parteikader kamen dabei ums Leben. Dieses Ereignis löste einen Krieg von zehn Tagen im ganzen Land aus, bei dem mehrere Tausend Menschen getötet wurden. Die Geschehnisse von 1986 schadeten dem Land tiefgründig, so dass gerade im Zuge weltpolitischer Umbrüche wie der Öffnung der Sowjetunion und deren Zusammenbruch einer Einheit mit der Arabischen Republik Jemen (1990) nichts mehr im Wege stand (Dresch 2000, 169; Brehony 2011, 122, 157). Die beiden hoch verschuldeten Staaten sahen in der Einheit eine Chance auf wirtschaftliche Genesung.

Aden nach der jemenitischen Einheit

Nachdem sich sozialistische Kader des Südens und nordjemenitische Eliten nicht einigen konnten, wie ein Zusammenschluss auszusehen habe, wurde die Einheit zwischen Generalsekretär Ali Salim al-Bidh und Präsident Ali Abdullah Saleh[8] angeblich während einer Autofahrt durch Aden im Oktober 1989 besiegelt. Statt dem ursprünglich vorgesehenen Etappenprogramm mit einem Referendum nach sechs Monaten zu folgen, wurde die Einheit ohne Abstimmung und sechs Monate früher als vorgesehen am 22. Mai 1990 vollzogen. Damit sollten kritische Stimmen auf beiden Seiten im Keim erstickt werden. Bei der Bevölkerung war die Einheit zu diesem Zeitpunkt noch beliebt (Brehony 2011, 178). Aden verlor allerdings mit der Einheit den Titel der Hauptstadt, sollte jedoch wegen des Hafens als Wirtschaftszentrum des Landes gelten.

Jemen nahm kurz nach der Einheit als einziger arabischer Vertreter unter fünfzehn Ländern im UN-Sicherheitsrat eine neutrale Position zum zweiten Golfkrieg ein und verärgerte damit Saudi-Arabien und die Golfstaaten. Als Antwort darauf schickten diese bis 1991 zirka 800.000 jemenitische Arbeitsmigranten in den Jemen zurück, weitere folgten in den nächsten Jahren. Neben den enormen Rücküberweisungen von Arbeitsmigranten fielen auch die beträchtlichen Entwicklungsgelder dieser Länder weg. Die Arbeitslosenquote stieg im Jemen extrem an und der jemenitische Riyal war von einer starken Inflation betroffen (Dresch 2000, 186). Dies resultierte in einer Investitionswelle der Rückkehrer in Immobilien, die mit Landspekulationen vor allem im Südjemen verbunden war, wo Land durch die Veräußerung von Staatsflächen neu aufgeteilt wurde (Pritzkat 1999, 401). Besonders Arbeitsmigranten aus der südjemenitischen Region Yafaa, die sich bis heute noch in den Golfstaaten befinden, investieren verstärkt in den Bausektor Adens.

Wer kam nach der Einheit von 1990 nach Aden? Die erste große Gruppe setzte sich aus Menschen zusammen, die weder Geld noch eine Unterkunft hatten. Dazu zählen einerseits die Flüchtlinge vom Horn von Afrika und andererseits die jemenitischen Arbeitsmigranten aus den Golfstaaten. Durch sie entstanden Slums. Anschließend zogen Bettler und Menschen aus dem Nordjemen – »die Boten Ali Abdullah Salehs« (Dahlgren 2010a, 83) – in die Stadt, die im Kleinhandel an Straßenampeln und Kreuzungen arbeiteten. Die in Aden tätigen Kleinhändler, besonders für Gemüse und Obst sowie Kleidung und Elektronik, kommen bis heute größtenteils aus dem Nordjemen, vor allem aus Taizz und Ibb. Eine weitere Gruppe bestand aus den kolonialen jemenitischen Eliten Adens, die darauf hofften, ihre ehemaligen Besitztümer und ihren Status wiederzuerlangen. Zuletzt kamen nordjemenitische Beamte aus Sanaa in die Stadt, die allerdings nicht willkommen waren (Dahlgren 2010a, 73, 83f.). Zudem begann mit dem Einfluss des Nordens die Verteilung von Land und Eigentum an Nordjemeniten, die loyal hinter dem Saleh-Regime standen. Die Eigentumsstreitigkeiten, die mit der Rückkehr von alten Südeliten zusammenhingen, sowie die Korruption und Bereicherung der Machteliten aus dem Norden schürte den Unmut im Süden des Landes und rief Emotionen von Vereinnahmung durch die Nordjemeniten hervor. Zudem fielen soziale Dienste, subventionierte Nahrungsmittel und der Zugang zu Jobs für die Südjemeniten weg. Aufgrund steigender Nahrungspreise wurde in mehreren nord- und südjemenitischen Städten 1992 demonstriert. Dabei wurden in Aden erste Anti-Einheitsslogans wie »Geht nach Hause Zaidis! Ali Nasir[9] komm zurück!« (Dresch 2000, 191 / 252) laut.

Der Bevölkerungszensus von 1995 zeigt, dass zur damaligen Zeit ca. 15,8 Millionen Nordjemeniten und 2,9 Millionen Südjemeniten im Jemen lebten. Bereits während der Parlamentswahlen von 1993 wurde das Ungleichgewicht zwischen beiden Bevölkerungsteilen deutlich sichtbar. Die Jemenitisch-Sozialistische Partei erzielte ihre Stimmen fast ausschließlich im Süden des Landes und blieb somit eine Partei des Südens. Die Partei Ali Abdullah Salehs – der Allgemeine Volkskongress – ging hingegen als großer Sieger aus dieser Wahl hervor, da sie einen Großteil der nordjemenitischen Stimmen erlangte. Die Situation zwischen dem Norden und Süden spitzte sich zudem in den frühen Einheitsjahren weiter zu wegen der Ermordung von 150 Kadern der sozialistischen Partei durch Islamisten, die die Südjemeniten als gottlose Marxisten ansahen (Brehony 2011, 187-190).

Nach ersten Zusammenstößen von nord- und südjemenitischen Streitkräften, die bis dato noch nicht vereinigt waren, brach am 5. Mai 1994 ein Bürgerkrieg aus. Ali Salim al-Bidh rief im Radio von Aden am 21. Mai 1994 die Demokratische Republik Jemen mit Aden als Hauptstadt aus. Jedoch konnten die nordjemenitischen Truppen den Krieg für sich entscheiden und nahmen die Stadt Mukallah am 7. Juli – zwei Tage nach dem Fall Adens – ein und beendeten damit den Krieg. Viele Parteimitglieder der Jemenitisch-Sozialistischen Partei mussten ins Exil gehen (Kopp 2010, 22f.; Brehony 2011, 195-198). Der 7. Juli 1994 wird heute von weiten Bevölkerungsteilen im Süden als Invasion durch den Norden bzw. als Annexion des Südens interpretiert.

Aden, ursprünglich das ökonomische und kommerzielle Zentrum des Landes, wurde nach diesen Ereignissen von der Hauptstadt Sanaa zusehends in den Hintergrund gedrängt. Die wichtige Position als Hafenstadt ging schlussendlich mit den terroristischen Anschlägen auf den Zerstörer USS Cole im Jahr 2000 und den französischen Tanker Limburg 2002 endgültig verloren, da Versicherungen auf Schiffe, die in den Hafen Adens einlaufen wollten, unbezahlbar wurden. Häfen wie Salalah (Oman), Jebel Ali (Dubai) und in Dschibuti lösten Adens Position ab (Kopp 2011). Der Stadt brach damit die wichtigste wirtschaftliche Einnahmequelle weg.

Aden heute – eine Weltstadt ins Abseits gedrängt?

> »Aden war eine bedeutende Stadt, eine Weltstadt, heute ist Aden ein Dorf.«
> (Anis Abdallah, aus Abyan abstammend, 19.8.2012)

Von einer boomenden britischen Kronkolonie ist Aden heute scheinbar an der Peripherie von Globalisierungsprozessen angelangt und durch geringe Chancen und vielfache Risiken für die dort lebenden Menschen gezeichnet. Die Stadtentwicklung spiegelt die Ambivalenz wider, denn das Ballungszentrum von Mansoura, Sheikh Uthman und Dar Saad wächst weiterhin durch hohe Geburtenraten und den Zuzug von Landflüchtigen an. Auch wenn Aden heute weit entfernt davon ist, eine Wirtschaftshauptstadt zu sein, da der Tourismus völlig zusammengebrochen und die industrielle Produktion sich nur noch auf wenige Produktionszweige stützt, stellt die Stadt immer noch die bedeutendste Stadt im Süden des Jemen dar. Viele Zuzügler kommen aus den ländlich geprägten Nachbargouvernoraten Abyan und Lahej, aber auch aus entfernteren Gebieten wie Taizz, Shabwa und Hodaidah. Die Bildungsangebote, aber auch das Vorhandensein von fließendem Wasser und Elektrizität sind ein Grund, nach Aden zu kommen. Die Stadt wächst weiter an: 1994 lebten ca. 400.000 Menschen in Aden, mittlerweile (2012) sind es über 700.000. Es wird geschätzt, dass 17 Prozent der Haushalte heute unterhalb der Armutsgrenze leben und in der Stadt ein großes Einkommensgefälle herrscht. 1999 wurde der Aden Container Terminal und eine Freihandelszone mit Hilfe ausländischer Investitionen eröffnet. Allerdings sind bisher keine großen wirtschaftlichen Errungenschaften davon ausgegangen. Daher arbeiten heute immer noch die meisten Berufstätigen im öffentlichen Sektor. Die offizielle Arbeitslosenquote liegt bei 28 Prozent. (World Bank 2012, 8-11)

Aden ist gegenwärtig als »*invisible city*« (Mendieta 2001) zu bezeichnen. So wandelte sich Aden von der Position als ökonomische Metropole des britischen Empires zu einer Stadt in einem der ärmsten Länder der Welt, in der Globalisierungsprozesse auf extreme Weise aufeinanderprallen und die Menschen fern jeglicher öffentlichen Wahrnehmung negativ beeinflussen. Aden ist heute zusehends Austragungsort von Konflikten und Widerstand im Land geworden. Die Region steht vor neuen Herausforderungen, da die Stadt sich mit terroristischen Kräften und starken Flüchtlingsströmen auseinandersetzen muss. Aden und das Umland werden unter internationalen Akteuren als Zentrum des Terrorismus gehandelt. Daher wurde die Nachbarregion Abyan 2011/12 von US-amerikanischen Raketen und Drohnen angegriffen, um die Etablierung des islamistischen Emirats Waqar in der Region Abyan durch Ansar al-Sharia – militante Kämpfer al-Qaidas auf der Arabischen Halbinsel – zu verhindern. Für ca. 100.000 Binnenflüchtlinge aus Abyan, die vor den Drohnenangriffen sowie vor den Kämpfen zwischen dem jemenitischen Militär und den Kämpfern Ansar al-Sharias flüchteten, stellt Aden eine rettende Zuflucht dar (ICRC 2012). Sie leben in verschiedenen Schulen Adens oder haben sich Wohnungen angemietet, was die Mietpreise in Aden erheblich ansteigen ließ. Überdies treffen seit zirka zwei Jahrzehnten zahlreiche Flüchtlinge aus Somalia auf einfachen Booten im Südjemen ein, wo sie zunächst in das von Aden zwei Stunden entfernte Flüchtlingslager Kharaz des UNHCR gebracht werden. Einige der Flüchtlinge ziehen auch direkt in den Slum al-Basatin bei Aden. Sie sind mittlerweile kein seltener Anblick mehr im Stadtbild Adens. Auch wenn sie innerhalb der jemenitischen Bevölkerung eher als ungebetene Gäste geduldet werden, zeigen doch gerade sie, wie wichtig Aden mit dem Sitz des UNHCR für globale Flüchtlingsströme geworden ist. Zusätzlich steht der Golf von Aden aufgrund somalischer Piraterie regelmäßig in den Schlagzeilen, was wiederum dem Hafenverkehr in Aden schadet.

Die Region am Horn von Afrika, einschließlich des Sudans bis hin zum Jemen, ist heute stark durch Re-/Deterritorialisierungsprozesse, instabile Staatlichkeit, Re-/Denationalisierung bis hin zum Staatszerfall (Somalia) sowie zur Separation (Sudan) geprägt. Auch der Jemen befindet sich in einer humanitären Krise, die wegen ihrer Vielschichtigkeit als »*complex emergency*« (Duffield 1994) bezeichnet wird, da das Land sich in bürgerkriegsähnlichen Zuständen befindet, die sich auf ökonomische, politische sowie ökologische Ursachen zurückführen lassen, in großem Maße Hunger, Gewalt und Vertreibung hervorrufen und eine hohe Zahl ziviler Opfer fordern. Gründe dafür liegen in vielfältigen externen und internen Ursachen wie diffusen Konstellationen und Allianzen, die durch religiöse und kulturelle Gegensätze sowie Verteilungskämpfe um Ressourcen ausgelöst werden. Durch das Machtvakuum, das während der Proteste im Zuge des Arabischen Frühlings 2011 entstand, konnte Ansar al-Sharia Teile des Südjemens unter ihre Herrschaft bringen. Die undurchsichtige Situation und die diffusen Allianzen in Abyan werden längerfristig auch Einfluss auf die Sicherheit Adens haben.

Die Bewegung des Südens

Vor diesem Hintergrund begannen im Frühjahr 2007 ehemalige südjemenitische Militärs in den Regionen rund um Aden – Dalaa, Lahij und Abyan – für höhere Pensionszahlungen und gegen ihren Zwangsruhestand seit dem Bürgerkrieg von 1994 zu demonstrieren. Ehemalige Beamte sowie Angestellte einstiger Staatsbetriebe und Genossenschaften des Südens schlossen sich den Militärs mit ähnlichen Forderungen an. Zu diesem Zeitpunkt wurde die Protestbewegung noch von südjemenitischen Eliten und alten Parteikadern dominiert. Schnell reihten sich jedoch Gruppen junger Arbeitsloser, Jugendlicher und Studenten sowie oppositionelle Medien in die Protestbewegung ein. Eine soziale Bewegung unter der Bezeichnung 'Hirâk Ganûbî' (Bewegung des Südens) war geboren und formierte sich mit Forderungen nach Arbeit sowie nach Beendigung der Marginalisierung der Südjemeniten. Sie forderte ein Ende der Korruption und der desolaten sozialen Situation im Land sowie eine Verbesserung der Verwaltung. Als allerdings im Jahr 2008 die Proteste, die vor allem in Aden stattfanden, immer gewaltsamer von den jemenitischen Sicherheitskräften niedergeschlagen wurden, wandelte sich die lose Bewegung zu einer Bewegung mit konkreten politischen Zielen wie der Wiedererlangung der staatlichen Unabhängigkeit des Südens mit Aden als Hauptstadt und der Befreiung von den Nordjemeniten, die seit dem Ende des Bürgerkriegs 1994 den Süden okkupieren (Rogler 2010, 25f.). Sie verlangt die Rückübertragung von früheren staatlichen Eigentümern und ein Ende der Unterschlagung der Einnahmen aus den Bodenschätzen wie Öl und Gas, die sich größtenteils in den südjemenitischen Gouvernoraten Shabwa und Hadramaut befinden (Dahlgren 2010b, 32).

Zudem wurde im Zuge des Widerstandes die eigene Identität – die der 'Südaraber' – herausgestellt, die sich von der Jemenitischen unterscheide. Das Jemenitische wird nur noch dem Norden zugeschrieben. Die südarabische Identität beruhe auf den gemeinsamen Erfahrungen während der Zeit der Volksdemokratischen Republik Jemen. Die Sozialisten hätten die Bezeichnung Jemen in die Staatsbenennung aufgenommen, um sich von der britischen Kolonialzeit zu lösen. Dem Jemenitischen wird heute Rückständigkeit, konservatives Denken und Verhalten zu schreiben. Der Süden sieht sich selbst vom Norden zu einer konservativen Wende nach der Einheit gezwungen und interpretiert die britische Kolonialzeit als modernisierend (Rogler 2010, 28). So wurde in einer Umfrage des Yemeni Center for Civil Rights im Januar 2010 festgestellt, dass zirka 70 Prozent der Südjemeniten eine Sezession vom Norden fordern (Dahlgren 2010b, 30).

Im Zuge des Arabischen Frühlings verzichtete die Bewegung bei Protesten im Februar und März 2011 auf die südjemenitische Flagge und die Anti-Einheits-Slogans, um die Antiregimeproteste im ganzen Land nicht zu torpedieren. Allerdings stellte sich im April 2011 die starke Dominanz der Islâh-Partei und der Nordeliten heraus, so dass im Südjemen die Flaggen der ehemaligen Volksdemokratischen Republik Jemen wieder zu sehen waren. Seither wird wieder beständig die Sezession vom Norden gefordert, da die Mehrheit der Südjemeniten der Meinung ist, dass sich der Nord-Süd-Konflikt nicht mit dem Sturz des Präsidenten Saleh lösen ließe (International Crisis Group 2011, 11). Daher wurden die Präsidentschaftswahlen im Februar 2012 von der Hirâk und ca. 80 Prozent der Südjemeniten boykottiert, obwohl der aus dem südjemenitischen Gouvernorat Abyan stammende Abdu Rabu Mansur Hadi[10] als einziger Präsidentenkandidat und Nachfolger Salehs aufgestellt wurde. Bereits vor den Wahlen bemalten jugendliche Adener die Straßenwände und Fassaden in der Stadt mit südjemenitischen Flaggen und Slogans wie »Nein zu den Wahlen«.

Vier Termini aus Slogans und Sprechgesängen verweisen auf das Kernanliegen der Bewegung: 'sha'b' (Volk), 'huwîya' (Identität), 'ard' (Boden) und 'târîkh' (Geschichte). Die Südjemeniten empfinden sich demnach als ein Volk auf dem Boden der ehemaligen Volksdemokratischen Republik Jemen und des ehemaligen Südarabiens. Sie haben eine andere Geschichte erlebt als der Norden und somit auch eine eigene Identität herausgebildet. Das südarabische Volk müsse daher Widerstand gegen die Besatzung auf ihrem Land und Boden leisten. Da zirka 70 Prozent der Südjemeniten heute eine Unabhängigkeit anstreben, stellt gerade die Bewegung des Südens eine Gefahr für die Souveränität des Regimes im Norden dar. Sie bedroht die Aufrechterhaltung des Territorialitätsregimes durch Unabhängigkeitsbestrebungen. Die Protestbewegung im Süden nimmt somit eine Sonderrolle innerhalb der arabischen Welt und in der Zeit des Arabischen Frühlings ein, da sie nicht nur die Souveränität des autokratischen Staatsregimes mit dem Vorwurf mangelnder politischer Partizipation, Klientelismus und Korruption, sondern auch die Staatsgrenzen selbst in Frage stellt.

Jungsein im Jemen

Jugend sowie Pubertät wurden im Jemen nie als solche wahrgenommen. Dies änderte sich spätestens im Zuge des Arabischen Frühlings ab 2011 mit dem Aufkommen einer Jugendbewegung bzw. Jugendrevolution. Jedoch wird der Terminus 'shabâb' – Jugendliche – heute auch als Sammelbegriff für Jemeniten, die keiner Partei oder anderen Gruppierungen angehören, verwendet (Heibach 2011, 161) und lässt sich daher nicht mit dem westlichen Jugendbegriff gleichsetzen. Da der Jemen eine hohe Analphabetenquote von 50 Prozent, extreme Armut und wenig Bildungschancen für Kinder und Jugendliche vor allem in ländlichen Gebieten aufweist, müssen zahlreiche Familien ihre Kinder bereits in jungen Jahren zum Arbeiten schicken, um das Einkommen der Familie zu unterstützen. Diesen Kindern bleibt das Kind- sowie Jungsein völlig verwehrt (Barry 2007, 1087).

Das Erwachsenwerden ist im Jemen eng mit dem Eintritt in das Eheleben verbunden. Jemenitische Männer sind grundsätzlich für das Einkommen der Familie zuständig. Da sie für ihre Familie zu sorgen haben, wird eine Heirat erst möglich, wenn sie arbeiten und finanziell abgesichert sind. Von der hohen Arbeitslosigkeit sind gerade junge Menschen betroffen, was eine Aufschiebung des Heiratens um mehrere Jahre mit sich führt und hohes Konfliktpotential in sich birgt. Junge Jemeniten versuchen generell nach ihrer Ausbildung bzw. ihrem Studium eine Position im sozial abgesicherten Staatsdienst zu erhalten. Allerdings sind Vetternwirtschaft und Korruption bei der Verteilung der wenigen Stellen weit verbreitet. Jugendliche stellen für den Staat eher eine 'tickende Zeitbombe' als nutzbares Potential dar, da es kaum Ressourcen, wirtschaftliche Entwicklung noch eine funktionierende Arbeitsmarktpolitik gibt, die die zahlreichen Jugendlichen angemessen fördern könnten. Die als 'Jugendblase' und 'Jugendexplosion' bezeichnete demographische Problematik erreicht im Jemen besonders gravierende Dimensionen.

Der Urbanisierungsgrad ist im Jemen recht gering im regionalen Vergleich, da nur ca. 30 Prozent der Jemeniten in Städten leben. Die urbane Jugend ist jedoch siebenmal stärker an Universitäten vertreten als die ländliche (MHESR 2005, 39). Dies liegt einerseits am besseren Zugang zu Schulbildung in den Städten, andererseits sind Universitäten nur in urbanen Zentren vorhanden, zu denen ländliche Jugendliche aus finanziellen Gründen oftmals keinen Zugang haben.

Jemenitische Jugendliche sind mit Traditionen und mit Formen moderner Jugendkultur konfrontiert, die den Musik- und Kleidungsstil, aber auch den Gebrauch von Handys beeinflussen. Eine ausgeprägte jemenitische Jugendkultur konnte sich jedoch nie wirklich entwickeln, da die Rückzugsräume für Jugendliche und eine Infrastruktur zum Beispiel für sportliche Betätigungen, Musizieren oder Theaterspielen fehlten (Barry 2007, 1088). Dies wandelte sich besonders mit dem Arabischen Frühling, der neue Ausdrucksmöglichkeiten und Räume des Zusammenkommens für Jugendliche schuf. Da Rückzugsräume in jemenitischen Häusern wegen der hohen Anzahl an Familienmitgliedern kaum gegeben sind, verlagerte sich der Rückzugsraum junger Männer seit jeher auf die Straße. Mädchen hingegen verbringen die meiste Zeit im Elternhaus. Städtische Jugendliche, so auch in Aden, haben mehr Möglichkeiten zum Freizeitvergnügen als ihre Altersgenossen auf dem Land. Spaziergänge in der Mall von Aden sind ein Muss für Adener, auch wenn sich kaum jemand die teuren Waren leisten kann. Dort versucht der ein oder andere junge Mann durch Bluetooth oder kleine Nachrichtenzettel Kontakt zu einer Frau aufzunehmen. Damit schaffen sie sich Freiräume und rebellieren gegen bestehende Traditionen und Konventionen, die eine strenge Geschlechtersegregation ab der Pubertät vorsehen. Vor dem Arabischen Frühling versuchten vor allem ausländische Kultureinrichtungen Raum für junge Menschen zu schaffen. Allerdings beschränkte sich dies immer auf einen kleinen Kreis urbaner Jugend, die zudem das nötige Geld für die für jemenitische Verhältnisse teuren Sprachkurse der Institute aufbringen konnte.

Jugendbewegungen in Aden

Die Probleme, die heute von Jugendlichen in Aden ausgehandelt werden und das Leben stark beeinflussen, sind nur im Kontext der wechselhaften Geschichte und Bedeutung Adens zu verstehen. Die extremen politischen und sozialen Umbrüche gehen nicht spurlos an der südjemenitischen Bevölkerung vorbei. Gerade junge Menschen sind die sozialen und vor allem wirtschaftlichen Verlierer im maroden und bankrotten jemenitischen Staat. Dieser Grund kann als genereller Protestfaktor der gesamten jemenitischen Jugendbewegungen angeführt werden, da der Mehrheit der jungen Jemeniten Perspektiven für eine bessere Zukunft fehlen. Die Ursachen für Protest und Widerstand vieler junger Adener liegen allerdings tiefer. Der jemenitische Staat besteht heute für viele faktisch nur noch aus seinen Außengrenzen und seinen Streitmächten, die gegen die Demonstranten der Bewegung des Südens brutal vorgehen. Da sich der Staat weitgehend aus allen Bereichen des sozialen Lebens herausgezogen hat und keine Sicherheit bzw. Absicherung für seine Bürger bietet, ist das Gefühl eines schwachen Staates für die Südjemeniten noch wesentlich stärker, da während der sozialistischen Zeit soziale Dienste sowie subventionierte Nahrungsmittel angeboten wurden und der Staat in allen Gouvernoraten mit funktionierenden Verwaltungen vertreten war. Ältere Generationen berichten teilweise auf nostalgische Weise von einem besseren Leben in der Volksdemokratischen Republik Jemen. Eltern und Großeltern der jungen Menschen arbeiteten im Staatsdienst bzw. in staatlichen Betrieben und waren sozial abgesichert. Die Korruption wurde relativ gering gehalten und selbst das Brautgeld war staatlich reguliert. Daher fühlen sich junge Adener um eine bessere Zukunft im eigenen Staat durch die nordjemenitischen Eliten betrogen, was sie zum Demonstrieren auf die Straßen treibt.

Die Jugendbewegung innerhalb der Hirâk formiert sich unter anderem unter der Bezeichnung 'Union der südarabischen Jugend'.[11] Sie gehen mit Slogans wie »Stoppt den Genozid an den Menschen des Südens« und »Das Volk will die Befreiung Südarabiens«[12] auf die Straße und demonstrieren für die Unabhängigkeit eines südarabischen Staates. Damit unterscheidet sich die südarabische Jugendbewegung von der Jugendbewegung in Sanaa, die 2011 den Slogan »Das Volk will den Sturz des Regimes« skandierten, der durch die ganze arabische Welt zog.

Die Jugendbewegung Sanaas ist in Aden nur gering durch meist junge Menschen mit nordjemenitischen Wurzeln vertreten. Die Mehrheit der Jugendlichen Adens mit Wurzeln im Südjemen sieht sich, wie im Eingangszitat deutlich wurde, als Teil der Bewegung des Südens. Sie können daher nicht unabhängig von den Protesten der Hirâk betrachtet werden. Jugendliche in Aden demonstrieren bereits seit 2007 innerhalb der Bewegung des Südens und gaben sich nicht mit dem Sturz Salehs 2011 zufrieden, da sie, wie deutlich wurde, die Anerkennung ihrer südarabischen Identität und damit Eigenstaatlichkeit fordern. Jugendliche in Aden wünschen sich eine neue Heimat, die den Grenzen der ehemaligen Volksdemokratischen Republik Jemen entspricht, in der die extreme Korruption abgeschafft wird und wo Gesetze und keine Einzelpersonen den Staat regieren. Sie erhoffen sich im eigenen Staat Gerechtigkeit und ein Leben mit Zukunftsperspektiven, die ihnen im Einheitsstaat bisher verwehrt blieben.

> »Ich war noch nie bei einer Demo der Bewegung des Südens dabei. Einmal machte ich aber Fotos von einer Demo in Sheikh Uthman. Ich bin für die Hirâk. Ich will den Süden sehen, wie er vorher war und ich will etwas anderes als heute. Ich bin aber weder für al-Bidh noch für Ali Nasir Mohammad. Ich will einen Neuen.« (Saleh Wael, 20 Jahre alt, Aden, 22.8.2012)

> »In der Uni ist die Hirâk sehr stark und es gibt Konflikte mit dem Allgemeinen Volkskongress. Diejenigen, die für den Allgemeinen Volkskongress sind, bekommen Autos geschenkt oder ihnen werden auch die Abschlüsse hinterher geworfen. Das sind vor allem Nordjemeniten. Ich kenne einen, der hat kaum seinen Bachelor geschafft. Er war immer

schlecht und ist durch alle Prüfungen gefallen. Er durfte dann im Master studieren und ist jetzt zum Promovieren in Russland. Dabei kann er nichts. In der Universität finden zurzeit viele Streiks statt.« (Karim Hussain, 27 Jahre alt, Universitätsabsolvent, Aden, 27.8.2012)

Zwei Themen werden in Gesprächen mit jungen Südjemeniten immer wieder angesprochen. Das ist zum einen die Vergabe von Studienplätzen: Viele Studierende, besonders aus dem Nordjemen, kauften sich die Studienplätze, anstatt an den Zulassungsprüfungen teilzunehmen. Zudem kommen zunehmend mehr Nordjemeniten besonders aus Taizz und Ibb nach Aden zum Studieren, was vielen Südjemeniten missfällt, da ihnen die Studienplätze weggenommen würden. Das zweite Thema, das viele junge Adener beschäftigt, ist die ungerechte Verteilung von Stipendien und Positionen im Staatsdienst nach dem Studium. Etwa 40 Prozent der jemenitischen Studenten werden als Lehrer ausgebildet. Doch sie warten meist vergeblich auf die Einstellung in den Schuldienst. Die Zuteilung finde nur durch Vetternwirtschaft und Kontakte statt und käme vorwiegend Nordjemeniten zugute. Das Gefühl der Marginalisierung im Einheitsstaat ist daher besonders präsent bei jungen Südjemeniten, die nur unter schwierigsten Umständen Arbeit finden und sich gegenüber Nordjemeniten bei der Jobsuche und der Vergabe von Studienplätzen benachteiligt fühlen.

»Im Ramadan habe ich die Zulassungsprüfungen für die Universität Aden abgelegt. Ich habe mich für Rechnungswesen an der Fakultät für Verwaltungswissenschaft beworben. Viele kommen aus dem Norden und kaufen sich einfach in das Studium ein, selbst Soldaten. Der Dekan der Universität sagte zu uns, dass nur 400 von uns genommen werden. Wir waren aber 5.000 Leute, die die Prüfung ablegten.« (Saleh Wael, 22.8.2012)

Adens Stadtbild ist im Gegensatz zu anderen jemenitischen Städten nicht islamisch-orientalisch geprägt, was in der kolonialen Geschichte der Stadt begründet liegt. Die Stadtteile Crater, Maalla und Tawahi liegen auf einer Halbinsel vor dem Festland. Khor Maksar liegt auf einer Landbrücke und verbindet die Halbinsel mit den weiteren Stadtteilen auf dem Festland wie Sheikh Uthman, Mansoura und Dar Saad, die zu einem Ballungsraum zusammengewachsen sind. Die Altstadt Adens wurde in den Vulkankrater Shamsan hineingebaut und wird heute gleichbedeutend als Crater bezeichnet. Die britische Kolonialarchitektur prägt das Stadtbild des Wohn- und Marktgebietes. Die engen Straßen mit ihren zahlreichen Geschäften geben den Eindruck eines traditionellen Suqs wieder. Ebenso wurde hier die erste Mall der Stadt gebaut, die Aden Mall. Maalla ist das Hafenviertel der Stadt, in dem sich die Hafenanlagen befinden.

In Maalla – »dem Herz der Hirâk«[13] – und Mansoura ist die Bewegung des Südens am stärksten vertreten, da dort viele Menschen aus dem Hinterland Adens wohnen. In diesen Vierteln weht nur noch die Flagge Südarabiens. In Maalla findet jeden Freitag nach dem Gebet eine Demonstration auf der Haupthandelsstraße statt, zu der viele Menschen auch aus anderen Stadtteilen Adens kommen. In Crater ist die Flagge Südarabiens ebenfalls überall präsent, allerdings sind in diesem Stadtteil nicht nur alte Adener, die größtenteils Anhänger der Bewegung des Südens sind, vertreten, sondern auch Mitglieder der Islâh-Partei, die vorwiegend aus der nordjemenitischen Region um Taizz stammen. In Khor Maksar leben viele ehemalige Militärs der sozialistischen Zeit, die meist aus der Region Abyan kommen. Dieser Stadtteil gilt ebenfalls als Hirâk-dominiert. Jedoch finden nur wenige Demonstrationen in diesem Stadtteil statt, da sich dort eine Kaserne befindet, die schnell gegen die Protestierenden mobilisiert werden könnte. In Sheikh Uthman wohnen alte Adener, Südjemeniten und Nordjemeniten. Letztere sind vorwiegend im Handel tätig.

> »Die Demonstrationen der Hirâk sind sehr stark in Maalla und Mansoura, aber auch in Crater. In Maalla und Mansoura leben die meisten aus Abyan, Lahej und Dalaa. Crater ist eher gemischt zwischen Hirâk und Islâh-Partei. Die alten Adener stehen dort zur Hirâk, aber die Nordjemeniten aus Taizz, die teilweise schon sehr lange im Süden leben [bereits vor der Einheit], stehen eher zur Islâh.« (Anis Abdallah, Aden, 19.8.2012)

Fast jeder Stadtteil Adens hat heute einen Platz, meist Märtyrerplatz genannt, wo sich Menschen, die sich der Bewegung des Südens zugehörig fühlen, täglich treffen und versammeln können. Die Bewegung des Südens ist eine säkulare Bewegung, da ihre Ziele keine religiösen sind. Jedoch tritt der Terminus 'Märtyrer' sehr häufig auf: »Mansoura ist der Boden der Märtyrer.« Auch die Bezeichnung 'Märtyrerplatz' ist geläufig. Es geht hierbei allerdings nicht um einen islamisch legitimierten Widerstand, der sich in Selbstmordattentaten wie zum Beispiel in Palästina ausdrückt. Als 'Märtyrer' werden diejenigen bezeichnet, die durch einen gewaltsamen, nicht natürlichen Tod für die Sache des Südens starben. Heute versteht sich jeder Südjemenit als Muslim. Es ist nicht mehr möglich, wie noch vor der Einheit, sich als Marxist oder gar Atheist im öffentlichen Raum zu bezeichnen. In der heutigen Schulbildung nimmt die Islam- und Koranbildung in allen Klassenstufen eine zentrale Rolle ein. Die Erfahrungen der nach 1990 sozialisierten Generationen sind somit andere als die der Voreinheitszeit. Daher ist es nicht problematisch für die Bewegung von Märtyrern zu sprechen.

Auf den Plätzen hängen zahlreiche Fotos von Märtyrern, die auf Demonstrationen ermordet wurden. Auf einigen mit Fahnen bemalten Märtyrerplätzen stehen Bühnen, auf denen Veranstaltungen abgehalten werden. Vor allem junge Menschen haben sich Räume zum Agieren geschaffen und organisieren kulturelle Veranstaltungen und Konzerte für beide Geschlechter. In Mansoura begannen bereits am 7. März 2012 die Feierlichkeiten zum Internationalen Frauentag auf dem Märtyrerplatz. Der Internationale Frauentag war nach der Einheit als sozialistisches Relikt abgeschafft worden. Frauen verteilten Essen an einem langen Buffet. Banner mit der Aufschrift »Kein Weg... Keine Alternative zur Besatzung außer dem Ausweg« waren aufgehängt.[14] Am 16. Februar 2012 wurde ein Fußballspiel auf dem Shamsan-Spielfeld Maalla von der Union der Südarabischen Jugend Maallas zum Anlass der im Februar 2012 boykottierten Präsidentschaftswahl organisiert.[15] Junge Männer trugen die südarabische Flagge in das Stadion hinein. Kinder und Jugendliche liefen zu Marschmusik mit den südarabischen Flaggen und Bannern mit der Aufschrift »Für die Freiheit und die Unabhängigkeit« über das Spielfeld, bevor das Fußballspiel begann. Der Refrain »Mein Land, mein Land, das ist Südarabien und die Hauptstadt der Republik ist Aden« wurde vom Publikum gesungen und Slogans wie »Revolution, Revolution, oh Südarabien« wurden gerufen. Zwischen den Pausen führten junge Männer zu südjemenitischer Livemusik Tänze auf. Das Fußballspiel wurde zum Volksfest für Jung und Alt, Männer und Frauen.[16] Proteste für ein freies Südarabien werden auch von Studierenden verschiedener Fakultäten organisiert, ebenso wie Fußballspiele, Musikveranstaltungen mit Theateraufführungen und Gedichten.

> »Die Hirâk hat heute keine guten Führer, weil sie sich über Sezession, Föderation oder Konföderation streiten. [...] Zur Hirâk gehören alle diejenigen, die sich zur Bewegung bekennen, auch wenn sie nicht auf die Straße gehen. Es gibt keine Mitgliedschaft. Viele der Älteren demonstrieren zum Beispiel nicht, wenn sie im Staatsdienst sind. Die Jugend demonstriert, weil viele arbeitslos sind. Die Hirâk braucht eine neue Führerschaft, aber die Jugend hat kein Geld und keine Erfahrungen. Die Alten haben das Geld und die Erfahrungen, sind aber zerstritten.« (Anis Abdallah, 19.8.2012)

Ältere Generationen, die sich zur Bewegung des Südens bekennen, demonstrieren oftmals nicht auf den Straßen mit den jungen Leuten. Sie agieren im Hintergrund. Dies ist einer der Hauptgründe dafür, dass junge Menschen sehr stark bei Protesten der Bewegung des Südens vertreten sind: Sie haben im Gegensatz zu älteren Generationen nicht mehr viel zu verlieren. Sie sind diejenigen, die auf den Straßen sichtbar werden. Die Jugendbewegung innerhalb der Bewegung des Südens hat jedoch weder ausreichend Geld noch Erfahrungen, um sich von den alten Eliten und zerstrittenen Kadern der sozialistischen Zeit zu emanzipieren und etwas Neues zu schaffen. Ein großes Problem stellt die hohe Jugendarbeitslosigkeit und Perspektivlosigkeit junger Menschen in Aden dar, die einige Jugendliche zum Spielball verschiedener Kräfte im Land machen:

> »Mit der Jugend ist es problematisch. Sie haben noch nicht alle richtig verstanden, worum es bei der Sache des Südens geht. Wie sollen sie auch noch an etwas glauben, sie haben keine Arbeit und keine Zukunft in diesem Land.« (Ibrahim Saleh, Aden, 26.8.2012)

> »Die Islâh-Partei macht Probleme, vor allem Ahmar.[17] Sie bezahlen junge Leute, damit sie die Hirâk ausspionieren. Islâh ist auch dafür verantwortlich, dass es in Sheikh Uthman keinen Platz der Hirâk mehr gibt. Bewaffnete zerstörten den Platz.« (Saida Salem, Märtyrerplatz von Mansoura, 26.8.2012)

Plakataufschriften und Wandbemalungen wie *»Free the occupied South«* oder *»Free South Arabia«* auf Englisch sieht man in den Straßen Adens, diese sollen auf das Schicksal des Südens auch außerhalb der arabischen Welt aufmerksam machen. Seit den Ereignissen 2011 sind sehr viele Lieder, Slogans, Sprechgesänge und Wandbemalung in Aden entstanden, die den Nord-Süd-Konflikt fokussieren. Termini wie 'Besatzung', 'Freiheit' sowie 'Unabhängigkeit' werden dabei zentral: »Freies Südarabien«; »Verlass den südarabischen Boden«; »Nein zur Besatzung«; »Erhebe deinen Kopf, du bist ein freier Südaraber«;[18] »Es lebe das freie Südarabien.« Diese Slogans an den Hauswänden und Straßenfassaden Adens zeigen zum einen, dass das Gefühl, vom Norden eingenommen und besetzt zu sein, sehr stark ist. Zum anderen sehen sich viele Südjemeniten durch die Einheit betrogen und vereinnahmt:

> »Wir im Süden sind vier Millionen Menschen, im Norden sind es 18 Millionen, wir haben Rohstoffe, im Norden die haben nur Berge und die *ganbīya* [Krummdolch].«
> (Luqman Mohammad, Aden, 23.8.2012)

Der Hass auf die nordjemenitischen Eliten wird deutlich in Slogans wie »Tod für Hamid al-Ahmar« und »Verschwindet *Dahbashis*«.[19] Zudem verstärkt das immer brutalere Vorgehen der jemenitischen Sicherheitskräfte das Gefühl, vom Norden besetzt zu werden. Der »14. Oktober«, der in roter Farbe an Adens Fassaden geschrieben ist, erinnert an den Tag der Revolution gegen die britische Kolonialmacht 1963, als die Unabhängigkeitskämpfe in den Bergen von Radfan begannen.

Slogans wie »Wir fordern einen Staat« und »Die einzige Lösung ist die Freiheit« zeigten, dass die Anhänger der Bewegung des Südens in der Wiedererlangung der Eigenstaatlichkeit ein Ende ihrer Marginalisierung sehen. Gerade junge Menschen träumen von einem besseren Leben im eigenen Staat, der für viele mit den positiven Erzählungen älterer Generationen über das Leben im sozialistischen Staat in Verbindung gebracht wird. In Slogans wird der Wunsch nach dem eigenen Staat mit Aden als Hauptstadt deutlich: »Aden, oh Aden, oh Südarabien«; »Aden, *my love*«; »Ich liebe dich, oh Südarabien«; »Südarabien ist nicht die Heimat, in der wir leben, sondern die Heimat, die in uns existiert«; Es lebe Südarabien trotz der Neider«; »Ja zu Südarabien«; »Zu Diensten, oh Südarabien.«

Während der vorletzten Feldforschung Ende 2010 waren in Aden noch keine Süd-Flaggen an Hauswände gemalt. Die Stadt war sicher, auch wenn die Mehrheit der Bevölkerung unzufrieden war und regelmäßig Proteste stattfanden. Innerhalb von eineinhalb Jahren hat sich Aden extrem verändert. Seit über einem Jahr arbeitet die Müllabfuhr nicht mehr, die Straßen sind schmutzig und in Fassaden sind Einschusslöcher zu finden. Im öffentlichen Raum wird der Kampf um Unabhängigkeit an Fassaden und Flaggen sichtbar. Die Stadt ist nicht mehr sicher, da von den jemenitischen Sicherheitskräften weniger Schutz als viel mehr Gefahr ausgeht. Regelmäßig kommt es zu Übergriffen auf Hirāk-Anhänger, die von Sicherheitskräften oder bewaffneten Maskierten – vermutlich al-Qaida-Anhängern oder Geheimdienstlern – angegriffen und ermordet werden. Die Gefahr, bei Protesten oder Veranstaltungen verletzt zu werden oder gar zu sterben, ist mittlerweile recht hoch. Daher kann das Mitwirken bei der Hirāk nicht als eine Freizeitbeschäftigung abgetan werden, auch wenn es kaum andere Angebote für die Jugend in Aden gibt.

> »Ich will eine Republik im Süden mit Aden als Hauptstadt. Die Armee muss die Städte verlassen. Die Polizei muss in den Städten für Sicherheit sorgen.«
> (Luqman Mohammad, 23.8.2012)

Die Lebensumstände für die breite Bevölkerung, besonders für junge Menschen, sind mittlerweile so verheerend und hoffnungslos, dass die Proteste der Bewegung des Südens mit starker Jugendbeteiligung kaum verwunderlich sind. Jedoch ist die Anwesenheit der al-Qaida-Gruppe Ansar al-Sharia ein großes Problem für Aden und das Hinterland; ihre Anwesenheit wird oftmals als Machenschaft des nordjemenitischen Regimes erklärt:

> »Islâh ist nicht mehr in Aden präsent, seitdem al-Qaida versucht, nach Aden einzudringen und Probleme zu machen. Das Regime in Sanaa, dazu gehört nicht nur Ali Abdullah Saleh, sondern auch Ali Mohsin[20] und die Ahmars, sowie die USA. Die sind alle verstrickt in die Sache mit Abyan und Ansar al-Sharia. Abyan ist wichtig, es verbindet den Hadramaut mit Aden und dem westlichen Teil des Südens [Lahej, Dalaa].« (Nadim Said, Aden, 27.8.2012)

Die Gründe dafür, warum junge Südjemeniten für ein freies Südarabien demonstrieren, sind vielschichtig. Ein zunehmendes Sicherheitsproblem in der Stadt, Armut, Perspektivlosigkeit und Ausschluss sind die zentralen Faktoren für junge Menschen, ihre Hoffnung in einen vom Norden unabhängigen Staat zu setzen. Jedoch bleibt es fraglich, ob unter den derzeitigen Sicherheitsbedingungen mit der Anwesenheit des internationalen Terrornetzwerkes al-Qaida in einem unabhängigen südarabischen Staat eine funktionierende Wirtschaft ohne interne Streitigkeiten zwischen regionalen Kräften aufgebaut werden und Adens Hafen zu neuem Ruhm gelangen könnte.

Fazit

Aden war immer wieder Austragungsort von Konflikten und Widerstand in Umbruchphasen wie in der Zeit der Dekolonialisierung, nach der Einheit mit dem Nordjemen und seit 2007. Wenn die Menschen in Aden mit ihren Lebensumständen unzufrieden waren, protestierten sie gegen die Zentralmacht. In der Kolonialzeit wurde Widerstand gegen die britischen Kolonialherren geleistet und seit 2007 gegen das Regime in Sanaa und die nordjemenitischen Machteliten. Jugendliche waren in allen Zeiten des Umbruchs an Protesten beteiligt. Die Briten wurden von den Kämpfern der Nationalen Befreiungsfront und der Front für die Befreiung des besetzten Südjemen bekämpft, die sich größtenteils aus jungen Männern zusammensetzten. Auch heute sind Jugendliche besonders aktiv bei Protesten und Veranstaltungen der Bewegung des Südens. Sie hoffen, ohne den Norden wieder an die glorreiche Geschichte Adens anknüpfen und das Sicherheitsgefühl aus der sozialistischen Zeit wieder herstellen zu können, um der desolaten Situation im Land zu entfliehen. Ob dies in einem eigenen Staat mit Hinblick auf die derzeitigen Sicherheits- und Wirtschaftsbedingungen wirklich umsetzbar ist, bleibt spekulativ.

Die Menschen im Südjemen sehen sich heute selbst als Zielscheibe in einem Kampf um Aden. Die Kämpfer von Ansar al-Sharia könnten mit der Einnahme Adens eine erhöhte öffentliche Aufmerksamkeit auch außerhalb der arabischen Welt erhalten, daher nehmen Angriffe und Anschläge in der Stadt zu. Die starke Präsenz terroristischer

Kräfte und die Anwesenheit staatlicher Machtorgane, die für Sicherheit sorgen müssten, es aber nicht tun, lassen die Unsicherheit in der Stadt anwachsen. Die Anhänger des Saleh-Regimes könnten sich jedoch durch die Präsenz al-Qaidas darin bestätigt fühlen, dass nur Saleh in der Lage gewesen sei, die Stabilität im Jemen zu sichern. Die Bewegung des Südens hingegen sieht die Übergriffe auf Südjemeniten seitens staatlicher Sicherheitskräfte und Kämpfer al-Qaidas als Kampf des nordjemenitischen Regimes gegen eine mögliche Sezession.

So scheint Aden heute an der Peripherie von Globalisierungsprozessen angelangt und weit ins Abseits der öffentlichen Wahrnehmung gerückt zu sein. Jedoch nimmt die Stadt immer noch eine strategisch wichtige Position zwischen dem Indischen Ozean und dem Roten Meer ein. Das Ringen um die Stadt hat noch nicht aufgehört.

Anmerkungen

[1] Ali Salim al-Bidh war Generalsekretär der Jemenitisch-Sozialistischen Partei der Volksdemokratischen Republik Jemen und wurde nach der Einheit Vizepräsident.

[2] Alle Zitate wurden von der Autorin übersetzt, sofern nicht anders gekennzeichnet. Da die politische Situation im Südjemen derzeit sehr gefährlich ist, werden nur Pseudonyme für Namen der Gesprächspartner verwendet.

[3] Das folgende Kapitel beruht auf Feldforschungen in Aden zwischen 2007 und 2012 und einer Auswertung von Slogans, die im August 2012 an Straßen- und Häusermauern in verschiedenen Stadtvierteln Adens zu lesen waren.

[4] Dakhmah ist ein Bauwerk, welches den Parsen als Grabmal dient. Die Leichname werden in die runden Türme gelegt, damit sie von Vögeln wie Geiern und Raben gefressen werden.

[5] Das Hinterland von Aden umfasst die Gebiete, die zum britischen Protektoratsgebiet gehörten und später mit Aden zur Föderation Südarabien zusammengefasst wurden.

[6] Die jüdische Gemeinde mit 7.300 Menschen im Jahr 1946 emigrierte nach Ausschreitungen in Aden in den Jahren 1947/8 größtenteils nach Israel.

[7] Das Protektorat Südarabien setzte sich aus den östlichen Sultanaten zusammen. Heute sind dies die Gouvernorate Hadramaut und Mahra.

[8] Ali Abdullah Saleh war von 1978 bis 1990 Präsident der Jemenitischen Arabischen Republik und wurde nach der Einheit Präsident des vereinigten Jemen. 2011 musste er im Zuge des Arabischen Frühlings sein Amt niederlegen.

[9] Ali Nasir Muhammad nahm Anfang der 1980er Jahre im Südjemen die drei Schlüsselpositionen im Staat ein: Generalsekretär der sozialistischen Partei, Präsident und Premierminister. Seine Machtbasis lag in seinem Heimatgouvernorat Abyan. Er verlor den Bürgerkrieg von 1986 und musste daraufhin das Land verlassen.

[10] Abdu Rabu Mansur Hadi verließ den Südjemen als Anhänger Ali Nasir Muhammads nach den zehntägigen Kämpfen von 1986. Im Nordjemen wurde er Mitglied des Allgemeinen Volkskongresses und war seit 1994 Vizepräsident unter Ali Abdullah Saleh. Aus diesem Grund wird er im Südjemen als Teil des Saleh-Regimes wahrgenommen.

[11] Bereits zwischen 1960 und 1965 bestand in Aden eine Organisation unter dem Namen 'Union der Studenten des besetzten Südens' (Carapico 1998, 97).

[12] Alle sich im Text befindenden Slogans sind von der Autorin ins Deutsche übersetzt worden. Das Arabische *ganûb* wird als Südarabien übersetzt, da Süden alleinstehend als Gegenstück zum

Nordjemen verstanden werden könnte. Jedoch handelt es sich hier um ein unabhängiges Südarabien 'ganûb 'arabî'. Im Sprachgebrauch entfällt "arabî" meist.

[13] Kommentar eines älteren Mannes auf der Busfahrt von Mansoura nach Crater am 27. August 2012.

[14] Vgl. Youtube-Video »Women in the southern capital of Aden begin the celebrations of International Women's Day«: http://www.youtube.com/watch?v=HS8VBB4Wf5I, Zugriff: 12.8.2012.

[15] Siehe Youtube-Video »fi'âlîya karnafâlîya wa rîyâdîya li-abnâ' al-ganûb fî al-ma'allâ bi-l-'âsimat 'adn 16.02.2012 taswîr qal'at ash-shumûkh«: http://www.youtube.com/watch?v=_7wSAoMKevA, Zugriff: 12.8.2012.

[16] Die Kombination aus Sportvereinen, die gleichzeitig politische Ideen vertraten, war bereits im kolonialen Aden der 1960er Jahre üblich (Carapico 1998, 89).

[17] Hamid al-Ahmar ist ein Multimillionär, Geschäftsmann sowie Politiker der Islâh-Partei. Er gehört zur nordjemenitischen Hashid-Stammeskonföderation. Nachdem die Nordeliten, darunter die al-Ahmar-Familie, die Proteste der Jugendbewegung im Frühjahr 2011 für sich vereinnahmten, distanzierte sich die Bewegung des Südens von den Protesten des Nordens.

[18] Dieser Slogan wurde auch während der Ägyptischen Revolution 2011 verwendet: »Erhebe deinen Kopf, du bist Ägypter.«

[19] *Dahbashi* ist ein Schimpfwort für Nordjemeniten.

[20] Ali Mohsin ist ein hoher jemenitischer Militär, der über Jahrzehnte hinweg ein enger Vertrauter Ali Abdullah Salehs war. Im Zuge der Proteste 2011 stellte er sich jedoch auf die Seite der Jugendbewegung.

FREE LEONARD PELTIER--
WARRIOR FOR THE PEOPLE

PEACE H. PAL
www.Ripples of
LOVE IS KIND
SHARE IT.

Ramallah – Formen des Widerstands

David Kreuer (Leipzig)

> »Etwas für Palästina zu tun ist für mich wichtiger als persönliche Ziele. Ich hatte viele Gelegenheiten, einen Job in den USA oder Kanada anzunehmen. Die habe ich ausgeschlagen, denn in meinem Land zu sein und etwas für es zu tun ist mir wichtiger als mein persönliches Wohlergehen. Jedes Mal, wenn jemand Palästina verlässt, heißt das, dass ein Jude von irgendwo auf der Welt seinen Platz einnehmen wird. Darum bin ich lieber vor Ort anwesend – *to exist is to resist* – als auszuwandern und mehr Freiheit und Sicherheit zu genießen. Es ist mir aber sehr wichtig, [hin und wieder] zu verreisen, um das allgemeine Umfeld, in dem ich lebe, zu verändern und um eine Auszeit von dem Druck zu nehmen, der aus den Checkpoints, Straßensperren und so weiter resultiert.«
>
> – 25-jährige Angestellte aus dem Westjordanland, 21.4.2008[1]

Das Dilemma, das in dieser Aussage einer jungen Palästinenserin anklingt, möchte ich auf den folgenden Seiten genauer beleuchten. Es lautet: Wie kann ich etwas für mein Land tun und mich im Widerstand engagieren, ohne dabei meine persönliche Bewegungsfreiheit und meine Zukunftspläne zu vernachlässigen? Dass beides oft schwer vereinbar erscheint, liegt an verschiedenen vorhandenen Einschränkungen, die die räumliche und soziale Mobilität junger Palästinenserinnen und Palästinenser betreffen. Nach einigen Vorbemerkungen zur Stadt Ramallah und zur palästinensischen Jugend erläutere ich diese Einschränkungen näher und illustriere sie anhand von Zitaten; daraufhin stelle ich diverse Formen des Widerstands vor. Schließlich diskutiere ich Ergebnisse einer von mir 2008 durchgeführten Online-Befragung, die zeigen, welche Wege junge Leute finden, Widerstand und Mobilität in Einklang zu bringen, beziehungsweise welche Kontroversen dabei entstehen. Der Schwerpunkt meiner empirischen Forschung, aus der viele Zitate und Fallbeispiele stammen, lag auf der Stadt Ramallah.

Ramallah mit seinen 27.460 Einwohnern (PCBS 2008b) ist keine Großstadt wie die anderen in diesem Buch besprochenen Metropolen. Es ist dennoch das administrative, ökonomische und in vielerlei Hinsicht auch kulturelle Zentrum des Westjordanlands und hat, wenn auch auf kleinerem Maßstab, viele Gemeinsamkeiten mit Amman, Kairo, Beirut oder Dubai (Taraki 2008, 7). Palästinas politische Weichenstellungen werden hier getroffen. Auch Demonstrationen und Kundgebungen zu verschiedensten Anlässen wählen regelmäßig den zentral gelegenen Al-Manara-Platz als Bühne, wie etwa im Juli 2012 bei Protesten gegen die eigene politische Führung (O'Ceallaigh 2012).

Traditionell war Ramallah ein von Christen bevölkertes, bäuerliches Dorf nördlich von Jerusalem. Es erlebte aber ab dem Ende des 19. Jahrhunderts immer wieder Phasen des Wachstums und der Umstrukturierung (Taraki & Giacaman 2006). Im frühen 20. Jahrhundert wanderten viele Menschen von hier nach Nord- und Südamerika aus; dank ihrer Rücküberweisungen entwickelte sich Ramallah nach und nach zur kleinen Stadt. Die so geschaffenen Beschäftigungsmöglichkeiten wurden wiederum von Einwanderern aus anderen palästinensischen Regionen genutzt und die ursprünglichen Einwohner der Stadt bildeten schon bald keine Mehrheit mehr. Auch Intellektuelle, Studierende und politische Aktivistinnen zog es nach Ramallah, was weiter zu seiner »Vitalität, Hybridität und Diversität« (ebd., 25) beitrug.

Mitte der 1990er Jahre kam die PLO-Führung im Rahmen des Oslo-Friedensprozesses aus dem jahrzehntelangen Exil in die besetzten Gebiete; die Palästinensische Autonomiebehörde wurde eingerichtet und bezog 1995 ihr Hauptquartier in Ramallah. Weitere quasi-staatliche Behörden und Einrichtungen folgten und untermauerten Ramallahs Stellung »als eine zentrale palästinensische Stadt« (ebd., 26). Räumlich gesehen ist Ramallah mittlerweile mit mehreren umliegenden Ortschaften zusammengewachsen, weitere Neubaugebiete werden mit villenartigen Einfamilienhäusern erschlossen. Eine allgemeine Orientierung an Konsum, Unterhaltung und Luxus breitet sich aus. Taraki und Giacaman sprechen von einem »globalisierten und modernistischen urbanen Mittelschichts-Ethos« (ebd., 27), der sich in vielen arabischen Metropolen beobachten lasse. Ausländische Nichtregierungsorganisationen und ihre neoliberalen Agenden haben einen Anteil an dieser Entwicklung (Merz 2012). Insgesamt bilden die Einwohner Ramallahs heute also eine Mischung aus verschiedenen sozialen Schichten und Berufsgruppen. Die kulturelle Offenheit und Vielfalt, die sich etabliert hat, ist dabei besonders für jugendliche Palästinenser wichtig.

'Jugendliche' und 'Palästinenser' exakt zu definieren ist nicht leicht; ich nehme für diese Studie die Selbstidentifikation zum Ausgangspunkt. Jede Person, die sich als palästinensisch und als 'shâbb(a)' (jugendlich) bezeichnet, sehe ich also als Teil der palästinensischen Jugend an. Statt ihnen vorgefertigte Konzepte aufzuzwängen, kann ich so die Perspektive der jungen Leute ernst nehmen. Die Definition wird Teil der Forschungsfrage: Was bedeutet Jugend im palästinensischen Kontext, wie wird sie konstruiert? Innerhalb welcher Altersspanne empfinden sich Menschen als jung? Markieren der Eintritt in den Arbeitsmarkt oder die Eheschließung das Ende der Jugend? Und was ist mit dem Gefühl, palästinensisch zu sein, verbunden: die Abstammung, die Nationalität, der Ort, an dem man lebt?

Ich möchte mich bei meiner Diskussion palästinensischer Jugendlicher nicht auf Parteienpolitik, Friedensverhandlungen und internationale Diplomatie konzentrieren, sondern eher das Politische des Alltags in den Blick nehmen. So möchte ich das Verständnis dafür schärfen, was innerhalb der Gesellschaft und zwischen ihren verschiedenen Teilen geschieht. Dabei muss aber festgestellt werden, dass alles Alltagsleben so eng mit der offiziellen Politik verwoben ist, dass eine saubere analytische Trennung kaum durchzuhalten wäre. Der Konflikt mit Israel, die Besatzung und all ihre Konsequenzen sind allgegenwärtig; ständig wird auf sie Bezug genommen, selbst in den alltäglichsten

Praktiken und Gesprächen. Die konkreten, materialisierten Auswirkungen, die sie auf die Lebenswirklichkeit der Menschen haben, sind an vielen Stellen gar nicht zu übersehen. Verständlicherweise hat sich ein Interpretationsrahmen herausgebildet, der Palästinenserinnen erlaubt, aktuelle Ereignisse innerhalb gut etablierter Koordinaten einzuordnen. Die Bedeutung eines Ereignisses ist zum großen Teil »von den gemeinschaftlichen Narrativen der Gruppe« bestimmt (Biton & Salomon 2006, 167).

Eine dieser Koordinaten oder Narrative ist der Nationalismus, der »dazu neigt, sowohl zur einzigen Art zu werden, wie Realität interpretiert wird, als auch zum Rahmen, innerhalb dessen eine Handlung stattfinden muss, um sozial legitim zu sein« (Larzillière 2001, 31). Der zentrale Begriff des Widerstands ist eng mit dem palästinensischen Nationalismus verbunden. Linda Helgesen, die die Konstruktion von Widerstand untersucht, drückt es so aus:

> »Aufgrund ihrer Geschichte von Kolonisierung und Besatzung und der Art, wie politische und soziale Prozesse in der Region verlaufen sind, hat das Konzept des Widerstands selbst eine besondere Bedeutung als kulturelles Modell in den Palästinensergebieten erlangt, das eine Reihe von Bereichen des palästinensischen gesellschaftlichen Lebens beeinflusst.« (2007, 32f.)

In der ersten *Intifâda*, einem Aufstand, der über 20 Jahre vor dem Arabischen Frühling weltweit Aufsehen erregte, letztendlich jedoch seine Ziele verfehlte, spielte die palästinensische Jugend eine Hauptrolle. Das Idealbild des nationalen Helden verschob sich vom *fidâ'i*, dem Freiheitskämpfer, hin zum jugendlichen *shâbb*, der Steine gegen Panzer schleudert (Larzillière 2004). Anders war es in der 2000 begonnenen zweiten *Intifâda*, bei der Jugendliche nicht so massiv involviert waren. Der idealtypische Held war nun der *shahîd*, der Märtyrer, der sich bereitwillig für sein Land und seine Leute opfert. Verschiedene palästinensische Fraktionen, nicht nur die islamistischen, nutzten dieses Narrativ unter anderem, um die äußerst grausame Taktik der Selbstmordattentate anzuwenden. Angesichts massiver Verluste und täglicher Gewalt scheint die Stimmung in der zweiten *Intifâda* auf palästinensischer Seite zunehmend einer allgemeinen Hoffnungslosigkeit entsprochen zu haben. Die einzigen wahrnehmbaren Ergebnisse, die der Aufstand brachte, waren darüber hinaus extrem negativ: ein immer enger zupackender Griff der Besatzung auf ihr tägliches Leben in Form des Netzes von Straßensperren und Checkpoints im Westjordanland, die Abriegelung des Gazastreifens, die ungebremste Ausdehnung von Siedlungen, regelmäßige Einmärsche der israelischen Armee, Razzien, Ausgangssperren und nicht zuletzt der Bau der Sperranlagen um das Westjordanland (Leech 2007), die von manchen gerne als 'Apartheid-Mauer', von anderen lieber als 'Sicherheitszaun' bezeichnet werden.

Hier soll mein Hauptaugenmerk auf dem Westjordanland liegen. Es ist wichtig zu präzisieren, von welchem Palästina gesprochen wird, denn die Umgebung, in der eine Palästinenserin aufwächst, prägt ihre Werte, Einstellungen und Handlungsstrategien. Grob lassen sich drei Sektoren unterscheiden: die Diaspora-Gemeinde; die arabischen

Bürger Israels (oft als 'die Araber von 48 ' bezeichnet); und diejenigen, die in den besetzten Gebieten unter der Verwaltung der Palästinensischen Autonomiebehörde leben. Diese verteilen sich wiederum auf den Gazastreifen, das Westjordanland und Ostjerusalem. Die jeweiligen Bevölkerungszahlen werden wie folgt geschätzt: etwa 3,8 Millionen Palästinenser leben in den Autonomiegebieten, 1,2 Millionen in Israel und 5,4 Millionen anderswo (PCBS 2008a).

Eines der Hauptkriterien, das für interne Unterscheidungen der Bevölkerung innerhalb des Westjordanlands oder des Gazastreifens herangezogen wird, ist die Art des Wohnorts. »Die soziale Geographie Palästinas wurde herkömmlicherweise durch die dreifache Linse von Stadt, Dorf und [Flüchtlings-]Lager wahrgenommen, unter der Annahme einer gewissen Homogenität innerhalb jedes dieser Orte«, schreibt Lisa Taraki (2006, xxvi). Der Ortstyp taucht in offiziellen Statistiken auf (vgl. PCBS 2003) und spielt nach wie vor eine wichtige Rolle für die Selbstwahrnehmung von Menschen. Allerdings wird der Nutzen dieser Einteilung für bestimmte analytische Zwecke inzwischen in Frage gestellt:

> »Angesichts des Fehlens von umfangreicher Land-Stadt-Migration, was der großen Nähe zwischen Dörfern, kleinen und größeren Städten geschuldet ist, und aufgrund der Marginalisierung der Landwirtschaft wird es weniger tragbar, von prototypischen Dörfern, Städten und Lagern zu sprechen. Scharfe Unterschiede zwischen Stadt und Land werden, wo sie existierten, [zunehmend] verwischt und die Unterscheidung zwischen Flüchtlingslager und Stadt oder Dorf ist als soziale – im Gegensatz zu einer politischen – Realität nicht haltbar.« (Taraki 2006, xxvi)

Stattdessen beobachtet Taraki Ähnlichkeiten zwischen Bewohnern des nördlichen, zentralen beziehungsweise südlichen Westjordanlands, unabhängig von der Kategorie des Wohnorts. Das Ambiente bestimmter Städte überdeckt zudem jede solche Zuordnung. Ramallah zum Beispiel kann als vergleichsweise liberal gekennzeichnet werden in dem Sinne, dass es hier schicke Cafés, Restaurants, Bars und Diskotheken mit Alkoholausschank gibt, neben einer Fülle kultureller Zentren und Aktivitäten. Für junge Palästinenser ist es »ein Ort, wo die Anonymität von Menschen besser bewahrt wird als anderswo in der Region. Überdies ist die Kontrolle der Gesellschaft über das Verhalten von Menschen nicht so erdrückend wie anderswo in den Gebieten« (Bucaille 2006, 53). Die junge Palästinenserin Sophie, die ursprünglich aus der Gegend um Hebron kommt und jetzt in Ramallah lebt, bestätigt dies mir gegenüber:

> »Ich versuche, nicht in Hebron zu leben, sondern in Ramallah. Ich habe keine Lust, [in] Hebron [zu leben], denn Hebron bringt einen um. Aber Ramallah ist ein bisschen besser. Mein Traum ist es, in Ramallah zu bleiben, Freunde zu haben... Denn in Hebron ist die Gesellschaft sehr – anders. Hier [in Ramallah] ist es netter.« (Sophie, Ramallah, 8.1.2008)

Besonders als Frau hat Sophie es in ihrem Heimatdorf schwer; ich komme weiter unten darauf zurück. In Ramallah ist es wohl auch am einfachsten, die Sorgen und Nöte der Besatzung zu vergessen oder zumindest zeitweise zu verdrängen, wie der junge Informatiker Mohammad verdeutlicht:

»Manche versuchen sich selbst einzureden: ›Nein, wir sind hier, immerhin leben wir, immerhin gehen wir zur Schule, nicht wie die Leute im Irak, nicht wie die Leute in Afrika. Immerhin haben wir ein Leben.‹ Für Menschen in Ramallah ist es nicht so anders [als in anderen Ländern]. Aber wenn du zu Leuten in Gaza gehst, ist es ganz anders. [...] Sie kennen im Leben nichts als Angst. Aber in Ramallah hat sich die Situation etwas beruhigt, besonders seit der letzten Besetzung, der 24-tägigen Besetzung Ramallahs vor fünf oder sechs Jahren. In diesen 24 Tagen bekamen wir nur eine kleine Kostprobe von dem, was die Leute in Gaza und anderswo jeden Tag zu spüren bekommen.« (Mohammad, Ramallah, 11.1.2008)

Einschränkungen der Mobilität

Nicht nur das israelische Militär, das das Westjordanland seit 1967 besetzt hält, kann die Bewegung palästinensischer Jugendlicher behindern – zuweilen tut die eigene Familie dasselbe. In Debatten über den Nahen Osten wird normalerweise angenommen, dass der demographische Wandel in der Region (ein überproportional großer Anteil von Jugendlichen und jungen Erwachsenen) »einen dramatischen Effekt auf die Struktur der Familie haben wird, und es sieht so aus, als werde die Autorität der Familie abnehmen« (Meijer 2000, 6). Bislang hat sie als traditionelle Institution jedoch einen immens wichtigen Platz innerhalb der Gesellschaften der Region inne und wird auch im palästinensischen Kontext oft betont. Wie jüngere Studien zeigen, ist die palästinensische Familie »immer noch ein Hauptfaktor in der politischen Sozialisation ihrer Kinder« (Sabella 2007, 63) und ihr Zusammenhalt »wird als wichtiger Faktor beim Erhalt der palästinensischen Identität gesehen« (Dessouki 2007, 8). Diese Funktion ist umso wichtiger, da es keinen voll entwickelten Nationalstaat Palästina gibt.

Im Zusammenhang mit der Familie ist der Unterschied zwischen den Geschlechtern wichtig. Obwohl palästinensische Frauen und Männer mittlerweile das gleiche Bildungsniveau erreichen (PCBS 2001, 52), und trotz der Initiativen zahlreicher Organisationen, die Frauenrechte und Gleichberechtigung fördern wollen, sind Mädchen nach wie vor »ganz anders als Jungen« (Sophie, 8.1.2008). Sophie erläutert es an einem Beispiel:

»Die Leute klammern sich also an Traditionen fest; in Hebron hängen sie sehr an der Vergangenheit. Für mich hingegen – nein. Ich mag es nicht, mich an der Vergangenheit festzuklammern. Also habe ich, selbst wenn ich zu Hause blieb, immer etwas [gemacht]. Ich habe zum Beispiel gezeichnet und dann versucht, meine Zeichnungen jemandem zu schicken, damit er sie veröffentlicht. Aber es ist sehr schwer, sehr, sehr schwer, du kannst dir nicht vorstellen, wie sehr. Wenn es zum Beispiel in der Schule ein Projekt gab, hat uns niemand Bescheid gesagt, weil wir Mädchen waren. Es ist sehr schwer, niemand steht an deiner Seite.« (Sophie, 8.1.2008)

Gerade die Gesellschaft in Hebron gilt als konservativ, auch gegenüber der sozialen Rolle von Frauen, während die Bewohner Ramallahs offener für Neuerungen sind; insgesamt lässt so sich innerhalb des Westjordanlands die Entstehung »unterschiedlicher

Typen von Urbanität« feststellen (Taraki & Giacaman 2006, 49). Städte, die räumlich nicht weit voneinander entfernt sind, bewahren und entwickeln dennoch ihre eigenen Charakteristika. Auch die israelische Besatzung ist ein Grund dafür (Taraki 2008).

Wenn man nämlich die räumliche Mobilität junger Leute innerhalb der palästinensischen Gebiete betrachtet, fällt die Präsenz der Besatzung schwer ins Gewicht. Die Einschränkungen, die sie der Bewegungsfreiheit von einem Ort zum anderen auferlegt – und die sie durch Schranken, Checkpoints, Straßensperren, Erdwälle, Gräben, Tore, Tunnel, Wachtürme, militärische Invasionen, Ausgangssperren und die Sperranlage durchzusetzen weiß –, spürt jede im Westjordanland lebende Palästinenserin. Hamdi, ein junger Mann aus dem Dorf Bil'in:

> »Wenn ich nach Ramallah fahren will, sehe ich mich einem Checkpoint gegenüber. Egal wohin man will, man trifft auf Checkpoints. Wenn ich nach Ramallah fahren will, brauche ich dafür eine Stunde, obwohl es vielleicht fünf Minuten entfernt ist. Checkpoints, Durchsuchungen, Erniedrigung... wohin kann man überhaupt noch gehen?« (Hamdi, Bil'in, 11.1.2008)

Sophie hat einen Teil ihrer Kindheit in Spanien verbracht. Seitdem sie vor einigen Jahren mit ihren Eltern zurückgekehrt ist, gehen ihre Erfahrungen in die gleiche Richtung wie bei Hamdi:

> »Und hier gibt es keine Möglichkeit, groß auszugehen, denn ich lebe in [der Region] Hebron. Es gibt viele Sperren. Ich lebe in einem Dorf, darum kann ich nicht nach Hebron [in die Stadt] fahren. Es gibt in Hebron ein Kulturzentrum und ich kann dort nicht hin, denn sie könnten die Straße jeden Moment sperren. Es gibt ein Tor und sie schließen es. Also ist sehr viel Druck auf den Eltern, wenn sie wollen, dass ihre Kinder das Haus verlassen. Sie haben viel Ärger mit [ihren Kindern]. Also kann man nichts [machen] und wir bleiben zu Hause. Wenn du zu Hause bleibst, hörst du auf, dich mit Leuten auszutauschen, du hörst auf zu wissen, wie sie denken. [...] Es gibt viel Stress. Das bringt dich dazu, an nichts anderes mehr zu denken, du denkst nur noch daran, wie du überleben kannst. Es bringt dich um. Du stirbst, still und leise, aber nach und nach stirbst du. Es ist sehr, sehr schwer.« (Sophie, 8.1.2008)

Dieser Isolation, die durch äußere Umstände und die Familie selbst erzwungen wird, ist schwer zu entkommen; eine Möglichkeit kann es sein, ganz auszuwandern. Dementsprechend dreht sich ein häufig geführter Mobilitätsdiskurs unter Palästinas Jugendlichen um internationale Migration. Seit dem Ausbruch der zweiten Intifada, so hört und liest man häufig, haben viele junge Leute ihren Optimismus verloren. Sie sehen die Auswanderung als letzten Ausweg, um annehmbare Lebensbedingungen zu finden und doch noch »die Akteure ihrer eigenen Geschichte« zu werden (Larzillière 2001, 31). Auch ihre ökonomischen Perspektiven erscheinen im Ausland oft besser. »Es stimmt, viele meiner Freunde und viele, von denen ich es gehört habe, fangen an, auszuwandern und verlassen jetzt das Land, um außerhalb Palästinas eine bessere Zukunft zu haben«, bestätigt einer meiner Informanten (Ismail, Ramallah, 13.1.2008). Manche sagen mir, sie warteten nur auf die erste Gelegenheit, wegzugehen. Es gibt aber auch junge Leute, die sich trotz der schlechteren Karriereaussichten, die sie für sich sehen, zum Bleiben entschieden haben. Mahdi aus dem zentralen Westjordanland berichtet:

> »Ich habe für eine Firma gearbeitet, dann bin ich da weggegangen, jetzt arbeite ich in einer Bank. Ich weiß nicht, meine [vorherige] Arbeit hat nicht zu meinen Vorstellungen gepasst, du kamst da nicht voran. Du wartest auf deine Chance, voranzukommen und dich weiterzuentwickeln. Ich habe überlegt, das Land zu verlassen, aber am Ende habe ich nein gesagt. Wenn ich das Land verlassen würde, [...] würde ich viele Dinge verlieren. Ich würde im Ausland leben, mein Land, meine Familie, meine Freunde und all meine [sozialen] Beziehungen verlieren. Also sagte ich nein, selbst wenn du am Minimum lebst, aber in deinem Land, [...] ist es eine Form von Widerstand.« (Mahdi, Ramallah, 5.1.2008)

Hier wird die freiwillige Ablehnung von Mobilität als Widerstand aufgefasst. In Mahdis Fall ist es anscheinend das Ergebnis eines längeren inneren Aushandlungsprozesses, wobei er zwischen seiner Loyalität Palästina gegenüber und seinen persönlichen Ambitionen hin- und hergerissen war. Es zeigt sich hier der Kern meiner Leitfrage, die sich um genau dieses Dilemma dreht.

Während Auswanderung das offensichtlichste und unter den jungen Leuten selbst am hitzigsten diskutierte Bewegungsmuster ist, tritt das grundlegende Dilemma der Zerrissenheit zwischen Widerstand und Mobilität auch in anderen Kontexten zutage. Ein Paradebeispiel ist die Art von Mobilität, die damit zu tun hat, in Israel oder in einer israelischen Siedlung Arbeit zu suchen. An dieser Stelle prallt die nationale Pflicht, Widerstand zu leisten, auf das Bedürfnis, seinen Lebensunterhalt zu verdienen oder eine Familie zu ernähren. Hamdi drückt diese Ambivalenz und die Spannung zwischen kollektiven und individuellen Zielen, von der sie zeugt, so aus:

> »Auch wenn ich immer Widerstand, Widerstand, Widerstand leisten will, brauche ich gleichzeitig auch etwas zu essen und trinken. Es gibt junge Leute, die drinnen in Israel arbeiten, und zur gleichen Zeit im Widerstand aktiv sind. Sie würden dir sagen: ›Ich will nicht in Israel arbeiten, aber wie soll ich denn überleben?‹« (Hamdi, 11.1.2008)

Formen des Widerstands

Zwar dominiert Widerstand den nationalen Diskurs in Palästina und bringt junge Leute, die dort aufwachsen, dazu, das tägliche Leben durch seine Brille zu interpretieren – es gibt jedoch vielfältige Arten, Widerstand zu leisten. In meinen Gesprächen mit jungen Palästinensern legten viele einen besonderen Wert darauf, dies aufzuzeigen, als ich sie fragte, was Widerstand für sie bedeutet. Mahdi und die Studentin Diana etwa:

> »Es gibt eine Menge Möglichkeiten. Es gibt den bewaffneten Kampf, es gibt den politischen Kampf und es gibt den wirtschaftlichen und sozialen Kampf.« (Mahdi, 5.1.2008)

> »Palästinenser widerstehen der Besatzung auf verschiedenen Ebenen. Es gibt Menschen, die ein Gewehr in die Hand nehmen, ich meine unsere wirklichen Soldaten; es gibt Menschen, die auf ihre eigene Art kämpfen, sei es [indem sie] studieren, unser Erbe bewahren

oder [durch] Literatur. Theaterspielen kann eine Art sein, der Besatzung zu widerstehen, mit den Ideen des Stücks oder wie auch immer.« (Diana, Ramallah, 8.1.2008)

Die meisten meiner Informantinnen waren Studierende, gehörten also zu einer bestimmten gesellschaftlichen Gruppe und können nicht als repräsentativ für die breite Bevölkerung angesehen werden. Ihr hoher Bildungsstand erklärt vielleicht zum Teil ihr Beharren auf unbewaffneten Möglichkeiten des Kampfes, vor allem durch verschiedene Formen von Kunst, die viele von ihnen aktiv praktizieren. Khaled, Soziologiestudent an der privaten Universität Birzeit nördlich von Ramallah, zum Beispiel:

> »Widerstand heißt nicht nur, deine Kalaschnikow zu nehmen und die Israelis zu bekämpfen. Für mich ist Widerstand auch in der Kunst. Du kannst den Israelis Widerstand leisten – oder sagen wir, nicht den Israelis, jeglicher Widerstand: du kannst [jedem] Widerstand leisten durch Kunstvorführungen und Bilder, alles. Das ist meine Art.« (Khaled, Ramallah, 8.1.2008)

Es scheint aber, als sei Widerstand durch Kunst nicht nur auf eine Handvoll Studenten beschränkt. Offiziellen Statistiken zufolge malen 24,7 Prozent der Palästinenser zwischen 10 und 24 regelmäßig in ihrer Freizeit, 13,8 Prozent schreiben und 6,7 Prozent tanzen oder musizieren in einer Gruppe (PCBS 2001).

Beim Versuch, die Widerstandsaktivitäten junger Palästinenser systematischer zu kategorisieren, skizziert Philip Leech drei Typen: »Gewaltlosigkeit – verknüpft mit dem Narrativ der 'Standhaftigkeit'; bewaffneter Widerstand und Terrorismus – bezogen auf das 'heroische' Narrativ; sowie die Annahme einer Opferrolle und der Appell an 'Gerechtigkeit' von außen – verbunden mit dem 'tragischen' Narrativ« (2007, 22). Die Erzählmuster der Standhaftigkeit (*sumûd* – dazu weiter unten), des Heldentums und der Tragik identifiziert auch Laleh Khalili (2007) als die drei Hauptdiskurse des palästinensischen nationalen Gedächtnisses und der Identitätskonstruktion. Sie existieren parallel und stehen im Wettbewerb miteinander, wobei jeder über seine eigenen zugehörigen Symbole und Rituale verfügt.

In der weiteren Analyse konzentriere ich mich vor allem auf gewaltlose Formen des Widerstands (die durchaus Elemente des dritten Typs, des Appells an Gerechtigkeit von außen, enthalten können). Der Hauptgrund ist die praktische Schwierigkeit, empirische Daten über den bewaffneten Widerstand zu erheben. Obwohl hin und wieder Fallstudien anhand von einzelnen jungen Militanten durchgeführt werden (z.B. Bucaille 2006), bedarf diese Art der Arbeit langer Phasen des Vertrauensaufbaus im Feld. Die meisten Kämpfer werden extrem darauf bedacht sein, ihre Identität und Details ihrer Organisationsinfrastruktur geheim zu halten. Hamdi aus Bil'in argumentiert:

> »Unter uns jungen Palästinensern gibt es nicht eine einzige Person, die die Besatzung mag. Wenn es in deinem Land eine Besatzung gäbe, würdest du sie auch nicht mögen. Niemand ist zufrieden mit der Besatzung. Aber wie kann ein junger Mensch Widerstand leisten? Er muss es heimlich tun. [...] Vielleicht siehst du einen jungen Kerl vor dir: mich, irgendjemanden... Vielleicht hat er eine Arbeit, aber zur gleichen Zeit arbeiten wir ständig

im Widerstand. Er kann losgehen und Steine auf Soldaten werfen oder losgehen und jemanden töten oder losgehen und eine Operation durchführen.« (Hamdi, 11.1.2008)

Es ist aufschlussreich, wie Hamdi zwischen erster und dritter Person hin- und herwechselt und so die Grenzen zwischen Individuum und Kollektiv verwischt. Ob er selbst in bewaffneten Widerstandsaktivitäten involviert ist oder war, kann ich nicht beurteilen. Während unseres Interviews drückte er sich dazu nicht klar aus.

Ein Teil der *shabâb* (Jugendliche) lehnt hingegen die Idee des bewaffneten Widerstands völlig ab. Nach ihrer Meinung zum Thema befragt, erklärt Sophie aus Hebron:

»In Palästina erleben die Leute sehr viel Stress. Sie denken nur ans Kämpfen und so, was natürlich sehr falsch ist, denn es wird uns nirgendwohin führen. Im Gegenteil, es zieht uns noch weiter nach unten. Also: Nein, für mich heißt Widerstand, dass wir weiter hier leben, dass wir versuchen, nach mehr Menschlichkeit in uns selbst zu suchen – Malerei, Kunst, mehr Musik. [Die sind] stärker, weil die Leute hier durch Widerstand nichts erreichen werden, die Waffen werden nichts schaffen. Gar nichts! Also denke ich, dass wir hier im Gegenteil mehr Kunst brauchen, und Widerstand bedeutet für mich, dass wir weiterhin hier leben.« (Sophie, 8.1.2008)

Um zu illustrieren, wie der Widerstand durch Kunst, den Sophie verlangt, aussehen kann, möchte ich das Projekt 'Mobiles Kino' als Beispiel anführen. Khaled widmet den Großteil seiner Freizeit der Organisation von Filmvorführungen für ein Publikum, das normalerweise nicht die Möglichkeit hat, ins Kino zu gehen.

»Ich versuche, an meinem Projekt zu arbeiten, dem mobilen Kino in Palästina. Es gibt hier in Palästina nur ein Kino, das Kasaba in Ramallah, also gehen die meisten Palästinenser nicht ins Kino. [...] Jeden Tag mache ich irgendwo eine Vorführung. Ich gehe in Dörfer und Flüchtlingslager, denn das sind die Leute, die da nicht hingehen, ins Kino. [...] Letztes Mal, im Flüchtlingslager Jalazon, waren ungefähr 500 Leute da, um den Film zu sehen. Alle: junge Leute und Kinder und alte Leute.« (Khaled, 8.1.2008)

Khaled zeigt palästinensische, arabische und internationale Filme, die normalerweise nicht im Satellitenfernsehen zu sehen sind. Seit der ersten *Intifâda* ist das Kasaba, aus verschiedenen Gründen, in der Tat eines von nur zwei Filmtheatern, die in den besetzten Gebieten in Betrieb sind (PCBS 2008a). Der Initiator des Projekts, Produzent Yousef Aldeek, erklärt in einem Zeitungsinterview, dass infolgedessen fast kein Palästinenser unter 13 Jahren jemals im Kino war (Zaboun 2008). Während ein solches Projekt in den meisten Gesellschaften wohl einfach als eine soziale und kulturelle zivilgesellschaftliche Initiative begrüßt würde, erlaubt es der dominante Diskurs des nationalen Befreiungskampfes, dass es in Palästina als eine Form von Widerstand eingeordnet wird. Aldeek selbst betrachtet es als solchen, denn die meisten Filme sprechen sich gegen die israelische Besatzung aus und bestätigen die palästinensische Identität. Indem er zeige, wie Menschen in Flüchtlingslagern und abgelegenen Dörfern ihr Leben leben, »widerstehen wir der Zerstörung unserer Kultur«, sagt er (ebd.).

Oft ist es dieses Motiv, die palästinensische Kultur zu bewahren und zu bekräftigen, das junge Leute antreibt, sich in allen möglichen Arten freiwilliger Aktivitäten zu engagieren, die als Widerstand begriffen werden. Manche nutzen dafür bereits existierende Foren, andere treten mit eigenen Projekten in Erscheinung. Diana, ebenfalls Studentin in Birzeit, sagt dazu:

> »Meine Art [des Widerstands]? Ich würde sagen... eine bessere Zukunft für mich selbst zu schaffen, und auch, meinen Mitmenschen dienlich zu sein. Außerdem betrachte ich das palästinensische [kulturelle] Erbe als eines der wertvollsten Dinge für uns. Darum habe ich bei einem Projekt mitgearbeitet, wir sind gerade dabei, es mehr oder weniger zu beenden, mit einer Jugendorganisation namens Ruwwâd [Pioniere]. Mir kam diese Idee mit dem palästinensischen Erbe. Wir machen eine CD, sammeln das palästinensische *turâth* [Erbe], sie heißt *turâth*. Sie wird vier Hauptkategorien enthalten, und zwar: das palästinensische Leben, palästinensische traditionelle Musik - wir haben Lieder und palästinensische traditionelle Instrumente - *dabka* [ein Tanz] und die palästinensische traditionelle Kleidung.« (Diana, 8.1.2008)

Weitere beliebte Möglichkeiten, gewaltfrei Widerstand zu leisten, betreffen die Wirtschaft (Larzillière 2001). Eine Anzahl lokal verwurzelter Organisationen wirbt für einen Boykott israelischer Produkte als effektives Mittel, den Feind an einer empfindlichen Stelle zu treffen. Aufgrund von Israels vollständiger Kontrolle darüber, was in die besetzten Gebiete hinein- und was aus ihnen herausgelangt, besitzen israelische Hersteller und Fabrikanten quasi Monopole auf viele Verbrauchsgüter. Versuche, durch Boykottaufrufe ein Bewusstsein dafür zu schaffen, können sich mit ihrer Botschaft sowohl an die einheimische Bevölkerung in Palästina als auch an die internationale Gemeinschaft richten, wo sie seit einigen Jahren verstärkt aufgegriffen werden (vgl. Lim 2012). Damit verbunden ist die weit verbreitete Ablehnung einer Normalisierung *(tatbî')* der palästinensischen Beziehungen zu Israel auf allen Ebenen.

Internationale Meinungskampagnen im Allgemeinen, ob mit der Annahme einer 'Opferrolle' verknüpft oder nicht, sind für viele *shabâb* eine legitime Art, Widerstand zu leisten. Das Internet hat dabei neue Wege eröffnet (Khoury-Machool 2010, 119). Ein Beispiel ist Mohammad, wohnhaft in Ramallah und mit einem Abschluss in Informatik:

> »Ich versuche, meine Fähigkeiten in der Programmierung einzusetzen, durch eine Website, durch die Medien, um alle in der Welt zumindest wissen zu lassen, was hier bei uns passiert.« (Mohammad, 11.1.2008)

Mohammad erwähnt auch eine andere typische Reaktion auf die israelische Besatzung, die recht passiv ist und am ehesten mit zivilem Ungehorsam bezeichnet werden könnte. Sie wird dennoch als Widerstand interpretiert:

> »Manche Leute haben die Stärke, Widerstand zu leisten, und sie haben die Ausrüstung, um mit Waffen und allem Widerstand zu leisten, aber die meisten Gruppen in Palästina – manche von ihnen leisten durch die Medien und Zeitungen Widerstand. Aber die meisten Leute in Palästina können nichts machen, weißt du... sie sehen Verweigerung als

Widerstand an, weil sie nichts tun können. Sie haben nicht die Macht, sie haben nicht die Autorität, zu tun, was immer sie möchten, also ist alles, was sie tun können, nein zu sagen.« (Mohammad, 11.1.2008)

Passiver Widerstand dieser Art wird im Diskurs des nationalen Kampfes mit dem Thema des *sumûd* in Verbindung gebracht (Leech 2007). *Sumûd* heißt 'Standhaftigkeit' und konstruiert eine »kollektive Identität der Ausdauer und der Widerstandsfähigkeit unter dem Motto ›Wir werden überleben‹« (Larzillière 2004, 65). In einer Situation der wahrgenommenen Machtlosigkeit berufen sich auch junge Leute darauf. Eine typische Version des *sumûd*-Konzepts wird von der Studentin Bakria gelebt, die auf der israelischen Seite der Grünen Linie geboren und aufgewachsen ist und nach wie vor dort lebt, somit israelische Staatsbürgerin ist, sich aber selbst als zu 100 Prozent palästinensisch bezeichnet. Sie beschreibt es folgendermaßen, ohne direkt das Wort 'sumûd' zu benutzen:

»Für mich, hier, heißt Widerstand, mich selbst und meine Existenz als arabische Frau zu bestätigen und alle Arten von Rassismus zu bekämpfen, alle Arten von Hindernissen, die mir das zionistische System in den Weg legt. Das ist etwas sehr Wichtiges. Tatsächlich haben mich meine Eltern auf dieser Grundlage erzogen – dass ich mich nicht von kleinen Dingen traurig machen lasse und dass ich mich selbst nicht so sehe, wie der [israelische] Staat es will: als arabische Frau, die weniger ist als sie, die weniger ist als jeder andere Mensch. Ganz im Gegenteil! Ich bin ein Mensch mit Ambitionen, ein Mensch, der an die Gleichheit aller glaubt, weil wir alle Menschen sind, nichts anderes. Ich habe also das Recht, Ambitionen zu haben und ich habe das Recht, jedem Menschen – und sei es mit friedlichen Mitteln, natürlich mit friedlichen Mitteln – Widerstand zu leisten, der versucht, mich an der Verwirklichung meiner selbst und meiner Träume zu hindern.« (Bakria, Jerusalem, 13.1.2008)

Jugendliche finden ihren Weg

Wie gehen junge Palästinenserinnen und Palästinenser mit den Einschränkungen ihrer Mobilität und dem Anspruch, Widerstand zu leisten, um? Welche Lösungen finden sie für das vermeintliche Dilemma, mobil zu sein und gleichzeitig etwas für die Nation tun zu wollen? Um meine in der Feldforschung gewonnenen Erkenntnisse mit einer breiteren Datenbasis zu unterlegen, habe ich zusätzlich eine Online-Befragung unter 112 jugendlichen Palästinensern und Palästinenserinnen durchgeführt.[2] Bei einer Stichprobe dieser geringen Größe ist eine Verzerrung zugunsten der städtischen Mittelschicht zu erwarten (vgl. Hegasy 2004); Jugendliche aus diesem privilegierten Umfeld können allerdings als »die zukünftige Avantgarde, zukünftige Elite und voraussichtliche Meinungsführer« angesehen werden (Oswald et al. 2007, 43), was ihre Ansichten besonders interessant erscheinen lässt. Im Folgenden stelle ich die wichtigsten Befragungsergebnisse vor.

Eine der Fragen, die ich zu Beginn aufgeworfen habe, ist die nach der Definition von 'Jugend', wobei in der Literatur meistens von bestimmten Altersgruppen oder dem Familienstand ausgegangen wird. Da alle 112 Befragungsteilnehmerinnen sich selbst als 'jugendliche Palästinenser' zu erkennen gaben, lässt sich überprüfen, welche Annahmen für diese Stichprobe zutreffen. Das Alter der Teilnehmerinnen reicht von 15 bis 33, der Mittelwert liegt bei 21,8 Jahren. Von ihnen war die überwältigende Mehrheit (97 %) noch unverheiratet. Mehr als die Hälfte meiner Teilnehmer waren weiblich, was für Online-Befragungen im arabischen Raum ungewöhnlich hoch ist (Kreuer 2008, 52). Vielleicht ist es ein Beleg dafür, dass die weiter oben angesprochenen Unterschiede zwischen Mädchen und Jungen sich zumindest nicht auf den Zugang zum Internet auswirken; im Internet können Geschlechtergrenzen zudem anders gezogen werden als auf der Straße (vgl. Braune 2008). In meiner Befragung waren 58 Prozent der Teilnehmenden Schülerinnen oder Studierende, 34 Prozent arbeiteten bereits. Das verdeutlicht, dass der Eintritt in den Arbeitsmarkt in der heutigen palästinensischen Wahrnehmung nichts mit dem Ende der Jugend zu tun hat. Die Heirat ist das entscheidende Kriterium.

Palästinenserinnen aller Sektoren (Gazastreifen, Ostjerusalem und Westjordanland; Israel; Diaspora) wurden von meiner Befragung erreicht, was für den Erfolg der Rekrutierungsmethoden spricht oder auch für das hohe Maß der Vernetzung innerhalb der globalen Gemeinschaft junger Palästinenser. Die Verteilung ähnelt ganz grob der realen Bevölkerungsstruktur, allerdings sind in meiner Stichprobe das Westjordanland und Jerusalem deutlich überrepräsentiert, und zwar auf Kosten der Exilgemeinde. Vermutlich liegt das daran, dass die große Mehrheit meiner persönlichen Kontakte dort zuhause ist. Die vermutete Verzerrung zugunsten urbaner Jugendlicher im Westjordanland trat tatsächlich ein.

Am Ende meines Online-Fragebogens stand die große, offene Frage nach dem Verhältnis zwischen Mobilität und Widerstand, formuliert wie folgt: »Was ist wichtiger für dich: am Widerstand (in seinen verschiedenen Formen) teilzunehmen und zu versuchen, etwas für Palästina zu tun, oder deine persönlichen Ziele zu verfolgen und dich als Individuum selbst zu verwirklichen? Warum?« Rund 86 Prozent aller Befragten tippten eine Antwort ein, mal nur wenige Worte lang (z.B. »Beides, da gibt es gar keinen Widerspruch«), mal mehrere Absätze. Ich habe die Antworten anschließend in drei Typen eingeteilt: erstens diejenigen, die eine klare Präferenz für das kollektive Ziel, also die Teilnahme am Widerstand, angegeben haben; zweitens diejenigen, die keine klare Priorität für eines der beiden ausdrückten; und drittens diejenigen, denen ihre persönliche Mobilität entschieden wichtiger war als der kollektive Kampf. Die drei Kategorien verteilten sich wie folgt: Widerstand: 21,4 Prozent; beides: 42 Prozent; Mobilität: 22,3 Prozent; keine Angabe: 14,3 Prozent.

Interessanterweise lassen sich zwei fast gleichgroße Gruppen beobachten, nämlich eine, die die Unvereinbarkeit oder den Widerspruch zwischen beiden Zielen nicht akzeptiert und eine, die es tut. Diese wiederum ist in zwei gleich große Lager gespalten, was die eigene Prioritätensetzung zwischen Mobilität und Widerstand angeht. Diese Formulierung der Frage scheint demnach bei jungen Palästinensern einen Nerv getroffen zu haben. Dabei variiert die Entschiedenheit der Äußerungen innerhalb jeder Kategorie allerdings beträchtlich. Die angeführten Gründe für die eigene Entscheidung sind zudem sehr unterschiedlich. Eine der Antworten, die den Widerstand in den Vordergrund stellen, erscheint ziemlich radikal:

> »Natürlich [ist es mir wichtiger,] am Widerstand teilzunehmen und zu versuchen, auf alle möglichen Arten etwas für Palästina zu tun. Warum? Weil es mein Land ist, weil alle Menschen, mit ihren verschiedenen Nationalitäten, versuchen, ihrem Land mit allen Mitteln dienlich zu sein. Wenn jeder seine eigenen Träume verfolgen und sein Land vergessen würde, gäbe es kein Land namens Palästina. Unser Land muss mit Gewalt zurückgewonnen werden, nicht durch Frieden oder Kapitulation. Wir sollten kein bisschen nachgeben oder den kolonialistischen Feind unterschätzen. Dieser Feind muss ausgelöscht werden. [...] Unehre und Schande über unsere nachgiebigen, feigen arabischen Staatsführer! Um Palästina wieder zu einem arabischen Staat zu machen, müssen all die verräterischen Führungsfiguren ausgetauscht werden, die mit den Juden, diesen Schweinen, zusammenarbeiten. [...]« (22-jährige Angestellte, lebt in den Vereinigten Arabischen Emiraten, 9.4.2008)

Eine Gymnasiastin aus dem Gazastreifen spricht davon, wie schön es wäre, für Palästina zu sterben und im Paradies Gott gegenüberzutreten. Häufiger finden allerdings nationalistische Diskurse Verwendung, etwa im Eingangszitat der 25-jährigen Angestellten oder in diesem Statement:

> »Am Widerstand in seinen verschiedenen Formen teilzunehmen und zu versuchen, etwas für Palästina zu tun, denn das Heimatland ist wertvoller als persönliche Sehnsüchte oder materieller Besitz; es ist wertvoller als alles andere.« (19-jähriger Student aus dem Gazastreifen, 8.4.2008)

Diese Art der Argumentation ist die verbreitetste im Pro-Widerstands-Lager. Ohne ein freies Heimatland *(watan)*, so der Tenor, ist mein persönlicher Erfolg bedeutungslos, denn ich werde nicht in der Lage sein, ihn zu genießen. Die Ansichten der Pro-Mobilitäts-Fraktion bewegen sich zwischen einem nur temporären Bevorzugen der persönlichen Ziele auf der einen Seite und einer kompletten Ablehnung des nationalen Projekts auf der anderen, manchmal verbunden mit Kritik an den machthabenden Politikern. Einige Beispiele:

> »Meine Ziele zu verwirklichen ist wichtiger. Warum? Weil die Amtsträger die Korruptesten von allen sind. Bei ihnen muss der Widerstand anfangen, nicht beim Volk.« (Studentin aus dem Westjordanland, 21.4.2008)

> »Ich persönlich leiste überhaupt keinen Widerstand. Meine Selbstverwirklichung ist mir wichtiger als alles andere. Wenn [der Konflikt] gelöst werden könnte, wäre er doch längst gelöst – jetzt soll ich ihn lösen? [Selbst] wenn diese Besatzung wegginge, käme eine andere. Unser ganzes Leben haben wir unter israelischer Besatzung verbracht. Darum ist es wichtiger und sinnvoller, mich Zielen zuzuwenden, die ich auch tatsächlich auf persönlicher Ebene umsetzen kann, als mich mit etwas zu beschäftigen, das ein bloßer Traum ist.« (20-jährige Studentin aus dem Westjordanland, 16.3.2008)

> »Meine persönlichen Ziele zu verfolgen und mich als Individuum zu verwirklichen, denn das Ziel, Palästina zu befreien, wird nur umgesetzt werden, wenn wir bei uns selbst

anfangen. Jede Person muss auf sich selbst schauen. Die Befreiung eines ganzes Landes beginnt an einem Punkt!« (19-jährige Studentin aus dem Westjordanland, 22.4.2008)

»Beide sind mir wichtig, aber in dieser Phase meines Lebens sind es meine persönlichen Ziele. Später, wenn ich älter werde, wird sich das sicherlich ändern.« (19-jährige Studentin aus Jerusalem, 15.3.2008)

Das häufigste Argument folgt diesem Muster: Um etwas für Palästina tun zu können, muss ich zunächst eine starke Persönlichkeit aufbauen beziehungsweise eine gute Ausbildung erhalten. Man könnte sagen, dass Mobilität in dieser Logik als ein Privileg der Jugend betrachtet wird; am Ende wird es auch der breiteren Gesellschaft zugute kommen. Die Befragten, die keine klare Präferenz angegeben haben, also die große Mehrheit, stehen irgendwo zwischen diesen Extremen. Während einige von ihnen zugeben, dass es schwierig ist, sich sowohl für den Widerstand als auch für persönliche Bewegungsfreiheit einzusetzen oder eine Balance zwischen beiden zu finden, betonen andere, dass nationale und persönliche Ziele zwei Seiten derselben Medaille sind:

»Beides, denn etwas für mein Heimatland zu tun und mich selbst weiterzuentwickeln haben das gleiche Ziel: Beides ist in meinem Interesse. Ich kann das gar nicht voneinander trennen.« (26-jährige Arbeitslose aus Gaza, 21.4.2008)

Um zu untersuchen, welche Elemente zu einem der drei Antworttypen führen könnten, habe ich ihre Korrelation mit einigen Basisvariablen, die ich am Anfang der Befragung erhoben hatte, überprüft. Weder Geschlecht, Alter, Schultyp noch derzeitige Tätigkeit der befragten Jugendlichen hängen mit den gegebenen Antworten zusammen. Schon für sich genommen ist das ein interessantes Ergebnis. Der Ort, an dem man aufgewachsen ist, spielt dagegen eine Rolle, wenn auch eine schwache. Unter den Jugendlichen aus den besetzten Gebieten ist der Aspekt der individuellen Mobilität ausgeprägter; umgekehrt ist die kollektive beziehungsweise Widerstands-Rhetorik bei den arabischen Bürgern Israels und bei denjenigen jungen Palästinenserinnen vorherrschend, die die »wichtigste Zeit ihres Lebens« (laut Selbsteinschätzung) in der Diaspora verbracht haben. Auch äußern diejenigen, die noch nie außerhalb Palästinas gelebt haben, eine stärkere Präferenz für Mobilität, während Menschen, die bereits im Ausland gelebt haben, den Widerstand etwas wichtiger finden.

Dies kann auf verschiedene Arten interpretiert werden. Eine Möglichkeit wäre, von einem Einfluss der direkten Konfrontation mit der israelischen Besatzung in all ihren praktischen Aspekten auszugehen. Durch die Einschränkungen, die sie dem Alltag auferlegt, könnte die Besatzung den gefühlten Bedarf an Mobilität bei den Betroffenen erhöhen. Die begrenzte Möglichkeit zur Bewegung würde den Wunsch nach Bewegungsfreiheit umso stärker machen. Allerdings wurde eine damit zusammenhängende Frage, nämlich ob die israelische Besatzung »einen starken Einfluss auf mein tägliches Leben« habe, von denselben Gruppen nicht dementsprechend beantwortet.

Eine andere Auslegung wäre, dass der traditionelle Widerstandsdiskurs vor allem in der Diaspora am Leben gehalten wird, während er in den besetzten Gebieten durch neue Narrative abgelöst wird. Das legt nahe, dass die Jugend der Diaspora vielleicht zunehmend das Gefühl dafür verloren hat, wie ihre Altersgenossen im Gazastreifen und Westjordanland die Realität wahrnehmen. Was die arabischen Bürgerinnen und Bürger Israels betrifft, so enthält die Stichprobe nur solche, die sich selbst explizit als Palästinenser sehen, was keineswegs für alle selbstverständlich ist. Vermutlich ist es ein Zeichen eines erhöhten politischen Bewusstseins und Engagements für die nationale Sache, was wiederum eine Betonung der kollektiven Ziele verständlich macht. In der Tat tritt der Gedanke, dass das Kollektiv Vorrang hat, beim laut Selbsteinschätzung politisch aktivsten Teil der *shabâb* am deutlichsten zutage. Wer sich hingegen kaum für Politik interessiert, tendiert dazu, die eigenen Ziele vorn anzustellen.

Die Umfrage zeigt also keinen einzelnen dominanten Trend in der Art, wie junge Palästinenser die Spannungen zwischen Widerstand und Mobilität aushandeln. Ein Viertel der Befragten entscheidet sich für die gemeinschaftliche Bemühung, der israelischen Besatzung zu widerstehen und dem eigenen Land zu dienen; ein ebenso großer Anteil findet, dass Selbstverwirklichung und persönliche Bewegungsfreiheit wichtiger sind. Die übrige Hälfte ist unentschlossen oder glaubt daran, dass beides kompatibel ist. Die meisten unabhängigen Variablen, die meinem Analyserahmen zugrunde lagen, zeigen keinen klaren Einfluss auf diesen Aushandlungsprozess. Das heißt, dass die Situation komplex ist und es keine einfachen Antworten gibt. Die jungen Palästinenserinnen bilden eine sehr heterogene Gruppe von Individuen in Bezug auf die Werte, Einstellungen und Strategien, mit denen sie durch ihr tägliches Leben gehen. Ich gehe davon aus, dass Denken, Sprechen und Handeln dabei eng zusammenhängen und sich wechselseitig beeinflussen; in dieser Untersuchung steht jedoch allein der diskursive Aspekt im Vordergrund.

Als weiteren Ansatz habe ich systematisch solche Variablen der Online-Befragung analysiert, wo es um Einschätzungsfragen auf einer Skala von '1' bis '10' ging, um die Formen und Ziele von Widerstand und Mobilität genauer aufzuschlüsseln. So konnte ich die am kontroversesten diskutierten Themen bestimmen, die Fragen, die städtische, gebildete, junge Palästinenser faktisch in zwei entgegengesetzte Lager spalten und so interne Streitpunkte und Konflikte veranschaulichen. Sieben dieser Skalenfragen wiesen eine hohe statistische Varianz von 10 oder mehr auf. Sie betreffen drei Themen: die Formen des Widerstands, seine Ziele, sowie die Mobilität – ausgedrückt durch die eigene Bereitschaft, auszuwandern. Viele der Befragten kreuzten entweder '1' oder '10' auf der Skala an und drückten damit aus, dass sie eine sehr klare Position zum jeweiligen Thema vertreten.

Die Aussage, dass »bewaffneter Widerstand notwendig« sei, stieß unter den 122 Umfrageteilnehmerinnen 39-mal auf komplette Zustimmung ('10') und 15-mal auf völlige Ablehnung ('1'). Den Glauben an eine »friedliche Lösung der palästinensischen Angelegenheit« teilen 25 Befragte voll und ganz, während ihn 18 rundheraus ablehnen.

Anscheinend gibt es unter den Befragungsteilnehmern sehr unterschiedliche Meinungen darüber, wie der Konflikt beendet werden kann oder sollte. Die grundlegende Prämisse, dass Widerstand geleistet werden muss, wird allerdings nicht in Frage gestellt. Dieses Ergebnis unterstreicht die Notwendigkeit, verschiedene Formen des Widerstands zu differenzieren. Hätte der Fragebogen nämlich nur allgemein nach Widerstand gegen die israelische Besatzung gefragt, so hätten fast alle zugestimmt.

Der Hauptstreitpunkt bezogen auf die Ziele des Widerstands hingegen ist die Rolle des Islams in einem idealen palästinensischen Staat. Verständlicherweise würde kein christlicher Jugendlicher gerne in einem islamischen Staat leben; da eine christliche religiöse Regierung nie eine Option war, sprechen sich die meisten für einen säkularen Staat aus. Aber auch unter jungen palästinensischen Musliminnen ist die Frage umstritten. Der Slogan »Der Islam ist die Lösung«, der für die Ideologie der Hamas steht, wurde von 37 Befragten komplett abgelehnt (wobei nur 16 Christen an der Umfrage teilgenommen haben), während ihm 25 aus ganzem Herzen zustimmen. Hier ist die Varianz mit 13,7 von allen Fragen am höchsten, unmittelbar gefolgt von der entgegengesetzten Aussage: »Die Regierung muss säkular sein« (24-mal '1', 31-mal '10'). Ein dritter verwandter Punkt ist die Wichtigkeit, selbst religiös zu sein, die 25 Teilnehmer komplett verneinen und der 19 voll und ganz zustimmen. Zur Entscheidung für Mobilität oder Widerstand zeigen diese religiösen Präferenzen im Übrigen keine Korrelation.

Hinsichtlich der Mobilität schließlich bestätigt die Online-Befragung den Eindruck aus meinen Gesprächen und Beobachtungen: Internationale Emigration ist eines der umstrittensten Themen unter den jungen Palästinensern von heute. Aus meiner Stichprobe gaben 24 Personen an, dass sie Palästina »für eine gute und sichere Arbeit im Ausland« definitiv verlassen würden, während 33 dies kategorisch ausschlossen. Eine etwas kleinere Anzahl würde auch der Ehefrau oder dem Ehemann zuliebe auswandern (18-mal '10', 33-mal '1').

Diese drei Themen werde ich in der nun folgenden Schlussbetrachtung aufgreifen. Da sie städtische, gebildete junge Leute derart polarisieren, kann ihre Aushandlung als entscheidend für die Zukunft der palästinensischen Gesellschaft im Ganzen gesehen werden.

Schlussbetrachtung

Die Jugend in Palästina ist sich nicht nur über das große Dilemma zwischen der kollektiven, nationalen Pflicht, der israelischen Besatzung zu widerstehen, und andererseits den individuellen, persönlichen Hoffnungen auf mehr Bewegungsmöglichkeiten uneins. Auch viele kleinere Fragen und Unterpunkte, die mit Form und Zielen von Widerstand und Mobilität zu tun haben, sorgen für Meinungsverschiedenheiten. Die Arten, mit diesen Spannungsfeldern umzugehen, scheinen so vielfältig zu sein wie die betroffenen Individuen selbst.

Dennoch hat meine quantitative Analyse drei der wichtigsten Bruchlinien innerhalb der palästinensischen Jugend aufgezeigt. Die erste betrifft die Form des Widerstands:

Soll der Konflikt gewaltsam oder friedlich gelöst werden? Die zweite berührt die Ziele des Widerstands und die dahinterstehende politische Vision: Soll ein zukünftiger palästinensischer Staat säkular oder islamisch sein? Die dritte steht mit der individuellen Frage nach Mobilität im Zusammenhang: Soll ich auswandern und meine persönlichen Ambitionen verwirklichen oder soll ich in Palästina bleiben und allein dadurch schon zum nationalen Widerstand beitragen?

Die Interviews aus Ramallah und Umgebung, aus denen ich hier Ausschnitte wiedergegeben habe, können als Fallstudien dienen, um diese Dilemmata zu illustrieren und in einen Kontext zu stellen. Ein Beispiel stellt Mahdi dar, der zwischen Karrierezielen und seinem Wunsch, in Palästina zu bleiben, hin- und hergerissen war; er entschloss sich, einen Teil seiner Ambitionen und seiner Bewegungsfreiheit um der nationalen Sache willen aufzugeben. Im Fall von Hamdi wurden seine eigenen Pläne, mobil zu werden, von einem Einschreiten seiner Familie zum Erliegen gebracht. Ein drittes, immenses Dilemma ist es, Widerstand leisten zu wollen, aber gleichzeitig ökonomisch überleben zu müssen. Dies zwingt manche *shabâb*, in Israel oder in einer jüdischen Siedlung Arbeit zu suchen und damit eine sehr kontroverse Form der Mobilität anzunehmen.

Aber diese Zwickmühlen werden nicht von allen jungen Leuten als solche wahrgenommen. Meine Studie hat auch verschiedene Wege aufgezeigt, wie der scheinbare Widerspruch überwunden und kollektive mit individuellen Zielen versöhnt werden können. Diana zum Beispiel hat ihre persönliche Definition von Zufriedenheit und Erfüllung so eingerichtet, dass sie einem Leben in den besetzten Gebieten und einem Engagement im gewaltlosen Widerstand nicht entgegensteht. Khaled, wie auch einige der online Befragten, fasst Mobilität als etwas Temporäres und als Privileg der Jugend auf: Später würden sie gerne nach Palästina und zur gemeinsamen Sache zurückkehren, besser für den Widerstand vorbereitet und ausgerüstet dank ihrer Ausbildung im Ausland.

Anmerkungen

[1] Diesem Text liegt meine Magisterarbeit (Kreuer 2008) zugrunde. Alle Zitate aus Interviews und der Online-Befragung, sowie alle Zitate aus der Literatur, sofern sie nicht im Original auf Deutsch vorliegen, habe ich aus dem Arabischen oder Englischen ins Deutsche übersetzt.

[2] Die Teilnehmer wurden zufällig gewonnen, und zwar über persönliche Kontakte, halböffentliche Mailinglisten und eine Facebook-Gruppe. 112 Personen füllten zwischen März und Mai 2008 den fünfseitigen Fragebogen vollständig oder fast vollständig aus.

Eine neue Generation: Junge Aktivisten gegen den libanesischen Konfessionalismus

Karolin Sengebusch (Marburg)

»Das ist neu. Das ist die Jugend. Sie sind die ersten, die den Säkularismus durchziehen. Und das war mein Streitpunkt mit meinem Sohn: ›Ihr seid nicht die Ersten, das geht schon eineinhalb Jahrhunderte.‹ Aber vielleicht war er klüger als ich. Er hat mir gesagt: ›Aber wir sind säkular. Wir wollen einfach sagen, dass wir Säkulare im Libanon sind.‹ Ich sagte: ›Aber was ist euer politisches Programm?‹ Er sagte: ›Ich will kein politisches Programm. Ich will einfach sagen, dass ich ein Säkularer im Libanon bin. [...] Dies ist nicht der Zeitpunkt, um ein detailliertes Programm zu schreiben. Das Programm ist, die Säkularen zu versammeln.‹«[1]

– Nasri Sayegh senior, stellvertretender Herausgeber der Tageszeitung al-Safir, 9.5.2012. Nasri Sayegh junior ist Schauspieler und ein Initiator der Veranstaltung Laïque Pride.

Im Frühjahr 2011, als die Präsidenten von Tunesien und Ägypten unter dem Druck wochenlanger Massendemonstrationen zurückgetreten waren, skandierten auch in Beirut Zehntausende: »Das Volk will den Sturz des Systems!« *(ash-sha'b yurîd isqât an-nizâm)*. Mit 'System' meinten die Demonstranten im Libanon nicht einen starken Staatschef oder einen zentralistischen autoritären Staat, sondern ein weicheres System: das Prinzip des Konfessionalismus, das die politische, soziale und wirtschaftliche Ordnung des Libanon bestimmt. Das Leben verläuft weitgehend innerhalb der konfessionellen Gemeinschaften. An der Spitze des Staates indes bilden Anführer der Gemeinschaften ein Elitenkartell. Hohe politische Ämter sind bestimmten Gemeinschaften fest zugewiesen oder werden nach Proporz vergeben, und Parlamentssitze werden nach festgelegten Quoten auf die Gemeinschaften verteilt. Auch gibt es kein konfessionsübergreifendes, religionsunabhängiges Standesamt, sondern die Gemeinschaften genießen im Familien- und Erbrecht Autonomie. Dies hat zur Folge, dass für die Angehörigen verschiedener Gemeinschaften unterschiedliche Familiengesetze gelten und dass gemischte Ehen zwischen Angehörigen verschiedener Gemeinschaften problematisch sind.

Die anti-konfessionellen Proteste im Frühjahr 2011 gelten, wie auch die Aufstände in den Nachbarländern, als Bewegung der Jugend. Dieses Kapitel diskutiert das Feld des anti-konfessionellen Aktivismus im Libanon und die Rolle junger Leute darin. Welche Themen, Organisationsweisen und Protestformen führte die junge Generation in die Bewegung ein? Inwieweit trug dies zur rapiden Expansion und Kontraktion der Protestwelle bei?

Die hier zitierten Aktivisten habe ich im März 2011 und zwischen März und Juni 2012 im Libanon, zumeist Beirut, interviewt. Sie gehören unterschiedlichen Organisationen, Netzwerken und Altersgruppen an. Alle waren an Organisation und Entscheidungsfindung in anti-konfessionellen Gruppen als Aktivisten beteiligt, es wurden also keine Anhänger interviewt, die 'nur' als Teilnehmer bei Veranstaltungen oder Demonstrationen waren.

Der Beitrag stellt einführend Beirut als zentralen Ort des Aktivismus vor, skizziert die Geschichte des libanesischen Anti-Konfessionalismus und setzt sie in Bezug zur politischen Entwicklung des Libanon. Es folgt eine Diskussion der beiden zentralen Netzwerke, die die Protestwelle prägten: Laïque Pride ist eine Gruppe von fünf bis sieben Aktivisten, die seit 2010 jährlich anti-konfessionelle 'Paraden' organisiert und deren erste Veranstaltung vom Mai 2010 den Auftakt der aktuellen Protestwelle darstellt. In der Bewegung zum Sturz des konfessionellen Systems (Hirâk isqât an-nizâm at-tâ'ifî, kurz Isqât an-Nizâm) schlossen sich 2011 verschiedenste Aktivisten und Aktivistengruppen zusammen und organisierten Proteste, auf deren Höhepunkt 25.000 Demonstranten den Sturz des konfessionellen Systems forderten. Für beide Gruppen wird beleuchtet, wie ihre Aktionen verliefen und welche Kontroversen die jeweiligen Strategien hervorriefen. Sodann werden die Aktivisten in einer Typologie klassifiziert, die den Organisationsgrad der Aktivisten in den Mittelpunkt stellt und ihre Protestrepertoires diskutiert. Darauf aufbauend wird der Frage nachgegangen, inwieweit die jungen Aktivisten mit ihren innovativen Protestrepertoires einer neuen politischen Generation entsprechen. Abschließend wird untersucht, welche Rolle die Präsenz dieser neuen Generation im Verlauf der Protestwelle für den explosionsartigen Anstieg, aber auch das abrupte Nachlassen der Proteste spielte.

Anti-Konfessionalismus im Libanon

Anti-konfessioneller Aktivismus findet vor allem in Beirut statt, dem wirtschaftlichen, kulturellen und politischen Zentrum des Libanon. Innerhalb Beiruts konzentriert dieser sich auf den Norden der Stadt, wobei in diesem Gebiet wiederum der Stadtteil Hamra das Zentrum ist.

Im Ballungsraum Beirut leben etwa 39 Prozent der Einwohner Libanons – also zirka zwei Millionen (Verdeil et al. 2007, Fig. III-15). Die Stadt ist ein Mosaik konfessionell geprägter Wohngebiete. Im libanesischen Bürgerkrieg (1975-1990) hat sich die konfessionelle Segregation noch verschärft. Die am Bürgerkrieg beteiligten Milizen rekrutierten ihre Anhänger in der Regel aus einer einzigen Konfession. Beirut war daher durchzogen von vielfältigen Grenzen zwischen den Einflussgebieten der verschiedenen Milizen. Die meisten dieser Grenzen verschoben sich während des 15-jährigen Kriegs von Zeit zu Zeit. Stabil blieb allerdings die wichtigste Demarkationslinie, die Grenze zwischen dem christlichen Ostbeirut und dem muslimischen Westbeirut. Diese wurde als 'grüne Linie' bezeichnet, weil sich dort, auf dem unbewohnten Schlachtfeld mitten in der Stadt, die Vegetation frei entwickelte. Auf der 'grünen Linie' wurde nach Kriegsende das alte Stadtzentrum als luxuriöse Einkaufszone wieder aufgebaut.

Im Gegensatz zu den meisten südlichen Stadtteilen ist der Norden auf der westlichen wie auf der östlichen Seite der 'grünen Linie' eher wohlhabend. Die Straßen sind sauber, teure Geschäfte zeugen von westlich orientiertem Konsumstil und der Strom fällt seltener aus als anderswo im Land. Diese Stadtteile vermitteln das Bild eines bunten, multi-konfessionellen, feierfreudigen Beirut, das Nicolien Kegels mit »nichts scheint so hell wie eine Beiruter Nacht« und »ausgehen, wenn die Bomben fallen« umschreibt (Kegels 2012, 307). Sie weist darauf hin, dass die Angehörigen der von ihr beschriebenen Oberschicht und oberen Mittelschicht sich in ihrem Verhalten und in ihrer Selbstdefinition nicht von Oberschichts-Angehörigen anderer Konfessionen abgrenzen, sondern von unteren Schichten.

Die meisten Stadtviertel Beiruts sind auch politisch relativ homogen und werden von einer Partei dominiert. Im öffentlichen Raum wird dies durch Parteiflaggen, Spruchbänder und Plakate markiert. Viele Plakate zeigen die Anführer der Parteien oder frühere Anführer, die im Krieg oder später bei Attentaten ums Leben kamen. Die jeweils 'andere' Stadthälfte betreten die meisten Ost- und Westbeirutis allerdings auch über 20 Jahre nach dem Bürgerkrieg kaum. Somit gibt es drei Stadtzentren, in denen sich Einkaufs- und Ausgehmöglichkeiten und Büros ballen: Im Osten ist dies der Stadtteil Ashrafiyeh, der überwiegend christlich bewohnt ist, auf der früheren 'grünen Linie' das wiederaufgebaute Stadtzentrum – eine reines Geschäftsviertel – und im Westen Hamra. Dieses im äußersten Nordwesten Beiruts an der Küste gelegene Stadtviertel stellt in Beirut eine Ausnahme dar: Es wird von Angehörigen unterschiedlicher politischer Präferenzen und Konfessionen bewohnt (Khalaf 2003) und gilt als das »säkularste, vielfältigste und kosmopolitischste Gebiet dieser Stadt« (Seidman 2012, 3). In Hamra liegen die beiden großen amerikanischen Privatuniversitäten American University of Beirut (AUB) und Lebanese American University (LAU). Die AUB und die LAU verstehen sich im Gegensatz zu den meisten libanesischen Universitäten explizit als konfessionsunabhängig. Somit ist das Viertel geprägt von Studenten verschiedenster Konfessionen, deren Familien oberen Gesellschaftsschichten angehören. Die amerikanischen Universitäten und die unzähligen Buchläden, Veranstaltungsorte und Cafés in Hamra sind Treffpunkte von Intellektuellen, Künstlern und Aktivisten. Viele Aktivisten wohnen und arbeiten in anderen Teilen der Stadt oder der Umgebung, aber treffen sich in Hamra. Auch die meisten für diesen Beitrag verwendeten Interviews fanden hier statt. Der Stadtteil bietet einen Raum der Möglichkeiten, gerade weil er nur Treffpunkt ist und nicht Wohnort (Seidman 2012). Auch Diskussionsrunden und Veranstaltungen politischer Künstler finden häufig in Hamra statt. Entsprechend sind die Hauswände in diesem politisch und konfessionell gemischten Stadtteil nicht von den Symbolen einer Partei dominiert, sondern neben Plakaten verschiedener politischer Gruppen finden sich auch Poster und Graffiti von zivilgesellschaftlichen und anti-konfessionellen Initiativen. Dementsprechend suggeriert das öffentliche Bild von Hamra den Eindruck eines starken und weit verbreiteten Anti-Konfessionalismus, der sich von anderen Stadtbezirken und der Provinz stark abhebt.

Die Protestkultur Beiruts blickt zurück auf eine lange Tradition anti-kolonialer, linker und studentischer Proteste. Die im Parlament rivalisierenden politischen Blöcke veranstalten regelmäßig Kundgebungen mit massenhafter Teilnahme. Auch unabhängige Gruppen rufen in Beirut immer wieder zu Demonstrationen auf. Die Protestrepertoires gehen aber über Demonstrationen und Kundgebungen hinaus. Eine in Beirut immer wieder beobachtbare Protestform sind Platzbesetzungen, bei denen Aktivisten im öffentlichen Raum in der Nähe von Regierungseinrichtungen mit Zelten wochenlange Sit-ins abhalten. Hierzu zählen einerseits die Zeltstädte von Syrien-Gegnern 2005 oder von Hizbollah-Anhängern 2007 am Märtyrerplatz, der auf der früheren 'grünen Linie' neben dem wieder aufgebauten alten Stadtzentrum und dem Parlament liegt. Aktuelle Beispiele für außerparteiliche Initiativen sind Sit-ins von Angehörigen im Bürgerkrieg verschwundener Libanesen, Angehörigen von Häftlingen sowie streikende Arbeiter vor dem Verwaltungsgebäude des Stromversorgers. Auch anti-konfessionelle Aktivisten verschiedener Gruppen bauten Protestzelte für Sit-ins an mehreren Orten Beiruts auf.

Widerstand gegen den politischen und sozialen Konfessionalismus ist so alt wie das Prinzip selbst. Dabei ging es stets um drei Themen: den Proporz politischer Ämter, das Personenstandsrecht – verbunden vor allem mit der Forderung der Zivilehe – und Säkularisierung beziehungsweise die Beziehung von Staat und Religion im Allgemeinen (Beydoun 2003). Bereits die Jahrzehnte vor der Staatsgründung 1943 waren von der Diskussion um die nationale Identität des Libanon begleitet.[2] Intellektuelle Debatten um Ideen eines arabischen Säkularismus im Zuge der *nahda* (arabische Renaissance) wurden auch in Beirut geführt. Linke Parteien wie die Libanesische Kommunistische Partei (LCP), die Syrische Soziale Nationalistische Partei (SSNP) und die Baath-Partei vertraten säkularistische Ideen und forderten Reformen der konfessionalistischen Institutionen. Im Bürgerkrieg (1975 – 1990) verloren diese Parteien an Bedeutung. Formal wurde der Krieg 1990 mit dem Abkommen von Taif beendet, dessen Artikel I.G die »Abschaffung des Konfessionalismus« vorsieht. Die in dem Abkommen angedachten Schritte wurden allerdings bisher nicht umgesetzt.

In der Nachkriegszeit entwickelte sich eine aktive Zivilgesellschaft. Aktivisten gründeten NGOs zu Themen wie Menschenrechte, Umweltschutz, Frauenrechte, Rechte sexueller Minderheiten oder Bürgerrechte palästinensischer Flüchtlinge. Diese Themen behandeln sie als überkonfessionell. Auch ist die Mitgliedschaft in diesen NGOs nicht konfessionell gebunden (Abi Yaghi 2012, 21; Karam 2006). Die bislang größte zivilgesellschaftliche Kampagne gegen den Konfessionalismus stand im Zusammenhang mit einer Initiative des libanesischen Staatspräsidenten Elias Hrawi (1989 – 1998), der 1996 seine Unterstützung für die Einführung der Zivilehe erklärte. Karam (2006) beschreibt, wie Minister und Abgeordnete verschiedener Konfessionen sich mehrheitlich unterstützend äußerten, während die meisten der einflussreichen libanesischen religiösen Institutionen die Initiative ablehnten. Die zentrale Organisation der libanesischen

Sunniten Dar al-Fatwa protestierte mit besonderer Vehemenz. Als 1998 schließlich die Regierung über Hrawis Gesetzesinitiative positiv abgestimmt hatte, verschleppte der damalige Ministerpräsident Rafiq Hariri die Unterzeichnung und verhinderte somit die Abstimmung im Parlament. Daraufhin organisierte eine Koalition von 60 NGOs und Studentengruppen, finanziert von Oxfam Großbritannien, eine Kampagne für die Gesetzesänderung. Über vier Jahre sammelten Aktivisten Unterschriften, organisierten Demonstrationen und hielten öffentlich eine 'falsche zivile Massenhochzeit' ab. Mit Unterstützung von zehn Abgeordneten präsentierten die Aktivisten der Kampagne 2002 einen eigenen Gesetzentwurf, der jedoch im Parlament nie auf die Tagesordnung gesetzt wurde. Die Frage nach der Überwindung des Konfessionalismus blieb nur mehr als »latentes Anliegen« (Karam 2006, 185) präsent, mit sporadischen Projekten weniger Aktivisten.

Weitere NGOs 'schossen wie Pilze aus dem Boden', als ab 2005 internationale Geber ihr Engagement im Libanon ausbauten. Dieses Jahr stellte eine Zäsur im Nachkriegs-Libanon dar: Mit dem Attentat auf den ehemaligen Ministerpräsident Rafiq Hariri, den darauf folgenden Massendemonstrationen und dem Abzug syrischer Truppen war der Libanon wieder in den Fokus internationaler Aufmerksamkeit gerückt. Die Debatte um die Rolle Syriens und der Hizbollah hatte seit 2004 die zentrale Konfliktlinie libanesischer Politik gebildet. Nach dem Attentat auf Hariri demonstrierten am 8. März 2005 Anhänger eines von der Hizbollah angeführten Parteienbündnisses für ein weiteres Engagement Syriens im Libanon. Anhänger der Partei Mustaqbal (Zukunft), der Hariri angehört hatte, und verbündeter Parteien demonstrierten am 14. März 2005 dagegen. Aus diesen Bündnissen bildeten sich die Koalitionen des 8. März und des 14. März. Der Antagonismus zwischen den Blöcken hat sich seitdem verhärtet und zu mehreren Regierungskrisen geführt, zuletzt im Januar 2011. Das erste Halbjahr 2011 stand also innenpolitisch unter dem Zeichen von Diskussionen um die Regierungsneubildung.

Die Koalition des 8. März ist schiitisch dominiert, die des 14. März sunnitisch. Die jeweils engsten regionalen Partner der Blöcke, Saudi-Arabien für den 14. März, beziehungsweise Iran und Syrien für den 8. März, sind Protagonisten in einem Konflikt um regionale Hegemonie, der über konfessionelle Zugehörigkeiten mobilisiert und als sunnitisch-schiitischer Konflikt gerahmt wird. Entsprechend ist auch die Rhetorik in der Rivalität zwischen den libanesischen Blöcken konfessionell geprägt und Aktivisten beklagen einen seit 2005 zunehmenden Konfessionalismus. Dies bezieht sich auch auf zivilgesellschaftliche Organisationen und Medien, die in der Regel einem Block zugeordnet werden können (Karam 2009; s. auch Beydoun 2003, 78ff.; Hanf 2003, 207).[3]

Einen greifbaren Erfolg konnten die anti-konfessionellen Aktivisten 2009 verbuchen: Im libanesischen Personenstandsregister wird, neben Angaben etwa zu Geburtsdatum und Geschlecht, auch die Konfessionszugehörigkeit festgehalten. Seit 2009 kann sie fakultativ aus dem Register gelöscht werden. Dem ging jahrelange Lobbyarbeit einer Gruppe von Intellektuellen und Juristen voraus, die ihre guten Kontakte zu hochrangigen politischen Zirkeln wirksam nutzten.

Die aktuelle Protestwelle seit 2010

Die aktuelle Protestwelle des anti-konfessionellen Aktivismus begann 2010. Im April 2010 kamen in Beirut zu einer Parade unter dem Motto »Laïque Pride« über 2.000 Teilnehmer zusammen. In vielen libanesischen Medien sowie in Blogs und auf Facebook wurde ausführlich darüber berichtet. Kurz darauf gründeten etwa 50 erfahrene anti-konfessionelle Aktivisten den runden Tisch al-Liqâ' al-'Almânî (das säkulare Treffen). Ein Jahr darauf veranstaltete Isqât an-Nizâm eine Reihe anti-konfessioneller Märsche, deren Teilnehmerzahl von 3.000 Ende Februar über 10.000 Anfang März bis auf die Spitze von 25.000 Demonstranten am 20. März 2011 stieg. Die Teilnehmerzahlen der folgenden Veranstaltungen von Laïque Pride lagen im Mai 2011 bei 300, im Mai 2012 bei 3.000.

Parallel dazu nahmen auch andere Formen anti-konfessioneller Proteste zu. Online diskutierten junge Leute im Libanon und außerhalb in zahlreichen Facebook-Gruppen über den Konfessionalismus. Die NGO Shabâb Muwâtinun lâ-'Unfiyyun lâ-Tâ'fîyun (Nicht-konfessionelle nicht-gewalttätige junge Staatsbürger, kurz CHAML) stellte im Rahmen ihrer Kampagne für ein konfessionsübergreifendes Personenstandsgesetz in der Nähe des Parlaments ein Protestzelt auf, das über zehn Monate dort stehen sollte. Junge Aktivisten installierten zwischen März und Mai am Rande eines Parks vor dem Innenministerium ein weiteres Protestzelt, in dem Aktivisten ankündigten: »Wir bleiben hier bis zum Sturz des konfessionellen Systems.« Besonders das zweitgenannte Zelt war ein Treffpunkt für Aktivisten: Hier wurden Konzerte, Workshops und Podiumsdiskussionen veranstaltet und die Abschlusskundgebung der großen Demonstration am 20. März 2011 fand auf der Straße zwischen dem Zelt und dem Innenministerium statt.

Das Anwachsen der Proteste im Frühjahr 2011, deren Teilnehmerzahl die der ersten Laïque Pride-Veranstaltung ein Jahr zuvor um ein Zehnfaches übertraf, ist im Kontext der arabischen Aufstände zu sehen. Dies betont Laïque Pride-Mitinitiatorin Yalda Younes in einem Zeitungsinterview am Vorabend der dritten Parade:

> »Wir hoffen, dass die arabischen Aufstände den libanesischen Bürgern mehr Zuversicht gegeben und ihr Verantwortungsgefühl erhöht haben. Bis zu diesem Punkt glaubten nicht viele Libanesen an die Notwendigkeit, auf die Straße zu gehen, um ein Ziel zu erreichen. Heute werden wir sehen, ob sie realisiert haben, dass Wandel nicht von oben diktiert werden kann und dass er nur von uns kommen kann.« (Yalda Younes in NOW Lebanon, 4.5.2012)

Die Aktivistengruppe Laïque Pride

Die Gruppe Laïque Pride, deren erste Veranstaltung den Beginn der Protestwelle markiert, wurde Ende 2009 von fünf jungen Libanesen initiiert, darunter vier Künstler. Der Slogan ist zusammengesetzt aus dem französischen 'laïque', das viele Aktivisten synonym mit den Begriffen 'anti-konfessionell' und 'säkular' verwenden, und dem englischen 'pride' (Stolz) als Referenz auf identitätsbezogene Demonstrationen.[4] Anlass für die Initiative waren mehrere Vorfälle, bei denen religiöse Autoritäten ihren Einfluss geltend gemacht hatten, damit in Beirut geplante kulturelle Veranstaltungen abgesagt wurden. Dagegen wollten die Mitinitiatoren von Laïque Pride protestieren:

> »Ich sprach mit einem Freund, er sagte: ›Lass uns alle Moscheen und Kirchen sprengen.‹ Ich sagte: ›Mein Lieber, es gibt eine weniger gewalttätige Botschaft, vielleicht ein säkularer Staat.‹ [...] Er sagte: Lass uns einen Marsch veranstalten und ihn 'Laïque Pride' nennen.‹ [...] Zwei Stunden später hat Said in seiner Begeisterung aus Spaß ein Facebook-Event eingerichtet. Mit einer Fattouch [libanesischer Salat mit Fladenbrot-Croutons] als Profilbild, es war Blödsinn, es war Spaß. Drei Tage später waren wir 3.000. Wir dachten: ›Was zum Teufel, sollen wir zugeben, dass das ein Witz war?‹ Und wir dachten: ›Nein, wir machen das.‹ Und fünf Monate später sagte das ganze Land: ›Wer verdammt sind die – welche Partei steht dahinter?‹« (Alexandre Paulikevitch, Tänzer und Initiator von Laïque Pride, Beirut, 29.4.2012)

Keiner der Initiatoren von Laïque Pride war in einer Partei oder NGO organisiert, aber alle hatten sich schon früher politisch engagiert. In dem neu etablierten Netzwerk schlossen sich Unabhängige zusammen, beschreibt Nasri Sayegh, einer der Initiatoren:

> »Laïque Pride war die erste Gelegenheit, wo wir uns angeschaut haben: ›Ah, guten Tag, ich bin säkular, du auch; ich arbeite für diese Sache, du arbeitest für diese Sache, vielleicht arbeiten wir mal zusammen.‹« (Nasri Sayegh junior, 22.5.2012)

Der eben zitierte Nasri Sayegh, ein Schauspieler und Regisseur Anfang dreißig, ist der Sohn des stellvertretenden Chefredakteurs der Tageszeitung As-Safir, der ebenfalls Nasri Sayegh heißt und als Intellektueller und Aktivist im Libanon bekannt ist. Nasri Sayegh senior ist Autor zahlreicher Artikel, die gegen den Konfessionalismus argumentieren, und war gegenüber den Methoden von Laïque Pride skeptisch, wie in seinen eingangs zitierten Äußerungen deutlich wurde. Das Ziel von Laïque Pride ist in erster Linie nicht eine trockene Gesetzesänderung,[5] sondern die Artikulation der eigenen Identität als säkular, also als weltlich orientiert in Abgrenzung zu den religiösen Autoritäten, und als libanesische Staatsbürger in Abgrenzung zu den segregierten konfessionellen Gemeinschaften.[6] Es geht nicht darum, ein ausgearbeitetes Programm durchzusetzen, sondern Unmut mit dem herrschenden System zum Ausdruck zu bringen. Dies verstehen die Organisatoren von Laïque Pride dennoch als 'politische' Artikulation, betont Kinda Hassan, eine bildende Künstlerin und Mitinitiatorin von Laïque Pride:

> »Es gibt Kritik an Laïque Pride: Es sei nicht politisiert, das heißt, dass wir keine Gesetze entwerfen, dass politischer Säkularismus nicht unser erstes Ziel ist. Aber natürlich machen wir Politik. Der Marsch ist Politik.« (Kinda Hassan, 10.5.2012)

Bei den Paraden verteilten Aktivisten Rosen, 2011 auch Luftballons. Straßenkünstler traten auf, 2012 waren eine Trommelformation und eine Gruppe Clowns dabei. Die Teilnehmer waren jung, gut aussehend, haben eine internationale Ausbildung genossen und wenig Geldsorgen. Damit waren die Veranstaltungen alles andere als repräsentativ für den Libanon. Dass dies negativen Einfluss auf die Glaubwürdigkeit von Laïque Pride in breiteren Bevölkerungsschichten hatte, ist den Initiatoren bewusst: »Die Leute nehmen uns nicht ernst, sie sagen, es ist ein Marsch der Bourgeoisie.« (Kinda Hassan, 10.5.2012)

Bereits 2010 besprachen libanesische Medien wie auch Blogs und Facebook-Gruppen Laïque Pride ausführlich. Die breite Resonanz online weckte bei Teilnehmern Erwartungen an die Größe der Veranstaltung, die durch die geringe Teilnehmerzahl an der realen Veranstaltung enttäuscht wurde, berichtet die Grafikdesignerin Maya Zankoul, die einen weit zirkulierten Cartoon über kulturellen Konfessionalismus gezeichnet hat und als Teilnehmerin beim ersten Laïque Pride dabei war:

> »Als ich gehört habe, dass es Laïque Pride gibt, war ich begeistert. Ich ging hin und war enttäuscht, weil es so eine kleine Gruppe Leute war. Ich hatte viel mehr erwartet, besonders wegen des Aufruhrs auf Facebook.« (Maya Zankoul, 2.5.2012)

Das Aktivistennetzwerk Isqât an-Nizâm at-Tâi'fî

Im Gegensatz zu den Aktivitäten von Laïque Pride verlief die Kampagne von Isqât an-Nizâm kurz und heftig. Nur zwei Monate lagen zwischen den ersten offenen Organisationstreffen von etwa 100 Aktivisten und der größten anti-konfessionellen Demonstration der Nachkriegszeit mit 25.000 Teilnehmern im März 2011; vier weitere Monate später kam es zur Spaltung der Aktivisten-Koalition. Die Ereignisse in Tunesien und Ägypten hatten auch unter vielen jungen Libanesen den Wunsch ausgelöst, auf die Straße zu gehen, um ihren Staat grundlegend zu verändern:

> »Es gab die arabischen Revolutionen in Ägypten, in Tunesien, die Leute im Libanon waren begeistert und wollten etwas ändern... ›Das Volk will den Sturz des Systems‹, und solche Dinge... Wir gingen also zu Treffen, sie riefen über Facebook zu Treffen auf, so konnte jeder hingehen. Wir waren begeistert, wir waren ungefähr einhundert Aktivisten in dem Raum, und die Leute dort wollten vom ersten Moment an das System ändern: ›Lass uns auf die Straße gehen und jetzt das Ende des Systems fordern‹, und so.« (Neamat Bader El Deen und Ousmat Faour, Aktivistinnen, Beirut, 3.5.2012)

Eine Gruppe junger Aktivisten, die sich bei Solidaritätsdemonstrationen für die tunesische und ägyptische Opposition zusammengefunden hatte, richtete auf Facebook die Seite »*Ash-sha'b al-lubnâni yurid isqât an-nizâm at-tâi'fî*« (Das libanesische Volk will den Sturz des konfessionellen Systems) ein. Unter den Administratoren der Seite waren erfahrene Aktivisten wie Bassel Abdallah, Projektkoordinator der anti-konfessionellen NGO Civil Society Movement und Mitglied des Liqâ' 'Almânî, und neue Aktivisten wie Ousmat Faour, die bis zu diesem Zeitpunkt nicht politisch aktiv war:

> »Ich habe gearbeitet, in der Modebranche, und ich war weit weg [von Politik]. Aber als die Revolution in Ägypten und Tunesien begann, war ich begeistert und ich hatte das Gefühl, ich sollte dafür arbeiten, auch den Libanon zu ändern. [...] Zuerst haben wir hier Demonstrationen gemacht, um die Völker der Revolutionen zu unterstützen. Wir haben uns in dieser kleinen Demonstration versammelt, um Tunesien und Ägypten zu unterstützen,

wir sind also da, wir kennen uns gegenseitig. Dann haben wir beschlossen, unseren Staat zu ändern.« (Ousmat Faour, 3.5.2012)

Die Aktivisten des Liqâ' 'Almânî kontaktierten die Administratoren der Facebook-Gruppe und luden sie ein zu gemeinsamen Treffen, bei denen Aktionen unter dem Motto »Das Volk will den Sturz des konfessionellen Systems« organisiert wurden. Verschiedenste Gruppen schlossen sich an: Parteien, Studenten-Clubs, NGOs und unabhängige Aktivisten. In dieser Bildung einer breiten Koalition lag die Stärke von Isqât an-Nizâm:

> »Die Bewegung letztes Jahr ist das erste Mal seit dem Bürgerkrieg, dass eine säkulare Bewegung ein nationales Netzwerk aufbauen konnte. Davor war es auf Beirut beschränkt. Einige arbeiten am Säkularismus, einige an anderen Themen, sozioökonomischen Themen, oder gegen lokale konfessionelle Kämpfe.« (Bassem Chit, Beirut, 24.3.2012)

Die Beschränkung der Proteste auf Beirut blieb allerdings, abgesehen von der virtuellen Partizipation von im Ausland lebenden Libanesen, weitgehend bestehen. Isqât an-Nizâm unternahm zwar Versuche, die Bewegung über Beirut hinaus auszuweiten, indem zu Demonstrationen in anderen Städten aufgerufen wurde. Bei diesen stellten aus Beirut angereiste Aktivisten allerdings einen Großteil der Teilnehmer. Die Bewegung organisierte über Monate eine Reihe von offenen Workshops zu anti-konfessionellen Themen und Demonstrationen in Beirut. Nach der ersten Demonstration des Netzwerks im Februar 2011, zu der trotz strömenden Regens 2.000 Teilnehmer kamen, herrschte beim nachfolgenden Treffen der Aktivisten begeisterte Stimmung. Diese Organisationstreffen von Isqât an-Nizâm, bei denen Demonstrationen und Workshops vor- und nachbereitet wurden, hatten enormen Zulauf. Sie fanden teils in den Räumlichkeiten des Civil Society Movement statt, das seit 2000 als registrierte NGO anti-konfessionelle Projekte durchführte. Erfahrene Aktivisten der NGO betrachteten das Anwachsen der Bewegung mit gemischten Gefühlen:

> »Viele neue Leute wollten aktiv werden. Das war zuerst ein Vorteil, dann ein Problem. Sie hatten viel Energie und brachten viele Leute auf die Straße. Aber sie wussten nicht, wie man sich organisiert, wie man eine Erklärung ausarbeitet. Viele waren enttäuscht und beendeten ihren Aktivismus.« (Ghada Abou Mrad, Aktivistin im Civil Society Movement, Beirut, 17.3.2012)

Auf dem Höhepunkt der Koalition nahmen Hunderte von Aktivisten an den Treffen teil.

> »Diese Treffen mit 300 Leuten waren ein totales Chaos, aber es zeigte, dass die Bewegung in der Lage war, neue Leute anzuziehen, die nicht zu irgendeiner Partei gehörten, die nicht ideologisch geformt waren.« (Farah Kobaissy, Aktivistin, Beirut, 1.5.2012)

In dieser offenen, heterogenen Gruppe mit wenig institutionalisierten Strukturen wurden bereits Ende März Uneinigkeiten unübersehbar. Im Juli spaltete sich eine Gruppe von Aktivisten unter dem Namen Koalition für Soziale Gerechtigkeit, Gleichheit und Säkularismus von Isqât an-Nizâm ab, auch andere Gruppen und Aktivisten verließen die Koalition.

Die Konflikte innerhalb von Isqât an-Nizâm haben mehrere Aktivisten (Samah Idriss (2011), Atallah Al-Salim (2011), Bassem Chit (2012)) in Artikeln analysiert. Demnach wurden Entscheidungsfindungen durch die prinzipielle Offenheit der Treffen, bei denen Hunderte von Teilnehmern mit gleichwertiger Stimme sprachen, erschwert. Viele der jungen Aktivis-ten stellten sich gegen eine formale und hierarchische Organisation der Koalition, weil sie für jeglichen nicht-staatlichen Aktivismus grundsätzlich direkte Demokratie ohne formale Posten forderte. Für Bassem Chit von der Koalition für Soziale Gerechtigkeit, Gleichheit und Säkularismus hingegen hätten auch flache, nicht institutionalisierte Strukturen entscheidungsfähig sein können: »Es gibt Leitung, aber kollektive Leitung. Was fehlt, ist eine gemeinsame Strategie.« (Bassem Chit, 24.3.2012)

Ein Streitpunkt betraf die Frage nach der Kooperation mit Parteien. Mitglieder der LCP, der mit ihr assoziierten Jugendorganisation Union Libanesischer Demokratischer Jugend (ULDY) und der erst 1999 gegründeten linken Partei Harakat ash-Sha'b (Bewegung des Volkes) waren in Isqât an-Nizâm stark an Entscheidungsprozessen beteiligt. Diese Aktivisten – darunter auch Parteiprominente – traten offen als Parteimitglieder auf, bestehen aber darauf, dass sie an den Treffen von Isqât an-Nizâm als Individuen teilnahmen und ihren Parteien nicht weisungsbefugt waren. Viele junge Aktivisten drückten allerdings prinzipielles Misstrauen gegenüber Parteien aus und lehnten deren Teilnahme ab, während andere auch für die formale Politik gesprächsbereit sein wollten. Ein Flügel von Isqât an-Nizâm, in dem auch Vertreter der LCP saßen, befürwortete Kooperationen auch mit parlamentarischen Parteien, um das System von innen zu reformieren. Die Koalition für Soziale Gerechtigkeit, Gleichheit und Säkularismus lehnte jegliche Kooperation mit im Parlament vertretenen Parteien und Politikern ab. Ein Grund hierfür war die Sorge, zu Instrumenten im politischen Wettbewerb zwischen den Blöcken 8. März und 14. März zu werden. Die Aktivisten waren bedacht auf Unabhängigkeit von den Blöcken und boten gleichzeitig ihre eigene Bewegung als Alternative an: »Die Spaltung zwischen 8 und 14 ist ein Problem, die Bewegung muss unabhängig von diesen Blöcken sein.« (Bassem Chit, 24.3.2012) Viele Aktivisten unterscheiden zwischen Parteien jenseits der Macht – LCP, SSNP, Bewegung des Volkes – und Parteien an der Macht, die im Parlament und in der Regierung sitzen:

> »Wir hatten Leute, die in Parteien waren, aber diese Parteien sind von unserer Bewegung überzeugt. So wie die LCP, die SSNP. [...] Nein, Amal ist Teil des Systems. [...] Ja, die ›Bewegung des Volkes‹ war mit uns dabei. Und wir haben dort auch Treffen abgehalten.« (Omar Assi, LCP, Isqât an-Nizâm, Beirut, 28.4.2012)

Diese Unterscheidung in Parteien innerhalb und außerhalb des Systems schließt eine Kooperation mit der in Parlament und Regierung vertretenen Partei Amal aus, deren Vorsitzender Nabih Berri allerdings zur Teilnahme an den Demonstrationen von Isqât an-Nizâm aufrief. Inwieweit Amal direkt an Isqât an-Nizâm beteiligt war, ist umstritten:

> »Im Grunde haben sie sich nicht sehr an den Treffen beteiligt, aber ihre Anhänger sind bei den Protesten mit uns marschiert. [...] Sie haben einige Vertreter bestimmt, um bei

diesen Treffen anwesend zu sein, die wöchentlich stattfanden. Die meisten von ihnen waren unbekannt, ich meine unbekannte Gesichter, und in den säkularen Organisationen kennen wir uns normalerweise. Diese Leute schienen eine versteckte Agenda zu haben, in dem Sinn, dass sie ihre Identität nicht offen gezeigt haben.« (Atallah Al-Salim, LCP, Isqât an-Nizâm, Journalist, Beirut, 26.5.2012)

Gemutmaßt wurde, dass Amal einerseits kein ehrliches Interesse am Ende des Konfessionalismus haben kann, weil ihre eigenen Parteistrukturen konfessionell sind, und dass sie andererseits als im System beteiligte Partei ein Interesse am Systemerhalt hat. Diejenigen Aktivisten in Isqât an-Nizâm, die zugleich Distanz von Parteien und flache interne Strukturen forderten, gerieten an dieser Stelle in Widerspruch:

»Zu der Zeit versuchten wir, diese Leute zu überzeugen, dass alle konfessionalistischen Parteien versuchen würden, einen Fuß in die Bewegung zu bekommen, und dass der beste Weg, das zu beenden, die Schaffung einer hierarchischen Struktur ist.« (Atallah Al-Salim, Beirut, 26.5.2012)

Typen von Aktivisten

Anders als Laïque Pride, deren fünf bis sieben Organisatoren aus vergleichbaren Altersgruppen und Zusammenhängen kommen, ist die Anzahl der Organisatoren von Isqât an-Nizâm groß und ihre Struktur heterogen: Alte Kommunisten, junge Parteimitglieder, Mitglieder von NGOs zu verschiedenen Themen, unabhängige Aktivisten, Blogger, Künstler und Intellektuelle engagieren sich. Sie fordern beispielsweise die fakultative oder obligatorische Zivilehe, weniger Einfluss für Kleriker, die Abschaffung der konfessionellen Quoten im Wahlsystem oder ein einheitliches überkonfessionelles Geschichtsbuch. Zudem werden diese Themen häufig mit dem Protest gegen weitere Missstände in den Bereichen Korruption, Infrastruktur, soziale Gerechtigkeit oder Minderheitenrechte verknüpft. Dies spiegelt die gesamte Vielfalt der libanesischen anti-konfessionellen Aktivisten wider,[7] die in vier Typen unterschieden werden können: Sie stehen jeweils in Verbindung mit bestimmten Phasen der politischen Entwicklung des Libanon:

(1) Den ersten Typ stellen die linken Parteien (die LCP und die mit ihr assoziierte Jugendorganisation ULDY sowie die SSNP), die eine bis weit vor den Bürgerkrieg reichende Tradition säkularer Ideen verfolgen. Als sie sich nach Kriegsende Anfang der 1990er Jahre in einer marginalisierten Position wiederfanden und sowohl ihre Existenzberechtigung als Miliz als auch ihr Vorbild der Sowjetunion verloren hatten, verschoben sie ihre Priorität von der Ideologie des Kommunismus auf die des Säkularismus, berichtet ein älterer Kommunist: »Nach dem Krieg mussten die Kommunisten sich neu orientieren. Sie trafen sich mit Leuten von der neuen Linken. Wir wussten viel über arabischen Nationalismus und Kommunismus. Sie wussten viel über Demokratie und Säkularismus. Jetzt ist Säkularismus das Wichtige, Kommunismus ist zweitrangig«. (Rashid Zaatari, al-Liqâ' al-'Almânî, Saida, 21.4.2012)

(2) Der zweite Typ von Aktivisten sind Mitglieder von NGOs. Für einige wenige libanesische NGOs ist der Konfessionalismus Hauptthema, andere an Isqât an-Nizâm beteiligte NGOs bearbeiten einzelne, eng umrissene Aspekte des Konfessionalismus, etwa das Wahlsystem, das Personenstandsrecht oder Bildungsprojekte. Andere Organisationen bearbeiten Themen, die höchstens indirekt mit dem Konfessionalismus zusammenhängen. Diese Gruppen verknüpften mit ihrer Beteiligung an den Protesten ihre eigentlichen Hauptthemen mit der Problematik des Konfessionalismus.

(3) Der dritte Aktivisten-Typ setzt sich aus älteren Intellektuellen zusammen, die weder in Parteien noch in NGOs organisiert sind. Sie mögen früher in Parteien und NGOs aktiv gewesen sein, lehnen heute aber beides ab. Der Intellektuelle und Aktivist Samah Idriss kritisiert Parteien und NGOs:

> »Mit dem Kollaps der Sowjetunion haben wir mit so genannten NGOs angefangen, zivilgesellschaftlichen Organisationen, die einen Wettkampf um dasselbe Gebiet begannen, aber versuchten, es von einem Programm globalen Wandels zu entkoppeln. Säkularismus ist Teil eines ganzen Programms für Wandel. Für linke Parteien geht das Hand in Hand mit sozialer Gerechtigkeit, Alphabetisierung, Emanzipation. [...] Jetzt kommen NGOs und konfiszieren jede einzelne dieser großen Ideen und reißen sie aus dem Kontext von sozialem Fortschritt und sozialer Verbesserung und behandeln sie als einzelnen Teil, und bekommen Fördergelder dafür. [...] Alle Legitimität von NGOs kommt daher, dass linke Parteien ihre Rolle nicht spielen und dass es keine Regierung gibt, um diese Dienstleistungen anzubieten, die jeder Staat bieten sollte.« (Samah Idriss, Herausgeber der Zeitschrift al-Adab, Beirut, 30.5.2012)

Auch ein weiterer Intellektueller, Nasri Sayegh senior, war im Bürgerkrieg Mitglied und Kämpfer in mehreren Parteien, aus denen er wieder austrat, und wandte sich später auch von NGOs enttäuscht ab: »[U]nd dann habe ich mit Organisationen gearbeitet. Aber ich habe nicht zu den Organisationen gepasst. [...] Ich bin gegen NGOs. Ich muss präzisieren: Ich bin gegen die Finanzierung von NGOs durch externe Agenturen.« (Nasri Sayegh senior, 9.5.2012)

(4) Die Akteure des vierten Typs, die jungen und wenig erfahrenen Aktivisten, teilen die Skepsis der älteren Intellektuellen. Zu diesem Typ gehören die Organisatoren von Laïque Pride und die jungen Aktivisten, die sich massenhaft an Isqât an-Nizâm beteiligten. Sie lehnen eine formale und hierarchische Organisation in zivilgesellschaftlichen Gruppen ab. So ist weder Isqât an-Nizâm noch Laïque Pride als NGO registriert. Aktivisten dieses Typs zogen im Frühjahr 2011 schnelle und direkte Aktionen den langwierigen Treffen mit Aktivisten der ersten drei Typen vor, berichtet der Initiator des Protestzeltes vor dem Innenministerium:

> »Wir beschlossen, eine Art Revolution zu beginnen. Wir sollten mit Leuten interagieren, statt Treffen zu machen und noch mehr Treffen und Büros, wie 'Civil Society Movement' und so. Ich glaube nicht an diese Aktionen. Ich glaube, dass diese Aktionen wichtig sind, aber nicht das Wichtigste. [...] Ich war nicht bei den Treffen von Isqât an-Nizâm. Sie haben nur Treffen gemacht und sonst nichts. Es war, als ob sie etwas vorbereiten. Ich glaube

nicht an diese Dinge. Jeder, der etwas ändern will, sollte auf die Straße gehen und mit Leuten reden, sie überzeugen.« (Omar Assi, 28.4.2012)

In diesem Sinne bezeichnen sich viele Aktivisten in Isqât an-Nizâm wie auch Organisatoren von Laïque Pride selbst explizit nicht als 'Aktivisten', da für sie bei dem Wort die Nähe zu Parteien oder NGOs mitschwingt, sondern als unabhängige libanesische Bürger *(muwâtin/citizen/citoyen)*. Explizit ausformuliert wurde dies von Laïque Pride:

»Ich bin kein Aktivist, ich bin ein Bürger. Für mich ist der Bürger ein aktives Wesen. [...] Am Ende haben wir gesagt, dass wir ›Bürger‹ sagen, dass wir vor allem Bürger sind. Staatsbürgerschaft, per Definition, ich kenne die Definitionen nicht, aber ich glaube... das bedeutet die Summe von allen diesen Individualitäten.« (Nasri Sayegh junior, 22.5.2012)

In dem für die Laïque Pride-Veranstaltung 2012 gewählten Motto »Säkularer Marsch für Staatsbürgerschaft« spiegelt sich die große Bedeutung, welche Aktivisten dieses Typs dem Konzept des Bürgers zusprechen. Diese geht über die Selbstkonzeption als Staatsbürger hinaus. Sie umfasst ein Handeln von auf den Staat bezogenen Individuen, die direkt mit dem Staat in Kontakt stehen, ohne die zwischengeschaltete Instanz einer Konfession, Partei oder NGO. Staatsbürgerschaft wird nicht nur als eigene Identität proklamiert, sondern gleichzeitig als Forderung und Gegenentwurf zum existierenden System formuliert.

Die Aktionen der anti-konfessionellen Aktivisten nehmen vielfältige Formen an. Die 'klassischen' Protestrepertoires sind Demonstrationen, Gesetzentwürfe, Unterschriftensammlungen, Workshops, Konferenzen, Artikel und Karikaturen in Zeitungen. Zu den Protestrepertoires der letzten Jahre zählen zudem Facebook-Gruppen, Blogs und Online-Diskussionen, Flashmobs, das öffentliche Aufführen von 'zivilen Trauungen', Clown Walks, Graffiti und die Herstellung einer festivalähnlichen Atmosphäre bei Sit-ins und Demonstrationen durch Musik, Tanz und Accessoires wie Luftballons und Blumen.

Diese verschiedenartigen Protestrepertoires folgen unterschiedlichen Logiken. Nach Della Porta und Diani (2006) folgen Aktivisten jeweils unterschiedlichen Annahmen darüber, wo anzusetzen ist, um politischen und sozialen Wandel zu erreichen. Hierzu zählen die »Logik der Zahlen« und die »Logik der Zeugenschaft [mit] ihrer Sensibilität für alternative Werte und Normen«, wozu Della Porta und Diani die öffentliche Demonstration dieser Alternativen und auch Bildungsprojekte zählen (ebd.). Demonstrationen und Unterschriftensammlungen folgen der Logik von Zahlen, indem sie zu belegen suchen, dass eine große Anzahl potenzieller Wähler ihre Sache unterstützt. So bewertet Ghada Abou Mrad Isqât an-Nizâm nach dem zahlenmäßigen Ergebnis der Demonstrationen:

»Ich habe immer gesagt, was an den großen Veranstaltungen gut ist, ist, dass sie uns zeigen werden, wie viele säkulare Leute es gibt. Mehr nicht. Und genau das ist geschehen.« (Ghada Abou Mrad, Beirut, 17.3.2012)

Auch Administratoren der Facebook-Seiten »Lebanese Laïque Pride« und »ash-sha'b al-lubnânî yûrid isqât an-nizâm at-tâ`ifi« (Das libanesische Volk will den Sturz des konfessionellen Systems) legen Wert auf die Feststellung, in wenigen Tagen tausende Unterstützer gewonnen zu haben, denn auch 'Gefällt mir'-Klicks und Gruppengrößen auf Facebook sind nach der Logik der Zahlen relevant. Konferenzen und Workshops sowie online und offline verbreitete Artikel, Karikaturen, Cartoons, Lieder und Video-clips hingegen folgen der Logik, dass Proteste die propagierten Werte vertreten und demonstrieren sollen. Das Gleiche gilt für Graffiti und bei Sit-ins geführte Diskussionen, wobei die letztgenannten Protestformen zugleich einer weiteren Logik folgen: Sie verweigern sich den Spielregeln, der konsensualen Routine der öffentlichen Ordnung und tun dies demonstrativ im öffentlichen Raum. Auch von jungen anti-konfessionellen Aktivisten praktizierte Clown Walks und Flashmobs folgten der Logik, primär die öffentliche Ordnung zu irritieren:

> »Was ist das Ziel davon? Die Straße im Libanon aufzuwecken, Leute zum Lachen zu bringen, sie aus ihrer Routine zu holen, sie in diesem Land etwas wirklich Neues fühlen zu lassen. Etwas, das sie nicht jeden Tag sehen.« (Abbas Bayram, Schauspieler und Clown, Beirut, 28.5.2012)

Aktivisten, die dieser Protestlogik folgen, sind frustriert von den vergeblichen Versuchen, anti-konfessionelle Gesetzesänderungen zu erreichen, und wollen vor allem artikulieren, dass sie das konfessionalistische Spiel nicht mitspielen, ohne Details für eine Alternative auszuarbeiten. Dabei reklamieren sie für sich das Recht auf 'gutes Leben' und verwenden keine 'wütenden', sondern 'fröhliche' Artikulationsformen. Die Initiatoren begrüßen diese Verschiebung: »Das Beste an Laïque Pride ist die Freude, es ist das Leben.« (Kinda Hassan, 10.5.2012)

Die Frage nach angemessenen Protestrepertoires ist unter Aktivisten, wie die Frage nach dem Verhältnis zu Parteien und NGOs, umstritten. Aktivisten setzen diese Kontroversen in Zusammenhang mit einem Generationenbruch zwischen den Aktivisten (vgl. Al-Salim 2011), wobei sie sich selbst einer 'alten' oder 'neuen' Aktivisten-Generation zuordnen, wie eine anonyme Aktivistin betont: »Ich habe Probleme mit der alten Generation. Sie sind keine Macher mehr und sie stecken fest in Parteipolitik.« (Anonyme Aktivistin, Beirut, 10.5.2012)

> »Das Problem ist, dass die neue Generation sehr motiviert ist, aktiv, sehr aktiv sein will, aber nicht die Möglichkeit hatte, einen Schritt zurück zu gehen, zu lesen, zu verstehen, es in einer historischen Perspektive zu sehen.« (Omar Traboulsi, angestellter Projektmanager bei der feministischen NGO CRTD-A, Beirut, 29.5.2012)

Die neue Generation von Aktivisten entspricht dabei, im Sinne Karl Mannheims (1929), nicht einfach einer Altersgruppe: Wichtiger als objektive Merkmale wie die Altersgruppe ist die subjektiv empfundene Zugehörigkeit zu einer Generation, die sich von einer anderen Generation unterscheidet. Die Abgrenzungen der Generationen sind denn auch eher als subjektive Selbstzuschreibung denn als totaler Bruch zu sehen (vgl. Desrues 2012, 24). Was Angehörige der jeweiligen Generation untereinander verbindet, sind gemeinsame Erfahrungen und geteiltes Wissen über früheren Aktivismus wie auch über Techniken und Institutionen des Aktivismus und nicht das Alter, wie Samah Idriss feststellt: »Es hat mehr zu tun mit den Erfahrungen der Leute. Oder, anders formuliert: Mangel an Erfahrung, für die meisten von ihnen.« (Samah Idriss, 30.5.2012)

Auch die Freundinnen Neamat Bader El Deen und Ousmat Faour, die beide in Isqât an-Nizâm aktiv sind, gehören verschiedenen politischen Generationen an, obwohl sie vom Alter her nur fünf Jahre auseinander liegen. Neamat ist seit ihrem 15. Lebensjahr in der LCP aktiv und vertritt die Ansichten der älteren Generation in Isqât an-Nizâm, ist also offen für Zusammenarbeit mit dem Parlament und befürwortet kleine Reformen statt totalen Umwälzungen. Ousmat war apolitisch, bis der Arabische Frühling sie zum Aktivismus motivierte. Sie betont, anders als Neamat nicht als Kommunistin organisiert und ideologisch gebunden, sondern »ein unabhängiges Mitglied der anti-konfessionellen Bewegung« zu sein, und lehnt als Vertreterin der jüngeren Generation jegliche Zusammenarbeit mit staatlichen Institutionen ab.

In diesem Sinn besteht die neue Generation aus jungen Aktivisten des vierten, unabhängigen Typs, die neue Protestrepertoires eingeführt haben. Inhaltlich zeichnet sich diese Gruppe durch einen Fokus auf den individuellen Staatsbürger und durch die Vagheit ihrer Forderungen aus, sofern sie überhaupt konkrete Forderungen formulieren. Die junge Generation von Aktivisten empfindet die Institutionen der älteren Generation als unpassend für ihre Ziele (vgl. Murphey 2012, 11).[8] So arbeiten etablierte NGOs wie Civil Society Movement zwar seit über zehn Jahren für anti-konfessionelle Gesetzesreformen im Libanon, aber dass sie wenig greifbare Erfolge erzielt haben, ist ein Grund für die jüngere Generation, neue strategische Wege zu suchen.

Zum Verlauf der Protestwelle

Nachdem die aktuelle anti-konfessionelle Protestwelle 2010 mit der ersten Veranstaltung von Laïque Pride begonnen hatte, wuchsen Zahl und Größe der Proteste im Februar und März 2011 im Kielwasser der arabischen Aufstände rapide an, so dass im Frühjahr 2011 die größeren Demonstrationen von Isqât an-Nizâm durch verschiedene Stadtteile Ost- und Westbeiruts zogen und es Ansätze zur Durchführung von Isqât an-Nizâm-Aktionen außerhalb Beiruts gab. Bereits wenige Monate später fielen die Proteste wieder in sich zusammen und beschränkten sich räumlich wieder auf die einschlägigen Stadtteile Beiruts, wobei die Route der Laïque Pride-Parade 2012 nur durch die Gegend um Hamra führte.

Ausgelöst durch die Entwicklung der arabischen Aufstände war für den internen Verlauf der Protestwelle die Präsenz der neuen Aktivisten-Generation ein wichtiger Faktor: Ihre Begeisterung und die Vagheit ihrer Forderungen trugen zur Expansion der Protestwelle bei, ihre Skepsis gegenüber Institutionen und Kompromissen zur Kontraktion.

Das Feld des politischen Aktivismus und besonders des anti-konfessionellen Aktivismus im Libanon ist fragmentiert. Normalerweise sind die verschiedenen Aktivistengruppen uneins über die Diagnose der libanesischen Probleme. Das gesamte Feld des libanesischen anti-konfessionellen Aktivismus hat kein unumstrittenes Zentrum, sondern multiple Zentren in den oben erwähnten Netzwerken, Organisationen, Parteien und einzelnen Persönlichkeiten. Die Bildung des umfassenden Netzwerks Isqât an-Nizâm und die Realisierung von Massendemonstration sind, in diesem Lichte besehen, herausragend.

Sowohl die Initiatoren von Laïque Pride als Startpunkt der Protestwelle als auch der Großteil der Aktivisten in Isqât an-Nizâm waren sehr junge Leute, die ihre Anliegen als Maximalforderungen formulierten und damit vage blieben: »Sturz des konfessionellen Systems« benennt weder eine Strategie noch eine alternative Vision, »Laïque Pride« ist noch unklarer, und auch das Ziel des »säkularen Marschs für die Staatsbürgerschaft« ist nicht klar ausgearbeitet:

> »Es ist ziemlich vage, es ist ein großes Dach. Aber was wir sicher wissen, ist, dass es nicht bedeutet, über Spritpreise oder Brotpreise oder soziale Sicherheit und so zu reden. Wir diskutieren über Gleichheit. Das ist die große Überschrift. Unter dieser Überschrift kann man über Zivilehe reden, über das Recht von Frauen, ihre Nationalität an ihre Kinder weiterzugeben, man kann über häusliche Gewalt reden, man kann über ein Wahlrecht reden, das außerhalb des Konfessionalismus steht. Man kann über alle diese Themen reden und wird verstehen, dass das die Überschrift ist.« (Kinda Hassan, 10.5.2012)

Gerade diese Vagheit erlaubte es, die verschiedensten Ansätze zu integrieren: Normalerweise unterscheiden sich die Deutungsrahmen, nach denen die verschiedenen Aktivistengruppen Probleme des Libanon definieren. Der Deutungsrahmen von Aktivisten für Frauenrechte etwa stellt andere Missstände in den Vordergrund und mobilisiert für andere konkrete Anliegen als Anti-Korruptions-Aktivisten. Ein Mechanismus zur Koalitionsbildung zwischen solchen unterschiedlichen Aktivisten-Gruppen kann die Konstruktion eines gemeinsamen Bezugsrahmens sein (Whittier & Meyer 1994). So rahmte der Slogan »Das Volk will den Sturz des konfessionellen Systems« die Probleme des Libanon als primär durch den Konfessionalismus in seinen verschiedenen Spielarten bedingt und stellte somit eine Verbindung zwischen den Themen her. Aktivisten wie Bassem Chit haben aktiv daran gearbeitet:

> »Alle diese Themen, wie Elektrizität, soziale Gerechtigkeit, Frauenrechte, sind verbunden mit Konfessionalismus. Wir können viele Leute dazu bringen, für diese Themen zu demonstrieren. Und dann müssen wir das Bewusstsein dafür schaffen, dass das zugrundeliegende Problem der Konfessionalismus ist.« (Bassem Chit, 24.3.2012)

Doch der breite anschlussfähige Deutungsrahmen verlor an Integrationskraft, als die gemeinsame Formulierung detaillierterer Analysen und Forderungen scheiterte. Die Diskrepanzen der strategischen Ansätze wurden offenbar. Da die junge Aktivisten-Generation in Isqât an-Nizâm die Etablierung interner formaler Strukturen verhindert hatte, standen keine Institutionen zur Kanalisierung dieser Differenzen zur Verfügung. Der Auslöser für die Aktivierung der jungen politischen Generation, die den Verlauf der Protestwelle formte, kam von außen: durch die arabischen Aufstände. Die innenpolitische Situation hatte sich nicht radikal verändert, und die Anfänge der Protestwelle 2010 mit den Aktivitäten von Laïque Pride und der Gründung von al-Liqâ' al-'Almânî hatten nicht zu ausgeweiteten Protesten geführt. Die Ausweitung Anfang 2011 war eine Reaktion auf die Demonstrationen in Ägypten und Tunesien. Auch für die Kontraktion der libanesischen Protestwelle und die Spaltung von Isqât an-Nizâm waren die arabischen Aufstände entscheidend: Mit dem Beginn der Aufstände in Syrien konnten die Aktivisten sich der innerlibanesischen politischen Spaltung nicht mehr entziehen. Als Aktivisten ihre Positionen zu Syrien artikulierten und sich somit den libanesischen politischen Lagern zuordneten (8. März: Regime, 14. März: Opposition), spaltete sich die Bewegung entlang der politisch-konfessionellen Lager, gegen die die Aktivisten eigentlich protestiert hatten.

Anmerkungen

[1] Dieses Kapitel ist auf dem Stand von Oktober 2012, Entwicklungen nach diesem Zeitpunkt konnten nicht berücksichtigt werden. Alle im Beitrag verwendeten Zitate aus Interviews, Medienartikeln oder Sekundärliteratur sind meine Übersetzungen aus dem Englischen, Arabischen oder Französischen. In dem auf Französisch geführten Interview sprach Nasri Sayegh von »laïque«, nicht von »séculier«. Viele Aktivisten im Libanon verwenden die Begriffe synonym bzw. als Übersetzung des arabischen Begriffs ''almânî'. Die uneinheitliche Verwendung dieser Begriffe reflektiert die Unklarheit über die von den Aktivisten angestrebten Konzepte. José Casanova (1994) unterscheidet drei Verwendungen des Begriffs 'Säkularismus': administrative Trennung von Staat und religiösen Institutionen, Rückgang individueller Religiosität und Privatisierung von Religion. Welcher dieser Aspekte mit ''almânîya' bzw. den Übersetzungen gemeint ist, wird erst an Erläuterungen deutlich. Der m.E. präziseste Begriff für die libanesische Debatte ist 'Antikonfessionalismus', weil er die Formulierung einer Zielvorstellung umgeht, aber den kleinsten gemeinsamen Nenner der Aktivisten benennt, nämlich die Opposition zum Konfessionalismus (s.u.).

[2] Die Gründung des Libanon als ein Nachfolgestaat des Osmanischen Reichs verlief in Schritten. 1860 wurde ein Teilgebiet des heutigen Libanon autonom, 1920 übernahm Frankreich das Völkerbundmandat für die Region, 1926 wurde unter französischem Mandat der Staat Großlibanon gegründet, der 1943 die Unabhängigkeit erlangte.

[3] Der libanesische Soziologe Karam Karam (2009, 65) definiert den »Mobilisierungszyklus der Parteianhänger« als einen von drei »Mobilisierungszyklen« der libanesischen Nachkriegszeit: »Er bestätigte, oder verstärkte sogar, die politischen und segmentären Spaltungen der libanesischen Gesellschaft und ihrer öffentlichen Autoritäten.«

[4] In vielen Fällen wurde der Slogan »Laique Pride« mit »Gay Pride« assoziiert, einem Slogan der Bewegung für die Rechte sexueller Minderheiten. Dies schreckte einige potenzielle Interessenten von der Teilnahme ab, so die Grafikdesignerin Maya Zankoul: »Die Hälfte von denen waren von LGTB-Rechten. Es war wirklich wie ein ›Gay Pride‹, ehrlich, es war kein ›Laique Pride‹. Ich war so enttäuscht, und im nächsten Jahr bin ich nicht mehr hingegangen.« Zugleich garantierte der Slogan Aufmerksamkeit: »Wir wollten ein Reizwort. Manche, zum Beispiel Politiker, sagten, es wäre nah an ›Gay Pride‹. Als wir gemerkt haben, dass alle den Slogan blöd finden, haben wir gesagt, das ist er.« (Alexandre Paulikevitch)

⁵ Das explizite primäre Ziel von Laique Pride ist die Artikulation von säkularer Identität, aber in ihren Pressemitteilungen unterstützt Laique Pride auch jeweils aktuell in der Diskussion befindliche Kampagnen für anti-konfessionelle Gesetzesänderungen. Im Jahr 2012 waren dies ein für Libanesen aller Konfessionen einheitliches Personenstandsgesetz, Gesetze gegen häusliche Gewalt und gegen eheliche Vergewaltigung, die Weitergabe der libanesischen Nationalität an Kinder durch die Mütter, ein Gesetz gegen die Zensur von Kino und Theater sowie die Annulierung eines Gesetzes zur Internetregulierung (Pressemitteilung von Laique Pride).

⁶ Alexandre Paulikevitch, ein Initator des Laique Pride, führt die Idee aus, dass zwischen gelebter minoritärer Identität und Aktivismus eine enge Verbindung besteht, als er über seine eigene Homosexualität spricht: »In diesem Land [offen] schwul zu sein, ist Aktivismus.«

⁷ Vgl. hierzu Idriss' Artikel, der bereits Anfang Mai 2011 als eine »Kritik und Selbstkritik« der Koalition erschien.

⁸ Ausgehend von der Beobachtung, dass Jugendliche in den arabischen Aufständen ein »Motor des Wandels« sind, analysiert Emma C. Murphey das Konzept 'Jugend' als 'Generation'. Ihre Ausführungen beziehen sich auf die arabische Jugend im Allgemeinen und lassen sich auf den libanesischen Fall plausibel anwenden.

Protest durch Präsenz?
Die stille Aneignung öffentlichen Raums durch jugendliche Migranten in Dubai

Daniel Falk (Leipzig)

> »[L]eute wie wir, die vielleicht noch 30 Jahre ihres Lebens hier verbringen werden – unsere Zukunft ist so ungewiss wie die von jemandem, der gerade erst in den Emiraten angekommen ist.«
>
> – anonymer Gastarbeiter, in: Elsheshtawy 2010, 213[1]

Die im Zitat zum Ausdruck gebrachte permanente Unsicherheit ist charakteristisch für die Lebenssituation der meisten Einwohner von Dubai. Unsicherheit hinsichtlich des Arbeitsplatzes, Unsicherheit in Bezug auf den Wohnraum – und am gravierendsten: Unsicherheit über die Dauer der Aufenthaltsgenehmigung. Von heute auf morgen kann eine Entscheidung der emiratischen Behörden den Aufenthalt der 'Gastarbeiter' *(al-'umâla al-wâfida)* beenden, die in Dubai rund 95 Prozent der Bevölkerung stellen. Nur in relativ wenigen Fällen geschieht dies tatsächlich, doch allein die andauernde Ungewissheit führt zu hohem Anpassungsdruck und einer geringen Bereitschaft, sich offen gegen Missstände und staatliche Willkür aufzulehnen.

Offenen politischen Protest sucht man in Dubai wie auch in einigen der benachbarten Golfstaaten vergeblich. Während im Laufe des Jahres 2011 der Funke der tunesischen und dann der ägyptischen Revolution von einem arabischen Land auf das nächste überzuspringen schien, während Demonstranten in Syrien, in Libyen, im Jemen, in Bahrain und sogar in Saudi-Arabien und im Oman auf die Straßen gingen und gegen die Regime aufbegehrten – während all dieser Ereignisse schien es in zwei Ländern vollkommen ruhig zu sein: Katar und die Vereinigten Arabischen Emirate – darunter der Stadtstaat Dubai – gelten vielen Beobachtern als das stille 'Auge im Orkan'. Es sind zugleich jene beiden Länder mit dem höchsten Migrantenanteil von jeweils über 80 Prozent an der Gesamtbevölkerung. Während die Herrscher beider Länder in die Umwälzungen anderer arabischer Staaten finanziell – und im Falle Libyens auch offen militärisch – eingriffen, sorgten sie im Inneren dafür, jeglichen Protest im Keim zu ersticken. Für die Mehrheit der politikwissenschaftlichen Beobachter gelten die Monarchien am Persischen Golf denn auch als »stuck in transition« (Tétreault et al. 2011), festgefahren in einem Übergangsprozess hin zu mehr politischer Partizipation – ohne Perspektive auf grundlegenden Wandel.

Dieser gängigen Lesart soll in diesem Beitrag eine andere Perspektive entgegengehalten werden. Denn vielen Studien zur Golfregion haftet ein grundsätzliches Problem an: Sie nehmen eine staatszentrierte Perspektive ein und übernehmen durch ihre Konzentration auf die herrschenden Eliten unhinterfragt deren Narrative (vgl. Longva 2005, 134f.). Dieses Manko ist umso fataler, wenn – wie in Dubai – die einheimischen Eliten nur einen äußerst kleinen Bruchteil der Menschen im Land repräsentieren und sich weitgehend in ihrer eigenen sozialen Realität abschotten. Auf diese Weise geraten Millionen von Menschen aus dem Blick, die hier als so genannte Arbeitsmigranten leben. Hinzu kommt, dass viele Wissenschaftler, die sich mit der Region beschäftigen, des Arabischen nicht mächtig sind und ihnen so Differenzen und Gegendiskurse innerhalb der indigenen arabischen Gesellschaften entgehen. Sie reproduzieren so das offizielle Narrativ, dem zufolge sich die Migranten nur temporär im Land aufhalten, um eine vorübergehende 'Bevölkerungslücke' *(fadjwa sukkânîya)* zu füllen, und früher oder später wieder in ihre Herkunftsländer zurückkehren. Dieses Narrativ ignoriert die Tatsache, dass die Migranten längst ein nicht mehr wegzudenkender Teil der Alltagsrealität im Land sind. Wenn von Migranten die Rede ist, werden sie meist als passive Objekte neoliberaler Ausbeutungsmechanismen gesehen (Buckley 2012, 2), weniger als handelnde Subjekte, die ihre eigenen Strategien haben, um sich der Realität zu stellen und, wo nötig, auch zu widersetzen.

Dass die Rolle der Migranten wissenschaftlich und medial weniger in den Blick gerät, mag aber auch daran liegen, dass sie mit dem Raster gängiger Theorien sozialer Bewegungen und politischer Partizipation kaum zu fassen sind. Aufgrund des Zustands der Ungewissheit und der permanenten Bedrohung durch Abschiebung sind soziale Bewegungen und Partizipationsformen über formale Institutionen und Bewegungen, die durch politisch legitimierte Akteure angeführt werden, kaum möglich. Daher ist es sinnvoller, den Blick auf Partizipationsformen jenseits solcher Institutionen und Akteure zu richten, um die tiefgreifenden Umbrüche der letzten Jahrzehnte nachzuvollziehen (vgl. Harders 2009, 302).[2]

Dieser Beitrag wirft einen Blick auf jugendliche Migranten in Dubai und beleuchtet ihre Handlungsspielräume im Rahmen staatlicher Kontrolle und wirtschaftlicher Zwänge mit besonderem Augenmerk auf 'stille' Protestformen am Beispiel der Aneignung öffentlichen Raums. Dem liegt das Konzept des »stillen Vordringens« (Bayat, in diesem Band) beziehungsweise der »Nicht-Bewegungen« zugrunde. Mit dem 'stillen Vordringen' Einzelner durch ihre Alltagspraktiken geht eine 'Nicht-Bewegung' einher. Sie bezeichnet kollektive Aktionen nicht-kollektiver Akteure, die eine stille, aber nicht minder sichtbare Form von Widerstand benachteiligter Gruppierungen gegen Mechanismen der Exklusion und Repression darstellen. Ich argumentiere, dass viele Migranten einen Großteil ihres Lebens in Dubai verbringen und hier – wie in anderen urbanen Zentren der Golfregion auch – allein durch ihre Präsenz und die damit verbundenen Alltagspraktiken die Gesellschaftsentwürfe und die Lebensrealitäten vor Ort in den letzten Jahrzehnten radikal verändert haben. Wenn in diesem Kapitel von Gesellschaft die Rede ist, soll explizit die Gesellschaft aller Anwesenden gemeint sein, nicht allein die Gesellschaft der einheimischen Staatsbürger, wie es hegemoniale Narrative vom emiratischen Dubai nahelegen.

Um die angesprochenen Veränderungen zu verdeutlichen, wird in einem ersten Abschnitt zunächst auf den speziellen Kontext der Golfstaaten und Dubais eingegangen, um die Herausbildung der politischen Konstellation und die Entstehung der Ethnokratie zu beleuchten, die in engem Zusammenhang mit der Einwanderung zu sehen sind. In einem zweiten Abschnitt wird Jugendlichsein in Dubai dargestellt, um in einem dritten Teil anschließend auf die Aneignung öffentlichen Raums als Nicht-Bewegung eingehen und diese analysieren zu können.

Immigration ohne Inklusion – die Entstehung der ethnokratischen Regime

Die Geschichte der Migration nach Dubai und in die benachbarten urbanen Zentren ist untrennbar verbunden mit der Entdeckung und Ausbeutung des großen Ressourcenreichtums um die Mitte des 20. Jahrhunderts und den sich daraus ergebenden öko-nomischen und politischen Strukturen und Prozessen. Eine nachhaltig prägende Rolle spielte die Einbindung in das britische Kolonialreich. Seit 1820 war das Gebiet der heutigen Vereinigten Arabischen Emirate unter dem Namen »Trucial Oman« per Vertrag britischer Oberhoheit unterstellt und diente in erster Linie als Stützpunkt, von dem aus das britische Handelsmonopol auf dem Weg nach Indien gesichert werden konnte. Dazu wurde eine Reihe von Verträgen mit lokalen Stammesführern abgeschlossen, in innere Angelegenheiten jedoch wenig eingegriffen. Wirtschaftlich und politisch bedeutsam wurde die bis dahin eher marginalisierte Region erst nach dem zweiten Weltkrieg durch die global steigende Nachfrage nach Öl. Vor allem Großbritannien und die Vereinigten Staaten trieben die Ausbeutung der Ölressourcen voran und nahmen Einfluss auf die Entstehung der neuen Golfstaaten. Zum einen geschah dies mit einer Politik des *divide et impera*: So wurden unter britischer Ägide auf dem Gebiet der heutigen Vereinigten Arabischen Emirate zu Beginn der 1950er Jahre erstmals demarkierte und militärisch überwachte Grenzen zwischen den sieben einzelnen Emiraten gezogen, die diese bis heute voneinander abgrenzen. Wichtigstes Kriterium für die Grenzziehung waren dabei die jeweils von einzelnen Stammesherrschern vergebenen Öllizenzen an britische Firmen (Kazim 2000, 209). Diese Grenzziehung unterbrach nicht nur traditionelle Mobilitäten und gewachsene Stammesstrukturen, sie schuf auch neue politische Gravitationszentren mit den Herrscherfamilien der Emirate in ihrem Zentrum. Größere Stammesgruppierungen fanden sich nun aufgeteilt auf die neuen politischen Entitäten wieder – als Subjekte der neuen Erbmonarchien, die ihre Macht dem britischen Kolonialregime verdankten und diesem entsprechend willfährig waren. Sie wurden mit eigenen Legislativ- und Exekutivrechten sowie Polizeiapparaten ausgestattet und durften eigene Pässe herausgeben (vgl. Kanna 2011).

Ab Anfang der 1960er Jahre wurden ökonomische und soziale Entwicklungen vorangetrieben. Dank ansteigender Öleinnahmen konnten zum Beispiel in großem Stil

Tab. 14-1 Migranten in den GCC-Staaten zwischen 1990 und 2010

Land	Bevölkerung 2010 (in Tausend)	Migranten 2010 Absolut (in Tausend)	Migranten 2010 Anteil an Bevölkerung	Veränderung 1990-2010 Absolut (in Tausend)	Veränderung 1990-2010 Relativ
Bahrain	1.262	745,5	59%	572,3	330%
Kuwait	2.737	1.949,0	71%	297,7	23%
Oman	2.782	782,6	28%	330,4	73%
Katar	1.759	1.491,0	85%	1.121,9	304%
Saudi-Arabien	27.448	7.415,7	27%	2.672,7	56%
VAE	7.512	6.286,7	84%	4.956,4	273%
GCC insgesamt	43.500	18.670,5	43%	9.951,4	116%

eigene Zusammenstellung, Quelle: UN Population Division, http://esa.un.org/wpp/unpp

Schulen und Krankenhäuser errichtet werden. Solche Maßnahmen erhöhten die Legitimität der Herrscherfamilien. Sahen diese sich noch Ende der 1950er Jahre mit Protesten und verbreiteten Ideen von Panarabismus und damit verbundenen Forderungen nach sozialer Gerechtigkeit und politischer Teilhabe konfrontiert, so konnten nun große Teile der einheimischen und zugewanderten arabischen Bevölkerung in die prosperierenden Volkswirtschaften und damit verbundenen Wohlfahrtsstaaten integriert werden.[3] Mit diesem Prinzip des so genannten 'ruling bargain' (ebd., 25) tauschte man Wohlstand und Konsum gegen politische Demobilisierung.

Im Jahr 1968 kündigte Großbritannien seinen freiwilligen Rückzug aus der Region an. Das Vereinigte Königreich konnte sich relativ sicher sein, dass die unter seiner Ägide errichteten Regime ihre Herrschaft festigen würden und so auch der Fortbestand der Ölkonzessionen britischer Firmen gesichert war. Anfang der 1970er Jahre erlangten die kleinen Golfstaaten Katar und die Vereinigten Arabischen Emirate ihre Unabhängigkeit und spätestens seit dem israelisch-arabischen Krieg 1973 verfügten sie über so große Öleinnahmen, dass sie die Politik der wirtschaftlichen Entwicklung fortsetzen und durch weitere Expansion der wohlfahrtsstaatlichen Leistungen ihre Macht sichern konnten. Die enorme ökonomische Entwicklung machte aber zugleich eine massive Einwanderung von Arbeitskräften in allen Bereichen notwendig. Dieser Trend hielt über vier Jahrzehnte an und ist bis heute kaum gebrochen (vgl. Tabelle 14-1). Insgesamt machten Migranten im Jahr 2010 43 Prozent der Bevölkerung in den Staaten des Gulf Cooperation Council (GCC) aus, insbesondere in kleineren Staaten wie Bahrain, Kuwait, Katar und VAE stellen sie jeweils weit über die Hälfte der Einwohner.

Die Einwanderungspolitik der Golfstaaten nach ihrer Unabhängigkeit ist im Kontext der Herrschaftssicherung der Monarchien zu sehen. So verfolgte beispielsweise auch die herrschende Âl Maktûm-Familie in Dubai eine Strategie der De-Arabisierung: Waren bis in die späten 1960er Jahre die Mehrheit der Arbeitskräfte noch aus anderen arabischen Ländern, insbesondere Ägypten, Palästina und Algerien gekommen, so versuchte man diese nun sukzessive durch Migranten aus Süd- und Südostasien zu ersetzen. Heute sind Indien, Pakistan, Bangladesch, Indonesien sowie die Philippinen die wichtigsten Entsendestaaten von Arbeitsmigranten an den Golf (vgl. Kanna 2011, 25).

Hintergrund der De-Arabisierungspolitik bilden zum einen die Erfahrungen der 1950er und 1960er Jahre, als insbesondere palästinensische und ägyptische Intellektuelle – die damals in den im Entstehen begriffenen Bildungssystemen der Golfregion einen Großteil der Lehrer stellten – panarabisch-nasseristische Ideen in die Region brachten und die Herrschaft Großbritanniens und der von ihnen etablierten Dynastien infrage stellten. Der Import von nicht-arabischen Arbeitskräften, die zudem nur temporär im Land blieben, sollte die Entstehung einer arabischen Arbeiterklasse unterbinden. Zudem ging man davon aus, dass die meist asiatischen Arbeitskräfte keinen Anspruch auf Einbürgerung und die damit verbundene Teilhabe am üppigen Wohlfahrtsstaat erheben würden (vgl. Kazim 2000, 317f.). Die Immigration erfolgte vorwiegend in die großen urbanen Zentren der Region. Dubai nahm hier wie auf anderen Gebieten eine Vorreiterrolle ein. Zwar gibt es keine offizielle Statistik zum Verhältnis von einheimischer Bevölkerung zu Migranten; Schätzungen beziffern den Einwandereranteil an der Gesamtbevölkerung aber wie bereits ausgeführt auf bis zu 95 Prozent.

Die De-Arabisierungspolitik in den ölproduzierenden Golfstaaten führte im Ergebnis zur Entstehung von »dualen Gesellschaften« (Fargues 2011, 277) mit einer klaren Trennung zwischen indigenen Bürgern *(muwâtinûn)* und zugewanderten Nicht-Bürgern *(ghair muwâtinîn)*. Diese Trennung ist im Alltag durch die in weißer *kandoura*, bzw. Frauen in schwarz-gekleideten Emiratis für alle sichtbar, vor allem zeigt sich die duale Gesellschaft jedoch in der großen Diskrepanz des Aufenthaltsstatus und der damit verbundenen Rechte. Allein die emiratische Minderheit verfügt über die Staatsbürgerschaft und über dauerhafte Aufenthaltstitel. Alle anderen benötigen ein temporäres Visum *(iqâma)* und sind nur auf Abruf im Land. Einbürgerungen sind nur in seltenen Ausnahmefällen vorgesehen und an strenge Kriterien gebunden, die Migranten nicht-arabischen Ursprungs de facto ausschließen.[4]

Handlungs- und Bewegungsspielräume von Migranten in Dubai sind durch ein in allen Golfstaaten praktiziertes System struktureller Abhängigkeit erheblich eingeschränkt. Dazu gehört das sogenannte *Kafâla*-System – jene zentrale Institution, die Identitäten, Rechte und Verpflichtungen der Migranten im Alltag kontrolliert und bestimmt (vgl. Longva 1999, 22). Jede ausländische Arbeitskraft benötigt einen einheimischen Sponsor, oder Bürgen *(kafîl)*, der gegenüber dem Staat die Verantwortung für den Migranten übernimmt. Dieser ist zugleich der Arbeitgeber, dessen Wohlwollen der Migrant ausgeliefert ist, da ein Wechsel des Arbeitgebers nicht möglich ist. Auch wenn es mittlerweile gesetzlich verboten ist, behalten nach wie vor viele Arbeitgeber zudem die Pässe der Migranten ein, was deren Bewegungsfreiheit zusätzlich einschränkt und den Einheimischen ein erhebliches Kontroll- und Druckinstrument in die Hand gibt, mit dem Forderungen nach Lohnerhöhungen oder Verbesserung von Arbeits- und Wohnsituation von vornehrein unterbunden werden können. Bei Kündigung des Arbeitsvertrags durch den Migranten muss er zudem die Rückreisekosten selber tragen, was für viele geringqualifizierte Arbeiter eine kaum zu bewältigende Hürde darstellt.

Theoretisch sieht das emiratische Einwanderungsrecht drei verschiedene Möglichkeiten vor, ein Aufenthaltsvisum zu erlangen: Erstens über einen Arbeitgeber im *Kafâla*-System. Zweitens als weibliche oder minderjährige Familienangehörige bei einem entsprechenden Einkommen des Ehemanns beziehungsweise Vaters (2012 lag die Einkommensgrenze bei 4000 Dirham, was etwa 850 Euro entspricht). Und drittens als Eigentümer einer Firma oder von Immobilien.

In der Praxis fallen die meisten Migranten unter die erste Kategorie und erhalten eine auf maximal drei Jahre befristete Aufenthaltsgenehmigung, die erneuert werden kann – aber nicht muss. Zudem kann die Aufenthaltserlaubnis jederzeit unbegründet entzogen werden und erlischt automatisch bei Arbeitsplatzverlust, Straffälligkeit, Erreichen der Altersgrenze von 60 Jahren oder politisch unerwünschtem Verhalten. Dies gibt den Behörden ein effektives Druckmittel in die Hand, mit dem politische Mobilisierung von vornehrein erschwert wird.[5] Dieses System funktioniert, solange die Löhne in den Golfstaaten die Bezahlung in den Herkunftsländern vieler Arbeitsmigranten um ein Vielfaches übersteigen und der Aufenthalt auf einen bestimmten Lebensabschnitt begrenzt bleibt. Durch mediale Narrative und Erzählungen von Rückkehrern wird zudem in vielen Herkunftsländern ein Image vom Golf reproduziert, das weitere Generationen einlädt, dort ihr Glück zu suchen (vgl. Khalaf & Alkobaisi 1999, 285).

Die Stadt Dubai

Die beschriebene Migrationsentwicklung deutet bereits an, in welchen Dimensionen sich die urbanen Zentren der Golfregion im Zuge der entstehenden Ölökonomien entwickelt haben. Speziell Dubai aber war schon lange zuvor von stetigen Einwanderungsbewegungen geprägt. Am Ort des heutigen Dubai befand sich noch Anfang des 19. Jahrhunderts lediglich ein kleines Fischerdorf mit zirka 3.000 Einwohnern. Im Laufe des 19. Jahrhunderts erlebte die Siedlung dank prosperierenden Perlenexports einen ersten wirtschaftlichen Aufschwung und ein Zweig des Bani-Yas-Stammes, aus dem die heute herrschende Âl Maktûm-Familie hervorging, ließ sich in der Region nieder. Im ersten Viertel des 20. Jahrhunderts gab es einen großen Zuzug von Händlern von der nördlichen Küste des Persischen Golfs, die Dubais Position als Handelszentrum der Region begründeten. Hinzu kamen Zuwanderer aus Belutschistan im heutigen Pakistan, die vor allem als einfache Arbeitskräfte Verwendung fanden. Diese Zuwanderung prägte die entstehende Stadtstruktur, da sich schon früh ethnisch differenzierte Stadtviertel beiderseits des Dubai Creek herausbildeten (vgl. Elsheshtawy 2008, 63ff.).

Nach dem zweiten Weltkrieg erlebte die Stadt einerseits wirtschaftliche Stagnation, da die Perlenindustrie durch die aufkommende Perlenzucht in Japan Konkurrenz bekommen hatte. Gleichzeitig begannen unter britischem Einfluss Investitionen in Projekte, die Dubais Rolle als regionales Handelszentrum stärkten. Parallel dazu begann mit der Entdeckung von Öl in Dubai 1966 die bereits beschriebene Einwanderungswelle, die bis heute anhält und die Stadt stetig weiter wachsen lässt. Die Einwanderung erforderte eine koordinierte Stadtplanung, die mit Hilfe britischer Firmen systematisch umgesetzt wurde. Charakteristisch für Dubai ist sein polyzentrischer Charakter ohne ein echtes Stadtzentrum. Finanziert wurde die Stadtentwicklung zunächst über Anleihen bei benachbarten Golfstaaten und des Vereinigten Königreichs, zum Teil engagierte sich auch die wohlhabende Dubaier Händlerschicht. Später konnten die sprudelnden Öleinnahmen des Stadtstaates direkt investiert werden (vgl. Scharfenort 2009, 133). Es folgte der rasante Ausbau Dubais, der die heutige Millionenstadt prägt.

Räumlich erstreckt sich die Stadt zu beiden Seiten des Dubai Creek entlang der Golfküste. Nördlich des Creek befindet sich das Viertel Deira, das eigentliche Zentrum der Stadt, wo sich auch der (im Folgenden noch näher beleuchtete) Bani-Yas-Platz befindet. Südlich des Creek liegt das Finanz- und Shoppingzentrum sowie die Sheikh Zayed Road, deren Skyline aus Wolkenkratzern (allen voran der Burj Khalifa und das Hotel Burj al-Arab) das global vermarktete Image von Dubai prägt. Südwestlich davon sind zahlreiche Großprojekte angesiedelt, darunter der neue Flughafen (Dubai World Central), der Tiefseehafen in Jebel Ali und zahlreiche *Gated Communities*, unter denen die künstlichen Inselprojekte 'The Palm' und 'The World' nur die exklusivsten Höhepunkte darstellen. Richtung Küste gelegen, im Bezirk Shindagha, befindet sich das Heritage Village – eine Ansammlung traditioneller Lehmhütten, die zu einem Freiluftmuseum umfunktioniert wurden und das traditionelle arabisch-emiratische Dubai repräsentieren sollen, wie es durch die Identitätspolitik konstruiert wird. Verteilt über das gesamte Stadtgebiet und zum Teil in unmittelbarer Nachbarschaft der exklusiven Wohnhochhäuser finden sich große Viertel, die von der überwiegend aus Migranten bestehenden Mittel- und Unterschicht geprägt sind. Elsheshtawy (2008, 215) nennt drei Viertel, in denen diese sich besonders konzentrieren: Satwa, Jafiliya und die zentralen Viertel Deira und Bur Dubai, unmittelbar angrenzend an den Creek. Die größte Polarisierung zeigt sich im Viertel Satwa, das unmittelbar nördlich der Sheikh Zayed Road gelegen ist.

Finanziert wurden die rasante Entwicklung und der Aufstieg Dubais zur *global city* in den 1990er Jahren durch ein Geflecht von Investoren und Firmenkonsortien, die – zusammengefasst in den beiden Holdings Dubai World und Dubai Holding – letztlich dem Herrscher von Dubai unterstehen, der sich selbst gerne auch als »CEO von Dubai« bezeichnet (vgl. Elsheshtawy 2010, 118).

Offizielle Narrative konstruieren Dubai als Stereotyp einer aus dem Nichts entstandenen arabischen Öl-Großstadt, als tabula rasa (Elsheshtawy 2010, 95), die frei ist von historischen und kolonialen Prägungen, wie sie anderen urbanen Zentren im arabischen Raum inhärent sind. Diese Imagination ähnelt dem Konstrukt der *terra nullius*

(Jacobs 1996, 159) anderer postkolonialer Stadtnarrative und sie verblasst schnell, führt man sich die beschriebene Stadtgenese vor Augen. Der Blick auf das Lokale, hier auf Migranten, Jugendlichsein und öffentlichen Raum, hilft, die spektakuläre Illusion zu korrigieren.

Jugendlichsein in Dubai

Konsultiert man Standardwerke zur Jugendforschung wie die »*International Encyclopedia of Adolescence*«, so stößt man unter dem Eintrag zu den VAE auf das bereits beschriebene Problem: In den Wissenschaften, die sich mit der Golfregion beschäftigen, werden offizielle Narrative reproduziert, bei denen nur die emiratischen Staatsbürger beachtet werden, also gerade einmal fünf Prozent der Gesamtbevölkerung. Gerade bei dem Thema 'Jugend' entsteht ein höchst verzerrtes Bild der Realität. Denn Jugendlichsein kann in Dubai sehr verschieden geprägt sein.

Da sind erstens emiratische Jugendliche, die qua Staatsbürgerschaft Zugang zu allen wohlfahrtsstaatlichen Leistungen haben, die ihnen in der Regel einen sorgenfreien Übergang zum Erwachsenwerden ermöglichen. Angesichts umfangreicher und kostenloser Ausbildungsmöglichkeiten, Subventionen für Wohnraum sowie für Hochzeit und Familiengründung und angesichts gut bezahlter Arbeitsplätze im staatlichen Sektor besteht wenig unmittelbarer Anlass zu Protest – auch wenn die Staatsbürgerschaft nicht mit politischen Partizipationsmöglichkeiten verbunden ist.

Zweitens gibt es die Migrantenkinder, die bei ihren Familien in Dubai aufgewachsen und zum Teil auch hier geboren, oder aber mit ihren Familien im Laufe ihrer Kindheit eingewandert sind. Als Folge der 4.000-Dirham-Einkommensschwelle für Familiennachzug entstammen diese Jugendlichen in der Regel einer vergleichsweise wohlhabenden Mittelschicht, so dass auch ihre Ausbildungschancen gut sind. Bei dieser Gruppe kommt aber eine wichtige Einschränkung zum Tragen. Als Folge der erwähnten dualen Gesellschaftsordnung und des hermetischen Einwanderungsrechts besteht ständige Unsicherheit über den dauerhaften Verbleib im Land:

> »[W]eil du nicht weißt, was morgen passieren kann, [...] weil die Einheimischen hier das Sagen haben und, was sie sagen, Gesetz ist. Du kannst doch nicht in einem Land leben in dem unterschwelligen Wissen, dass du hier nicht sicher bist. Ich meine nicht, dass du auf der Straße ausgeraubt wirst. Es ist die Tatsache, dass du diesen Ort nicht zu deinem Zuhause machen kannst.« (Ein indischer Manager in Dubai, Anfang 20, in: Ali 2010, 142)

Diese Unsicherheit führt zwar zu Unmut und offener Kritik an Diskriminierung und Rassismus in Dubai, statt politischem Protest wird aber meist auf die Emigration oder Rückkehr ins Herkunftsland der Familie ausgewichen, was für die meisten finanziell auch kein Problem darstellt. Eine anonyme Bloggerin mit dem Pseudonym »localexpatriate« fasst es so zusammen:

> »Ich habe mich entschieden. Dubai mag sich so anfühlen wie Heimat. Ich will, dass es meine Heimat ist. Aber die Stadt will mich nicht. Das Land interessiert sich nicht für

Leute wie mich. Ich muss an einen Ort ziehen, wo ich Rechte habe. Wo ich eine sichere Zukunft aufbauen kann. Wo ich mich niederlassen und eine Familie gründen kann.«[6]

Auch wenn diese Gruppierung die Minderheit der Migranten darstellt, so ist sie im Wachsen begriffen. Die Schulstatistiken emiratischer Behörden aus dem Jahr 2011 zeigen, dass mittlerweile die Zahl der Migrantenkinder an allen öffentlichen und privaten Schulen zusammengenommen mit einem Anteil von 60 Prozent bereits höher ist als die Zahl der emiratischen Schüler. Hier wächst eine Generation von Migranten der zweiten Generation heran und damit auch eine Gruppierung, die in Zukunft erhebliches Gewicht bekommen könnte, wenn es darum geht, Forderungen nach dauerhaftem Aufenthaltsrecht zu stellen. Bislang weisen diese Migrantenkinder aber eine hohe transnationale Mobilität auf, viele kommen mehrfach nach Dubai und ziehen wieder weiter, bis sie sich schließlich in einem (meist westlichen) Land niederlassen, das sie dauerhaft als Heimat betrachten können (vgl. Ali 2011). Das könnte sich ändern, wenn die Zahlen weiter stetig steigen.

Die dritte Gruppierung umfasst jene Migranten, die unterhalb der Einkommensgrenze von 4.000 Dirham leben und damit vom Familiennachzug ausgeschlossen sind. Diese Gruppierung ist wesentlich heterogener als die beiden zuvor beschriebenen und es mag zunächst irreführend erscheinen, sie mit unter dem Blickwinkel des Jugendlichseins zu betrachten. Trotzdem gibt es dafür gute Argumente. Von diesen alleinstehenden Migranten waren im Jahr 2005 rund die Hälfte zwischen 25 und 39 Jahre alt (Simon 2009, 57). Sie leben in einem Zustand der erzwungenen Verlängerung ihres Jugendlichseins, da ihnen ein zentrales Merkmal des Erwachsenwerdens verweigert wird: die Familiengründung beziehungsweise das Zusammenleben mit der Familie. Denn selbst wenn zirka 50 Prozent der Migranten im Heimatland bereits geheiratet und zum Teil auch Kinder gezeugt haben, so ist ihr Alltag in Dubai doch von Merkmalen geprägt, wie sie typisch für die Jugendphase sind. Sie sind gezwungen, Wohnraum mit anderen zu teilen und verbringen ihre Freizeit mit Kricket oder auf der Straße mit Bekannten. Abgesehen von dem finanziellen Beitrag, den sie über die Rücküberweisungen an ihre Familien leisten, können sie wenig Verantwortung übernehmen. So berichtet Mohammed Luqman, 31, Taxifahrer aus dem indischen Kerala:

> »Wenn ich von der Arbeit komme, wartet kein Zuhause auf mich, nur meine Zimmergenossen in der überfüllten Villa. Ich gehe oft Kricket spielen, auf einem Parkplatz des Supermarkts. Oder ich treffe Freunde, wir reden oder hängen einfach herum... Ich fühle mich irgendwie wie zur Schulzeit – dabei will ich nicht mehr jung sein. Ich will heiraten, eine Familie haben. Ich werde in ein paar Jahren zurückkehren, wenn es klappt. Dann werden die Leute mich respektieren, mich wie einen Erwachsenen behandeln. Das ist mein Traum, aber ich weiß nicht, ob er wahr wird.« (Mohamed Luqman, 31 Jahre, Dubai, 20.2.2011)

Zwar ist das Aufschieben der Heirat und der dadurch entstehende 'Jugendberg' in der MENA-Region ein allgemeines Phänomen (vgl. Singerman 2007), die politisch intendierte Verwehrung des Erwachsenwerdens ist jedoch einmalig für die Golfregion.

Zusätzlich haben die alleinstehenden Migranten unter öffentlicher Stigmatisierung zu leiden, besonders männliche Migranten, die pauschal – und unabhängig von ihrem tatsächlichen Familienstand – als Junggesellen (*'uzâb*, bzw. *bachelors*) bezeichnet werden. Die hohe Präsenz der männlichen Migranten in der öffentlichen Wahrnehmung hängt zum einen mit ihrer demographisch ungleich höheren Zahl zusammen, was sich im Männerüberhang in der Bevölkerungsstatistik Dubais niederschlägt. 2011 waren laut offiziellen Statistiken – bei einer Gesamtbevölkerung von zwei Millionen – 76,6 Prozent männlich und nur 23,4 Prozent weiblich (Dubai Statistics Centre). Hinzu kommt, dass weibliche Migranten vorwiegend im privaten Bereich – zum Beispiel als Kinderfrauen und Haushaltshilfen – beschäftigt und so weniger sichtbar sind.

Die 'Junggesellen' sind zusätzlich zu ihrem unsicheren Migrantenstatus und den damit verbundenen Abhängigkeiten im *Kafâla*-System von speziellen Formen der Ausgrenzung betroffen. Zum einen gibt es eine ökonomische Exklusion, da sie (oft weit) unter der Einkommensgrenze von 4.000 Dirham leben und schon aus diesen Gründen leicht vom konsumzentrierten öffentlichen Leben Dubais ausgeschlossen sind. Hinzu kommen aber gezielte Maßnahmen und Regularien, die bestimmte Räume zu exklusiven Zonen »nur für Familien« – also nicht für alleinstehende Männer – deklarieren. Das betrifft zum Beispiel immer mehr öffentliche Parks, klimatisierte Einkaufszentren und Strände. Zu dieser Situation hinzu kommt ein verbreiteter Alltagsrassismus, der asiatisch aussehenden Männern den Zutritt zu solchen exklusiven Zonen verweigert, wohingegen 'westliche' weiße Touristen problemlos Zugang erhalten.

Schätzungen zufolge leben in Dubai selbst etwa 500.000 'Junggesellen' (Elsheshtawy 2010, 214).[7] Zusätzlich zu ihrem zwangsweise verlängerten Jugendlichsein durch Trennung von der Familie oder der fehlenden materiellen und rechtlichen Grundlage, eine solche zu gründen, wird diese Gruppierung sozial und räumlich diskriminiert: In vielen Wohngebieten regt sich zunehmend Widerstand gegen so genannte *'bachelor villas'*, gemeinschaftlich von mehreren Migranten angemietete Wohnhäuser.

Protest durch Präsenz: Die Aneignung öffentlichen Raums

Insbesondere die dritte Gruppierung von 'Jugendlichen' birgt ein hohes Protestpotenzial, da sie am stärksten von sozialer und räumlicher Exklusion betroffen ist. Zugleich sind sie ökonomisch marginalisiert, da die Zugehörigkeit zu dieser Gruppe ja gerade darauf beruht, dass sie vergleichsweise arm sind und so keine Familie nachholen oder gründen dürfen. Aufgrund der ständig drohenden Abschiebung schlägt sich der Protest aber nur selten in offenem Widerstand nieder. Vielmehr zeigt er sich in alltäglichen Überlebensstrategien Einzelner, die in der Gesamtheit ihrer hohen Präsenz äußerst wirkmächtig sein können und als Nicht-Bewegung agieren. Es passiert das, was Asef Bayat als »stilles Vordringen des Alltäglichen« bezeichnet (Bayat 2010a, 67f.). Dieses Vordringen zeigt sich zum Beispiel darin, dass ganz gewöhnliche Menschen sich öffentlichen Raum aneignen. Schon ihre allgegenwärtige Präsenz besitzt die Macht, zuvor illegitime Handlungsweisen zu normalisieren und so zu legitimieren.

Einer von vielen Orten, an denen diese Präsenz allgegenwärtig ist, ist der Bani-Yas-Platz im Stadtteil Deira, einem der zentralen Geschäftsviertel Dubais. Früher war er als Gamal Abd El Nasser-Platz bekannt, benannt nach dem charismatischen und in der arabischen Welt sehr populären ägyptischen Präsidenten und Verfechter eines panarabischen Nationalismus. Die Umbenennung nach der mächtigen Stammesföderation der Bani Yas, der auch die Herrscherfamilien Dubais (Âl Maktûm) und Abu Dhabis (Âl Nahyân) entspringen, symbolisiert die oben beschriebene Herausbildung der heutigen Regime, die in Abgrenzung von nationalistisch-arabischen Bestrebungen in den 1950er und 1960er Jahren des 20. Jahrhunderts auf eine De-Arabisierungspolitik setzten und statt potenziell nasseristisch eingestellter arabischer Arbeitskräfte lieber Migranten aus Südasien ins Land holten. Und so passt es auch ins Bild, dass der Bani-Yas-Platz, der informell immer noch als Nasser-Platz bezeichnet wird, vor allem für eines bekannt ist: dass man dort »Massen von Indern« (Elsheshtawy 2010, 95) antrifft.[8]

Darunter ist auch Balkhuddin Hammadi aus dem pakistanischen Peshawar, der seit elf Jahren als Fahrer einer Logistikfirma in Dubai arbeitet. Er kommt jeden Abend auf den Bani-Yas-Platz:

> »Ich habe nur alle paar Jahre Urlaub, in dem ich zu meiner Familie reisen kann. Meine Familie, das sind meine Eltern sowie meine Frau, die mit unserem zweiten Kind schwanger ist. Es ist schwer, nicht ständig an sie zu denken. Um die Zeit totzuschlagen, treffe ich meine Freunde oder komme hier auf den Platz.« (Balkhuddin Hammadi, 22.2.2011)

Wie Balkhuddin geht es vielen. Abends und an Freitagen sind der Platz und die umliegenden Straßen gefüllt mit Gruppen von Männern verschiedenster Herkunft. Rund um den Platz haben sich zahlreiche Dienstleister und Einzelhändler auf die speziellen Bedürfnisse der hier Versammelten eingerichtet. Es gibt ein der geringen Kaufkraft entsprechendes Warensortiment, meist direkt aus dem jeweiligen Herkunftsland der jeweiligen Kundengruppe importiert, verschiedenste Reise- und Geldtransferdienstleistungen, Internetcafés und zahlreiche fliegende Händler, die zum Beispiel Alkohol und Tabakwaren feilbieten und die sofort in der Menge untertauchen, sobald die ebenfalls präsente Patrouille der Dubaier Polizei ihre Runde macht. Hier versammeln sich die Menschen vor den kleinen Imbissbuden oder ruhen sich auf der Straßenbegrünung aus. Dabei nehmen sie Räume ein, die so nicht als öffentlicher Raum vorgesehen waren. Die in der Stadtplanung angelegte Bebauung Dubais sieht öffentliche Plätze außerhalb der klimatisierten Luxus-Zonen zum Beispiel in zahlreichen Einkaufszentren kaum vor. Es gibt ganze Stadtviertel, in denen man sich ohne eigenes Auto mangels Fußwegen nicht fortbewegen kann. So müssen alltäglich neue Räume erobert werden wie hier am Bani-Yas-Platz: Straßenkreuzungen, Grünstreifen, Parkplätze, Zwischenräume der Häuser. Im gleichen Viertel spielt auf dem Parkplatz eines Supermarktes eine Gruppe pakistanischer Männer Kricket. Hauswände und Straßenlaternen sind beklebt mit unzähligen informellen Wohnungsannoncen, Angeboten für Jobs, Transport- oder Sprachdienstleistungen. In den Wohnungsanzeigen spiegelt sich der große informelle Wohnungssektor wider, aber auch die starke ethnische Segmentierung der Migrantenbevölkerung: »Looking for Filipino Male Bedspacer at Flower Grocery Bldg.«, »Sharing Room Available – Nepali only«, »Roomsharing with 3 Afghan Bachelors«, »Villa Bedspaces sharing with same / Pinay only«. Die Annoncen sind meist auf Englisch, zum Teil gemischt mit den jeweiligen Sprachen der Migranten – Arabisch findet sich nicht.

Das Beispiel des Bani-Yas-Platzes und seiner Umgebung verdeutlicht, wie durch alltägliche Praktiken der öffentliche Raum angeeignet wird, der ansonsten offiziell für diese Gruppe nicht vorhanden oder nicht zugänglich ist. Für sich genommen mag das Beispiel unbedeutend erscheinen. Führt man sich aber vor Augen, dass es in Dubai unzählige solcher Orte gibt und ihre Zahl angesichts der weiter steigenden Einwandererzahlen noch zunehmen wird, so wird deutlich, welches enorme Potenzial in solchen Nicht-Bewegungen steckt. Ihre Präsenz wird wirkmächtig durch die große Masse der Anwesenden und ihre Alltagspraktiken.

Dies zeigt sich nicht nur im öffentlichen Raum, sondern auch im Bereich des Wohnens. Und hier wird auch deutlich, wie durch kollektive Normverletzung neue Normen geschaffen werden. Da Wohnungsbau in Dubai komplett dem Privatsektor überlassen blieb und sich dieser auf das zahlungskräftige Mittelklasse- bis Luxussegment konzentrierte, herrscht heute Mangel an günstigem Wohnraum und zwar selbst für solche Migranten, deren Einkommen über der 4.000-Dirham-Grenze liegt und die mit ihrer Familie in Dubai leben. Aus dieser Problematik ist ein großer informeller Wohnungsmarkt entstanden, wobei sich häufig 50 bis 60 Migranten so genannte 'Villen' teilen, die ursprünglich als Einfamilienhäuser gebaut worden waren. Lange Zeit existierte diese Wohnform in einer rechtlichen Grauzone, weder legal noch explizit verboten. Ein Vorfall, bei dem 2008 im Stadtteil Deira ein solches Wohnhaus abbrannte und 60 Bewohner ums Leben kamen, wurde allerdings zum Anlass genommen, eine *One-villa-one-family*-Politik zu formulieren und mit entsprechenden Verordnungen über Nacht einen Großteil der geringverdienenden Arbeitsmigranten in die Illegalität der Wohnraumnutzung zu drängen. Dies erhöhte zusätzlich den Druck, unter dem die Migranten stehen. Aufgrund der schieren Masse der betroffenen Personen ist die Gesetzeslage zwar nicht in großem Maßstab umsetzbar, sie gibt den Behörden jedoch ein weiteres Druckmittel in die Hand, mit dem sie die Migranten kontrollieren können.

In der emiratischen Presse – und zwar sowohl in der von Einheimischen rezipierten arabischsprachigen als auch in der zumeist von wohlhabenden Expatriates gelesenen englischsprachigen – findet sich überwiegend einhellige Zustimmung zu dieser Politik. Und hier zeigen sich auch die Auswirkungen der Präsenz, der Nicht-Bewegung. Regelmäßig erscheinen Artikel über die 'Bachelor-Plage', Familien beschweren sich über alleinstehende Migranten, die in ihrer Nachbarschaft wohnen, und Behördenvertreter kündigen Maßnahmen zur 'Säuberung' der Viertel an. So schreibt 'Abu Muhammad' in einem Leserbrief in der arabischsprachigen Tageszeitung Emarat al Youm:

»Ich bin einer der Bewohner der Nad Shama-Region in Dubai. Wir leiden darunter, dass Junggesellen in unserer Nähe wohnen, alles ist voller LKWs und Autos. Das führt zur Ausbreitung von Müll angesichts der nicht vorhandenen Kontrolle durch die Verantwortlichen. Außerdem leiden wir unter Stromausfällen wegen des hohen Verbrauchs in den benachbarten Junggesellenhäusern. Daher schlage ich vor, die Kontrollen zu verschärfen und den Beschwerden nachzugehen, um den vielerorts unzivilisierten Anblick zu überwinden, der nicht zu diesem Ort passt. [...] Ein paar von diesen Junggesellen benehmen sich ohne jeden Anstand, wenn sie sich im öffentlichen Raum aufhalten wie zum Beispiel im Jafiliya-Park. Das führt dazu, dass einheimische Familien diesen Park meiden oder ihre Familien und Kinder nicht mehr dorthin mitnehmen. [...] Wo sind die Kontrollmaßnahmen von Seiten der Stadtverwaltung? Warum werden gegen sie nicht die notwendigen Strafmaßnahmen verhängt? Wir fordern, dass diese Gruppierungen nicht in Wohngebieten speziell für Familien wohnen dürfen. Die meisten der Junggesellen sind Jugendliche, die die Gefühle der Familien nicht respektieren. Sie sind bis spät nachts wach, was Familien und besonders die Kinder verärgert. Das führt zu negativen Auswirkungen bei den Schulnoten, außerdem belästigen sie die Frauen.« (Emarat al Youm, 13.12.2008)

Abseits von diesem offen rassistischen Diskurs hat die Einwandererthematik politischen Handlungsdruck erzeugt. Allerdings wird dabei keinesfalls über einen vermehrten Familiennachzug nachgedacht, um etwa das 'Bachelor-Problem' zu lösen. Vielmehr wird über Identitäts- und Sprachenpolitiken die symbolische Exklusion noch verstärkt. So wurden beispielsweise in den letzten Jahren mehrere Sprachgesetze erlassen und es gibt Überlegungen, die Verlängerung des Aufenthaltes an Arabischkenntnisse zu knüpfen.[9] Daneben gibt es zahlreiche 'Heritage'-Initiativen, die wieder- oder neuentdeckte arabisch-emiratische Traditionen vom Kamelrennen bis zum Dattelfestival (wieder) aufleben lassen (vgl. Khalaf 2000), sowie ein Programm zur Emiratisierung beziehungsweise Nationalisierung *(tawtîn)* des Arbeitsmarktes.

Fazit: von der Präsenz zum Protest

Der Blick auf die alltägliche Präsenz insbesondere alleinstehender männlicher Migranten in Dubai zeigt, unter welchem Druck diese Gruppierung steht. Zu ökonomischer, sozialer und räumlicher Exklusion kommt bei vielen der Zustand erzwungener Jugendlichkeit durch Verwehrung von Familiengründung bzw. von Familiennachzug sowie die permanente Ungewissheit über den Aufenthaltsstatus. Dieser Druck führt zu einer Politik 'von unten' und wirkt vor allem in Form von Nicht-Bewegungen: Die atomisierten Alltagspraktiken Einzelner wirken durch die große Masse der Beteiligten zusammen und verändern die Realität vor Ort und die Gesellschaftsentwürfe – die gesellschaftliche Realität aller in Dubai Anwesenden, von Migranten und Staatsbürgern gleichermaßen. Am Beispiel des öffentlichen Raumes wird deutlich, wie beständig neue Räume angeeignet und für Zwecke nutzbar gemacht werden, die zuvor so nicht dafür vorgesehen waren. Die Präsenz der Migranten führt zwar zu wachsendem Protest bei der Minderheit der einheimisch-emiratischen Bevölkerung und zu Rufen nach mehr staatlicher Kontrolle. Die Reaktion des Staates bewegt sich aber vorwiegend im symbolischen Bereich (z.B. Sprachen- und Identitätspolitik, medienwirksame Abschiebung Einzelner). Diese Maßnahmen entfalten zwar eine gewisse Wirkung durch Ausgrenzung und Disziplinierung, angesichts eines migrantischen Bevölkerungsanteils von über 90 Prozent mit weiter steigender Tendenz zeigt sich aber die Machtlosigkeit. Vielerorts wird von Seiten der Behörden der Status quo akzeptiert, den die Migranten durch ihre Präsenz geschaffen haben und tagtäglich im Sinne von Bayats 'stillem Vordringen' weiter verändern.

Die beschriebene alltägliche Präsenz der Migranten kann auch zu offenem Protest werden und so schnell politische Brisanz entfalten. Wenn die Nicht-Bewegung in offenen Widerstand umschlägt, wenn die Aktionen und Alltagspraktiken atomisierter Individuen zusammenwirken, zeigt sich das Veränderungspotenzial. Anzeichen für eine solche Entwicklung in Dubai gibt es bereits. So kam es beispielsweise 2008 zu Protesten, als die Behörden im Bastakiya-Viertel von Migranten bewohnten Wohnraum abreißen wollten und spontan Hunderte von Bewohnern zur zuständigen Stadtverwaltung marschierten, um sich dagegen zu wehren – mit Erfolg. Kennzeichnend für die Proteste in Dubai ist stets, dass sie spontan und anlassbezogen ablaufen. Seit dem Jahr 2004 ist aber eine stetige Zunahme solcher Proteste zu verzeichnen. Immer wieder gibt es spontane Streiks von Arbeitern. So traten im Januar 2011 – nahezu zeitgleich mit dem Höhepunkt der revolutionären Proteste in Ägypten, medial aber weitgehend unbemerkt – 30.000 Arbeiter aus Bangladesch in Ausstand. Zwar beschränkten sich die damit verbundenen Forderungen bislang auf verbesserte Bezahlung und Arbeitsbedingungen, doch auch sie verdeutlichen das Mobilisierungspotenzial. Diese könnten in absehbarer Zukunft politisch werden, wenn es darum geht, Aufenthaltsrechte und politische Partizipation einzufordern. Viele Protestaktionen spielen sich zwar abseits der öffentlichen und internationalen Wahrnehmung ab (z.B. innerhalb der Arbeitslager außerhalb der Stadtgrenze), nichtsdestotrotz führte der zunehmende Druck bereits zu einigen Verbesserungen der Arbeitsbedingungen (vgl. Buckley 2012, 13).

Das ethnokratische Regime und die rigorose Abschiebepolitik verhinderten bislang die Entstehung formeller Interessenvertretungen und Bewegungen mit führenden Akteuren an der Spitze. Zunehmend bilden sich aber informelle Organisationen, die sich um verschiedenste Belange von Migranten kümmern: private Initiativen, die Essens- und Kleidungsausgaben an Bedürftige in Arbeitslagern abhalten (vgl. Buckley 2012, 7), Sportveranstaltungen organisieren oder zum Beispiel Beratung für Neuankömmlinge in visa- und arbeitsrechtlichen Fragen anbieten. Der zunehmende Organisationsgrad dieser Initiativen wird von den emiratischen Behörden geduldet und stellt einen weiteren Aspekt des stillen Vordringens dar.

Anmerkungen

[1] Dieser Beitrag ist auf dem Stand Februar 2013. Alle Zitate sind eigene Übersetzungen aus dem Arabischen oder Englischen.

[2] Zivilgesellschaftliche Institutionen sind in den Vereinigten Arabischen Emiraten entweder verboten oder - wenn doch vorhanden - so doch staatlich kontrolliert und damit nur eingeschränkt handlungsfähig (vgl. Davidson 2011).

[3] Insbesondere im Zuge der panarabischen Nationalismusbewegung in den 1950er Jahren war es zuvor zu antikolonialen Unruhen in der Region gekommen, die an einigen Orten (Aden, Bahrain und in Teilen des Oman) auch zu bewaffnetem Widerstand führten.

[4] Selbst im Falle einer Einbürgerung bleibt die betreffende Person 'Bürger zweiter Klasse', da ihr das so genannte Familienbuch *(khulâsat al-qaid)*, eine Art Abstammungsnachweis, verwehrt bleibt, das wiederum für den Zugang zu wohlfahrtsstaatlichen Ressourcen wie subventioniertem Wohneigentum, Bildung und gesicherten Arbeitsplätzen notwendig ist. Zudem kann diese erworbene Staatsbürgerschaft bei Fehlverhalten widerrufen werden, so geschehen 2011, als sieben eingebürgerten Emiratis iranischen Ursprungs wegen Terrorverdachts die Staatsbürgerschaft entzogen wurde.

[5] Dass von diesem Druckmittel auch Gebrauch gemacht wird, zeigte sich beispielsweise im Februar 2012, als 50 syrischen Staatsangehörigen das Aufenthaltsrecht entzogen wurde, nachdem sie an einer nicht genehmigten Demonstration vor der syrischen Botschaft in Dubai teilgenommen hatten.

[6] http://localexpatriate.blogspot.de/[Zugriff am 28.5.2013].

[7] Von dieser Situation sind längst nicht nur die unqualifizierten Arbeiter betroffen, die meist in Camps außerhalb der Stadt untergebracht sind, die Stadt meist nur aus der Ferne sehen und in Bussen von und zur jeweiligen Arbeitsstelle transportiert werden. Bei diesen ist die Exklusion und gewollte Temporarität ihres Aufenthaltes offensichtlich und wird auch von den Verantwortlichen nicht geleugnet. Diese Arbeitercamps stehen meist im Fokus, wenn über die Migrationsproblematik diskutiert wird, sie machen aber nur ungefähr ein Drittel der Migranten aus. Die überwiegende Mehrheit der Einwanderer lebt in der Stadt selbst. Zu dieser Gruppe von einer halben Million Menschen kommt eine hohe Dunkelziffer jener Personen, die in der hier vorgenommenen Dreiteilung nicht gefasst werden. Dazu gehört eine hohe Zahl von illegal eingewanderten Migranten, bzw. solchen, die nach Verlust des Aufenthaltsstatus im Land geblieben sind. Dazu gehört auch die große Gruppierung der sogenannten bidûn, staatenloser Einheimischer, die bislang keine Staatsbürgerschaft erhalten haben.

[8] Auch wenn der Platz selbst im Zuge des Baus einer Metrostation in den letzten Jahren zeitweise geschlossen wurde, ist diese Gegend weiterhin ein beliebter Treffpunkt vorwiegend südasiatischer Männer, die hier ihre Freizeit verbringen, Informationen austauschen oder in einem der zahlreichen Internetcafés und Telefonshops Kontakt in die Heimat aufnehmen.

[9] So die Aussage des emiratischen Staatssekretärs im Bildungs- und Kulturministerium im Interview mit dem Autor am 10.03.2011. Wie realistisch solche Überlegungen sind, sei dahingestellt angesichts der Tatsache, dass bislang nur ein geringer Teil der Migranten über Arabischkenntnisse verfügt und diese im Alltag nicht benötigt werden (vgl. Falk 2012).

'A Clash of Lifestyles?' – Jugendliche Lebensstile im politischen Diskurs der Türkei

Pierre Hecker (Marburg)

»Oh türkische Jugend! Deine erste Pflicht ist es, die türkische Unabhängigkeit und die Türkische Republik für alle Zeiten zu schützen und zu verteidigen. Dies ist die alleinige Grundlage deiner Existenz und deiner Zukunft. Diese Grundlage ist dein teuerster Schatz.«

– Mustafa Kemal Atatürk, Rede an die türkische Jugend, 20. Oktober 1927.[1]

In seiner berühmten Rede vor dem zweiten Kongress der Republikanischen Volkspartei am 20. Oktober 1927 überantwortete Staatsgründer Mustafa Kemal Atatürk der türkischen Jugend nicht weniger als die Zukunft der Nation. Beide, Jugend und Nation, wurden, ähnlich der Rhetorik anderer europäischer Nationalstaaten, zu einer ideologisch unteilbaren Einheit verschmolzen. Die symbolische Bedeutung von Jugend ist im politischen Diskurs der Türkei noch heute allgegenwärtig. Erst zu Beginn des Jahres 2012 verkündete der amtierende Ministerpräsident Recep Tayyip Erdogan die Erziehung einer neuen religiösen Generation, die die Zukunft der türkischen Nation gestalten solle. Das Ansinnen des Ministerpräsidenten sorgte in der türkischen Politik für offene Kontroversen, steht der Wunsch nach der Erziehung einer religiösen Jugend doch in offenem Widerspruch zu den laizistischen Idealen Atatürks.

Der vorliegende Beitrag beschäftigt sich mit der Konstruktion von Jugend im politischen Diskurs der Türkei. Die sich wandelnden Bedeutungen von Jugend als Hoffnungsträger, Bedrohung, Konsumenten und Träger eines religiösen Konservatismus werden ebenso beleuchtet wie die alltägliche Politik miteinander konkurrierender Lebensstile. Wie sich Lebensstile im Alltag zu einem Moment politischer Auseinandersetzung entwickeln, soll im Kontext der türkischen Metropole Istanbul veranschaulicht werden.

Metropolis Istanbul

Istanbul zu beschreiben fällt schwer. Wie über eine Stadt schreiben, über die bereits endlose Textwüsten verfasst wurden? Istanbul. Die Mutter aller Städte. Wie über eine Stadt berichten, deren Geschichte sich über die Jahrtausende erstreckt? Vom antiken Byzantium und Chalcedon bis in die moderne Gegenwart. Istanbul ist ein Gefühl. Ein Traum. Der türkische Traum von Wohlstand und sozialem Aufstieg, von Freiheit, Aufbruch, Utopie und Nostalgie. Istanbul ist auch Angst. Die türkische Angst vor dem drohenden Kollaps und der kalten Gesellschaft. Istanbul ist das Warten auf das nächste Erdbeben. Die Stadt, die keine Gnade kennt und Geschichten erzählt vom harten Leben in Enge,

Einsamkeit und Leere. Istanbul ist aber auch ein wunderbarer Ort der Kreativität, der zahllosen Subkulturen und der Leidenschaft. Wie über eine Stadt reden, die sich täglich verändert? Deren Dynamik alles Gesagte als längst nicht mehr gültig erscheinen lässt?

Istanbul ist die Metropole am Bosporus, die sich in einem unüberschaubaren, schier endlosen Siedlungsband über zwei Kontinente erstreckt und nahezu 14 Millionen Menschen beherbergt (TIKB 2012). Istanbul mag nicht die Hauptstadt der Türkei sein – diese Rolle kommt Ankara zu –, das kulturelle und wirtschaftliche Zentrum des Landes ist es allemal. Nördlich des Goldenen Horns, im Stadtteil Levent, etablierte sich in nur wenigen Jahren ein neues, von Hochhäusern geprägtes Finanzviertel. 2010 war Istanbul Kulturhauptstadt Europas. Die raschen, tiefgreifenden städtebaulichen Veränderungen der jüngsten Vergangenheit sind in ihrer Gesamtheit kaum zu erfassen. Die örtlichen Planungsbehörden schrecken weder davor zurück, ganze Stadtviertel umzustrukturieren und abzureißen (so geschehen in Sulukule oder jüngst in Tarlabasi), noch gigantische Verkehrsprojekte zu verwirklichen (etwa die Konstruktion einer dritten Brücke über den Bosporus oder der bereits in Teilen fertiggestellte Bau eines U-Bahntunnels unter dem Bosporus), die über Jahre hinaus enorme Finanzmittel binden und in sich kaum überschaubare Risiken bergen. Hinzu kommt ein unaufhaltsames Breitenwachstum, welches an den Rändern der Stadt zahllose Wohnkomplexe und Hochhäuser aus dem Boden schießen lässt. Istanbul ist aber vor allem eines: eine kosmopolitische und junge Stadt, die trotz (oder vielleicht gerade wegen) aller Kreativität zahlreiche Gegensätze in sich trägt, die in alltäglichen Konflikten zu Tage treten. Träger dieser Konflikte ist nicht selten die sich in der ungeheuren Dynamik Istanbuls zurechtfinden müssende junge Generation.

Diagnose 'youth bulge'

Mit Blick auf die angrenzende Region des Nahen und Mittleren Ostens präsentierte sich die junge Generation als treibende Kraft hinter den Umbrüchen des Arabischen Frühlings. Es waren junge Männer und Frauen, die als Erste auf die Straße gingen, einen Wandel der Systeme und den Rücktritt der alten Regime forderten. Die arabischen Aufstände mögen für die meisten Politiker und Analysten überraschend gekommen sein, das revolutionäre Potential der Jugend war allerdings längst bekannt und wiederholt thematisiert worden. Gleich mehrere Studien hatten die Verschärfung sozialer, politischer und ökonomischer Probleme bei einem konstant hohen Bevölkerungswachstum und einer relativen wie absoluten Zunahme der jungen Bevölkerung betont (AHDR 2002b; Fuller 2003; WYR 2007). Wohlstand und Stabilität der Staaten des Nahen Ostens stünden demnach in direkter Abhängigkeit von den Chancen, die der jungen Generation im Kampf um eine bessere Bildung, den Zugang zum Arbeitsmarkt und eine bezahlbare Wohnung geboten würden (Dhillon 2008; Dhillon & Yousef 2009).

Jugend wurde im Rahmen der besagten Studien als eine Phase des Übergangs von der Kindheit zum Erwachsenenalter beschrieben. Die Betonung lag hierbei allerdings weniger auf den Prozessen des biologischen Übergangs von der Pubertät zur sexuellen, körperlichen Reife als vielmehr auf den Prozessen des sozialen Übergangs. Der Eintritt ins Erwachsenenalter ist in den Gesellschaften des Nahen Ostens nach wie vor eng an Heirat und Familiengründung geknüpft. Letzteres erfordert zumindest eine gewisse ökonomische Unabhängigkeit von der Elterngeneration, die nur über den Zugang zum Arbeitsmarkt erreicht werden kann. Angesichts des wachsenden Drucks auf den Bildungs-, Arbeits- und Wohnungsmarkt in nahezu allen Gesellschaften des Nahen Ostens befindet sich die Phase des jugendlichen Übergangs in der Krise, d.h. jungen Menschen fällt es zunehmend schwerer, die nötigen Voraussetzungen zu erfüllen, um den Eintritt ins Erwachsenenalter zu bewältigen. Vermehrte Arbeitslosigkeit und ein Anstieg des durchschnittlichen Heiratsalters gelten als Indikatoren dieser Entwicklung.

Für die junge Generation manifestiert sich die Krise insbesondere in der Tatsache, dass nur der soziale Status des Erwachsenen die Erfüllung individueller Bedürfnisse nach Wohlstand, Sexualität und sozialer Anerkennung verspricht. Angesichts der zunehmend prekären Lebenssituation konstatierten mehrere, nur wenige Zeit vor dem Arabischen Frühling veröffentlichte Studien (z.B. Fuller 2003; Bayat 2012a; Dhillon & Yousef 2009) folglich ein wachsendes Potential an Radikalisierung und Instabilität. Noch vor wenigen Jahren war auch für die Türkei ein so genannter 'youth bulge', also ein überdurchschnittlich hoher Anteil der 15- bis 24-Jährigen an der Gesamtbevölkerung, diagnostiziert worden (Fuller 2003). Diese Diagnose verweist auf die enormen wirtschaftlichen, politischen und sozialen Anforderungen, die an Staat und Gesellschaft gestellt werden, um den Bedürfnissen der jungen Generation gerecht zu werden. Zugleich gilt sie als Indikator für ein hohes Potential an gewaltsamen Konflikten, ideologischer Radikalisierung, jugendlicher Emigration und politischer Instabilität (ebd.).

Im Jahr 2000 lag der Anteil der Jugendlichen an der türkischen Gesamtbevölkerung noch bei 20,5 Prozent und damit über der häufig als kritisch bezeichneten Marke von 20 Prozent (TIKB 2011). Seitdem hat sich dieser Anteil auf 16,8 Prozent im Jahr 2011 verringert (ebd.), wobei das Türkische Amt für Statistik einen weiteren Rückgang auf 14,8 Prozent bis zum Jahr 2025 prognostiziert (TIKB 2008c). Während der relative Anteil der jugendlichen Bevölkerung also voraussichtlich abnehmen wird, soll die absolute Zahl der 15- bis 24-Jährigen in den kommenden Jahren weiter leicht steigen, um dann bis zum Jahr 2025 weitgehend konstant zu bleiben (ebd.). Zu erklären ist diese Entwicklung mit einem abgeschwächten Bevölkerungswachstum, welches um das Jahr 2020 vermutlich unter ein Prozent fallen wird. Zu Beginn der 1980er Jahre lag das jährliche Bevölkerungswachstum noch deutlich über zwei Prozent (TIKB 2008a).

Im Jahr 2011 veröffentlichte das Türkische Amt für Statistik erstmals einen umfangreichen statistischen Datensatz zum Thema Jugend (TIKB 2011). In Anlehnung an die geltende Praxis der UNESCO und der Weltbank wurde 'Jugend' als eine feste Alterskohorte der 15- bis 24-Jährigen definiert. Biologische oder soziale Indikatoren für den Übergang ins Erwachsenenalter spielten für die statistische Erfassung demnach keine Rolle.

Langfristig betrachtet zeichnen sich anhand des Datenmaterials einige positive Tendenzen ab: Beispielsweise steigt die Zahl der UniversitätsstudentInnen seit Jahren kontinuierlich an und die jugendliche Analphabetenrate befindet sich auf einem historischen Tief von 1,8 Prozent. Allerdings sprechen die Zahlen zugleich auch für eine strukturelle Benachteiligung junger Menschen. Jugendliche sind in wesentlich stärkerem Maße von Arbeitslosigkeit betroffen als Erwachsene, verfügen im Falle einer Beschäftigung über ein deutlich geringeres Einkommen und leben häufiger unterhalb der Armutsgrenze. Insgesamt verfügen nur 65,2 Prozent der 15- bis 24-Jährigen über ein eigenes Einkommen. Die Soziologin Pinar Enneli verweist in diesem Zusammenhang außerdem auf die jüngsten Einschnitte im Sozialsystem und die Tatsache, dass nur 44 Prozent der arbeitslosen Jugendlichen über eine Sozialversicherung verfügen; ferner macht sie auf den nach wie vor hohen Anteil derer aufmerksam, die nur über eine achtjährige Grundschulbildung verfügen (Enneli 2011). Noch gravierender tritt die Benachteiligung junger Menschen bei einer geschlechtergetrennten Betrachtung zu Tage. Die Erwerbsquote junger Frauen lag 2011 lediglich bei 26,8 Prozent, im Vergleich zu 52,3 Prozent bei gleichaltrigen Männern; ähnliche Differenzen lassen sich hinsichtlich des Einkommens und der Arbeitslosenquote junger HochschulabsolventInnen erkennen (Frauen: 35,6 Prozent, Männer: 24 Prozent). Korrespondierend zu den meisten arabischen Staaten lässt sich also feststellen, dass auch türkische Jugendliche massiv von Arbeitslosigkeit betroffen sind, nur unzureichend vom staatlichen Sozialsystem profitieren, ihre finanzielle Unabhängigkeit häufig nicht gewährleistet ist und junge Frauen überdurchschnittlich oft von Arbeitslosigkeit und Lohnungleichheit betroffen sind (vgl. AHDR 2002b; Dhillon & Yousef 2009).

Im Unterschied zu den meisten anderen Staaten der Region kann die Türkei aber neben Erfolgen im (privaten) Bildungssektor auf ein beachtliches Wirtschaftswachstum verweisen. Nachdem die türkische Wirtschaft im Jahr 2001 in eine tiefe Rezession geschlittert war, entwickelte sich das vergangene Jahrzehnt zu einer in der türkischen Geschichte bislang beispiellosen Phase des wirtschaftlichen Aufschwungs. Schon aufgrund der unterschiedlichen Wirtschaftslage drängt sich die Frage auf, ob die Situation der türkischen Jugend mit der Situation der arabischen Jugend vergleichbar ist.

Jugend im politischen Diskurs der Türkei

Das Thema 'Jugend' ist in der Türkei nach wie vor kaum erforscht. Es existieren nur wenige Studien, die fast ausschließlich auf statistischem Datenmaterial beruhen und kaum Aussagen über jugendliche Lebenswelten und Alltagserfahrungen zulassen. Eine der wenigen Wissenschaftlerinnen, die sich seit Jahren mit dem Thema Jugend auseinandersetzt, ist die Soziologin Leyla Neyzi von der Istanbuler Sabanci Universität. In einem Beitrag für das International Journal of Middle East Studies analysierte sie die historische Konstruktion von Jugend im öffentlichen Diskurs der Türkei und unterschied hierbei drei Phasen: eine erste Phase (1923-50) beginnend mit der Republikgründung, in welcher die Jugend zum Symbol und Hoffnungsträger für die neue türkische Nation stilisiert wurde; eine zweite Phase (1950-1980), in welcher sich die neue türkische Jugend verstärkt in systemkritischen politischen Bewegungen engagierte und deshalb als Bedrohung wahrgenommen wurde; und schließlich eine dritte Phase (post-1980), in welcher sich ein Bruch mit den modernistischen Konstruktionen von Jugend konstatieren lässt und Jugendliche zu apolitischen Konsumenten erzogen werden, die sich zugleich aber selbst neu definieren, indem sie neue Medien nutzen und an »massenbasierten globalen Jugendsubkulturen« partizipieren (Neyzi 2001, 412). Im Folgenden soll die von Leyla Neyzi getroffene Unterscheidung näher ausgeführt und um die aktuelle Diskussion um Jugend als Träger eines religiösen Konservatismus erweitert werden.

Jugend als Hoffnungsträger

Die türkische Republik war am 29. Oktober 1923 aus den Resten des Osmanischen Reiches hervorgegangen. Zeitgleich mit der Ausrufung der Republik wurde Mustafa Kemal Atatürk (1881-1938), der Führer der türkischen Unabhängigkeitsbewegung, zum Präsidenten gewählt. Die nach ihm benannte Ideologie des Kemalismus strebte nach der Schaffung eines türkischen Nationalstaates nach europäischem Vorbild. Das kemalistische Modell der Moderne vollzog einen radikalen Bruch mit der osmanischen Vergangenheit und verwirklichte ein Reformprogramm, welches unter anderem die Abschaffung des Sultanats (1922) und des Kalifats (1924), die Gewährung gleicher Bürgerrechte für Männer und Frauen (1926), die Schaffung eines neuen, von religiösen Prinzipien befreiten, säkularen Rechtssystems nach schweizerischem und italienischem Vorbild (1926), die Ersetzung des arabischen Alphabets durch das lateinische (1928), die Schaffung eines nationalen Bildungssystems (1928) sowie die Streichung des Islam zur Staatsreligion bestimmenden Verfassungsparagraphen vorsah.

Eines der leitenden Prinzipien des Kemalismus war das noch heute in der Verfassung als unabänderlich festgeschriebene Prinzip des Laizismus. Der türkische Laizismus strebte indes weniger nach einer Abschaffung der Religion als vielmehr nach deren Kontrolle durch den Staat. Nicht-staatliche Institutionen religiöser Bildung wurden in der Folgezeit verboten und die religiösen Stiftungen und Moscheen des Landes unter die Verwaltung einer zentralen Religionsbehörde (Diyanet Isleri Baskanligi) gestellt. Zudem wurde die Nutzung von Religion zu politischen Zwecken verboten. Die mit aller Macht durchgesetzten Reformen führten in der Folgezeit nicht nur zu einer Marginalisierung der alten, religiösen Eliten, die sich den Säkularisierungsbemühungen entgegengestellt hatten, sondern auch zu einer Entfremdung breiter, religiös konservativer Kreise, die einer religiösen Lebensführung hohe Bedeutung beimaßen. Über Jahrzehnte hinweg versuchten die kemalistischen Regierungen jedes Aufkeimen außerstaatlicher, religiöser Aktivitäten im Keim zu ersticken, indem sie diese pauschal als »religiösen Reaktionismus« *(irtica)* brandmarkten (Azak 2010, 14). Nicht selten verteufelten daraufhin religiös konservative Kreise ihrerseits den Kemalismus als gottlose, atheistische Ideologie. Die Konfliktlinie zwischen vermeintlich 'säkularen' und vermeintlich 'religiösen' Akteuren bestimmt noch heute die politische Auseinandersetzung zwischen der religiös-konservativen Regierungspartei, der Adalet ve Kalkinma Partisi (Partei für Gerechtigkeit und Fortschritt, kurz: AKP) von Ministerpräsident Recep Tayyip Erdogan, und der größten, kemalistisch geprägten Oppositionspartei Cumhuriyet Halk Partisi (Republikanische Volkspartei, kurz: CHP) unter der Führung von Kemal Kiliçdaroglu.

Nach den Vorstellungen des Kemalismus sollte eine neue, nach europäischem Vorbild erzogene Jugend die Führung in Staat und Gesellschaft übernehmen. Die Kemalisten folgten in dieser Auffassung der Tradition der Aufklärung, die der Jugend die Rolle des Erneuerers und Modernisierers zuschrieb. Der Kemalismus propagierte somit das Ideal des jungen, aufgeklärten Menschen, der die 'Ketten der Tradition' abgeschüttelt hat und die Ideale der Moderne und der Nation in sich trägt (Neyzi 2001). Dies beinhaltete auch die Stärkung von Idealen wie Patriotismus und Opferbereitschaft (Enneli 2011).

Jugend als Bedrohung

Nach Ende des Einparteiensystems gelang der noch jungen Demokratischen Partei (DP) im Mai 1950 der Sieg bei den türkischen Parlamentswahlen über die bislang regierenden Kemalisten der Republikanischen Volkspartei (CHP). Das Erstarken einer Opposition hatte bereits in den Jahren zuvor zu einer Lockerung der rigiden Religionspolitik geführt, zumal es der Demokratischen Partei gelang, konservativ-religiöse Wählerschichten für sich zu mobilisieren, was die Republikanische Volkspartei mit vorsichtigen Reformen zu kontern versuchte (z.B. der Einführung eines fakultativen Religionsunterrichts und der Eröffnung einer theologischen Fakultät an der Universität Ankara) (Kreiser & Neumann 2003, 424).

Nach dem Ende der kemalistischen Alleinherrschaft etablierten sich unter dem Eindruck europäischer und lateinamerikanischer Studentenproteste ab Ende der 1960er Jahre auch in der Türkei machtvolle Studentenbewegungen, die sich der politischen Linken oder Rechten verschrieben hatten und einander unversöhnlich gegenüber standen. In diese Phase der Politisierung fällt auch die Gründung zweier bedeutender Jugendorganisationen, der kommunistischen Föderation der Revolutionären Jugend der Türkei (Türkiye Devrimci Gençlik Federasyonu) und der neo-faschistischen Organisation Junger Idealisten (Genç Ülkücüler Teskilati), die heute in Deutschland unter dem Namen »Föderation« der Türkisch-Demokratischen Idealistenvereine in Deutschland« und in der Türkei unter der Bezeichnung »Ülkü Ocaklari Egitim ve Kültür Vakfi« firmiert sind. Eine gängige Selbstbezeichnung dieser einer neo-faschistischen Ideologie nahestehenden Jugendbewegung ist »Graue Wölfe« (Bozkurtlar bzw. Bozkurtçular).

Gemein hatten die politischen Jugendbewegungen, dass sie das politische System mit ihren Überzeugungen herausforderten. Aus Perspektive der verschiedenen türkischen Regierungen und des Militärs, welches sich als Hüter des kemalistischen Systems verstand, wurde die junge Generation in zunehmendem Maße als politische Bedrohung nationaler Interessen wahrgenommen. Schließlich bereitete die Politisierung der Studentenbewegung den Weg für die Militärputsche der Jahre 1971 und 1980 (Neyzi 2001; Enneli 2011).

Die Ereignisse, die zum Militärputsch von 1980 führten, waren vielschichtig: Politische Unruhen und Morde waren an der Tagesordnung, die Wirtschaft befand sich in freiem Fall, während gleichzeitig die Preise für Güter des täglichen Bedarfs in ungeahnte Höhen schossen; kurdische Separatisten stellten die Einheit des Staates in Frage und erste Massendemonstrationen forderten, motiviert vom Erfolg der islamischen Revolution im Iran (1979), die Einführung eines islamischen politischen Systems (Zürcher 2004). Das Militär hatte den Putsch von langer Hand geplant und ging in einer ersten Phase vor allem gegen die politische Linke vor, wobei es sich auf die Unterstützung des rechtsnationalen Lagers verlassen konnte. Erst in einer zweiten Phase wurden auch militante rechte Gruppierungen verhaftet, allen voran Mitglieder der bereits zuvor erwähnten Jungen Idealisten, die selbst vor Mordanschlägen auf Andersdenkende nicht zurück geschreckt waren.

In Folge des Putsches wurden Hunderttausende verhaftet, Zehntausende gefoltert und von Militärgerichten zu Haftstrafen verurteilt, mehrere Dutzend Todesurteile vollstreckt und zahlreichen Personen die Staatsbürgerschaft entzogen (ebd.). Das Militär verkündete die Absetzung der Regierung, die Außerkraftsetzung der Verfassung, das Verbot aller politischen Parteien, Gewerkschaften und Verbände, die Einsetzung von Militärgerichten und die Einschränkung zentraler Bürgerrechte, wie etwa der Meinungs- und Versammlungsfreiheit. Unter der Bevölkerung herrschte ein Klima der Angst. Schon der Verdacht, mit linken Ideen zu sympathisieren, bedeutete die sichere Verhaftung. Aus Furcht vor Verhaftung, Folter und Tod vernichteten die Menschen in großem Umfang Bücher, Tonträger und Bilddokumente und passten ihr Äußeres an möglichst unverdächtige Normen an. Schon ein Vollbart, lange Haare oder der Besitz links gerichteter Rock-LPs konnten genügen, eine Person als potentiellen Kommunisten und Staatsfeind zu klassifizieren.

Für die türkische Jugend bedeutete der Putsch sowohl eine politische, als auch eine kulturelle Zäsur. Das Militär hatte alle bestehenden Jugendorganisationen aufgelöst und Neugründungen auf zunächst unbestimmte Zeit verboten. Auf kultureller Ebene erlebte die türkische Gesellschaft insofern einen Bruch, als zahlreiche Künstler und Musiker, die offen mit der politischen Linken sympathisiert hatten, verhaftet wurden, ins Ausland flohen oder, um sich unverdächtig zu verhalten, ihre künstlerischen Tätigkeiten einstellten. Die junge Generation war ihrer Vorbilder beraubt und konnte sich nur eingeschränkt politisch oder künstlerisch betätigen.

Jugend als Konsumenten

Die in den 1980er Jahren aufwachsende Generation wurde von Seiten der Elternhäuser entpolitisiert. In den Köpfen vieler Familien saß die Angst vor Repressionen so tief, dass sie befürchteten, ihre Kinder könnten über politisches Engagement oder unbedachte politische Äußerungen in Gefahr geraten. Das Ergebnis war ein hohes Maß an politischer Selbstzensur und eine Erziehung, die es der jungen Generation gebot, sich von politischen Angelegenheiten fern zu halten. Während eines Gesprächs mit mehreren türkischen Rockmusikern und Künstlern im Sommer 2004 stellte ich die Frage, warum sie sich in ihren Konzerten nicht politisch äußerten und offensichtlich auch die Verwendung anstößiger Formulierungen (Schimpfwörter, Flüche) vermieden. Die Frage produzierte nachdenkliches Schweigen und setzte schließlich eine intensive Diskussion in Gang, in deren Verlauf die in der Putsch-Ära aufgewachsenen Männer auf die Entpolitisierung in ihrer Erziehung zu sprechen kamen. Ihrer Meinung nach waren die unter dem Eindruck der Putsch-Ära anerzogenen Verhaltensmuster so wirkungsmächtig, dass sie von einer unbewussten Selbstzensur sprachen. Die Entpolitisierung ging im Falle eines aus einem sozialistisch geprägten Elternhaus stammenden Musikers soweit, dass die Eltern unmittelbar nach dem Putsch seinen Vornamen ändern ließen. Die Eltern hatten ihm ursprünglich den Namen Devrim (Revolution) gegeben und fürchteten nun negative Konsequenzen für seine Zukunft.

Parallel zur Entpolitisierung der türkischen Jugend vollzog sich der Aufstieg des türkischen politischen Islams. Die türkischen Militärs setzten trotz ihrer laizistischen Gesinnung auf eine 'Türkisch-Islamische Synthese' *(Türk-Islam Sentezi)*, von der sie sich politische Stabilität versprachen. Die Identität der türkischen Nation sollte in stärkerem Maße als bisher mit einer islamischen Identität verschmolzen werden, um auf diese Weise revolutionäre Sozialisten, kurdische Separatisten und radikale Islamisten gleichermaßen politisch zu marginalisieren und den Zusammenhalt der Nation zu stärken. Ausdruck fand diese Politik in der Unterstützung des Militärs für den neu gewählten Ministerpräsidenten Turgut Özal, einen frommen, konservativen Muslim mit pro-westlichen, wirtschaftsliberalen Ansichten.

Das Verhältnis zwischen Militär und religiösen Akteuren war von Widersprüchen, Konflikten und tiefem Misstrauen geprägt. Allerdings profitierten beide Seiten von der Türkisch-Islamischen Synthese. Religiöser Bildung wurde von Seiten des Staates ein höherer Stellenwert eingeräumt, sozial-religiösen Bewegungen und ihren Bildungs- und Wirtschaftsnetzwerken größere Freiheiten zugestanden und politischen Parteien mit religiösem Anspruch erlaubt, ihre Macht auszubauen. Die junge Generation erlebte zugleich aber auch eine Phase der Wirtschaftsliberalisierung. Staatsbetriebe wurden privatisiert, die türkische Wirtschaft verstärkt in den Weltmarkt eingebunden und die Beziehungen mit der Europäischen Gemeinschaft weiter ausgebaut. Die neue Politik propagierte das Streben nach individuellem Wohlstand und förderte die Entstehung einer Konsumgesellschaft (Neyzi 2001; Yavuz 2009). Die Verbreitung neuer Medien- und Kommunikationstechnologien, begleitet von der Aufhebung des staatlichen Medienmonopols Ende der 1980er Jahre, förderte darüber hinaus das Entstehen neuer, von globalen Subkulturen geprägter, urbaner Räume (Akay 1995; Solmaz 1996; Neyzi 2001; Hecker 2011/2012). Insbesondere in den türkischen Großstädten standen plötzlich neue Identitätsoptionen zur Verfügung, die für viele junge Menschen tief greifenden Einfluss auf ihre individuelle Lebensführung – ihren persönlichen Lebensstil – hatten.

Jugend als Träger eines religiösen Konservatismus?!

Seit nunmehr zehn Jahren regiert in der Türkei eine Partei, deren Wurzeln im politischen Islam liegen. Die Partei für Gerechtigkeit und Forschritt (AKP) von Ministerpräsident Recep Tayyip Erdogan bekennt sich zum türkischen Laizismus, fordert zugleich aber dessen Neuinterpretation im Sinne einer islamischen Moderne. Sie distanziert sich vom 'radikalen' Islamismus und spricht stattdessen vom Leitbild eines 'moderaten' Islams und einem demokratischen Konservatismus. Sie folgt den Prinzipien neo-liberaler Marktwirtschaft und pflegt gleichermaßen gute Beziehungen zu den alten politischen Verbündeten im 'Westen' wie zu zahlreichen Regierungen der islamischen Welt. Seit Regierungsantritt der AKP wurde viel über die Transformation des politischen Islams in der Türkei und dessen 'moderate' Ausrichtung, die auch den Staaten des Arabischen Frühlings eine Vorbild sein könne, geschrieben (Yavuz 2009; Akyol 2011).

Während der Erfolg der türkischen Regierung von ihren Anhängern als die lang ersehnte Alternative zu einem Islam á la Iran oder al-Qaida gefeiert wurde, sprachen Vertreter der alten kemalistischen Elite von einer 'geheimen islamischen Agenda' und einer drohenden Islamisierung von Staat und Gesellschaft. Letztere äußerten die Furcht, die Türkei könne schon bald 'werden wie der Iran'. Bei aller Polemik, die sich hinter solchen Vergleichen verbirgt, drängen sich Fragen nach der Bedeutung der von der Regierung propagierten Konzepte auf: Was bedeutet 'moderater Islam', 'demokratischer Konservatismus' oder 'islamische Moderne'? Mit Blick auf die von der AKP geforderte Neuinterpretation des türkischen Laizismus bietet ein erst kürzlich von Mehmet Görmez, dem Präsidenten der Behörde für religiöse Angelegenheiten, verfasstes politisches Strategiepapier Aufschluss.

Görmezs' Absicht ist die Formulierung eines die türkische Politik in Zukunft prägenden, »alternativen Zugangs zum Säkularismus« (Görmez 2012, 2). Religion und Säkularismus bilden demnach keinen Gegensatz; auch ginge es dem neuen türkischen Säkularismus nicht um eine »Reinigung vom Metaphysischen«, sondern vielmehr um einen Prozess des gesellschaftlichen Wandels, der einen »Weg zu tieferer Religiosität eröffne« (ebd., 2-3). Säkularismus bedeutet nach Görmez eine Neuinterpretation der Tradition, wobei die »starken religiösen Referenzen« dieser Tradition und die »Frömmigkeit« der Menschen erhalten bleiben (ebd., 2). Es sei die »islamische Zivilisation«, die neue alternative Formen des Säkularismus hervorbringe und die existierenden Varianten desselben in Frage stelle.

Görmezs Ideen stehen für einen Paradigmenwechsel in der türkischen Politik. Fordert er doch nicht weniger als die Abkehr von einem Säkularismus kemalistischer Prägung. Der Kemalismus hatte sich am Modell des französischen Laizismus und dessen Prinzipen der Kontrolle und Entmachtung religiöser Institutionen orientiert. Görmez verurteilt nun all jene »Angriffe«, welche in der Vergangenheit zum Ziel hatten, »die Macht der Religion zu untergraben und die Bedeutungssphäre, die sie repräsentierte, zu zerstören« (ebd., 4). Stattdessen sympathisiert er mit dem US-amerikanischen Modell des Säkularismus, welches das Prinzip der Religionsfreiheit, im Sinne einer Nichteinmischung des Staates in religiöse Angelegenheiten, favorisiert.

Hier stellt sich die Frage, was genau unter einem Modell des Säkularismus mit »starken religiösen Referenzen« zu verstehen ist. Soll mit Blick auf die religiösen Bedürfnisse der Bevölkerung mehr Raum für die freie Religionsausübung des Individuums geschaffen werden oder meinen »religiöse Referenzen« eine Einschreibung religiöser Prinzipien in die türkische Rechtsordnung? Unvergessen ist in diesem Zusammenhang die Forderung des Premierministers, Ehebruch per Gesetz unter Strafe zu stellen. Es liegt nahe, dieser Forderung – die sich politisch letztlich nicht durchsetzen ließ – eine Referenz auf das islamische Verbot außerehelicher Sexualität zu unterstellen. Könnte angesichts konkreter Regierungshandlungen also schon bald das säkulare Rechtssystem der Türkei durch religiöse Prinzipien unterminiert werden? Drängender, mit Blick auf das Thema des vorliegenden Beitrags, ist allerdings die Frage, in welchem Zusammenhang die soeben gemachten Ausführungen zur türkischen Jugend stehen?

Im Februar 2012 wandte sich Premierminister Recep Tayyip Erdogan in einer polemischen Rede vor der erweiterten Versammlung der Provinzpräsidenten gegen Oppositionsführer Kemal Kiliçdaroglu, indem er von einer neuen Generation türkischer Jugendlicher sprach:

> »In meiner Äußerung geht es nicht [dar]um[,] [zwischen] Gläubige[n] und Ungläubige[n] [zu unterscheiden]. Es geht um die Erziehung einer religiösen Jugend. [Applaus] Ich sage es noch einmal. Dahinter stehe ich! [lang anhaltender Applaus] Sehr verehrter [Herr] Kiliçdaroglu, erwartest du von uns, der AKP, einer Partei mit einer konservativen, demokratischen Identität, etwa die Erziehung einer atheistischen Jugend? [Applaus] Das mag vielleicht deine Aufgabe, dein Ziel sein, aber unser Ziel ist es nicht. Wir werden eine konservative und demokratische Generation erziehen, die für nationale, patriotische Werte und Prinzipien, für historisch gewachsene Prinzipien eintritt. Danach streben wir! Danach streben wir! [Applaus]« (Recep Tayyip Erdogan, 1.2.2012)[2]

Eine »religiöse Generation«?! Manche Medienkommentatoren standen regelrecht unter Schock. Hatte die Regierung nun endlich ihre geheime islamische Agenda offenbart? Sollte schon bald eine konservative, religiöse Jugend die Geschicke des Landes bestimmen? Weiter angeheizt wurde die Debatte davon, dass sich zahlreiche Politiker bemüßigt fühlten, auf die Äußerungen des Premierministers zu reagieren. Der Vorsitzende der rechtsextremen Partei der Großen Einheit (BBP), Mustafa Destici, brüstete sich, seine Partei unternehme schon seit 20 Jahren alle Anstrengungen, eine solche, religiöse Generation zu erziehen (Zaman 8.2.2012). Es sei also nichts gegen die Forderung Erdogans einzuwenden, nur dass es sich originär um ein Konzept der BBP handle. Die republikanische Volkspartei (CHP) hingegen sah sich vom Ministerpräsidenten diskreditiert und in ihrer religiösen Identität verletzt. Der direkt attackierte Parteivorsitzende Kemal Kiliçdaroglu konterte mit einer Mischung aus Empörung, Verteidigung und Angriff:

»Wann waren wir je gegen die Erziehung einer religiösen Generation? Waren die vorherigen Generationen etwa ungläubig? Wie kann er so etwas sagen? [...] Ein religiöser Mensch trägt Liebe im Herzen. Ein religiöser Mensch ist ein Mensch, der kein Gemeingut veruntreut.« (Kemal Kiliçdaroglu, in: Ortadogu 2.2.2012)

Erdogan hatte Kiliçdaroglu und seiner auf Mustafa Kemal zurückgehenden Partei indirekt die Erziehung einer atheistischen Jugend vorgeworfen und damit die von ihm zuvor bestrittene Polarisierung in gläubig *(dindar)* und ungläubig *(dinsiz)* geradezu unterstrichen. Kiliçdaroglu verteidigte nun nicht nur die eigene religiöse Integrität, sondern forderte dazu noch diejenige des Premierministers selbst heraus, indem er mit seiner letzten Bemerkung implizit auf einen aktuellen Korruptionsskandal verwies, in dessen Verlauf »Gemeingut veruntreut« worden war. Neben dem an den Premierminister gerichteten Vorwurf der politischen Instrumentalisierung von Religion zeigt seine Reaktion auch, dass es sich keine Partei erlauben kann, die religiöse Identität der türkischen Nation herauszufordern, indem die Bedeutung von Religiosität kritisiert wird.

Dies wird auch in einer Äußerung von Bülent Arinç, dem stellvertretenden Ministerpräsidenten deutlich. In einem Interview für den türkischen Nachrichtensender CNN Türk, in dem er Erdogan den Rücken stärkte, unterstrich er seinerseits die Bedeutung der Erziehung einer religiösen Jugend:

»Religion ist ohne Zweifel Bestandteil [unserer] Kultur. Wir leben in einem Land von dem wir wissen, dass ein außerordentlich großer Teil der Bevölkerung Muslime sind. Religion ist für uns ein sehr wichtiger Faktor... Ich betrachte Religiosität als einen Bestandteil des Konservatismus und denke, der verehrte Herr Ministerpräsident hat mit dem, was er gesagt hat, etwas sehr Gutes getan. Heute knüpfen wir alle unsere Zukunft an unsere Jugend. Ziel ist es, dass unsere Jugendlichen eine gute Erziehung und eine qualitativ hochwertige Bildung bekommen; gleichzeitig glauben wir aber an einen Wertekanon, der nationale und immaterielle Werte beinhaltet. [Unsere Jugend] soll nationalistisch sein... ihre Nation und Geschichte lieben, kulturverbunden sein, immaterielle Werte kennen und [all dies] möglichst auch vorleben.« (Bülent Arinç, 3.2.2012)[3]

Wichtig für den weiteren Diskurs ist weniger die von Arinç geäußerte Unterstützung für die Position des Ministerpräsidenten hinsichtlich der Erziehung einer religiösen Generation, sondern vielmehr die in seinen Worten zu Tage tretende Verschmelzung von Religiosität und Konservatismus. Konservatismus ohne Religiosität scheint für Arinç, und vermutlich auch für die meisten anderen Vertreter seiner Partei, nicht denkbar. Wenn nun aber 'konservativ' mit 'religiös' gleichgesetzt wird, was bedeutet dies dann für die erklärtermaßen konservative Politik der Regierungspartei?

In den türkischen Medien wurde die Debatte um eine religiöse Generation sehr unterschiedlich gewertet. Der dem konservativen Lager zuzurechnende Autor und Journalist Taha Akyol meinte, es ginge letztlich doch nur um die Erziehung einer vernunftbegabteren, pragmatischeren Jugend und nicht um eine 'Religionisierung' der Gesellschaft.[4] Andere Intellektuelle, wie etwa der Politikwissenschaftler Ihsan Dagi, äußerten generelle Bedenken hinsichtlich des Erfolgs staatlich-autoritärer Bildungsprogramme (Dhagi 2012). Die kemalistische Vergangenheit sei hierfür Beweis genug. Falls die Regierung tatsächlich versuchen sollte, eine religiöse Generation zu erziehen, so solle sie es »bloß nicht vermasseln«, schließlich sei bekannt, dass es die über Jahrzehnte hinweg kemalistisch erzogenen Generationen waren, die die AKP an die Macht gebracht haben. Wen aber würden die religiösen Generationen der AKP wohl in 50 Jahren an die Macht bringen? Indem er sich über seine persönlichen Erfahrungen im kemalistischen Erziehungssystem erheiterte, zweifelte auch Mehmet Ali Birand, ein für die Tageszeitung Hürriyet schreibender Journalist, seinerseits am Erfolg staatlich-autoritärer Erziehungsmaßnahmen. Allerdings sah er im Streben nach einer religiösen Generation die Gefahr eines aufkeimenden Wettkampfes um Religiosität, der letztlich eine Generation religiöser Fanatiker hervorbringe (Birand 2012). Hieran schließt sich die häufig geäußerte Furcht an, das von der Regierung geäußerte Bildungsziel könne in einen Autoritarismus münden, der die Demokratisierung des Landes gefährde. Auch existiert die Gefahr der Beschneidung individueller Freiheitsrechte, wie Hasan Cemal, ebenfalls Journalist für Hürriyet, betont (Cemal 2012). Was passiert mit jenen Eltern, die ihre Kinder nicht nach staatlichen Vorgaben religiös erzogen sehen wollen?

Tatsächlich ist noch längst nicht geklärt, ob ein sunnitisch geprägter Religions- und Koranunterricht optional zu Verfügung stehen soll, um, so Bildungsminister Ömer Dinçer, »eine Schulbildung zu verwirklichen, die es religiösen Menschen ermöglicht, ihre Kinder religiös zu erziehen«,[5] oder ob religiöse Unterrichtseinheiten für alle Schüler gleichermaßen verpflichtend sein sollen. Wohl gibt es eindeutige Bekenntnisse von Seiten der Regierung zur Wahrung individueller Freiheitsrechte (Bildungsminister Dinçer erweiterte seine eben zitierte Aussage beispielsweise dahingehend, dass der Staat »jedem ermöglichen [müsse], seine Kinder zu erziehen, wie er will«), allerdings verkommen diese im konkreten Handeln der Regierung häufig zu reinen Lippenbekenntnissen.

Nicht wenige Indizien sprechen dafür, dass von Seiten der Regierung schon längst Maßnahmen zur Schaffung einer religiösen Generation eingeleitet wurden. Die Regierung scheint offensichtlich einer Politik des Jugendschutzes zu folgen, welche die moralische Integrität von Jugendlichen mittels religiöser Parameter misst. Hierfür sprechen die staatliche Förderung privater Bildungsträger mit religiösem Anspruch, die Verbannung von Nacktheit aus türkischen Schulbüchern, die Marginalisierung der Darwin'schen Evolutionstheorie im Schulunterricht, die Einleitung von Gerichtsverfahren wegen religionskritischer Äußerungen (Klassifizierung von Religionskritik als religiöser Hass) und die Eindämmung von Alkoholkonsum im öffentlichen Raum mittels Steuererhöhungen, Lizenzauflagen, Werbeverboten und Razzien (Hecker 2011). Ziel der Regierung ist es u.a., den Alkoholausschank während Veranstaltungen, die sich an ein jugendliches Publikum – Zielgruppe der 15-24(!)-Jährigen – richten, gänzlich zu verbieten.

Die zentrale Frage in der Debatte um eine religiöse Generation wird sein, ob die Türkei den Übergang von einer kemalistischen Hegemonie zu einer religiös-konservativen

Hegemonie erleben wird oder ob die Regierung tatsächlich die lange versprochenen demokratischen Reformen zur Schaffung einer pluralen Gesellschaft auf den Weg bringen wird.

A Clash of Lifestyles

Leyla Neyzi hatte, wie bereits erwähnt, auf die Entstehung globaler 'Jugendsubkulturen' hingewiesen, die sich im Zuge einer zunehmenden Mediatisierung der türkischen Gesellschaft in den Großstädten des Landes etablieren. Die zunehmende Sichtbarkeit dieser neuen Subkulturen rückte auch die Existenz neuer sozialer Räume und Lebensstile ins öffentliche Bewusstsein. Insbesondere mit Blick auf den moralischen Zustand der türkischen Jugend wurden diese neuen 'Lifestyles' teils kontrovers diskutiert. Es waren allerdings nicht nur die 'traditionell' laizistischen Bevölkerungsschichten, die sich den Optionen eines neuen Lebenswandels hingaben, sondern in zunehmendem Maße auch junge Menschen des neu entstandenen frommen Mittelstandes, die es sich leisten konnten, über Stil und Konsum nachzudenken.

Das Zurschautragen eines bestimmten Lebensstils im Alltag mittels spezifischer kultureller Praktiken (Mode, Sprache, Gestik) hat neben der rein ästhetischen auch eine politische Bedeutung – nicht zuletzt mit Blick auf die ideologische Polarisierung der Gesellschaft in vermeintlich 'religiöse' und 'laizistische' Akteure. Der Politikwissenschaftler Hakan Yavuz ging vor wenigen Jahren so weit, zu behaupten, Politik manifestiere sich in der Türkei gegenwärtig in Form eines »*Clash of Lifestyles*« (Zusammenprall der Lebensstile) (Yavuz 2009, 32). Die folgenden Ausführungen sollen veranschaulichen, wie sich in der Türkei in den vergangenen Jahren neue, miteinander konkurrierende Lebensweisen entwickelten, die zugleich neue soziale Räume entstehen ließen.

Angesichts der jüngsten Debatte um die Erziehung einer konservativen, religiösen Jugend und der These von einem '*Clash of Lifestyles*' in der türkischen Politik scheint es naheliegend, sich die von jungen Menschen gewählten Lebensweisen näher anzusehen und zu untersuchen, ob diese sich nahtlos in das Konzept der Regierung einfügen und ob sie tatsächlich miteinander konkurrieren. Hierfür sollen zwei Subkulturen betrachtet werden, deren Sichtbarkeit im öffentlichen Raum viel diskutiert wurde und deren Lebensweise in den folgenden Überschriften vereinfacht als »*Rock-'n'-Roll-Lifestyles*« und als »*Modern Islamic Lifestyles*« bezeichnet wird.

Rock-'n'-Roll-Lifestyles

Im Kontext der türkischen Debatte um Islam und Säkularismus ist die Sichtbarkeit von *Rock-'n'-Roll-Lifestyles* insofern politisch, als diese aus Perspektive frommer Muslime häufig als eine Bedrohung islamischer Wert- und Moralvorstellungen wahrgenommen werden. Aus Perspektive junger Laizisten hingegen repräsentieren Rock 'n' Roll und Heavy Metal häufig einen bewusst gelebten Gegenentwurf zu den Vorstellungen eines islamischen Konservatismus.

Die Ursprünge türkischer Rockmusik reichen bis in die 1960er Jahre zurück. Damals erfanden Musiker wie Baris Manço (1943-1999), Cem Karaca (1945-2004), Erkin Koray (*1941) oder die Band Mogollar einen aus 'klassischer' Rockmusik und anatolischen Melodien verschmolzenen Sound, der heute in der Türkei als *Anadolu Rock* (anatolische Rockmusik) bekannt ist. Öffentlich sichtbar wurde der neue *Rock-'n'-Roll-Lifestyle* jedoch erst ab Mitte der 1980er Jahre, als sich in Istanbul die ersten Rock-Bars und 'Szeneläden' entwickelten. Zum damaligen Zeitpunkt waren die Straßen Istanbuls noch von traditionellen Kaffee- *(kahvehane)* und Bierhäusern *(birahane)* geprägt, die ursprünglich nur Männern vorbehalten waren (Hecker 2012). Erst in den 1990er Jahren schossen vor allem im Istanbuler Stadtteil Beyoglu moderne Bars und Cafés nach europäischem Vorbild wie Pilze aus dem Boden und verdrängten schrittweise nahezu alle traditionellen, von Männern dominierten Kaffeehäuser. Es entstand ein Nachtleben geprägt von Musikszenen verschiedenster Couleur. Von Arabesk über Pop, Jazz, Blues, Reggae, Punk Rock und Metal tummeln sich noch heute verschiedenste Subkulturen nebeneinander, wenngleich die jüngste Politik der Regierung versucht, das 'zügellose' Nachtleben nach eigenen Vorstellungen umzuformen und unliebsame Auswüchse zu unterbinden (Alkoholkonsum, Drogen, Transvestiten, Erotik etc.).

Schon die frühen Vertreter des *Anadolu Rock* waren zugleich Träger eines neuen, in der urbanen Türkei aufkeimenden Lebensstils, der in der Folgezeit zahlreiche öffentliche Kontroversen auslöste. Rock und Heavy Metal, so die weit verbreitete Meinung, würde die junge Generation zu Atheismus, Selbstmord, Gewalt, zügelloser (Homo-) Sexualität und Drogenmissbrauch verleiten:

>»Sie beten den Satan an, halten Rituale ab und opfern Jungfrauen. Sie trinken Blut von Tieren und bringen dem Satan in gemeinschaftlichen Ritualen Opfer dar. Sie beteiligen sich an schrecklichen Morden und Selbstmorden und zerstören mit rebellischen Handlungen alle Grenzen, wobei die Sexualität diesbezüglich an erster Stelle steht. Sie handeln organisiert und entfachen Terror. Aber die Polizei hat noch rein gar nichts gegen die Satanisten unternommen. Kurz gesagt, es gibt niemanden, der diesen rasenden Mördern Einhalt gebietet. Die Bürger wollen, dass, indem schnell über Sicherheitsmaßnahmen gesprochen wird, dieser perversen Sekte kein Durchkommen ermöglicht wird. Dass schon 15- bis 16-jährige Kinder ungehindert Zugang zu Vergnügungszentren wie Diskotheken und Bars haben, spielt eine große Rolle dabei, dass die Jugendlichen mit diesen abartigen Gedanken in Berührung kommen. Die Bürger fordern, dass die Vergnügungsstätten einer häufigeren Kontrolle unterzogen werden; dass jene Orte, an denen sich Gruppen dieser abartigen Gesinnung eingenistet haben, hart bestraft werden; und dass diese darüber hinaus geschlossen werden.« (Zaman 22.9.1999)

Ähnlich wie zahllose andere Medienberichte war dieser aus der Tageszeitung Zaman stammende Kommentar das Ergebnis einer öffentlichen Hysterie, die ausbrach, nachdem die türkischen Medien einen kausalen Zusammenhang zwischen den Selbstmorden mehrerer Jugendlicher, der Ermordung und Vergewaltigung einer jungen Frau auf einem Istanbuler Friedhof und dem Hören von Rockmusik postuliert hatten. In der

Folgezeit konstruierten die Medien das Bild vom langhaarigen, schwarz gekleideten Satanisten, der nicht nur versuche, die türkische Jugend zu unmoralischen Handlungen zu verführen, sondern darüber hinaus Koranschändungen und Anschläge auf Moscheen und Geistliche plane. Wenngleich sich die 'Satanismus-Expertise' der meisten an der Debatte beteiligten Intellektuellen vorrangig aus Horrorfilmen wie »*Rosemarie's Baby*« oder »*The Exorcist*« speiste, fiel die Mär vom Satanisten auf fruchtbaren Boden. Der Glaube an die Existenz Satans und anderer Geisteswesen wie der Dschinn findet seine theologische Grundlage im Koran und ist daher unter frommen Muslimen weit verbreitet.

Doch auch ohne das Gewicht einer manipulativen Medienberichterstattung sorgte die zunehmende Sichtbarkeit langhaariger, schwarz gekleideter, teils tätowierter und gepiercter junger Männer und Frauen, die darüber hinaus eine ausgesprochene Vorliebe für Bier und Raki an den Tag legten, für zahlreiche Irritationen und Konflikte im Alltag. Konservative Teile der Gesellschaft legen großen Wert auf eine Trennung der Geschlechter, wenngleich diese nicht, wie in einer ländlichen Umgebung üblich, notwendigerweise räumlich erfolgen muss. Wichtiger ist hingegen die Beachtung geschlechtsspezifischer Verhaltensweisen, anhand derer eine Linie zwischen männlicher und weiblicher Sphäre gezogen und die sexuelle Integrität des weiblichen Körpers gewährleistet wird. Letzteres gilt als die Voraussetzung für Ehre *(namus)* und soziales Ansehen *(seref)*. Soziales Verhalten, das von den vorherrschenden normativen Erwartungen der Gesellschaft abweicht, wird auch in einem urbanen Kontext häufig missbilligt und sanktioniert. Eine achtbare junge Frau sollte sich demnach in der Öffentlichkeit züchtig, bescheiden und passiv verhalten, keine aufreizende Kleidung tragen und den Kontakt zum anderen Geschlecht meiden. Auch von jungen Männern wird ein bestimmtes Verhalten erwartet, welches ihre eigene Männlichkeit betont und die Integrität ihrer weiblichen Familienangehörigen schützt.

Das Verhalten der Rocker und Metalheads fordert diese traditionellen Geschlechterbilder in vielerlei Hinsicht heraus. Männer mit langen Haaren und Ohrringen gelten, da beide Praktiken traditionell weiblich kodiert sind, als unmännlich und potentiell homosexuell. Insbesondere in den Anfangstagen türkischer Rockmusik provozierte das Tragen von langen Haaren zahllose Konflikte im Alltag. Ein Istanbuler Metaller erinnert sich:

> »Wenn du vor zehn Jahren lange Haare hattest, verhielten sich die Leute dir gegenüber auf sehr konservative Weise. Sie sagten, du seist schwul wegen der langen Haare. [A]ls ich [einmal] die Straße entlang lief, stoppten mich zwei Typen und fragten: ›Was bist denn du für einer? Warum hast du lange Haare? Hast du keine Familie?‹ Solche Dinge eben. Und sie sagten: ›Weißt du, du bist ein Hurensohn!‹ Ich war angepisst und sagte: ›Warum?‹ – ›Du hast lange Haare! Du bist kein Mann! Du bist schwul! Du bist gegen die türkischen Traditionen!‹ Das war es, was sie sagten, und tatsächlich versuchte mich einer von ihnen zu schlagen. Also hatten wir einen Kampf.« (Engin, Istanbul, 1.12.2003)

Die Reaktionen auf das abweichende, die Identität der Mehrheitsgesellschaft in Frage stellende Verhalten waren anfänglich enorm, verbale und körperliche Übergriffe an der Tagesordnung. Hierbei darf allerdings nicht vergessen werden, dass auch in der türkischen Gesellschaft in der jüngeren Vergangenheit ein gewisser Anpassungsprozess stattgefunden hat und die Sichtbarkeit von langhaarigen Männern (insbesondere in den Medien) zunehmend 'normaler' geworden ist.

Die von einem praktizierten *Rock-'n'-Roll-Lifestyle* ausgehenden Konflikte treffen aber nicht nur junge Männer, sondern in wenigstens ebenso starker Weise junge Frauen. Bereits der vermeintlich 'ungehemmte' Umgang mit jungen Männern in Rock-Bars und auf Konzerten wird von vielen Menschen als eine Schande angesehen. Hinzu kommt, dass sich viele der in der Szene aktiven Frauen ehemals rein männlich kodierte Verhaltensweisen angeeignet haben. Ihr selbstbewusstes Auftreten, die Partizipation am Nachtleben, der öffentliche Konsum von Zigaretten und Alkohol, außereheliche Beziehungen und das Tragen von vermeintlich aufreizender oder männlicher Kleidung (enge Hosen, Stiefel) widersprechen konservativen Bildern von einer ehrbaren Frau. Der soziale Druck, sich an die moralischen Normen der Mehrheitsgesellschaft anzupassen, ist hoch. Wie sich dieser Druck in (sexueller) Gewalt entladen kann, berichten zwei junge Musikerinnen einer Death-Metal-Band aus der westtürkischen Stadt Izmit:

> »Sie haben auf unseren Proberaum geschossen. Zwei Mal. Mit Waffen. Während wir drinnen waren. [Pause] Einfach Leute von der Straße. Sie hörten die Musik und klopften an die Tür. Ich dachte, es wären Freunde; also machte ich auf und sah einen Mann, den ich nicht kannte. Und ich machte die Tür einfach [wieder] zu. Und er klopfte noch einmal. Und als ich wieder öffnete sagte er: ›Ich will zuhören. Kann ich reinkommen?‹. Ich sagte: ›Du kannst von dort [draußen] zuhören. Es ist nicht nötig, reinzukommen. Wir proben.‹ Er sagte: ›Okay‹, und ich machte die Tür zu. Wir spielten fünf Minuten, vielleicht auch weniger. Und dann war da dieser laute Knall. Sie schlugen gegen die Tür mit einer Brechstange oder etwas Ähnlichem. Wir waren geschockt, wussten nicht, was vor sich ging. Aber sie konnten die Tür nicht öffnen. Also gingen sie wieder. Wir hatten große Angst. Und dann schossen sie auf die Tür und auf die Fenster unseres Proberaumes und wir warfen uns auf den Boden. Und dann gingen sie wieder. [Pause] Und dabei ist gleich in der Nähe des Proberaums eine Polizeistation. [Pause] Und es hörte noch nicht auf. [...] Ungefähr fünf Monate später, als wir eines Tages zum Proberaum kamen, bemerkten wir, dass alle Türen weit offen standen. Drei Monate lang hatten wir nicht gespielt, weil wir Angst hatten. [...] Alles im Proberaum war auf den Kopf gestellt. Und überall – ich meine damit, sie hatten wirklich nichts ausgelassen... Sie hatten in unserem Proberaum masturbiert. Der ganze Boden war feucht. Es war widerlich. Sie waren in unseren Proberaum eingebrochen und hatten masturbiert. Wir dachten erst, sie hätten darin Sex gehabt, aber es gab keine Anzeichen für Sex. Es war widerlich! Das Schlagzeug feucht, die Verstärker komplett feucht. Das Mikrofon komplett feucht. Du brauchst zehn Leute, um das zu machen. Eine Person allein kann das nicht. Und danach, nur zwei Wochen danach, brannten sie [den Proberaum] ab. Sie brannten ihn ab! Und wir gingen zur Polizei... Wir wollten die Verbrecher finden. Sie [die Polizisten] schauten sich die Wände an. Und da waren Songtexte an der Wand. Da war ein türkischer Song der Heavy Metal Band Whisky aus den 90ern – eine türkische Band. Und der Name des Songs war »*Yak Bizi*« [Zünd uns an] und sie hatten

unseren Proberaum angezündet. Und der Polizist sah den Text – »*Yak Bizi*« – und sagte: ›Ihr habt euren eigenen Proberaum angezündet. Ihr seid Satanisten. Ich kann nichts für euch tun!‹« (Saba [The Pigskins], Istanbul, 8.9.2009)

Männliche Rock- und Metalmusiker mögen ebenfalls häufig mit Vorurteilen und Gewalterfahrungen konfrontiert sein, allerdings wohl kaum in Form von sexueller Belästigung. Neben traditionellen Geschlechterbildern sind es auch religionskritische Äußerungen von Mitgliedern der Rock- und Metalszene oder deren individualisierten Auffassungen von Religiosität, die von konservativ-religiösen Kreisen als Provokation verstanden werden. Der folgende Ausschnitt aus einem Interview mit einer Death Metal Band aus Ankara soll dies veranschaulichen. Gefragt nach ihren religiösen Ansichten antworteten die Musiker:

> Oral: »Ich glaube an Gott. Ich bin Muslim. Es macht mich besser. Ich glaube an die Religion.«
>
> Pierre: »Kannst du näher ausführen, was es bedeutet, an Gott zu glauben und Muslim zu sein?«
>
> Oral: »Ich bin kein strenger Gläubiger, aber ich denke, man muss eine gute Person sein. Ich glaube an alle Religionen, sei es nun das Christentum oder der Islam oder das Judentum. Das ist nicht wichtig. Solange es Menschen dazu verhilft, einen guten Charakter zu haben und sich gut zu verhalten, solange es gute Menschen aus ihnen macht, ist Religion notwendig, denke ich. Zum Beispiel unterstütze ich nicht das Opfern [von Tieren] während der religiösen Feiertage des Islams. Das unterstütze ich nicht... Das Entscheidende ist, ein guter Mensch zu sein.«
>
> Basar: »Ich glaube nicht an Gott... Und ich glaube auch nicht, dass es eine Notwendigkeit gibt, an irgendetwas oder irgendjemanden zu glauben – außer an mich selbst.«
>
> Taylan: »Ich glaube nur an einen Schöpfer. Das heißt, Religion hat keine Bedeutung. Ich glaube einfach an Gott oder so etwas Ähnliches. Du weißt schon, es ist Deismus. So ist es eben und es spielt keine Rolle. Ich unterscheide nicht zwischen Leuten, die Atheisten sind und die an Gott glauben.« (Ankara, 14.12.2003)

Die Interviewsequenz enthüllt drei individuell unterschiedliche Positionen religiösen Glaubens: erstens eine säkular-muslimische Position, die die Bedeutung des Glaubens für das persönliche Leben betont, gleichzeitig aber die Tiefe des eigenen Glaubens relativiert und sich kritisch gegenüber religiösen Praktiken und Vorschriften äußert (konkret: das Opfern von Tieren während des islamischen Opferfestes); zweitens, eine atheistische Position, die den Glauben an Gott generell zurückweist; und drittens, eine deistische Position, die den Glauben an ein göttliches Wesen anerkennt, Religion aber zurückweist. Auch wenn keine der drei geäußerten Position als 'anti-islamisch' einzustufen ist, so dürften sie für viele fromme Muslime doch eine Provokation und Verletzung ihrer religiösen Gefühle bedeuten.

Türkische Rocker und Metalheads betrachten sich selbst meist als ein Produkt des türkischen Laizismus, der, angesichts der religiös-konservativen Politik der Regierung zunehmend unter Druck gerät. Die Furcht, zu werden 'wie der Iran' und die eigenen individuellen Freiheiten und Bedürfnisse einer staatlich implementierten religiösen Hegemonie unterordnen zu müssen, wird von vielen als eine unmittelbare, reale Bedrohung wahrgenommen. Die Antipathien gegenüber der regierenden AKP und ihrer Führungspersönlichkeiten – allen voran Ministerpräsident Recep Tayyip Erdogan und Staatspräsident Abdullah Gül – sind stark ausgeprägt. In Gesprächen und Interviews reicht meist schon die bloße Erwähnung ihrer Namen, um wütende Beschimpfungen zu provozieren.

Unterstrichen wird diese Einschätzung von folgender, in den türkischen Medien Schlagzeilen machender Begebenheit: Als sich am 18. Juli 2009, dem zweiten Tag des Uni-Rock-Open-Air-Festivals in Istanbul, eine Gruppe junger Metalheads auf dem Grün vor dem Festivalgelände niederließ, wollte es der Zufall, dass der Konvoi des Ministerpräsidenten unmittelbar vorüber fuhr. Die Bier trinkenden und Musik hörenden jungen Metaller nutzten nach Medienberichten die Gelegenheit, ihrer Abneigung gegenüber dem Ministerpräsidenten Luft zu machen und reckten ihm mit ausgestrecktem Arm das 'Zeichen des Gehörnten' entgegen, woraufhin sie von Sicherheitskräften festgenommen und mit einer Anklage wegen Nichtachtung eines Staatsmannes bedroht wurden. Während sich der Premierminister daraufhin öffentlich über den »erschütternden Zustand der Jugend« und deren »unbegrenzte moralische Erosion« äußerte,[6] organisierte die Opposition eine öffentliche Kundgebung, auf der sich der Vorsitzende der Istanbuler CHP, Gürsel Tekin, zusammen mit den 'Tätern' fotografieren ließ, wobei er selbst seine Hand zum 'Metal-Gruß' erhob. Vielleicht hatte Ministerpräsident Recep Tayyip Erdogan noch jenes Ereignis vor Augen, als er die Erziehung einer religiösen Jugend forderte.

Modern Islamic Lifestyles

Der Wirtschaftsboom und die politischen Machtverschiebungen der vergangenen Jahre beflügelten die Entstehung einer wohlhabenden, konservativen Mittelschicht, die ihr Konsum- und Freizeitverhalten trotz des sozialen Aufstiegs auch weiterhin an einer religiösen Lebensweise ausrichtet. Während sich das neue islamische Bürgertum religiös am Ideal einer islamischen Moderne orientiert, welches die Zukunft der Türkei in einer Fusion aus Frömmigkeit und Fortschritt sieht, steht es politisch weitgehend der konservativen Regierung von Ministerpräsident Recep Tayyip Erdogan nahe (Balasescu 2011). Der neu gewonnene Wohlstand eröffnet gerade der jungen Generation neue Lebensstil-Optionen, die individuelle Bedürfnisse nach Konsum, Unterhaltung, Freizeitgestaltung und Religiosität gleichermaßen miteinander verbinden. In der türkischen Metropole Istanbul sind die modernen islamischen Lifestyles allgegenwärtig. Schicke Boutiquen, Cafés und Restaurants, die ihr Angebot speziell auf ein junges, frommes Publikum ausrichten, prägen heute die Zentren vieler Istanbuler Stadtteile.

Anfang der 2000er beobachtete der Soziologe Ugur Kömeçoglu in verschiedenen Stadtteilen Istanbuls die Entstehung von, wie er es nennt, »islamischen Cafés« (Kömeçoglu 2004; 2008). Die Entstehung dieser »neuen Orte der Geselligkeit« wertet er einerseits als eine Islamisierung des städtischen Lebensstils und andererseits als eine Modernisierung des islamischen Lebensstils. In den vergangenen Jahren thematisierten zahlreiche Untersuchungen die zunehmende Sichtbarkeit des Islams im öffentlichen Raum, insbesondere unter dem Gesichtspunkt eines Machtzuwachses islamischer Akteure (z.B. Göle 1995; Navaro-Yashin 2002; Yavuz 2009). Islamische Cafés waren nun ein weiteres Indiz für die Sichtbarkeit einer islamischen Lebensweise und das wachsende Selbstbewusstsein frommer, vormals vom politischen System marginalisierter Bevölkerungsschichten. Das Besondere an den neu entstehenden islamischen Cafés war eine Hybridisierung ehemals strikt voneinander getrennter Lebensstile.

Moderne Cafés hatten aus Perspektive islamischer Akteure lange Zeit als Verkörperung eines 'westlichen', moralisch degenerierten, die kemalistische Arroganz widerspiegelnden Lebensstils gegolten. Was die Betreiber und BesucherInnen der neuen islamischen Cafés nun taten, war, sich Teile dieses modernen Lebensstils anzueignen, ohne dabei jedoch die eigene Frömmigkeit infrage zu stellen. Schon die Übernahme der Bezeichnung 'Café' anstelle des traditionellen Begriffs 'Kaffeehaus' *(kahvehane)* drückt, wie Ugur Kömeçoglu feststellt, einen Sinneswandel aus, der Religion und Moderne nicht länger als Widerspruch wahrnimmt. Neben Namensgebung und Elementen der Einrichtung sind es vor allem bestimmte, traditionellen Moralvorstellungen widersprechende Verhaltensweisen der Besucher – allen voran die Tolerierung der gemeinsamen Anwesenheit von (unverheirateten) jungen Männern und Frauen – welche den Übergang zu einer modernen Lebensweise markieren (Kömeçoglu 2004). Ein weiteres Zeichen dieser neuen Modernität wäre etwa die Ausstellung künstlerisch anspruchsvoller Photographien; auch diese Praxis widerspricht nach traditioneller Auffassung einer islamischen Lebensführung, welche die bildliche und figürliche Abbildung der göttlichen Schöpfung aus theologischen Gründen missbilligt (Hecker 2007).

Was aber macht ein islamisches Café 'islamisch'? Der islamische Lebensstil der CafébesucherInnen kommt in Form von bestimmten Verhaltensweisen (kulturellen Codes) zum Ausdruck, anhand derer sich eine Person oder ein Raum als vermeintlich 'islamisch' identifizieren lassen. Häufig signalisieren religiöse Bezüge in der Alltagssprache, wie beispielsweise die Verwendung der islamischen Grußformel »*selamünaleyküm*« (Friede sei mit euch) und ihre Entgegnung »*aleykümselam*« anstelle der von säkularen Akteuren bevorzugten, neutralen Begrüßung »*merhaba*« oder »*selam*« (Hallo, Guten Tag), das Betreten eines religiösen Raumes (Kömeçoglu 2008). Das Indiz für einen säkularen Raum wäre hingegen die bewusste Verwendung möglichst religionsfreier Formulierungen wie etwa »*umarim*« (ich hoffe, hoffentlich) bei gleichzeitiger Vermeidung der religiös konnotierten Floskel »*insallah*« (so Gott will).

Es existieren aber auch zahlreiche visuelle Codes, die einen islamischen Lifestyle zum Ausdruck bringen. Sei dies nun die Bedeckung des weiblichen Körpers in Form eines (modernen) Kopftuches, die Sichtbarkeit von Gebetsketten *(tesbih)*, das Tragen von Silberschmuck bei Männern oder, mit Blick auf das Interieur, die Sichtbarkeit von kalligraphischen Darstellungen und Koranzitaten. Daneben bieten islamische Cafés ihren Besuchern in der Regel ein spezifisches Kulturprogramm bestehend aus Lesungen, Vorträgen und Diskussionsrunden zu religiösen Themen (Kömeçoglu 2004). Gleichermaßen bedeutsam ist die Abwesenheit bestimmter als unislamisch erachteter Verhaltensweisen wie der Konsum von Alkohol oder der Austausch von Intimitäten (Küsse, Umarmungen, Händchenhalten) zwischen Männern und Frauen. Letzteres ist Ausdruck einer neuen islamischen Tugendhaftigkeit, die die Begegnung von Männern und Frauen wohl toleriert, allerdings nur solange diese innerhalb der Grenzen der islamischen Moral stattfindet (ebd.). Tugendhaftigkeit im Sinne einer Prävention außerehelicher Beziehungen manifestiert sich damit nicht mehr in einer gemeinschaftlich durchgesetzten Geschlechtertrennung im öffentlichen Raum, sondern in der auf innerer Überzeugung beruhenden Selbstdisziplin des Einzelnen (ebd.). Die Betonung innerer Tugendhaftigkeit bietet gerade Frauen neue Möglichkeiten der Selbstverwirklichung. Auch fromme Frauen können für sich nun das Recht auf ein Nachtleben reklamieren, solange sie sich in einer von islamischen Moralvorstellungen geschützten Umgebung bewegen (Kömeçoglu 2008).

Ein Ausdruck der neuen Sichtbarkeit moderner, frommer Frauen war auch der Start des Lifestyle-Magazin Âlâ im Juli 2011. Von der türkischen Tageszeitung Radikal als »konservative Vogue« *(muhafazakar Vogue)* bezeichnet (Cingi 2011), repräsentiert Âlâ das erste Lifestyle-Magazin für die moderne, islamische Frau. Auf dem türkischen Zeitschriftenmarkt existieren zahlreiche Frauenmagazine für Mode, Stil und Lifestyle. International erfolgreiche Publikationen wie Cosmopolitan, Elle, L'Officiel, InStyle oder Vogue verfügen über von türkischen Redaktionsteams betreute nationale Ausgaben; daneben stehen rein türkische Magazine wie etwa Elele (Hand in Hand) oder Vizon (Nerz). Allerdings widmete sich keine der genannten Zeitschriften in der Vergangenheit den Bedürfnissen des religiösen Marktsegments. Das Tragen des Kopftuchs und die religiös motivierte Bedeckung des weiblichen Körpers spielten in den präsentierten Modekollektionen keine Rolle. Die so genannte 'Schleiermode' *(tesettür moda)* galt als ein Symbol von religiösem Reaktionismus *(irtica)* und Rückständigkeit und war damit lange Zeit politisch unerwünscht; ferner hatten viele Anbieter wohl das ausgeprägte Modebewusstsein und die Kaufkraft frommer Frauen unterschätzt.

Âlâ, was so viel wie 'erhaben' oder 'vorzüglich' bedeutet, richtet sich nach eigenen Auskünften an ein 18- bis 35-jähriges weibliches Publikum. In ihrer Konzeption setzt die Redaktion auf eine Symbiose aus Modebewusstsein und Religiosität. Es ist die tugendhafte, islamische Frau, die ihre Bedürfnisse nach Schönheit, Eleganz, Konsum und Frömmigkeit ausleben will, die von den Inhalten des Magazins angesprochen werden soll. Wie andere Lifestyle-Magazine auch präsentiert Âlâ ihrer Leserschaft ein Meer an Modefotografie im Hochglanzformat, unterbrochen von den nicht minder glänzenden Werbeseiten türkischer Modefirmen sowie zahlreichen Style- und Shopping-Tipps.

Auch andere universale Lifestyle-Themen wie Gesundheit, Körperpflege, Ernährung, Entspannung, Anti-Stress-Training, Karriere, Kinder und Familie prägen das Repertoire von Âlâ. Nicht zuletzt angesichts dieser thematischen Überschneidungen mit anderen Lifestyle-Magazinen drängt sich – wie schon im Falle der islamischen Cafés – die Frage auf: Was macht ein Lifestyle-Magazin islamisch?

Die religiösen Referenzen in Inhalt und Aufmachung sind zahlreich und das Thema Glaube und Religiosität zieht sich wie ein roter Faden durch die einzelnen Ausgaben des Magazins. Bereits die Namensgebung Âlâ, ein im heutigen türkischen Sprachgebrauch antiquiert klingendes, dem Arabischen entlehntes Wort, welches in der osmanischen Vergangenheit Verwendung fand, ist eine solche Referenz. In religiösen Kreisen der türkischen Gesellschaft rufen solche Bezüge nicht selten einen verklärten Blick auf die ruhmreiche osmanische Vergangenheit wach, die vielen als ein goldenes Zeitalter gilt, in welchem sich Staat und Gesellschaft (im Unterschied zum Modell des türkischen Laizismus) an den Geboten des Islam orientierten. Auffällig mit Blick auf die Namensgebung des Magazins ist ferner, dass der ursprüngliche Untertitel, welcher Âlâ als ein erklärtes Lifestyle-Magazin »Güzel Yasam Tarzi Dergisi« auswies, nach einigen Monaten in »Hanimefendilerin Dergisi« geändert wurde. Die Anrede »hanimefendi« ist ehrerbietig und klingt, ähnlich wie schon der Name des Magazins, Âlâ, osmanisch-antiquiert. Sie steht für eine gesellschaftlich angesehene, tugendhafte Frau. In diesem Sinne kann der Untertitel »Hanimefendilerin Dergisi« wohl am treffendsten mit »Magazin für die tugendhafte Frau« übersetzt werden. Tugendhaft ist eine junge Frau gemäß der dem Begriff zugrunde liegenden Auffassung vor allem dann, wenn sie ihr Leben an den Prinzipien des Islams orientiert.

Islamisch ist Âlâ insbesondere auch aufgrund der inhaltlichen Themensetzung. Jede Ausgabe enthält mehrere Beiträge, die sich mit religiösen Belangen des täglichen Lebens beschäftigen. Dies können Empfehlungen zu religiöser Kindererziehung, Leitlinien zum Fasten während des Monats Ramadan, Rezensionsbeiträge zu religiösen Neuerscheinungen oder Diskussionen um die Vereinbarkeit von Religiosität und Konsum sein. Selbst so banale Themen wie Entspannung im Urlaub werden zu Religiosität in Bezug gesetzt. Die zum Redaktionsteam von Âlâ gehörende Theologin und Pädagogin Sevde Gündogdu erklärt ihren Leserinnen beispielsweise:

> »Den Urlaub in einer grünen Landschaft, fern der Zentren der Sünde in den Bergen zu genießen, Gottes Werke zu studieren und zu lauschen, ist ebenfalls eine schöne Alternative. [...] Zu einer bestimmten Zeit können wir im Meer baden gehen, zu einer anderen Zeit können wir uns entspannen, indem wir Bücher lesen, uns mit Freunden unterhalten, uns besinnen, Gott gedenken oder den heiligen Koran lesen. [...] Zu sagen, ich bin im Urlaub, bedeutet nicht, dass wir untätig sein dürfen. [...] Wir müssen uns in dem Bewusstsein ausruhen: ›Was habe ich heute für Gott getan?‹« (Gündogdu 2012)

Auch die in Âlâ enthaltenen Interviewbeiträge und Features bekannter Persönlichkeiten folgen dem frommen, tugendhaften Leitbild des Magazins. Interviewt werden internationale Popstars wie Sami Yusuf oder Maher Zain, die sich in ihren Hits ein ums andere Mal in einem Lobpreis Gottes ergehen und sich als Vorbilder eines modernen, aber frommen und tugendhaften Lebenswandels inszenieren. Vorgestellt werden außerdem auch Frauen wie Necla Nazir, die ehemalige Schönheitskönigin und Schauspielerin der 1970er Jahre, die Aufsehen erregte, weil sie sich vor einigen Jahren für das Tragen des Kopftuchs und für eine Pilgerfahrt nach Mekka entschied; Sarah Joseph, die angesehene britische Konvertitin, Frauenrechtlerin und Herausgeberin des muslimischen Lifestyle-Magazins Emel; Orsem Sevmis Ertingu, die erste und bislang wohl einzige Kopftuch tragende türkische Nachrichtensprecherin des frommkonservativen Senders Samanyolu TV; oder Emine Senlikoglu, eine langjährige religiöse Aktivistin und Autorin, die aufgrund ihrer Opposition zum laizistischen System einige Zeit im Gefängnis verbrachte. (Letztere ließ sich, entgegen der modischen Ideale Âlâs in einem wallenden schwarzen *hijab* ablichten.)

Âlâs Anspruch auf religiöse Tugendhaftigkeit spiegelt sich aber nicht nur in Inhalten, sondern gerade auch in den nicht präsentierten Topoi wider. Die Abwesenheit bestimmter Themen (und Personen), die in anderen türkischen Lifestyle-Magazinen nahezu allgegenwärtig sind, ist offensichtlich. Die Themen Sexualität und Männer sind in Âlâ quasi nicht existent. Die sonst so populären Sex-, Flirt- und Wie-verstehe-ich-das-andere-Geschlecht-Ratgeber erscheinen als Teil eines tabuisierten Terrains, dessen Grenzen entlang konservativer, religiöser Moralvorstellungen gezogen werden. Außereheliche (und damit auch voreheliche) Sexualität gilt in konservativen Kreisen nach wie vor als Sünde, insbesondere mit Blick auf das weibliche Geschlecht.

Teil der praktizierten Sexualmoral ist die Bedeckung des weiblichen Körpers und es ist Âlâ, die jungen Frauen hierfür die entsprechende Mode und Stilberatung liefert. Mit Slogans wie »Es ist schön, sich zu bedecken« *(örtünmek güzeldir)* will Âlâ nach eigenen Angaben nicht nur das Selbstbewusstsein junger, bedeckter Frauen stärken, sondern darüber hinaus auch bislang nicht bedeckte Frauen dazu ermutigen, das Kopftuch zu tragen. Mit Blick auf die politische Geschichte der Türkei sieht das Magazin seinen Auftrag auch darin, gegen die ehemals bestehende Diskriminierung und Ausgrenzung Kopftuch tragender Frauen vorzugehen und alte Klischees, wonach bedeckte Frauen 'hinterwäldlerisch' und unmodisch seien, zu beseitigen.

Mit Blick auf die eingangs gestellte Frage ist es letztlich die Mode, die Âlâ zu einem islamischen Lifestyle-Magazin macht. Die Mode ist es aber auch, die den Wandel und die Diversität islamischer Lebensstile in der türkischen Gesellschaft verdeutlicht. Die Tugendhaftigkeit der islamischen Frau offenbart sich in ihrem glaubenskonformen Handeln, wobei sich dieses nach Ansicht religiöser Traditionalisten insbesondere in der Praxis der Bedeckung des weiblichen Körpers manifestiert. Gleichzeitig existiert aber Uneinigkeit darüber, welche Teile des weiblichen Körpers tatsächlich zu bedecken seien. Die islamische Modebranche – und damit auch Âlâ – versucht dem Anspruch der Bedeckung und Sittlichkeit gerecht zu werden, offenbart in diesem Ansinnen aber zugleich eine beachtliche Heterogenität dessen, was als islamkonform angesehen wird. Deutlich wird diese Heterogenität in der Abbildung des weiblichen Körpers in der Modefotografie.

Nacktheit stellt im eben genannten Sinne ein Tabu dar. Im Unterschied zu anderen Magazinen findet sich in Âlâ kein blanker Busen, keine Bikinimode, keine Unterwäsche- oder Reizwäschewerbung. Die Haut der Models ist weitgehend bedeckt, wenngleich sich in geringerer Zahl durchaus auch Modefotografien nicht Kopftuch tragender Frauen finden, deren Beine und Arme nicht oder nur teilweise bedeckt sind. Auch sind die Kollektionen der in Âlâ werbenden Modefirmen allesamt figurbetont. Der weibliche Körper mag wohl bedeckt sein, seine Formen sind für den männlichen Betrachter aber durchaus erkennbar. Vielen Traditionalisten dürfte diese potentiell verführerische Zurschaustellung des weiblichen Körpers bereits als unmoralisch oder gar unislamisch gelten; das Ideal wäre in diesem Falle wohl das Tragen des *çarsaf*, eines schwarzen, wallenden, alle Formen des Körpers verwischenden und Teile des Gesichts bedeckenden Gewandes, wie es in ähnlicher Weise auch in anderen Teilen der islamischen Welt getragen wird.

Wichtig mit Blick auf Âlâ als ein Modemagazin für die fromme, aber zugleich moderne junge Frau ist die Tatsache, dass die Grenzen dessen, was religiös erlaubt ist, durchaus verhandelbar sind. Die Variationen islamischer Mode zeigen sich etwa am Beispiel der Kollektionen von Armine und Aker, zweier erfolgreicher türkischer Modefirmen. Das Model der Armine-Werbung ist mit Ausnahme von Gesicht und Händen vollständig bedeckt. Die Pose der jungen Frau ist trotz aller künstlerischen Eleganz bewegungslos, statisch. Ihr Blick weicht dem des Betrachters aus und ist stattdessen auf einen unbestimmten Punkt außerhalb des Bildes gerichtet. Die dezent geschminkten Lippen des Models sind geschlossen, das Haar vollständig verhüllt. Armine präsentiert eine reine, züchtige und sittsame junge Frau, die den Mann nicht durch ihre verführerischen Blicke, ihre Bewegungen oder die Reize ihres Körpers in Versuchung führt. Die Werbung von Aker weist diesbezüglich eine Reihe moralischer Variationen auf. Auch hier ist eine junge, bedeckte Frau zu sehen, die aber im Unterschied zu Armine mit leicht geöffneten Lippen direkt in die Kamera blickt. Ihr Kopftuch lässt den Blick auf den Haaransatz frei und wirkt eher wie das modische Accessoire aus einem 50er-Jahre-Hollywood-Film denn wie ein Akt der Verhüllung. Auch die Pose des Models ist nicht völlig statisch. Die junge Frau hebt die linke Hand, in der sie eine Handtasche hält. Die beiden Modefotografien veranschaulichen eine Heterogenität islamischer Lebensstile, wie sie auch in Âlâ vielfach zu finden ist. Die Grenzen der Konformität in Sachen Religion sind damit nicht statisch, sondern verhandelbar, weshalb auch für die Lebensstile junger Frauen gilt: Islamisch ist nicht gleich islamisch.

Âlâs Gesamtbild als Lifestyle-Magazin für die fromme und tugendhafte junge Frau wird schließlich noch durch die offensichtliche Nähe zur konservativen Regierungspartei abgerundet. Obwohl Politik nicht zu Âlâs Repertoire gehört, veröffentlichte das Magazin bislang zwei wohlwollend-kritikfreie Interviews mit den führenden AKP-Politikern Bülent Arinç und Melih Gökçek. Der bereits im Text erwähnte Bülent Arinç ist stellvertretender Ministerpräsident, Melih Gökçek regierender Oberbürgermeister der

Hauptstadt Ankara. Der für seine kompromisslose, religiös motivierte Position in Anti-Abtreibungsfragen bekannte Gökçek hatte sich noch unmittelbar vor dem Interview mit Âlâ negativ über Frauen, die sich für eine Abtreibung entscheiden, geäußert, diese als Ehebrecherinnen porträtiert und Abtreibung als Mord bezeichnet (Haber Türk 2012).

Ob sich der von Âlâ beförderte islamische Lifestyle trotz der offensichtlichen Nähe zur Regierungspartei mit den Vorstellungen des Premierministers von einer konservativen Jugend deckt, lässt sich hiermit sicherlich nicht beantworten; allerdings versinnbildlichen die gewählten Beispiele dennoch den schwelenden Konflikt 'säkularer' und 'religiöser' Lebensstile in der türkischen Gesellschaft, wenngleich sich dabei auch eine zunehmende Hybridisierung besagter Lebensweisen erkennen lässt.

Schlussbetrachtung

Der vorliegende Beitrag beschäftigte sich mit der Konstruktion von Jugend im politischen Diskurs der Türkei und der Frage, wie sich konkurrierende Lebensstile zu einem Moment politischer Auseinandersetzung entwickeln. Die politische Debatte um jugendliche Lebensstile ist in der Türkei Teil eines (gegen)hegemonialen Diskurses um das ideologische Wesen von Staat und Gesellschaft, in dessen Rahmen öffentlich zur Schau getragene kulturelle Praktiken als Akt des politischen Widerstands gegen bzw. als Mittel für die Etablierung politischer und kultureller Hegemonie gedeutet werden können. Die öffentliche Sichtbarkeit verschiedener Lebensstile sollte allerdings nicht nur als Ausdruck religiöser oder politischer Brüche gelesen werden, sondern auch als Indikator des gesellschaftlichen Wandels und des kulturellen Pluralismus einer modernen Gesellschaft.

Ende Mai 2013 warnte der Präsident des türkischen Verfassungsgerichtshofes, Hasim Kiliç, mit Blick auf die jüngst von der Regierung verabschiedeten Anti-Alkohol-Gesetze und die bevorstehende Ausarbeitung einer neuen Verfassung vor der Gefahr einer staatlichen Einmischung in die verschiedenen von der Bevölkerung praktizierten Lebensstile. Die Freiheit, selbst über den eigenen Lebensstil entscheiden zu können, stehe für Menschenwürde und Demokratie (vgl. Boyacioglu 2013, Demirtas 2013). Nahezu zeitgleich zu den Aussagen Kiliçs entwickelte sich ausgehend von den Protesten gegen die Überbauung des Istanbuler Gezi-Parks eine landesweite Protestbewegung gegen die Politik der Regierung. Den Massendemonstrationen waren in den zurückliegenden Monaten bereits mehrere lokale Proteste vorausgegangen (z.B. gegen den Abriss des berühmten Istanbuler Emek-Kinos oder die Unterdrückung von Gewerkschaftskundgebungen zum 1. Mai).

Bei den zur Zeit der Fertigstellung dieses Beitrages andauernden Demonstrationen gingen hunderttausende meist junge Menschen auf die Straße, um gegen den zunehmenden Autoritarismus der Regierung zu protestieren. Bei aller Vielschichtigkeit des Protests lässt sich feststellen, dass die aktuelle Regierungspolitik von vielen Menschen als Eingriff in die Privatsphäre und Einschränkung persönlicher Freiheitsrechte verstanden wird. Symbol des politischen Autoritarismus ist vor allem Premierminister Recep

Tayyip Erdogan selbst. Während er die von ihm legitimierte systematische Polizeigewalt gegenüber Andersdenkenden zu einem »heldenhaften« Einsatz für »Demokratie« und »Recht und Ordnung« stilisierte,[7] diffamierte er – von führenden AKP-Politikern wortreich unterstützt – die größtenteils friedlichen Demonstranten zugleich als »Plünderer« *(çapulcu)*, »Ungläubige« *(dinsiz)* und »Terroristen« *(terrörist)*.[8] Während mehrerer von der Regierungspartei organisierten Massenkundgebungen deutete er die Proteste der Opposition als »Vandalismus« und »illegale Handlungen« gegen die Demokratie.[9] Es mag nahe liegen, die Äußerungen Erdogans aufgrund der zahllosen von Seiten des Staatsapparats verübten und medial dokumentierten Menschenrechtsverletzungen als puren Zynismus zu interpretieren und ihnen damit zugleich jegliche politische Relevanz abzusprechen. Tatsächlich erlebt die Türkei gegenwärtig aber einen mit allen Mitteln ausgetragenen Machtkampf um die Deutungshoheit der aktuellen Ereignisse. Während sich der demokratisch gewählte Premierminister in den Augen vieler zu einem machtbesessen, anti-demokratischen Demagogen entwickelte, repräsentiert er für seine Anhänger nach wie vor den Garanten einer gerechten Ordnung mit demokratischem Ansinnen. Opposition und Regierung versuchen gleichermaßen, ihrer Version der 'Wahrheit' zu uneingeschränkter Gültigkeit zu verhelfen. Der Kampf um die Deutungshoheit im politischen Diskurs der Türkei richtet sich wie auch schon in der Vergangenheit insbesondere an die junge Generation. Während einer von der Regierungspartei organisierten Massenkundgebung wandte sich der Premierminister Anfang Juni 2013 direkt an 'seine' – d.h. die sich von den »Plünderern« unterscheidende – Jugend. An Pathetik steht Erdogans Appell nicht hinter dem Eingangszitat Mustafa Kemal Atatürks zurück:

> »Gemeinsam werden wir den Kampf für die türkische Nation mit Entschlossenheit fortsetzen Ihr jungen Leute, meine Brüder! Ihr seid die Hoffnung der Unterdrückten. Ihr seid die Jugendlichen, die für den Nahen Osten und den Balkan ein Vorbild sind. Ihr werdet in großem Maßstab denken, große Schritte tun und großen Zielen entgegengehen. Ihr werdet euch nichts vormachen lassen, ihr werdet nicht getäuscht werden, und ihr werdet selbst nicht täuschen.«[10]

Anmerkungen

[1] Auszug aus Mustafa Kemals Rede an die türkische Jugend (»Ey Türk Gençliği«) vom 20. Oktober 1927; Übersetzung aus dem Türkischen. Alle im folgenden Text aus dem Türkischen übertragenen Zitate sind eigene Übersetzungen des Autors.

[2] Recep Tayyip Erdogan; zitiert aus einer Grundsatzrede vor der erweiterten Versammlung der AKP-Provinzpräsidenten; live ausgestrahlt auf dem türkischen Nachrichtensender 24 am 1. Februar 2012. Die vollständige Rede ist online verfügbar unter: http://www.youtube.com/watch?v=AnKDiG7cLvk.

[3] Bülent Arinç, »Dindar nesil tartismasina yanit«, *CNN Türk*, 3. Februar 2012, 23:44 Uhr (http://video.cnnturk.com/2012/haber/2/3/dindarlik-tartismasina-yanit-verdi).

4 In der Talkshow »Taha Akyol ile Egrisi Dogrusu«, *CNN Türk*, 13. Februar 2012, 19:30 Uhr (http://tv.cnnturk.com/video/2012/02/13/programlar/egrisi-dogrusu/milli-egitim-bakani-omer-dincer-10-02-2012/index.html).

5 In der Talkshow »Taha Akyol ile Egrisi Dogrusu«, *CNN Türk*, 13. Februar 2012, 19:30 Uhr (http://tv.cnnturk.com/video/2012/02/13/programlar/egrisi-dogrusu/milli-egitim-bakani-omer-dincer-10-02-2012/index.html).

6 Äußerung des Premierministers; zitiert nach Baris Yildirim »Basbakan'a hosgörü çagrisi«, Milliyet, 23. Juli 2009. Online verfügbar unter: http://www.milliyet.com.tr/Guncel/HaberDetay.aspx?aType=HaberDetay&ArticleID=1120555.

7 »Erdogan: Polisimiz kahramanlik destani yazdi«, in: Bianet. Bagimsiz iletisim agi, 24.6.2013. Online verfügbar unter: http://bianet.org/bianet/insan-haklari/147881-erdogan-polisimiz-kahramanlik-destani-yazdi, Zugriff: 3.7.2013.

8 Zum Beispiel während einer Rede in Istanbul am 7. Juni 2013 (Transkription in Hürriyet, online verfügbar unter: http://www.hurriyet.com.tr/gundem/23450663.asp, Zugriff: 3.7.2013) und in Adana am 9. Juni 2013: »Çapulcularin yaptiklarini yapmayiz« (CNN Türk, online verfügbar unter http://video.cnnturk.com/2013/haber/6/9/erdogan-capulcularin-yaptiklarini-yapmayiz).

9 Ebd.

10 Auszug aus einer Rede Recep Tayyip Erdogans vom 7. Juni 2013; türkische Transkription der Rede in Hürriyet; online verfügbar unter: http://www.hurriyet.com.tr/gundem/23450663.asp, Zugriff: 3.7.2013.

Parkour: Jugendbewegung im urbanen Raum

Ines Braune (Marburg)

»Es gibt immer einen Weg.«

– Mostafa, Traceur aus Tiznit/Marokko, 3.7.2012[1]

Die Machtverhältnisse in der arabischen Welt verändern sich. Im Mittelpunkt der Aufmerksamkeit standen und stehen die Jugendlichen in den Städten. Dort waren es nicht die Akteure der großen Ideologien wie Nationalismus und Islamismus, die Anfang 2011 die Massen bewegten, sondern viele sich scheinbar spontan organisierende Gruppen und Aktivisten, die Bewegung in vordergründig starre, kaum veränderbare und autoritäre Systeme brachten.

Dieser Beitrag nimmt jedoch nicht die Jugendbewegungen des 6. April in Ägypten (Sonay, in diesem Band) oder die des 20. Februar in Marokko (Gertel, in diesem Band) in den Blick, sondern Jugendliche, die sich ohne offensichtliche politische Agenda in den Städten bewegen, sich dort dem Gegebenen stellen und widersetzen. Es werden marokkanische Jugendliche in den Vordergrund gestellt, die, sich allein auf ihre Körperkraft berufend, sich den urbanen Raum zu eigen machen, indem sie – den Regeln des Parkour folgend – die effizientesten und schnellsten Wege gehen. Mit Blick auf den Buchtitel »Jugendbewegungen – städtischer Widerstand und Umbrüche in der arabischen Welt« symbolisiert Parkour Jugendliche in Bewegung, die auf kreative Weise den sich ihnen in den Weg stellenden Hindernissen widerstehen bzw. vorhandene Hindernisse umgehen oder überwinden. Diese Bewegungen sind eingebettet in Diskurse um Macht und Alltagspraktiken und in die dramatischen Veränderungen in den arabischen Städten.

Was ist aber nun Parkour?

Parkour ist Sport, jugendliche Subkultur und medialer Diskurs zugleich. Es ist eine effiziente Art der Fortbewegung, eine Kunst der Bewegung – *l'art de déplacement*. Die Praktizierenden – 'Traceure' genannt – suchen sich den kürzesten Weg zwischen zwei Punkten und nutzen zur Überwindung ihren eigenen Körper und die sich ihnen in den Weg stellenden Objekte und Hindernisse.

Sie balancieren auf Eisenträgern, ziehen sich an Mauern hoch, hangeln sich an Balkonbrüstungen entlang, schwingen sich unter Geländern durch, um danach darüber zu springen. Die nächste Bewegung ist eine halbe Drehung über einen Treppenabsatz, Rennen, im Katzensprung über die Einfahrt einer Tiefgarage. Abrollen. Energie mitnehmen, um sie für das Überqueren des nächsten Hindernisses einzusetzen. Szenen, die nicht zuletzt aufgrund der spektakulären Verfolgungsjagden im James-Bond-Film »Casino

Royale« (2006) und mittlerweile durch zahlreiche Werbespots und Musikclips große Bekanntheit erlangt haben.

Bei den oftmals spektakulär aussehenden Bewegungen steht immer ein hohes Maß an Selbsteinschätzung im Vordergrund, um Verletzungen zu vermeiden. Vielzählige kleine Übungseinheiten sind Voraussetzung für die nächstweiteren oder -höheren Sprünge und dienen dazu, den eigenen Körper besser einschätzen zu können. Hinter den verschiedenen effektiven und effektvollen Bewegungen steht die Idee, Verbindungen zu suchen, Wege zu gehen, Lösungen zu finden, um von einem Punkt schnellstmöglich zu einem anderen zu gelangen und dabei nur seinen Körper, seine eigenen physischen und psychischen Potentiale zu nutzen. Die dabei zu überwindenden Objekte werden genutzt, um den Weg effizient fortzusetzen, ohne sie zu beschädigen.

Neben der körperlichen und sportlichen Dimension der Bewegungen wird dieser Grundgedanke von vielen Traceuren auch auf den Alltag übertragen. David Belle, die Gründungsfigur des Parkour, schreibt auf seiner Homepage:

> »Parkour ist eine Trainingsmethode, die es uns erlaubt, Hindernisse zu bewältigen, sowohl im urbanen Raum als auch in der Natur. Es ist eine verkleidete Waffe. Wir trainieren und wenn wir eines Tages mit einem Problem konfrontiert werden, wissen wir, dass wir sie benutzen können. Das kann die Kunst des Fliegens oder des Verfolgens sein oder jemandem bei einem Problem oder etwas anderem Gewöhnlichen behilflich sein.« (Internetpräsenz von David Belle)[2]

Das Entstehungsnarrativ von Parkour rankt sich um die Person David Belle, der als Sohn eines Vietnamveteranen von seinem Vater mit den sportlichen Übungen vertraut gemacht wurde, die sich Ende der 1980er Jahre zu Parkour entwickeln sollten. Sein Vater, Raymond Belle, wurde im französischen Militär nach der *méthode naturelle* von Georges Hébert ausgebildet. Im Zentrum der *méthode naturelle* steht die Steigerung der körperlichen und geistigen Fähigkeiten. Der Leitspruch »*Être fort pour être utile*« (Stark sein, um nützlich zu sein) zielt auf ein hohes Maß an Körperbeherrschung und -disziplin ab, um mit seinen körperlichen und geistigen Möglichkeiten in verschiedenen Kontexten, auch in Gefahrensituationen, angemessen reagieren zu können.

Für den Gründungsmythos des Parkours entscheidend ist der Umzug der Familie Belle nach Lisses, einen Vorort von Paris. Eine der zahlreichen im Netz verfügbaren Internetseiten beschreibt die Weiterentwicklung von Parkour wie folgt:

> »Nach dem Umzug nach Lisses, einem [sic!] Pariser Vorort, versuchte er [David Belle, Anmerkung der Autorin] das Gelernte auf urbane Voraussetzungen, Landschaften aus Stahl und Beton, zu übertragen. Aus den spielerischen Verfolgungsjagden über Hindernisse, die er mit anderen Kindern veranstaltete, entwickelte sich mehr und mehr ein Sport – die Schwierigkeitsgrade erhöhten sich, und im Laufe der Zeit wurden Mauern, Zäune, Baugerüste, später ganze Hochhäuser und Gebäudefassaden vom unüberwindbaren Hindernis zum kreativen Spielplatz reinterpretiert.« (Internetpräsenz Parkour Germany)[3]

Die erste, fast schon zur Legende gewordene Gruppe, in der verschiedene Jugendliche um David Belle zusammen trainierten, gründete sich 1997 und gab sich den Namen Yamakasi (auch Jamakasi geschrieben). Gemeinsam wurden Elemente und grundlegende Figuren im urbanen Kontext weiterentwickelt. Zweite zentrale Persönlichkeit in dieser Gruppe war Sébastien Foucan, der sich wie auch Belle bereits nach kurzer Zeit von der Gruppe Yamakasi loslöste und andere stilistische Wege ging. Foucan gilt als Begründer des Free Running, einer Disziplin, die sich mit wesentlich mehr akrobatischen Elementen wie Saltos und Flickflacks im städtischen Raum präsentiert. Während beim Parkour die Effizienz der Bewegungen im Mittelpunkt steht, ist es beim Free Running die Bewegung selbst. Elemente aus dem Turnen und den Kampfsportarten und die baulichen Gegebenheiten der Stadt verschmelzen mit den immer in Bewegung stehenden Körpern.

Je nach Standpunkt der verschiedenen Akteure in der Szene sind Parkour und Free Running zwei verschiedene, nicht miteinander zu verwechselnde Disziplinen oder auch nur Spielarten der Kunst der Fortbewegung. Je nach Position überwiegt Abgrenzung oder Überschneidung.

Für die Entwicklung und Ausbreitung von Parkour ist in hohem Maße die mediale Präsenz der Ideen und Bewegungen ausschlaggebend. Bereits kurz nachdem sich die Gruppe Yamakasi um David Belle und Sébastien Foucan aufgelöst hatte, entstand 2001 der Film »Yamakasi – Die Samurai der Moderne«, in dem es um eine Gruppe von sieben Jugendlichen geht, die Parkour leben und ausüben. Dieser Film machte Parkour einem breiten Publikum zugänglich und wirkte als Initialzündung für seine Weiterverbreitung und Weiterentwicklung.

Daneben sind es weitere französischsprachige Filme, beispielsweise »Banlieue 13« (2004), seine Fortsetzung »Banlieue 13 Ultimatum« (2009) sowie englischsprachige Dokumentationen wie »Jump London« (2003) und »Jump Britain« (2005), die das Massenpublikum mit Parkour bekannt machen. Ebenso wichtig ist die mediale Vermarktung der beiden zentralen Köpfe David Belle und Sébastien Foucan. Beide sind heute als Schauspieler und Stuntmen aktiv und stellen ihre Fähigkeiten und ihr Können in einer Vielzahl von Filmen, Werbespots und Musikclips zu Schau.

Die massenmediale Vermarktung von Parkour war eine Grundlage für die weltweite Verbreitung der Kunst der Fortbewegung. Jugendliche in der ganzen Welt sind inspiriert von den Bewegungsabläufen, ahmen sie nach und entwickeln sie weiter. Sie drehen ihre eigenen kleinen Videos, stellen sie ins Netz. Bewerten, kommentieren und zitieren die anderen, verarbeiten vorhandenes Material und machen es zu eigenem. Und so ist – neben den massenmedialen Zeugnissen – eine weitere Grundlage des Parkour die nicht zu überschauende Vielzahl an Amateurvideoaufnahmen, die im Internet auf verschiedenen Plattformen (YouTube, Dailymotion, Facebook, Skyblog etc.) kursieren. Diese Interaktion zwischen Straße und Video bildet die Lebendigkeit der Szene ab. Neben der Selbstdarstellung der Traceure oder der zu Gruppen zusammengeschlossenen Jugendlichen dienen die Videoaufnahmen und Fotos der szeneninternen

Vernetzung und Weiterentwicklung. So findet Parkour im urbanen und im virtuellen Raum gleichermaßen statt. »Die Selbstpräsentation auf Fotografien, in selbstgedrehten und selbstproduzierten Videos und auf eigenen Websites ist entscheidender Bestandteil der Praxis geworden, welche somit nicht nur im urbanen Raum verortet ist, sondern ebenso im *non-lieu* Internet« (Lauschke 2010, 39f., Herv. i.O.). Bevor auf Parkour in Marokko genauer eingegangen wird, wird im Folgenden der Bezug zu den Umbrüchen in der arabischen Welt hergestellt.

Umbrüche in der arabischen Welt

Parkour steht exemplarisch für Entwicklungen, die sich bereits seit geraumer Zeit in der arabischen Welt abzeichnen; Entwicklungen, die von zunehmenden Fragmentierungsprozessen auf verschiedenen gesellschaftspolitischen Ebenen und von der Infragestellung vorherrschender Erklärungsmuster geprägt sind.

Verdeckt hinter einer breiten internationalen Wahrnehmung des Nahen Ostens und Nordafrikas als einer Region, in der sich die Menschen an ihr autoritäres Umfeld angepasst haben, und hinter einer wissenschaftlichen Auseinandersetzung mit den politischen Eliten, entwickelten zahlreiche Akteure in ihrem alltäglichen Handeln verschiedenartige und individualisierte Formen von Widerständigkeit, die nicht zuletzt im Arabischen Frühling ihren Ausbruch und Ausdruck fanden. Die für die vielfältigen, oftmals kleinteiligen Veränderungen verantwortlichen Faktoren, die auf komplexe Weise miteinander verbunden sind und oftmals konfliktär aufeinander einwirken, können an dieser Stelle nur angerissen werden. Folgende Tendenzen lassen sich erkennen: Die Länder des Nahen und Mittleren Ostens sowie Nordafrikas weisen nach wie vor ein hohes Bevölkerungswachstum und eine extrem junge Bevölkerung auf. Immer wieder werden Statistiken zitiert, nach denen der Anteil der jungen Menschen bei bis zu zwei Dritteln der Bevölkerung liegt – eine demografische Überlegenheit, die jedoch die wirtschaftlichen und politischen Systeme nicht auffangen können. Die wirtschaftliche, aber auch soziale Exklusion der jungen Menschen wird als eine große Herausforderung der Region erkannt, ein Zustand, der vielfach als Motor für die Umbrüche in der arabischen Welt genannt wurde und dessen Behebung zentrale Aufgabe der neuen Regierungen sein wird. Gerade den gut ausgebildeten Universitätsabsolventen bleibt der Zugang zum Arbeitsmarkt verwehrt und die Möglichkeiten politischer Teilhabe sind sehr begrenzt. Gleichzeitig verheißen zunehmende Urbanisierungsraten einen wachsenden Zugang der Bevölkerung zum Bildungs- und Gesundheitswesen sowie zu den Freizeit- und Unterhaltungsangeboten der Stadt. Infolge intensivierter Migrationsströme und aufgrund via Satellitentechnik und Internet verfügbarer Ideen, Bilder und Konzepte werden traditionelle Legitimationsmuster porös und zunehmend hinterfragt. Vorherrschende Generationen- und Geschlechterverhältnisse werden herausgefordert und eine Vielzahl von verschiedenen Lebensentwürfen entsteht.[4]

Konzeptionelle Zugänge

Cilja Harders (2011) spricht von »Transformation ohne Transition«, um die vielfältigen Veränderungen auf gesellschaftlicher, kultureller und religiöser Ebene zu benennen, die jedoch keinen unmittelbaren politischen Führungswechsel zur Folge haben. »Diese tiefgreifenden Veränderungen wurden jedoch nicht von politischem Wandel im Sinne einer umfassenden Liberalisierung oder gar Demokratisierung der Systeme begleitet«, so Harders (2011, 12), sondern es »entstand ein widersprüchliches Nebeneinander von kleinräumigen Partizipationsdynamiken«, oftmals unterhalb der Ebene der sozialen Bewegungen (ebd., S. 12). Die dadurch entstandenen Dynamiken begannen die herrschenden Ordnungen und Diskurse unterschwellig zu unterlaufen. So erarbeiten sich Männer und Frauen neue Räume im Alltagsleben, organisieren sich in neuen sozialen Bewegungen, machen sich neue Medien zunutze, um ihre Ideen zu kommunizieren, und finden hierüber zu neuen Formen künstlerischen Ausdrucks. All diese Prozesse können und müssen als Wegbereiter der aktuellen Umwälzungen betrachtet werden.

Genau dies rückt Asef Bayat in seinem Buch »Leben als Politik. Wie ganz normale Leute den Nahen Osten verändern« (2010, 2012), das bereits vor dem Ausbruch des Arabischen Frühlings geschrieben und veröffentlicht wurde, in den Fokus. Im Zentrum stehen die vielzähligen kleinen Taktiken der Menschen, die sich – unangepasst an die bestehenden Verhältnisse – Nischen und Räume schaffen, vor allem in den urbanen Metropolen, und somit an vielen verschiedenen Stellen den Status quo in Frage stellen und gesellschaftliche Verhältnisse verändern.

Bayat lenkt den Blick auf den urbanen Raum als Ort des kleinen alltäglichen Ungehorsams (Bayat, in diesem Band). Auf den Straßen fordern die Subalternen mit ihren alltäglichen Überlebensstrategien die öffentliche Ordnung heraus.

> »Viele dieser Konflikte werden durch den *aktiven* Gebrauch des öffentlichen Raums, der in modernen Staaten eigentlich nur *passiv* benutzt werden darf, verursacht. Sich zu Fuß oder mit dem Auto zu bewegen, ein unbeteiligter Passant zu sein, ist gestattet; doch sämtliche *aktiven* oder *partizipativen* Benutzungsweisen des öffentlichen Raums erzürnen die Behörden.« (Bayat 2012a, 27; Hervorhebungen im Original)

Er nennt es die »politische Straße« – ein öffentlicher Ort, wo geteilte Gefühle und kollektive Gedanken normaler Menschen in ihren täglichen Praktiken artikuliert werden (ebd.). Bayat führt zudem den Begriff der 'sozialen Nicht-Bewegungen' ein, um die entscheidende Rolle, welche die Vielzahl an fragmentierten und dispersen Praktiken bei gesellschaftlichen Transformationsprozessen im Nahen Osten und Nordafrika spielen, zu benennen. Nicht-Bewegungen zeichnen sich dadurch aus, dass die kollektiven Aktionen nicht-kollektiver Akteure eher aktionsorientiert als ideologisch inspiriert sind. Nicht-Bewegungen erzielen ihre Wirksamkeit durch eine Politik des täglichen Praktizierens, nicht des Protests, und so sind die Akteure auch nicht in explizite Formen des Protests (Demonstrationen, Sit-ins etc.) eingebunden. Entscheidend ist, dass die alltäglichen, scheinbar normalen Praktiken von einer Vielzahl von Personen, die jedoch fragmentiert bleiben, ausgeführt werden (Bayat 2012a, 31f.). Entscheidend ist ferner, was Bayat mit der »Kunst der Präsenz« als grundlegendes Moment jeder Nicht-Bewegung bezeichnet (ebd., 11-37). Damit sind die Kreativität und die Courage verbunden, sich den Widerständen zu stellen und mit dem Vorhandenen neue Räume zu schaffen, in denen man sich verwirklicht und Gehör verschafft. Damit ist aber auch eine (alltägliche) Gegenwärtigkeit verschiedener Ideen, Gruppen und Bewegungen in institutionalisierten sowie informellen Bereichen der Gesellschaft gemeint (Bayat 2012a).

Auch andere Autoren unterstreichen die Einbeziehung des Alltäglichen in die Analysen des Zustandekommens der arabischen Revolten und ebenso mit Blick auf einen veränderten Umgang mit politischen Prozessen und Ismen in der Region. So plädiert beispielsweise Sune Haugbolle (2012) für die Einbeziehung des Alltäglichen in das Nachdenken darüber, wie politische Ideen und Ideologien entstehen, übermittelt und gelebt werden.

> »Die Handlungen der Individuen sind politisch, nicht weil sie direkt Wahlen oder den Staat beeinflussen, sondern aufgrund der Art und Weise, wie sie mit ihrem Verhalten und Handeln, mit ihrer Bescheidenheit und Frömmigkeit eine neue politische Sprache inszenieren.« (Haugbolle 2012)

Ähnlich argumentieren Vertreter der Cultural Studies und betonen das Politische scheinbar unpolitischer Handlungen:

> »'Politisch' sind diese Handlungen nicht etwa, weil sie ihren Ursprung im sozialen Subsystem der Politik hätten, sondern politisch sind sie, weil sie Machtverhältnissen entspringen, die wie ein Netz den gesamten sozialen Raum überziehen.« (Marchart 2008, 13)

Das Alltägliche ist nicht bedeutungslos und unschuldig, sondern ist eingebettet in Machtverhältnisse, die es reproduziert und zugleich hintergeht. Foucault öffnet den Blick auf den Körper im Feld des Politischen als umkämpftes Gebiet von Macht:

> »Aber der Körper steht auch unmittelbar im Feld des Politischen; die Machtverhältnisse legen ihre Hand auf ihn; die umkleiden ihn, markieren ihn, dressieren ihn, martern ihn, zwingen ihn zu arbeiten, verpflichten ihn zu Zeremonien, verlangen von ihm Zeichen.« (Foucault 1976, 73).

In »Überwachen und Strafen« (1976) führt Foucault aus, wie in verschiedenen Institutionen (Schule, Armee, Gefängnis etc.) das Verhalten der Einzelnen genauestens geregelt wird – über vorgeschriebene Zeiteinteilung, Kontrolle der Gesten, Haltungen, Sichtweisen usw. Sowohl durch Methoden, die den Körper direkt formen, als auch durch Praktiken, die den Körper zum Objekt der Selbstkontrolle machen, wirkt Macht. Die Architektur von Gebäuden, Räumen und Plätzen spielt dabei eine entscheidende Rolle.

> »Indem der Einzelne in ein architektonisch und zeitlich ausgeklügeltes System von Überwachungsstrukturen gestellt wird, das schließlich zur Selbstüberwachung führt, [...] wird ein permanent sich selbst kontrollierendes Subjekt geschaffen.« (Kögler 1994, 92)

Hier setzt de Certeau (1988) an und betont in seinem Werk »Kunst des Handelns«, dass seine Analyse von Machtstrukturen »als eine Fortsetzung oder auch als Gegenstück zu Foucaults Analyse« zu verstehen ist, indem er den Blick auf die vielgestaltigen, resistenten, listigen und hartnäckigen Vorgehensweisen lenkt, die sich dem disziplinierenden Charakter von Raum widersetzen oder entziehen (de Certeau 1988, 186f.). Er formuliert:

> »Die Stadt wird zwar zum beherrschenden Thema der politischen Legendenbildung, aber sie ist kein Bereich programmierter und kontrollierter Verfahren mehr. Unterhalb der ideologisierenden Diskurse wuchern Finten und Bündnisse von Mächten ohne erkennbare Identität, ohne greifbare Konturen und ohne rationale Transparenz, die nicht verwaltet werden können.« (de Certeau 1988, 185)

De Certeau geht es um die Alltagspraktiken des 'kleinen Mannes', um die kleinen Taktiken, die zahlreich in den großen disziplinierenden Machtstrategien bestehen und in sie eindringen. Demzufolge ist es verkürzt anzunehmen, dass Alltagspraktiken allein darin bestehen, sich anzupassen.

Der Assimilation wird die Aneignung entgegengesetzt – als aktives Moment im Prozess der Bedeutungszuschreibung. Analytisch führt de Certeau die Trennung von 'Strategien' und 'Taktiken' ein und verknüpft diese mit 'Ort' und 'Raum' (1988, 77f.). Strategien sind die Handlungsweisen der Mächtigen, die berechenbar und dauerhaft versuchen, die Machtbereiche eines Ortes zu besetzen bzw. den Machtbereich auszudehnen. Taktiken dagegen sind kurzfristig. Sie haben keinen Ort als Machtbereich. Sie suchen Nischen und schaffen sich Räume, die durch den alltäglichen Umgang mit den Orten entstehen. »Die Taktik hat nur den Ort des Anderen. Sie muss mit dem Terrain fertig werden, das ihr so vorgegeben wird [...]« (de Certeau 1988, 89). Die verschiedenen Umgangsweisen, Handlungen, Taktiken bilden dann nach de Certeau das »Netz der Antidisziplin«. Entscheidend mit Blick auf Aneignung ist die Bedeutung des Lesens bzw. der Lektüre. Die Bedeutung eines Textes erschließt sich nicht allein durch die Absicht des Schreibenden, sondern auch durch die Tätigkeit des Lesens. Genauso wie sich die Lesenden Texte aneignen – frei von der Intention des Autors – bewegen sich die Gehenden in der Stadt, vorgeschriebene Wege benutzend, aber auch umdeutend oder neue erfindend.

> »Wenn es also zunächst richtig ist, dass die räumliche Ordnung eine Reihe von Möglichkeiten (z.B. durch einen Platz, auf dem man sich bewegen kann) oder von Verboten (z.B. durch eine Mauer, die einen am Weitergehen hindert) enthält, dann aktualisiert der Gehende bestimmte dieser Möglichkeiten. Dadurch verhilft er ihnen zur Existenz und verschafft ihnen eine Erscheinung. Aber er verändert sie auch und erfindet neue Möglichkeiten, da er durch Abkürzungen, Umwege und Improvisationen auf seinem Weg bestimmte räumliche Elemente bevorzugen, verändern oder beiseite lassen kann.« (de Certeau 1988, 190)

Das Zitat lässt sich wie eine Beschreibung von Parkour lesen, auch wenn Parkour erst noch erfunden werden musste, als de Certeau diese Zeilen schrieb. Auf jeden Fall entspricht Parkour dieser Aneignung des städtischen Raums, übertreibt und verleiht dem Zitat in besonderem Maße Ausdruck.

Parkour in Marokko

In vielen marokkanischen Städten sind Traceure zu finden. Ausgehend von den Pariser Vororten der 1980er und 1990er Jahre hat diese Sportart oder Kunst der Fortbewegung ihren Weg nach Marokko gefunden. Dort machen sich die jungen Marokkaner Massenwohnsiedlungen in Casablanca, öffentliche Schulgebäude in Tiznit oder Strandabschnitte in Essauoira zu eigen. Parkour geht überall; man benötigt nur seinen Körper, um auf dem Vorhandenen eigene Wege zu beschreiben.

Marokko weist eine überaus große und lebendige Parkourszene auf. In den verschiedensten Städten aller Regionen trainieren und leben die Jugendlichen – zumeist in Gruppen gemeinsam – die Kunst der Fortbewegung. Sie sind im öffentlichen urbanen Raum ebenso wie in der Netzwelt sehr sichtbar. Ein Mitglied der bekanntesten marokkanischen Parkourgruppe Accroches toi!!! (Halt dich fest!!!) aus Casablanca betont: »Heutzutage gibt es sehr viele Traceure in ganz Marokko.« (Yahya, 2.7.2012) Für sie spielt die Unterteilung in Parkour und Freerunning keine Rolle – die meisten Gruppen tragen beide Begriffe ihn ihrem Namen. Sie kombinieren frei Bewegungselemente, die sie auf ihrem Weg weiterbringen.

Neben einer umfassenden geographischen und medialen Präsenz und verschiedenen Professionalisierungsstufen hat Parkour in Marokko bereits einen gewissen Institutionalisierungsgrad erreicht, der darauf verweist, dass sich die verschiedenen Akteure bereits seit einem gewissen Zeitraum im Feld bewegen. So sind viele der marokkanischen Traceure, wie beim Parkour üblich, in Gruppen zusammengeschlossen, die sich als solche mit eigener Identität und eigenem Logo im Netz präsentieren. Es gibt regelmäßig stattfindende Wettbewerbe, bei denen sich die Traceure treffen und ihr Können zeigen, wie beispielsweise Ende Januar 2012 in Kenitra, einer Stadt nördlich von Rabat. Diese Veranstaltung wurde von zwei Parkourteams aus Kenitra (Association Kenitra Parkour (AKP) und Helala Freerun and Parkour (HFPK)) organisiert. Ende April 2012 traten bei einem Wettbewerb (Compétition Nationale de Parkour), der von der Vereinigung Morocco Family of Parkour & Freerunning (MFPF) und einer lokalen Parkour-Gruppe (Oriental Traceurs Family) in Berkane ausgerichtet wurde, Traceure aus Tanger, Tetouan, Kenitra, Rabat, Casablanca, Marrakesch und Fkih Ben Saleh miteinander an. Die Aufzählung leistet einen kleinen Einblick in die Verbreitung von Parkour in Marokko, der im Folgenden mit Hilfe der Vorstellung dreier verschiedener marokkanischer Parkour-Akteure verdichtet werden soll. Erstens wird der sich 2011 gegründete nationale marokkanische Verband für Parkour dargestellt, im zweiten Schritt wird ein Licht auf die mittlerweile weltweit bekannte und professionelle Parkourgruppe Accroches toi!!! aus Casablanca geworfen, bevor im dritten Schritt eine kleinere lokale Parkour-Mannschaft aus dem Süden Marokkos zu Wort kommt.

Morocco Family of Parkour & Freerunning (MFPF)

Für die Institutionalisierungsprozesse spricht die Gründung einer Art nationalen Dachverbandes der marokkanischen Traceure. Das steht einerseits für eine unbestimmt große Anzahl von Akteuren und andererseits für eine Fokussierung auf und Formulierung von bestimmten Interessen und Ambitionen. Verschiedene marokkanische Parkour-Crews schlossen sich am 1. November 2011 zu dem Verband (Morocco Family of Parkour & Freerunning, MFPF) zusammen. Der Zusammenschluss existiert als solcher auch als Facebookseite im Netz mit eigenem Logo und eigener Satzung, in der Anliegen und Ziele formuliert sind:

> »Morocco Family of Parkour & Freerunning ist die erste marokkanische Vereinigung der Parkour-Kunst, die die lokalen Gruppen, die Parkour in Marokko ausüben, in einem offiziellen Rahmen versammelt. Ziel ist es, Probleme, mit denen sich die lokalen Parkour-Gruppen konfrontiert sehen, zu lösen und Hindernisse, die dem Erfolg von Parkour in unserem Land im Weg stehen, zu beseitigen.« (Facebookpräsenz des Verbandes)[5]

Bei der Aufgabenbeschreibung, die sowohl im Inhalt als auch im Duktus der Satzung eines offiziellen Verbandes gleichen, werden folgende Aspekte in den Vordergrund gestellt:

(1) Vereinigung aller Beziehungen und Bemühungen, die von den einzelnen Gruppen zur Weiterentwicklung von Parkour und Freerunning unternommen werden,

(2) Ausbreitung eines brüderlichen Sportgeistes, der Konkurrenzgedanken verdrängt und Sportler untereinander stärkt,

(3) Anhebungen des technischen Niveaus der Traceure und

(4) Bekanntmachung der marokkanischen Bemühungen im Bereich des Parkour auf nationaler und internationaler Ebene.

Vorsitzender des Dachverbandes ist Soufian El Mesbahi, Traceur aus Tanger. Er und weitere sechs Mitglieder, je einer aus einer weiteren Parkour-Gruppe Marokkos, bilden den Vorstand, der sich neben der repräsentativen Vertretung der Vereinigung auch für die Planung der jährlichen Aktivitäten sowie die Koordination der Mitglieder verantwortlich zeigt.

Mit den Worten des derzeitigen Vorsitzenden, Soufian El Mesbahi, klingt die Motivation zur Gründung und die Aufgaben der Vereinigung nicht mehr ganz so förmlich, sondern eher enthusiastisch aufgrund der Möglichkeiten, die mit der Verbindung verschiedener Akteure einhergehen. Er betont den Gemeinschaftsgeist innerhalb der Parkour- und Freerunning-Community und, dass er nur für offizielle Seiten als Vorsitzender der Ansprechpartner ist. Innerhalb der Community ist er genauso wichtig wie jedes andere Mitglied.

> »Das Beste an unserer Community ist die große Familie, die sich untereinander hilft. Wir teilen unser Wissen über die sportlichen Techniken, drehen gemeinsam Videoclips und

teilen unsere Ideen, um großartige Dinge für die Verbesserung und Bekanntmachung von Parkour in Marokko und weltweit zu schaffen.« (Soufian, 10.8.2012)

Es wird deutlich, dass die Vereinigung zwei Anliegen hat: erstens Ansprechpartner für staatliche und nicht-staatliche Kooperationspartner zur Organisation von Wettbewerben etc. zu sein. Aus diesem Grund ist der offizielle Charakter sehr förmlich und alle Informationen werden auf Hocharabisch bereitgestellt. Die Kommunikation innerhalb der marokkanischen Parkour-Gemeinschaft erfolgt sonst maßgeblich auf Französisch oder Marokkanisch, was oftmals mit lateinischen Buchstaben und Zahlenkombinationen verschriftlicht wird. Zweitens erfüllt die Seite eine Vernetzungsfunktion innerhalb der marokkanischen Parkour-Community und enthält demzufolge szeneinterne Informationen und Videoclips.

Ein Blick auf die Facebookseite gibt Aufschluss über die Aktivitäten und die Bedeutung des Dachverbandes für die Parkour-Szene in Marokko. Das aktuelle Bild (Ende Juni 2012) auf der ersten Seite des Facebookauftritts ist die Einladung zu dem bereits erwähnten Wettbewerb *Compétition Nationale de Parkour* am 22. April 2012. Für diesen und für den Anfang des Jahres veranstalteten Wettbewerb steht ein Fotoalbum zur Verfügung. Ansonsten werden maßgeblich Videoclips der verschiedenen Mitglieder gepostet. Hervorgehoben wird die 'Gefällt mir'-Angabe von David Belle, die in Parkour-Kreisen sicherlich als eine Auszeichnung verstanden wird. Ferner wird die Seite als zusätzlicher Kanal genutzt, um auf die bei YouTube hochgeladenen Clips aufmerksam zu machen.

Accroches toi!!!

Zurück zu den Anfängen des Parkour, zurück ins Jahr 2001, als im französischen Fernsehen die ersten Reportagen über David Belle und die Gruppe Yamakasi ausgestrahlt werden und als der erste Film »Yamakasi – Die Samurai der Moderne« in die Kinos kommt. Nicht nur mit Blick auf Parkour in Marokko, sondern auch für die Entwicklung von Parkour in Frankreich und als weltweites Phänomen sind dies die ersten medialen Nachweise bzw. Beweise dafür, dass Parkour existiert. Diese werden auch in Marokko wahrgenommen. In Casablanca sehen ein paar Jugendliche die Dokumentation über David Belle, die vom französischen Sender (TF 1) ausgestrahlt wird. »Danach haben wir im Netz alles gesucht, was mit dieser Kunst zusammenhängt, die Begriffe, Sprünge und Bewegungen« (Yahya, 2.7.2012). Sie beginnen mit dem Training und gründen vor acht Jahren die Gruppe Accroches toi!!!. Der nächste Schritt nach dem Training im urbanen Raum Casablancas besteht in der Schaffung einer eigenen Webpräsenz auf skyrock.com:

> »Hallo an alle und herzlich willkommen auf unserem Blog, einem Blog der sich der Kunst der Fortbewegung widmet, oder anders gesagt, Parkour (eine Disziplin, die von David Belle kreiert wurde). Es ist mehr als ein Sport, es ist eine Art zu leben.« (Internetpräsenz der Gruppe auf skyrock.com)[6]

Anhand des Blogs lässt sich die Entwicklung der medialen Präsenz der Gruppe sehr gut nachverfolgen. So werden 2006 vor allem Fotos der Gruppe und Fotos einzelner Par-kourbewegungen ins Netz gestellt. Es folgen kurze Aufnahmen der einzelnen Sprünge und Bewegungen. Bis Ende des Jahres 2006 drehen sie ihre ersten Videoclips. Die Kommentarfunktion wird vor allem von anderen Akteuren der Szene genutzt, um gegensei-tige Wertschätzung zu dokumentieren und um sich auszutauschen.

Neben der medialen Selbstinszenierung oder auch aufgrund dessen wird das marokkanische Fernsehen auf die Traceure in Casablanca aufmerksam. Bereits Ende 2006 strahlt das marokkanische Fernsehen eine erste Reportage über Parkour und die Gruppe Accroches toi!!! aus. 2007 folgen erste Artikel über die Gruppe in marokkanischen Zeitungen und Zeitschriften. 2008 dreht die Gruppe ihren ersten Werbespot für das Telekommunikationsunternehmen Meditel. Spätestens seit diesem Zeitpunkt hat sich der Status der Gruppe verändert; sie posten nicht mehr nur ihre eigenen Clips, sondern fast ausschließlich die Beiträge, die über sie in den Medien (Radio, Fernsehen, Zeitung) erscheinen.

Der Blog erfüllt bereits Vernetzungsfunktionen innerhalb der Szene, die einzelnen Beiträge werden intensiv kommentiert und 458 Freunde schließen sich an. Auch die anderen marokkanischen Parkour-Gruppen präsentieren sich in Form von Blogs, wo eigene Aktivitäten dargestellt und archiviert werden und Netzwerke zu anderen aufgebaut und intensiviert werden. Ende 2010, Anfang 2011 erlahmen die Blogaktivitäten zugunsten neuer Facebookprofile. Die Gruppe Accroches toi!!! kreiert ihre Facebookseite im Januar 2011 und berichtet seitdem auf diesem Wege über ihre Aktivitäten.[7] Nicht nur medial, sondern auch ihre körperlichen Fähigkeiten betreffend professionalisiert sich die Gruppe zunehmend. Ein Kurzfilm und weitere Spielfilme folgen. Neben einer marokkanischen Komödie entsteht ein internationaler Film »Road to Kabul« (2010), bei dem Mitglieder von Accroches toi!!! die Stunts übernehmen. Einer der Mitglieder bestätigt im Gespräch, dass es momentan eine gute Zeit für Filme mit Parkour-Elementen sei und dass sie oft angefragt werden. »Wir haben die großen Bildschirme erreicht. Es ist jetzt wie ein Beruf geworden und wir können davon leben.« (Yahya, 2.7.2012) Trotz ihrer nationalen und internationalen Bekanntheit, trotz und wegen dieser Erfolge bedeutet Parkour nach wie vor, »immer einen Weg zu suchen, um weiter zu kommen. Die Philosophie von Parkour ist, immer weiter zu gehen und niemals anzuhalten. Auch wenn du ein Problem hast, wie manchmal im Leben, und du denkst, du kommst nicht weiter – es gibt immer einen Weg.« (Yahya, 2.7.2012)

Bouizakarn Freerunning and Parkour (BFPK)

Accroches toi!!! sind nicht nur in Marokko, sondern weltweit bekannt. So haben sie auch in der Parkour-Szene in Marokko eine exponierte Stellung inne; sie organisieren nationale Parkour-Tage und bieten ihr Können in Kursen an *(Ecole Nationale de Parkour)*.

Daneben existiert in Marokko eine sehr lebendige und große Amateur-Parkour-Szene, die sich nicht nur in den großen Städten wie Casablanca, Rabat oder Marrakesch entwickelt hat, sondern auch in kleineren Provinzstädten ihre Anhänger hat. Aufgrund der Verfügbarkeit des Internets finden die Jugendlichen auch in abgelegeneren Orten

Marokkos den zumeist zunächst medial vermittelten Zugang zu Parkour. Beispielhaft dafür ist eine Gruppe von Traceuren aus Tiznit, einer kleinen Provinzhauptstadt im Süden Marokkos. BFPK – Bouizakarn Freerunning and Parkour – besteht aus fünf Mitgliedern und trainiert seit 2008 zusammen. Kopf der Gruppe ist Mostafa Bouazar, der vor vier Jahren Videos von David Belle auf YouTube so faszinierend fand, dass er davon seinen Freunden erzählte und ihnen vorschlug, diesen Sport doch gemeinsam auszuprobieren. Anfangs sahen sie sich mit vielfältigen Widerständen konfrontiert. Da war einerseits eine gewisse Naivität den körperlichen Herausforderungen gegenüber, die zahllose kleinere Verletzungen zur Folge hatten. Die Eltern sahen in den akrobatischen Übungen eine reine Zeitverschwendung, hatten Sorge aufgrund der Blessuren und waren nur nach langem Zureden bereit, Geld für ein neues Paar schnell wieder abgenutzter Turnschuhe zur Verfügung zu stellen. Mittlerweile stehen sie den Aktivitäten gelassener gegenüber, vor allem weil sie der Ernsthaftigkeit in der Ausübung des Sports nichts mehr entgegenzusetzen haben. »Jetzt lassen sie es mich machen, aber jedes Mal, wenn ich gehe, warnen sie mich, vorsichtig zu sein.« (Mostafa, 3.7.2012)

Die örtliche Polizeibehörde hat sich jedoch noch nicht an die Idee von Parkour gewöhnt, dass dies im öffentlichen Raum, auf öffentlichen Plätzen und staatlichen Gebäuden geübt und praktiziert wird. So kam es immer wieder zu Zusammenstößen mit der Polizei, die den Jugendlichen Einbruch oder Sachbeschädigung vorwarfen. Da jedoch weder eingebrochen wurde, noch Dinge zu Bruch gingen, ließen sie die Jugendlichen wieder gehen. Gerade das örtliche Schulgebäude eignet sich besonders gut für das Training von Parkour-Elementen, doch genau dieses steht unter besonderer öffentlicher Beobachtung, sodass das Training dort – getrieben von einem sportlichen Ehrgeiz – zu einer Kraftprobe im öffentlichen Raum wird.

Der erste Kontakt und auch die weiteren Kontakte mit anderen Parkour-Praktizierenden waren zunächst ausschließlich medial vermittelt. Nach den ersten YouTube-Clips folgten weitere Informationen und Videos aus dem Netz, die dann vor Ort in den urbanen Raum übersetzt wurden. Noch bevor die fünf Jugendlichen von BFPK aus Tiznit andere marokkanische Traceure persönlich trafen, waren sie Teil der nationalen und internationalen Parkour-Gemeinschaft, da sie mit den anderen via Internet Kontakt hatten, deren Videos kommentierten und später selbst mit eigenen Clips im Netz vertreten waren. Dazu brauchten sie zunächst keine eigene Internetseite, da sie ihre Videos auf Youtube hochladen konnten und über szenebekannte Webseiten verbreiteten, dass es ein neues Parkour-Video aus dem Süden Marokkos gibt. Im März 2012 legten sie ihre Facebookseite an und berichten seitdem auf diesem Wege über ihre Aktivitäten.[8]

Auf nationalen Parkour-Tagen haben sie mittlerweile auch andere marokkanische Traceure persönlich getroffen, genauso wie sie auch – abseits der medialen Pfade – in andere Städte fahren, wo neue herausfordernde Parkour-Trainingsmöglichkeiten bestehen. »Wir fahren auch in andere Orte, um Freunde zu treffen. Über Parkour lernst du so viele neue Freunde kennen. Das ist das Wichtigste an Parkour – Freundschaft und Liebe teilen mit anderen Leuten.« (Mostafa, 3.7.2012). Auch sonst hat Parkour das Leben des

Kopfs der Gruppe BFPK und seine Einstellung zum Leben nachhaltig verändert. Parkour ist Sport, Kunst und Lebenseinstellung. Er beschreibt, dass es einige Zeit dauerte, bis er begriff, was Parkour tatsächlich für ihn bedeutet.

> »Am Anfang machst du die Bewegungen einfach nach, du versuchst sie so gut wie möglich nachzuahmen. Später, wenn du deine eigenen Bewegungen machst und dich mit deinen eigenen Worten bewegst, siehst du, wie Parkour dein Aussehen, die Dinge um dich herum und die Art und Weise, wie du mit ihnen umgehst, verändert. Du trainierst dich, Hindernisse zu bewältigen und dich immer weiter zu entwickeln.« (Mostafa, 3.7.2012)

Ihm ist es wichtig, zu betonen, dass Parkour nicht mit anderen jugendkulturellen Phänomenen gleichgestellt wird, die sich vor allem nach außen darstellen, um gesehen zu werden. Mit Blick auf die Rolle der Videos – die man als ein Posen/Posieren für die Öffentlichkeit missverstehen könnte – unterstreicht Moustafa, »dass die Essenz von Parkour darin besteht, sich selbst herauszufordern und seine körperlichen und mentalen Fähigkeiten weiterzuentwickeln, und dies in einer Atmosphäre, die Spaß macht.« (Mostafa, 3.7.2012)

Parkour – die Kunst der Bewegung als Nicht-Bewegung?

Parkour steht beispielhaft für kleine minoritäre Praktiken, die sich in die großen disziplinierenden Mechanismen als »Netz der Antidisziplin« (de Certeau) einschreiben. Es steht beispielhaft für die vielfältigen kleinteiligen Veränderungen, die eingangs als Wegbegleiter der Ereignisse des Arabischen Frühlings benannt wurden. In den aus Stein, Stahl und Beton bestehenden architektonischen Vorgaben finden die Jugendlichen ihren Platz, abseits der ursprünglichen Intentionen der Bauwerke, Brücken und Plätze. Die jungen Menschen haben neben der Schule und aufgrund kaum vorhandener Arbeitsmöglichkeiten und Alternativen Zeit und benötigen ausschließlich ihren Körper – und keine zusätzlichen Investitionen – um der zu viel vorhandenen Zeit eine Bedeutung zu verleihen. Die Bewegungen im öffentlichen und virtuellen Raum stehen für einen Prozess der Ermächtigung und Selbstbestimmtheit. Die Parkour zugrunde liegende Idee, immer einen Weg, eine Lösung zu finden und dabei ausschließlich auf sich selbst und seine körperlichen und mentalen Kräfte zu vertrauen, wird oftmals als Lebenseinstellung auch auf die im Alltag zu bewältigenden Probleme übertragen: Unüberwindbare Hindernisse lassen sich nach einigem Training doch bewältigen, für scheinbar nicht zu lösende Konflikte gibt es doch eine Lösung; denn »es gibt immer einen Weg« (Mostafa, 3.7.2012).

Die Aneignung des öffentlichen Raums – wenn auch eher von sportlichem Ehrgeiz getrieben als von einer offensichtlichen politischen Agenda unterlegt – geschieht nicht konfliktfrei. Das Training und Praktizieren von Parkour am Schulgebäude macht dies deutlich. Die Schule verfolgt einen bestimmten Bildungsauftrag und das Gebäude selbst und das umgebende Gelände gehört den staatlichen Behörden, die auch für die Instandhaltung verantwortlich sind. Das Gebäude erfüllt funktionale Aspekte und hat einen vorwiegend disziplinierenden Charakter, dem sich die jugendlichen Traceure nicht unterwerfen. Im Gegenteil, Aussehen und Funktion werden uminterpretiert. Dies geschieht flüchtig; es werden keine Spuren hinterlassen, das Gebäude wird in seiner architektonischen Struktur nicht verändert, aber die Nutzungsweise neu definiert. Ähnlich verhält es sich mit der Stadtmauer von Tiznit, an der ein großes Portrait des derzeitigen marokkanischen Königs, Muhammad VI., befestigt ist. Die historische Stadtmauer diente einst der Stadtbefestigung und das Portrait des Königs ist ein Zeichen der Präsenz des aktuell Herrschenden. Die Jugendlichen ergänzen eine neue Funktion, indem sie die Mauer nutzen, um ihre Bewegungen daran zu proben. Auch auf zentralen Plätzen in der Stadt werden Springbrunnen, Bänke und Palmen reinterpretiert und als Herausforderung für die effektivste oder effektvollste Bewegung gelesen. Die jungen marokkanischen Traceure sind die 'de Certeau'schen' Lesenden der architektonischen Vorgaben der Stadt, an die sie sich nicht nur einfach anpassen, sondern die sie sich aneignen und umdeuten.

Dabei liegt der Antrieb der Jugendlichen vielmehr in sportlichen und ästhetischen Ambitionen begründet als in der intendierten Infragestellung herkömmlicher Werte und Normen. Die aufeinander aufbauenden Diskurse im urbanen und virtuellen Raum haben zumeist körperliche, ästhetische und technische Elemente als Gegenstand der Diskussion. In den Videos verschmelzen die in der Öffentlichkeit gezeigten Bewegungen zu filmischen Aussagen über Körperbeherrschung, Selbstbewusstsein und Bewegungskunst. Sprünge, Drehungen, Balanceakte werden mit Musik unterlegt, die die Gefahr und Geschwindigkeit aufgreift, und in kurzen Clips im Netz zur Diskussion gestellt. Von den anderen Mitgliedern der Parkour-Community werden diese kommentiert und bewertet, aufgegriffen und umformuliert.

Das politische Moment liegt nicht in der expliziten Formulierung direkter Forderungen an die etablierte politische und gesellschaftliche Ordnung, sondern in der Umdeutung vorgegebener öffentlicher Räume und der damit entstehenden Herausforderung der etablierten Ordnung. Neue Identitäten entstehen, die bestehende Muster in Frage stellen. Autoren wie Bayat und de Certeau unterstreichen dabei die hohe Bedeutung der Umgangsweise mit dem öffentlichen Raum.

> »Bei dem gegenwärtigen Widerspruch zwischen dem Modus einer kollektiven Verwaltung und dem individuellen Modus einer Wiederaneignung ist diese Frage gerade dann wichtig, wenn man davon ausgeht, dass die Umgangsweisen mit dem Raum tatsächlich die determinierenden Bedingungen des gesellschaftlichen Lebens bestimmen.« (de Certeau 1988, 187)

Asef Bayat nennt es die 'politische Straße', weil das der Ort ist, an dem der tägliche Aufstand gegen vorgegebene Verhaltensweisen und -muster stattfindet. Parkour entspricht in Bayats Sinne insofern einer Nicht-Bewegung, als an vielen verschiedenen Orten Traceure kollektive Aktionen ausführen und die Wirksamkeit im Praktizieren und nicht im Ideologisieren liegt. Parkour lässt sich mit Bayat als 'die Kunst der Präsenz' bezeichnen, was das zentrale Moment einer jeden Nicht-Bewegung ist.

Jedoch entspricht es nicht einer Nicht-Bewegung, da die einzelnen Akteure zwar durchaus ein kollektives Bewusstsein haben, aber keines, das primär auf sozialen Wandel zielt. Es ist ferner fraglich, ob die Zahl der Parkour-Praktizierenden ausreichend groß ist. Weit davon entfernt, eine Massenbewegung zu sein, sind jedoch die Sprünge und Bewegungen öffentliche Statements eines erstarkten Bewusstseins des Einzelnen im urbanen Raum.

Anmerkungen

[1] Der Beitrag beruht zum Teil auf eigenen Interviews. Die Autorin hat alle Zitate, sofern nicht anders gekennzeichnet, selbst ins Deutsche übersetzt.

[2] www.davidbelle.com, Zugriff: 4.6.2012.

[3] http://www.parkour-germany.net/hintergrund/, Zugriff: 18.6.2012.

[4] Mit den neuen Medien stehen neue Diskurs- und Aktionsräume zur Verfügung, die ausprobiert und angeeignet werden (Bayat 2010a; Harders 2011; speziell mit Blick auf Jugend: Dhillon/Youssef 2009; Herrera/Bayat 2010a).

[5] http://www.facebook.com/pages/Morocco-Family-of-Parkour-Freerunning/133537660085775, Zugriff: 14.7.2012.

[6] http://parkour-casa.skyrock.com, Zugriff: 4.7.2012.

[7] http://www.facebook.com/accrochestoi.parkour, Zugriff: 14.7.2012 .

[8] http://www.facebook.com/BfpkBzkFreerunningParkour, Zugriff: 14.7.2012.

Literatur

ABADA, K.: La crise économique et la mobilisation en octobre 1988, in: Le Saout, D. / Rollinde, M. (eds.): *Emeutes et mouvements sociaux au Maghreb. Perspective comparée*, Paris: Editions Karthala, 1999, S. 243-253.

ABDEEN, Z. / GREENOUGH, G. / SHAHIN, M. / TAYBACK, M.: Nutritional Assessment of the West Bank and Gaza Strip, USAID, September 2002 (www.usaid.gov/wbg/reports/Nutritional_Assessment.pdf, Zugriff: 16.4.2013).

ABDELKHALEK, T. / AJBILOU, A. / FAZOUANE, A.: Pauvreté, besoins de base et comportements démographiques au Maroc, in: *Rapport du social, bulletin économique et social du Maroc*, 159, 2000, S. 41-61.

ABI YAGHI, M.: Civil Mobilisation and Peace in Lebanon. Beyond the Reach of the 'Arab Spring'?, in: *Accord*, 24, 2012, S. 20-22.

ABU-LUGHOD, J. L.: *Cairo. 1001 Years of the City Victorious*, Princeton: Princeton University Press, 1971.

ABU-LUGHOD, J. L.: *Rabat. Urban Apartheid in Morocco*, Princeton: Princeton University Press, 1980.

ACHCAR, G.: *The People Want. A Radical Exploration of the Arab Uprising*, New York: Saqi, 2013.

ADAMS, R. H.: Evaluating the Process of Development in Egypt 1980-97, in: *International Journal of Middle East Studies*, 32, 2000, S. 255-275.

ADHAM, K.: Globalization, Neoliberalism, and the New Spaces of Capital in Cairo, in: *Traditional Dwellings and Settlements Review*, XVII (1), 2005, S. 19-32.

AHDR (ARAB HUMAN DEVELOPMENT REPORT): Challenges to Human Security in the Arab Countries, New York: United Nations Publications, 2009.

AHDR: Creating Opportunities for Future Generations, New York: United Nations Publications, 2002.

AIT MOUS, F.: Mamfakinch.com. Mobilisation et medias citoyens (Typoskript), Rabat, 2013.

AIT MOUS, F.: Marocanité. Identitäten und Chatrooms der Diaspora, in: Gertel, J. / Breuer, I. (Hg.): *Alltagsmobilitäten. Aufbruch marokkanischer Lebenswelten*, Bielefeld: transcript, 2012, S. 389-404.

AKAY, A.: *Istanbul'da rock hayati: sosyolojik bir bakis*, Istanbul: Baglam Yayinlari, 1995.

AKYOL, M.: *Islam without Extremes. A Muslim Case for Liberty*, 1. Auflage, New York: Norton, 2011.

ALBAYRAK, Ö.: Dindar gençlik mi?, in: *Yeni Safak*, 3.2.2012 (http://yenisafak.com.tr, Zugriff 12.8.2012).

ALEXANDER, J. C.: *Performative Revolution in Egypt. An Essay in Cultural Power*, London: Bloomsbury Academic, 2011.

ALI, S.: *Dubai. Gilded Cage*, New Haven: Yale University Press, 2010.

ALI, S.: Going and Coming and Going Again. Second-Generation Migrants in Dubai, in: *Mobilities*, 6 (4), 2011, S. 553-568.

ALLAL, A.: Avant on tenait le mur, maintenant on tient le quartier, in: *Politique africaine*, 121, 2011, S. 53-67.

ALLAL, A. / GEISSER, V.: Tunisie. »Révolution de jasmin« ou Intifada, in: *Mouvements*, 1.6.2011 (http://www.mouvements.info/Tunisie-Revolution-de-jasmin-ou.html, Zugriff: 19.4.2012).

AL-OTAIBI, A. / MÉNORET, P.: Rebels Without a Cause? A Politics of Deviance in Saudi-Arabia, in: Bayat, A. / Herrera, L. (eds.): *Being Young and Muslim. New Cultural Politics in the Global South and North*, New York: Oxford University Press, 2010, S. 77-94.

AL-SALIM, A.: Li-mâdâ fashala hirâk isqât an-nizâm at-tâ'fî: mâ lam yuqal ba'd! [Warum ist die Bewegung Sturz des konfessionellen Systems gescheitert: Was noch nicht gesagt wurde!], in: *atallahalsalim.wordpress.com*, 6.12.2011 (http://atallahalsalim.wordpress.com/2011/12/06, Zugriff: 23.7.2012).

AL-SAYYID, M. K.: Kefaya at a Turning Point, in: Hopkins, N. (ed.): *Political and Social Protest in Egypt*, Cairo: The American University in Cairo Press, 2009, S. 45-60.

AL TAMIM, J.: Youth Unemployment in MENA Region Disturbingly High, in: *Gulf News*, 7.2.2012 (http://gulfnews.com/business/economy/youth-unemployment-in-menaregion-disturbingly-high-un-1.977055, Zugriff: 26.6.2013).

ANGEL-URDINOLA, D. F. / KUDDO, A. / SEMLALI, A.: *Building Effective Employment Programs for Unemployed Youth in the Middle East*, World Bank Publications, 2013.

ANGENENDT, S. / POPP, S.: *Entwicklungspolitische Risiken, Chancen und Handlungsmöglichkeiten*, Berlin: SWP, 2013.

APPADURAI, A.: *Modernity at Large. Cultural Dimensions of Globalization*, Minneapolis/London: University of Minnesota Press 1996.

ARBEITSSTELLE POLITIK DES VORDEREN ORIENTS (ED.): *Proteste, Revolutionen, Transformationen – die arabische Welt im Umbruch*, Berlin: FU Berlin, 2011.

ARCE, J. L. / WADE, T.: More than 1,000 Protest over Food Prices in Peru, in: *Reuters*, 30.4.2008 (http://www.reuters.com/article/GCA-Agflation/idUSN30545 42920080430, Zugriff: 18.4.2013).

ASSAAD, R. / ROUDI-FAHIMI, F.: *Youth in the Middle East and North Africa. Demographic Opportunity or Challenge?*, Washington, DC: Population Reference Bureau, 2007.

AZAK, U.: *Islam and Secularism in Turkey. Kemalism, Religion and the Nation State*, London/New York: I.B. Tauris, 2010.

AUVINEN, J. Y.: IMF Intervention and Political Protest in the Third World. A Conventional Wisdom Refined, in: *Third World Quarterly*, XVII, 1996, S. 377-400.

AYEB, H.: Social and Political Geography of the Tunisian Revolution. The Alfa Grass Revolution, in: *Review of African Political Economy*, 38 (129), 2011, S. 467-479.

BALASESCU, A.: Investment, Fashion and Markets in the Muslim World, in: Sandikçi, Ö. / Rice, G. (eds.): *Handbook of Islamic Marketing*, Cheltenham: Elgar, 2011, S. 55-69.

BARGACH, J.: Rabat. From Capital to Global Metropolis, in: Elsheshtawy, Y. (ed.): *The Evolving Arab City. Tradition, Modernity & Urban Development*, New York: Routledge, 2008, S. 99-117

BARRY, M. A.: Yemen, in: Arnett, J. J. (ed.): *International Encyclopedia of Adolescence*, New York: Routledge, 2007, S. 1085-1093.

BARTU, A. / KOLLUOGLU B.: Emerging Spaces of Neoliberalism. A Gated Town and Public Housing in Istanbul, in: *New Perspectives on Turkey*, 39, 2008, S. 5-46.

BASS, H.-H.: *Finanzmärkte als Hungerverursacher?* (Studie für die Deutsche Welthungerhilfe). Bonn, 2011.

BAYAT, A.: *Leben als Politik. Wie ganz normale Leute den Nahen Osten verändern*, Berlin/Hamburg: Assoziation A, 2012a.

BAYAT, A.: Reclaiming Youthfulness, in: Khalaf et al. (eds.): *Arab Youth in Times of Risk*, London: Saqi, 2012b, S. 78-115.

BAYAT, A.: *Life as Politics. How Ordinary People Change the Middle East*, Stanford: Stanford University Press, 2010a.

BAYAT, A.: Muslim Youth and the Claim of Youthfulness, in: Bayat, A. / Herrera, L. (eds.): *Being Young and Muslim. New Cultural Politics in the Global South and North*, New York: Oxford University Press, 2010b, S. 27-47.

BAYAT, A.: Tehran: Paradox City, in: *New Left Review*, 66 (4), 2010c, S. 99-122.

BAYAT, A.: *Making Islam Democratic. Social Movements and the Post-Islamist Turn*, Stanford: Stanford University Press, 2007a.

BAYAT, A.: Radical Religion and the Habitus of the Dispossessed. Does Islamic Militancy Have an Urban Ecology?, in: *International Journal of Urban and Regional Research*, 31 (3), 2007b, S. 579-590.

BAYAT, A.: Activism and Social Development in the Middle East, in: *International Journal of Middle East Studies*, 34 (1), 2002, S. 1-28.

BAYAT, A.: From 'Dangerous Classes' to 'Quiet Rebels' Politics of the Urban Subaltern in the Global South, in: *International Sociology*, 15 (3), 2000, S. 533-557

BAYAT, A.: Cairo's Poor. Dilemmas of Survival and Solidarity, in: *Middle East Report*, 202, 1997a, S. 7-12.

BAYAT, A.: *Street Politics. Poor Peoples Movements in Iran*, New York: Columbia University Press, 1997b.

BAYAT, A. / BIEKART, K.: Cities of Extremes, in: *Development and Change*, 40 (5), 2009, S. 815-825.

BAYAT, A. / DENIS, E.: Who is Afraid of the Ashwaiyat. Urban Change and Politics in Egypt, in: *Environment and Urbanization*, 12 (2), 2000, S. 185-199.

BAYAT, A. / HERRERA, L. (EDS.): *Being Young and Muslim. New Cultural Politics in the Global South and North*, Oxford/New York: Oxford University Press, 2010.

BAYER, T. / MAI, C. / SPEICHER-UTSCH, S. / GÖGGELMANN, U.: 1000-Punkte-Rutsch. Das Geheimnis des großen Börsencrashs, in: *Financial Times Deutschland*, 11.5.2010.

BEALL, J.: *Cities, Terrorism and Urban Wars in the 21st Century* (Working Paper 2 (9)), London: Crisis States Research Centre, 2007.

BEBLAWI, H. / LUCIANI, G. (EDS.): *The Rentier State*, London: Croom Helm, 1987.

BECK, U.: *Weltrisikogesellschaft. Auf der Suche nach der verlorenen Sicherheit*, Frankfurt: Suhrkamp, 2007.

BEININ, J.: *The Rise of Egypt's Workers* (The Carnegie Papers. Middle East), Washington: Carnegie Endowment for International Peace, June 2012 (http://carnegieendowment.org/files/egypt_labor.pdf, Zugriff 17.4.2013).

BEININ, J. / VAIREL, F. (EDS.): *Social Movements, Mobilization, and Contestation in the Middle East and North Africa*, Stanford: Stanford University Press, 2011.

BEININ, J.: Egypt. Bread Riots and Mill Strikes, in: *Le Monde Diplomatique*, 12.5.2008 (http://intellibriefs.blogspot.com/2008/05/egypt-bread-riots-and-mill-strikes.html, Zugriff: 18.4.2013).

BEININ, J.: Islam, Marxism and the Shubra al-Khayma Textile Workers. Muslim Brothers and Communists in the Egyptian Trade Union Movement, in: Burke, E. / Lapidus, I. (eds.): *Islam, Politics and Social Movements*, Berkeley/Los Angeles: University of California Press, 1988, S. 207-227.

BEININ, J. / EL-HAMALAWY, H.: Strikes in Egypt Spread from Center of Gravity, in: *Middle East Report Online*, 9.5.2007a (http://www.merip.org/mero/mero050907, Zugriff: 10.3.09).

BEININ, J. / EL-HAMALAWY, H.: Egyptian Textile Workers Confront the New Economic Order, in: *Middle East Report Online*, 25.3.2007b (http://www.merip.org/mero/mero032507, Zugriff: 10.3.09).

BEININ, J. / LOCKMAN, Z.: *Workers on the Nile. Nationalism, Communism, Islam, and the Egyptian Working Class, 1882-1954*, Princeton: Princeton University Press, 1987.

BELLAMY, C.: *The State of the World's Children 2003*, New York: The United Nations Children's Fund, 2003.

BENCHEMSI, A. R.: Dernier mot. La faute à Hassan, in: *Tel Quel*, 148, 2004 (http://www.telquel-online.com/148/couverture_148_1.shtml, Zugriff: 30.5.2011).

BENNANI, D.: Grande enquête. Nos jeunes sont inquiétants, in: *Tel Quel*, 210, 2006, (http://www.telquel-online.com/210/maroc1_210.shtml, Zugriff: 30.5.2011).

BENNANI-CHRAÏBI, M.: Moroccan Youth and Political Islam, in: Bayat, A. / Herrera, L. (eds.): *Being Young and Muslim. New Cultural Politics in the Global South and North*, New York: Oxford University Press, 2010, S. 63-76.

BENNANI-CHRAÏBI, M.: Soumis et rebelles. Les Jeunes au Maroc, Paris: CNRS Editions, 1994.

BENNANI-CHRAÏBI, M.: Youth in Morocco. An Indicator of a Changing Society, in: Meijer, R. (ed.): *Alienation or Integration of Arab Youth. Between Family, State and Street*, Richmond: Curzon, 2000, S. 143-160.

BENTAHAR, M. / PASCON, P.: Ce que disent 296 jeunes ruraux, in: *Bulletin économique et social du Maroc*, XXI (112-113), janvier-juin 1969, S. 1-143.

BERG, A.: The Rise of Commodity Speculation. Form Villainous to Venerable, in: Prakash, A. (ed.): *Safeguarding Food Security in Volatile Global Markets*, 2011, S. 255-280.

BERTHELOT, J.: Sorting the Truth Out from the Lies about the Explosion of World Agricultural Prices, in: *Solidarité*, 18.5.2008 (http://solidarite.asso.fr/IMG/pdf/1juinSortingthetruthoutfromthe liesintheexplosionofworldagriculturalprices.pdf, Zugriff 20.4.2013).

BEYDOUN, A.: A Note on Confessionalism, in: Hanf, T. / Salam, N. (eds.): *Lebanon in Limbo. Postwar Society and State in an Uncertain Regional Environment*, Baden-Baden: Nomos, 2003, S. 75-86.

BIRAND, M. A.: The race for piety will be our end, in: *Hürriyet Daily News*, 7.2.2012 (http://www.hurriyetdailynews.com, Zugriff: 8.8.2012).

BIRAND, M. A.: Let's not replace militarist youth with religionist youth, in: *Hürriyet Daily News*, 3.2.2012 (http://www.hurriyetdailynews.com, Zugriff: 8.8.2012).

BITON, Y. / SALOMON, G.: Peace in the Eyes of Israeli and Palestinian Youths. Effects of Collective Narratives and Peace Education Program, in: *Journal of Peace Research*, 43 (2), 2006, S. 167-180.

BOGERT, K.: *New Space Formation in Morocco. The Example of the Bouregreg Valley*, in: *Urban Studies*, 49 (2), 2012, S. 255-270.

BONINE, M. E. (ED.): *Population, Poverty, and Politics in Middle East Cities*, Gainsville: University Press of Florida, 1997.

BONNEFOY, L. / CATUSSE, M. (EDS.): *Jeunesses arabes. Du Maroc au Yémen. Loisirs, cultures et politiques*, Paris: La Découverte, 2013.

BOUDAHRAIN, A.: *Le sécurité sociale au Maghreb du nouveau millénaire. Carences et défis. Maroc*, tome I, Casablanca: Société d'Édition et de Diffusion Al Madariss, 2000.

BOUKHOBZA, M.: Crises et mutations socials 1962-1992 (texte inédit), in: A.A.D.R.E.S.S. (ed.): *M'hammed Boukhobza. Connaitre et comprendre sa société*, Alger: Casbah Editions, 2009.

BOUM, A.: Festivalizing Dissent in Morocco, in: *Middle East Report*, 263, The Art & Culture of the Arab Revolts, 2012, S. 22-25.

BOUMEDINE, S.R.: Désordres ou »des orders« urbaines, in: *Naqd. Revue d'études et de critique sociale*, 16, 2002, S. 27-44.

BOUMEDINE, S. R.: Occupation des espaces publics à Alger. Incivismes paradoxaux et paradoxes des incivismes, in: Oussedik, F. (ed.): *Raconte-moi ta ville. Essais sur l'appropriation culturelle de la ville d'Alger*, Alger: ENAG Editions, 2008, S. 61-78.

BOURAOUI, M.: L'équité territorial. Une revendication de la révolution tunisienne, in: *Archibat*, 22, 2011, S. 18.

BOURDIEU, P.: La »jeunesse« n'est qu'un mot, in: Bourdieu, P. (ed.): *Questions de sociologie*, Paris: editions de Minuit, [1984] 1992, S. 143-154.

BOURDIEU, P. (ED.): *Questions de sociologie*, Paris: Éditions de Minuit, 1984.

Bourdieu, P. / Abdelmalek, S.: *Le déracinement: la crise de l'agriculture traditionelle en Algérie*, Paris: Éditions de Minuit, 1964.

Bourqia, R. / El-Ayadi, M. / El-Harras, M. / Rachik, H.: *Les jeunes et les valeurs religieuses*, Casablanca: Éditions EDDIF, 2000.

Boutata, M.: *Le Troisième millénaire de notre jeunesse. Les défis de l'emploi et des compétences*, Rabat: Imprimerie El Maaif Al jadida, 1999.

Boyacioglu, H.: Hayat tarzina müdahale hukuk devletini bozar, in: *Radikal*, 31.5.2013 (http://www.radikal.com.tr/turkiye/hayat_tarzina_mudahale_hukuk_devletini_bozar-1135669, Zugriff: 2.7.2013).

Braune, I.: *Aneignungen des Globalen. Internet-Alltag in der arabischen Welt. Eine Fallstudie in Marokko*, Bielefeld: transcript, 2008.

Brehony, N.: *Yemen Divided. The Story of a Failed State in South Arabia*, London: I.B. Tauris, 2011.

Brenner, N. / Keil, R.: *The Global Cities Reader*, London/New York: Routledge, 2006.

Brenner, N.: The Urban Question as a Scale Question. Reflections on Henri Levébvre, Urban Theory and the Politics of Scale, in: *International Journal of Urban and Regional Research*, 24 (2), 2000, S. 361–378.

Breuer, I.: Rabat. Junge Erwachsene, Arbeitsmärkte und soziale Absicherung im urbanen Marokko, in: Gertel, J. / Breuer I. (Hg.): *Alltagsmobilitäten. Aufbruch marokkanischer Lebenswelten*, Bielefeld: transcript, 2012, S. 327-340.

Browers, M.: *Political Ideology in the Arab World. Accommodation and Transformation*, Cambridge: Cambridge University Press, 2009.

Brown, J.: *Salafis and Sufis in Egypt* (The Carnegie Papers. Middle East), Washington: Carnegie Endowment for International Peace, December 2011 (http://carnegieendowment.org/files/salafis_sufis.pdf, Zugriff 17.4.2013).

Bucaille, L.: *Growing Up Palestinian. Israeli Occupation and the Intifada Generation*, Princeton/New Jersey: Princeton University Press, 2006.

Buckley, M.: Locating Neoliberalism in Dubai. Migrant Workers and Class Struggle in the Autocratic City, in: *Antipode*, 45 (2), 2012, S. 256-274.

Bühl, W. L.: *Krisentheorien. Politik, Wirtschaft und Gesellschaft im Übergang*, Darmstadt: Wissenschaftliche Buchgesellschaft, 1988.

Burke, E.: Towards a History of Urban Collective Action in the Middle East: Continuities and Change 1750–1980, in: Brown, K. et al. (eds.): *Urban Crisis and Social Movements in the Middle East*, Paris: Edition L'Harmattan, 1989.

Burke, E. / Lapidus, I. (eds.): *Islam, Politics, and Social Movements*, Berkeley/Los Angeles: University of California Press, 1988.

Bush, R.: Food Riots. Poverty, Power and Protest, in: *Journal of Agrarian Change*, 10 (1), 2010, S. 119-129.

Bush, R. (ed.): *Counter-Revaluation in Egypt's Countryside. Land and Farmers in the Era of Economic Reform*, London: Zed Books, 2002.

Caldeira, T.: *City of Walls. Crime, Segregation, and Citizenship in Sao Paulo*, Berkely/Los Angeles: University of California Press, 2000.

Caldeira, T. / Holston, J.: Democracy and Violence in Brasil, in: *Comparative Studies in Society and History*, 41 (4), 1999, S. 691-729.

Canetti, E.: *Masse und Macht*, Frankfurt a. M.: Fischer-Taschenbuch-Verlag, 1960.

Carapico, S.: *Civil Society in Yemen. The Political Economy of Activism in Modern Arabia*, Cambridge: Cambridge University Press, 1998.

CARLIER, O.: Von der islamischen Reform zur islamischen Militanz. Die politisch-religiöse Therapie der Islamischen Heilsfront, in: *Comparativ*, 6, 1994, S. 21-57.

CARR, S.: April 6: Genealogy of a Youth Movement, in: *Jadaliyya*, 5.4.2012 (http://www.jadaliyya.com/pages/index/4950/april-6_genealogy-of-a-youth-movement, Zugriff: 12.5.2012).

CASANOVA, J.: *Public Religions in the Modern World*, Chicago/London: The University of Chicago Press, 1994.

CASTELLS, M.: Global Informational Capitalism, in: Held, D. / McGrew, A. (eds.): *The Global Transformation Reader*, Cambridge: Polity Press, 2003b, S. 311-334.

CASTELLS, M.: *Das Informationszeitalter*, Opladen: Leske + Budrich, 2001, 2002, 2003a.

CASTELLS, M.: *The Rise of the Network Society*, Oxford/Malden: Blackwell Publishers LTD, 2000.

CASTELLS, M.: *The City and the Grassroots*, Berkeley/Los Angeles: University of California Press, 1983.

CATUSSE, M.: Le débat sur les privatisations au Maroc. Un procès exemplaire, in: *Monde arabe. Maghreb machrek*, 67, janv.-mars 2000, S. 38-48.

CAUBET, D.: Génération darija, in: *Tel Quel*, 229, 2006 (http://www.telquel-online.com/229/couverture_229_1.shtml, Zugriff: 30.5.2011).

ÇELIK, Z.: *Urban Forms and Colonial Confrontations. Algiers under French Rule*, Berkeley/Los Angeles: University of California Press, 1997.

CELLIER, H. / ROUAG-DJENIDI A.: *Algérie-France, Jeunesse, Ville et Marginalité*, Alger: Chihab Editions, 2008.

CEMAL, H.: Dear Prime Minister, where do Democracy and Secularism Stand?, in: *Hürriyet Daily News*, 4.2.2012 (http://www.hurriyetdailynews.com, Zugriff: 8.8.2012).

CERED (Centre d'Études et de Recherches Démographiques): L'adolescence en question. Analyse des résultats de l'enquête sur les adolescents en milieu urbain, Rabat, 2000.

CERED: Populations vulnérables. Profil socio-démographique et répartition spatiale, Rabat, 1997.

CHAABAN, J.: *The Cost of Youth Exclusion in the Middle East* (The Middle East Youth Initiative Working Paper, 7), Dubai: Wolfensohn Center for Development/Dubai School of Government, 2008 (http://www.shababinclusion.org/content/document/detail/983/, Zugriff: 15.3.2011).

CHABBI, M.: Les »conurbations« exigent une nouvelle manière de gérer la ville. Interview, in: *La Presse de Tunisie*, 2012.

CHABBI, M.: L'urbanisation en Tunisie, transformations et tendances d'évolution, in: *Archi-Mag*, 2005 (http://www.archi-mag.com/essai_9.php, Zugriff: 29.2.2012).

CHABOU, M.: *Der informelle Straßenhandel in Algier. Transformation und Inbesitznahme des öffentlichen Raums*, Münster: LIT Verlag, 2005.

CHALCRAFT, J.: Horizontalism in the Egyptian Revolutionary Process, in: *Middle East Report*, 262, Pull of the Possible. Egypt, Tunisia, Syria, 2012, S. 6-11.

CHARTE NATIONALE 1976, Algerien.

CHATTERJEE, P.: Democracy and Economic Transformation in India, in: *Economic & Political Weekly*, 19.4.2008, S. 53-62.

CHERGUI, K.: Novembre 1986. La révolte des jeunes à Constantine, in: *Hérodote*, 45, 1987, S. 61-70.

CHIT, B.: Al-hirâk min adjl isqât an-nizâm at-tâ'ifi wa-rumûzihi: durûs wa-istintâdjât [Die Bewegung für den Sturz des konfessionellen Systems und seiner Symbole: Studien und Ergebnisse], in: *Ath-thâwra ad-dâ'ima*, 23.1.2012 (http://prjournal.socialist-forum.org/content, Zugriff: 23.7.2012).

CLAPP, J. / FUCHS, D. (EDS.): *Corporate Power in Global Agrifood Governance*, Cambridge: MIT Press, 2009.

CHOMIAK; L.: The Making of a Revolution in Tunisia, in: *Middle East Law and Governance*, 3, 2011, S. 68-83.

CHOUEIRI, Y. M. (ED.): *Breaking the Cycle. Civil Wars in Lebanon*, London: Stacey International, 2007.

CHOUIKA, L.: Quand les jeunes surpassent leurs aînés!, in: *Institut de recherche du Maghreb contemporain. Bulletin trimestriel*, 5, 2011, S. 12.

CINGI, S.: Muhafazakar Vogue, in: *Radikal*, 10.9.2011.

CNJA (Conseil national de la jeunesse et de l'avenir): *Le Maroc du changement: Les choix de l'avenir*, Rabat, 1997.

CNJA: *Le dialogue social au Maroc*, Rabat, 1996.

CNJA: *Les jeunes et l'entreprise: Nouveaux enjeux*, Rabat, 1995.

CNJA: *Conseil national de la jeunesse et de l'avenir. Règlement intérieur du CNJA*, Rabat, 1994a.

CNJA: *Insertion des jeunes. Une nouvelle politique*, Rabat, 1994b.

CNJA: *Quelle éducation-formation, quel emploi pour le Maroc de demain?*, Rabat, 1993.

CNJA: *Programme National de Formation Insertion*, Rabat, 1992.

COLE, J. / DURHAM, D. (EDS.): *Generations and Globalization. Youth, Age, and Family in the New World Economy*, Bloomington: Indiana University Press, 2007.

COLEMAN, K. M. / STUART, D.: The Other Parties, in: Walker, T. (ed.): *Nicaragua without Illusions. Regime Transition and Structural Adjustment in the 1990s*, Wilmington: Scholarly Resources, 1997.

COLLINS, N.: *Voices of a Revolution. Conversations with Tunisia's Youth*, Washington: National Democratic Institute, 2011 (http://pdf.usaid.gov/pdf_docs/PNADU912.pdf, Zugriff: 30.1.2012).

COURBAGE, Y. / TODD, E.: *Die unaufhaltsame Revolution: Wie die Werte der Moderne die islamische Welt verändern*, München/Zürich: Piper, 2007.

DAGI, I.: Devlet dindar yetistirebilir mi?, in: *Zaman*, 7.2.2012 (http://zaman.com.tr, Zugriff: 10.8.2012).

DAHLGREN, S.: *Contesting Realities. The Public Sphere and Morality in Southern Yemen*, New York: Syracuse University Press, 2010a.

DAHLGREN, S.: The Snake with a Thousand Heads. The Southern Cause in Yemen, in: *Middle East Report*, 40 (256), 2010, S. 28–33.

DAÏF, M.: Affaire des »satanistes«, le rock et la barre, in: *Tel Quel*, 107, 2003 (http://www.telquel-online.com/107/couverture_107_15.shtml, Zugriff: 30.5.2011).

DAINES, V. / SEDDON, D.: Fighting for Survival. Women's Responses to Austerity Programs, in: Walton, J. / Seddon D. (eds.): *Free Markets & Food Riots. The Politics of Global Adjustment*, Oxford: Blackwell, 1994, S. 57–96.

DAOUD, K.: Ein Gemüsekarren und ein Haufen Asche. Warum in Algerien die Revolution ausgeblieben ist, in: *Edition Le Monde Diplomatique*, 11, 2012, S. 33-35.

DAVIDSON, C. M.: *Power and Politics in the Persian Gulf Monarchies*, London: C. Hurst & Co., 2011.

DAVIS, M.: *Planet der Slums*, Berlin: Assoziation A, 2007.

DAVIS, M.: *Planet of Slums*, London: Verso, 2006.

DAVIS, M.: *Planet of Slums. Urban Involution and the Informal Proletariat*, in: *New Left Review*, 26 (2), 2004, S. 5–34.

DAVIS, M.: *Late Victorian Holocausts: El Niño Famines and the Making of the Third World*, London: Verso, 2001.

DAVIS, M.: Fortress L.A.: The Militarization of Public Space, in: Sorkin, M. (ed.): *Variations on a Theme Park*, New York: Hill and Wang, 1992, S. 154–180.

DE CERTEAU, M.: *Kunst des Handelns*, Berlin: Merve, 1988.

DE KONING, A.: *Global Dreams. Class, Gender, and Public Space in Cosmopolitan Cairo*, Cairo: The American University in Cairo Press, 2009.

DELLA PORTA, D. / DIANI, M.: *Social Movements. An Introduction*, Oxford: Blackwell, 2006.

DELVA, J. G.: Haiti Hit with New Protests over Food Costs, in: *Reuters*, 25.8.2008 (http://www.reuters.com/article/GCAAgflation/idUSN2525843120080825, Zugriff: 17.4.2013).

DEMIRTAS, S.: Turkish Judge Warns on Bans on Different Lifestyles, in: *Hürriyet Daily News*, 31.5.2013 (http://www.hurriyetdailynews.com/PrintNews.aspx?PageID=383&NID=47928, Zugriff: 2.7.2013).

DENOEUX, G.: *Urban Unrest in the Middle East. A Comparative Study of Informal Networks in Egypt, Iran, and Lebanon*, Albany: SUNY-Press, 1993.

DESMARAIS, A. A.: *La Vía Campesina. Globalization and the Power of Peasants*, London: Pluto Press, 2007.

DE SOTO, H.: The Free Market Secret of the Arab Revolutions, in: *Financial Times*, 8.11.2011.

DE SOTO, H.: *The Mystery of Capital. Why Capitalism Triumphs in the West but Fails Everywhere Else*, New York: Basic Books, 2003.

DE SOTO, H.: *The Other Path. The Economic Answer to Terrorism*, New York: Basic Books, 1989.

DESRUES, T.: Moroccan Youth and the Forming of a New Generation. Social Change, Collective Action and Political Activism, in: *Mediterranean Politics*, 17 (1), 2012, S. 23-40.

DESSOUKI, A. E. H.: Foreword, in: Hegasy, S. / Kaschl, E. (eds.): *Changing Values Among Youth: Examples from the Arab World and Germany*, Berlin: Klaus Schwarz Verlag, 2007, S. 7-8.

DEVEREUX, S.: *The New Famines. Why Famines Persist in an Era of Globalization*, London: Routledge 2007.

DHILLON, N.: Middle East Youth Bulge. Challenge or Opportunity?, in: *The Brookings Institution*, 22.5.2008 (http://www.brookings.edu/, Zugriff: 1.11.2008).

DHILLON, N. / YOUSEF, T. (EDS.): *Generation in Waiting. The Unfulfilled Promise of Young People in the Middle East*, Washington: Brookings Institution Press, 2009.

DIKEÇ, M.: Badlands of the Republic? Revolts, the French State, and the Question of the Banlieues, in: *Environment and Planning D: Society and Space*, 24, 2006, S. 159-163.

DILLABOUGH, J.-A. / KENNELLY, J.: *Lost Youth in the Global City. Class, Culture and the Urban Imaginary*, New York: Routledge, 2010.

DJILALI, A: Les dix jours qui ébranlèrent l'Algérie, in: Semiane, S. A. (ed.): *Octobre. Ils Parlent*, Alger: Editions Le Matin, 1998.

DÖNMEZ, R. Ö. / ENNELI, P. (EDS.): *Societal Peace and Ideal Citizenship for Turkey*, Plymouth: Lexington Books, 2011.

DONAHOE, B. / EIDSON, J. / FEYISSA, D. / FUEST, V. / V. HOEHNE, M. / NIESWAND, B. / SCHLEE, G. / ZENKER, O.: *The Formation and Mobilization of Collective Identities in Situations of Conflict and Integration* (Working Paper No. 116), Halle: Max-Planck-Institut, 2009.

DURHAM, D.: Youth and the Social Imagination in Africa: Introduction to Parts 1 and 2, in: *Anthropological Quarterly*, 73, 3, 2000, 113-120.

DRESCH, P.: *A History of Modern Yemen*, Cambridge: Cambridge University Press, 2000.

DRIS, N.: *La ville mouvementée. Espace public, centralité, mémoire urbaine à Alger*, Paris: Harmattan, 2001.

DUFFIELD, M.: Complex Emergencies and the Crisis of Developmentalism, in: *IDS Bulletin*, 25 (4), 1994 (http://www.ids.ac.uk/files/dmfile/duffield254.pdf, Zugriff: 12.8.2012).

DUNEIER, M.: *Sidewalk*, Virginia: Farrar Straus Giroux, 1999.

DWYER, P. / WYN, J.: New Directions in Research on Youth in Transition, in: *Journal of Youth Studies*, 2 (1), 1999, S. 5-21.

EGYPT INDEPENDENT: April 6 Congratulates Morsy, Holds him to his Promise, in: *Egypt Independent*, 18.6.2012 (http://www.egyptindependent.com/news/april-6-congratulates-morsy-holds-him-his-promise, Zugriff: 19.6.2012).

EL-DIN, G.: Battle over Bread, in: *Ahram Weekly*, 724, 6-12.1.2005.

EL-MAHDI, R.: Enough! Egypts' Quest for Democracy, in: *Comparative Political Studies*, 42 (8), August 2009, S. 1011–1039.

EL-MAHDI, R. / MARFLEET P. (EDS.): *Egypt: The Moment of Change*, London: Zed Books, 2009.

EL-MALKI, H.: *Les chantiers de l'avenir*. Entretiens, Casablanca: Éditions EDDIF, 1999.

EL-MASRY, G. Z.: *Die afrikanische Auslandsverschuldung*, Bern: Haupt, 1994.

ELMENTHALER, S.: *Higab und Highheels: Junge Frauen in Sanaa und ihre Kleidung*, unveröffentlichte Magisterarbeit, Leipzig: Universität Leipzig, 2010.

EL MESBAHI, K. M.: La pauvreté en question, in: *Rapport du social. Bulletin économique et social du Maroc*, 159, 2000, S. 25-39.

EL MOUDJAHID, 15.4.1980.

ELSENHANS, H.: *Das Internationale System zwischen Zivilgesellschaft und Rente*, Münster: LIT Verlag, 2001.

ELSHAMI, N.: Internal April 6 Dynamics, Egyptian Politics and Outlooks for the Future: An Interview with Ahmad Maher, in: *Jadaliyya*, 7.12.2011 (http://www.jadaliyya.com/pages/index/3429/internal-april-6-dynamics-egyptian-politics-and-ou, Zugriff: 22.3.2012).

ELSHESHTAWY, Y.: *Dubai. Behind an Urban Spectacle*, New York: Routledge, 2010.

ELSHESHTAWY, Y. (ED.): *Planning Middle Eastern Cities. An Urban Kaleidoscope in a Globalizing World*, London: Routledge, 2004.

EL WATAN, 17.12.2010, 16.6.2011, 18.12.2011, 5.7.2012.

ELYASHAR, J.: *Markets of Dispossession. NGOs, Economic Development, and the State in Cairo*, Durham: Duke University Press, 2005.

ENNELI, P.: The Turkish Young People as Active Citizens. Equal Participation or Social Exclusion?, in: Dönmez R. Ö./Enneli, P. (eds.): *Societal Peace and Ideal Citizenship for Turkey*, Plymouth: Lexington Books, 2011, S. 257–280.

ERLANGER, S.: Amid Rise of Multiculturalism, Dutch Confront Their Questions of Identity, in: *New York Times*, 13.8.2011.

ESCOBAR, A.: *Encountering Development. The Making and Unmaking of the Third World*, Princeton: Princeton University Press, 1995.

ESCOBAR, A.: *Territories of Difference. Place, Movements, Life, Redes*, Durham/London: Duke University Press, 2008.

EVANS, P. (ED.): *The Livable Cities? Urban Struggles for Livelihood and Sustainability*, Berkeley: University of California Press, 2002.

EVERS, H. D.: Group Conflict and Class Formation in Southeast Asia, in: Evers, H. D. (ed.): *Modernization in Southeast Asia*, Singapore: Oxford University Press, 1973, S. 108-131.

EVERS, H. D. / SCHIEL, T.: *Strategische Gruppen. Vergleichende Studien zu Staat, Bürokratie und Klassenbildung in der Dritten Welt*, Berlin: Dietrich Reimer Verlag, 1988.

EXPRESSION, 30.4.2003.

FAATH, S.: Algerien, in: *Nahost-Jahrbuch*, 1995, S. 55-61.

FAHMI, K.: *Beyond the Victim. The Politics and Ethics of Empowering Cairo's Street Children*, Cairo: The American University in Cairo Press, 2007.

FAINSTAIN, S. / CAMPBELL, S. (EDS.): *Readings in Urban Theory*, Chicester: Wiley-Blackwell, 2011.

FALK, D.: *Immigration and Language Policy – the Role of Arabic in the Linguistic Landscape of Abu Dhabi*, Vortrag, Gulf Research Meeting 2012, Cambridge: Universität Cambridge, 12.7.2012.

FALZON, M.: Paragons of Life-Style. Gated Communities and the Politics of Space in Bombay, in: *City and Society*, 16 (2), 2004, S. 145-167.

FANON, F.: *Die Verdammten dieser Erde*, Frankfurt am Main: Suhrkamp, [Paris, 1961], 1982.

FAO (Food and Agricultural Organization of the United Nations): *Trade Reforms and Food Security. Conceptualising the Linkages*, Rome: FAO Commodity Policy & Projections Service. Commodities & Trade Division, 2003.

FAO: *Faostat* – verschiedene Jahre.

FAO: *Crop Prospects and Food Situation*, 2008

FAR EASTERN ECONOMIC REVIEW, 18.6.1992, S. 68.

FARGUES, P.: Immigration without Inclusion. Non-Nationals in Nation-Building in the Gulf States, in: *Asian and Pacific Migration Journal*, 20 (3-4), 2011, S. 273–292.

FATES, Y.: *Sport et politique en Algérie*, Paris: Harmattan, 2009.

FAWAZ, M.: Neoliberal Urbanity and the Right to the City: A View from Beirut's Periphery, in: *Development and Change*, 40 (5), 2009, S. 827-852.

FILIU, J.-P.: *The Arab Revolution. Ten Lessons from the Democratic Uprising*, Oxford: Oxford University Press, 2011.

FOUCAULT, M.: Überwachen und Strafen. *Die Geburt des Gefängnisses*, Frankfurt am Main: Suhrkamp, 1976.

FOURATI, H.: *Consultation de la jeunesse & désir d'*émigration chez les jeunes en Tunisie 1996-2005 (CARIM-2008/47), San Domenico di Fiesole: Consortium euro-méditerranéepour la recherche appliquée sur les migrations internationales, 2008 (http://cadmus.eui.eu/bitstream/handle/1814/10091/CARIM_AS%26N_2008_47.pdf?sequence=1, Zugriff: 12.1.2012).

FRIEDMANN, H.: International Regimes of Food and Agriculture since 1870, in: Shanin T. (ed.): *Peasants and Peasant Societies*, Oxford: Basil Blackwell, 1987, S. 258–76.

FRIEDMANN, H.: The Political Economy of Food: The Rise and Fall of the Postwar International Food Order, in: *American Journal of Sociology*, LXXXVIII Suppl., 1982, S. 248–86.

FULLER, G. E.: *The Youth Factor. The New Demographics of the Middle East and the Implications for U.S. Policy* (Analysis Paper No. 3), Washington: The Saban Center for Middle East Policy at the Brookings Institution, June 2003.

GANDY, M.: Learning from Lagos, in: *New Left Review*, 33, May - June 2005, S. 36-52.

GEISSER, V. / CHOUIKHA, L.: Retour sur la révolte du bassin minier. Les cinq leçons politiques d'un conflit social inédit, in: *L'année du Maghreb*, VI, 2010, S. 415–426.

GENIS, S.: Producing Elite Localities. The Rise of Gated Communities in Istanbul, in: *Urban Studies*, 44 (4), 2007, S. 771-798.

GEORG-ECKERT-INSTITUT FÜR INTERNATIONALE SCHULBUCHFORSCHUNG (HG.): *1001-Idee. Muslimische Kulturen und Geschichte*, Braunschweig: Georg-Eckert-Institut für internationale Schulbuchforschung, 2008 (http://www.1001-idee.eu, Zugriff: 1.11.2008).

GERLACH, J.: *Wir wollen Freiheit – Der Aufstand der arabischen Jugend*, Freiburg: Herder Verlag, 2012.

GERMES, M. / GLASZE, G.: Die *banlieues* als Gegenorte der *République*, in: *Geographica Helvetica*, 65 (3), 2010, S. 217-228.

GERTEL, J.: Jugend(t)räume und Alltag. Arabischer Frühling in Marokko, in: *Geographische Rundschau*, 2, 2014, S. 26-32.

GERTEL, J.: Konflikte um Weideland. Zwischen Aneignung und Enteignung, in: *Geographische Rundschau*, 63 (7-8), 2011, S. 4-11.

GERTEL, J.: *Globalisierte Nahrungskrisen. Bruchzone Kairo*, Bielefeld: Transcript, 2010a.

GERTEL, J.: Dimension und Dynamik globalisierter Nahrungskrisen, in: *Geographische Rundschau*, 62 (12), 2010b, S. 4-11.

GERTEL, J.: Urbane Nahrungskrise in Kairo. Gefährdung und Widerstand, in: *Geographische Rundschau*, 62 (12), 2010c, S. 20-27.

GERTEL, J.: Geschichte, Struktur und fachwissenschaftliche Leitlinien der Entwicklungstheorien, in: Böhn, D. / Rothfuss, E. (Hg.): *Handbuch des Geographieunterrichts*, 8 (1), Köln: Aulis 2007, S. 52-72.

GERTEL, J.: Inscribed Bodies within Commodity Chains, in: Fold, N. / Pitchard, B. (eds.): *Cross-continental Food Chains*, London/New York: Routledge, 2005a, S. 109–23.

GERTEL, J.: Food Security and Nutrition. The Impact of Globalization and Urbanization. Middle East/ North Africa, in: Kracht, U. / Schulz, M. (eds.): *Food and Nutrition Security in the Process of Globalization*, Münster: LIT Verlag, 2005b, S. 183-197.

GERTEL, J.: Zielgruppe Jugend. Zugänge zum Arbeitsmarkt in Rabat, in: Meyer, G. (Hg.): *Die arabische Welt im Spiegel der Kulturgeographie*, Mainz: Zentrum für Forschung zur Arabischen Welt, 2004, S. 288-296.

GERTEL, J. (ED.): *The Metropolitan Food System of Cairo*, Saarbrücken: Verlag für Entwicklungspolitik, 1995.

GERTEL, J. / ROTTENBURG, R. / CALKINS, S. (EDS.): *Disrupting Territories. Land, Commodification and Conflict in Sudan*. Oxford: James Currey, 2014.

GERTEL, J. / SIPPEL, S. R. (EDS.): *Seasonal Workers in Mediterranean Agriculture. The Social Costs of Eating Fresh*. London: Routledge 2014

GERTEL, J. / BREUER, I. (HG.): *Alltagsmobilitäten. Aufbruch marokkanischer Lebenswelten*, Bielefeld: transcript, 2012.

GERTEL, J. / KUPPINGER P.: Space, Social Reproduction and Food Security in Cairo/Egypt, in: *Geojournal*, 34 (3), 1994, S. 277-286.

GHONIM, W.: *Revolution 2.0. Wie wir mit der Ägyptischen Revolution die Welt verändern*, Berlin: Econ, 2012.

GIDDENS, A.: *The Consequences of Modernity*, Stanford: Stanford University Press, 1992.

GILBERT, A.: Love in the Time of Enhanced Capital Flows. Reflections in the Links between Liberalization and Informality, in: Roy, A. / Alsayyad, N. (eds.): *Urban Informality. Transnational Perspectives from the Middle East, Latin America, and South Asia*, Oxford: Lexington Books, 2004, S. 33-66.

GILMORE, RICHARD: *A Poor Harvest. The Clash of Policies and Interests in the Grain Trade*, New York: Longman, 1982.

GÖLE, N. / AMMANN, L. (HG.): *Islam in Sicht. Der Auftritt von Muslimen im öffentlichen Raum*, Bielefeld: transcript, 2004.

GÖLE, N.: *Republik und Schleier. Die muslimische Frau in der Moderne*, Berlin: Babel Verlag, 1995.

GÖRMEZ, M.: *Religion and Secularism in the Modern World. A Turkish Perspective* (SAM Papers, 2), Ankara: Center for Strategic Research, June 2012.

GOLDSTEIN, E.: A Middle-Class Revolution, in: *Foreign Policy*, 18.1.2011 (http://www.foreignpolicy.com/articles/2011/01/18/a_middle_class_revolution, Zugriff: 8.12.2011).

GORTON, G. / ROUWENHORST, K. G.: *Facts and Fantasies about Commodity Futures* (NBER Working Papers 10595), Cambridge: National Bureau of Economic Research, 2004.

GORZ, A.: *Paths to Paradise: On the Liberation from Work*, London: Pluto Press, 1985.

GORZ, A.: *Farewell to the Working Class*, London: Pluto Press, 1982.

GOWERS, A.: How the Merchants of Grain are Riding out the Storm, in: *Financial Times*, 28.11.1986, S. 40.

GRAEBER, D.: *Inside Occupy*, Frankfurt: Campus Verlag, 2012.

GRAHAM, S.: *Cities under Siege. Military Urbanism*, London: Verso Press, 2010.

GRAIN: Still Making a Killing from Hunger, in: *grain.org*, 2009 (http://www.grain.org/seedling/?id=39, Zugriff: 18.10.2009).

GRAIN: Making a Killing from Hunger, in: *grain.org*, 28.4.2008 (http://www.grain.org/article/entries/178-making-a-killing-from-hunger, Zugriff 18.10.2009).

GRAIN: Seedling, in: *Agrofuels special issue*, July 2007 (http://www.globalbioenergy.org/uploads/media/0707_Seedling_Grain_-_Agrofuels_special_issue_01.pdf, Zugriff: 17.4.2013).

GROSS, J. / MCMURRAY, D. / SWEDENBURG, T.: Rai, Rap, and Ramadan Nights. Franco-Maghribi Cultural Identities, in: Beinin, J. / Stork, J. (eds.): *Political Islam. Essays from Middle East Report*, Berkeley: University of California Press, 1997, S. 257–268.

GTZ: *Jugend im Aufschwung. Erfahrungen aus Lateinamerika, Maghreb und Nahost*, Eschborn: GTZ, 2000.

GÜNDOGDU, S.: Hayat, bosluk kabul etmez, in: *Âlâ*. Haziran, 11, 2012, S. 44–45.

HABER TÜRK: »Çocugun ne suçu var, anasi kendisini öldürsün!«. Melih Gökçek'ten kürtaj yorumu, in: *Haber Türk*, 2.6.2012 (http://www.haberturk.com/polemik/haber/747352-cocugun-ne-sucu-var-anasi-kendisini-oldursun-, Zugriff: 10.10.2012).

HABERMAS, J.: *Faktizität und Geltung. Beiträge zur Diskurstheorie des Rechts und des demokratischen Rechtsstaats*, Frankfurt am Main: Suhrkamp, 1992.

HABERMAS, J.: *Legitimationsprobleme im Spätkapitalismus*, Frankfurt: Suhrkamp, [1973] 1992.

HACKWORTH, J.: *The Neoliberal City. Governance, Ideology, and Development in American Urbanism*, Ithaca: Cornell University Press, 2006.

HAFEZ, K. (ED.): *Arab Media. Power and Weakness*, New York: Continuum, 2008.

HALLIDAY, F.: *Arabia without Sultans. A Survey of Political Instability in the Arab World*, New York: Vintage Books, 1975.

HANDOUSSA, H. (ED.): *Economic Transition in the Middle East. Global Challenges and Adjustment Strategies*, Cairo: The American University of Cairo Press, 1997.

HANF, T.: The Sceptical Nation. Opinions and Attitudes after the End of the War, in: Hanf, T. / Salam, N. (eds.): *Lebanon in Limbo. Postwar Society and State in an Uncertain Regional Environment*, Baden-Baden: Nomos, 2003, S. 197-228.

HANF, T. / SALAM, N. (EDS.): *Lebanon in Limbo. Postwar Society and State in an Uncertain Regional Environment*, Baden-Baden: Nomos, 2003.

HANSEN, K. T. / DALSGAARD, A. L. / GOUGH, K. (EDS.): *Youth and the City in the Global South*, Bloomington: Indiana University Press, 2008.

HAOUARI, I.: Ces chiffres qu'on ne nous a jamais révélés, in: *La Presse de Tunisie*, 2011 (http://www.lapresse.tn/06022011/21973/ces-chiffres-qu-on-ne-nous-a-jamais-reveles.html, Zugriff: 2.5.2012).

HAOUARI, I.: Réapprendre la politique aux jeunes, in: *La Presse de Tunisie*, 2011 (http://www.lapresse.tn/05062011/30656/reapprendre-la-politique-aux-jeunes.html, Zugriff: 26.4.2012).

HARAWAY, D. J.: *Modest_Witness@Second_Millenium.FemaleMan©_Meets_OncoMouse™, Feminism and Technoscience*, New York: Routledge, 1997.

HARDERS, C.: Die Umbrüche in der arabischen Welt. Zwischen Revolution und Restauration, in: Arbeitsstelle Politik des Vorderen Orients (Hg.): *Proteste, Revolutionen, Transformationen – die arabische Welt im Umbruch*, Berlin: FU Berlin, 2011, S. 10-37.

HARDERS, C.: Politik von unten. Perspektiven auf den autoritären Staat in Ägypten, in: Beck, M. / Harders, C. / Jünemann, A. / Stetter, S. (Hg.): *Der Nahe Osten im Umbruch. Zwischen Transformation und Autoritarismus*, Wiesbaden: VS Verlag für Sozialwissenschaften, 2009.

HARSCH, E.: Price Protests Expose State Faults. Rioting and Repression Reflect Problems of African Governance, in: *African Renewal*, XX (2), 2008, S. 15–17. (http:// www.un.org/ecosocdev/geninfo/afrec/vol22no2/222-price-protests.html, Zugriff: 19.4.2013)

HARVEY, D.: The Right to the City, in: *New Left Review*, 53, September-Oktober 2008, S. 23–40.

HARVEY, D.: *A Brief History of Neoliberalism*, Oxford: Oxford University Press, 2007.

HARVEY, D.: *The New Imperialism*, Oxford: Oxford University Press, 2003.

HAUGBOLLE, S.: Reflections on Ideology After the Arab Spring, in: *Jadaliyya*, 21.03.2012 (http://www.jadaliyya.com/pages/index/4764/reflections-on-ideology-after-the-arab-uprisings, Zugriff: 14.7.2012).

HAWAS, S.: Global Translations and Translating the Global. Discursive Regimes of Revolt, in: Mehrez, S. (ed.): *Translating Egypt's Revolution. The Language of Tahrir*, Cairo/New York: The American University in Cairo Press, 2012.

HECKER, P.: *Turkish Metal. Music, Meaning, and Morality in a Muslim Society*, Burlington: Ashgate, 2012.

HECKER, P.: Contesting Islamic Concepts of Morality. Heavy Metal in Istanbul, in: van Nieuwkerk, K. (ed.): *Muslim Rap, Halal Soaps, and Revolutionary Theater. Artistic Developments in the Muslim World*, 1. Auflage, Austin: University of Texas Press, 2011, S. 55–83.

HECKER, P.: TransArt. Muslimische Gesellschaften in der Moderne, in: Jonker, G. / Hecker, P. / Schnoy, C. (Hg.): *Muslimische Gesellschaften in der Moderne. Ideen – Geschichten – Materialien*, Wien: Studien-Verlag, 2007, S. 83–91.

HEFFERNAN, W. D. / CONSTANCE, D. H.: Transnational Corporations and the Globalization of the Food System, in: Bonanno et al. (eds.): *From Columbus to ConAgra. The Globalization of Agriculture and Food*, Lawrence: University Press of Kansas, 1994, S. 29-51.

HEGASY, S.: Empirical Youth Studies in the Arab World, in: *ORIENT*, 45 (1), 2004, S. 179-184.

HEGASY, S.: *Staat, Öffentlichkeit und Zivilgesellschaft in Marokko. Die Potentiale der sozio-kulturellen Opposition*, Hamburg: Deutsches Orient-Institut, 1997.

HEGASY, S. / KASCHL, E. (EDS.): Changing Values Among Youth. Examples from the Arab World and Germany, Berlin: Klaus Schwarz Verlag, 2002.

HEIBACH, J.: Jemen. Ein zaudernder Despot, in: Nordhausen, F. / Schmid, T. (Hg.): *Die arabische Revolution. Demokratischer Aufbruch von Tunesien bis zum Golf*, Berlin: Links Verlag, 2011, S. 155–175.

HEINEMANN, A. / LAMLOUM, O. / WEBER, A. F. (EDS.): *The Middle East in the Media. Conflicts, Censorship and Public Opinion*, London/Beirut: Saqi, 2009.

HELD, D. / KAYA, A.: Introduction, in: Held, D. / Kaya, A. (eds.): *Global Inequality. Patterns and Explanations*, Cambridge: Polity Press, 2008, S. 1-25.

HELGESEN, L. T.: *The Construction of Resistance. A Case Study among »Il-Majaneen« Students in the Occupied West Bank*, unveröffentlichte Masterarbeit, Oslo: University of Oslo, 2007.

HERRERA, L.: Young Egyptians' Quest for Jobs and Justice, in: Bayat, A. / Herrera, L. (eds.): *Being Young and Muslim. New Cultural Politics in the Global South and North*, New York: Oxford University Press, 2010, S. 127-143.

HESSEL, S.: *Empört Euch!*, Berlin: Ullstein, 2011.

HIBOU, B.: La Tunisie en révolution?, in: *Politique africaine*, 121, 2011a, S. 5-22.

HIBOU, B.: *The Force of Obedience. The Political Economy of Repression in Tunisia*, Cambridge: Polity Press, 2011b.

HIBOU, B. / MEDDEB, H. / HAMDI, M.: *Tunisia after 14 January and its Social and Political Economy*, Kopenhagen: Euro Mediterranian Human Rights Network, 2011 (http://www.euromedrights.org/files.php?force&file=exe_Ra_tunisie_En_15oDpi_847268817.pdf, 21.2.2012).

HIDOUCI, G.: *Algérie. La libération inachevée*, Paris: La Découverte, 1995.

HOLSTON, J.: Spaces of Insurgent Citizenship, in: Holston, J. (ed.): *Cities and Citizenship*, Durham: Duke University Press, 1999, S. 155-173.

HOLT-GIMÉNEZ, E.: Grassroots Voices. Linking farmers' movements for Advocacy and Practices, in: *Journal of Peasant Studies*, 37 (1), 2010, S. 203-236.

HOLT-GIMÉNEZ, E. / PATEL, R.: *Food Rebellions! Crisis and the Hunger for Justice*, Cape Town: University of Cape Town Press, 2009.

HONWANA, A.: *Youth and Revolution in Tunisia*, London: Zed Books, 2013.

HONWANA, A.: *The Time of Youth. Work, Social Change, and Politics in Africa*, Sterling: Kumarian Press, 2012.

HONWANA, A.: *Youth and the Tunisian Revolution*, Social Science Research Council, 2011 (http://webarchive.ssrc.org/pdfs/Alcinda_Honwana,_Youth_and_the_Tunisian_Revolution,_September_2011-CPPF_policy%20paper.pdf, Zugriff: 29.6.2012).

HONWANA, A. / DE BOECK F. (EDS.): *Makers and Breakers. Children and Youth in Postcolonial Africa*, Oxford: James Currey, 2005.

HOPFINGER, H. (ED.): *Economic Liberalization and Privatization in Socialist Arab Countries. Algeria, Egypt, Syria and Yemen as Examples*, Gotha: Justus Perthes Verlag, 1996.

HUGHES, N.: 'Young People Took to the Streets and all of a Sudden all Political Parties Got Old'. The 15M Movement in Spain, in: *Social Movement Studies*, 10 (4), 2011, S. 407–413.

HUYSSEN, A. (ED.): *Other Cities, Other Worlds. Urban Imaginaries in a Globalizing Age*, Durham: Duke University Press, 2008.

IAMARÈNE-DJERBAL, D.: Un monde à part, in: *Naqd. Revue d'études et de critique sociale*, 16, 2002, S. 133-147.

ICRC (INTERNATIONAL COMMITTEE OF THE RED CROSS): *Yemen: Tens of thousands in Abyan in need of urgent help*, 2012 (http://www.icrc.org/eng/resources/documents/news-release/2012/yemen-news-06-06-2012.htm, Zugriff: 11.8.2012).

IDRISS, S.: 'Ash-shaʻb yûrid isqât an-nizâm at-tâ'ifî ...' wa-rumûzihi. Tamrin fi an-naqad wa-n-naqad ad-dâti' [Das Volk will den Sturz des konfessionellen Systems ... und seiner Symbole. Übung in Kritik und Selbstkritik], in: *Al-akhbâr*, 3.5.2011 (http://www.al-akhbar.com/node/11258, Zugriff: 23.7.2012).

IKKEN, A.: *Les Organisations de Jeunesse au Maroc*, Rabat: Publications AL ASAS, 1997.

ILIKOUD, O.: Le printemps Berbère et octobre 1988. Analyse comparée de deux mouvements', in: Le Saout, D. / Rollinde, M. (eds.): *Emeutes et mouvements sociaux aux Maghreb. Perspective comparée*, Paris: Edition Karthala, 1999, S. 137-146.

INTERNATIONAL CRISIS GROUP: Breaking Point? Yemen's Southern Question, in: *Middle East Report*, 114, 20.10.2011.

IPLI (INTERNATIONAL POLICY AND LEADERSHIP INSTITUTE): *Tunisian Youth. Aspirations for their Country's Future*, 2011 (http://policyleadershipinstitute.org/documents/IPLI-TunisianYouthPolicyBriefUpdate.pdf, Zugriff: 30.1.2012).

ISIN, E. F. / WOOD, P. K.: *Citizenship & Identity*, London: Sage Publications LTD, 1999.

JAC (JOINT ADVISORY COMMITTEE ON EMERGING REGULATORY ISSUES): *Findings Regarding the Market Events of May 6 2010. Report of the States of the CFTC and SEC to the Joint Advisory Committee on Emerging Regulatory Issues*, 2010.

JACOBS, J.: *Edge of Empire. Postcolonialism and the City*, London/New York: Routledge, 1996.

JONKER, G. / HECKER, P. / SCHNOY, C. (HG.): *Muslimische Gesellschaften in der Moderne. Ideen - Geschichten - Materialien*, Wien: Studien-Verlag, 2007.

JÜNEMANN, A. / ZOROB, A. (HG.): *Arabellions. Zur Vielfalt von Protest und Revolte im Nahen Osten und Nordafrika*, Wiesbaden: Springer Fachmedien, 2013.

JUNG, D. / JUUL PETERSEN, M. / SPARRE, S. L.: *Politics of Modern Muslim Subjectivities. Islam, Youth and Social Activism in the Middle East*, New York: Palgrave Macmillan, 2013.

JURIS, J. S.: Reflections on #Occupy Everywhere. Social Media, Public Space, and Emerging Logics of Aggregation, in: *American Ethnologist*, 39 (2), 2012, S. 259-279.

JURKIEWICZ, S.: Blogging as Counterpublic? The Lebanese and the Egyptian Blogosphere in Comparison, in: Schneider, N.-C. / Gräf, B. (eds.): *Social Dynamics 2.0. Researching Change in Times of Media Convergence*, Berlin: Frank & Timme GmbH, 2011, S. 27-47.

KABBANI, N. / KOTHARI, E.: *Youth Employment in the MENA Region. A Situational Assesment* (SP Discussion Paper Nr.0534), Washington, DC: World Bank, 2005.

KANNA, A.: *Dubai, the City as Corporation*, Minneapolis: University of Minnesota Press, 2011.

KAPUCI, S.: Dindar bir nesil bizim de gayemiz, in: *Zaman*, 8.2.2012 (http://zaman.com.tr, Zugriff: 12.8.2012).

KARAM, K.: An Analysis of Political Change in Lebanon in the Light of Recent Mobilization Cycles, in: Guazzone, L. / Pioppi, D. (eds.): *The Arab State and Neo-liberal Globalization. The Restructuring of State Power in the Middle East*, Reading: Ithaca, 2009, S. 47–72.

KARAM, K.: *Le mouvement civil au Liban. Revendications, protestations et mobilisations associatives dans l'après-guerre*, Paris: Karthala, 2006.

KARSHENAS, M. / MOGHADAM V. (EDS.): *Social Policy in the Middle East. Economic, Political, and Gender Dynamics*, London: Palgrave Macmillan, 2006.

KASSIR, S.: *Beirut*, Berkeley: University of California, 2010.

KAZIM, A.: *The United Arab Emirates A.D. 600 to the Present. A Socio-Discursive Transformation in the Arabian Gulf*, Dubai: Gulf Book Centre, 2000.

KEGELS, NICOLIEN: In Good Times or Bad? Discourse on the National Identity of the Lebanese Upper Class Youth, in: Khalaf, S. / Khalaf, R. (eds.): *Arab Youth. Social Mobilization in Times of Risk*, London: Saqi Books, 2012, S. 301-331.

KHADDA, N. / GADNAT, M.: Mots et choses de la révolte, in: *Peuples Méditerranéens*, 52-53, July–Decembre 1990, S. 199-231.

KHALAF, S.: On Roots and Routes. The Reassertion of Primordial Loyalties, in: Hanf, T./Salam, N. (eds.): *Lebanon in Limbo. Postwar Society and State in an Uncertain Regional Environment*, Baden-Baden: Nomos, 2003, S. 107-141.

KHALAF, S.: Poetics and Politics of Newly Invented Traditions in the Gulf. Camel Racing in the United Arab Emirates, in: *Ethnology*, 39 (3), 2000, S. 243-261.

KHALAF, S. / KHALAF, R. (EDS.): *Arab Youth. Social Mobilization in Times of Risk*, London: Saqi Books, 2011.

KHALAF, S. / ALKOBAISI S.: Migrants' Strategies of Coping and Patterns of Accommodation in the Oil-Rich Gulf Societies. Evidence from the UAE, in: *British Journal of Middle Eastern Studies*, 26 (2), 1999, S. 271–298.

KHALILI, L.: *Heroes and Martyrs of Palestine. The Politics of National Commemoration*, Cambridge: Cambridge University Press, 2007.

KHATAM, A.: Struggles over Defining the Moral City. The Problem Called »Youth« in Urban Iran, in: Bayat, A. / Herrera, L. (eds.): *Being Young and Muslim. New Cultural Politics in the Global South and North*, New York: Oxford University Press, 2010, S. 207-221.

KHELLADI, A.: *Le FIS à l'assaut du pouvoir*, Algier: Edition Marsa, 2002.

KHIARI, S.: *Tunisie, le délitement de la cité. Coercition, consentement, résistance*, Paris: Karthala, 2003.

KHOSROWSHAHI, C.: Privatization in Morocco. The Politics of Development, in: *Middle East Journal*, 51 (2), 1997, S. 242-255.

KHOURY-MACHOOL, M.: Cyber Resistance. Palestinian Youth and Emerging Internet Culture, in: Bayat, A. / Herrera, L. (eds.): *Being Young and Muslim. New Cultural Politics in the Global South and North*, Oxford: Oxford University Press, 2010, S. 113-124.

KING, A. D.: *Urbanism, Colonialism, and the World-Economy: Cultural and Spatial Foundations of the World Urban System*, London: Routledge, 1990.

KNEEN, B.: *Invisible Giant. Cargill and Its Transnational Strategies*, London/East Haven: Pluto Press, 2005.

KÖGLER, H. H.: *Michel Foucault*, Stuttgart: Metzler, 1994.

KÖMEÇOGLU, U.: Neue Formen der Geselligkeit. Islamische Cafés in Istanbul, in: Göle, N. / Ammann L. (Hg.): *Islam in Sicht. Der Auftritt von Muslimen im öffentlichen Raum*, Bielefeld: transcript, 2004, S. 147–177.

KÖMEÇOGLU, U.: Islamic Cafés in Istanbul, in: Georg-Eckert-Institut für internationale Schulbuchforschung (Hg.): *1001-Idee. Muslimische Kulturen und Geschichte*, 2008 (http://www.1001-idee.eu, Zugriff: 1.11.2008).

KOOLHAAS, R.: The City of Exacerbated Difference, in: Chung C. J. et. al. (eds.): *Great Leap Forward*, Cambridge: Harvard Design School, 2001.

KOPP, H.: Der jemenitische Bürgerkrieg 1994, in: *inamo*, 16 (62), 2010, S. 22–23.

KOPP, H.: Jemens Abstieg zu Arabiens Armenhaus, in: *Neue Zürcher Zeitung*, 26.4.2011 (http://www.nzz.ch/nachrichten/wirtschaft/aktuell/jemens_abstieg_zu_arabiens_armenhaus_1.10375863.html,Zugriff: 11.9.2011).

KORODY, N.: *The Revolutionary Art. Street Art Before and After the Tunisian Revolution* (Paper 1134), ISP Collection, 10.1.2011 (http://digitalcollections.sit.edu/isp_collection/1134, Zugriff: 7.5.2012).

KOUAOUCI, A.: Population Transitions, Youth Unemployment, Postponement of Marriage and Violence in Algeria, in: *The Journal of North African Studies*, 9 (2), 2004, S. 28-45.

KRAUSE, P.: *Marokko. Fakten und Profile zur Armutssituation*, Eschborn: GTZ Pilotprojekt Armutsbekämpfung, Juni 1998.

KREBS, A. V.: *The Corporate Reapers. The Book of Agribusiness*, Washington: Essential Books, 1992.

KREISER, K. / NEUMANN, C. K.: *Kleine Geschichte der Türkei*, Stuttgart: Reclam, 2003.

KREUER, D.: *Youth in Palestine. Between Resistance and Mobility*, unveröffentlichte Magisterarbeit, Leipzig: Universität Leipzig, 2008.

KSIKES, D. / DAIF M. / ALLALI, R.: La révolution perdue, in: *Tel Quel*, 148, 2004, (http://www.telquel-online.com/148/couverture_148_1.shtml, Zugriff: 30.5.2011).

LAGI, M. / BERTRAND, K. Z. / BAR-YAM, Y.: The Food Crises and Political Instability in North Africa and the Middle East, Cambridge, MA: NECSI 2011, 1-15.

LANDMAN, K. / SCHÖNTEICH, M.: Urban Fortresses. Gated Communities as a Reaction to Crime, in: *South African Security Review*, 11 (4), 2002 (http://www.iss.co.za/pubs/asr/11no4/Landman.html).

LACKNER, H.: *P.D.R. Yemen – Outpost of Socialist Development in Arabia*, London: Ithaca Press, 1985.

LAHLOU, M.: Chômage et pauvreté, in: *Rapport du social. Bulletin économique et social du Maroc*, 159, 2000, S. 63-81.

LAPRESSE: Une jeunesse capable de relever les défis, in: *La presse tunisienne*, 2010 (http://www.lapresse.tn/08072010/8804/une-jeunesse-capable-de-relever-les-defis.html, Zugriff: 2.5.2012).

LARZILLIÈRE, P.: *Être jeune en Palestine*, Paris: Balland, 2004.

LARZILLIÈRE, P.: The Intifadas and the Palestinian Youth, in: *ISIM Newsletter*, 8, September 2001, S. 31.

LATOUR, B.: *Reassembling the Social: An Introduction to Actor-Network-Theory*. Oxford: Oxford University Press, 2005.

LAUSCHKE, A.: *Parkour. Subversive Choreographien des Urbanen*, Marburg: Tectum, 2010.

LEECH, P.: Youth and the Palestinian Resistance in the West Bank, unveröffentlichte Masterarbeit, Lancaster: University of Lancaster, 2007.

LEFÈBVRE, H.: *Die Revolution der Städte*, Frankfurt am Main: Verlag Anton Hain Meisenheim, 1990.

LEFÈBVRE, H.: *Le droit à la ville*, Paris: Edition Anthropos, 1973.

Le Saout, D.: Les émeutes, entre exclusion et sentiment d'injustice: Une approche comparée Maghreb-Europe, in: Le Saout, D. / Rollinde, M. (eds.): *Emeutes et mouvements sociaux au Maghreb. Perspective comparée*, Paris: Karthala, 1999, S. 47-66.

Le Saout, D. / Rollinde, M. (eds.): *Émeutes et mouvements sociaux au Maghreb. Perspective comparée*, Paris: Karthala, 1999.

LeTemps: Coup d'envoi de l'enquête de terrain. 4e consultation nationale de la jeunesse, in: *LeTemps*, 27.3.2010 (http://www.letemps.com.tn/article-40943-27032010.html, Zugriff: 2.5.2012).

Lim, A. (ed.): *The Case for Sanctions Against Israel*, London: Verso Books, 2012.

Longva, A. N.: Keeping Migrant Workers in Check. The Kafala System in the Gulf, in: *Middle East Report*, 211, 1999, S. 20–22.

Longva, A. N.: Neither Autocracy nor Democracy but Ethnocracy. Citizens, Expatriates and the Socio-Political System in Kuwait, in: Piscatori, J. P. / Dresch, P. (eds.): *Monarchies and Nations. Globalisation and Identity in the Arab States of the Gulf*, London: Tauris, 2005, S. 114-136.

Lübben, I.: Die ägyptische Muslimbruderschaft – auf dem Weg zur politischen Partei?, in: Albrecht, H. / Köhler K. (Hg.): *Politischer Islam im Vorderen Orient. Zwischen Sozialbewegung, Opposition und Widerstand*, Baden-Baden: Nomos Verlag, 2008, S. 75-98.

Lübben, I.: Junge Islamisten im Cyberspace. Die Bloggerszene der Muslimbrüderjugend, in: *inamo*, 14 (55), Herbst 2008.

Lübben, I. / Issam F.: Ein neuer islamischer Parteieinpluralismus in Ägypten? Hizb al-Wasat, Hizb al-Shari' a und Hizb al-Islah als Fallbeispiele, in: *Orient*, 41 (2), 2000, S. 229-281.

Lynch, M.: *The Arab Uprising. The Unfinished Revolutions of the New Middle East*, New York: Public Affairs, 2012.

Lynch, M.: Young Brothers in Cyberspace, in: *Middle East Report*, 37 (245), 2007, S. 26-33.

Mabrouk, M.: The Youth Revolution. A First Reading of the Social and Cultural Conditions Surrounding the Tunisian Revolution, in: *Perspectives*, 2, 2011, S. 132-144 (http://www.ps.boell.org/downloads/Perspectives_02-20_Mehdi_Mabrouk1.pdf, Zugriff: 6.1.2012).

Mann, K.: Resistance to Neo-Liberalism. France, Greece, Spain and the US, in: *Perspectives on Global Development and Technology*, 11 (1), 2012, S. 182–191.

Mannheim, K.: Das Problem der Generationen, in: *Kölner Vierteljahrshefte für Soziologie*, 7, 1929, S. 157-185, S. 309-330.

Marchart, O.: *Cultural Studies*, Konstanz: UVK, 2008.

Maria, S. / Soep, E. (eds.): *Youthscapes. The Popular, the National, the Global*, Philadelphia: University of Pennsylvania Press, 2005.

Martinez, L.: *La guerre civile en Algérie*, Paris: Édition Karthala, 1998.

Masquelier, A.: Securing Futures: Youth, Generation, and Muslim Identities in Niger, in: Bayat, A. / Herrera, L. (eds.): *Being Young and Muslim*, New York: Oxford University Press, 2010, S. 225-240.

Masters, M.: *Testimony before the U.S. Senate Committee of Homeland Security and Government Affairs*, United States Senate, Washington, 2008.

Masters, M. / White A.: The Accidental Hunt Brothers. How Institutional Investors are Driving Up Food and Energy Prices (Special Report), in: *Living on Earth*, 31.7.2008 (http://www.loe.org/images/content/080919/Act1.pdf, Zugriff: 20.4.2013).

Matondi, P. B. / Havnevik, K. / Beyene, A. (eds.): *Biofuels, Land Grabbing and Food Security in Africa*, London: Zed Books 2011

Mattes, H.: Armut in Marokko. Das Beispiel der Bidonvilles, in: *Wuqûf*, 4-5, 1991, S. 167-212.

Mattes, H.: Die Privatisierung der marokkanischen Wirtschaft. Rahmenbedingungen und Maßnahmen, in: *Wuqûf*, 4-5, 1991, S. 103-159.

MAXWELL, S.: Introduction, in: Maxwell. S. (ed.): *To Cure all Hunger. Food Policy and Food Security in Sudan*, Exeter: Short Run Press, 1991, S. 1-14.

McCALLA, A.: The Governance Challenge of Improving Global Food Security, in: J. Clapp, J. / Cohen M. J. (eds.): *The Global Food Crisis*, Canada: Wilfrid Laurier University Press, 2009, S. 237-250.

McMURRAY, D. / UFHEIL-SOMERS, A. (EDS.): *The Arab Revolts. Dispatches on Militant Democracy in the Middle East*, Bloomington: Indiana University Press, 2013.

MDG ACHIEVEMENT FUND: *Engaging Tunisian Youth to Achieve the MDGs* (MDGF- 1930), 2010 (http://www.mdgfund.org/sites/default/files/Tunisia%20-%202010%201st%20 Semester%20-%20JP%20Fact%20sheet.pdf, Zugriff: 2.5.2012).

MEDDEB, H.: L'ambivalence de la »course à 'el khobza«. Obéir et se révolter en Tunisie, in: *Politique africaine*, 121, 2011, S. 35-51.

MEDDEB, H.: La Tunisie, pays émergent?, in: *Sociétés politiques comparées*, 29, 2010, S. 1-89 (http://www.fasopo.org/reasopo/n29/article.pdf, Zugriff: 14.1.2012).

MEEK, D.: YouToube and Social Movements. A Phenomenological Analysis of Participation, Events and Cyberplace, in: *Antipode*, 44 (4), 2012, S. 1429-1448.

MEIER, A.: *Hunger und Herrschaft. Vorkoloniale und frühe koloniale Hungerkrisen im Nordtschad*, Stuttgart: Franz Steiner Verlag, 1995.

MEIJER, R. (ED.): Alienation or Integration of Arab Youth. Between Family, State and Street, Richmond: Curzon, 2000.

MENDIETA, E.: Invisible cities. A Phenomenology of Globalization from Below, in: *City*, 5 (1), 2001, S. 7–26.

MERIP (MIDDLE EAST RESEARCH AND INFORMATION PROJECT), 27 (171), July/August 1991.

MERZ, S.: Missionaries of the New Era. Neoliberalism and NGOs in Palestine, in: *Race & Class*, 54 (1), 2012, S. 50-66.

MHESR (MINISTRY OF HIGHER EDUCATION AND SCIENTIFIC RESEARCH): *National Strategy for the Development of Higher Education in Yemen*, Sanaa, 2005.

MIDDELL, M. / ENGEL, U.: Beobachtungen zur Globalisierungs- und Transnationalisierungsforschung in Deutschland, in: Ouaissa, R. / Zinecker, H. (Hg.): *Globalisierung – entgrenzte Welten versus begrenzte Identitäten?*, Leipzig: Leipziger Universitätsverlag, 2009, S. 283–318.

MILANOVIC, B.: *Global Inequality Recalculated. The Effect of New 2005 PPP Estimates on Global Inequality* (Policy Research Working Paper 5061), Washington: The World Bank, 2009.

MILANOVIC, B.: Globalization and Inequality, in: Held, D. / Kaya, A.: *Global Inequality. Patterns and Explanations*, Cambridge: Polity Press, 2008, S. 26–49.

MITCHELL, R.: *The Society of the Muslim Brothers*, 2. Auflage, Oxford: Oxford University Press, 1993.

MÖRTENBÖCK, P. / MOOSHAMMER, H.: *Occupy. Räume des Protests*, Bielefeld: transcript, 2012.

MOHAN, G.: *Structural Adjustment. Theory, Practice and Impacts*, London/New York: Routledge, 2000.

MORGAN, D.: *Merchants of Grain*, New York: Viking Press, 1979.

MOSER, C.: The Asset Vulnerability Framework. Reassessing Urban Poverty Reduction Strategies, in: *World Development*, 26 (1), 1998, S. 1-19.

MÜLLER, H.: Soziale Folgen von IWF- und Weltbankstrategien in Marokko. Modernisierung der Gesellschaft oder Modernisierung der Armut?, in: *Wuqûf*, 4-5, 1991, S. 161-166.

MURPHY, E. C.: Problematizing Arab Youth. Generational Narratives of Systemic Failure, in: *Mediterranean Politics*, 17 (1), 2012, S. 5-22.

MUSETTE, M. S. (ED.): *Les Jeunes et la Santé en Algérie*, Alger: CREAD, 2004.

NACLA (NORTH AMERICAN CONGRESS ON LATIN AMERICA): *Weizen als Waffe. Die neue Getreidestrategie der amerikanischen Außenpolitik*, Frankfurt: Rororo, 1982.

NADER, R. / TAYLOR, W.: *The Big Boys. Power and Position in Amercan Business*, New York: Pantheon Books, 1986.

NAVARO-YASHIN, Y.: *Faces of the State. Secularism and Public Life in Turkey*, Princeton: Princeton University Press, 2002.

NEYZI, L.: Object or Subject? The Paradox of »Youth« in Turkey, in: *International Journal of Middle East Studies*, 33 (3), 2001, S. 411-432.

NIEUWKERK, VAN K. (ED.): *Muslim Rap, Halal Soaps, and Revolutionary Theater. Artistic Developments in the Muslim World*, Austin: University of Texas Press, 2011.

O'CEALLAIGH, E.: Palestinians Reclaim Streets Despite PA Police Repression, in: *The Electronic Intifada*, 2012 (http://electronicintifada.net/content/palestinians-reclaim-streets-despite-pa-police-repression/11474, Zugriff: 6.8.2012).

O'CONNOR, J.: *The Meaning of Crisis. A Theoretical Introduction*, Oxford: Blackwell, 1987.

OFFE, C.: *Contradictions of the Welfare State*, Cambridge: MIT Press, 1985.

OFLUOGLU, S.: Kemanci Gülleri, in: *Kuzey Ormani*, 1, 2005.

ORTADOGU: Erdogan'a dindar nesil cevabi, in: *Ortadogu*, 2.2.2012 (http://www.ortadogugazetesi.net/haber.php?id=22671, Zugriff: 10.10.2012).

OSWALD, H. / SABELLA, B. / REBENSTORF, H. / KUHN, H. P.: Gender Differences in the Political Interest of German and Palestinian Adolescents. Results of a Cross-Cultural Longitudinal Study, in: Hegasy, S. / Kaschl, E. (eds.): *Changing Values Among Youth. Examples from the Arab World and Germany*, Berlin: Klaus Schwarz Verlag, 2007, S. 39-48.

OUAISSA, R.: Die Revolution bleibt aus. In Algerien erkauft sich das Regime politische Ruhe, in: *iz3w Informationszentrum 3. Welt*, 330, 2012, S. 32-33.

OURAS, K.: Les graffiti de la ville d'Alger: carrefour de langues, de signes et de discours. Les murs parlent, in: *Insaniyat*, 44/45, *Alger. Une métropole en devenir*, 2009, S. 159-174.

OWEIDAT, N. ET AL.: *The Kefaya Movement. A Case Study of a Grassroots Reform Initiative*, Santa Monica: Rand Corporation, 2008 (http://www.rand.org/pubs/monographs/2008/RAND_MG778.pdf, Zugriff: 27.6.2013).

PARAKASH, G. / KRUSE K. (EDS.): *The Spaces of the Modern City. Imaginaries, Politics, and Everyday Life*, Princeton: Princeton University Press, 2008.

PARK, R.: *On Social Control and Collective Behavior. Selected Papers*, Chicago: Chicago University Press, 1967.

PARKER, E.: Hamada Ben Amor – El Général, in: *tunisialive*, 17.8.2011, (http://www.tunisia-live.net/2011/08/17/hamada-ben-amor-el-general/, Zugriff: 7.5.2012)

PASCON, P. / ENNAJI, M.: *Les Paysans Sans Terre au Maroc*, Casablanca: Editions Toubkal, 1986.

PATEL, R. / MCMICHAEL, P.: A Political Economy of Food Riot, in: *Review*, 32 (1), 2009, S. 9-35.

PCBS (PALESTINIAN CENTRAL BUREAU OF STATISTICS): *Palestine in Figures 2007*, Ramallah: Palestinian Central Bureau of Statistics, 2008a.

PCBS: *An-natâ'idj an-nihâ'iya li-t-ti'dâd fi ad-diffa al-gharbiya: Mulakhkhas 'As-sukkân wa-l-masâkin'* [Die Endergebnisse des Zensus im Westjordanland. Überblick über die Einwohner und Unterkünfte], Ramallah: Al-djihâz al-markazî lil-ihsâ' al-filastînî (PCBS), 2008b.

PCBS: *Khasâ'is al-hadar wa-r-rîf fi al-'arâdî al-filastîniya* [Charakteristika von Stadt und Land in den palästinensischen Gebieten], Ramallah: Al-djihâz al-markazî lil-ihsâ' al-filastînî (PCBS), 2003.

PCBS: *Palestinian Youth. Facts and Figures*, Ramallah: Palestinian Central Bureau of Statistics, 2001.

PETERSON, M. A.: *Connected in Cairo. Growing up Cosmopolitan in the Modern Middle East*, Indiana/Bloomington: Indiana University Press, 2011.

PHADKE, S.: *Reinterpreting Public Safety, Risk and Violence: A Gendered Analysis*, Unpublished Paper Presented in SEPHIS Workshop Gender and Public Space, Baku, 2008.

PILE, S. / KEITH, M. (EDS.): *Geographies of Resistance*, London: Routledge 1997.

PILE, S.: Introduction: Opposition, Political Identities and Spaces of Resistance, in: Pile, S. / Keith, M. (eds.): *Geographies of Resistance*, London: Routledge 1997, S. 1-32.

POLLETTA, F. / JASPER, J. M.: Collective Identity and Social Movement, in: *Annual Review of Sociology*, 27, 2001, S. 283-305.

PORTER, R. B.: *The U.S.-U.S.S.R. Grain Agreement*, Cambridge: Cambridge University Press, 1984.

PORTES, A. (ED.): *The Informal Economy. Studies in Advanced and Less Developed Countries*, Baltimore: Johns Hopkins University Press, 1989.

POSUSNEY, M.P.: *Labor and the State in Egypt: Workers, Unions, and Economic Restructuring.* New York: Columbia University Press, 1997.

PRAKASH, A. (ED.): *Safeguarding Food Security in Volatile Global Markets*, Rome: FAO, 2011.

PRITZKAT, T.: The Community of Hadrami Migrants in Saudi Arabia and the Rationale of Investing in the Homeland, in: Leveau, R. / Mermier, F. / Steinbach, U. (eds.): *Le Yémen contemporain*, Paris: Editions Karthala, 1999, S. 399–418.

RACHIK, A.: Casablanca: Ein ländliches Zuwanderungsgebiet?, in: Gertel J. / Breuer, I. (Hg.) Alltagsmobilitäten. Aufbruch marokkanischer Lebenswelten, Bielefeld: transcript, 2012, S. 317-325.

RANCIÈRE, J.: La mésentente. Politique et philosophie, Paris: Galilée, 1995.

RARRBO, K.: *L'Algérie et sa jeunesse. Marginalisation et désarroi culturel*, Paris: Harmattan, 1995.

RAVALLION, M.: *Poverty Comparisons. A Guide to Concepts and Methods* (A Living Standard Measurement Study Working Paper, 88), Washington: World Bank, 1992.

REARDON, T. / TIMMER, C. P. / BARRETT, C. B. / BERDEGUE, J.: The Rise of Supermarkets in Africa, Asia and Latin America, in: *American Journal of Agricultural Economics*, LXXXV (5), 2003, S. 1140–46.

RICHTER, C.: *Medienstrategien ägyptischer Islamisten im Kontext von Demokratisierung*, Lauch bei Leipzig: Frank und Timme GmbH, 2011.

RICHTER, C.: *Das Mediensystem in Libyen. Akteure und Entwicklungen. Hamburger Beiträge: Medien und politische Kommunikation – Naher Osten und islamische Welt*, Bd. 9, Hamburg: Deutsches Orient-Institut, 2004.

ROBERTS, H.: *Moral Economy or Moral Polity? The Political Anthropology of Algerian Riots* (Working Paper, 17), London: Crisis States Programme, 2002.

RODENBECK, M.: *Cairo. The City Victorious*, New York: Alfred A. Knopf, 1999.

RODGERS, D.: Slum Wars of the 21st Century. Gangs, Mano Dura, and the New Urban Geography of Conflict in Central America, in: *Development and Change*, 40 (5), 2009, S. 949-976.

ROGLER, L.: Jemen versus Südarabien? Zur Entwicklung der Bewegung des Südens, in: *inamo*, 16 (62), 2010, S. 24–29.

ROSENBERG, T.: Revolution U: What Egypt Learned from the Students who Overthrew Milosevic, in: *Foreign Policy*, 16.2.2011 (http://www.foreignpolicy.com/articles/2011/02/16/revolution_u?hidecomments=yes, Zugriff: 3.5.2012).

ROTH, R. / RUCHT, D. (HG.): *Jugendkulturen, Politik und Protest. Vom Widerstand zum Kommerz?*, Opladen: Leske + Budrich, 2000.

ROUDI, F.: *Youth Population and Employment in the Middle East and North Africa. Opportunity or Challenge?*, New York: United Nations, Department of Economic and Social Affairs, 2011.

ROY, A.: The 21st-Century Metropolis. New Geographies of Theory, in: *Regional Studies*, 42 (4), 2007, S. 69–86.

Roy, A.: Urban Informality. Toward an Epistemology of Planning, in: *Journal of the American Planning Association*, 71 (2), 2005, S. 147-158.

Sabella, B.: Palestinian Democracy. Attitudes of Parents and Adolescents, in: Hegasy, S. / Kaschl, E. (eds.): *Changing Values Among Youth. Examples from the Arab World and Germany*, Berlin: Klaus Schwarz Verlag, 2007, S. 49-64.

Sadiki, L.: Tunisia: The battle of Sidi Bouzid, in: *Al Jazeera English*, 27.12.2010, (http://www.aljazeera.com/indepth/opinion/2010/12/20101227142811755739.html, Zugriff: 2.5.2012).

Sadowski, Y. M.: *Scuds or Butter? The Political Economy of Arms Control in the Middle East*, Washington D.C.: The Brookings Institution, 1993.

Safar-Zitoun, M.: Alger d'aujourd'hui. Une ville à la recherché des ses marques socials, in: *Insanyat*, 44/45, 2009, S. 33-57.

Safir, N.: La jeunesse Algérienne. Un profond et durable malaise, in: *Confluences Méditerranée*, 81 (2), 2012, S.153-161.

Saktanber, A.: Performance, Politics, and Visceral Transformation. Post-Islamist Youth in Turkey, in: Herrera, L. / Bayat, A. (eds.): *Being Young and Muslim. New Cultural Politics in the Global South and North*, Oxford: Oxford University Press, S. 259–271.

Sandikçi, Ö. / Rice, G. (eds.): *Handbook of Islamic Marketing*, Cheltenham: Elgar, 2011.

Sassen, S.: The Global Street. Making the Political, in: *Globalizations*, 8 (5), 2011a, S. 573-579.

Sassen, S.: Global Cities. Strategic Site/New Frontier, in: Fainstain, S./Campbell, S. (eds.): *Readings in Urban Theory*, Chicester: Wiley-Blackwell, 2011b.

Sassen, S.: *Das Paradox des Nationalen. Territorium, Autorität und Rechte im globalen Zeitalter*, Frankfurt: Suhrkamp Verlag, 2008.

Sassen, S.: *Territory, Authority, Rights. From Medieval to Global Assemblages*, Princeton: Princeton University Press, 2006.

Sawty: *Sawt chabeb tounes: Qui sommes nous*, 2011 (http://www.sawty.org/?page_id=2, Zugriff: 7.5.2012).

Sawty: *Sawt chabeb tounes. Blog Archive: Entre technocratie et démocratie*, März 2011 (http://www.sawty.org/?p=222, Zugriff: 7.5.2012).

Schäfer, I.: Von der Revolution ins Reformlabor, in: *Internationale Politik*, 2, April 2011, S. 20-25.

Schaefer, J.: Protest Song Marocaine, in: *Middle East Report*, 263, The Art & Culture of the Arab Revolts, 2012, S. 26-32.

Scharfenort, N.: *Urbane Visionen am Arabischen Golf. Die »Post-Oil-Cities« Abu Dhabi, Dubai und Sharjah*, Frankfurt: Campus-Verlag, 2009.

Schielke, S. / Winegar, J.: The Writing on the Walls of Egypt, in: *Middle East Report*, 265, Egypt. The Uprising Two Years On, 2012, S. 13-17.

Schipper, J.: Jeunes Tunisiens. Nous ne sommes pas écoutés, in: *RNW*, 17.10.2011 (http://www.rnw.nl/afrique/article/jeunes-tunisiens-nous-ne-sommes-pas-%C3%A9cout%C3%A9s, Zugriff: 7.5.2012).

Schmid, C.: *Das Konzept des Rentier-Staates. Ein sozialwissenschaftliches Paradigma zur Analyse von Entwicklungsgesellschaften und seine Bedeutung für den Vorderen Orient*, Münster: LIT Verlag, 1991.

Schneider, M.: *We are Hungry! A Summary Report of Food Riots, Government Responses, and States of Democracy*, 2008 (http://stuffedandstarved.org/drupal/node/450, Zugriff: 22.4.2013).

Schuller, M.: Haitian Food Riots Unnerving but Not Surprising, in: *Americas Program Special Report*, 25.4.2008 (http://americas.irc-online.org/am/5186, Zugriff: 20.4.2013)

Schumann, H.: *Die Hungermacher. Wie Deutsche Bank, Goldman Sachs & Co. auf Kosten der Ärmsten mit Nahrungsmitteln spekulieren* (Foodwatch Report 2011), Berlin: foodwatch e.V., 2011.

LITERATUR

Scott, J. C.: *Weapons of the Weak. Everyday Forms of Peasant Resistance, Domination*, New Haven/London: Yale University Press, 1985.

Scott, J. C.: *The Moral Economy of the Peasant. Rebellion and Subsistence in Southeast Asia*, New Haven/London: Yale University Press, 1976.

Sdiri, W.: L'association Sawty va parcourir toute la Tunisie avec des »bus citoyens«, in: *Tunisie Numerique*, 16.7.2011 (http://www.tunisienumerique.com/l%E2%80%99association-sawty-va-parcourir-toute-la-tunisie-avec-des-%C2%ABbus-citoyens%C2%BB/57419, Zugriff: 2.6.2012).

Seidman, S.: The Politics of Cosmopolitan Beirut. From the Stranger to the Other, in: *Theory, Culture & Society*, 29 (2), 2012, S. 3-36.

Selçuk, K.: Dindar bir nesil bizim de gayemiz, in: *Zaman*, 8.2.2012.

Semiane, S.-A.: *Octobre. Ils parlent*, Algier: Editions Le Matin, 1998

Sen, A.: *Poverty and Famines. An Essay on Entitlement and Deprivation*, New York: Oxford University Press, 1981.

Shalata, A. Z.: *al-hala al-salafiya fi misr*, Kairo: Maktaba Madbuli, 2011.

Shenker, J. / Gabbatt, A.: Tahrir Square Protesters Send Message of Solidarity to Occupy Wall Street, in: *The Guardian*, 25.10.2011 (http://www.guardian.co.uk/world/2011/oct/25/egyptian-protesters-occupy-wall-street, Zugriff: 14.5.2012).

Silverstein, S.: Syria's Radical Dabka, in: *Middle East Report*, 263, The Art & Culture of the Arab Revolts, 2012, S. 33-37.

Simon, H.: *Die Migration indischer Gastarbeiter in die Vereinigten Arabischen Emirate*, Hamburg: Diplomica Verlag, 2009.

Sims, D.: *Understanding Cairo*, Cairo: The American University in Cairo Press, 2011.

Singerman, D.: *Cairo Contested. Governance, Urban Space and Global Modernity*, Cairo/New York: The American University in Cairo Press, 2009.

Singerman, D.: *The Economic Imperatives of Marriage. Emerging Practices and Identities Among Youth in the Middle East* (Middle East Youth Initiative Working Paper, 6), Dubai: Wolfensohn Center for Development/Dubai School of Government, September 2007 (http://ssrn.com/abstract=1087433, Access: 20.07.12).

Singermann, D. / Amar, P.(eds.): *Cairo Cosmopolitan. Politics, Culture, and Urban Space in the New Globalized Middle East*, Cairo: The American University in Cairo Press, 2009.

SIPRI (Stockholm International Peace Research Institute): *SIPRI Yearbook 2012*, Oxford University Press, 2012.

Smith, G.: *Die Unersättlichen. Ein Goldman-Sachs-Banker rechnet ab*, Bremen: Rowohlt, 2012.

Solidarity Center: *Justice for All. The Struggle for Worker Rights in Egypt*, Washington, 2010.

Solmaz, M.: *Türkiye'de pop müzik. Dünü ve bugünü ile bir infilak masali*, Istanbul: Pan Yayincilik, 1996.

Sorkin, M. (ed.): *Variations on a Theme Park*, New York: Hill and Wang, 1992.

Sowers, J. / Toensing, C. (eds.): *The Journey to Tahrir. Revolution, Protest, and Social Change in Egypt*, London: Verso, 2012.

Spivak, G. C.: Can the Subaltern Speak?, in: Nelson, C. / Grossberg, L (eds.): *Marxism and the Interpretation of Culture*, Urbana: University of Illinois, 1988, S. 271-316.

Stiglitz, J.: *Die Schatten der Globalisierung*, Berlin: Siedler Verlag, 2002.

Swedenburg, T.: Egypt's Music of Protest. From Sayyid Darwish to DJ Haha, in: *Middle East Report*, 265, Egypt. The Uprising Two Years On, 2012, S. 39-43.

Sydow, C.: Slim Amamou: »Ein Tunesien, das weniger frei ist als der Westen, wäre der Worst Case«, in: *Alsharq*, 20.9.2011 (http://www.alsharq.de/2011/09/slim-amamou-ein-tunesien-das-weniger.html, Zugriff: 6.5.2012).

T., ANNE: *Die Gier war grenzenlos. Eine deutsche Börsenhändlerin packt aus*, Berlin: Econ, 2009.

TADROS, M.: *Gendered Ideologies and Practices in Faith-Based Organizations*, Unpublished Paper for UNRISD. Geneva, 2009.

TAMAM, H.: *Tahawulat al-ikhwan al-muslimin – tafakuk al-idiuiuji wa nihayat al-tandhim*, Kairo: Maktaba Madbuli, 2011.

TARAKI, L.: Introduction, in: Taraki, L. (ed.): *Living Palestine. Family Survival, Resistance, and Mobility under Occupation*, Syracuse/New York: Syracuse University Press, 2006, S. xi-xxx.

TARAKI, L.: Enclave Micropolis. The Paradoxical Case of Ramallah/al-Bireh, in: *Journal of Palestine Studies*, 37 (4), 2008, S. 6-20.

TARAKI, L. / GIACAMAN, R.: Modernity Aborted and Reborn: Ways of Being Urban in Palestine, in: Taraki, L. (ed.): *Living Palestine. Family Survival, Resistance, and Mobility under Occupation*, Syracuse/New York: Syracuse University Press, 2006, S. 1-50.

TEPE, S.: Serving God through the Market. The Emergence of Muslim Consumptionscapes and Islamic Resistance, in: Sandikçi, Ö. / Rice, G. (eds.): *Handbook of Islamic Marketing*, Cheltenham: Elgar, 2011, S. 363-392.

TÉTREAULT, M. A. / OKRUHLIK, G. / KAPISZEWSKI, A. (EDS.): *Political Change in the Arab Gulf States. Stuck in Transition*, Boulder/Colo: Lynne Rienner Publ., 2011.

THOMPSON, E. P.: The Moral Economy of the English Crowd in the Eighteenth Century, in: *Past & Present*, 50, 1971, S. 76-136.

THOMPSON, E P.: *The Making of the English Working Class*, London: Victor Gollancz 1963.

TILLY, L. A.: Food Entitlement, Famine, and Conflict, in: *Journal of Interdisciplinary History*, XIV, 1983, S 333-49.

TILLY, L. A.: The Food Riot as a Form of Political Conflict in France, in: *Journal of Interdisciplinary History*, II, 1971, S. 23-57.

TUCK, L. / LINDERT, K.: *From Universal Food Subsidies to a Self-Targeted Program. A Case Study in Tunisian Reform* (World Bank Discussion Papers), World Bank Group, 1996.

TIKB (TÜRKIYE ISTATISTIK KURUMU BASHKANLIGI): *Illere Göre Nüfus ve Yilik Ortalama Artis Hizlari. 2012-2023*, 2012 (http://www.tuik.gov.tr, Zugriff: 23.5.2013).

TIKB: *Istatistiklerle Gençlik Ankara*, 2011.

TIKB: *Nüfus artis hizi tahminleri ve projeksiyonlari. 1986-2025*, 2008 (http://www.tuik.gov.tr, Zugriff: 10.10.2012).

TIKB: *Nüfus artis hizi tahminleri ve projeksiyonlari. 1927-1985*, 2008 (http://www.tuik.gov.tr, Zugriff: 10.10.2012).

TIKB: *Yash grubu ve cinsiyete göre yil ortasi nüfus projeksiyonlari*, 2008 (http://www.tuik.gov.tr, Zugriff: 10.10.2012).

TÜRKÖNE, M.: Devlet, dindar nesiller yetistiremez, in: *Zaman*, 7.2.2012 (http://zaman.com.tr, Zugriff: 10.8.2012).

UNDP (UNITED NATIONS DEVELOPMENT PROGRAMME): Human Development Report. *The Real Wealth of Nations: Pathways to Human Development*, New York, 2010.

UNDP: Human Development Report. *Making New Technologies Work for Human Development*, New York, 2001.

UNITED NATIONS: *The Situation of Youth in 1980s and Prospects and Challenges for the Year 2000*, New York: Department for International and Social Affairs, 1996.

UNIDO (UNITED NATIONS INDUSTRIAL DEVELOPMENT ORGANIZATION): *People's Democratic Republic of Yemen – Industrial Development Review Series – Enhancing Industrial Productive Capacity*, Wien, 1989.

VERDEIL, É. / FAOUR, G. / VELUT, S.: *Atlas du Liban. Territoires et société*, Beyrouth: Institut Français du Proche-Orient, 2007.

VERGÈS, M.: La Casbah d'Alger. Chronique de la survie dans un quartier en sursis, in: *Naqd. Revue d'études et de critique sociale*, 6, 1994, S. 36-43.

VIROLLE-SOUIBÈS, M.: Le Raï entre résistances et récupération, in: *Revue du monde musulman et de la Méditerranée*, 51, 1989, S. 47-62.

VITALI S. / GLATTFELDER J. B. / BATTISTON S.: The Network of Global Corporate Control, in: *PLoS ONE* 6 (10) 2011, S. 1-6.

WALTON, J. / SEDDON, D.: *Free Markets and Food Riots. The Politics of Global Adjustment*, Oxford: Blackwell Publishers, 1994.

WALTON, J. / RAGIN, C.: Global and National Sources of Political Protest. Third World Responses to the Debt Crisis, in: *American Sociological Review*, LV, 1990, S. 876–90.

YOUNES, Y. / ELALI, N.: *The March for Secularism*, in: NOW Lebanon, 4.5.2012 (http://www.nowlebanon.com/Arabic/NewsArchiveDetails.aspx?ID=168606, Zugriff: 23.07.2012).

WATTS, M. J.: The Agrarian Question in Africa. Debating the Crisis, Progress, in: *Human Geography*, 13 (1), 1989.

WEINBAUM, M. G.: *Food, Development, and Politics in the Middle East*, Boulder: Westview Press, 1982.

WESSEL, S.: Shabab al-thaura. Symbolische Macht der Revolutionsjugend, in: *inamo*, 19 (73), 2013, S. 22-25.

WHITTIER, N. / MEYER, D. S.: Social Movement Spillover, in: *Social Problems*, 41 (2), 1994, S. 277-298.

WINES, M.: In Zimbabwe, Mugabe Raises More than Slims, in: *New York Times*, 13.11.2005.

WOLF, C.: Jugend hat in der Politik kaum eine Chance: Der tunesische Blogger Slim Amamou, Interview, in: *on3/Bayerischer Rundfunk*, 2011 (http://on3.de/element/11655/interview-der-tunesische-blogger-slim-amamou-jugend-hat-in-der-politik-kaum-eine-chance, Zugriff: 26.4.2012).

WOLMAN, D.: Cairo Activists Use Facebook to Rattle the Regime, in: *Wired Magazin*, 16 (11), 20.10.2008 (http://www.wired.com/search?gs=wolman&cx=009699792388764297063%3Apgjug94tue0&cof=FORID%3A9&ie=UTF-8, Zugriff: 2.5.2012).

WONG, D.: The Limits of Using the Household as a Unit of Analysis, in: J. Smith et al. (eds.): *Households and the World-Economy*, London: Sage Publications, 1984, S. 56-63.

WORLD BANK: *Aden – Commercial Capital of Yemen. Local Economic Development Strategy*, Washington, 2012.

WORLD BANK: *Rising Global Interest in Farmland*, Washington, 2010.

WORLD BANK: *Tunisie: Comprendre les raisons d'un développement socioéconomique réussi. Une initiative commune d'évaluation de l'aide, réalisée par la Banque mondiale et la Banque islamique de développement*, Washington, 2005 (http://lnweb90.worldbank.org/oed/oeddoclib.nsf/DocUNIDViewForJavaSearch/153C6494D089C1F285256FC50056B67E/$file/tunisia_cae_french.pdf, Zugriff: 4.5.2012).

WORLD BANK: *World Development Report 2001/2002. Attacking Poverty*, Oxford/New York, 2001.

WORLD BANK: *Kingdom of Morocco Poverty Update* (Report No. 21506-MOR, Vol. I, II), March 2001.

WORLD BANK: *Consumer Food Subsidy Programs in the MENA Region* (Report No. 19561-MNA), Washington, 1999.

WORLD BANK: *Kingdom of Morocco. Poverty, Adjustment, & Growth* (Report No. 11918-MOR, Vol. I), January 1994.

WORLD BANK: *Poverty and Hunger. A World Bank Policy Study*, Washington, 1986.

WYR (World Youth Report): *Young People's Transition to Adulthood: Progress and Challenges*, New York: United Nations, 2007 (http://social.un.org/index/WorldYouthReport/2007.aspx, Zugriff: 10.10.2012).

YAVUZ, M. H.: *Secularism and Muslim Democracy in Turkey*, Cambridge/New York: Cambridge University Press, 2009.

YILDIRIM, B.: Basbakan'a hosgörü çagrisi, in: *Milliyet*, 23.7.2009 (http://www.milliyet.com.tr/Guncel/HaberDetay.aspx?aType=HaberDetay&ArticleID=1120555, Zugriff: 21.5.2013).

YONDER, A.: *Informal Settlements in Istanbul, Turkey. From Shacks to High-Rises*, Salzburg: Pratt Institute, 2006 (http://www.scupad.org/web/userfiles/download/2006_yonder.pdf, Zugriff: 26.6.2013).

YOUNES, Y. / ELALI, N.: The March for Secularism, in: *NOW Lebanon*, 4.5.2012 (http://www.nowlebanon.com/Arabic/NewsArchiveDetails.aspx?ID=168606, Zugriff: 23.7.2012).

YOUSEF, T.: Youth in the Middle East and North Africa. Demography, Employment, and Conflict, in: Ruble, B. A./Tulchin, J. S./Varat, D. H./Hanley, L. M. (eds.): *Youth Explosion in Developing World Cities. Approaches to Reducing Poverty and Conflict in an Urban Age*, Washington: Woodrow Wilson International Center for Scholars, 2003, S. 9-24 (http://www.wilsoncenter.org/topics/pubs/ACF1AEF.pdf, Zugriff: 18.3.2011).

YURDUSEV, A. N.: Devlet, dindar nesil yetistirebilir, in: *Zaman*, 19.2.2012 (http://zaman.com.tr, Zugriff: 11.8.2012).

ZABOUN, K.: The Palestinian Mobile Cinema, in: *Asharq Al-Awsat*, 2008 (http://www.asharq-e.com/news.asp?section=7&id=12666, Zugriff: 30.7.12).

ZAMAN: Seytana 'dur' diyen yok mu?, in: *Zaman*, 22.9.1999.

ZEMNI, S. / BOGAERT, K.: Urban Renewal and Social Development in Morocco in an Age of Neoliberal Government, in: *Review of African Political Economy*, 38 (129), 2011, S. 403-417.

ZIEGLER, J.: *Wir lassen sie verhungern. Die Massenvernichtung in der Dritten Welt*, München: Bertelsmann, 2012.

ZOUITEN, M.: Migrations, Liens Familiaux et Insertion Urbaine au Maroc, in: *Les Cahiers d'URBAMA*, 13, 1997, S. 91-101.

ZÜRCHER, E. J.: *Turkey. A Modern History*, 3. Auflage, London: Tauris, 2004.

BILDER

Bildnachweis

Titelbild, Hans-Bernhard Huber. Marokko, Marrakesch: Illegaler Parkour auf dem Gelände der Koutoubia Moschee. Traceur: Tanigano (23.11.2008). www.laif.de, Bild 01620247.

S.10, Ezequiel Scagnetti, Ägypten, Kairo: Jugendliche im Park (10.06.2008). www.laif.de, Bild: 02097703.

S.30, Scott Olson, USA, Chicago: Händler signalisieren am 29. Oktober 2008 Kaufangebote auf dem Handelsparkett für Standard & Poor's 500-Aktienindex-Futures beim Chicago Board of Trade. www.gettyimages.de, Bild: 83482120.

S.76, Cris Bouroncle, Ägypten, Kairo: Ein Händler mit einer Ladung Fladenbrot auf dem Kopf (20.11.2009). www.imageforum.afp.com, Bild: Nic404881.

S.96, Marco Longari, Ägypten, Kairo: Ein Straßenverkäufer und die Bereitschaftspolizei vor der Gerichtsverhandlung gegen den früheren Präsidenten Hosni Mubarak am 22. Februar 2012. www.imageforum.afp.com, Bild: Nic6065846.

S.112, STR / AFP, Algerien, Sidi-Aich: Demonstranten in Sidi Aich in der Kabylei am 29. Mai 2001. www.imageforum.afp.com, Bild: APP2001052954029.

S.128, Faycal Hiouani, Algerien, Algier: Jugendliche in der Altstadt von Algier, Oktober 2013.

S.148, Fadel Senna, Marokko, Rabat: Ein Jugendlicher springt von einer Klippe in den Fluss Bouregreg (5.7.2012). www.imageforum.afp.com, Bild: Par7216116.

S.174, Stefan Widany, Ägypten, Kairo: Graffiti von Keizer (Wizara az-Zira'a 24. September 2011): Kinder mit moderner Militärtechnik, in der Mitte offenbar Muhammad Husain Tantawi Sulaiman, Mitglied des Militär-Rats.

S.194-201, Stefan Widany, Ägypten, Kairo: Graffiti in Kairoer Straßen, aufgenommen im August bis Oktober 2011.

S.218, Khaled Desouki, Ägypten, Kairo: Eine Demonstrantin von der Gruppe „Salafyo Costa" auf einem Gedenkmarsch am 9. Oktober 2012 anlässlich des Jahrestags der gewaltsamen Niederschlagung einer koptischen Demonstration. www.imageforum.afp.com, Bild: Nic6141109.

S.244, STR, Jemen, Aden: Die Flagge der ehemaligen Volksrepublik Jemen auf einer separatistischen Demonstration in der südjemenitischen Hafenstadt am 13. Januar 2013. www.imageforum.afp.com, Bild: Nic6175504.

S.266, Ahmad Gharabli, Israel, Jerusalem: Ein palästinensischer Jugendlicher fährt mit dem Fahrrad entlang Israels kontroverser Sperranlage am Rande Jerusalems (4.5.2010). www.imageforum.afp.com, Bild: Nic455923.

S.286, Anwar Amro, Libanon, Beirut: Mehrere tausend Demonstranten marschieren am 10. April 2011 vom Nationalmuseum zum libanesischen Parlament, um für ein Ende des konfessionellen Proporzsystems im Libanon einzutreten. www.imageforum.afp.com, Bild: Nic564068.

S.308, Mattes René, Vereinigte Arabische Emirate, Dubai: Das Finanzzentrum mit dem Emirates Tower. (27.10.2010). www.hemis.fr, Bild: 0554969.

S.324, Soul Sacrifice, Türkei, Istanbul: Soul Sacrifice, eine Death Metal Band aus Istanbul; Promofoto aus dem Jahr 2012. Mit freundlicher Genehmigung von Maksim Kirikoglu und Soul Sacrifice.

S.352, Saeed Qaq, Israel, Jerusalem: Palästinensische Freerunner in der Altstadt von Jerusalem (9.10.2013). www.imageforum.afp.com, Bild: AA_09102013 (26).

S.370, HZ, Algerien, Algier: Hauptsächlich junge Männer kommen an heißen Tagen ans Meer am Hafen von Ras Hamidou nahe dem Stadtteil Bab-El-Oued (12.8.2000). www.imageforum.afp.com, Bild: APP2000081242394.

AutorInnen

ANNE-LINDA AMIRA AUGUSTIN arbeitet als wissenschaftliche Mitarbeiterin im Forschungsnetzwerk 'Re-Konfigurationen. Geschichte, Erinnerung und Transformationsprozesse im Mittleren Osten und Nordafrika' der Universität Marburg. Sie forscht zu Transformationsprozessen im Südjemen.

ASEF BAYAT lehrte in Kairo und Leiden und arbeitet heute am Department für Soziologie der Universität Illinois in Urbana-Champaign. Er forscht zu sozialen Bewegungen, den arabischen Revolutionen und der Rolle von Jugendlichen und sub-alternen Gruppen.

INES BRAUNE ist wissenschaftliche Mitarbeiterin der Universität Marburg am Centrum für Nah- und Mittelost-Studien. Sie arbeitet schwerpunktmäßig zu Medien und Jugendkulturen in der arabischen Welt.

DANIEL FALK ist Arabist und Politikwissenschaftler und promoviert am Orientalischen Institut der Universität Leipzig zu Einwanderungsdiskursen in den arabischen Golfstaaten.

JOHANNES FRISCHE hat Arabistik, Geschichte und Religionswissenschaft in Leipzig, Santa Barbara und Damaskus studiert. Er promoviert in Leipzig am Graduiertenkolleg 'Bruchzonen der Globalisierung' zum Thema informelle Alltagspraktiken Jugendlicher in Tunesien.

SONJA GANSEFORTH ist wissenschaftliche Mitarbeiterin an der Universität Leipzig. Sie hat in Leipzig, Kyoto und Damaskus Arabistik und Japanologie studiert und zur japanischen Entwicklungszusammenarbeit im Nahen Osten promoviert.

JÖRG GERTEL hat an den Universitäten von Freiburg, Seattle, Kairo und Auckland gelehrt und geforscht. Er arbeitet heute als Wirtschaftsgeograph an der Universität Leipzig zu Jugend, Stadtentwicklung und Globalisierungsvorgängen mit Schwerpunkt mediterraner Raum.

PIERRE HECKER ist wissenschaftlicher Mitarbeiter am Centrum für Nah- und Mittelost-Studien der Universität Marburg. Er forscht und lehrt zu den Themen Populärkultur, Gender und politischer Islam in der modernen Türkei.

AUTOREN

BRITTA ELENA HECKING hat im Graduiertenkolleg 'Bruchzonen der Globalisierung' an der Universität Leipzig zu Jugend und Widerstand in Algier promoviert. Derzeit arbeitet sie an einem Postdoc-Projekt zur Rolle von Hotels in städtischen Räumen.

DAVID KREUER ist Arabist und befasst sich im Rahmen seiner Dissertation an der Universität Leipzig mit Dürre und Nomaden in Marokko.

IVESA LÜBBEN hat in Marburg und Bremen Wirtschaftswissenschaften und Politik sowie in Damaskus Arabisch studiert und in Kairo als freie Journalistin und wissenschaftliche Autorin gearbeitet. Seit Mitte der 1990er Jahre beschäftigt sie sich mit islamistischen Parteien und Diskursen und forscht gegenwärtig am Centrum für Nah- und Mittelost-Studien der Universität Marburg.

RACHID OUAISSA lehrt Politik am Centrum für Nah- und Mittelost-Studien der Universität Marburg. Er ist Sprecher des BMBF-Forschungsnetzwerks: 'Re-Konfigurationen. Geschichte, Erinnerung und Transformationsprozesse im Mittleren Osten und Nordafrika.' Seine Schwerpunkte sind der Aufstieg islamistischer Bewegungen, die EU-Mittelmeerpolitik sowie Rente und Herrschaftssysteme im Nahen und Mittleren Osten.

KAROLIN SENGEBUSCH ist wissenschaftliche Mitarbeiterin am Fachgebiet Politik des Centrums für Nah- und Mittelost-Studien der Universität Marburg. Ihre Dissertation behandelt die politischen Strategien und Politikkonzepte anti-konfessioneller Aktivisten im Libanon.

ALI SONAY ist wissenschaftlicher Mitarbeiter am Forschungsnetzwerk 'Re-Konfigurationen. Geschichte, Erinnerung und Transformationsprozesse im Mittleren Osten und Nordafrika' der Universität Marburg.

STEFAN WIDANY hat Arabistik in Leipzig studiert. Inzwischen arbeitet er als Sprachlehrer mit Migranten und Migrantinnen.

Urban Studies bei transcript

Alain Bourdin, Frank Eckardt, Andrew Wood

Die ortlose Stadt

Über die Virtualisierung des Urbanen

April 2014, 200 Seiten, kart., zahlr. Abb., 25,99 €,
ISBN 978-3-8376-2746-6

■ In atemberaubender Geschwindigkeit haben sich die neuen Informations- und Kommunikationstechnologien einen zentralen Platz im Leben der meisten Menschen erobert. Das virtuelle Überwinden großer räumlicher Entfernungen ist damit zur Selbstverständlichkeit geworden. Mehr und mehr überholt sich die Vorstellung der langfristigen Bindung an einen Ort.
Alain Bourdin, Frank Eckardt und Andrew Wood zeigen: Auch Urbanität hat sich von ihrem physischen Kontext und ihrem räumlichen Ursprung zu lösen begonnen und sich um Dimensionen der Virtualität erweitert. Die Virtualisierung des Urbanen relativiert nicht nur die traditionelle Räumlichkeit der Stadt. Auch das Bild der planbaren Stadt erweist sich als eine historisch gewordene Fiktion der Moderne.

www.transcript-verlag.de